Auf der alten Straße

(Band II)

Eine Sammlung verschiedener Aufsätze und Artikel
zu Kunst und Literatur

John Ruskin

Writat

Diese Ausgabe erschien im Jahr 2023

ISBN: 9789359257853

Herausgegeben von
Writat
E-Mail: info@writat.com

BILDERGALERIE:

IHRE FUNKTIONEN UND BILDUNG.

A. PARLAMENTARISCHE BEWEISE.
NATIONAL GALLERY SITE COMMISSION 1857.
AUSGEWÄHLTER AUSSCHUSS FÜR ÖFFENTLICHE INSTITUTIONEN 1860. DIE ROYAL ACADEMY COMMISSION 1863.

B. BRIEFE ÜBER EIN MUSEUM ODER EINE BILDERGALERIE.

(Art Journal, Juni und August 1880.)

BILDERGALERIEN – IHRE FUNKTIONEN UND ENTSTEHUNG.

DIE NATIONAL GALLERY SITE COMMISSION. [1]

Beweis von John Ruskin, Montag, 6. April 1857.

114. *Vorsitzender.* Wurde Ihre Aufmerksamkeit darauf gerichtet, dass es wünschenswert ist, Bildhauerei und Malerei unter einem Dach zu vereinen? – Ja.

Was ist Ihre Meinung zu diesem Thema? – Ich halte es für fast unerlässlich, dass sie vereint sind, wenn eine Nationalgalerie bei der Vermittlung des Kunstkurses von Nutzen sein soll.

Skulpturen aller Art oder nur antike Skulpturen? – Von allen Arten.

Glauben Sie, dass die Skulptur im British Museum im selben Gebäude wie die Bilder in der National Gallery stehen sollte, d. h. eine Anwendung Ihres Prinzips auf diesen speziellen Fall? – Ja, sicherlich; Ich glaube das aus mehreren Gründen – vor allem, weil ich denke, dass der Geschmack der Nation nur dann richtig gesteuert werden kann, wenn Skulptur und Malerei immer zusammen sichtbar sind. Viele der höchsten und besten Aspekte der Malerei können meiner Meinung nach erst nach einer gewissen Disziplin des Auges durch die Bildhauerei erkannt werden. Das ist ein ganz wesentlicher Grund. Ich denke, dass man nach dem Betrachten von Skulpturen die Anmut der Komposition noch viel stärker spürt, und man spürt auch, wie der Maler diese Anmut der Komposition erreicht hat.

Glauben Sie, dass, wenn Skulpturen und Gemälde in derselben Galerie untergebracht würden, das gleiche Licht für beide nützlich wäre? – Ich habe Ihre Frage nur so verstanden, dass sie sich auf ihre Sammlung unter demselben Dach bezog. Es würde mir leid tun, sie im selben Raum zu sehen.

Sie würden sie nicht so verwechseln, wie sie zum Beispiel in der Florentiner Galerie verwechselt werden? – Überhaupt nicht. Ich denke im Gegenteil, dass das eine den Geist vom anderen ablenkt, und dass man sich, obwohl das eine eine bewundernswerte Disziplin ist, etwas Zeit für die Untersuchung der Bildhauerei nehmen und anschließend in den Malraum gehen sollte und so weiter . Sie sollten sich beim Betrachten von Gemälden nicht durch das Weiß der Skulptur stören lassen.

Sie sind also zum Beispiel nicht mit der Art und Weise einverstanden, wie der berühmte Saal, die Tribüne, in Florenz eingerichtet ist? – Nein; Ich denke, es ist lediglich zur Schau gedacht – um zu zeigen, wie viele reiche Dinge zusammengebracht werden können.

115. *Herr Cockerell.* Dann betrachten Sie Skulptur nicht als eigentlichen dekorativen Teil der National Gallery of Pictures – Sie lassen den Begriff Dekoration nicht zu? – Nein; Ich sollte diesen Begriff nicht für die Skulptur verwenden, die die Galerie ausstellen wollte. Es könnte natürlich hinzugefügt werden, vorausgesetzt, es würde ein Teil der Architektur werden, aber nicht als eigenständiges Objekt – nicht als etwas, das separat im Raum betrachtet werden kann, und nicht als Teil des Raumes. Als Teil des Raumes könnten natürlich auch moderne Skulpturen hinzugefügt werden; aber ich hätte nie gedacht, dass es notwendig sein würde.

Sie denken nicht, dass die Bildhauerei eine Ruhepause wäre, nachdem man sich einige Zeit mit der Malerei beschäftigt hat? – Ich würde es selbst nicht so empfinden.

116. *Dekan von St. Paul.* Wenn Sie davon sprechen, die Skulptur des British Museum zu entfernen und sie mit den Bildern der National Gallery zu vereinen, verstehen Sie dann die gesamte Bandbreite der Skulptur im British Museum, angefangen bei der ägyptischen bis hin zu ihrer regulären Serie? von der Abstufung zum Niedergang der Kunst? – Ja, denn meine große Hoffnung in Bezug auf die Nationalgalerie besteht darin, dass sie zu einer perfekt aufeinander folgenden chronologischen Anordnung wird, und es scheint mir, dass dies eines der Hauptmerkmale einer Nationalgalerie ist es sollte so sein.

Denken Sie dann, dass eine große Exzellenz der Sammlung im British Museum darin besteht, dass sie diese Art von Geschichte der Bildhauerkunst präsentiert? – Ich halte es eher für ihre Schwäche, dass sie dies nicht tut.

Dann würden Sie weiter nach unten gehen? – Ich würde.

Sie kennen vielleicht die dort kürzlich gekauften Elfenbeinstücke? – Ich nicht.

Angenommen, es gäbe eine schöne Sammlung byzantinischer Elfenbeinarbeiten, dann würden Sie davon ausgehen, dass sie ein wichtiges Bindeglied in der allgemeinen Geschichte darstellen? – Sicherlich.

Würden Sie die gesamte heidnische Skulptur mit dem vereinen, was Sie die spätere christliche Kunst der Malerei nennen? – Ich würde mich freuen, wenn dies geschehen würde – das heißt, ich würde mich freuen, wenn die Galerien für Malerei und Skulptur nebeneinander angeordnet wären. und die Galerie der Skulpturen, die mit der heidnischen Kunst beginnt und zur christlichen Kunst übergeht, aber nicht unbedingt die Malerei mit der Skulptur jeder Epoche in Verbindung bringt; Weil die Malerei in vielen Perioden, in denen die Skulptur reich ist, so mangelhaft ist, dass Sie sie nicht parallel weiterführen konnten – Sie müssen Ihre Gemäldegalerie und Ihre Skulpturengalerie haben.

Es würde Ihnen leid tun, einen Teil der Skulptur aus der Sammlung des British Museum zu nehmen und ihn mit einer Gemäldesammlung in Verbindung zu bringen? – Ja, ich würde das für höchst unzweckmäßig halten. Mein ganzes Ziel wäre, dass es mit einer größeren Sammlung, einer Sammlung aus anderen Epochen, in Verbindung gebracht und nicht unterteilt werden könnte. Und es scheint einer der Hauptgründe zu sein, der die Entfernung dieser Sammlung rechtfertigt, dass sie nicht viel weiter vergrößert werden kann – dass man derzeit keine anderen Skulpturen dazustellen kann.

Angenommen, die Sammlung antiker heidnischer Kunst ließe sich nicht mit der Nationalen Bildergalerie vereinen, womit würden Sie dann die mittelalterliche Skulptur assoziieren, wenn wir eine nennenswerte Menge an Skulpturen behalten würden? – Mit dem Gemälde.

Die mittelalterliche Kunst, die Sie mit dem Gemälde assoziieren würden, wenn Sie nicht das Ganze zusammenfügen könnten? – Ja.

117. *Vorsitzender.* Befürworten Sie den Schutz von Bildern durch Glas? – Ja, auf jeden Fall. Ich weiß nicht, in welcher Größe eine Glasscheibe hergestellt werden kann, aber ich habe noch nie ein so großes Bild gesehen, dass ich froh wäre, es unter Glas zu sehen. Selbst wenn es möglich wäre, was meiner Meinung nach nicht der Fall ist, wäre der große Paul Veronese in der Galerie des Louvre meiner Meinung nach unter Glas schöner.

Unabhängig von der Erhaltung? – Unabhängig von der Erhaltung denke ich, dass es schöner wäre. Es verleiht hellen Farben eine besondere Zartheit und schadet dunklen Farben kaum – das heißt, es wirkt sich am meisten auf empfindliche Bilder aus und schadet nur sehr dunklen Bildern.

Haben Sie jemals darüber nachgedacht, ob es angemessen ist, die Skulptur mit Glas zu bedecken? – Ich habe nie darüber nachgedacht. Ich wusste bis vor wenigen Tagen nicht, dass Skulpturen durch die Einwirkung unseres Klimas und unseres Rauchs beschädigt wurden.

Professor Faraday. Aber Sie würden die Bilder unabhängig von der Konservierung abdecken, würden Sie sie unbedingt für den künstlerischen Effekt, die Verbesserung des Bildes, abdecken? – Nicht unbedingt, denn für manche Menschen könnte es einen unangenehmen Charakter haben, die

Reflexion mehr vermeiden zu müssen gewissenhafter als sonst. Ich sollte nicht nur wegen dieser Frage darauf drängen. Der gewonnene Vorteil ist nicht groß; es wird nur von sehr empfindlichen Augen wahrgenommen. Soweit ich weiß, würden viele Leute nicht bemerken, dass es einen Unterschied gibt, und dieser wird durch die sehr leichte Farbe im Glas verursacht, die vielleicht einige Leute für ratsam halten, ganz zu vermeiden.

Führt man es auf die absolute Tönung des Glases zurück, etwa bei einer Verglasung, oder auf eine Art Spiegelung? Bezieht sich der Effekt auf die Farbe im Glas oder auf eine Art optische Wirkung, die das transparenteste Glas hervorrufen könnte? – Ich weiß es nicht; aber ich nehme an, dass es an der sehr leichten Tönung des Glases liegt.

118. *Dekan von St. Paul.* Ist es nicht so, dass, wenn Damen in sehr glänzenden Kleidern Bilder durch Glas betrachten, die Reflexion der Farbe ihrer Kleider so stark ist, dass sie den Genuss und die Wertschätzung der Bilder erheblich stört? – Gewiss; aber ich sollte die Damen bitten, etwas abseits zu stehen und sich die Bilder einzeln anzusehen. Da ist dieser Nachteil.

Ich gehe davon aus, dass es sich um einen überfüllten Raum handelt – das Ziel einer Nationalgalerie besteht natürlich darin, dass er überfüllt ist – dass möglichst viele Menschen Zugang dazu haben – es gäbe natürlich bestimmte begrenzte Öffnungszeiten und die Galerie Wäre es wahrscheinlich, dass das Publikum in großer Zahl gefüllt wird? – Es wäre sicherlich nachteilig, aber nicht so nachteilig, dass es den viel größeren Vorteil der Erhaltung ausgleichen würde. Ich stelle mir vor, dass Glas tatsächlich unerlässlich ist; Es ist nicht nur eine zweckmäßige Sache, sondern eine wesentliche Sache für die Sicherheit der Bilder für zwanzig oder dreißig Jahre.

Halten Sie es für wesentlich für die Atmosphäre Londons oder dieses Landes im Allgemeinen? – Ich spreche nur von London. Ich habe keine Erfahrung mit anderen Teilen. Aber ich habe diese Erfahrung in meiner eigenen Sammlung. Ich habe meine Bilder eine Zeit lang ohne Glas aufbewahrt und festgestellt, dass der Verfall innerhalb sehr kurzer Zeit – ein paar Jahre – deutlich spürbar war.

Du meinst in Denmark Hill? – Ja; Diese Verschlechterung an Bildern der Klasse, auf die ich mich beziehe, kann nachträglich nicht behoben werden – das Ding leidet für immer – man kann nicht in die Zwischenräume gelangen.

Professor Faraday. Meinen Sie, dass das Bild durch den Schmutz dauerhaft beschädigt wird? – Ja.

Dass keine Reinigung es wieder so machen kann, wie es war? – Nichts kann es wieder so machen, wie es war, denke ich, weil beim Reinigen einige Farbkörner abgekratzt werden müssen.

Wenn Sie also zwei Bilder haben, eines an einem schmutzigeren Ort und eines an einem saubereren Ort, wird keine Aufmerksamkeit das Bild an der schmutzigeren Stelle mit dem an der saubereren Stelle gleichsetzen? – Ich glaube, nie mehr.

119. *Vorsitzender.* Ich sehe, dass Sie in Ihren „Anmerkungen zur Turner-Sammlung" empfohlen haben, dass die großen aufrechten Bilder einen großen Vorteil hätten, da sie einen Raum für sich allein hätten. Meinen Sie jedes der großen Bilder oder eine ganze Sammlung großer Bilder? – Angenommen, sehr schöne Bilder von großem Format (es würde ganz vom Wert und der Größe des Bildes abhängen), vorausgesetzt, wir hätten jemals so große Bilder wie Tizians Himmelfahrt erworben oder Raffaels Verklärung, diese Bilder sollten einen Raum für sich haben und eine Galerie um sie herum haben.

Meinen Sie, dass jeder von ihnen ein Zimmer haben sollte? – Ja.

Dekan von St. Paul. Waren Sie kürzlich in Dresden? – Nein, ich war noch nie in Dresden.

Dann kennen Sie nicht die Position des Großen Holbein und der Madonna de S. Sisto dort, die getrennte Räume haben? – Nein.

Herr Cockerell. Kennen Sie die Galerie München – Nr.

Kennen Sie die Pläne? – Nein.

Dann haben Sie vielleicht nicht die neuesten Regelungen gesehen, die dieses gebildete Volk, die Deutschen, hinsichtlich der Ausstellung von Bildern getroffen haben? – Ich war seit zwanzig Jahren nicht mehr in Deutschland.

120. Dieses Thema wurde von ihnen auf originelle Weise behandelt und sie haben Galerien in München, in Dresden und, wie ich glaube, in St. Petersburg nach einem neuen Prinzip und einem sehr vernünftigen Prinzip errichtet. Sie hatten keine Gelegenheit, darüber nachzudenken? – Nein, darüber habe ich nie nachgedacht; weil ich immer davon ausgegangen bin, dass es keine Schwierigkeiten gibt, eine schöne oder effiziente Galerie zu erstellen. Ich hätte nie gedacht, dass es irgendeine Frage über die Form geben könnte, die eine solche Galerie annehmen sollte, oder dass es eine Frage der Überlegung wäre. Die einzige Schwierigkeit für mich bestand darin, eine Nation davon zu überzeugen oder zu überzeugen, dass sie, wenn sie überhaupt Bilder hatte, diese Bilder auf der Augenlinie haben sollte; dass es

nicht gut sei, ein edles Bild viele Meter über dem Auge zu haben, nur um der Pracht des Raumes zu dienen. Dann glaube ich, dass es, sobald man sich dazu entschließt, ein Bild zu sehen, leicht ist, die Art und Weise herauszufinden, wie man es zeigt; zu sagen, dass es diesen und jenen Raum mit diesem und jenem Licht haben sollte; Kein Streiflicht, wie ich es neulich von Sir Charles Eastlake sagen hörte, sondern eher ein schräges und weiches Licht und nicht so nah am Bild, dass es schmerzhaft ins Auge fallen würde. Das ist leicht zu bekommen, und ich denke, dass alle anderen Fragen danach untergeordnet sind.

Dekan von St. Paul. Ihr Vorschlag würde eine große Mauer erfordern? – Eine riesige Mauer.

121. *Vorsitzender.* Ich sehe, dass Sie in der Broschüre, auf die ich zuvor angespielt habe, sagen, dass es von größter Bedeutung ist, dass die Werke jedes Meisters zusammengehalten werden. Würde eine solche Anordnung die Größe der Nationalgalerie nicht erheblich vergrößern? – Ich glaube nicht, weil ich in meinem Plan nur davon ausgegangen bin, dass an den Wänden des Raumes höchstens zwei Bildzeilen zugelassen werden sollten; Auf diese Weise können Sie jederzeit alle Werke jedes Meisters zusammenstellen, ohne dass es zu Unannehmlichkeiten oder Schwierigkeiten kommt, sie an die Größe des Raums anzupassen. Angenommen, Sie hängen die großen Bilder hoch an die Wände, dann stellt sich natürlich die Frage, ob in diesem oder jenem Raum oder Abteil der Galerie die Werke eines bestimmten Meisters aufbewahrt werden könnten; Angenommen, die Bilder wären alle in einer durchgehenden Linie, würden Sie nur bei A aufhören und bei B beginnen.

Dann gäbe es sie nur auf einer Ebene und einer Linie? – Im Allgemeinen; Das scheint mir das Prinzip des gesunden Menschenverstandes zu sein.

Herr Richmond. Dann missbilligen Sie die gesamte europäische Bilderhängung in Galerien? – Ich finde sie manchmal sehr schön, aber nicht nachahmenswert. Es entstehen edelste Räume. Vom ersten Raum im Louvre kann man nur beeindruckt sein, wo man an den vier Wänden die edelsten venezianischen Bilder und eine Feuermasse sieht; aber dann sind keine Details dieser Bilder zu sehen.

Dekan von St. Paul. Da haben Sie eine sehr schöne Gesamtwirkung, aber Sie verlieren die Wirkung der Schönheiten jedes einzelnen Bildes? – Sie verlieren alle Schönheiten, alle höheren Vorzüge; Sie erhalten lediglich eine allgemeine Vorstellung. Es ist ein vollkommen prachtvoller Raum, dessen Eindruck zu einem großen Teil vom Bewusstsein des Betrachters abhängt, dass er so kostspielig ist.

122. Hätten Sie diese Galerien an sich reich dekoriert? – Nicht reich, aber angenehm.

Brillant, aber nicht zu hell? – Nicht zu hell. Ich bin nicht auf diese Frage eingegangen, da sie mir aus dem Weg geht; aber ich denke im Allgemeinen, dass große Sorgfalt darauf verwendet werden sollte, eine gewisse Pracht – eine gewisse prachtvolle Wirkung – zu erzielen, damit sich der Betrachter inmitten prächtiger Dinge fühlen kann; damit es kein Unbehagen oder Mangel oder Mangel an Respekt für die Dinge gibt, die gezeigt werden.

123. *Herr Richmond.* Glauben Sie dann, dass die Kunst würdiger behandelt und dem öffentlichen Geschmack und den Künstlern besser gedient wäre, wenn auch nur eine kleinere Sammlung von Werken auf diese Weise zusammengestellt wäre, als wenn eine viel größere Sammlung nur vier oder fünf tief untergebracht und aufgehängt wäre, wie in einem ... Auktionssaal? – Ja. Aber Sie stellen mich vor eine schwierige Entscheidung, denn ich halte es für sehr wichtig, dass wir viele Bilder haben. Völlig neue Ergebnisse könnten aus einer großen Galerie erzielt werden, in der die chronologische Anordnung perfekt war und deren Kuratoren sich auf diese chronologische Anordnung vorbereiteten, indem sie Lücken ließen, die durch zukünftige Anschaffungen geschlossen werden mussten; Bei der Auswahl der Beispiele wurde größter Wert darauf gelegt, dass sie durchaus charakteristisch sind. einen höheren Preis für ein Bild zu zahlen, das durchaus charakteristisch ist und die Gewohnheiten einer Nation zum Ausdruck bringt; denn es scheint mir, dass einer der Hauptzwecke der Kunst derzeit nicht so sehr in der Kunst besteht, sondern darin, uns die Gefühle der Nationen zu lehren. Die Geschichte erzählt uns nur, was sie getan haben; Die Kunst erzählt uns von ihren Gefühlen und warum sie es taten: ob sie energisch und feurig waren oder ob sie, wie im Fall der Holländer, Kleinigkeiten nachahmten, ruhig und kalt. All diese Gefühlsäußerungen können nicht aus der Geschichte hervorgehen. Selbst der Zeithistoriker spürt sie nicht; er fühlt nicht, was seine Nation ist; aber fassen Sie die Werke desselben Meisters, die Werke derselben Nation und die Werke desselben Jahrhunderts zusammen und sehen Sie, wie sich die Sache jedermanns Beobachtung aufdrängt.

124. Dann würden Sie die echte Arbeit minderwertiger Meister nicht ausschließen? – Keineswegs.

Sie hätten das Ganze, soweit Sie es erlangen könnten? – Ja, soweit es charakteristisch war; aber ich denke, man kann einen minderwertigen Meister kaum als jemanden bezeichnen, der das, was er sich vorgenommen hat, auf die bestmögliche Weise ausführt; und ich würde keinen Meister nehmen, der sich nicht in irgendeiner Weise auszeichnet. Ich würde zum Beispiel nicht einfach einen Nachahmer von Cuyp unter den Niederländern annehmen;

Aber Cuyp selbst hat in bestimmten Ausdrucksformen von Sonnenlicht und Ruhe Unübertreffliches geleistet. Vander Heyden und andere können auch in minderwertigen Linien als erstklassig erwähnt werden.

Würden Sie in der Nationalgalerie vom Aufstieg der Kunst bis zur Zeit Raffaels Beispiele all jener Meister aufführen, deren Namen auf die gelehrtesten unter uns übergegangen sind? – Nein.

Wo würden Sie die Grenze ziehen und wo würden Sie anfangen, wegzulassen? – Ich würde die Grenze nur ziehen, wenn ich ein Bild kaufte. Ich denke, dass jemand sein Geld immer besser ausgeben könnte, wenn er sich die Mühe macht, ein edles Bild zu bekommen, als fünf oder sechs zweit- oder drittklassige Bilder, vorausgesetzt, man verfügt nur über Beispiele der besten Art von Arbeit, die zu dieser Zeit produziert wurde. Ich hätte keine zweitklassigen Bilder. Man könnte eine Vielzahl von Meistern unter den Schülern Giottos nennen; Vielleicht haben Sie ein oder zwei Bilder von Giotto und ein oder zwei Bilder von Giottos Schülern.

Dann verlassen Sie sich lieber auf die Schönheit der Arbeit selbst; Wenn das Werk schön wäre, würden Sie es zugeben? – Gewiss.

Aber wenn es nur historisch interessant wäre, würden Sie es dann ablehnen? – Nicht im Geringsten. Ich möchte, dass es historisch interessant ist, aber ich möchte ein möglichst gutes Beispiel für diese besondere Art und Weise geben.

Wäre es nicht historisch interessant, wenn es das einzige bekannte Bild dieses bestimmten Meisters wäre, der ein Anhänger Giottos war? Angenommen, ein Werk von Cennino Cennini würde ans Licht gebracht und hätte keinen wirklichen Wert als Kunstwerk, wäre es dann nicht die Pflicht der Behörden einer Nationalgalerie, dieses Bild zu beschlagnahmen und vielleicht lieber zu bezahlen? ein hoher Preis dafür? – Gewiss; alle dokumentarischen Kunstwerke, die ich einbeziehen sollte.

Was würden Sie dann ausschließen? – Lediglich das, was minderwertig und nicht dokumentarisch ist; lediglich ein weiteres Beispiel für die gleiche Sache.

Dann würden Sie die Beispiele derselben Meister nicht vervielfachen, wenn es sich um minderwertige Männer handelte, sondern Sie hätten eines von jedem. Ich nehme an, dass es keinen Menschen gibt, dessen Erinnerung uns nach drei oder vier Jahrhunderten erhalten geblieben ist, in dessen Werk aber etwas Bewahrungswürdiges steckt – etwas Eigentümliches, das vielleicht kein anderer Mensch jemals getan hat, und Sie möchten ein Beispiel behalten von solchen, nicht wahr? – Ich würde es tun, wenn es in meiner Macht stünde, aber ich würde lieber mit den gegebenen Mitteln versuchen, perfekte Beispiele zu bekommen.

Dann denken Sie, dass das künstlerische Element das Archäologische in der Auswahl bestimmen sollte? – Ja, und das Archäologische in der Anordnung.

125. *Dekan von St. Paul.* Wenn Sie davon sprechen, die Werke eines Meisters nacheinander anzuordnen, würden Sie dann den Themen Beachtung schenken oder nicht? Sie müssen sich darüber im Klaren sein, dass viele Maler, zum Beispiel Correggio und andere, sehr unpassende Motive malten; Würden Sie sie lieber zusammenhalten, als die Werke dieser Maler bis zu einem gewissen Grad nach ihren Themen zu verteilen? – Ich würde sie ganz sicher zusammenhalten. Ich halte es für ein wichtiges Merkmal des Meisters, dass er unpassend malte, und sehr wahrscheinlich lässt sich der Charakter jedes Bildes besser verstehen, wenn man sie zusammen betrachtet. Manchmal ist es wichtig, die Beziehungen zwischen den einzelnen Elementen zu erkennen.

Herr Richmond. Glauben Sie, dass die Erhaltung dieser Werke eines der ersten und wichtigsten Dinge ist, für die gesorgt werden muss? – Das wäre bei mir der Fall, wenn ich ein Bild kaufe. Ich würde den doppelten Preis dafür zahlen, wenn ich befürchtete, dass es dort, wo es war, zerstört werden würde.

In einer Notiz, die Sie mir neulich geschrieben haben, finde ich diese Passage: „Die Kunst einer Nation ist meiner Meinung nach einer der wichtigsten Punkte ihrer Geschichte und ein Teil, der, wenn er einmal zerstört wird, durch keine Geschichte ersetzt werden kann." von – und die erste Idee einer Nationalgalerie ist, dass sie eine Kunstbibliothek sein sollte, in der die gröbsten Bemühungen in manchen Fällen kaum weniger wichtig sind als die edelsten." Ist das Ihre Meinung? – Vollkommen. Das scheint etwas im Widerspruch zu dem zu stehen, was ich gesagt habe, aber ich meine damit die edelsten Bemühungen der Zeit, in der sie erbracht wurden. Ich würde mir die größte Mühe geben, ein Beispiel für ein Werk aus dem 11. Jahrhundert zu bekommen, obwohl das Gemälde zu dieser Zeit vollkommen barbarisch ist.

126. Sie haben viel mit der Bildung der Arbeiterklasse in der Kunst zu tun. Soweit Sie uns mitteilen können, welche Erfahrungen haben Sie im Hinblick auf ihre Vorliebe und Abneigung gegenüber der Kunst gemacht – bevorzugen vergleichsweise ungebildete Personen die Kunst bis zur Zeit Raffaels oder die Kunst ab der Zeit Raffaels? –, werden wir berücksichtigen die Bologneser Schule oder die frühe Florentiner Schule – woran würde ein Arbeiter Ihrer Meinung nach das größte Interesse verspüren? – Ich kann es Ihnen nicht sagen, weil es meinen Arbeitern nicht erlaubt wäre, ein Bologneser Bild anzusehen; Ich bringe ihnen so viel Liebe zum Detail bei,

dass sie in dem Moment, in dem sie ein sorgfältig gezeichnetes Detail sehen, davon fasziniert sind. Das Wichtigste, was mich im Umgang mit diesen Männern überrascht hat, ist die außerordentliche Verfeinerung ihres Geistes – so dass ich in einem Augenblick Zimmerleute, Schmiede, einfache Handwerker und verschiedene Klassen dazu bringen kann, mir eine Verfeinerung zu verleihen, die ich nicht erreichen kann junge Dame, die ich mir geben kann, wenn ich ihr zum ersten Mal eine Lektion erteile. Ob es die Gewohnheit der Arbeit ist, die sie dazu bringt, sich intensiver mit der Arbeit zu befassen, oder ob es (wie ich eher denke) so ist, dass der weibliche Geist nach Stärke sucht, während der männliche Geist nach Zartheit sucht, und wenn man es einfach nimmt, und lassen Sie ihm die Wahl, es wird sich für das Raffinierteste entscheiden, ich weiß es nicht.

Dekan von St. Paul. Können Sie in dieser Hinsicht eine spürbare Verbesserung des öffentlichen Geistes und Geschmacks feststellen, seit diese Maßnahmen ergriffen wurden? – Es war keine Zeit, darüber zu urteilen.

127. Kommen diese Personen, die sich für Kunst interessieren, aus verschiedenen Teilen Londons? – Ja.

Natürlich wäre die Entfernung, die sie zurücklegen müssten, von sehr großer Bedeutung? – Ja.

Daher wäre eine der besten Empfehlungen für eine Galerie, wenn Sie möchten, dass sie in dieser Hinsicht eine Wirkung auf die öffentliche Meinung hat, ihre Zugänglichkeit, sowohl im Hinblick auf die Zeit, die der Besuch dort in Anspruch nimmt, als auch auf die Billigkeit, wie ich sagen möchte Nennen Sie es den Zugang? – Mit Sicherheit.

Sie würden daher davon ausgehen, dass der Vorteil für die Öffentlichkeit umso größer wäre, je zentraler die Situation wäre und alle anderen Punkte außer Acht gelassen würden? – Ja; Es muss jedoch gesagt werden, dass eine zentrale Situation darin besteht, dass der Raum mit Parteien überfüllt ist, die an der Angelegenheit völlig uninteressiert sind – eine zurückgezogenere Situation wird im Allgemeinen für den echten Studenten brauchbar genug sein.

Hängt das nicht sehr davon ab, dass es sich an einer Durchgangsstraße befindet? Es könnte eine zentrale Situation geben, die keine so vollständige Durchgangsstraße wäre, dass sie Personen dazu verleiten würde, hineinzugehen, die wahrscheinlich keinen Vorteil daraus ziehen würden? – Ich denke, wenn diese Galerie so groß und so schön gemacht würde, wie wir es vorschlagen, Es wäre eher ein Resort, eher eine Lounge jeden Tag und den ganzen Tag, vorausgesetzt, sie wäre zugänglich.

128. Wäre das nicht in hohem Maße davon abhängig, dass es sich an einer öffentlichen Durchgangsstraße befindet? Wenn es sich um eine Durchgangsstraße handelte, könnten sehr viele Personen vorbeikommen, die zufällig oder aus Laune hineingetrieben würden, wenn sie daran vorbeikämen ; aber wenn es in einiger Entfernung von einer Durchgangsstraße wäre, wäre es weniger überfüllt mit jenen Personen, die wahrscheinlich keinen großen Nutzen daraus ziehen würden? – Ganz richtig; aber es würde immer einen Vorteil haben, Menschenmassen anzulocken; Es würde seine pädagogischen Fähigkeiten immer erweitern, wenn es überfüllt wäre. Aber es scheint mir, dass alles, was für ein edles Museum der besten Kunst notwendig ist, mehr oder weniger entfernt werden sollte und dass eine Sammlung ausschließlich dem Zweck der Bildung und dem Zweck dienen sollte, Menschen zu interessieren, die sich nicht besonders darum kümmern Wenn es um Kunst geht, sollte möglichst in den Herzen der Bevölkerung dafür gesorgt werden, dass Bilder nicht von großem Wert, aber von ausreichendem Wert sind, um die Öffentlichkeit zu interessieren, und von ausreichendem Wert, um die Grundlage für die frühe Bildung zu bilden und Beispiele dafür zu geben Alle Kunstwerke sollten in der beliebten Galerie gesammelt werden, alle kostbaren Dinge sollten jedoch entfernt und in die große Galerie gebracht werden, wo sie unabhängig von ihrer Zugänglichkeit am sichersten wären.

Vorsitzende. Dann hätten Sie tatsächlich nicht eine, sondern zwei Galerien? – Nur zwei.

129. *Professor Faraday.* Und Sie scheinen absichtlich die Entfernung der wahren und Hauptgalerie in einiger Entfernung zu wünschen, um den großen Zutritt von Personen zu verhindern? – Ja.

Denken Sie, dass alle, die eine Galerie wirklich nutzen könnten, diese besuchen würden? – Ja. Meine diesbezügliche Meinung hat sich innerhalb weniger Tage geändert, nachdem mir bekannt wurde, dass die Skulptur durch die Atmosphäre stark beschädigt ist und es völlig unmöglich ist, die Skulptur zu schützen. Bilder sind mir egal, denn ich kann sie schützen, aber keine Skulpturen.

Dekan von St. Paul. Woher haben Sie dieses Wissen? – Ich weiß nicht mehr, wer es mir gesagt hat; Es handelte sich um eine Autorität, die ich für schlüssig hielt und die ich daher nicht besonders zur Kenntnis nahm.

130. *Vorsitzender.* Halten Sie es nicht für ziemlich schädlich für die Kunst, dass es eine Galerie gibt, die bekanntermaßen keine erstklassigen, sondern zwei- oder drittklassigen Kunstwerke enthält? – Nein; Als Ausdruck der Art der Bildung halte ich es für sehr wertvoll, dass es schon früh Unterricht in Kunst geben sollte – dass diese Art von Kunst speziell für das Erststudium ausgewählt werden sollte und dass auch die überaus wertvolle Kostbarkeit

dieser Kunst anerkannt werden sollte eine andere Kunst. Ich denke, dass Teile davon als interessant, aber nicht unersetzlich beiseite gelegt werden sollten; aber dass andere Teile als Dinge beiseite gelegt werden sollten, deren Aufgabe die Nation hauptsächlich darin bestand, sich um diese Dinge zu kümmern, nicht nur für sich selbst, sondern für alle ihre Nachkommen, und ein Beispiel dafür zu geben, sich um sie zu kümmern für immer.

Sie glauben also nicht, dass das Studium oder das Kopieren von Werken, die bekanntermaßen nicht die besten Werke sind, eine Gefahr darstellen würde? – Im Gegenteil, ich denke, es wäre besser, Werke, die nicht ganz die besten sind, zuerst einzureichen . Ich würde nie daran denken, die beste Arbeit selbst einem Studenten zum Kopieren zu geben – das ist hoffnungslos; er würde seine Schönheit nicht spüren – er würde nur darüber stolpern. Ich bin völlig sicher, dass dies in dem besonderen Kunstzweig, zu dem ich mich bekenne, nämlich der Landschaftsmalerei, nicht von Nutzen sein kann; Ich weiß, dass ich mehr oder weniger schlechte Beispiele nennen muss.

Herr Richmond. Aber Sie würden nichts in diese zweite Galerie aufnehmen, was in seiner Art nicht gut oder wahr wäre? – Nichts, was in seiner Art nicht gut oder wahr wäre, sondern nur im Wert geringer als die anderen.

Und wenn es irgendwelche anderen Werke gäbe, die dort vollkommen sicher aufbewahrt werden könnten, sagen wir wertvolle Zeichnungen, die durch Glas geschützt werden könnten, hätten Sie nichts dagegen, diese der nicht ausgewählten Menge auszustellen? – Nicht im Geringsten; Ich würde das sehr gerne tun, vorausgesetzt, ich könnte ihnen die große chronologische Anordnung ersparen.

Glauben Sie, dass eine sehr interessante Zusatzausstellung beispielsweise am Trafalgar Square eingerichtet und dort beibehalten werden könnte? – Ja, und umso nützlicher, weil Sie nur wenige Werke ausstellen würden und sie in Serien vervollständigen könnten – und weil im Kleinen hätte man die gesamte Serie. Durch die Auswahl einiger weniger Werke erhalten Sie einen Inbegriff der Großen Galerie, wobei die Unterteilungen der Chronologie alle innerhalb der Abteilung einer Wand liegen, die sich in der Großen Galerie in einer separaten Abteilung des Gebäudes befinden würde.

131. *Herr Cockerell.* Erwägen Sie die Möglichkeit, dass hervorragende Kopien der hervorragendsten Werke sowohl der Bildhauerei als auch der Malerei ausgestellt werden? – Diese Möglichkeit habe ich nicht in Betracht gezogen. Ich habe eine große Abscheu vor Kopien jeglicher Art, außer vor Skulpturen. Ich habe große Angst vor Kopien von Gemälden; Ich denke, die Leute fangen im Allgemeinen die schlechtesten Teile des Gemäldes ein und lassen die besten zurück.

Sie würden aber den Künstler auswählen, der die Kopie anfertigen soll. Es gibt Menschen, deren gesamtes Talent sich auf die Nachahmung eines bestimmten Bildes konzentriert, und es ist ein großes Talent. – Ich habe noch nie in meinem Leben eine gute Kopie eines guten Bildes gesehen.

Vorsitzende. Haben Sie keine der deutschen Kopien einiger der großen italienischen Meister gesehen, die allgemein als sehr bewundernswerte Werke gelten? – Ich habe die Werke der Kopisten nicht viel studiert; Ich habe sie nicht oft beobachtet, da ich noch nie eine Ausnahme von der von mir erwähnten Regel gefunden habe. Als ich in der Galerie des Vatikans oder in der Galerie von Florenz einem Kopisten begegnete, hatte ich Angst vor dem Unfug, dem Skandal und der Verleumdung des Meisters, wenn ich annahm, dass so etwas in irgendeiner Weise geschehen könnte ähnelte seinem Werk und dem Schaden, den es der Bevölkerung zufügen würde, unter der es gezeigt wurde.

Herr Richmond. Sie betrachten es so, wie Sie es tun würden, wenn Sie schlechtes Geld prägen und es in Umlauf bringen und damit Unheil anrichten würden? – Ja, es ist unheilvoll.

Herr Cockerell. Aber Sie lassen Gravuren zu – Sie lassen Fotografien dieser Werke zu, die Nachahmungen in einer anderen Sprache sind? – Ja; abstrakt ausgedrückt handelt es sich eher um Beschreibungen der Bilder als um Kopien – es handelt sich eher um Maße und Definitionen der Bilder – es handelt sich eher um Hinweise und Tabellen der Bilder als um Kopien davon; Sie erheben in keiner Weise den Anspruch auf die gleiche Exzellenz.

Sie sprechen als Kenner; Wie würde das allgemeine Auge der Öffentlichkeit Ihrer Meinung zustimmen? – Ich glaube, sie würde meiner Meinung nicht zustimmen. Wenn ich jedoch einige meiner Arbeiter in die Nationalgalerie mitnehmen würde, hätte ich bald die Hoffnung, ihnen klarzumachen, was Exzellenz ausmacht, wenn ich auf ein echtes Werk verweisen könnte; aber ich hätte keine solche Hoffnung, wenn ich nur Kopien dieser Bilder hätte.

132. Halten Sie viel von der archäologischen, chronologischen und historischen Bildfolge und -lehre? – Ja.

Sind Sie der Meinung, dass dies für den kreativen Unterricht im Hinblick auf unsere zukünftigen Schulen von wesentlicher Bedeutung ist? – Nein. Ich würde denken, dass es überhaupt nicht wesentlich ist. Ich denke, dass der Unterricht des zukünftigen Künstlers durch sehr wenige Bilder der Klasse erreicht werden könnte, die dieser bestimmte Künstler studieren wollte. Ich denke, dass die chronologische Anordnung in keiner Weise mit der allgemeinen Effizienz der Galerie als Studiensache für den Künstler zusammenhängt, sondern vor allem als Studienmittel, nicht für Personen, die sich lediglich für Malerei interessieren, sondern für diejenigen, die es tun die allgemeine Geschichte der Nationen untersuchen möchten; und ich denke, dass die Malerei von dieser Personengruppe als wertvoller Beweis betrachtet werden sollte. Es wäre Teil der Arbeit des Philosophen, die Kunst einer Nation sowie ihre Poesie zu untersuchen.

Sie sind der Meinung, dass Kunst eine Sprache spricht und eine Geschichte erzählt, die kein schriftliches Dokument bewirken kann? – Ja, und viel wertvoller; Die ganze Seele einer Nation geht in der Regel mit ihrer Kunst einher. Es könnte von einem ehrgeizigen König dazu gedrängt werden, eine Kriegernation zu werden. Es kann von einem einzelnen Anführer ausgebildet werden, um eine *große* Kriegernation zu werden, und sein Charakter hängt zu diesem Zeitpunkt möglicherweise wesentlich von diesem einen Mann ab, aber in seiner Kunst kommt mehr oder weniger der gesamte Geist der Nation zum Ausdruck: Man kann sagen : Das war es, was der Bauer suchte, wenn er morgens in die Stadt zur Kathedrale ging – das war die Art von Buch, in der der arme Mensch las oder lernte – die Art von Bild, zu dem er betete. All das beinhaltet unendlich wichtigere Überlegungen als die gemeinsame Geschichte.

133. *Dekan von St. Paul.* Wenn Sie von Ihren Einwänden gegen Bildkopien sprechen, beziehen Sie diese Einwände auch gegen Skulpturenabgüsse? – Überhaupt nicht.

Angenommen, es könnte keine vollständige Vereinigung der großen Werke der Bildhauerei in einem Land mit den großen Werken der Malerei in diesem Land geben, würden Sie dann davon ausgehen, dass eine gute Auswahl von Abgüssen, die die großen Überreste der Bildhauerei aller Epochen umfassen, eine wichtige Ergänzung wäre? eine öffentliche Galerie? – Ich würde mich sehr freuen, sie zu sehen.

Wenn Sie nicht über Originale verfügen könnten, würden Sie sich doch eine vollständige Sammlung von Abgüssen wünschen, natürlich ausgewählt aus den schönsten Skulpturen der Welt? – Gewiss.

Herr Richmond. Würden Sie dasselbe mit der Architektur machen – würden Sie die Überreste der Architektur, soweit sie sammelbar sind, sammeln und sie mit Skulptur und Malerei vereinen? – Ich würde denken, dass Architektur, soweit sie tragbar ist, sehr viel ausmacht in der Skulptur. Damit meine ich, dass es sich bei den verschiedenen Zweigen der Skulptur um Architektur handelt – das heißt, es gibt Statuen, die zu diesem oder jenem Teil eines Gebäudes gehören. Wenn Sie dann Abgüsse dieser Statuen hätten, müssten Sie diese Abgüsse zwangsläufig genau an der gleichen Position wie die Originalstatuen platzieren – es betrifft die sie umgebenden Gebäude und die Fassade – es betrifft die gesamte Architektur.

Darüber hinaus hätten Sie Originalzeichnungen der Architektur und Modelle großer Gebäude sowie Fotos, sofern diese dauerhaft gemacht werden könnten, von den großen Gebäuden sowie den Formteilen und Abgüssen der Formteile und den Bauteilen könntest du sie bekommen? – Ganz recht.

Würden Sie in die Nationalgalerie auch das aufnehmen, was man als Kunsthandwerk einer Nation bezeichnen könnte – Werke für den häuslichen Gebrauch oder zur Zierde? Wir wissen zum Beispiel, dass es einige Salzfässer gab, die für einen der Päpste entworfen wurden; Würden Sie diese haben, wenn sie zu uns kämen? – Alles, Töpfe und Pfannen, Salzfässer und Messer.

Sie hätten alles, was ein interessantes künstlerisches Element enthält? – Ja.

Dekan von St. Paul. Kurz gesagt, eine moderne pompejanische Galerie? – Ja; Ich weiß, wie viel größer das ist, aber ich denke, dass Sie alle Eisenarbeiten, Porzellan, Töpferwaren und so weiter einbeziehen sollten. Ich denke, dass alle Arbeiten aus Metall, alle Arbeiten aus Ton, alle Arbeiten aus geschnitztem Holz einbezogen werden sollten. Natürlich gehört dazu viel. Es umfasst alle Münzen – es umfasst ein immenses Ausmaß.

134. Angenommen, es wäre unmöglich, all diese Dinge in einem großen Museum zu bündeln, wo sollte man dann lieber die Grenze ziehen? Würden Sie die Grenze ziehen zwischen dem, was ich die antike heidnische Welt und die moderne christliche Welt nennen könnte, und so die gesamte antike Skulptur und alle Fragmente der antiken Malerei, die es vielleicht gibt – alles – der antiken Welt überlassen? die Vasen, alle antiken Bronzen und kurz gesagt alles, was einer bestimmten Zeit zuzuordnen ist? Glauben Sie, dass das die beste Unterteilung wäre, oder sollten Sie eine Unterteilung vorziehen, die besondere Künste umfasst und diese Künste zusammenhält? – Mir würde die heidnische und die christliche Unterteilung gefallen. Ich halte es für sehr wichtig, dass dort, wo die Skulptur einer Nation war, auch ihre Eisenarbeiten vorhanden sein sollten – dass dort, wo ihre Eisenarbeiten waren, auch ihre Töpferwaren vorhanden sein sollten und so weiter.

Und Sie würden die mittelalterlichen Werke zusammenhalten, in welcher Form auch immer diese mittelalterlichen Werke existierten? – Ja; Ich sollte mich keineswegs verletzt fühlen, wenn ich von einem Jahrhundert zum nächsten mit dem Taxi fahren muss.

Oder von der Antike zur Moderne? – Nein.

Herr Richmond. Wenn es zweckmäßig wäre, die heidnische und die christliche Kunst zu trennen, womit würden Sie das Mittelalter assoziieren? – Mit „christlicher und heidnischer Kunst" meine ich vor Christus und nach Christus.

Dann würde das Mittelalter mit den Gemälden kommen? – Ja; und auch die Mohammedanerkunst und die gesamte heidnische Kunst, die nach Christus entstand, sollte ich als einen Teil, und als einen äußerst wesentlichen Teil, assoziieren, denn es scheint mir, dass die Geschichte des Christentums ständig mit dem verkompliziert wird, was das Christentum hervorbrachte. Daher ist es eine Frage des Datums, nicht des Christentums. Ich würde mich freuen, alles vor Christus getrennt zu sehen, oder Sie können einen anderen Termin vereinbaren, der Ihnen gefällt.

Aber die Inspiration der beiden Schulen – der heidnischen und der christlichen – scheint so unterschiedlich zu sein, dass der wahren Theorie einer Nationalgalerie keine große Gewalt angetan würde, wenn man diese beiden trennte, wenn jede in sich vollständig wäre? – Das heißt, man nimmt den Geist der Welt, nachdem das Christentum in ihr war, und den Geist der Welt, bevor das Christentum in ihr war.

Dekan von St. Paul. Die Geburt Christi, sagen Sie, ist der Beginn der christlichen Kunst? – Ja.

Dann begann der christliche Einfluss, und das würde natürlich einen kleinen umstrittenen Bereich hinterlassen, insbesondere zum Beispiel bei den Elfenbeinarbeiten, den wir den Umständen entsprechend regeln müssen? – Weit von jedem umstrittenen Bereich, alles die Kunst einer Nation, die noch nie davon gehört hatte des Christentums, der hinduistischen Kunst usw. würden, wenn sie aus der christlichen Ära stammten, meiner Meinung nach in die christliche Galerie aufgenommen.

Ich habe eher von der Übergangszeit gesprochen, die es natürlich geben muss? – Ja.

Herr Cockerell. Es muss zwischen den Begriffen „Museum" und „Galerie" unterschieden werden. Welche Unterscheidungen würden Sie im vorliegenden Fall treffen? – Ich denke, „Museum" war der richtige Name für das gesamte Gebäude. Eine „Galerie" ist meiner Meinung nach lediglich ein Raum in einem Museum, der für die Ausstellung von Werken einer Reihe geeignet ist, deren Wirkung von der Gegenüberstellung abhängt.

135. Es gibt sicherlich Menschen, die ihren größten Vorteil aus der von Ihnen vorgeschlagenen historischen und chronologischen Anordnung ziehen würden, aber es gibt andere, die allein nach dem Schönen suchen und sagen: „Ich habe nichts mit Ihrer Pedanterie zu tun. Ich wünsche es." Habe das Schöne vor mir. Zeige mir die vollständigen und vollkommenen Werke, die als Werke des Phidias und der großen griechischen Meister, soweit wir sie besitzen, und als Werke der großen italienischen Maler anerkannt und bekannt sind. Ich habe weder Zeit noch … Erlaubt mein Genie, dass ich

mich mit diesen Einzelheiten beschäftige?" Es gibt eine große Klasse, die sich von diesen Gefühlen leiten lässt? – Und ich hoffe, wer wird sich immer von ihnen leiten lassen? aber ich sollte ihre Gefühle in der Umgebung der schönsten Kunstwerke ausreichend befragen. Alles, was ich von ihnen erbitten würde, mir nachzugeben, wäre, dass sie nur auf Tizian oder nur auf Raphael blicken und nicht wünschen, dass Tizian und Raphael Seite an Seite stehen; und ich denke, ich sollte ihnen aus Schönheitsgründen beibringen können, dass sie Tizian und Raphael allein mehr genossen als zusammen. Dann würde ich ihnen wunderschöne Galerien voller edler Skulpturen zur Verfügung stellen. Wann immer wir als Land oder als Nation kommen, um schöne Skulpturen zu schaffen, sollten meiner Meinung nach die größten Anstrengungen unternommen werden, um sie schön zur Geltung zu bringen. Sie sollten eine schöne Skulptur in der Mitte des Raumes haben, mit dunklen Wänden um sie herum, um ihr Profil hervorzuheben, und Sie sollten dort alle Vorkehrungen treffen, damit sie mit ihr harmonieren und jede Linie davon hervorheben. Ich denke, die Gemäldegalerie könnte zu einer herrlichen Sache werden, wenn die Bilder eben wären und die darüber liegende Architektur aus der Schönheit und dem Glanz der Farben und der Reinheit der Form einen einheitlichen Eindruck erzeugen würde.

Herr Richmond. Und Sie würden einen Crevelli nicht ausschließen, weil er urig ist, oder einen frühen Meister einer Schule – Sie hätten doch die Kindheit, die Jugend und das Alter jeder Schule, nicht wahr? – Gewiss.

Dekan von St. Paul. Sowohl vom Deutschen als auch vom Italienischen? – Ja.

Herr Richmond. Spanisch und alle Schulen? – Sicherlich.

136. *Herr Cockerell.* Sie sind sich der großen Liberalität der Regierung durchaus bewusst, wie wir aus den Zeitungen in einem kürzlichen Fall erfahren, nämlich dem Kauf eines großartigen Paul Veronese? – Ich freue mich, das zu hören. Wenn es sich bestätigt, wird mir schon lange nichts mehr so viel Freude bereitet haben. Meiner Meinung nach ist es der wertvollste Paul Veronese der Welt, was die Vollendung des Bildes betrifft, und ein recht unbezahlbares Bild.

Können Sie sich eine Regierung oder ein Volk vorstellen, das einen so teuren Kauf gutheißt und sich dazu herablässt, das Obergeschoss eines öffentlichen Gebäudes zu besetzen, oder sich mit einem Mittel zu befassen, das einer so edlen Galerie nicht ganz würdig sein sollte? Bilder? – Ich glaube nicht, dass sie das tun sollten; aber ich weiß nicht, inwieweit sie konsistent sein werden. Ich bin auf jeden Fall der Meinung, dass sie sich ein solches Mittel nicht gefallen lassen sollten. Ich bin nicht bereit zu sagen, welche Grenzen es für Konsistenz oder Inkonsistenz gibt.

Herr Richmond. Ich verstehe, dass Sie den Beweis erbracht haben, dass Sie der Meinung sind, dass eine Nationale Sammlung die gesamte Kunst in all ihren Zweigen veranschaulichen sollte? – Gewiss.

Kein Gemäldekabinett, keine Sammlung skulpturaler Werke, sondern eine Veranschaulichung der gesamten Kunst? – Ja.

137. Haben Sie den Kommissaren noch eine weitere Bemerkung zu machen? – Ich möchte noch ein Wort zur Frage der Wiederherstellung der Statuen sagen. Es scheint mir eine sehr einfache Frage zu sein. Gegenwärtig wird in Europa durch die Restauration viel Schaden angerichtet, mehr Schaden, als meines Wissens jemals durch Revolutionen oder Kriege angerichtet wurde. Die Franzosen fügen ihren Kathedralen jetzt großen Schaden zu, weil sie glauben, dass sie Gutes tun, und zerstören mehr als alles Gute, das sie tun. Und all dies beruht auf dem einen großen Fehler, anzunehmen, dass eine Skulptur wiederhergestellt werden kann, wenn sie beschädigt ist. Die Frage, die mir einer der Kommissare diesbezüglich gestellt hat, interessiert mich sehr. und ich würde vorschlagen, ob es nicht einfach erscheint, alle Fragen dieser Art zu vermeiden. Wenn die Statue beschädigt ist, lassen Sie sie so, stellen Sie aber eine perfekte Kopie der Statue in ihrer wiederhergestellten Form bereit; Bieten Sie, wenn Sie möchten, Bildhauern Preise für mutmaßliche Restaurierungen an und wählen Sie die schönsten aus, aber berühren Sie nicht das Originalwerk.

138. *Professor Faraday.* Sie sagten vor einiger Zeit, dass Sie bei Ihren eigenen Versuchen, die Öffentlichkeit aufzuklären, noch keine Zeit gehabt hätten, um zu sehen, ob der eingeschlagene Weg zu einer Verbesserung geführt habe oder nicht. Sie sehen überhaupt keine Anzeichen, die Sie zu der Annahme veranlassen könnten, dass es nicht zu der Verbesserung führen wird, die Sie sich wünschen? öffentlich. Ich unterrichte erst seit ein paar Jahren eine Klasse von etwa vierzig Arbeitern, nachdem sie ihre Arbeit erledigt hatten – sie waren nicht immer anwesend – und diese vierzig bestanden aus Menschen, die starben und wiederkamen; und ich weiß nicht, was sie jetzt tun; Ich sehe in meiner eigenen Klasse nur einen allmählichen Wechsel der Männer. Ich nehme sie lieber in einer Grundklasse und gebe sie an einen Meister in einer höheren Klasse weiter. Aber ich habe die größte Freude an den Fortschritten, die diese Männer gemacht haben, soweit ich sie gesehen habe; und ich habe nicht den geringsten Zweifel daran, dass in Bezug auf sie Großes geschehen wird.

Vorsitzende. Können Sie bitte genau angeben, welche Position Sie innehaben? – Ich bin Meister der Elementary and Landscape School of Drawing am Working Men's College in der Great Ormond Street. Meine Bemühungen zielen nicht darauf ab, einen Tischler zum Künstler zu machen, sondern ihn als Tischler glücklicher zu machen.

ANMERKUNG : Die folgende Analyse der oben genannten Beweise wurde im Index zum Bericht (S. 184) gegeben. – ED .

114-5-6. Skulptur und Malerei sollten unter demselben Dach und nicht im selben Raum vereint werden. – Skulptur diszipliniert das Auge, um Malerei zu würdigen. – Aber wenn sie sich im selben Raum befindet, stört sie den Geist. – Die Tribüne in Florenz hat zu viel für die Schau arrangiert – Skulptur darf nicht sein gelten als *dekorativ* für einen Raum. – Die National Gallery sollte Werke aller Art von Kunst *aller Epochen umfassen* , chronologisch geordnet (*vgl.* 132). Die mittelalterliche Skulptur sollte mit der Malerei einhergehen, wenn es unmöglich ist, Kunst aller Epochen zu kombinieren.

117-8. Bilder sollten in jedem Fall durch Glas geschützt werden. Es macht sie schöner, unabhängig von der Konservierung. – Glas ist nicht nur zweckmäßig, sondern unerlässlich. – Bilder werden durch Schmutz dauerhaft geschädigt.

119-20-21. Erstklassige große Bilder sollten einen Raum für sich haben und eine Galerie um sie herum. – Bilder müssen in einer Linie mit dem Auge aufgehängt werden. – In einer oder höchstens zwei Zeilen. – Im Salon Carre im Louvre Der Effekt ist großartig, aber Details der Bilder sind nicht zu erkennen.

122. Galerien sollten nicht prunkvoll, sondern angenehm dekoriert sein.

123. Große Bedeutung der chronologischen Anordnung. Kunst die wahrste Geschichte (*vgl.* 125 und 132).

124. Beste Werke minderwertiger Künstler zu sichern.

125. Alle Werke eines Malers, wie unterschiedlich ihre Themen auch sein mögen, werden nebeneinander ausgestellt.

126. Liebe zum Detail in Bildern unter Arbeitern. – Große Verfeinerung ihrer Wahrnehmungen.

127. Zugänglichkeit der neuen Nationalgalerie.

128. Es sollten zwei Galerien vorhanden sein – eine mit Edelsteinen, die an einem möglichst *sicheren Ort platziert sind;* Die anderen enthaltenen Funktionen sind gut, aber schlechter als die höchsten und nur im Hinblick auf die Zugänglichkeit angeordnet.

die Skulptur vor der Londoner Atmosphäre zu schützen .

130. Die untere Galerie wäre als Ausbilder nützlich. – In dieser Hinsicht der großen Galerie überlegen.

131-32. *Kopien* von Gemälden sind stark zu verwerfen.

133. Gute Sammlung von Abgüssen, eine wertvolle Ergänzung für eine Nationalgalerie. – Auch Architekturfragmente und Illustrationen. – Und alles, was mit Kunst zu tun hat.

134. Wenn es unmöglich ist, Kunstwerke aller Epochen zu kombinieren, ist die heidnische und christliche Unterteilung die beste. – „Christliche" Kunst, einschließlich *aller* Kunst nach der Geburt Christi.

135. Große Bedeutung der Anordnung und Inszenierung von Skulpturen.

136. Jüngster Kauf des großen Paul Veronese durch die Regierung.

137. „Restaurieren" im Ausland.

138. Der Zeuge ist Meister der Elementary and Landscape School of Drawing am Working Men's College in der Great Ormond Street. – Die Fortschritte der Schüler waren äußerst zufriedenstellend.

FUSSNOTEN:

[1] Diese von Herrn Ruskin wie oben dargelegten Beweise sind aus dem Bericht der National Gallery Site Commission abgedruckt. London: Harrison und Söhne. 1857. S. 92-7. Fragen 2392-2504. Die Kommission bestand aus Lord Broughton (Vorsitzender), Dekan Milman, Professor Faraday, Herrn Cockerell, RA, und Herrn George Richmond, die alle bei der Aussage von Herrn Ruskin anwesend waren. – Ed .

BILDERGALERIEN – IHRE FUNKTIONEN UND ENTSTEHUNG.

AUSGEWÄHLTER AUSSCHUSS FÜR ÖFFENTLICHE INSTITUTIONEN. [2]

Beweis von John Ruskin, Dienstag, 20. März 1860.

139. *Vorsitzender.* Ich glaube, Sie kennen die führenden Museen, Gemäldegalerien und Institutionen dieser Metropole im Großen und Ganzen? – Ja, ich kenne sie gut.

Und vor allem die Bilder? – Ja.

Ich glaube, Sie haben auch großes Interesse am Working Men's College gezeigt? – Ja, großes Interesse. Ich bin dort seit etwa fünf Jahren als Meister tätig.

Ich glaube, Sie geben an zwei Tagen in der Woche einen Kurs? – Nur an einem Tag in der Woche.

Sie haben der Arbeiterklasse viel unentgeltlichen Unterricht erteilt? – Nicht so sehr der Arbeiterklasse, sondern der Klasse, die besonders die Zeichenvorlesungen besucht, die aber natürlich mit der Arbeiterklasse verbunden ist und durch die ich Bescheid weiß etwas über sie.

140. Sie können wahrscheinlich über die Stunden sprechen, zu denen es am bequemsten wäre, diese Einrichtungen für die Arbeiterklasse zu öffnen, damit sie sich daran erfreuen können? – Auf jeden Fall kann ich mir darüber eine Meinung bilden .

Welche Stunden wären Ihrer Meinung nach für die Arbeiterklasse oder diejenigen, denen Sie Unterricht erteilt haben, am besten geeignet? – Sie hätten natürlich im Allgemeinen keine Stunden, außer am Abend.

Glauben Sie, dass die Stunden, die jetzt für Mechanikerinstitute als angemessen befunden werden, auch für sie geeignet wären, nämlich von acht bis zehn oder von sieben bis zehn Uhr nachts? – Je früher, desto besser, sollte ich meinen; Dies hängt eng von der anderen, viel wichtigeren Frage ab, wie man die Arbeiter darauf vorbereiten kann, die Vorteile dieser Institutionen zu nutzen. Die Frage, vor der wir als Nation stehen, ist meines Erachtens nicht, welche Chancen wir den Lehrkräften geben sollen, es sei denn, wir ermöglichen ihnen, diese zu erhalten; Und das alles hängt meines Erachtens eng mit der Frage des frühen Abschlusses zusammen und mit der schwierigeren Frage, die sich daraus ergibt: Wie weit kann man die Arbeitszeiten regulieren und wie weit kann man die Arbeit während dieser Stunden bringen ? Die Arbeitszeiten sind weder konkurrenzfähig noch bedrückend für die Arbeiter.

141. Haben Sie festgestellt, dass die Unterweisung, die Sie den Arbeiterklassen erteilen durften, bereits sehr gute Ergebnisse bei ihnen erzielt hat? Ich sollte vielleicht kaum über meine eigenen besonderen Unterrichtsmethoden sprechen, weil sie eher dazu dienen, den Arbeiter aus seiner Klasse herauszuführen, und ich bin privat dazu verpflichtet, meine Männer, die zum Working Men's College kommen, zu beeindrucken, und nicht, um darin zu lernen die Hoffnung, alles andere als Arbeiter zu sein, sondern zu lernen, was für sie entweder bei ihrer Arbeit von Vorteil sein oder sie nach ihrer Arbeit glücklich machen kann. In meiner Klasse sind sie besonders versucht, daran zu denken, über ihren eigenen Stand hinauszuwachsen und Künstler zu werden – etwas Besseres als Arbeiter zu werden, und dieser Effekt fürchte ich besonders. Ich möchte, dass alle Bemühungen zur Verbesserung der Arbeiter besonders auf diese Weise ausgerichtet sind: vorausgesetzt, dass sie für immer in dieser Position bleiben, dass sie nicht in der Lage sind, sich darüber zu erheben, und dass sie als Bergleute in der Kohle oder in der Eisenindustrie arbeiten Fälscher bleiben, wie sie sind; Wie können Sie sie dann glücklicher und weiser machen?

Ich nehme an, Sie würden zugeben, dass der Wunsch, aus einer Klasse herauszukommen, fast untrennbar mit dem Maß an Selbstverbesserung verbunden ist, das Sie ihnen geben möchten? – Das glaube ich nicht; Ich denke, dass ein Mann in dem Moment, in dem er aus seiner eigenen Klasse herauskommen will, seine Arbeit darin schlecht macht; er sollte den Wunsch haben, in seiner eigenen Klasse aufzusteigen, und nicht aus ihr heraus.

Man könnte annehmen, dass die Unterweisung, die Sie erteilen würden, für den Arbeiter in der Klasse, in der er sich befindet, von Vorteil wäre? – Ja.

142. Und das stimmt nicht mit dem überein, was von vielen Arbeitern behauptet wurde, dass sie in ihrer Konkurrenz mit Ausländern festgestellt haben, dass Kunstkenntnisse für sie am vorteilhaftesten waren? – Ganz richtig.

Ich glaube, dass viele Ausländer jetzt mit den Arbeitern in der Metropole in Konkurrenz stehen, wenn es um Kunst geht. Ich glaube, dass es viele gibt und dass sie wahrscheinlich noch zunehmen werden, je enger die Beziehungen zwischen den Nationen werden.

Sind Sie der Meinung, dass der einzelne Arbeiter, der heute in diesem Land Kunstwerke ausführt, intellektuell weniger für seinen Beruf geeignet ist als früher? – Sehr wohl.

Haben Sie nicht einige Beweise dafür, die Sie zugunsten des Ausschusses vorlegen können? – Ich kann nur eine Behauptung aufstellen; Ich kann es nicht beweisen; aber ich behaupte mit Zuversicht, dass kein Handwerker, dessen Geist ich untersucht habe, derzeit in der Lage ist, in den Künsten zu entwerfen, nur zur Nachahmung und zu einer exquisiten manuellen Ausführung, wie sie von der Arbeit aller Zeiten oder Zeiten unübertroffen ist Beliebiges Land; Die manuelle Ausführung ist jedoch, da sie völlig mechanisch ist, für den Menschen selbst immer nutzlos und letztlich auch für diejenigen, die das Werk besitzen.

143. Sind Sie in Bezug auf die Institutionen, in denen Bilder ausgestellt werden, davon überzeugt, dass der Öffentlichkeit größtmögliche Erleichterungen geboten werden, die mit den jetzt anfallenden Kosten vereinbar sind? – Ich kann nicht sagen, inwieweit dies mit den Kosten vereinbar wäre, aber ich Ich denke, dass eine sehr kleine Erhöhung der Kosten sicherlich eine große Steigerung der Bequemlichkeit mit sich bringen könnte.

Von verschiedenen Personen wurden verschiedene Pläne für eine Verbesserung der Nationalgalerie im Hinblick auf die Fläche und eine bessere Verteilung der Bilder vorgeschlagen? – Ja.

Sind Sie der Meinung, dass es mit sehr geringen Kosten möglich wäre, die Fläche der Nationalgalerie erheblich zu vergrößern? – Ich habe die Frage in Bezug auf die Fläche der Nationalgalerie nicht untersucht. Es hängt natürlich von Fragen der Miete und der Art und Weise ab, in der das Gebäude jetzt gebaut wird, die ich nicht untersucht habe; Aber im Allgemeinen trifft dies auf große Gebäude zu, dass Ausgaben, die klug auf die Bereitstellung von Einrichtungen zum Betrachten der Bilder und nicht auf die bloße Zurschaustellung des Gebäudes gelenkt werden, immer einen weitaus größeren Nutzen für die Nation und insbesondere für die unteren Schichten bringen würden der Nation, als Ausgaben, die in irgendeiner anderen Weise im Zusammenhang mit diesen Institutionen anfallen.

144. Einige Personen neigten dazu, zu bezweifeln, ob Gas schädlich für die Bilder sein würde, wenn die Anstalten nachts geöffnet wären; Wäre das Ihr Eindruck? – Ich habe keinen Zweifel, dass es den Bildern schaden würde, wenn es mit ihnen in Berührung käme. Es wäre für mich ein großes Bedauern, wenn wertvolle Bilder so ausgestellt würden. Ich habe gehofft, dass in einer Galerie für die Arbeiterklasse Bilder aufgestellt werden könnten, die sie viel mehr interessieren würden als die *Meisterwerke* der großen Meister,

und die gleichzeitig bei ihrer Zerstörung keinen großen Verlust für die Nation bedeuten würden .

145. Haben Sie irgendwelche Erfahrungen mit dem Ablauf der Abendöffnungen des South Kensington Museum gemacht? – Keine direkten Erfahrungen, aber ich habe den Eindruck, dass die Arbeiter derzeit gezwungen sind, immer daran zu denken, an einem Tag so viel Arbeit zu erledigen wie sie können, werden in diesen Institutionen im Allgemeinen dazu gebracht, auf die Maschinerie oder auf irgendetwas zu achten, was ihren Beruf betrifft; Daher gibt es für sie keine Ruhe; Manchmal ist es vielleicht ein großer Schritt, wenn es ihnen erlaubt ist, ihre Familien, wie sie es an bestimmten Abenden tun, ins Kensington Museum mitzunehmen; Aber das große Übel besteht darin, dass der Druck, den die Arbeit auf den Geist eines Menschen ausübt, nicht beseitigt wird und dass er nicht genug Ruhe hat, eine gründliche Ruhe, die ihm durch richtige Erklärungen der Dinge, die er sieht, gegeben wird; Er lässt sich nicht durch eine ausführliche gedruckte Erklärung hinter der eigentlichen Sache dazu verleiten, sich freudig und schmerzlos für jedes Thema zu interessieren, das ihm vorgelegt wird. er wandert lustlos umher und bemüht sich, Dinge herauszufinden, die nicht ausreichend erklärt werden, und nach und nach wird er davon müde und geht zurück nach Hause oder in sein Bierhaus, es sei denn, er ist ein sehr intelligenter Mann.

Würden Sie empfehlen, dass ihm jemand durch das Gebäude folgt, um ihm die Einzelheiten zu erklären? – Nein; aber ich würde besonders empfehlen, dass unsere Institutionen auf die Hilfe von Personen ausgelegt sein sollten, deren Geist von der Arbeit erschöpft ist. Ich finde, dass bei gewöhnlichen Verfassungen die Arbeit eines Tages in England einen Menschen unterdrückt und zerbricht, und es ist für ihn keine Erfrischung, danach seinen Verstand zu gebrauchen, aber es wäre eine Erfrischung für ihn, wenn ihm etwas vorgelesen würde , oder irgendetwas Amüsantes, das ihm gesagt wurde, oder um vollkommene Ruhe zu haben; Er lehnt sich lieber in seinem Stuhl an seinem eigenen Kamin zurück und raucht seine Pfeife, anstatt sich auf eine politische Debatte einzulassen, und was wir wollen, ist eine Erweiterung unserer Kunstinstitutionen mit interessanten Dingen, die einen Mann lehren und ihn gleichzeitig unterhalten gleiche Zeit; vor allem große gedruckte Erläuterungen unter jedem Druck und jedem Bild; und die Motive der Bilder, wie sie sie genießen können.

146. Haben Sie noch einen anderen Vorschlag, der geeignet ist, das Komitee über das ihm zur Prüfung anvertraute Thema aufzuklären? – Ich kann nur sagen, was ich selbst für meine Männer empfunden habe. Ich habe besonders festgestellt, dass Naturgeschichte für sie eine Freude war; Ich denke, dass das eine besondere Tendenz hat, sie von ihrer Arbeit abzulenken, was ich immer versuche, nicht ehrgeizig, sondern in Ruhe. Ich möchte zu dem, was ich über

die Verletzungsgefahr bei *Meisterwerken* gesagt habe, hinzufügen, dass eine solche Gefahr nicht nur in Bezug auf Gas besteht, sondern auch in Bezug auf den Atem, die Temperaturschwankungen und die Ausdehnung der Leinwände in einem anderen Temperatur, die Ausbreitung der Farbe auf ihnen und verschiedene chemische Vorgänge des menschlichen Atems, die Möglichkeit eines versehentlichen Gasaustritts, die Zirkulation unterschiedlich feuchter Luft durch die Ventilatoren; All dies sollte die großen und unersetzlichen Werke der besten Meister nicht beeinträchtigen. und diese Werke sind meiner Meinung nach für die Arbeiterklasse völlig wertlos; Ihre Verdienste sind völlig unsichtbar, außer für Personen, die viele Jahre lang studiert haben, um sich für ihre Entdeckung zu qualifizieren. aber was dem arbeitenden Mann fehlt, ist eine historische Darstellung edler Ereignisse, die sein eigenes Land betreffen; die Geschichte seines eigenen Landes wurde ihm gut dargestellt; die Naturgeschichte fremder Länder wurde ihm gut dargestellt; und häusliches Pathos vor ihn gebracht. Nichts hilft ihm so sehr, wie wenn nach der Arbeit die moralische Veranlagung stärker entwickelt wird als die intellektuelle; alles, was seine Gefühle berührt, ist gut und erweckt ihn zu neuem Leben; deshalb möchte ich, wenn möglich, moderne Bilder jener Klasse, die durch ihre Sujets veredeln und veredeln. Ich hätte gerne Drucke aller Zeiten, Stiche aller Zeiten; diese würden ihn mit ihrer Vielfalt an Mitteln und Themen interessieren ; und Naturgeschichte von drei Arten, nämlich Muscheln, Vögeln und Pflanzen; keine Mineralien, weil ein Arbeiter zu Hause nicht Mineralogie studieren kann; aber in welcher Stadt er sich auch immer aufhält, vielleicht interessiert er sich für die Vögel und Pflanzen oder für die Muscheln seines eigenen Landes und seiner Küste. Ich möchte zuerst die häufigste aller unserer Pflanzen und möglichst ausführlich illustriert sehen. der häufigste aller unserer Vögel und unserer Muscheln, und die Menschen würden dazu gebracht, sich ausschließlich wegen ihrer Schönheit und ihres besonderen Charmes für diese Dinge zu interessieren, unabhängig von der Verwendung, die man daraus in der Kunst machen könnte. Für den intelligenteren Arbeiter, der sich in seinem Geschäft wirklich weiterentwickeln will, sollte es auch Muster der Manufakturen aller Länder geben, soweit es der Umfang solcher Institutionen zulässt.

147. Sie sind, glaube ich, viel ins Ausland gereist? – Ja.

Und Sie haben in vielen anderen Ländern gesehen, dass der Verbesserung der Menschen in dieser Angelegenheit weit mehr Aufmerksamkeit geschenkt wird als hierzulande? – Viel mehr.

Glauben Sie, dass Sie die guten Wirkungen nachvollziehen können, die sich aus dieser Behandlungsart ergeben? – Die Umstände sind so unterschiedlich, dass ich nicht in der Lage bin, Beweise für eine eindeutige Wirkung solcher Bemühungen zu liefern; Es liegt nur auf der Hand, dass es so sein muss.

Gegenwärtig sind in England so viele Umstände gegen uns, dass wir nicht zuversichtlich sein dürfen, was eine zu schnelle Wirkung angeht. Ich glaube, dass ein wichtiger Grund für die Überlegenheit ausländischer Länder in der Manufaktur darin liegt, dass sie immer schönere Dinge an sich haben, und es ist für einen Mann, der in den Straßen unserer Manufakturstädte erzogen wird, nicht möglich, jemals diese Verfeinerung zu erreichen Auge oder Sinn; er kann es nicht tun; und er ist es gewohnt, in seinem Zuhause das zu ertragen, was seine Sinne dennoch abstumpft.

Dem Komitee wurde mitgeteilt, dass einige unserer Museen, insbesondere das Britische Museum, mit Objekten sehr überladen sind, und ich vermute, dass die gleiche Bemerkung auch auf einige unserer Gemäldegalerien zutrifft. Sind Sie der Meinung, dass es der allgemeinen Erhebung der Menschen in diesem Land förderlich wäre, wenn unsere Kunstwerke und interessanten Gegenstände schneller und bequemer als bisher in den verschiedenen Produktionsbezirken verbreitet würden? Ich denke, dass alle kostbaren Kunstwerke mit einer ganz anderen Sichtweise behandelt werden sollten und dass sie dort zusammengehalten werden sollten, wo Männer, deren Arbeit sich hauptsächlich mit Kunst befasst, und wo die künstlerisch höheren Klassen vollen Nutzen aus ihnen ziehen können. Sie sollten daher alle zusammen sein, wie im Louvre in Paris und wie in den Uffizien in Florenz, wobei alles andere Dinge veranschaulichen soll, aber getrennt von den für die Arbeiterklasse bestimmten Sammlungen aufbewahrt werden, die ebenso wertvoll sein können wie Sie haben die Wahl, aber sie sollten benutzbar sein und vor allem so angebracht sein, dass die Arbeiterklasse leicht an sie herankommen kann, ohne dass die Wärter aufpassen, was sie tun, und ihre Frauen und Kinder bei sich haben und in der Lage sind, an sie heranzukommen frei, damit sie eine Sache als ihr Eigentum betrachten können, nicht nur als etwas der Nation, sondern als ein Geschenk der Nation an sie als Arbeiterklasse.

Würden Sie im empfänglichen Alter einen Geschmack entwickeln? – Vor allem in der Kindererziehung, das ist wohl nur die erste Frage, die die Wurzel von allem ist, was Sie für den Arbeiter tun können.

148. Sind Sie im Hinblick auf die Verbreitung von Bildern und solche Leihgaben von Bildern, die bisher in Manchester und anderswo vorgenommen wurden, der Meinung, dass in bestimmten Fällen während eines Teils des Jahres einige unserer besten Bilder ausgeliehen werden könnten? bestimmte Zeiträume, bestimmte Städte in den gleichen Zustand zurückversetzen, um diesen Städten die Möglichkeit zu geben, sich darüber eine Meinung zu bilden, die sie sonst nicht hätten? – Ich würde sie lieber alle in der Metropole behalten und umziehen sie so wenig wie möglich, wenn sie wertvoll sind.

Herr Slaney. Das gilt nicht für Leihgaben von unabhängigen Herren, die bereit wären, ihre Bilder zu leihen? – Ich wäre sehr froh, wenn es möglich wäre, Bilder zu leihen und sie herumzuschicken. Ich denke, es ist eine der größten Bewegungen in der Nation, die die zunehmende Freundlichkeit der Oberschicht gegenüber den Unterschichten zeigt, dass dies getan wurde; aber ich denke, nichts kann das Risiko rechtfertigen, zum Beispiel edle Bilder mit der Eisenbahn zu riskieren; Das ist natürlich die Sichtweise eines Künstlers; aber ich sehe nicht, dass der zu erzielende Vorteil überhaupt mit der damit verbundenen Verlustgefahr korrespondieren würde.

149. *Herr Hanbury.* Sie erwähnten, dass Sie es für sehr wünschenswert hielten, dass Vorlesungen für die Arbeiterklasse gehalten würden? – Ja.

Glauben Sie, dass die Duplikatexemplare im British Museum für Vorlesungen über Naturgeschichte zur Verfügung gestellt werden könnten, wenn ein Teil dieser Institution für diesen Zweck eingerichtet werden könnte? – Ich denke schon; Aber es ist eine Frage, zu der ich kein Recht habe, eine Meinung zu äußern. Nur die Verantwortlichen der Anstalt können sagen, wie viele ihrer Duplikate sie entbehren könnten.

Ich stelle Ihnen die Frage, weil ich im British Museum beobachtet habe, dass die Leute großes Interesse an der Abteilung für Naturgeschichte zeigten, und einmal blieb ein Freund stehen und erklärte einige der Objekte, und sofort a Es versammelte sich eine sehr große Menschenmenge um ihn, und die Beamten mussten eingreifen und sagten ihm, er solle weitergehen Gut ausgewählt und von einem durchaus intelligenten Dozenten vorgetragen, könnten Sie die unteren Klassen interessieren und sie in beliebigem Umfang unterrichten.

Wäre es schwierig, solche Dozenten zu finden, von denen Sie sprechen? – Nicht rechtzeitig; vielleicht wäre es das jetzt schon, weil wir so sehr daran gewöhnt sind zu denken, dass Wissenschaft in der Sprache und in schönen Worten bestehe und nicht in der Feststellung der Natur der Sache. Der Arbeiter kann nicht durch schöne Worte getäuscht werden; Er möchte immer etwas über die Sache und ihre Eigenschaften wissen. Viele unserer Dozenten wären zweifellos verwirrt, wenn man sie bitten würde, die Gewohnheiten eines gewöhnlichen Vogels zu erklären.

150. Gibt es in der Arbeiterklasse ein zunehmendes Verlangen nach Information und Verbesserung? – Ein durstiges Verlangen danach in alle Richtungen, das von Tag zu Tag zunimmt und wahrscheinlich noch zunimmt; es würde durch das, wovon es sich ernährt, wachsen.

Worauf führen Sie diese Verbesserung zurück? – Teilweise auf die gesunden und angemessenen Anstrengungen, die unternommen wurden, um die

Arbeiterklasse zu erheben; zum Teil, das muss ich leider sagen, auf den ehrgeizigen Wunsch im ganzen Land, stets an einen Punkt zu gelangen, den es noch nicht erreicht hat und der einen Mann mit dem anderen in jeder Hinsicht kämpfen lässt. Ich denke, dass die Idee, dass Wissen Macht ist, die Wurzel der Bewegung in der Arbeiterklasse ist, viel stärker als in jeder anderen.

Denken Sie, dass die Entfernung unserer öffentlichen Institutionen ein großes Hindernis für die Arbeiterklasse darstellt? – Wirklich sehr groß.

Sie würden es daher wahrscheinlich als Segen betrachten, wenn eine weitere Institution wie das British Museum am östlichen Ende der Metropole entstehen könnte? – Ich wäre sehr dankbar, dies zu sehen, insbesondere dort.

151. *Herr Slaney.* Ich glaube, Sie haben gesagt, dass Sie der Meinung sind, dass es für die Arbeiterklasse eine großartige Sache ist, nach der anstrengenden Beschäftigung des Tages geistig zu entspannen; dass sie die Gelegenheit nutzen würden, populäre Vorlesungen über Zweige der Naturgeschichte zu besuchen, die sie verstehen könnten, wenn sie ihnen in einfacher Sprache gehalten würden? – Ja.

Wenn Sie zum Beispiel einen populären Vortrag über britische Vögel halten und ihnen eine Erklärung der Gewohnheiten der verschiedenen Vögel geben würden, unterstützt durch einigermaßen gute Tafeln oder Abbildungen, die die unterschiedlichen Zuggewohnheiten der Vögel beschreiben, die im Frühling zu uns kommen, bleiben Sie im Sommer und reisen Sie im Herbst in ferne Länder ab; von denen, die im Herbst kommen, den Winter über bleiben und uns dann verlassen; von denen, die uns mit ihrem Gesang bezaubern und uns auf verschiedene Weise nützen; Glauben Sie, dass ein solcher Vortrag für die Arbeiterklasse akzeptabel wäre? – Es wäre genau das, was ihnen am meisten Spaß machen würde und was ihnen am meisten nützen würde.

Glauben Sie nicht, dass solche Vorträge ohne sehr große Kosten gehalten werden könnten, indem man Leute findet, die sich bemühen würden, die Themen einfach und angenehm zu vermitteln, ohne dass dafür ein sehr teurer Apparat erforderlich wäre, weder von Figuren noch von Vögeln, der aber aufgezeigt werden könnte? ihnen gesagt und ihnen von Zeit zu Zeit erklärt? – Nein; Ich denke, dass solche Vorlesungen nicht von Nutzen wären, wenn den Männern zwischendurch nicht die Möglichkeit gegeben würde, ständig in Ruhe zu lernen. Soweit ich weiß, sind Vorlesungen immer völlig nutzlos, es sei denn, sie dienen der Unterhaltung, es sei denn, man bietet die Gelegenheit zu einem genauen Zwischenstudium, und obwohl ich einerseits die Idee ablehnen würde, die Chefs-d'œuvre zu *halten* Ich würde dem Arbeiter die höchsten Meister für seine täglichen Experimente zur Verfügung stellen, daher würde ich andererseits die Idee irgendeiner Sparsamkeit ablehnen, wenn ich einen konkreten Plan sehen würde, einem Mann in seinen eigenen Zeiten des stillen Lernens zu helfen.

152. Es gibt einige populäre Werke über britische Vögel, auf die sich die Männer beziehen könnten und die Berichte über die Vögel und ihre Gewohnheiten enthalten, auf die später Bezug genommen werden könnte? – Ja.

Es gibt mehrere Werke über britische Vögel, die sehr schön illustriert sind und auf die man sich beziehen könnte; Glauben Sie nicht, dass auch im Hinblick auf populäre Vorträge über britische Pflanzen etwas getan werden könnte, und insbesondere über diejenigen, die vielleicht am häufigsten vorkommen und nur deshalb vernachlässigt werden, weil sie häufig vorkommen? dass Sie ihnen die verschiedenen Böden zeigen, auf denen sie wachsen, damit sie Ausflüge unternehmen können, um sie in ihrem wilden Zustand zu sehen? – Mein Wunsch ist, dass es in jeder großen Industriestadt eine perfekte Sammlung gibt, auf jeden Fall die wichtigsten Gattungen britischer Pflanzen und Vögel, gründlich geordnet, und eine damit verbundene Bibliothek, die die besten illustrativen Werke zu diesem Thema enthält, und dass von Zeit zu Zeit Vorträge von führenden Wissenschaftlern gehalten werden sollten, die Ich bin mir sicher, dass sie bereit wären zu spenden, wenn ihnen solche Sammlungen zugänglich gemacht würden.

Ich wage zu behaupten, dass Sie wissen, dass es ein Buch über britische Vögel gibt, das von einem Herrn zusammengestellt wurde, der im Handel tätig war und viele Jahre lang an der Ecke St. James's Street lebte, und das von allen geschätzt wird, die sich diesem Studium widmen , und die für die Arbeiter leicht zu bekommen wären. Glaubst du nicht, dass dies ihren Geist entspannen und ihnen in vielerlei Hinsicht nützen würde, insbesondere wenn sie das Studium weiterverfolgen könnten? – Ja, in jeder Hinsicht.

Was Pflanzen angeht, könnten sie nicht auch ihre Frauen interessieren? – Das glaube ich durchaus.

Wenn solche Dinge in der Nähe großer Städte wie Manchester durch Abonnements erledigt werden könnten, würden sie dann nicht sehr auf die dankbaren Gefühle der bescheideneren Menschen reagieren, die selbst wahrscheinlich irgendeine Kleinigkeit abonnieren würden? – Ich denke, das wäre der Fall dankbar, wie auch immer es gemacht wurde. Aber ich möchte, dass dies als Ausdruck des Gefühls der Nation geschieht, als Erfüllung ihrer Pflicht gegenüber den Arbeitern, und nicht als eine Art Wohltätigkeitsorganisation auf privater Basis.

153. *Sir Robert Peel.* Sie sind seit fünf Jahren mit dem Working Men's College verbunden? – Ja; Ich denke an diese Zeit.

Ist die Besucherzahl dort gut? – Ich glaube, die Besucherzahl ist angemessen.

Von der Arbeiterklasse? – Ja; in den anderen Hörsälen; nicht viel bei mir.

Gehen sie nach Lust und Laune dorthin, ohne sich vorher Eintrittskarten zu besorgen? – Sie absolvieren eine Einführungsprüfung, die keineswegs streng ist, sondern lediglich zeigt, dass sie in der Lage sind, den dortigen Unterricht zu nutzen; Natürlich zahlen sie für jede Klasse eine bestimmte Summe, die derzeit, glaube ich, überhaupt keine Unterstützung ist, an das College, nur um sicherzustellen, dass sie sich darum kümmern.

Sie haben erklärt, dass Vorlesungen Ihrer Meinung nach nichts nützen würden, wenn es nicht das gibt, was Sie als aktives Mittelstufenstudium bezeichnen? – Ich glaube nicht.

Was meinten Sie mit aktivem Zwischenstudium? Wenn ein Mann jeden Tag der Woche bis Samstagnachmittag arbeitet, wie könnte das passieren? – Ich denke, dass man überhaupt nicht ein- oder zweimal pro Woche Vorträge in den Institutionen im ganzen Königreich halten könnte. Mit Zwischenstudium meine ich lediglich, dass ein Mensch, wenn er den Raum betritt, Dinge bei sich haben sollte, die ihn dazu verleiten, sie anzuschauen und sich für sie zu interessieren, etwa für einen Vogel oder eine Pflanze.

Während der Vortrag lief? – Nein, das könnte alle zwei Wochen oder einmal im Monat gegeben werden, aber diese Zwischenaufmerksamkeit sollte genau das sein, was ein Mann gerne einer einzelnen Pflanze schenkt, die er in seinem eigenen Garten kultiviert oder ein einzelner Vogel, den er zufällig erhalten hat; die beste aller Studienarten.

154. Sie sind für die Early Closing Association? – Ich werde das nicht sagen, weil ich ihre Grundsätze nicht geprüft habe. Ich möchte, dass unsere Arbeit reguliert wird, damit es unmöglich wird, dass Menschen geistig und körperlich so völlig unterdrückt werden, wie sie es durch das System der Konkurrenz tun.

Sie haben angegeben, dass Sie sich wünschen würden, dass die Stunden, in denen sie die Einrichtungen genießen können, so früh wie möglich stattfinden? – Ja, auf jeden Fall.

Aber es wäre aufgrund der Arbeitsorganisation im Land unmöglich, sie früher als jetzt zu haben. – Ich weiß nicht, was möglich ist. Ich weiß nicht, wie viele Arbeitsstunden letztendlich benötigt werden.

Dennoch sind Sie der Meinung, dass ein halber Feiertag am Samstag für die Arbeiterklasse von Vorteil wäre und es ihnen ermöglichen würde, diese Einrichtungen zu besuchen und zu genießen? – Gewiss.

155. Sie haben, glaube ich, beobachtet, dass auf Seiten der Arbeiterklasse ein dürstiger Wunsch nach Verbesserung bestand? – Gewiss.

Und Sie haben auch gesagt, dass sie den Wunsch hätten, in dieser Klasse aufzusteigen, aber nicht daraus herauszukommen? – Ich habe nicht gesagt, dass sie in dieser Klasse aufsteigen wollten; sie wollen daraus hervorgehen; Sie möchten etwas Besseres als Arbeiter werden, und ich möchte, dass sie in dieser Klasse bleiben. Ich möchte jedem Menschen beibringen, in seiner Stellung zufrieden zu sein, und ich möchte, dass alle Menschen in allen Stellungen besser werden und sich gegenseitig helfen, so gut sie können.

Aber Sie haben noch nie einen Mann gesehen, der zufrieden war? – Ja, ich habe mehrere gesehen; fast alle sehr guten Arbeiter sind zufrieden; Ich finde, dass nur die zweitklassigen Arbeiter unzufrieden sind.

156. Sicherlich ist der Wettbewerb mit Ausländern ein großer Vorteil für die Arbeiterklasse dieses Landes? – Nein.

Es wurde festgestellt, dass der Wettbewerb ein enormer Vorteil bei der Erweiterung des künstlerischen Wissens unter den Menschen dieses Landes ist, die den Ausländern schnell auf den Fersen treten? – Eine Kenntnis dessen, was ausländische Nationen erreicht haben, kann für unsere Arbeiter sehr nützlich sein. aber ein Geist des Wettbewerbs mit fremden Nationen nützt niemandem.

Sind Sie so freundlich, den Grund dafür anzugeben? – Jede Nation hat die Macht, eine bestimmte Anzahl von Kunstgegenständen zu produzieren oder Produktionen herzustellen, die ihr eigen sind und die sie durchaus gut hervorbringen kann; und wenn das richtig verstanden wird, wird jede Nation danach streben, ihre eigene Arbeit so gut wie möglich zu erledigen, und wird den Wunsch haben, von anderen Nationen mit dem versorgt zu werden, was sie produzieren können; Wenn wir beispielsweise hier in England versuchen würden, Seide zu produzieren, könnten wir möglicherweise ungesunde Maulbeerbäume anbauen und ungesunde Seidenraupen aufziehen, aber keine gute Seide produzieren. Es stellt sich möglicherweise die Frage, inwieweit wir in Geschmacksfragen mit Ausländern konkurrieren sollten. Ich halte es selbst aus dieser Sicht für zweifelhaft, ob wir jemals ernsthaft mit ihnen konkurrieren sollten. Ich finde in der Kunst der Vergangenheit Beweise dafür, dass die Franzosen schon immer eine Begabung für Farbe hatten, die die Engländer jedoch nie hatten.

157. Sie haben erklärt, dass Sie der Meinung sind, dass die Vorteile, die sich aus unseren nationalen Institutionen ergeben, mit sehr geringem Aufwand erheblich gesteigert werden könnten; Können Sie erläutern, warum Ihrer Meinung nach nur sehr geringe Kosten erforderlich wären und wie dies geschehen sollte? – In erster Linie durch Erweiterung des Raums und durch das Hinzufügen sehr billiger, aber völlig illustrativer Werke; indem alles, was solche Institutionen enthalten, vollständig zugänglich gemacht wird; und wie ich glaube, ich habe es bereits gesagt, Erklärungen zu geben, insbesondere in sichtbarer Form, neben dem zu veranschaulichenden Gegenstand, nicht in einer separaten Form.

Aber das würde nur für den Tag gelten? – Für die Nacht auch.

Aber müsste man nicht ein Beleuchtungssystem einführen? – Ja; ein Beleuchtungssystem, dessen Anwendung bei großen Kunstwerken ich nur bereuen würde; Ich denke, dass das hellste Beleuchtungssystem verwendet werden sollte, besonders am Abend, damit solche Orte für den Arbeiter angenehm sind und ihn von der Bierstube und allen anderen bösen Versuchungen fernhalten; aber ich möchte, dass sie aus Angst vor Feuer lieber mit einfachen und mehr oder weniger billigen Sammlungen besetzt sind als mit den wertvollen.

Wenn man im Britischen Museum Informationen zur Naturgeschichte gedruckt hätte, wäre das Ihrer Meinung nach von großem Nutzen? – Ja.

158. Sie haben erklärt, dass Ihrer Meinung nach im Ausland ein weitaus größeres Interesse an der geistigen Entwicklung der Arbeiterklasse besteht als in England? – Ich habe diese Frage ziemlich voreilig beantwortet. Ich sehe kaum etwas von der Gesellschaft in fremden Ländern und dachte damals an die großen Anstrengungen, die jetzt in Frankreich unternommen werden, und an den allgemeinen Komfort der offenen Institutionen.

Nicht politisch? – Nein.

Glauben Sie immer noch, dass man sich im Ausland stärker für die geistige Entwicklung der Arbeiterklasse interessiert als in England? – Ich glaube schon, aber ich traue meiner eigenen Meinung nicht.

Ich habe im Ausland gelebt und festgestellt, dass es bei den Franzosen beispielsweise eine natürliche Leichtigkeit gibt, sich Kenntnisse über Kunst und die Kombination von Farben anzueignen, aber ich habe nie mehr, aber weitaus weniger Verlangen oder Interesse gesehen die Arbeiterklasse als in England. – Was ihre intellektuelle Entwicklung betrifft, sage ich ja; aber ich denke, es besteht eine größere Neigung, sie glücklich zu machen und ihnen zu ermöglichen, ihr Glück in gewöhnlichen Gesellschaften, auf *Festen* und allem, was ihnen Spaß macht oder ihrer Erholung dient, zu genießen .

Aber das ist nur sonntags? – Nein; Ich glaube, dass man an allen *Festtagen und während der ganzen Zeit den arbeitenden Mann mit seiner Frau in den Gärten oder in den Vororten einer Stadt glücklicher und im Großen und Ganzen in einem glücklicheren Zustand sieht;* es besteht weniger Wunsch, für das Geld so viel wie möglich aus ihm herauszuholen; Der Wunsch, ihn zu unterdrücken und als Maschine zu benutzen, ist geringer als in England. Aber beachten Sie, ich verlasse mich nicht auf diesen Punkt; Und ich verstehe nicht ganz, wie sich das auf die Frage auswirkt, denn ganz gleich, welches Interesse im Ausland oder in unserem Land bestehen mag, in keinem von beiden ist es so groß, wie es sein sollte.

Aber Sie haben den Charakter der Oberschicht in diesem Land verunglimpft, indem Sie unterstellt haben, dass man sich im Ausland viel mehr für die Arbeiterklasse interessierte als in England. Jetzt behaupte ich, dass genau das Gegenteil der Fall ist. – Es tut mir sehr leid, all meine Gefühle zum Ausdruck zu bringen, die ich hinsichtlich der Beziehungen zwischen der Oberschicht und der Arbeiterklasse in diesem Land hege; Es handelt sich um ein Thema, das derzeit nicht diskutiert werden kann und zu dem ich jede weitere Untersuchung ablehnen würde.

159. Sie sagten, dass die Arbeiter in diesem Land nicht so glücklich seien wie im Ausland, wenn sie denselben Berufen nachgingen? – Ich würde das mit Sicherheit nicht glauben.

Sie waren in der Schweiz? – Ja.

Und in Zürich? – Nicht in letzter Zeit.

Das ist der Sitz einer großen Leinenmanufaktur? – Ich habe die dortigen Manufakturen nie untersucht, noch habe ich mir die Schweiz als Produktionsland angesehen.

Aber Sie sagten, dass man sich im Ausland viel stärker für die geistigen Entwicklungen der Arbeiterklasse interessierte als in England? – Ja; aber ich dachte weder an die Schweiz noch an Zürich. Ich dachte an Frankreich, und ich dachte an die Arbeiterklasse im Allgemeinen, nicht speziell an die Arbeiterklasse in der verarbeitenden Industrie. Ich habe im Allgemeinen die Worte „Arbeiterklasse" verwendet.

Ziehen Sie dann den Ausdruck zurück, den Sie verwendet haben, dass im Ausland die Oberschicht sich mehr für die Lage der Arbeiterklasse interessiere als in England? – Ich ziehe ihn nicht zurück; Ich habe nur gesagt, dass es mein Eindruck war.

Aber Sie können es nicht feststellen? – Nein.

Es handelt sich also lediglich um den individuellen Eindruck? – Völlig wahr.

Sie sagten, glaube ich, dass die Menschen im Ausland ihre öffentlichen Einrichtungen besser genießen, weil die Inspektoren ihnen nicht folgen? – Das habe ich nicht gesagt. Mir wurde die Frage gestellt, ob ich der Meinung sei, dass der Unterricht von Personen erteilt werden sollte, die den Arbeiter begleiten, und ich antwortete mit Sicherheit nicht. Ich würde ihn lieber sich selbst überlassen, mit den Informationen, die ihm gedruckte Dokumente geben könnten.

160. *Mr. Sclater Booth.* Sind Sie sich im Hinblick auf die Nationalgalerie bewusst, dass dort derzeit großer Druck und Platzmangel herrscht, sowohl im Hinblick auf den Platz zum Aufhängen von Bildern als auch im Hinblick auf die Menschenmassen, die die Nationalgalerie frequentieren? – Das bin ich Ich bin mir ziemlich sicher, dass der Druck, wenn er nicht groß ist, aufgrund der Menge an Bildern, die ständig gekauft werden, bald kommen wird.

Denken Sie nicht, dass eine Erweiterung des Raums in der National Gallery eine vorrangige Überlegung ist, die Vorrang vor jeder Verbesserung haben sollte, die in den Räumen, so wie sie sind, vorgenommen werden könnte, im Hinblick auf deren Eröffnung an einem Abend? – Most sicherlich.

Das ist Ihrer Meinung nach das Erste, was getan werden sollte? – Mit Sicherheit.

Beziehen Sie sich bei Ihren Vorlesungen am Working Men's College auf besondere Bilder in der National Gallery oder auf besondere Kunstwerke im British Museum? - Niemals; Ich versuche, jede Anweisung, die ich gebe, auf das zu beziehen, was für den Arbeiter leicht zugänglich ist oder was er im Moment sehen kann. Ich rechne nicht damit, dass er Zeit hat, diese Institutionen aufzusuchen; Ich lege das Ding gerne in seine Hand und habe es in der Hand.

War es nie ein Stolperstein auf Ihrem Weg, dass Sie einen Arbeiter gefunden haben, der nicht in der Lage war, Ihre Vorlesungen mit Illustrationen zu vergleichen, auf die Sie ihn möglicherweise verwiesen haben? – Ich habe meine Vorlesungen nie mit der Absicht vorbereitet, sie durch die Werke von zu illustrieren die großen Meister.

161. Sie haben sehr zu Recht darauf hingewiesen, wie wichtig es ist, auf Kunstwerken gedruckte Erklärungen zu verankern. Ist Ihnen nicht bewusst, dass dies in gewissem Umfang im Kensington Museum geschehen ist? – Ja.

Glauben Sie nicht, dass ein großer Teil der Popularität dieser Institution auf diesen Umstand zurückzuführen ist? – Das glaube ich ganz bestimmt.

Im Großen und Ganzen schließe ich aus Ihren Aussagen, dass Sie nicht sehr zuversichtlich sind, was die vorteilhaften Ergebnisse betrifft, die sich aus der Eröffnung des British Museum und der National Gallery an einem Abend, wie diese Institutionen derzeit bestehen, ergeben würden, und zwar aus Mangel an Was auch immer die Ergebnisse sein mögen, wenn man sie in ihrer jetzigen Form öffnet, denke ich, dass bessere Ergebnisse erzielt werden könnten, wenn man Institutionen allein für den Arbeiter selbst vorbereitet.

Glauben Sie, dass Vogel- und Pflanzenmuseen, die in verschiedenen Teilen der Metropole eingerichtet und mit Bildern von häuslichem Interesse und möglicherweise mit Mustern von Manufakturen illustriert und ausgestattet sind, angesichts der Art und Weise, in der die großen Institutionen heute gesehen werden, wünschenswerter wären? ? – Ich denke, in diesen großen Institutionen sollte besonders darauf geachtet werden, allen Werken und Kunstgegenständen, die sie besitzen, vollkommene Sicherheit zu bieten; und um dem gründlichen Studenten, dessen Geschäft in diesen Museen liegt, Bequemlichkeit zu bieten; und dass Sammlungen zur Unterhaltung und Verbesserung der Arbeiterklasse völlig getrennt sein sollten.

Wenn solche Institutionen, wie ich sie beschrieben habe, gegründet werden sollten, würden Sie sich natürlich wünschen, dass sie an einem Abend eröffnet und speziell im Hinblick auf eine Abendausstellung eingerichtet würden? – Gewiss.

Es wurde festgestellt, dass der Steuerzahler ein Recht darauf hat, dass diese Ausstellungen zu Zeiten geöffnet werden, zu denen die Arbeitnehmer, die Steuerzahler sind, sie besuchen können; Glauben Sie nicht, dass das eigentliche Interesse des Steuerzahlers erstens darin besteht, die Bilder so sorgfältig wie möglich aufzubewahren, und zweitens darin, dass sie denjenigen zugänglich sein sollten, deren besondere Lebensbeschäftigung ihr Studium betrifft? – Ganz gewiss.

Wird nicht auf diese Weise das Interesse des Steuerzahlers gewahrt, anstatt durch die besondere Gelegenheit, ihn zu bestimmten Zeiten zu besuchen? – Mit Sicherheit.

162. *Herr Kinnaird.* Haben Sie jemals Ihre Aufmerksamkeit auf besondere Orte gerichtet, an denen Museen mit Gemälden und Muscheln sowie mit

Vögeln und Pflanzen zu dem genannten Zweck eröffnet werden könnten? – Niemals; Ich habe mich nie mit dem Thema befasst.

Ist Ihnen jemals in den Sinn gekommen, dass die Sakristeihallen, die erst kürzlich errichtet wurden und beleuchtet sind, so geeignet sein könnten? – Nein; Ich habe mich überhaupt nie mit dem Thema beschäftigt.

Angenommen, geeignete Räumlichkeiten könnten gefunden werden, glauben Sie dann nicht, dass viele Menschen moderne Gemälde, Stiche und verschiedene andere interessante Objekte beisteuern würden? – Ich halte das für höchstwahrscheinlich; Eigentlich sollte ich sicher sagen.

Sie würden einen solchen Versuch mit großer Wohlwollen betrachten? – Ja; wirklich mit großer Freude.

Sie sehen es eher als die Pflicht der Regierung an, solche Einrichtungen für die Menschen bereitzustellen? – Das empfinde ich sehr stark.

Glauben Sie nicht, dass der in Versailles angenommene Plan, die moderne Geschichte durch Gemälde illustrieren zu lassen, für das Volk von großem Interesse sein würde? – Ich würde denken, dass es in jeder Hinsicht ein bewundernswerter Plan wäre.

Und ein sehr legitimer Schritt der Regierung, um die Kunst auf diese Weise zu fördern? – Ganz ehrlich.

Hätte es Ihrer Meinung nach einen Effekt auf die Förderung der Kunst in diesem Land? – Das glaube ich auf jeden Fall.

Als wessen Aufgabe würden Sie es betrachten, die Bildung solcher Sammlungen zu überwachen? Sind Ihnen Regierungsbeamte bekannt, die derzeit in der Lage sind, Personal für die Anstellung in örtlichen Museen zu organisieren? – Ich weiß es nicht; Ich habe dieses Thema überhaupt nicht untersucht.

163. *Vorsitzender.* Der Ausschuss möchte Sie in Bezug auf Ausländer und Engländer in Bezug auf den angesprochenen Punkt genauer verstehen. Ich gehe davon aus, dass Sie dem Komitee klarmachen wollten, dass im Großen und Ganzen, soweit Sie beobachtet haben, der Arbeiterklasse im Ausland auf die eine oder andere Weise tatsächlich mehr Möglichkeiten geboten werden, sich zu sehen als in diesem Land Bilder und der Besuch öffentlicher Einrichtungen? – Meine Antwort bezog sich insbesondere auf den Aspekt der Arbeiterklasse, wie ich sie in ihrer Freizeit beobachtet habe; Ich sehe sie mit der Oberschicht verbunden, glücklicher für sich selbst; Ich sehe sie durch den Louvre gehen und durch die Gärten aller großen Städte Europas, und offenbar schämen sie sich weniger für sich selbst und sind glücklicher mit

allen oberen Klassen der Gesellschaft verbunden als hier. Hier sind unsere Arbeiter irgendwie immer elend gekleidet und gehen ihnen immer aus dem Weg, sowohl in solchen Einrichtungen als auch in der Kirche. Die Stimmung im Ausland scheint zu sein, während zwischen der oberen und der unteren Klasse eine strengere Trennung und ein aristokratischeres Gefühl herrscht, doch gerade deshalb bekennt sich der Arbeiter als Arbeiter und wird mit Zuneigung behandelt. Ich sage nicht nur, dass Arbeiter, sondern die unteren Klassen im Allgemeinen vom Meister oder Arbeitgeber mit Zuneigung, Vertrautheit und Mitgefühl behandelt werden, was für mich in einzelnen Fällen oft sehr rührend war; Da ich diesen Eindruck hatte, antwortete ich hastig, ohne zu bedenken, dass die Frage von Bedeutung sei. und ich bin derzeit nicht bereit zu sagen, inwieweit ich diesen Eindruck durch mein Denken rechtfertigen könnte.

164. *Herr Kinnaird.* Ihrer Erfahrung nach haben Sie in den letzten Jahren nicht in jeder von Ihnen angedeuteten Hinsicht eine sehr deutliche Verbesserung der Arbeiterklasse in diesem Land festgestellt; Betrachten wir die letzten zwanzig Jahre, oder seit Sie Ihre Aufmerksamkeit auf diese Weise gelenkt haben? – Ich habe in England keine Beweise für diese Verbesserung vor mir, weil ich denke, dass der Kampf ums Dasein von Tag zu Tag härter wird, und zwar bei größeren Anstrengungen Die Prinzipien, nach denen unser Handel betrieben wird, sind dazu da, dem Arbeiter zu helfen, und bedrücken ihn jeden Tag und lassen ihn tiefer sinken.

Haben Sie jemals die Industriebezirke von Lancashire und Yorkshire besucht, um sich über den Zustand der Menschen dort zu informieren? – Nicht mit einer bestimmten Absicht. Meine eigene Arbeit hat mit diesen Themen nichts zu tun; und nur nebenbei kann ich Ihnen Fakten zu diesem Thema mitteilen, weil ich unentgeltlich solche Unterweisungen erteile, die ich am Working Men's College geben kann. Alles andere, was ich sagen kann, ist, wie Sir Robert Peel treffend ausgedrückt hat, nichts anderes als ein persönlicher Eindruck.

Sie geben zu, dass das Working Men's College schließlich ein sehr begrenzter Bereich ist? – Ein sehr begrenzter Bereich.

165. *Sir Robert Peel.* Sie haben gesagt, dass ein arbeitender Mann im Louvre die Bilder mit einem größeren Maß an Selbstachtung betrachtet, als es die gleichen Klassen hier in der Nationalgalerie tun? – Ich glaube schon.

Sie haben sicherlich noch nie erlebt, dass ein Mann aus der Oberschicht in England einen Arbeiter verachtete, weil er in seiner Arbeitskleidung in der National Gallery in London auftrat? – Ich habe sicherlich Arbeiter gesehen, die sich vor solcher Verachtung fürchteten.

Vorsitzende. Liegt es nicht daran, dass sich Ober- und Unterschicht kaum zu gleichen Anlässen treffen? – Ich glaube, wenn möglich, trifft das nicht zu.

Liegt es nicht daran, dass die arbeitenden Klassen ihre Arbeit fast ausnahmslos zu solchen Zeiten einstellen, die sie daran hindern würden, in die Kinos zu gehen, während die oberen Klassen gehen? nicht treffen, wenn es vermeidbar ist.

Sir Robert Peel. Nehmen Sie als Beispiel den Kristallpalast; Treffen sich dort nicht Arbeiter und alle Klassen zusammen, und haben Sie jemals einen Arbeiter gesehen, der bei der Prüfung von Kunstwerken *gêné war ? – Ich bin sicher, dass ein Arbeiter sehr oft nicht dorthin gehen würde, wohin er gehen möchte.*

Aber glauben Sie, er würde ins Ausland gehen? – Ich glaube, sie würden ins Ausland gehen; Ich sage nur, dass ich glaube, dass dies eine Tatsache ist.

Herr Slaney. Glauben Sie nicht, dass das unbeschwerte Temperament unserer südlichen Nachbarn und das milde Klima, das es ihnen ermöglicht, sich mehr an der frischen Luft zu vergnügen, etwas damit zu tun haben? – Ich hoffe, dass der alte Name Merry England könnte eines Tages zurückerobert werden. Ich glaube nicht, dass es in der Veranlagung der Bewohner liegt, auch nur im Geringsten langweiliger zu sein als andere Menschen.

Sir Robert Peel. Wann ist diese Bezeichnung verloren gegangen? – Ich fürchte, seitdem sind unsere Manufakturen floriert.

Vorsitzende. Glauben Sie, dass dies in Bezug auf den Kristallpalast ein angemessenes Beispiel war, wenn man bedenkt, dass der Arbeiter für sein eigenes Geld bezahlt und sich nicht schämt, sein Eigentum für sein eigenes Geld zu genießen? – Ich habe die Ursachen dieses Gefühls nie untersucht ; Es schien mir nicht von großer Bedeutung zu sein, wie die Stimmung im Ausland war. Ich hatte das Gefühl, dass es von so vielen Umständen abhing, dass ich dachte, es wäre Zeitverschwendung, es aufzuspüren.

166. *Sir Robert Peel.* Sie sagten, dass die Arbeiterklasse im Ausland viel besser gekleidet sei? – Ja.

Glaubst du? – Ja.

Sicherlich können sie nicht besser gekleidet sein als in England, denn hier unterscheidet man kaum einen Arbeiter von einem Aristokraten? – Gerade weil ich Arbeiter an einem Sonntag und an jedem zweiten Tag der Woche von einem Aristokraten kenne, mag ich das ihre Kleidung ist in Frankreich besser; es ist die gewöhnliche Kleidung, die zu ihrer Position gehört, und sie drückt für einen Moment aus, was sie sind; es ist die blaue Bluse, die frei über ihren Körper hängt und sie ausreichend vor Kälte und Staub schützt; aber hier ist es ein am Kragen offenes Hemd, sehr schmutzig, sehr zerrissen, mit zerlumpten Haaren und einem zerlumpten Mantel, und insgesamt ein Kleid des Elends.

Glauben Sie, dass sie im Ausland besser gekleidet sind, weil sie eine Bluse tragen? – Weil sie ein ihrer Arbeit angemessenes Kostüm tragen.

Wussten Sie, dass es sich bei ihnen zu einer unveränderlichen Sitte gehört, an Sonn- und Feiertagen die Bluse auszuziehen, und dass sie nach getaner Arbeit ihre Bluse ausziehen? – Ich kenne mich damit nicht aus und gebe auch nicht vor, damit vertraut zu sein die Bräuche des Kontinents; Ich gebe nur meine Eindrücke wieder; aber ich mag besonders ihre Angewohnheit, eine Nationaltracht zu tragen. Ich glaube, dass die Nationaltracht der Arbeit in der Schweiz die Ursache für den Wohlstand ist, den die Schweiz bis heute bewahrt. Ich denke zum Beispiel, auch wenn es etwas seltsam klingen mag, dass der Stolz, den die Frauen auf ihre sauberen Hemdsärmel haben, zu den gesündesten Dingen in der Schweiz gehört und dass er sich in jeder Hinsicht auf die Gesundheit auswirkt den Geist und den Körper, indem sie ihr Kostüm rein, frisch und schön halten.

Sie sagten, dass die Arbeiterklasse im Ausland besser gekleidet sei als in England? – Soweit ich weiß, ist das sicherlich eine Tatsache.

Dennoch besteht ihr besseres Kleid aus einer Bluse, die sie ausziehen, wenn sie ihre Arbeit beendet haben? – Ich verneige mich vor Ihrer besseren Kenntnis der Sache.

Vorsitzende. Ist Ihnen bewusst, dass ein beträchtlicher Teil der Arbeiterklasse sonntags im Bett liegt? – Vielleicht ist es für sie der beste Ort.

167. *Herr Kinnaird.* Sie führen die Verschlechterung der Lage der Arbeiterklasse auf die Zunahme des Handels und der Industrie in diesem Land zurück? – Auf die Zunahme wettbewerbsfähiger Industrie und Industrie.

Sind Sie davon überzeugt, dass wir diese enorme Ausweitung des Handels, des Handels und der Konkurrenz insgesamt als ein Übel betrachten können? – Nicht die enorme Ausweitung des Handels, sondern die enorme Ausweitung des Kampfes von Mensch zu Mensch das Prinzip der Hilfe des Menschen durch den Menschen.

Vorsitzende. Ich habe Sie so verstanden, dass Sie nichts gegen den Handel hatten, sondern dass Sie wollten, dass jedes Land das produziert, was es am besten produzieren kann, mit der Absicht, seine Waren mit denen anderer Länder auszutauschen? – Ja.

Sie hatten nicht die Absicht, den Wettbewerbsgedanken zu verunglimpfen? – Ja, sehr deutlich; Ich hatte nicht nur die Absicht, eine Verunglimpfung auszusprechen, sondern meine übermäßige Abscheu vor dem Wettbewerbsprinzip in jeder Hinsicht zum Ausdruck zu bringen; Beispielsweise sollten wir hier nicht versuchen, Rotwein anzubauen oder Seide zu produzieren. wir sollten Kohle und Eisen produzieren, und die Franzosen sollten uns Wein und Seide geben.

Sie sagen das im Hinblick auf einen Austausch solcher Waren? – Ja.

Jedes Land produziert das, wozu es am besten geeignet ist? – Ja, so gut es kann; Wir streben nicht danach, die Produktionen anderer Länder zu imitieren oder mit ihnen zu konkurrieren. Schließlich glaube ich, dass jeder von uns die Möglichkeit hat, herauszufinden, was für den Arbeiter in jeder Position getan werden sollte, indem er annimmt, dass er unser eigener Sohn war und dass er ohne Eltern und ohne jegliche Hilfe zurückgeblieben ist; dass es keine Chance gab, dass er jemals aus dem Zustand herauskommen würde, in dem er sich befand, und dass wir uns dann bemühen sollten, das zu tun, was jeder von uns für seinen so verlassenen Sohn tun wollte, und zwar für den Arbeiter.

Die folgende Analyse der oben genannten Beweise wurde hauptsächlich im Index zum Bericht (S. 153) gegeben. – ED.

139. Ist mit den Museen, Gemäldegalerien usw. in der Metropole gut vertraut. – Leitet einen Zeichenkurs am Working Men's College.

140. Wünschenswert, dass die öffentlichen Einrichtungen abends geöffnet sind (vgl. 154, 161).

141. Bemerkungen zum Lehrsystem für die Arbeiterklasse; System, das von Zeugen am Working Men's College verfolgt wird. – Arbeiter sollen darauf abzielen, in ihrer Klasse aufzusteigen, nicht *aus* ihr heraus (vgl. 155).

142. Intellektueller Rückstand des arbeitenden Menschen der Gegenwart; Überlegenheit des Ausländers.

143. Verbesserung der Nationalgalerie vorgeschlagen (vgl. 157, 160).

144. Unzweckmäßigkeit der Einreichung wertvoller antiker Bilder aufgrund der Verletzungsgefahr durch Gas usw. (vgl. 146, 157).

145. Aussage darüber, dass der Geist der Arbeiterklasse nach ihrer täglichen Arbeit zu sehr unterdrückt ist, als dass sie die öffentlichen Einrichtungen genießen oder schätzen könnte, wenn sie nur abends geöffnet wären.

146. Vorgeschlagene Sammlung von Bildern und Drucken besonderer Art zur Inspektion durch die Arbeiterklasse. – Vorschläge im Hinblick auf die Vorbereitung spezieller Sammlungen von Muscheln, Vögeln und Pflanzen für den Gebrauch durch die Arbeiterklasse; System von Vorträgen, Illustrationen und Zwischenstudien, die im Zusammenhang mit solchen Sammlungen erforderlich sind (vgl. 151-52).

147. Erklärung darüber, dass in Frankreich und anderen Ländern ein größeres Interesse an der intellektuellen Entwicklung der Arbeiterklasse besteht als in England; Untersuchung dieses Punktes und der dadurch hervorgerufenen Wirkung auf den Charakter und das Verhalten der Werktätigen (vgl. 158, 163-64).

148. Einspruch gegen die Verbreitung wertvoller oder seltener Kunstwerke im ganzen Land wegen der Verletzungsgefahr – Missbilligung von Inspektoren usw., die mit den Besuchern umhergehen (vgl. 159). – Vorteil in der Oberschicht beim Ausleihen von Bildern, usw., zur öffentlichen Ausstellung.

149. Vorträge für Arbeiter. Vorteilhaft wäre es, wenn unter jedem Bild großgedruckte Erläuterungen angebracht würden (vgl. 157, 161).

150. Großer Wunsch der Arbeiterklasse, sich Wissen anzueignen; Gründe für einen solchen Wunsch (vgl. 155). – Ein großer Segen, wenn am östlichen Ende Londons ein Museum gegründet würde.

151. Vorlesungen über Naturgeschichte für Arbeiter.

152. Verfügbare Bücher über britische Vögel.

153. Fortgeschrittenes Studium, das für die Nutzung von Vorlesungen unerlässlich ist. – Gute Anwesenheit am Working Men's College. – Bedingungen und Konditionen für die Zulassung dazu.

154. Zustimmung zur Samstagshalbfeiertagsbewegung (vgl. 140, 161).

155. Siehe oben, s. 142.

156. Der Wettbewerb in Handel und Arbeit wird von Zeugen als großes Übel angesehen.

157. Siehe oben, s. 143, 149.

158-59. Glücklicherer Zustand der unteren Klassen im Ausland als im Inland. Auch im Ausland kleiden sie sich besser. 163-64, 166, und siehe oben, s. 142.

160. Siehe oben, s. 143, 149, 157.

161. Siehe oben, s. 149, 154.

162. Nutzung bestehender öffentlicher Gebäude für Kunstsammlungen.

163-64. Siehe oben, s. 158-59.

165. Sicherlich wird England eines Tages wieder ein fröhliches England sein.
– Wenn es aufhört, so zu sein.

166. Siehe oben, s. 158-59.

167. Zunahme des Handels und verschlechterte Lage der Arbeiterklasse. –
Unsere Pflicht ihnen gegenüber.

FUSSNOTEN:

[2] Nachdruck aus „The Report of the Select Committee on Public
Institutions. *Ordered by* the House of Commons *to print* , 27 March 1860", S.
113–123. Die folgenden Mitglieder des Ausschusses waren anlässlich der
oben genannten Zeugenaussage anwesend: -Sir John Trelawny (*Vorsitzender*
), Herr Sclater Booth, Herr Du Pre, Herr Kinnaird, Herr Hanbury, Sir Robert
Peel, Herr Slaney und Mr. John Tollemache. – ED .

BILDERGALERIEN – IHRE FUNKTIONEN UND ENTSTEHUNG.

DIE ROYAL ACADEMY KOMMISSION. [3]

Beweis von John Ruskin, Montag, 8. Juni 1863.

168. *Vorsitzender.* Sie haben zweifellos oft über die Stellung der Royal Academy in diesem Land nachgedacht? – Ja.

Ist es für Sie in allen Punkten zufriedenstellend? – Nein, auf keinen Fall.

Sind Sie zum Beispiel mit dem Plan einverstanden, nach dem die Royal Academicians bei einer vakanten Stelle diese freie Stelle besetzen, oder möchten Sie, dass die Wahl anderen Händen anvertraut wird? – Ich würde mir wünschen, dass die Wahl anderen anvertraut wird Hände. Ich denke, dass es bei allen Wahlen zu Fehlern oder Unfällen kommen kann, wenn das Wahlgremium den Kandidaten wählt. Ich glaube eher, dass Wahlen nur dann erfolgreich sind, wenn der Kandidat in ein anderes Gremium als das Wählergremium gewählt wird; aber ich habe die Grundsätze der Wahl nicht ausreichend berücksichtigt, um zu dieser Angelegenheit eine positive Meinungsäußerung abgeben zu können. Ich habe nur das Gefühl, dass die Sache derzeit vielen Fehlern und Unfällen ausgesetzt ist.

Scheint es jedoch nicht, dass es einige Präzedenzfälle gibt, wie z. B. das Institut de France, in dem die Körperschaft, die die freien Stellen wählt, einen sehr hohen Stellenwert behält und ein großes Ansehen genießt? Es gibt viele solcher Präzedenzfälle; und da jede solche Körperschaft zu ihrer eigenen Ehre manchmal die intellektuellsten Männer des Landes auffordern muss, sich ihr anzuschließen, sollte ich denken, dass jede solche Körperschaft einen hohen Charakter bewahren muss, bei dem das Land selbst ein angemessenes Gefühl für den Wert seiner Würde hat bester Mann; aber das Wahlsystem mag falsch sein, auch wenn der Sinn des Landes richtig sein mag; und ich denke, wenn wir uns zur Rechtfertigung eines Systems auf einen Präzedenzfall berufen, sollten wir richtig einschätzen, was durch die Stimmung des Landes bewirkt wurde. Ich glaube, wir sind alle zu sehr daran gewöhnt, Formen als Ursache für das zu betrachten, was tatsächlich durch die Stimmung der Nation zu einem bestimmten Zeitpunkt verursacht wird und durch die Formen zum Guten oder zum Bösen wirkt.

Wenn jedoch die Wahl der Akademiker Künstlern anvertraut würde, die nicht bereits selbst Akademiker waren, wäre es dann leicht, dem Einwand zu entgegnen, dass sie in vielen Fällen ein persönliches Interesse an der Frage hätten? dass jeder sich um seine eigene Zulassung zu dieser Auszeichnung bemühen könnte; in der Erwägung, dass, wenn die Wahl unter denjenigen stattfindet, die diese Auszeichnung bereits erreicht haben, auf jeden Fall kein direktes persönliches Interesse besteht? – Ich denke, dass persönliche Interessen in jedem Fall in gewissem Sinne eine Rolle spielen würden; Es würde sich in zu viele interessante Feinheiten verzweigen, um sagen zu können, wie es sich verhalten würde. Ich denke, dass es für die untergeordnete Körperschaft wichtiger wäre, richtig über diejenigen zu entscheiden, die sie regieren sollten, als für die übergeordnete Körperschaft, über diejenigen zu entscheiden, die andere Menschen regieren sollten; und dass das übergeordnete Gremium daher im Allgemeinen diejenigen auswählte, die wahrscheinlich angenehm zu sich selbst waren – angenehm, entweder als Gefährten oder bei der Durchführung eines Systems, das sie aus eigenen Gründen übernehmen wollten; während die untergeordnete Körperschaft Männer auswählen würde, die geeignet wären, das System auszuführen, das am meisten zum allgemeinen Fortschritt der Kunst beitragen würde.

169. Soweit ich weiß, sind Sie zwar der festen Meinung, dass es besser wäre, wenn ein anderes konstituierendes Gremium die Mitglieder der Royal Academy wählen würde, Sie haben jedoch keine eindeutige Meinung darüber, wie dieses konstituierende Gremium am besten zusammengesetzt sein sollte? – Auf keinen Fall.

Ich gehe davon aus, dass Sie sich wünschen würden, dass diese konstituierende Körperschaft aus Künstlern besteht, auch wenn Sie nicht bereit sind, genau zu sagen, wie diese ausgewählt werden sollen? – Ich möchte, dass die konstituierende Körperschaft sowohl aus Künstlern als auch aus der Öffentlichkeit besteht. Es fällt mir sehr schwer, irgendeinen Vorschlag zu machen, wie die Wähler wählen sollten. Aber ich möchte, dass sowohl die Öffentlichkeit als auch die Künstler eine Stimme haben, damit wir das öffentliche Gefühl auf die Malerei übertragen können, wie wir es getan haben nun zur Musik; und dass die Wahl derjenigen, die die Aufmerksamkeit der Öffentlichkeit auf sich ziehen oder die öffentliche Meinung lenken sollten, in mancher Hinsicht auch den Willen der Öffentlichkeit zum Ausdruck bringen sollte; Ich denke nicht, dass dieses „wird“ immer klug sein wird, aber ich denke, Sie hätten dann darauf hingewiesen, auf welche Weise diejenigen, die die Öffentlichkeit unterrichten, den Unterricht am besten regeln sollten; und es würde auch dem Publikum selbst ein Interesse an Kunst und ein Verantwortungsgefühl vermitteln, das es beim gegenwärtigen Stand der Dinge niemals haben kann.

Können Sie den Präzedenzfall der Musik, auf den Sie gerade hingewiesen haben, ausführlicher erläutern? – Der Ruhm eines großen Sängers oder eines großen Musikers hängt von der öffentlichen Begeisterung und dem Gefühl ab, das ihn respektiert. Keine Royal Academy kann ein großes Publikum für die Oper gewinnen, indem sie behauptet, dass dieses oder jenes Musikstück gut ist oder dass diese oder jene Stimme klar ist; Wenn das Publikum die Stimme nicht als köstlich empfindet und wenn ihm die Musik nicht gefällt, wird es sie nicht hören. Der Ruhm des Musikers, ob Sänger, Instrumentalist oder Komponist, beruht hauptsächlich darauf, dass er einen starken Einfluss auf die öffentliche Intelligenz und Vorstellungskraft ausgeübt hat. Ich würde mir wünschen, dass Maler denselben Effekt hervorrufen und durch die öffentliche Begeisterung und Zustimmung zum Ausdruck kommen; nicht nur durch anerkennende Äußerungen im Gespräch, sondern durch die tatsächliche Stimme, die im Theater durch den Zuruf und das Händeklatschen gegeben wird. Man kann weder ein Bild klatschen noch einem Maler sein Werk klatschen , aber ich möchte, dass die Öffentlichkeit auf irgendeine Weise ihre Stimme zum Werk des Malers einbringt.

170. Haben Sie sich eine Meinung über die Stellung der Associates in der Royal Academy gebildet? – Ich habe ein wenig darüber nachgedacht, aber das gegenwärtige System der Akademie ist für mich so völlig wertlos, dass es in irgendeiner Weise so wenig Wirkung hervorbringt (dass es mich nie interessiert hat; und ich habe die Schwierigkeit so sehr gespürt, dass ich, bis mich der Brief Ihrer Lordschaft erreichte, nie viel Aufmerksamkeit darauf achtete. Ich dachte immer, es wäre Zeitverschwendung, viel Zeit damit zu verbringen, darüber nachzudenken, wie es geändert werden könnte; Daher kann ich über die Position der Associates wenig sagen, außer dass ich denke, dass es auf jeden Fall eine gewisse Bewährungszeit und eine gewisse fortgeschrittene Würde geben sollte, die auf die höchsten Errungenschaften in der Kunst hinweist, was nur der Fall sein sollte den ältesten und erfahrensten Malern verliehen.

Angesichts des großen Wissens, das Sie über die britische Kunst besitzen, sollten Sie angesichts der bedeutendsten Maler, Bildhauer und Architekten dieser Zeit sagen, dass die Zahl der Royal Academy ausreicht, um sie vollständig zu repräsentieren, oder würden Sie eine Erhöhung empfehlen? die gegenwärtige Zahl der Akademiker? – Ich habe nicht berücksichtigt, in welchem Verhältnis die Akademiker derzeit bestehen. Das ist eher eine Frage, die sich auf den Grad der Würde bezieht, den man gerne verleihen möchte. Ich möchte, dass die höchste Würde eingeschränkt wird, aber ich möchte, dass die niedrigere Würde, die der Assoziation entspricht, verliehen wird, da die Abschlüsse an den Universitäten ohne jede Beschränkung der Zahl an diejenigen verliehen werden, die über positive Leistungen und Fähigkeiten verfügen. Ich denke, dass eine sehr begrenzte Anzahl von akademischen Positionen immer alle Anforderungen der höchsten Intellektuellen des Landes erfüllen würde.

171. Haben Sie sich eine Meinung über die Zweckmäßigkeit gebildet, Laien mit einer gewissen Beteiligung an der Verwaltung der Angelegenheiten der Akademie zu betrauen? – Nein, ich habe mir zu dieser Angelegenheit keine Meinung gebildet. Ich weiß nicht, was derzeit in der Akademie zu verwalten ist. Ich denke, wenn die Akademie zu einer öffentlichen Schule werden soll, können Laien nicht in die Leitung dieser bestimmten Abteilung einbezogen werden. In Fragen der Einnahmen und in Angelegenheiten, die die allgemeinen Interessen und die Würde der Akademie betreffen, könnte dies der Fall sein.

Sollten Sie glauben, dass Laien in Fragen wie der Auswahl und Hängung der zur Ausstellung eingesandten Bilder mit Künstlern in enger Verbindung gebracht werden könnten? – Nein, das glaube ich nicht.

Einige Personen haben vorgeschlagen, dass der Präsident der Akademie nicht immer und auch nicht unbedingt selbst Künstler sein sollte; Sollten Sie irgendein System gutheißen, durch das ein Gentleman von hoher gesellschaftlicher Stellung und kein Künstler an die Spitze einer solchen Körperschaft wie der Akademie gestellt wurde? – „Eines solchen Körpers wie der Akademie", wenn ich das wiederholen darf Ihre Worte müssen sich natürlich auf die Verfassung beziehen, die ihr gegeben werden soll. In der jetzigen Verfassung weiß ich nicht, welchen Vorteil die Ernennung eines solchen Herrn zum Präsidenten haben könnte oder nicht. Da ich es gerne so sehen würde, denke ich, dass er nur ein Künstler sein sollte.

172. Hatten Sie irgendeinen Grund, die Arbeitsweise der Schulen der Royal Academy zu beobachten oder sich mit ihr vertraut zu machen? – Ja, ich habe es beobachtet. Ich habe mich noch nicht mit den gegenwärtig gebräuchlichen Lehrmethoden vertraut gemacht, aber ich kenne die allgemeine Auswirkung auf die Kunst des Landes.

Was soll Ihrer Meinung nach dieser Effekt gewesen sein? – Nahezu wirkungslos: überaus schmerzlich in dieser Hinsicht, dass die Lehre der Akademie, wie die ganze Idee des Landes, den Begriff der Kunsterziehung von anderen Bildungsgängen trennt, und wenn Sie das gemacht haben Aus diesem einen grundlegenden Fehler folgen alle anderen. Sie bringen einem jungen Mann bei, mit Kreide und Pinsel umzugehen – das ist nicht immer so –, aber nachdem Sie das getan haben, glauben Sie, Sie hätten einen Maler aus ihm gemacht; während die Ausbildung eines Malers dasselbe ist wie die Ausbildung eines Geistlichen oder eines Arztes – man muss ihm in erster Linie eine liberale Ausbildung geben, und diese muss mit der Art von Bildung verbunden sein, die für seinen Beruf besonders geeignet ist. Dieser Fehler ist teilweise auf unsere allzu vulgäre und allzu oberflächliche englische Vorstellung zurückzuführen, dass der Beruf des Künstlers kein liberaler

Beruf ist und sein kann. Wir respektieren einen Arzt und nennen ihn einen Gentleman, weil er uns entschlacken und unseren Magen reinigen kann; aber wir nennen einen Künstler keinen Gentleman, von dem wir erwarten, dass er für uns das Antlitz Christi erfindet. Wenn wir diesen Hauptfehler gemacht haben, sind alle anderen Fehler in der Bildung im Vergleich dazu trivial. Das eigentliche Konzept einer Kunstakademie sollte darin bestehen, eine Gruppe von Lehrern der Jugend zu bilden, die die Nation durch ihre Sinne führen sollen; und das ist ein sehr wichtiges Mittel, um es zu leiten. Mit Abendessen haben wir viel erreicht, aber eines Tages werden wir vielleicht mit Bildern noch viel mehr erreichen.

Hätten Sie ein umfassenderes Lehrsystem? – Viel umfassender.

173. Verstehe ich Sie richtig, dass Sie sich wünschen, dass es Zweige der liberalen Bildung im Allgemeinen umfasst und sich nicht nur auf bestimmte künstlerische Studien beschränkt? – Gewiss. Ich hätte eine Akademieausbildung, die ganz der Universitätsausbildung entspricht. Die Schulen des Landes sollten dem Jungen die ersten Bedingungen der Manipulation beibringen. Er sollte, ich sage nicht, in welchem Alter, aber wahrscheinlich mit vierzehn oder fünfzehn, an die Zentrale Kunstuniversität kommen, wo auch immer diese gegründet wurde; und dann, während er lernte, zu malen, zu schnitzen und in Metall zu arbeiten – so wie man ihm früher beigebracht hätte, mit Schwert und Lanze umzugehen, da sie die Hauptbeschäftigung seines Lebens waren –, in den Jahren ab fünfzehn bis zwanzig sollte das Hauptaugenmerk seiner Gouverneure darauf liegen, ihn im höchsten Sinne zu einem Gentleman zu machen; und ihm eine äußerst umfassende und liberale Ausbildung zu geben, die ihn nicht nur in die Lage versetzen sollte, edel zu arbeiten, sondern auch edel zu zeugen.

174. Was jedoch den Sinn der künstlerischen Manipulation angeht: Ist es nicht die Tatsache, dass viele große Maler sich voneinander unterschieden haben und unterscheiden, und wäre es daher für die Akademie einfach, ein verbindliches Lehrsystem einzuführen? Einen Modus ausschließen und einen anderen anerkennen? – Nicht einfach, aber sehr notwendig. Es gab viele Methoden; aber es hat nie einen Fall einer großen Schule gegeben, die sich nicht auf ihre Methode festgelegt hätte; und es hat keinen Fall einer durch und durch großen Schule gegeben, die sich nicht auf die richtige Methode festgelegt hätte, sofern die Umstände es ihr ermöglichten. Der Sinn einer erfolgreichen Schule besteht darin, dass sie eine Methode übernommen hat, die sie ihren jungen Malern beibringt, so dass richtiges Arbeiten bei ihnen zur Gewohnheit wird; so dass sie ohne nachzudenken, ohne Anstrengung, ohne Qual und ohne darüber zu reden die Gewohnheit haben, das zu tun, was ihre Schule ihnen beibringt.

Glauben Sie nicht, dass ein System gleichermaßen gut ist, das es jedem herausragenden Professor überlässt, entsprechend der Neigung seines Genies oder dem Ergebnis seiner Erfahrung, junge Männer zu unterrichten, wobei der Unterricht je nach Charakter jedes Professors variiert? – Es würde ein großer Nutzen daraus entstehen wenn jeder Professor seine eigene Schule gründet und sich für seine eigenen Schüler interessiert; aber wie in den Schulen von Domenichino und Guido ausreichend veranschaulicht wurde, besteht die Gefahr einer Rivalität zwischen den Meistern ohne entsprechende Vorteile, es sei denn, die Meister sind alle einer Meinung. Und die einzige erfolgreiche Idee einer Akademie bestand darin, dass die Praxis konsistent war und es keinen Widerspruch gab. In Anbetracht des Wissens, über das wir heute verfügen, und der Mittel, die uns zur Verfügung stehen, um alle Werke der größten Maler zu vergleichen, ist es, wie Sie mit Ihrer Frage andeuten, zwar nicht einfach, ein verbindliches System einzuführen, aber dennoch durchaus möglich. Lassen Sie uns die beste Methode finden und diese lehren. Es gibt zweifellos den besten Weg, wenn wir ihn finden können; und wir haben jetzt in England die Möglichkeit, es herauszufinden.

Der Unterricht an der Akademie ist jetzt unter allen Umständen unentgeltlich; Möchten Sie, dass dieses System bestehen bleibt, oder sollten Sie lieber ein Zahlungssystem sehen? – Ich bin nicht bereit, diese Frage zu beantworten. Es würde von der Art des Systems abhängen, das eingeführt wurde, und von der Art der Personen, die Sie in Ihre Schulen aufnehmen.

175. Ich gehe davon aus, dass Sie sagen würden, dass es im künstlerischen Unterricht einige Punkte gibt, bei denen es eine gemeinsame Basis geben würde, und bei anderen, bei denen es einen spezifischen Unterricht geben muss; Zum Beispiel gibt es in der Bildhauerei und Malerei einen Punkt, bis zu dem die Proportionen der menschlichen Figur studiert werden müssen, aber danach gibt es eine Divergenz zwischen den beiden Künsten, Marmor zu meißeln und Farben auf die Leinwand zu bringen? – Gewiss. Ich denke, das alles könnte in einem Akademiesystem sehr einfach geregelt sein. Sie würden zunächst das Zeichnen mit der weichen Spitze erlernen; und damit verbunden, Hell-Dunkel: Sie hätten dann die Lehre des Zeichnens mit der harten oder schwarzen Spitze, einschließlich der Lehre des besten Graviersystems, und alles, was nötig war, um Ihre Graveurschule zu bilden: Sie würden dann zum Metall übergehen arbeiten; und auf der Arbeit mit Metall würden Sie Ihre Schule für Bildhauerei gründen und darauf Ihre Schule für Architektur; und schließlich und vor allem würden Sie Ihre Schule für Malerei haben, einschließlich Ölmalerei und Freskenmalerei und aller Malerei in dauerhaftem Material; (umfasst nicht das Malen in irgendeinem Material, das nicht dauerhaft ist:) Und damit würden Sie Ihre Schule der Chemie assoziieren, die lehren sollte, was dauerhaft ist und was nicht; welche Schule der Chemie sollte mit dem Siegel der Akademie verbindlich erklären,

welche Farben gelten würden und welches Verfahren ihren Status sichern würde; und sie sollte eine Art Apothekersaal haben, in dem jeder, der sie benötigte, Farben in reinstem Zustand beschaffen konnte; Alle diese Dinge sind in einem großen System organisiert und nur durch ihre Verbindung und in ihrer Verbindung richtig.

176. Befürworten Sie die Förderung, die der Freskenmalerei in den letzten Jahren zuteil wurde, und freuen Sie sich auf eine starke Ausweitung dieses Kunstzweigs in England? – Als ich den Begriff „Freskenmalerei" untersuchte, stellte ich fest, dass Es war ein weites Feld, und keiner von uns schien die Grenzen oder das Ausmaß genau zu kennen. und nachdem ich der Frage viel mehr Zeit gewidmet habe, bin ich immer noch nicht in der Lage, eindeutig auf das Verständnis des Begriffs „Freskomalerei" zu antworten: Aber die Verwendung des Begriffs „dekorative Malerei, anwendbar auf Wände aus dauerhaften Materialien" halte ich für wesentlich dass jede große Schule als eines ihrer Hauptziele den Unterricht in der Wandmalerei mit dauerhaften Materialien und in großem Umfang einschließen sollte.

Meinen Sie, es sollte einen Zweig des Lehrsystems der Akademie bilden? – Ich denke, es sollte einen Zweig des Lehrsystems der Akademie bilden, möglicherweise den Hauptzweig.

Bildet es, soweit Sie wissen, einen eigenen Lehrzweig an einer der ausländischen Akademien? – Ich weiß es nicht.

177. Waren Sie im Allgemeinen und natürlich ohne Namensnennung im Laufe der letzten Jahre mit der Auswahl der Künstler für die Royal Academy im Allgemeinen zufrieden? – Nein, sicherlich nicht.

Glauben Sie, dass einige verdiente Künstler ausgeschlossen wurden oder dass Künstler gewählt wurden, die Ihrer Meinung nach diese Ehre nicht verdienen? – Mehr; dass Künstler gewählt wurden, die diese Auszeichnung nicht verdienten. Ich denke, es schadet keinem vielversprechenden Künstler, von der Akademie ausgeschlossen zu werden, aber es schadet der Öffentlichkeit manchmal, wenn ein vielversprechender Künstler in die Akademie gelassen wird.

Sie glauben, dass es in den letzten Jahren Fälle gegeben hat, in denen Ihrer Meinung nach Personen gewählt wurden, denen diese Auszeichnung nicht zusteht? – Gewiss.

178. Sind Sie in Bezug auf die Auswahl der Bilder für die Ausstellung im Allgemeinen mit dieser Auswahl zufrieden, oder haben Sie in bestimmten Fällen Grund zu der Annahme gesehen, dass sie unüberlegt durchgeführt

wurde? – In einigen Fällen wurde sie unüberlegt ausgeübt, aber es ist eine Angelegenheit von geringer Bedeutung; Es verursacht wahrscheinlich Sodbrennen, aber kaum mehr. Wenn ein abgelehntes Bild gut ist, wird die Öffentlichkeit es eines Tages sehen und feststellen, dass es ein gutes Bild ist. Es ist mir egal, welche Bilder eingelassen werden oder nicht, aber es ist mir wichtig, die Bilder zu sehen, die eingelassen werden. Der wichtigste Punkt, den jeder unbedingt sehen möchte, ist, wie die zugelassenen Bilder am besten gesehen werden können. Kein Bild, das es überhaupt wert ist, gesehen zu werden, sollte so aufgehängt werden, dass es beim Betrachten Schmerzen oder Ermüdung verursacht. Wenn man ein Bild überhaupt in den Raum lässt, sollte es nicht so hoch aufgehängt werden, dass entweder die Gefühle des Künstlers oder der Nacken des Publikums verletzt werden.

179. *Viscount Hardinge.* Ihren Aussagen entnehme ich, dass Sie die Royal Academy gerne als eine Art Zentraluniversität sehen würden, an die junge Männer aus anderen Institutionen geschickt werden sollten. Angenommen, es gäbe Schwierigkeiten bei der Durchführung, glauben Sie dann, dass man unter dem gegenwärtigen System von jungen Männern, die Kandidaten für die Aufnahme in die Royal Academy sind, eine Bildungsprüfung verlangen könnte? – Gewiss; Ich denke, dass viel davon abhängt. Wenn das Bildungssystem übernommen würde, auf das ich hingewiesen habe, gäbe es in jedem dieser Berufe sehr erfahrene Arbeiter. Sie könnten keine dieser Ausbildungen absolvieren, wenn Sie nicht über gründlich geübte Arbeiter verfügten; und Sie sollten Ihren Pass so festlegen, wie Sie Ihren Universitätspass festlegen, und Sie sollten einen Mann in Architektur, Bildhauerei und Malerei bestehen, weil er sein Handwerk versteht und von jeder anderen Wissenschaft so viel weiß, wie für seinen Beruf notwendig ist. Du verlangst eine Arbeit von ihm, und du prüfst ihn, und dann gehst du an ihm vorbei – nenne ihn, wie du willst – aber du sagst der Öffentlichkeit: Hier ist ein Arbeiter in dieser Branche, der deine Arbeit gut machen wird.

Sie glauben nicht, dass in einem solchen System die Gefahr besteht, dass Männer ausgeschlossen werden, die später einmal große Männer sein könnten, die unter einem solchen System möglicherweise nicht bestehen könnten? – Es gibt Risiken in jedem System, aber ich denke, dass jeder Mann, der etwas wert ist, dies tun würde passieren. Viele, die zu nichts taugen würden, würden durchgehen, aber Ihr wirklich großer Mann würde mit Sicherheit durchgehen.

180. Ist Ihnen jemals aufgefallen, dass es für die Kunst von Vorteil wäre, wenn es an den Universitäten Kunstprofessoren gäbe, die Vorlesungen halten und jungen Männern Unterricht erteilen könnten, die davon Gebrauch machen möchten, so wie Sie Vorlesungen über Botanik und Geologie haben? ? – Ja, sicherlich. Der Mangel an Interesse seitens der

Oberschicht an der Kunst war die Ursache für die Missbräuche, die sich in alle damit verbundenen Bildungssysteme eingeschlichen haben. Wenn sich die Oberschicht nur dafür interessieren könnte, indem sie schon in jungen Jahren dorthin geführt würde, wäre eine große Verbesserung zu erwarten; Daher halte ich eine solche Ergänzung der Ausbildung unserer Universitäten für sinnvoll.

181. Ist dieser Mangel an Raffinesse, der in vielen Bildern zu beobachten ist, die von Zeit zu Zeit in der Royal Academy ausgestellt werden, nicht zu einem großen Teil auf den Mangel an Bildung unter den Künstlern zurückzuführen? und auf die Notwendigkeit, die Künstler haben, eine untere Zuschauerschicht anzusprechen: Ein lebender Künstler muss die Aufmerksamkeit der Öffentlichkeit auf sich ziehen. Unsere Oberschicht bietet den Künstlern derzeit nur ein sehr geringes Maß an Mäzenatentum, wobei ihr Hauptmäzenat aus den Manufakturbezirken und aus der an Kupferstichen interessierten Öffentlichkeit stammt – ein überaus weites, aber niedriges Sphäre, und das fällt Ihnen ins Auge Die Klasse wurde viel mehr durch Bilder beeinflusst, die sich auf ihre Vergnügungen beziehen, als durch irgendein edles Thema, das besser behandelt wurde, und je besser es behandelt wurde, desto weniger würde es diese Klasse interessieren.

Ist es nicht oft der Fall, dass Bilder, die einen solchen Mangel an Raffinesse aufweisen, gleichzeitig hohe Preise unter den, wie ich es nennen möchte, kaufmännischen Kunstmäzenen erzielen? – Gewiss; Und je höher der Preis, desto mehr Schaden entsteht natürlich auch für die Schule, denn das ist eine Form der Bildung, der man nicht widerstehen kann. Platon sagte vor langer Zeit: „Wenn man einen Demagogen gegen sich hat, kann keine menschliche Bildung dem widerstehen.“

182. *Sir E. Head.* Was halten Sie von der gegenwärtigen Art des Unterrichts in der Lebensschule und der Malschule, nämlich von ständig wechselnden Besuchern? – Ich würde es für boshaft halten. Ich könnte mir vorstellen, dass die unglücklichen Jugendlichen einfach das bekamen, was sie aufheben konnten; Es wäre, als würde man ihnen Krümel zuwerfen, so wie man den Tieren im Zoologischen Garten Knochen zuwirft.

Glauben Sie, dass dort, wo der Unterricht auf diese Weise durchgeführt wird, wahrscheinlich etwas entsteht, was man eigentlich Schule nennen kann? – Mit Sicherheit nicht.

183. Sie haben erklärt, dass Sie es im Falle der Aufnahme von Laienmitgliedern in die Akademie nicht für wünschenswert halten, dass diese an der Auswahl oder Hängung von Bildern für die Ausstellung teilnehmen. Gibt es nicht einen großen Unterschied zwischen der Auswahl der Bilder und dem Aufhängen der Bilder, und könnten sie nicht an dem einen

teilnehmen, ohne an dem anderen teilzunehmen? – Ich würde kaum denken. Meine Vorstellung davon, ein Bild aufzuhängen, besteht darin, es niedrig genug zu platzieren , damit es gesehen werden kann. Wenn es klein ist, sollte es in der Nähe des Auges platziert werden. Jeder kann ein Bild aufhängen, aber die Frage sollte sein: Ist dieses Bild so gut gemalt, dass es für die Öffentlichkeit akzeptabel ist, oder ist es nur dem Künstler vorbehalten, es zu zeigen? Und niemand außer Künstlern kann die Kunstfertigkeit beurteilen, die ihn zum Eintritt in die Akademie berechtigen sollte.

Glauben Sie, dass es allein auf die Verarbeitung ankommt? – Keineswegs nur, aber ich denke, das ist der erste Punkt, auf den man achten sollte. Ein schlecht ausgearbeitetes Bild sollte nicht zugelassen werden; Lassen Sie es woanders ausstellen, wenn Sie möchten, aber Ihre Akademie hat nicht das Recht, schlechte Arbeit durchgehen zu lassen. Wenn ein Mann nicht schnitzen oder malen kann, auch wenn seine Arbeit gut durchdacht ist, lassen Sie seine Arbeit nicht verstreichen. Solange Sie in Ihrer Akademieausstellung keine gute Arbeit benötigen, können Sie keine Schule gründen.

Herr Reeve. Würde die Anwendung der von Ihnen gerade aufgestellten Regel zur Folge haben, dass ein beträchtlicher Teil der derzeit in der Akademie ausgestellten Werke ausgeschlossen würde? – Ja; mehr von den Akademikern als von anderen.

Sir E. Head. Die Auswahl wird derzeit von technischen Künstlern getroffen? – Nein.

Professionell? – Ja.

Lord Elcho. Glauben Sie, dass nur professionelle Künstler in der Lage sind, den tatsächlichen Wert oder Nachteil eines Gemäldes zu beurteilen? – Nichtprofessionelle Personen können zu diesem Thema eine sehr klare Meinung äußern, die richtig oder falsch sein kann .

Ihrer Meinung nach kommt es bei der Ausstellung vor allem darauf an, dass die Bilder gesehen werden; dass sie weder zu hoch noch zu niedrig aufgehängt werden sollten. Diese Frage wurde bereits vor der Kommission aufgeworfen, und es wurde vorgeschlagen, dass zwei Fuß über dem Boden die Mindesthöhe für die Basis des Bildes sein sollten, und einige Zeugen sagten, dass sechs Fuß und andere acht Fuß die maximale Höhe sein sollten für die Basis des Bildes; Welche Grenze würden Sie festlegen? – Ich würde sagen, dass die horizontale Linie in der Perspektive des Bildes immer gegenüber dem Auge des Betrachters liegen sollte, unabhängig von der Höhe über dem Boden. Wenn die horizontale Linie so platziert ist, dass sie sich aufgrund der Größe des Bildes über dem Auge des Betrachters befinden muss, lässt sich daran nichts ändern, aber ich würde, wenn möglich, immer die horizontale Linie gegenüber dem Auge platzieren.

184. *Vorsitzender.* Sollten Sie dem Vorschlag zustimmen, den ein Zeuge vor dieser Kommission gemacht hat, dass es eine Verbesserung wäre, wenn der Raum dies zuließe, wenn Skulpturen in derselben Wohnung mit Gemälden vermischt werden sollten, anstatt als solche aufbewahrt zu werden? derzeit in getrennten Wohnungen? – Ich würde es für sehr erfreulich halten, einige Werke der Bildhauerei mit Werken der Malerei zu vermischen; dass es die Ausstellung angenehmer machen würde und dass das Auge sich manchmal ausruhen würde, wenn es sich von den Farben zum Marmor umdrehte, und dass es im Gegenzug die Farben der Gemälde besser sehen würde. Sir Joshua Reynolds erwähnt die Kraft, die seiner Meinung nach einige der flämischen Bilder zu erlangen schienen, als er sie betrachtete, nachdem er sein Notizbuch konsultiert hatte. Eine zwischen den Bildern platzierte Statuette hätte den gleichen Effekt. Ich würde nicht die Skulptur, die für die Ausstellung des Jahres eingesandt wurde, zusammen mit den Gemälden ausstellen lassen, sondern die Werke der Skulptur dauerhaft in den Gemälderäumen platzieren lassen.

Lord Elcho. Angenommen, es gäbe keine Skulpturen, die dauerhaft in den Räumen platziert werden könnten, und unter den zur jährlichen Ausstellung eingesandten Werken gäbe es Werke, die geeignet wären, zwischen den Gemälden platziert zu werden, falls Sie Einwände dagegen hätten? – Das würde eine Menge nutzlosen Ärgers und ständigen Streit unter den Bildhauern darüber verursachen, wessen Werke berechtigt seien, in den Malräumen platziert zu werden oder nicht.

Ist Ihnen bekannt, dass bei der Ausstellung in Paris im Jahr 1855 dieses System übernommen wurde? – Nr. Wenn die Franzosen es übernehmen würden, wäre es wahrscheinlich nützlich, und zweifellos würden sie es sehr geschickt umsetzen; Aber wir haben keineswegs das Talent, die richtigen Dinge an den richtigen Orten unterzubringen.

Haben Sie letztes Jahr unsere eigene internationale Ausstellung gesehen? – Nein.

Ist Ihnen bewusst, dass dort bei der Ausstellung von Bildern auf ein ähnliches System zurückgegriffen wurde? – Ich denke, in unseren Ausstellungen müssen wir alles dort platzieren, wo es hingehört, so wie wir es verwalten.

185. Gegenwärtig gibt es in den Büchern der Akademie fünf Ehrenmitglieder, die bestimmte Titelämter bekleiden: Earl Stanhope ist Antiquar der Akademie, Mr. Grote ist Professor für alte Geschichte, Dekan Milman ist Professor für antike Literatur Bischof von Oxford als Kaplan und

Sir Henry Holland als Sekretär für Auslandskorrespondenz; diese Professoren halten niemals Vorlesungen und haben keinerlei Mitspracherecht in der Leitung, sondern haben lediglich ehrenamtliche Titelauszeichnungen; Sollten Sie es für wünschenswert halten, dass Herren ihrer Stellung und ihres Charakters eine Stimme bei der Leitung der Angelegenheiten der Akademie hätten? – Es wäre viel wünschenswerter, dass sie Vorträge über die Themen halten würden, mit denen sie vertraut sind. Ich denke, Earl Stanhope und alle Herren, die Sie erwähnt haben, wären viel glücklicher, wenn sie das Gefühl hätten, dass sie in ihren Positionen von Nutzen wären; und wenn man ihnen etwas zu tun gäbe, würden sie es sehr edel tun. Wenn man ihnen nichts zu tun gibt, sollten sie meiner Meinung nach nicht in der Anstalt bleiben.

186. Es wurde vorgeschlagen, dass die Akademie, die jetzt aus 42 besteht, vorteilhafterweise auf fünfzig professionelle Mitglieder erweitert werden könnte, wobei Architektur, Bildhauerei und Malerei angemessen vertreten wären, und dass zusätzlich zu diesen fünfzig auf die eine oder andere Weise gewählt oder nominiert werden könnte zehn Laien, das heißt Männer, die sich für Kunst interessieren, eine bestimmte Position und ein bestimmtes Ansehen im Land innehaben und sich aktiv an der Verwaltung der Angelegenheiten der Institution beteiligen könnten, so dass sie dazu neigen, das Königliche hervorzubringen Akademie und Öffentlichkeit zusammen? – Ich weiß nicht genug über die Gesellschaft, um mir dazu eine Meinung bilden zu können.

Unabhängig von der Gesellschaft, als Frage der Kunst, wissen Sie genug über nichtprofessionelle Personen, die sich für Kunst interessieren, um beurteilen zu können, ob die Einführung eines solchen Elements in die Akademie für die Akademie und die Kunst im Allgemeinen von Vorteil sein könnte? – Ich denke Wenn man unsere Oberschicht dazu erzieht, sich mehr für Kunst zu interessieren, was natürlich voraussetzt, dass sie etwas darüber weiß, könnten sie die effizientesten Mitglieder der Akademie sein; Aber wenn man sie, wie Sie es jetzt tun, der Ausbildung überlässt, die sie in Oxford und Cambridge erhalten, und ihnen die Art von Verachtung entgegenbringt, die all die Lehren dort für Kunst und Künstler hervorrufen, müssen sie umso weniger tun mit einer Kunstakademie, desto besser.

Angenommen, Sie haben derzeit nicht eine sehr große Anzahl dieser Personen im Land, glauben Sie dann nicht, dass die bloße Tatsache der Übernahme eines solchen Prinzips in irgendeiner Reform der Verfassung der Akademie eine Wende bewirken könnte? Würden Sie dieser Angelegenheit an den Universitäten mehr Aufmerksamkeit schenken und genau zu dem führen, was Sie für so wünschenswert halten? – Nein, das glaube ich nicht.

Es würde derzeit nur den Eindruck erwecken, dass das gesamte System etwas künstlich sei und wirkungslos bleiben werde.

Glauben Sie, dass Sie trotz der Vernachlässigung dieser Angelegenheit an den Universitäten zum jetzigen Zeitpunkt nicht zehn Laien von der Art finden könnten, die Sie für wünschenswert halten würden, um sie in die Akademie aufzunehmen? – Wenn ich so unverschämt sein darf Ich kann sagen, dass Sie als Angehöriger der Oberschicht und ich als Laie aus der Unterschicht einigermaßen gute Beispiele für die Art von Menschen sind, die sich für Kunst interessieren, und ich denke, dass wir beide viel dafür tun würden Es würde Unheil anrichten, wenn wir viel mit der Akademie zu tun hätten.

187. Angenommen, diese beiden Personen würden zu Laienmitgliedern ernannt, können Sie dann mitteilen, in welcher Weise sie Ihrer Meinung nach in den Räten der Akademie Unheil anrichten würden? mit seinen Arrangements würde völlige Ruhe, ein regelmäßiges Unterrichtssystem, in dem es wenig Aufregung und wenig Einfluss von populärem, aristokratischem oder anderem störendem Einfluss geben sollte, zu tun sein; keine Kritik und daher auch keine Kritik an lästigen Leuten wie mir; – keine Geldgönnerschaft, nicht einmal aristokratische Gönnerschaft. Das gesamte Ziel der Lehrer sollte darin bestehen, Arbeiten zu produzieren, die nachweislich gut und nützlich sind und es wert sind, gekauft oder in irgendeiner Weise verwendet zu werden. und danach sollte die ganze Frage der Schirmherrschaft und des Interesses geklärt sein. Die Schule sollte ihre Kunstgrammatik in allem und in jedem Material gründlich unterrichten und sie sorgfältig unterrichten; und das könnte erreicht werden, wenn ein perfektes System eingeführt würde und vor allem, wenn den Studenten ein paar durch und durch gute Beispiele vorgelegt würden. Das ist ein Punkt, den ich für sehr wichtig halte. Ich halte es für sehr wünschenswert, dass die Regierung Zuschüsse gewährt, um den Schülern der Akademie schöne Beispiele aller Art, die allerschönsten und besten, zu beschaffen; nicht zu viele; und dass ihr Geist nicht dadurch verwirrt werden sollte, dass ihnen Beispiele aller Schulen und Zeiten vor Augen geführt werden; Sie sind verwirrt genug von dem, was sie in den Geschäften und auf den jährlichen Ausstellungen sehen. Lassen Sie die Gravur von Marc Antonio und Albert Dürer, die Malerei von Giorgione, Paul Veronese, Tizian und Velasquez und die Bildhauerei von guten griechischen und ausgewählten römischen Vorbildern lehren, und lassen Sie es keinen Zweifel an anderen Schulen oder deren Verdiensten geben. Lassen Sie diese Dinge als gut und richtig erweisen, und lassen Sie den Schüler in diesen Prinzipien geschult werden: – Wenn er danach einen ursprünglichen Weg einschlägt, lass ihn; aber lass ihn sich und andere nicht mit seinen Originalitäten quälen, bis er weiß, was richtig ist, soweit es derzeit bekannt ist.

Sie sind im Großen und Ganzen gegen die Einführung des Laienelements?
– Ja; aber ich bin weder strikt noch entschieden dagegen, weil ich nicht genug
über die Gesellschaft weiß, um zu wissen, wie es funktionieren würde.

Dass Sie nicht dafür sind, resultiert aus Ihrer Überzeugung, dass das
Laienelement, das für die Akademie nützlich wäre, in diesem Land derzeit
nicht existiert; Aber denken Sie, wenn es existierte und wenn es durch
Kunstunterricht aus unseren Schulen und Universitäten herauswachsen
könnte, könnte es zum Vorteil der Akademie und der Künstler in die
Akademie eingeführt werden? – Ja.

188. Angenommen, die Klasse der königlichen Akademiker würde
beibehalten und Sie hätten fünfzig königliche Akademiker, dann würden Sie
es für wünschenswert halten, dass ihre Werke einzeln ausgestellt würden,
damit die Öffentlichkeit die Werke derjenigen, die als die Ersten gelten,
gemeinsam sehen könnte Künstler dieses Landes? – Natürlich möchte ich,
dass alle Bilder gut zu sehen sind, aber ich möchte, dass ein Teil der
Ausstellung den Associates oder Graduates überlassen wird. Ich verwende
diesen Begriff, weil ich davon ausgehe, dass diesen Mitarbeitern ein
Abschluss für ein bestimmtes Maß an Exzellenz verliehen wird und dass jede
Person, die diesen Abschluss erreicht hat, berechtigt sein sollte, so viele
Bilder einzusenden. Dann sollten die von Personen, die die höhere Ehre
eines königlichen Akademikers erlangt hatten, eingesandten Bilder gesondert
ausgestellt werden.

Das wäre für sie ein Ansporn, ihre Stellung zu behaupten und sich dieser
Ehre würdig zu erweisen? – Ja. Ich glaube nicht, dass sie so wie jetzt gemischt
werden sollten.

189. Was ist Ihre Meinung zum gegenwärtigen System der Wanderstudenten?
– Ich denke, es könnte in der Tat sehr nützlich sein.

Einerseits wurde vorgeschlagen, dass es entsprechend dem von der
Französischen Akademie übernommenen System einen ständigen Professor
in Rom geben sollte, der sich um die Studenten kümmert; Andererseits
wurde gesagt, dass es nicht wünschenswert sei, dass die Studenten nach Rom
gehen, wenn man diese Wanderstudentenstellen hat, dass es für sie besser
sei, zu reisen und nach Venedig oder in die Lombardei zu gehen, und keine
zu haben feste Schule im Zusammenhang mit der Akademie in Rom.
Welchem dieser beiden Systeme bevorzugen Sie? – Ich würde dem letzteren
den Vorzug geben; Wenn jemand auf Reisen geht, sollte er reisen und sich
nicht mit Schulen herumschlagen müssen.

Es wurde vorgeschlagen, Stipendien an aufstrebende Künstler zu vergeben,
wobei diese Stipendien mit einer finanziellen Unterstützung verbunden sind,

wobei der Künstler jährlich aufgefordert wird, einige Exemplare seiner Arbeit einzusenden, um zu zeigen, was er tut, es bleibt ihm jedoch freigestellt, zu gehen im Ausland oder um zu Hause zu arbeiten; Sollten Sie das für wünschenswert halten, oder sollten Sie, wie in einem Brief von Herrn Armitage vorgeschlagen wurde, unter der Annahme, dass diese Stipendien für vier Jahre eingerichtet werden, zwei dieser Jahre im Ausland und zwei im Inland verbringen? – Ohne ein solches einzugehen Obwohl ich nicht genau darüber nachdenke, ob zwei Jahre im Ausland und zwei Jahre im Inland verbracht werden sollten, bin ich der festen Überzeugung, dass einer der gefährlichsten und hemmendsten Einflüsse, die Sie auf die Kunst ausüben, die enorme Macht des Geldes und die Chancen, völlig zu gewinnen oder völlig zu verlieren, sind Das heißt, dass man in einem Jahr sein Vermögen mit einem großen Foto macht oder zehn Jahre lang mit sehr guten kleinen Bildern verhungert. Das ganze Leben eines Künstlers ist eine Lotterie, und zwar eine sehr wilde Lotterie, und der beste Künstler läuft Gefahr, durch die Chance, auf einmal ein riesiges Vermögen zu machen, indem er die Aufmerksamkeit der Öffentlichkeit auf sich zieht, von dem abgelenkt zu werden, von dem er weiß, dass es richtig ist Das Auge wird nur von leuchtenden Farben und bestimmten künstlerischen Bedingungen gefangen, die nicht immer wünschenswert sind. Wenn es also mit den Akademieschulen verbunden wäre, könnte es die Möglichkeit geben, bestimmten Männern einen festen Einkommensbetrag zu gewähren, die als Gegenleistung für dieses Einkommen eine bestimmte Anzahl von Werken liefern würden, die vereinbart werden könnten, oder nationale Arbeiten durchführen würden Das könnte man vereinbaren, das wäre meiner Meinung nach die gesündeste Art, einen guten Maler zu bezahlen. Ihm sein Brot und seinen Käse und so viel am Tag zu geben und zu sagen: „Hier sind diese und jene Dinge, die wir von Ihnen erwarten", ist meiner Meinung nach die gesündeste, einfachste und glücklichste Art, große Arbeit zu leisten. Aber ob es mit unserem gegenwärtigen System vereinbar ist, kann ich nicht sagen, und auch nicht, ob jeder Mann weglaufen würde, sobald er feststellte, dass er durch das Malen eines eindrucksvollen Bildes zwei- oder dreitausend Pfund verdienen könnte. Ich glaube, Ihre besten Männer würden das nicht tun.

Sie wären für diese Stipendien? – Ja.

190. Ich nehme an, dass Sie die Förderung von Wanddekorationen, Freskenmalereien usw. befürworten. Das im Ausland, beispielsweise in Frankreich, vorherrschende System besteht darin, dass Maler Schüler beschäftigen, die unter ihnen arbeiten. Auf diese Weise malte Delaroche sein Halbrad an der Académie des Beaux-Arts und beschäftigte dabei vier Schüler, die für ihn arbeiteten und aus seiner kleinen Skizze das Bild in Originalgröße an die Wände zeichneten, das er anschließend korrigierte. Dann kolorierten sie es entsprechend seiner Skizze, woraufhin er sich wieder

verschloss und es fertigstellte. Wenn Sie andererseits in die Victoria Gallery im House of Lords gehen, finden Sie Mr. Maclise bei der Arbeit an einer Wandfläche von achtundvierzig Fuß Länge, wie er den Tod von Nelson auf dem Deck der „Victory" malt. Jede Figur ist lebensgroß, das Schiffsdeck und die Seile und alles hat die tatsächliche Größe, und man sieht, wie er jedes kleine Stück Seil und jedes kleinste Detail mit seiner eigenen Hand bemalt. Welches der beiden Systeme ist Ihrer Meinung nach das gesündeste und geeignetste, großartige und edle Arbeiten hervorzubringen? – Das erste ist das Beste für die Schüler, das andere das Beste für die Öffentlichkeit. Aber zweifellos kann nicht nur ein großartiges Werk so ausgeführt werden, wie Mr. Maclise es ausführt, sondern es wurde auch kein wirklich großartiges Werk anders ausgeführt, denn bei jedem großartigen Werk, ob in Fresko oder Öl, ist jede Berührung und jeder Farbton bis in die letzte Ecke vorhanden liebevoll von der Hand des Malers aufgetragen, ohne dass ein Schüler auch nur einen Kieselstein unter einem Pferdefuß malen muss.

191. Glauben Sie, dass die meisten Werke der großen Meister in Italien auf diese Weise ausgeführt wurden? – Nein; denn die Schüler waren fast so mächtig wie die Meister. Große Männer interessierten sich so sehr für ihre Arbeit, und sie waren so bescheiden und einfach, dass sie sich immer wieder den Interessen ihrer Religion oder der Gesellschaft, für die sie arbeiteten, opferten; und wenn etwas in einer bestimmten Zeit erledigt werden sollte, konnte es nur durch die Einbringung von Hilfe erledigt werden; aber wann immer kostbare Arbeit zu erledigen war, sagte der große Mann: „Schließ mich hier allein ein, gib mir ein wenig Wein und Käse und komm in einem Monat, und ich werde dir zeigen, was ich getan habe."

Halten Sie es für wünschenswert, dass die Schüler so ausgebildet werden, dass sie in der Lage sind, große Meister bei solchen Arbeiten zu unterstützen? – Gewiss.

ANMERKUNG : Die folgende Analyse der oben genannten Beweise wurde im Index zum Bericht (S. 139, 140) gegeben. – ED.

168-69. Die Akademie ist nicht in allen Punkten zufriedenstellend. Ich würde mir wünschen, dass die Akademiker nicht selbst gewählt werden. – Sondern durch eine Wählerschaft, die sowohl aus Künstlern als auch aus der Öffentlichkeit besteht. – Der öffentliche Einfluss soll in der Malerei derselbe sein wie in der Musik.

170. Was die Associates betrifft: befürwortet eine gewisse Probezeit. – Ihre Klasse soll unbegrenzt sein, mit einer sehr begrenzten Anzahl von Akademikern.

171. Hat sich keine Meinung über die Frage der Einführung von Laien in die Akademie gebildet; in Einkommensfragen könnten sie sich mit Künstlern verbünden, aber nicht in der Auswahl und Hängung von Bildern: Im Großen und Ganzen sind sie gegen ihre Einführung, wenn man den gegenwärtigen Stand der Kunstausbildung berücksichtigt. – Wie er die Akademie gerne konstituiert sehen würde, meint der Präsident sollte ein Künstler sein.

172. Die allgemeine Wirkung der Lehre der Akademie auf die Kunst des Landes ist lediglich bedeutungslos. – Hätte ein viel umfassenderes Lehrsystem.

173. Die Akademieausbildung soll vollständig der Universitätsausbildung entsprechen.

174. Nicht einfach, aber sehr notwendig für die Akademie, ein verbindliches Lehrsystem einzuführen.

175. Seine Vorstellung davon, wie die Lehre der Akademie aussehen sollte; würde eine Schule für Chemie haben.

176. Die Lehre der Wandmalerei mit dauerhaften Materialien sollte ein Zweig, möglicherweise der Hauptzweig, sein.

177. Unzufrieden mit der Auswahl der Künstler als Mitglieder der Akademie.

178. In manchen Fällen war die Auswahl der Bilder unüberlegt, aber das ist von untergeordneter Bedeutung; Es geht vor allem darum, wie die zugelassenen Bilder am besten zu sehen sind.

179. Für einen Bildungstest für Kandidaten für die Aufnahme in die Akademie.

180. Und von Kunstprofessoren an den Universitäten.

181. Ursachen für den Mangel an Verfeinerung, der in vielen modernen Bildern zu beobachten ist; die hohen Preise, die sie erzielen, sind schädlich.

182. Unterricht durch ständig wechselnde Besucher.

183. Wie ein Bild aufgehängt werden sollte. – Ein schlecht bearbeitetes Bild sollte nicht von der Akademie zugelassen werden. – Übertragung dieser letzten Meinung auf die vorliegende Ausstellung.

184. Würde Werke der Bildhauerei dauerhaft im Gemälderaum aufstellen lassen, jedoch keine der für die Ausstellung des Jahres eingesandten Werke.

185. Dafür, dass die derzeitigen Ehrenmitglieder in ihren Ämtern eingesetzt werden.

186. Die Einführung von Laien in die Akademie wird unter den gegenwärtigen Umständen abgelehnt und warum. – Gegenwärtige Einstellung gegenüber Kunst und Künstlern an den Universitäten.

187. Es wäre wünschenswert, dass staatliche Zuschüsse gewährt würden, um den Schülern der Akademie schöne Beispiele jeder Art von Kunst zu vermitteln.

188. Befürwortet getrennte Ausstellungen der Werke von Associates (oder Graduates) und Academicians.

189. Befürworter von Kunststipendien, aber nicht einer festen Schule im Zusammenhang mit der Akademie in Rom.

190. Vergleich des französischen und des englischen Systems (hinsichtlich der Unterstützung durch Schüler) bei der Herstellung großer öffentlicher Gemälde.

191. Wie die Werke der italienischen Meister ausgeführt wurden. – Es wäre wünschenswert, dass Schüler ausgebildet würden, um große Meister bei öffentlichen Arbeiten zu unterstützen.

FUSSNOTEN:

[3] Nachdruck aus „Der Bericht der Kommissare, die ernannt wurden, um die gegenwärtige Position der Royal Academy in Bezug auf die Schönen Künste zu untersuchen." London: Eyre und Spottiswoode, 1863 (S. 546–55. Fragen 5079–5142). Die Kommission bestand aus Earl Stanhope (*Vorsitzender*), Viscount Hardinge, Lord Elcho, Sir EW Head, Herrn William Stirling, Herrn HD Seymour und Herrn Henry Reeve, die alle außer Herrn Seymour bei der oben genannten Veranstaltung anwesend waren sitzend. – ED.

EIN MUSEUM ODER EINE BILDERGALERIE:

SEINE FUNKTIONEN UND SEINE ENTSTEHUNG. [4]

20. März 1880.

MEIN LIEBER ———,

192. Wenn ich das Schreiben der Arbeit, um die Sie mich gebeten haben, aufschiebe, bis ich es bequem erledigen kann, kann es sein, dass es bis nächstes Jahr um diese Zeit brennt. Wenn Sie ab und zu eine Notiz zu diesem Thema annehmen und diese aufbewahren, bis genug davon vorhanden sind, um gedruckt zu werden, können alle praktischen Fragen ausreichend beantwortet werden, und zwar viel schneller.

Die erste Funktion eines Museums – (für eine Weile werde ich von Kunst und Naturgeschichte sprechen, die in einem idealen Museum gleichermaßen behandelt werden) – besteht darin, ein Beispiel für vollkommene Ordnung und vollkommene Eleganz im wahren Sinne dieses Testworts zu geben. an die unordentliche und unhöfliche Bevölkerung. Alles an seinem *Platz* , alles sieht so gut aus, weil es da ist, nichts überfüllt, nichts unnötig, nichts rätselhaft. Deshalb darf nach der Einrichtung eines Raumes keine Veränderung mehr daran vorgenommen werden. Für neue Besitztümer müssen neue Räume geschaffen werden, und wenn wir nach zwanzigjähriger Abwesenheit in den Raum zurückkehren, in dem man das Vogel- oder Tieralphabet gelernt hat, sollten wir in der Lage sein, unseren Kindern den alten Vogel auf der alten Stange in der gewohnten Ecke zu zeigen . Aber – zunächst einmal soll der Raum schön vollständig sein, *dh* vollständig genug für seinen eigentlichen Zweck.

193. Im British Museum begegnen wir oben auf der Treppe in einer grandiosen Allianz einer Giraffe, einem Nilpferd und einem Riesenhai. Das Publikum – jung und alt – geht erschrocken und starrend vorbei und bleibt in Bezug auf alle drei Kreaturen genauso klug wie zuvor. Vorgestern stand ich bei dem großen Fisch – ein Vater kam mit seinem kleinen Jungen darauf zu. „Das ist ein Hai", sagt er; „Es dreht sich auf die Seite, wenn es dich fressen will", und so fuhr er fort – im wahrsten Sinne des Wortes so weise wie zuvor; denn er hatte in einem Buch gelesen, dass Haie sich zum Beißen auf die Seite drehen, und er schaute nie auf das Ticket, auf dem stand, dass dieser bestimmte Hai nur kleine Fische fraß. Jetzt schaute er nie mehr auf das Ticket, weil er nicht damit rechnete, darauf etwas zu finden, außer dass es sich um den Sharkogobalus Smith-Jonesianius handelte. Aber wenn es an den Wänden des Raumes alle *bekannten* Haiarten gegeben hätte, in abgestuften Größen, von diesem Riesenhai bis zu unserem wackelnden

Katzenhai, und wenn jeder von ihnen eine Ebene gehabt hätte Englisches
Ticket mit zehn Wörtern des gesunden Menschenverstandes darauf, die
sagen, wo und wie das Tier lebte, und einer (unveränderbaren) Nummer, die
sich auf ein ordnungsgemäß zusammengestelltes Handbuch des Haistamms
bezieht (verkauft vom Museumsverleger, der seinen kleinen Laden haben
sollte). in der Nähe der Pförtnerloge), müssten sowohl Vater als auch Sohn
an Mutterwitz weit unter dem Niveau eines durchschnittlichen englischen
Mannes und Jungen gelegen haben, wenn sie nicht ganz deutlich durch die
Tür vor ihnen aus dem Zimmer gegangen wären, und – zu sich selbst –
erstaunlicherweise klüger, als sie durch die Tür hinter ihnen
hereingekommen waren.

194. Wenn ich es wage, Beispiele für einen Fehler aus dem British Museum
zu nennen, dann deshalb, weil es im Großen und Ganzen die am besten
geordnete und angenehmste Institution in ganz England und die großartigste
Konzentration der Mittel menschlichen Wissens auf der Welt ist. Und es tut
mir zutiefst leid, dass die Sache gescheitert ist, und ich verspreche nichts
Gutes von den möglichen Änderungen der Vereinbarung im Einvernehmen
mit Kensington, wo ich mich am selben Tag, an dem ich bei dem alten Hai
meditiert hatte, darin verloren habe ein kretisches Labyrinth aus militärischer
Eisenwarenherstellung, Werbung für Frühlingsjalousien, Modellfischzucht
und badende Nymphen aus Gips mit dem Schmutz eines Jahres auf allen
Nasen; und musste mich einem Polizisten anvertrauen, um wieder
herauszukommen. Mit freundlichen Grüßen

J. RUSKIN .

29. März 1880 .

MEIN LIEBER ——,

195. Die einzige Chance, dass ich diese Briefe selbst in eine einigermaßen
konsistente und museale Ordnung bringe, besteht darin, immer morgens als
Erstes ein oder zwei Wörter zu schreiben, bis ich sie fertig habe; also werde
ich mich zumindest daran erinnern, wovon ich am Vortag gesprochen habe;
Aber im Übrigen muss ich über das eine oder andere sprechen, so wie es mir
in den Sinn kommt, denn es gibt zu viele, um sie ohne Pedanterie und
Zeitverlust zu klassifizieren.

Mein Anspruch an „Eleganz" in diesem letzten Brief bezieht sich
hauptsächlich auf Architektur und Ausstattung. Diese sollten nicht nur in
puncto Pracht, Haltbarkeit und Komfort perfekt sein, sondern auch bis zum
Äußersten schön sein und sich den ausgestellten Objekten angemessen
unterordnen. Einen Raum im Louvre zu betreten, ist eine Ausbildung für
sich; Aber zwei Stufen auf dem schmutzigen Boden und unter den eisernen

Gabeln, halb Gerüst, halb Galgen, des großen Glasbasars von Norwood erniedrigen Geist und Auge gleichzeitig und machen es unmöglich, den ganzen Tag danach irgendetwas mit Gewinn anzuschauen. Ich habe gerade gehört, dass ein französischer Bilderhändler die dortige Gemäldegalerie betreuen soll und dass der gesamte Innenraum quasi zu einem großen Café werden soll, wenn – so hofft man – das Glasmonster endlich „zahlt". Bezüglich der wunderschönen Vollendung von Mr. Dickens' „Fairyland" (siehe meine Broschüre [5] über die Eröffnung des sogenannten „Palastes") sei hier sofort darauf hingewiesen, dass es sich hier um eine „Bezahlung" in diesem Sinne handelt , muss auf dem Grundstein jedes National- oder Bürgermuseums völlig und verächtlich abgeschworen werden. Es darf keine Unternehmen geben, die ihre eigenen Taschen damit füllen, und es darf auch keine Treuhänder geben, die das Management einschränken, in die Amtsführung eingreifen oder deren Vorräte verknappen können. Setzen Sie einen Mann mit Ruf und Verstand an die Spitze; Geben Sie ihm das Personal, um das er bittet, und einen festen jährlichen Betrag für die Ausgaben – spezifische Konten, die jährlich für alle sichtbar gedruckt werden – und lassen Sie ihn in Ruhe. Der ursprüngliche Aufwand für den Bau und die Ausstattung muss großartig sein und der aktuelle Aufwand für die Reinigung und Neuausstattung großzügig; aber ein gewisser Teil dieser laufenden Kosten sollte durch kleine Eintrittsgelder gedeckt werden, die nicht für irgendeine geizige Ausbeute an den Gehältern der Bodenkehrer erhoben werden, sondern um der Besucher selbst willen, damit die Räume nicht durch die Beläge belastet werden untätig oder von den Verrufenen in Ungnade gefallen. Sie dürfen Ihr Museum nicht zu einem Zufluchtsort gegen Regen oder Langeweile machen, noch dürfen Sie den absolut schäbigen und schlecht erzogenen Teil des Volkes in perfekt ausgestattete und im wahrsten Sinne palastartige Räume hineinlassen. Es sollte in der Tat Zufluchtsorte für die Armen vor Regen und Kälte und anständige Räume geben, die auch unanständigen Menschen zugänglich sind, wenn sie dorthin gehen möchten; aber keine dieser Wohltätigkeitsorganisationen sollte Teil der Funktion eines Bürgermuseums sein.

196. Bestimmen Sie als Eintrittsgeld einen Silberpfennig (eine Silbergrütze, die typischerweise den Vater, die Mutter, den ältesten Sohn und die älteste Tochter darstellt und immer die Gesamtzahl einer Familie angibt), und jeder Zutritt, egal wie jung, wird dazu aufgefordert Unterschreiben Sie ihren Namen oder hinterlassen Sie ein Zeichen.

Dass das Eintrittsgeld immer aus Silber bestehen sollte, ist einer der Anfänge der Bildung an diesem Ort – eine der Bedingungen für seine „Eleganz" an der Schwelle.

Und die Einrichtung von Silber für Bronze in der unteren Münzprägung ist
Teil des Systems der nationalen Bildung, das ich in den letzten zehn Jahren
gelehrt habe – ein sehr viel tieferes und umfassenderes System als alles, was
in Museen vermittelt werden kann – und ohne das alles Museen werden
letzten Endes eitel sein. – Immer herzliche Grüße,

JR

PS: An das Gebäude sollte ein gut bedientes Kaffeezimmer angeschlossen
sein. aber dieser Teil des Etablissements ohne jeglichen Luxus an Möbeln
oder Dekoration und ohne Kochgeräte für Fleischfresser.

Ostermontag, 1880.

LIEBER ———,

197. Der Tag ist ein glückverheißender Tag für den Beginn des Nachdenkens
über die richtige Art und Weise der Manifestation aller göttlichen Dinge für
diejenigen, die sie sehen möchten. Denn jedes Haus der Musen, in dem sie
tatsächlich leben, ist eine Dolmetscherstätte am Wegesrand, oder besser
gesagt, ein Ort des Orakels und der Interpretation zugleich. Und die richtige
Funktion jedes Museums besteht für einfache Menschen darin, ihnen das
Schöne im Leben der Natur und das Heroische im Leben der Menschen zu
offenbaren.

Sie sehen, es gibt bereits einige kuriose Einschränkungen in diesem letzten
Satz, wobei viele unserer Freunde anfangen und andere aufhören. Ich selbst
muss daher auch ein oder zwei Minuten innehalten, um auf ihnen zu
bestehen.

einfache Menschen gedacht . Kinder also, und Bauern. Für Ihren Studenten,
Ihren Antiquar oder Ihren wissenschaftlichen Herrn muss eine separate
Unterkunft vorhanden sein, oder sie müssen an einen anderen Ort geschickt
werden. Das Stadtmuseum soll für die Stadtbewohner sein, das Dorfmuseum
für die Dorfbewohner. Halten Sie diesen ersten Grundsatz zunächst klar.
Wenn Sie eine Akademie für Malerei in Littleborough oder eine Akademie
für Literatur in Squattlesea Mere gründen möchten, müssen Sie sich von
jemand anderem beraten lassen, nicht von mir.

199. Zweitens. Das Museum soll diesen einfachen Menschen die Schönheit
und das Leben aller Dinge und Geschöpfe in ihrer Vollkommenheit
offenbaren. Nicht ihre Art der Korruption, Krankheit oder des Todes. Nicht
einmal, immer, ihre Entstehung, in den mehr oder weniger holprigen

Anfängen; nicht einmal ihre Art der Ernährung, wenn auch destruktiv; Sie dürfen keine Amsel ausstopfen, die einen Wurm hochzieht, und Sie dürfen auch kein Krokodil in einer Glasvitrine ausstellen, das ein Baby zerfrisst.

Auch dürfen Sie niemals Knochen oder Eingeweide oder andere Leichenkram zeigen. Bringen Sie Ihren Kindern bei, den Ton der Lerche vom Ton der Nachtigall zu unterscheiden; Die Länge ihres Kehlkopfes ist ihre eigene Sache und die Gottes.

Ich kann nicht genug auf diesem Punkt beharren, auch nicht zu feierlich. Wenn Sie möchten, dass Ihre Kinder Chirurgen werden, schicken Sie sie auf das Surgeons' College. wenn Jongleure oder Nekromanten, an die Herren Maskelyne und Cooke; und wenn sie Metzger sind, dann in Trümmern. Aber wenn Sie wollen, dass sie das ruhige Leben von Landherren und -frauen, Dienern und Mägden führen, sollen sie nichts von den Geheimnissen des Todes suchen, bis sie sterben. Immer treu und liebevoll Ihr

JR

Osterdienstag, 1880.

LIEBER ——,

200. Ich muss heute etwas näher auf den praktischen, nicht weniger als emotionalen Grund eingehen, warum anatomische Illustrationen der breiten Öffentlichkeit verweigert werden.

Es ist schon schwierig genug, bei irgendjemandem und einer einzelnen Sache eine klare Vorstellung zu bekommen. Aber es ist nahezu unmöglich, ihnen *zwei* klare Vorstellungen von derselben Sache zu vermitteln. Wir haben seit hundertfünfzig Jahren Löwenköpfe als Türklopfer, ohne jemals zu erfahren, wie ein Löwenkopf aussieht. Aber mit gutem modernen Stopf- und Apportieren schaffe ich es jetzt, einem Kind wirklich etwas über das Aussehen des Tieres, seine Mähne, seine mürrischen Augen und gestromten Lippen verständlich zu machen. Aber wenn ich mich gleichzeitig mit einer großen knöchernen Kiste herumplage, die weder Mähne noch Lippen noch Augen hat, und dem armen, elenden Pfarrschüler erklären muss, wie das irgendwie dazu passt, bin ich gebunden Wenn man am Ende eines Jahres einen so groß wie den anderen zeichnet, wird er weder einen Löwenkopf noch einen Tigerkopf unterscheiden – noch einen Löwenschädel von einem Kaninchenschädel. Es ist auch nicht nur der Gemeindejunge, der leidet. Den Wissenschaftlern selbst entgeht die Hälfte ihres Punktes, weil sie es sich angewöhnt haben, Dinge zu hacken, statt sie anzuschauen. Als ich in Oxford meinen Vortrag über die Schwalbe [6] hielt, forderte ich jeden dortigen Anatomen auf, mir die Verwendung seines Schwanzes zu erklären (ich glaube, die Hälfte von ihnen wusste nicht, dass er einen hatte). Keine

Menschenseele von ihnen konnte es mir sagen, was ich vorher wusste; Aber bis ich ihre Bücher gründlich durchgesehen hatte, wusste ich nicht, wie sie sich über seine Flügel stritten! Tatsächlich glaube ich nicht, dass man in diesem Moment (Osterdienstag 1880) in irgendeinem wissenschaftlichen Buch in Europa eine wahre Darstellung der Art und Weise finden kann, wie ein Vogel fliegt – oder wie eine Schlange sich schlängelt. Mein Swallow-Vortrag war die erste klare Aussage zu einem Punkt, und wenn ich meinen Snake-Vortrag veröffentliche, werden Sie zum anderen die erste klare Aussage haben; und das liegt einfach daran, dass die Anatomen umsonst etwas betrachten können, bevor sie es gehäutet haben.

201. Und die Dinge werden von Stunde zu Stunde schlimmer. Gestern, nachdem ich das erste Blatt dieser Notiz geschrieben hatte, ging ich ins British Museum und fand auf einem Tisch mit Schmetterlingen – vorübergehend natürlich – aber dann alles war im letzten halben Jahrhundert vorübergehend oder temporär im British Museum ausgestellt; Dies machte es für die breite Öffentlichkeit immer zu einer bloßen Verschwendung und Ermüdung, da es ja immer bis zur letzten Tagung der Zoologischen Gesellschaft und der letzten Ausgabe der Times auf dem Laufenden gehalten werden *musste* . Als ob es vor der Arche nicht genug Tiere gegeben hätte, um unseren Kindern an einem Sonntagnachmittag die Sitten und Gebräuche zu erklären!

202. Ich war an diesem Tag ins Museum gegangen, um die genaue Form eines Entenflügels zu sehen. Die Untersuchung eines lebhaften jungen Erpels hier in Coniston war abgeschlossen und hatte mir damit einen solchen Schnitt am Handgelenk zugefügt, dass ich kaum schreiben konnte den ganzen Morgen danach. Jetzt sind in der gesamten Vogelgalerie nur noch zwei Entenflügel ausgebreitet, und zwar in unterschiedlichen Positionen. Stellen Sie sich den Unterschied für den Mob und mich vor, wenn die Muscheln und Affenskelette aus der Mittelgalerie entfernt würden und stattdessen drei abgestufte Reihen von Vögeln über die gesamte Länge (oder die Hälfte der Länge – oder ein Viertel) verteilt würden es – mit Urteilsvermögen) zeigt den Übergang in der Länge des Schnabels vom Ammer zur Waldschnepfe, in der Länge der Beine vom Mauersegler zum Stelzregenpfeifer und in der Länge des Flügels vom Alken zum Fregattvogel; Die Flügel sind alle geöffnet, bei einem Exemplar jedes Vogels bis zum vollen Schwung und bei einem anderen an der Grenze des nach unten gerichteten Rückenschlags . Denn was um alles in der Welt – oder in der Luft – nützt es mir, ihre gekochten Brustbeine und skalpierten Hinterbeine zu sehen, wenn mir nie gezeigt wird, wie sie ihre Brüste tragen – oder wo sie ihre Köpfe tragen?

Genug der Naturgeschichte, werden Sie sagen! Ich werde in meinem nächsten Brief auf die Kunst eingehen und das hässliche Thema dieses Briefes mit einem einzigen Satz aus Abschnitt ix abschließen. des „Tale of a Tub" und empfehle den Kontext dazu meinen Freunden von der Royal Academy.

„Letzte Woche habe ich gesehen, wie einer Frau die Haut abgezogen wurde, und Sie werden kaum glauben, wie sehr sich ihre Person dadurch verschlechtert hat." – Immer, mein Lieber –, herzlichst Ihr,

JR

7. April 1880.

MEIN LIEBER ——,

203. Ich nehme an, dass der richtige Respekt vor den großen ersten Grundsätzen der britischen Verfassung, dass jeder tun sollte, was er will, denken, was er will, und alles sehen sollte, was man für Geld sehen kann, die meisten Ihrer Leser vor meiner Meinung zurückschrecken lassen wird erster Grundsatz der Museumsanordnung: Nichts darf durch die Türen gelassen werden, was in seiner Art nicht gut ist, wie aus einem Versuch, das Papsttum wiederherzustellen, die Inquisition wiederzubeleben und alle in den untersten Kerker des Burggrabens zu vertreiben . Sie müssen mich nach Belieben mit diesen finsteren Ansichten belasten; Sie werden feststellen, dass es keine vernünftige Sicht auf das Geschäft gibt, das nicht in erster Linie darin besteht, das Böse vom Guten und das Richtige vom Falschen zu unterscheiden. Auch wenn sie sich dazu herablassen, ganz einfach und auf den Grund der besagten Angelegenheit zu beginnen und den Schuster über die Crepida und den Töpfer über den Topf urteilen zu lassen, wird es ihnen nicht so außerordentlich schwer fallen, vertrauenswürdige Autoritäten zu etablieren und Urteile, die sicher sein werden.

204. Nehmen wir zum Beispiel an, dass man in Leicester, wo uns die Untersuchung zu solchen Punkten zuerst begann, damit begann, ein Jägerzimmer einzurichten, in dem eine Reihe von Porträts der Lieblinge ihres Herrn aus den letzten etwa fünfzig Jahren aufbewahrt werden sollten mit der Bescheinigung jedes Squires über seine Zufriedenheit bis zu diesem und jenem Punkt mit dem Porträt von Lightfoot, Luzifer oder Will o' the Wisp arrangiert werden; und gebührende Benachrichtigung, für vielleicht eine erholsame und degenerierte Zukunft, über die Tugenden und Vollkommenheiten, die zu dieser Zeit beim englischen Pferd angestrebt und gesichert wurden. Hätte eine solche Ritterkammer in ihrer Art nicht eine ganz unbestreitbare Autorität und einen historischen Wert, der nicht durch künftige Unverschämtheiten oder Untreue erschüttert werden könnte?

Oder wiederum in Staffordshire: Wäre die ehrliche Frage, was gut ist und was nicht, in Ton oder Ware, nicht leicht zu beantworten: „Dies wird funktionieren, und das wird Bestand haben"? Und könnte nicht eine Reihe von Bechern, die mit Unterscheidungsvermögen gereift sind, und von Töpfen, die sich im Gebrauch bewährt haben, so geordnet werden, dass sie ihre Qualitäten in überzeugender und harmonischer Weise allen Widersachern zur Schau stellen?

205. Es gibt auch kein Geheimnis des Geschmacks oder ein Wunder der Geschicklichkeit, über das Sie dem einfachen Volk nicht eine ganz einfache Einführung und eine sichere Führung verschaffen könnten, vorausgesetzt, Sie machen ihm einmal klar, dass es tatsächlich etwas zu lernen gibt, und zwar etwas in den Künsten bewundert zu werden, die eine Zeit lang ihre Aufmerksamkeit erfordern werden; und kann weder mit einem Wort erklärt noch mit einem Augenzwinkern gesehen werden. Und unter der Voraussetzung, dass du ihnen auch mit noch größerer Entschlossenheit Meister in jedem Zweig der Künste einsetzt, die ihre eigenen Gedanken in dieser Angelegenheit kennen und sich nicht scheuen, sie auszusprechen oder zu sagen: „Wir wissen es." sie wissen es, und „Wir wissen es nicht", wenn sie es nicht wissen.

Zu diesem Zweck müssen die besagten mehreren Zweige weit voneinander entfernt gehalten und einer nach dem anderen bearbeitet werden. Jede größere Stadt sollte ihre vorbildlichen Sammlungen von Holz-, Eisen- und Schmuckarbeiten haben, die den Schulen ihrer verschiedenen Berufe zugeordnet sind und in ihrem öffentlichen Museum, wie in einer sechseckigen Bienenzelle, die sechs königlichen und musealen Sammlungen darstellen. unterrichtete Handarbeiten, Schreiben, Töpfern, Bildhauerei, Architektur und Malerei.

206. Für jedes davon sollte es eine separate Tribüne oder Kammer des absoluten Tribunals geben, die nicht groß sein muss – das, was Florenz so genannt wird und nicht die Größe eines Wartezimmers einer Eisenbahn hat, ist tatsächlich im letzten Jahrhundert bestimmt worden der Geschmack des europäischen Publikums in zwei Künsten! – in dem das absolut Beste in jeder Kunst, soweit es für den öffentlichen Geldbeutel erreichbar ist, verbindlich zur Schau gestellt werden sollte, mit der einfachen Erklärung, dass sie gut ist, und der Begründung, warum sie gut ist, und Mitteilung, in welchen Einzelheiten es unübertrefflich ist, zusammen mit einigen nicht allzu komplexen Darstellungen der Schritte, durch die es zu dieser Vollkommenheit gelangt ist, wobei diese weit in die Geschichte zurückverfolgt werden können.

207. Nachdem diese sechs Tribunen oder Tempel des Ruhms zunächst mit ihren festen Kriterien festgelegt wurden, sollte eine Reihe historischer Galerien folgen, die den Aufstieg und Fall (falls sie untergingen) der Künste in ihren schönen Assoziationen zeigen, wie sie in den USA praktiziert werden große Städte und von den großen Nationen der Welt. Die Geschichte Ägyptens, Persiens, Griechenlands, Italiens, Frankreichs und Englands sollte in ihren Künsten dargestellt werden – Dynastie für Dynastie und Zeitalter für Zeitalter; und zum siebten Mal, ein Sonntagszimmer, für die Geschichte des Christentums in seiner Kunst, einschließlich der weitesten Bereiche und schwächsten Bemühungen davon; Behalten Sie für diesen Raum auch vor, welche Kraft bei der Beschreibung der großen Klöster und Kathedralen erreicht werden konnte, die einst der Ruhm aller christlichen Länder waren.

208. In einem solchen Plan würde jede Form edler Kunst einen harmonischen und lehrreichen Platz einnehmen, und oft würden sehr kleine und unbeachtete Dinge gefunden, die ungeahntes Interesse und verborgene relative Schönheit hätten; aber seine Effizienz – und hier sei vor allem die Geduld Ihrer praktischen Leser empfohlen – würde nicht von seinem Umfang abhängen, sondern von seiner strikten und präzisen Begrenzung. Auf die Methoden, wenn Sie wissen möchten, wie ich sie verstehe, werde ich vielleicht im nächsten Monat mit einigen anschaulichen Einzelheiten näher eingehen. – Mit freundlichen Grüßen,

JR

10. Juni 1880. [7]

MEIN LIEBER ——,

209. Zu den Einzelheiten kann ich Ihnen noch nichts sagen; Aber um in meiner Geschichte keinen Stich zu machen, möchte ich sagen, warum ich der Handarbeit so viel Bedeutung beigemessen habe, und sie in den ersten Abschnitt der Sechs einordnen. Sie sehen, sie sind fortschrittlich, so dass ich die Handarbeit nicht ganz mit der Malerei *gleichsetze* . Aber eine Nation, die lernen möchte, „zu berühren", *muss* in erster Linie wissen, wie man „näht". Ich bin immer einen guten Teil des Tages in meinem Wald beschäftigt und trage meine Lederhandschuhe schnell auf, sobald ich sie überhaupt tragen kann: aber das ist genau die Schwierigkeit der Sache. Ich hole sie aus dem Laden und sehe so kräftig und gepflegt aus, wie man es sich wünscht, und eine halbe Stunde, nachdem ich mit der Arbeit angefangen habe, spalten sie die Finger und Daumen auf wie reife Rosskastanienschalen, und ich habe fünf baumelnde Lumpen um meinen Körper Handgelenk und ein fauler weißer Faden, der mir durch den Wald folgte oder meine Nase kitzelte, als hätten Ariadne und Arachne gemeinsam den Verstand verloren. Ich gehe

nach Hause und beschwöre das Universum gegen Nähmaschinen; und bittet jede der Mägde, die sich in der Kunst ihrer Frau auskennt, um die Gabe eines oder zweier gesunder Stiche; und von da an beginnt das Leben des eigentlichen Handschuhs. Wow, es ist für Leute, die sich so etwas gefallen lassen, nicht möglich, malen zu lernen oder irgendetwas anderes mit den Fingern anständig zu machen – nur glauben sie größtenteils nicht, dass ihre Museen dazu gedacht sind, etwas zu zeigen ihnen, wie man etwas anständig macht, sondern wie man unanständig und unanständig ist. Diese äußerst beliebte und äußerst falsche Überzeugung müssen wir bitte aus dem Weg räumen, bevor wir weitermachen.

210. Ich schulde Herrn Frith übrigens etwas Entschuldigung für die Art und Weise, wie ich in meinem Brief an das Leicester-Komitee über sein Bild [8] gesprochen habe, der nicht zur Veröffentlichung bestimmt war, obwohl ich nie schreibe, was ich nicht zulassen würde veröffentlicht werden sollte, und war froh, dass sie um Erlaubnis gebeten haben, es zu drucken. Nicht ich habe das Bild als Beispiel angeführt, es war in der Ausschusssitzung als etwas bezeichnet worden, das den Leuten am besten gefällt, und ich musste sagen, warum es den Leuten am besten gefiel: – nämlich nicht wegen des Gemäldes , das ist gut und verdient ihren Geschmack, wäre da nicht der Anblick der Rennbahn und ihres Humors. Und der Grund dafür, dass ein solches Bild nicht in einem Museum sein sollte, liegt genau darin, dass sich die Menschen in einem Museum nicht auf einer Rennbahn vorstellen sollten. Wenn sie Rennen sehen wollen, sollen sie zu Rennen gehen; und wenn Schurken, nach Bridewells. Sie kommen in Museen, um etwas anderes als Schurken und Rassen zu sehen.

211. Aber um die Sache noch umfassender und präziser zu formulieren: Man sollte sich im Großen und Ganzen daran erinnern, dass ein Museum kein Theater ist. Beides sind Mittel der edlen Bildung – aber man darf die beiden nicht verwechseln. Dramatisches Interesse ist eine Sache; ästhetischer Charme ein anderer; Eine Pantomime darf nicht von ihrer schönen Farbe abhängen, noch ein Bild von seiner schönen Pantomime.

Nehmen Sie ein besonderes Beispiel. Es ist lange her, dass ich an der Royal Academy so viel Freude gehabt habe wie an Mr. Britton Rivières „Sympathy". Der Hund in unkarikierter Verbissenheit, göttlich wie Anubis oder der Hundestern; das Kind ganz kindisch und lieblich, der Teppich könnte von Veronese ausgelegt worden sein. An sich ein äußerst wertvolles Bild, aber keins für ein Museum. Jeder würde nur an die Geschichte denken; Jeder fragte sich, was das kleine Mädchen getan hatte und wie ihr vergeben werden würde, und wenn nicht, wie schnell würde sie aufhören zu weinen, dem Hund einen Kuss geben und sein Herz trösten. All das könnten sie genauso gut zu Hause bei ihren eigenen Kindern und Hunden lernen; und sollten nicht ins Museum kommen, um die echten Studenten dort zu quälen, da das eigentliche Gemälde nichts Besonderes oder unübertroffene Qualität aufweist.

212. Andererseits war eines der vier Bilder, die ich für den ständigen Unterricht in Fors ausgewählt habe, eines von einem Kind und einem Hund. Das Kind tut nichts; der Hund auch nicht. Aber der Hund ist absolut und unvergleichlich der am besten bemalte Hund der Welt – ob alt oder modern – auf dieser Seite oder auf den Antipoden (soweit ich den Inhalt dieser Welt gesehen habe). Und das Kind wird so gemalt, dass man es *nicht* besser machen kann. *Das* ist ein Bild für ein Museum.

Keine so dramatische, geschweige denn didaktische Absicht sollte ein Kunstwerk für Museumszwecke ausschließen. Aber im Großen und Ganzen sollte dramatische und didaktische Kunst universell national sein, der Glanz unserer Straßen, der Schatz unserer Paläste, die Freude unserer Häuser. Viele Kunstwerke, die schwach, vergänglich und unhöflich sind, können uns auf diese Weise hilfreich sein. Aber das Museum dient nur dem, was ewig richtig und gut gemacht ist, gemäß göttlichem Gesetz und menschlichem Können. Die kleinsten Dinge sollen da sein – und die größten –, aber alles *gut* mit der Güte, die ein Kind fröhlich und einen alten Mann ruhig macht; Die Einfältigen sollten dorthin gehen, um zu lernen, und die Weisen, um sich zu erinnern.

213. Und nun zurück zu dem, was ich in diesem Brief thematisieren wollte – der Einrichtung unseres ersten idealen Raumes in einem solchen Museum. Wenn ich darüber nachdenke, würde ich das Einzelzimmer, um das ich zuerst gebeten hatte, gern zu einem Zimmer wie dem von Prinz Houssain erweitern – nein, Prinz Houssain hatte den fliegenden Wandteppich, und ich weiß nicht mehr, welcher Prinz den elastischen Palast hatte. Aber in der Tat muss es ein herrschaftlicher Raum sein, der groß genug sein soll, um die wahre Natur von Faden und Nadel zu zeigen – vorgezeichnet in „Thread-Nadel Street!"

Die Struktur, zunächst von Wolle und Baumwolle, von Fell und Haaren und Daunen, von Hanf, Flachs und Seide: – Mikroskop zulässig, wenn eine Ursache gezeigt werden kann, warum Wolle weich und Fell fein und *Baumwolle* flauschig und Daunen ist flaumiger; und wie sich eine Flachsfaser von einem Löwenzahnstiel unterscheidet und wie die Substanz eines Maulbeerblatts zu Samt für die Krone von Königin Victoria und zu violetter Kleidung für die Hausfrau Salomos werden kann.

Dann die Phase des Färbens. Was für Azurblaue, Smaragde und tyrische Scharlachrote können in Fasern aus Fäden verarbeitet werden.

214. Dann die Phase seiner Drehung. Das Geheimnis dieser göttlichen Spirale, vom Feinsten zum Feststen, die Spitze in Valenciennes – Ankerplatz nach Trafalgar – möglich macht, wenn Hardy nur getan hätte, was ihm geboten wurde.

Dann das Geheimnis des Webens. Die ewige Harmonie der Kette und des Schusses, aller Arten des Knüpfens, Strickens und Netzens, die Kunst, die Kleidungsstücke möglich macht, von oben bis unten gewebt, Entwürfe von Fischen möglich, wunderbar genug in jeder Sardelle oder jedem Heringsschwarm, vereint in geselliger Fängigkeit ; – was, kurz gesagt, so viele Nationen möglich macht und vor allem die sächsischen und normannischen.

215. Und schließlich die vollendete Phase der Handarbeit, das *Acu Tetigisti* aller Zeiten, das tatsächlich praktisch zeigt, was mittelalterliche Theologen vergeblich induktiv zu schlussfolgern versuchten: Wie viele Engel können auf einer Nadelspitze stehen? Um die wesentliche Natur eines Stichs zu zeigen – das Getrennte in das Untrennbare zu ziehen, von der bescheidenen Arbeit eines ordnungsgemäß eingeschränkten Sutors und eines bescheiden eingesetzten Schusters bis hin zur Nadelschrift von Matilda, der Königin.

Die ganze nadelförmige Kunst der Nationen, wild und zivilisiert, vom Lappland-Stiefel, der kein Schneewasser durchlässt – über das mit Perlen besetzte Türkei-Kissen – bis zum Volant aus venezianischem Gold in Handarbeit – bis zu den Tagesdecken und Mustertüchern unserer eigenen schönen Vorfahren, nachahmbar, vielleicht, noch einmal, mit guter Hilfe vom Whiteland's College – und Girton.

216. Es war erst gestern, und meine eigene Frau war in großer heilsamer und süßer Aufregung und erfreut dabei zuzusehen, wie sie eine neue Heilmethode gegen Risse praktizierte (wenn man bedenkt, wie viel Böses in den beiden Bedeutungen dieser vier Buchstaben steckt). Wort! wie in den beiden Intonationsmethoden seines Synonyms „Träne"), wobei sie sanft ausgelöscht werden könnten, und mit einer Neuheit, die sie niemals schlimmer machen würde. Der Prozess begann selbst für meine uninformierten Augen wunderschön, mit der Ähnlichkeit von Fischgrätenmauerwerk, purpurrot auf weiß, aber es schien mir wunderbar, dass im Nadelprozess überhaupt etwas entdeckt werden konnte, und das von so utilitaristischem Charakter.

Das Einzige, was meiner Meinung nach bei einer solchen Arbeit vernünftig ist, ist, dass wir sie in unserem ersten Museumsraum haben. Alles, was Athene und Penelope gutheißen würden. Nichts, was die Eitelkeit aus Gründen der Abwechslung erfunden oder die Torheit aus Kostengründen geliebt hat; aber all das kann ehrlichen Stolz in das häusliche Leben bringen und Sicherheit für die Gesundheit – und Ehre für die Schönheit geben.

FUSSNOTEN:

[4] Diese Briefe sind aus dem *Art Journal* vom Juni und August 1880 abgedruckt, wo ihnen zur Erklärung ihres Ursprungs die folgende Anmerkung des Herausgebers vorangestellt war: „Durch die Freundlichkeit von Herrn Ruskin ist es uns möglich, diesen Monat zu veröffentlichen." eine Reihe von Briefen an einen Freund über die Funktionen und die Gründung eines Mustermuseums oder einer Mustergalerie. Wie in unserer letzten Ausgabe dargelegt, stellte sich die Frage wie folgt: – Bei der Verteilung der Preise an die School of Art in Leicester durch Herrn JD Linton und Herr James Orrock, Mitglieder des Institute of Painters in Water Colors, letzterer, nachdem er die lebenswichtige Bedeutung des Studiums ausschließlich anhand der besten Modelle zum Ausdruck gebracht und sein Bedauern darüber zum Ausdruck gebracht hatte, dass der derzeitige Preis für Kunstwerke der ersten Klasse gerechtfertigt sei Da ihre Erlangung durch Schulen nahezu verboten war, bot er Zeichnungen von William Hunt und David Cox als Ausgangspunkt für eine Sammlung an. Er drängte andere, diesem Beispiel zu folgen, und das mit so großem Erfolg, dass innerhalb weniger Tage eine große Summe und viele Kunstwerke versprochen wurden Mithilfe einer Studentengalerie. Daraufhin wurde die Leicester Corporation auf die Bewegung aufmerksam und sie bemühte sich sofort, den Plan in ihr Museum aufzunehmen. Da dies nicht gelang, zeichneten sie in freundschaftlicher Rivalität eine große Geldsumme, und es stellte sich sofort die Frage, wie sie am besten darüber verfügen sollten, wobei jeder natürlich seine eigenen Ideen für die beste hielt. Zu diesem Zeitpunkt rief ein Teil der Abonnenten Herrn Ruskin um seine Hilfe an und er antwortete in einem Brief, der, da er ohne Kontext verbreitet wurde, zu einigen Missverständnissen geführt hat. Da er nur gefragt wurde, empfahl er nur, was *nicht* getan werden sollte. Der Brief trug jedoch Früchte, denn beide Parteien haben die Aufmerksamkeit des Landes auf ihre Vorschläge gelenkt und sind nun unsicherer als zuvor, wie sie sie in die Tat umsetzen sollen. Unter diesen Umständen wurde Herr Ruskin veranlasst, die Art und Weise darzulegen, in der seiner Meinung nach ein Kunstmuseum gegründet werden sollte.

Der Brief, der „anfällig für Fehlkonstruktionen" war, ist in *Arrows of the Chace* zu finden .

[5] Nachdruck in Bd. i., §§ 253-273. – ED.

[6] Im Jahr 1873. Siehe den zweiten Vortrag von *Love's Meinie.*— ED. .

[7] *Kunstjournal* , August 1880.

[8] Der „Derby-Tag“. Siehe *Arrows of the Chase* .

Kleinere Schriften zur Kunst.

DIE CAVALLI-DENKMÄLER, VERONA. 1872. VERONA UND SEINE FLÜSSE (MIT KATALOG). 1870.CHRISTLICHE KUNST UND SYMBOLIK. 1872. KUNSTSCHULEN DES MITTELALTERLICHEN CHRISTENREICHS. 1876. DER ERWEITERUNG DER EISENBAHN. 1876. DAS STUDIE DER SCHÖNHEIT. 1883.

DIE CAVALLI-DENKMÄLER IN DER KIRCHE ST. ANASTASIA, VERONA. [9]

217. Das Grab von Federigo und Nicola Cavalli befindet sich in der südlichsten der fünf Kapellen, die das östliche Ende der Kirche St. Anastasia in Verona bilden.

Der Reisende in Italien wird so oft aufgefordert, das zu bewundern, was er nicht genießen kann, dass es jeden Leser, der Verona besuchen möchte, beruhigt, wenn er weiß, dass diese Kirche nichts als außergewöhnliches Lob verdient; Es gibt jedoch einige Charaktere, die eine Viertelstunde Aufmerksamkeit sowohl interessant als auch lehrreich machen werden und die ich kurz erwähnen werde, bevor ich einen Bericht über die Cavalli-Kapelle gebe. Diese Kirche „wäre, wenn das Taufbecken fertig wäre, wahrscheinlich das perfekteste Exemplar des Stils, zu dem sie gehört", sagt ein in „Murray's Guide" zitierter Kritiker. Die Vermutung ist gewagt, denn das Taufbecken ist nicht nur unvollendet und zum größten Teil eine schwarze Masse aus zerlumptem Mauerwerk, sondern der Teil, der die Vollendung vorgibt, ist in drei Stilen gehalten; erreicht Exzellenz nur in einem von ihnen; und dadurch ist der Erfolg auf die Seiten der einzelnen Eingangstür beschränkt. Die Flanken und Gewölbe dieser Veranda verdienen in der Tat unsere fast uneingeschränkte Bewunderung für ihr wunderschönes polychromes Mauerwerk. Sie bestehen aus großen Massen von grünem Serpentin, das sich mit rotem und weißem Marmor abwechselt, und die Verbindungen sind so zart und fest, dass ein zufälliger Betrachter verächtlich durch das Tor gehen könnte, weil er denkt, der Stein sei bemalt.

218. Die Kapitelle auf diesen beiden Seiten, der geschnitzte Mittelschaft und der horizontale Sturz dieser Tür sind ebenfalls hervorragende Beispiele veronesischer Skulpturen aus dem 13. Jahrhundert und weisen Vorzüge von hohem Rang auf, die jedoch für den allgemeinen Betrachter nicht erkennbar sind. Ich möchte sie damit nicht übermäßig preisen; Die beste Kunst gefällt allen, und ihre Tugend oder ein Teil davon zeigt sich sofort. Aber es gibt einige gute Eigenschaften in jeder ernsthaften Arbeit, die nur durch Aufmerksamkeit festgestellt werden können; und wenn ich sage, dass ein zufälliger Betrachter die guten Qualitäten der frühen veronesischen Skulptur nicht erkennen kann, meine ich, dass sie nur diese und auch keine dieser vielen Eigenschaften besitzt.

219. Dennoch lohnt es sich, eine Minute zu verweilen, um zu sehen, wie sehr die Skulptur auf Aufmerksamkeit gesetzt hat. In späteren Arbeiten erfreuen sich lebensgroße oder zahlreiche kleine Figuren, wenn sie nicht von Interesse sind, dem Betrachter, der ihnen einen flüchtigen Blick ersparen kann. Aber

alle Figuren an dieser Tür sind winzig und ragen so leicht aus dem Stein
hervor, dass sie kaum ins Auge fallen; Es gibt keine an den Seiten und keine
im Gewölbe des Tores, und nur durch sorgfältige Prüfung finden wir den
Glauben, der in der Kirche gepredigt werden soll, und die Ehre ihres
Predigers, die endgültig in den Türsturz und die Tür eingraviert sind -Post.
Die spiralförmigen Riffelungen des zentralen Schafts sind ununterbrochen,
um eine leichte Aussparung für die Figur des Heiligen Dominikus zu bilden,
mit, wie ich glaube, dem Heiligen Petrus, dem Märtyrer, und dem Heiligen
Thomas von Aquin, jeweils einer auf jeder Seite mit den Symbolen der Sonne
und Mond. Am Ende des Türsturzes befindet sich links die heilige Anastasia;
rechts die heilige Katharina (von Siena); in der Mitte, auf dem
vorspringenden Kapitell, die Madonna; und auf dem Türsturz die Geschichte
Christi in den vier Abschnitten Verkündigung, Geburt Christi, Kreuzigung
und Auferstehung.

220. Dies ist der einzige Teil der Vorderseite der Kirche, der mit Sicherheit
Teil des ersten Bauwerks im Jahr 1260 ist. Die beiden Statuen der heiligen
Anastasia und der heiligen Katharina sind so grob mit den seitlichen
Kapitellen verbunden, dass der Verdacht aufkommen lässt, dass dies sogar
der Fall ist Letztere und das schöne polychrome Gewölbe stammen aus
späterer Zeit, jedoch nicht später als 1300. Die beiden Spitzbögen, die das
Tympanon unterteilen, stammen sicherlich aus der Folgezeit, und das
Fresko, das sie einnimmt, ist ein schlechtes Werk vom Ende des 14.
Jahrhunderts. und der Marmorfries und die Fundamente der Vorderseite
stammen zumindest nicht aus der Zeit vor 1426.

Das Fundament dieses Teils des Gebäudes ist edel und die Farbe schön
gestaltet, aber die Skulptur der Täfelung ist dürftig und weder interessant
noch wertvoll.

221. Wenn man die Kirche betritt und sofort nach links abbiegt, sieht man
an der Innenseite der Außenwand ein Grab unter einem kühnen
dreiflügeligen Baldachin. Es handelt sich um einen Sarkophag mit einer
liegenden Figur darauf, der das einzige Kunstwerk in der Kirche ist, das
ernsthafte Aufmerksamkeit verdient. Es ist das Grab von Gerard Bolderius
„sui temporis physicorum principi", heißt es in seinem Epitaph [10], soweit
ich das beurteilen kann, nicht unwahr. Auf der Vorderseite des Sarkophags
ist die Halbfigur des aus dem Grab aufsteigenden Christus zu sehen, die zu
dieser Zeit allgemein für das Bild der Auferstehung zwischen der Jungfrau
und dem Heiligen Johannes verwendet wurde. und zwei Schilde, von denen
einer die Lilie und der andere einen Adler trug. Die liegende Figur ist völlig
einfach und richtig in der Behandlung, ohne Zurschaustellung von Können
oder Übertreibung von Gefühlen gestaltet, von einem wahren Künstler, der

nur danach strebt, den Toten die gebührende Ehre zu erweisen, während seine eigene Kunst einen untergeordneten und bescheidenen Umfang hat.

Dieses Denkmal, das schönste in St. Anastasia, ist, wie üblich, zum Trotz an einem Ort platziert, an dem es außer an hellen Tagen völlig unsichtbar ist. Auf der gegenüberliegenden Seite der Kirche sollte das erste Denkmal auf der rechten Seite neben dem des Arztes betrachtet werden, das durch das hohe Westfenster gut beleuchtet ist. denn da dies das Beste ist, ist dies im Wesentlichen das Schlechteste, Skulpturenkunstwerk im Gebäude; eine Reihe von Akademiestudien in Marmor, gut ausgeführt, aber ohne Geschmack oder Erfindung und notwendigerweise ohne Bedeutung, da das Denkmal einer Person errichtet wurde, deren einziger Anspruch darauf darin bestand, dass er vor seinem Tod genug Geld gestohlen hatte, um es zu bezahlen. Es handelt sich um eines der ersten erhaltenen Stücke, die vollständig mechanisch und für Geld gefertigt wurden. und die Perfektion seiner Details könnte es rechtfertigen, dass ich ihm besondere Aufmerksamkeit schenke.

222. Es gibt keine anderen Denkmäler und schon gar keine Bilder in der Kirche, die Beachtung verdienen. Die Gesamtwirkung des Innenraums ist beeindruckend, was teilweise auf die Kühnheit und Einfachheit der Säulen zurückzuführen ist, die das Dach tragen. Zum Teil liegt es an der Dunkelheit, die sie umgibt: Diese dominikanischen Kirchen sind in der Tat kaum mehr als riesige Säle zum Predigen und sind kaum auf Dekoration und überhaupt nicht auf Licht angewiesen. Aber die Erhabenheit des Schattens versagt bald, wenn er nichts Interessantes zu beschatten hat; und die Kapellen oder Denkmäler, die gegenüber jedem Abstand zwischen den Säulen die Seiten der Seitenschiffe füllen, sind außer ihren Arabesken der Cinque-Cento-Skulptur, von denen weitaus bessere Beispiele anderswo zu sehen sind, von keinem Interesse; während die Unterschiede in ihrem Alter, Stil und Zweck sie daran hindern, irgendeine Einheit der dekorativen Wirkung zu erreichen, und die Einheit der Kirche fast ebenso verhängnisvoll, wenn auch nicht so unhöflich, brechen wie die inkohärenten Füllungen der Gänge in Westminster. Die Cavalli-Kapelle selbst verdient zwar die Illustration, die die Arundel Society ihr verliehen hat, ist aber mit einer Mischung aus Gräbern und Fresken unterschiedlichen Datums gefüllt, die sich teilweise ersetzen, sich gegenseitig nicht illustrieren und vor allem deshalb lehrreich sind, weil sie die unglücklichen Folgen zeigen Freiheit und „privates Unternehmertum" in Kunstangelegenheiten im Vergleich zur Unterwerfung unter die Pläne eines herrschenden Geistes, die der Ruhm aller Kapellen in Italien ist, in denen die Kunst völlig edel ist.

223. So zumindest lehrreich, auch wenn man es voreilig betrachtet; Selbst aus einer unharmonischen Arbeit kann viel besserer Unterricht gewonnen

werden, wenn wir Zeit und Nachdenken darauf verwenden. Das obere Fresko an der Nordwand, das die Taufe Christi darstellt, hat keine Schönheit und wenig künstlerischen Wert; Dennoch ist die Art und Weise seiner Fehler interessant. Der heilige Johannes kniet nieder, um zu taufen. Diese Abweichung von der herkömmlichen Darstellung, in der er über Christus steht, reicht allein aus, um zu zeigen, dass der arme veronesische Maler eine gewisse Intelligenz für sein Thema hatte; und die urige und hagere Gestalt mit den grimmigen Gesichtszügen und dem schwarzen Haar, das in einzelnen Locken wie eine Dornenkrone emporragt, ist ein merkwürdiger Zwischentypus zwischen der grotesken Vorstellung, die wir in der früheren Kunst (oder zum Beispiel auf den Münzen von …) finden Florenz) und die schönen, aber stets melancholischen und strengen Figuren des Heiligen Johannes, gemalt von Cima da Conegliano in Venedig. Vergleichen Sie mit dieser strengen Figur im Gewand aus Kamelhaar die Magdalena in den Fresken an der Seite des Altars, die von Kopf bis Fuß mit ihr verschleiert ist und von sechs Engeln getragen wird, was das Bild der Reue von den Leidenschaften darstellt. als der heilige Johannes des Widerstands gegen sie. Beide Symbole sind für uns, gelinde gesagt, ohne Reiz und für die wenigsten ohne Anstoß; Bedenken Sie jedoch, wie viel edler die Stimmung der Menschen gewesen sein muss, die sich an so düsterer und schmuckloser Kunst erfreuen konnten, als die der heutigen Bevölkerung, die von leuchtenden Farben eingefangen und von der Volksstimmung angeregt werden muss.

224. Diese beiden Fresken sowie die anderen an der Nordwand der Kapelle und die Madonna zwischen vier Heiligen an der Südseite beim Cavalli-Grab stammen offensichtlich aus dem 14. Jahrhundert, nichts davon ist gut, aber charakteristisch; und das letztgenannte Werk (auf der Tafel zu sehen) ist so anmutig, dass es eine gesonderte Illustration durchaus wert ist. Aber das Bild darüber ist älter und von erheblichem historischen Interesse. Es wurde zusammen mit den anderen Gemälden rund um das Grab etwa im Jahr 1838 entdeckt, als Persico sein Werk „Verona, e la sua Provincia" veröffentlichte, in dem er (S. 13) sagt: „levatane l'antica incrostatura, tornarono a." Vita-Novelle.

Es wäre für uns nützlicher gewesen, wenn wir das Datum des Rohabgusses hätten kennen können, als das Datum seiner Entfernung; Die Zeit der völligen Verachtung der antiken Kunst war ein Thema von großem Interesse in der Kirchengeschichte Italiens. Aber das Grab selbst war eine Verkrustung, da es inmitten der früheren Kunst, die den ersten Aufstieg der Familie Cavalli dokumentierte, mit viel Grobheit und Nachlässigkeit errichtet wurde.

225. Aus der Tafel geht hervor, dass die Fresken rund um das Grab keine symmetrische Beziehung dazu haben. Sie sind alle älteren Datums und von besseren Künstlern. Das Grab selbst ist grob geschnitzt und grob bemalt, von Männern, die nicht versucht haben, ihr Bestes zu geben, und die nichts besonders gut hätten machen können, selbst wenn sie es versucht hätten: Es ist ein völlig alltägliches und langweiliges Werk, wenn auch von gutem Wert Schule, und wurde dem höchsten Fresko mit einer seltsamen Missachtung des Verdienstes des Werkes selbst und seines historischen Wertes für die Familie gegenübergestellt. Dieses Fresko wird von Persico Giotto zugeschrieben, ist aber meiner Meinung nach nichts weiter als ein interessantes Beispiel für die ernsthafte Arbeit seiner Zeit und weist keine Qualität auf, auf die ich näher eingehen möchte; Es lässt sich auch nicht feststellen, wer die drei Ritter sind, an die es erinnert, es sei denn, es gibt Beweise für das Datum des Gemäldes, und es gibt auch keine außer denen für seine Art und Weise. Aber sie sind alle drei Cavallis, und ich glaube, dass sie die drei ersten Gründer der Familie repräsentieren: Giovanni, „che fioriva intorno al 1274", sein Sohn Nicola (1297) und Enkel Federigo, der unter den Scaligern Podesta von Vicenza war im Jahr 1331, und ich nehme an, dass das Fresko von ihm in Auftrag gegeben wurde. Die Cavallis kamen zunächst von Deutschland aus als Condottieri in den Dienst der Visconti von Mailand und gingen von dort in den Dienst der Scaliger über. Ob ich mit dieser Vermutung Recht habe oder nicht, wir haben auf jeden Fall in dieser Kapelle Aufzeichnungen über sieben Ritter der Familie, von denen zwei auf dem Sarkophag genannt sind, dessen Inschrift (auf dem vorspringenden Sims unter der liegenden Figur) zu finden ist) Ist:-

S. (Sepulchrum) nobilis et egregii viri Federici et egregii et strenui viri domini Nicolai de Cavalis suorunique heredum, qui spiritum redidit astris Ano Dni MCCCLXXXX.

Ich denke, die Kraft kann in modernen Begriffen am besten so ausgedrückt werden:

„Das Grab des edlen und angesehenen Herrn Frederic und des angesehenen und tatkräftigen Herrn Lord Nicholas aus dem Hause des Pferdes und ihrer Erben, der im Jahr unseres Herrn 1390 seine Seele den Sternen zurückgab."

226. Dieser Frederic und Nicolas Cavalli waren die Brüder des Jacopo Cavalli, der in Venedig begraben liegt und der durch einen einzigartigen Todesfall in dem Jahr, in dem sein Bruder in Verona starb, unter die venezianischen Adligen des Senats aufgenommen wurde (für I nehmen wir das „spiritum redidit" des erstgenannten Bruders an). Jacopo heiratete Constance della Scala aus Verona und hatte fünf Söhne, von denen einer, Giorgio, Conte di Schio, nach dem Sturz der Scaliger ihre Wiederherstellung

der Macht in Verona plante und auf Erlass des Konzils ins Exil geschickt wurde von Zehn nach Candia, wo er starb. Von einem anderen Sohn, Conrad, stammen die Cavallis von Venedig ab, deren Palast das Hauptmaterial war, aus dem neuere Forscher nach dem Malerischen in Venedig Bilder des Canal Grande komponierten. Es bildet die quadratische Architekturmasse auf der linken Seite, in der immer wiederkehrenden Ansicht der Grußkirche, die man von den Stufen der Akademie aus sieht.

Die Genealogie der Familie vom 13. Jahrhundert, als sie zum ersten Mal in Italien auftauchte, bis zum Gründer dieser venezianischen Herrschaft sollte dem Leser besser in einem Überblick präsentiert werden. [11]

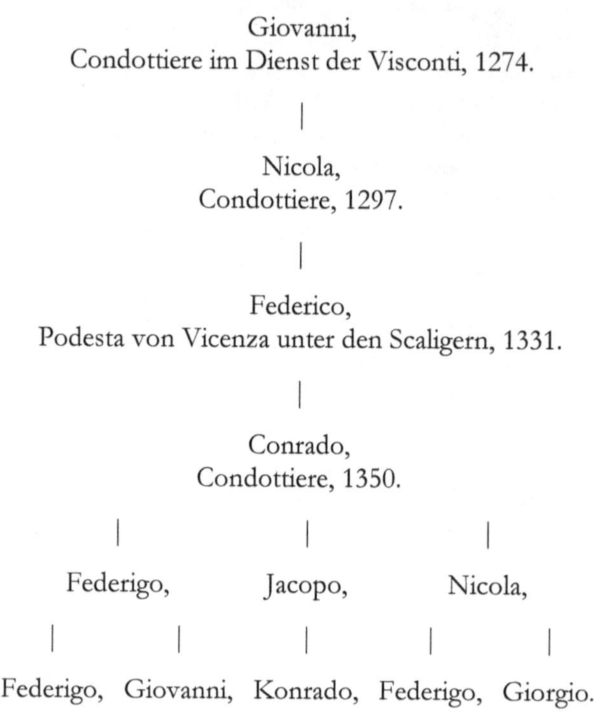

Gründet eine venezianische Familie.

227. Nun, wie oben dargelegt, glaube ich, dass das Fresko der drei Ritter vom Podesta von Vicenza angeordnet wurde, als er 1331 diese Genehmigung von den Scaligern erhielt, und dass es Giovanni, Nicola und ihn selbst darstellt; während das Grab von Federigo und Nicola von den venezianischen Cavallis in Auftrag gegeben und ohne große Rücksicht auf die Aufzeichnungen über den Aufstieg der Familie in Verona fertiggestellt wurde.

Ob meine Identifizierung der knienden Figuren im Fresko richtig ist oder nicht, die Darstellung dieser drei Cavalli-Ritter vor der Madonna, für die sich jeder von seinem Schutzpatron eingesetzt hat, wird eine besondere Bedeutung erhalten, wenn der Leser sich die Mühe macht, sie noch einmal zu lesen Umstände, die das Verhältnis des deutschen Rittertums zur Macht der Kirche in demselben Jahr beeinflussten, als Giovanni Cavalli in die Reihen der Visconti eintrat.

228. Mailand, das älteste Erzbistum der Lombardei, war in den drei vorangegangenen Jahrhunderten der zentrale Punkt, an dem sich die Kollision zwischen weltlicher und kirchlicher Macht in Europa abspielte. Die Welfen und Ghibellinen trafen sich natürlich und kämpften in der gesamten Ebene der Lombardei; Aber die ausgeprägte bürgerliche Sturheit und der Mut der Mailänder Bevölkerung bildeten eine Art Fels auf ihrem Weg, auf dem sich der Streit zwischen Bürger und Adligem mit dem Streit zwischen Papst und Kaiser vermischte, erbitterte und immer wieder aufs Neue durch den Kampf auf die Probe gestellt wurde . Im Jahr 1035 organisierte ihr kriegerischer Erzbischof, der den Aufstand gegen Konrad von Franken anführte, den ersten disziplinierten Widerstand von Fußsoldaten gegen die Kavallerie, indem er den Carroccio erfand und ausschmückte. und der Kampf wurde erst nach dem Wiederaufbau der Mauern des zerstörten Mailands dadurch beendet, dass Barbarossa mit seiner verstreuten Armee durch die Maisfelder wanderte, die der Reisende jetzt lustlos und mit hoher Geschwindigkeit im Zug zwischen Mailand und Arona durchquert, ohne es zu bemerken Der Name des kleinen Bahnhofs lautete „Legnano", wo schließlich das Schicksal der Langobardenrepublik siegte. Doch erst durch den Tod Friedrichs II. dass die Vormachtstellung der Kirche gesichert war; und als Innozenz IV., der, als er von diesem Tod hörte, in Worten des blasphemischen Jubels an seinen sizilianischen Klerus geschrieben hatte, auf seiner Reise von Lyon nach Perugia, der Straße, zehn Meilen lang in Mailand einmarschierte, bevor er die Tore erreichte, wurde von der gesamten Bevölkerung der Stadt gesäumt, die begeistert begrüßt wurde; So wie sie einen heiligen Wagen für den Vormarsch ihrer Standarte im Kampf erfunden hatten, erfanden sie eine ähnliche Ehre für das Oberhaupt ihrer Kirche als Vorbote des Friedens: Unter einem Baldachin aus Seide, getragen von den ersten Herren von Mailand, empfing der Papst die Hosiannarufe eines Volkes, das seinen Cäsar-König in die schändliche Flucht getrieben hatte; und es ist für den englischen Reisenden nicht uninteressant, wenn er durch die riesigen Arkaden der Geschäfte geht, in der Form eines Kreuzes, mit dem die Mailänder von heute ihren Triumph in der Befreiung von der germanischen Herrschaft zum Ausdruck bringen, daran zu erinnern, dass der „Baldacchino „Alle mittelalterlichen religiösen Zeremonien verdankten ihren Ursprung dem Geschmack der Mailänder Hutmacher, da die Sicherheit der

besten Ritter im europäischen Kampf auf der treuen Handwerkskunst ihrer Waffenschmiede beruhte.

229. Doch zu dem Zeitpunkt, als die Cavalli in den Dienst der großen Mailänder Familie traten, hatte sich die Lage der Parteien innerhalb der Mauern merkwürdig verändert. Drei Jahre zuvor (1271) hatte Karl von Anjou die Reste der Armee seines toten Bruders zusammengestellt, die Güter der Kreuzritter, deren Schiffe an der Küste Siziliens Schiffbruch erlitten hatten, für seinen eigenen Bedarf beschlagnahmt und das päpstliche Gericht angerufen nach Viterbo, um einen Papst zu wählen, der seine Herrschaft über die Königreiche Sizilien und Jerusalem bestätigen könnte.

Von den Beratungen der Kardinäle in Viterbo hing das Schicksal Italiens und des Nordreichs ab. Sie entschieden sich für Tebaldo Visconti, damals ein Mönch auf Pilgerreise nach Jerusalem. Doch bevor diese Wahl zustande kam, hatte einer der Kandidaten für das Nordreich seinen Anspruch unfreiwillig zurückgezogen; Guy de Montfort hatte am Fuße des Altars den englischen Grafen von Cornwall ermordet, um seinen in Evesham getöteten Vater Simon de Montfort zu rächen. Durch den Tod des englischen Königs der Römer war der Thron Deutschlands vakant. Tebaldo war ohne persönliche Ambitionen aus Jerusalem zurückgekehrt, ihm lag jedoch nur die Wiederherstellung Griechenlands in Europa und die Predigt eines neuen Kreuzzugs in Syrien am Herzen. Zu diesem Zweck berief er in Lyon einen allgemeinen Rat ein; Doch bevor im Konklave etwas erreicht werden konnte, musste die überwältigende Macht Karls von Anjou ausgeglichen werden, und die Visconti (Gregor X.) ratifizierten 1273 die Wahl Rudolfs von Habsburg.

230. Aber Karl von Anjou verdankte seinen Thron in Wirklichkeit der Hilfe der Mailänder. Ihr beliebter Anführer, Napoleone della Torre, hatte ihm die Durchreise durch die Lombardei erleichtert, die andernfalls von den Ghibellinenstaaten festgenommen worden wäre; und in dem Jahr, in dem der Visconti-Papst den Rat in Lyon ernannt hatte, führte der Visconti-Erzbischof von Mailand die verbannten Adligen in vergeblichen Versuchen an, ihre Vormachtstellung über die Volkspartei zurückzugewinnen. Der neue Kaiser Rudolf schickte nicht nur einen Vertreter in den Rat, sondern auch ein deutsches Kontingent, um dem verbannten Erzbischof zu helfen. Der Volksführer wurde im Jahr 1274 besiegt und in einen Eisenkäfig gesperrt, und der erste Einmarsch der Cavalli in die italienischen Armeen fällt somit zeitgleich mit dem endgültigen Triumph der nördlichen Monarchie über die republikanische Macht, oder, wörtlicher, vom wandernden Reiter, Eques oder Ritter, der von der Plünderung lebt, über den sesshaften Bürger, der von der Kunst lebt, und den gesunden Bauern, der von der Arbeit lebt. Die wesentliche Natur des Kampfes wird in Bezug auf dieses Denkmal seltsamerweise durch die beiden Tatsachen deutlich, dass der Aufstand der

Mailänder Bürger, angeführt von ihrem Erzbischof, damit begann, dass ein Herr einen aufdringlichen Gläubiger tötete, und dass der Hauptumstand in Venedig aufgezeichnet wurde von Jacopo Cavalli (siehe meine Anmerkung zu seinem Grab in den „Steinen von Venedig", Bd. III, Kap. II. § 69) ist seine Weigerung, Feltre anzugreifen, weil der Senat ihm die Plünderung der Stadt nicht gewähren wollte. Der Leser kann je nach Gemütszustand nachvollziehen, welche Gedanken ihm das Fresko mit den drei knienden Rittern, jeder mit seinem Helmkamm in Form eines Pferdekopfes, von den Schultern zurückgeworfen, bei der Durchsicht dieser einfallen lässt Passagen der Geschichte: Nur vor einem Gedanken muss ich ihn strikt hüten; nämlich, dass die Religion eines Condottiere notwendigerweise falsch oder heuchlerisch gewesen sein muss. Die Torheit der Nationen zeigt sich in nichts deutlicher als in ihrer friedlichen Versöhnung edler Glaubensbekenntnisse mit niederträchtigen Praktiken. Aber die Versöhnung war im 14. wie im 19. Jahrhundert meist nur töricht und nicht unaufrichtig.

FUSSNOTEN:

[9] Herausgegeben von der Arundel Society (1872), zusammen mit einer Chromolithographie nach einer Zeichnung von Herrn Gnauth. – ED.

[10]

DM
Gerardo Bolderiosui temporisPhysicorum PrincipiFranciscus et Matthaeus NepotesP.P.

[11] Diese Genealogie verdanke ich der Forschung und der freundlichen Genehmigung von Herrn J. Stefani. Die Hilfe, die mir andere venezianische Freunde, insbesondere Herr Rawdon Brown, in Angelegenheiten dieser Art gewährten, reicht viele Jahre zurück.

VERONA UND SEINE FLÜSSE. [12]

231. Der Diskurs begann mit einer Beschreibung der Landschaft am östlichen Zugang zu Verona, mit besonderen Bemerkungen zu seinen prächtigen Befestigungsanlagen, bestehend aus einem steilen Graben, etwa dreißig Fuß tief und sechzig oder achtzig Fuß breit, der aus dem massiven Fels gehauen war, und die steilwandartige Mauer darüber, entlang der in angemessenen Abständen Türme mit gegabelten Zinnen angebracht sind. Der Felsen ist ein weicher und zerbröckelnder Kalkstein, der „fossile Lebewesen enthält, die den Lebewesen, die sie einst waren, immer noch so ähnlich sind, dass das menschliche Gehirn dort zum ersten Mal auf die Idee kam, sich vorzustellen, dass die vergrabenen Formen keine Abbilder des Lebens seien, sondern tatsächlich einmal gelebt hätten; und." Unter diesen weißen Ufern am Straßenrand wurde wie ein armer italienischer Zigeuner die moderne Wissenschaft der Geologie geboren. ... „Die Mauer wurde größtenteils von Can Grande della Scala gebaut, der Wassergraben vollständig ausgegraben; und sie stellt typischerweise die Form der Verteidigung dar, die es ermöglichte, das Leben und die Künste der Bürger in einer Zeit zu bewahren und auszuüben." Nicht nur das, es ist auch die Mauer der eigentlichen Stadt, die den großen lombardischen Bund anführte, der der Begründer der persönlichen und unabhängigen Macht in der italienischen Nation und daher der erste Fahnenträger von allem war ist bis heute in der gesamten christlichen Welt in Religion und Kunst von entscheidender Bedeutung." An der oberen Ecke der Mauer, mit Blick auf den nördlichen Abhang, sieht man am Fuße der Mauer einen großen runden Turm, der nicht mit Zinnen gegabelt ist, sondern Schießscharten für Kanonen aufweist. „Die mit Zinnen versehene Mauer war die Wiege des bürgerlichen Lebens. Dieser niedrige runde Turm ist die Wiege des modernen Krieges und all seiner Verwüstungen. Es ist der erste europäische Turm für Artillerie; der Beginn der Befestigung gegen Schießpulver – der Anfang, um es so zu sagen." , vom Ende *aller* Befestigungen."

232. Nachdem Herr Ruskin die wunderschöne Vegetation des Bezirks bemerkt hatte, beschrieb er die Aussicht vom etwa zehn Meilen langen Vorgebirge oder Ausläufer, dessen letzter Felsen am östlichen Tor von Verona in die Ebene abfällt. „Diese Landzunge", sagte er, „ist eine der Seiten des großen Tores aus Deutschland nach Italien, durch das die Goten immer einzogen, das vom Inn bis nach Innspruck und von der Etsch bis nach Verona gespalten war. Und durch dieses." Durch das Tor kamen nicht nur die gotischen Heere, sondern auch nach der Bildung der italienischen Nation dringt der Strom des nördlichen Lebens durch die Gebirgsader immer noch in sein Herz ein, so beständig und stark wie die kalten Wellen der Etsch selbst." ... „Das Gestein dieses Vorgebirges verhärtet sich, wenn wir es bis

zu den Alpen zurückverfolgen, zunächst zu einem Kalkstein mit Knoten aus prächtigem braunem Jaspis, so wie unsere Kreide Feuersteine hat, und nach ein paar Meilen weiter zu echtem Marmor, der von Eisen gefärbt ist." in ein leuchtendes Orange oder blasses warmes Rot – den Pfirsichblüten-Marmor, aus dem Verona hauptsächlich gebaut ist – und dann, wenn man weiter in die Hügel vordringt, in bunten Marmor, der in seinen Adern sehr reich und grotesk ist."

233. Nachdem er sich auf die herrliche Landschaft geweitet hatte, die man von der Spitze dieses Vorgebirges aus betrachten konnte und die die blaue Ebene der Lombardei und ihre Städte umfasste, sagte Herr Ruskin:

„Ich glaube, dass es keinen anderen Felsen auf der Welt gibt, von dem aus man die Orte und Monumente eines so komplexen und tiefgreifenden Fragments der Geschichte seiner Zeit sehen kann wie von diesem Stück Felsen mit seinem blauen und stacheligen Unkraut. Denn unter Ihnen liegen gleichzeitig die Geburtsorte von Vergil und Livius – die Häuser von Dante und Petrarca und die Quelle der süßesten und rührendsten Inspiration für Ihren eigenen Shakespeare – der Ort, an dem die Zivilisation der gotischen Königreiche gegründet wurde der Thron Theoderichs; und dort erlöste sich das Stärkste der italienischen Rasse durch seinen Bund gegen Barbarossa zum Leben; der Beginn der Wiederbelebung der Naturwissenschaft und Medizin in den Schulen von Padua; das Zentrum des italienischen Rittertums, in der Macht von die Scaliger; von italienischer Grausamkeit, in der von Ezzelin; und schließlich der Geburtsort der höchsten Kunst; denn auf diesen Hügeln oder an genau diesem Etschufer wurden Mantegna, Tizian, Correggio und Veronese geboren.

234. Herr Ruskin verwies dann auf eine Reihe von Zeichnungen und Fotografien, die er und seine Assistenten, Herr Burgess und Herr Bunney, in Verona angefertigt hatten, die er in drei Serien unterteilt hatte und von denen er eine Reihe gedruckter Kataloge erstellt hatte illustriert mit Notizen. [13]

I. „Lombardismus, der sich bis zum Ende des 12. Jahrhunderts erstreckte und Ausdruck der Einführung des Christentums in barbarische Geister war; Christianisierung.

II. „Die gotische Periode. Dantes Zeit von 1200 bis 1400 (Dante begann sein Gedicht genau in der Mitte dieser Zeit, im Jahr 1300); die Periode des lebendigen Christentums und der Entwicklung der Gesetze des Rittertums und der Formen der Vorstellungskraft, die begründet wurden zum Thema Christentum.

III. „Die erste Periode der Wiederbelebung, in der die Künste Griechenlands und einige seiner Religionen zurückkehren und sich dem Christentum anschließen, ohne ihm seine Aufrichtigkeit oder Ernsthaftigkeit zu nehmen, sondern es poetisch statt praktisch zu machen. In der folgenden Periode sogar dieses poetische Christentum." abgelaufen; die Künste widmeten sich dem Streben nach Vergnügen und bleiben bestehen, sofern sie nicht durch einen gesunden Naturalismus oder eine Häuslichkeit gerettet werden.

235. I. „Die lombardische Zeit ist eine Zeit des wilden, aber edlen Lebens, das nach und nach dem Gesetz unterworfen wurde. Es ist die Bildung von Menschen, nicht aus Lehm, sondern aus wilden Tieren. Und die Kunst dieser Zeit in allen Ländern, insbesondere in unserem eigenen Normannenland, ist im Innersten die Unterwerfung des wilden oder schrecklichen oder törichten und irrenden Lebens unter ein herrschendes Gesetz. Es ist die Herrschaft und Besiegung furchterregender Träume. Es gibt noch keinen Keim wahrer Hoffnung darin – nur die Die Überwindung des Bösen und das Erwachen aus der Dunkelheit und dem Schrecken. Die Literatur darüber ist, wie in Griechenland, der Kunst weit voraus und ist bereits voll von der zärtlichsten und leidenschaftlichsten Schönheit, während die Kunst immer noch grotesk und schrecklich ist; aber So wild es auch sein mag, es übertrifft alle anderen durch seinen Ausdruck des herrschenden Gesetzes, und hier in Verona befindet sich das Zentrum und die größte Reichweite dieses Ausdrucks.

„Ich kenne nichts in der Architektur, das gleichzeitig so exquisit und so wild und so seltsam im Ausdruck der Selbstüberwindung ist, die fast in einem Traum erreicht wird. Denn sehen Sie, diese barbarischen Rassen, die in Gewalt erzogen wurden – hauptsächlich im Krieg und in der Jagd –, können nicht fühlen oder Wenn sie allmählich zivilisiert werden, erkennen sie klar, ob das Element, in dem sie aufgewachsen sind, böse ist oder nicht. Sie *müssen* gute Soldaten und Jäger sein – das ist ihr Leben; dennoch wissen sie, dass Töten böse ist, und sie erwarten nicht, etwas zu finden wilde Tiere im Himmel. Sie wurden durch Schmerz, durch Gewalt, durch Hunger und Kälte trainiert. Sie wissen, dass in diesen Dingen sowohl etwas Gutes als auch Böses steckt: Sie schwanken ständig zwischen dem einen und dem anderen Gedanken an sie. Aber einer Sie sehen klar, dass Töten und Jagen und jede Form von Elend, Vergnügen und Leidenschaft endlich irgendwie dem Gesetz unterworfen werden müssen, das aus allem Gutes bringen soll und von dem sie das Gefühl haben, dass es sie immer mehr einschränkt Wenn Sie nun mit diesem Mitgefühl ihre Drachen- und Wildtierdekoration betrachten, werden Sie feststellen, dass sie Ihnen jetzt viel mehr über diese Langobarden verrät, als sie von sich selbst wissen könnten ... Alle Aktionen und noch viel mehr die Künste , von Männern, die anderen nicht nur erzählen, was der Arbeiter nicht weiß, sondern auch, was er nie von sich selbst wissen kann, was man nur erkennen kann, wenn man sich in einem Element befindet, das weiter fortgeschritten und weiter ist als seines.... In bewusster Symbolik ist das Die Frage ist immer nicht, was ein Symbol zuerst oder anderswo bedeutete, sondern was es jetzt und hier bedeutet. Nun wird dieses Drachensymbol der Langobarden natürlich auf der ganzen Welt verwendet; es bedeutet hier gut und dort böse; bedeutet manchmal nichts; manchmal alles. Man muss sich immer fragen, was der Mann, der es hier benutzt, damit meint. Was auch immer in seinem Kopf vorgeht, er wird es mit Sicherheit zum Teil zum Ausdruck bringen; nichts anderes als das kann er damit ausdrücken."

236. II. In der zweiten Periode, sagte Herr Ruskin, sei „die höchste Entwicklung des italienischen Charakters und der Ritterlichkeit zu finden, mit einer vollständig geglaubten christlichen Religion; man bekommt daher Freude und Höflichkeit und Hoffnung und einen schönen Frieden im Tod. Und mit." Sie haben zwei schreckliche Elemente des Bösen. Erstens haben Sie ein solches Vertrauen in die Kraft des Glaubensbekenntnisses, dass die Menschen alle hassen und verfolgen, die es nicht akzeptieren. Und noch schlimmer: Sie haben ein solches Vertrauen in die Macht des Glaubensbekenntnisses, dass nicht nur die Menschen Sie können alles tun, was falsch ist, und sich selbst für ein Wort des Glaubens begnadigen, aber sie sind sogar sicher, dass Gott, nachdem das Unrecht getan wurde, mit Sicherheit alles für sie wieder in Ordnung bringen oder die Dinge sogar besser machen wird, als sie vorher waren. Jetzt Ich muss Sie nicht darauf hinweisen, wie sich der Geist der Verfolgung sowie der vergeblichen Hoffnung, die nur auf Glaubensbekenntnissen beruht, in jeder Zeile mit der schönen moralischen Lehre der „Divina Conmedia" vermischt, und ich muss Ihnen auch nicht erklären, wie Zwischen der Verfolgung fremder Glaubensbekenntnisse und der Absolution der eigenen Verbrechen liegt aller christlicher Irrtum."

In diesem Zusammenhang verwies Herr Ruskin auf die Geschichte des Begründers der Macht der Scalas, Mastino, eines einfachen Bürgers, der wegen seiner Gerechtigkeit und Klugheit zunächst zum Podesta und dann zum Kapitän von Verona gewählt wurde, obwohl er weise und friedlich war In seiner Politik setzte er die Zivilgewalt zur Verfolgung der Ketzerei ein und verbrannte über zweihundert Menschen. und er erzählte auch, wie Can Signorio della Scala auf seinem Sterbebett, nachdem er seinen Kindern einen frommen Auftrag gegeben hatte, die Ermordung seines Bruders anordnete – Beispiele für die grenzenlose Möglichkeit der Selbsttäuschung. Eines dieser Kinder tötete das andere und wurde selbst vom Thron vertrieben, wodurch die Dynastie der Scalas endete. In Bezug auf seine Illustrationen wies Herr Ruskin auf die Ausdrucksformen der Hoffnung auf die Überwindung des Todes und die Belohnungen des Glaubens hin, die in der damaligen Kunst deutlich zu erkennen seien. Die lombardische Architektur drückt den Triumph des Gesetzes über die Leidenschaft, des Christentums den der Hoffnung über das Leid aus.

Herr Ruskin beendete seine Ausführungen zu dieser Zeit mit einem Kommentar zur Geschichte und zum Grab von Can Grande della Scala, einem guten und treuen Ritter mit einem ebenso geschäftigen und strahlenden Leben, wie es in den Annalen des Rittertums zu finden ist.

237. III. „Die Zeit, in der klassische Literatur und Kunst in Italien wieder bekannt waren und die Maler und Bildhauer zweihundert Jahre lang stetig an Macht gewonnen hatten – Macht nicht nur durch Praxis, sondern auch durch Rasse – und alle Umstände zu ihren Gunsten waren Sie erhielten ihre schließlich vollkommene Ausbildung, sowohl in der geometrischen Wissenschaft, in der der Materialien als auch in der Anatomie und Funktionsweise des menschlichen Körpers. Auch die Menschen um sie herum – die Vorbilder ihrer Arbeit – waren durch einen Ritterorden in ihrer persönlichen Schönheit vervollkommmnet worden Krieg; in der Vorstellungskraft durch eine transzendentale Philosophie; im praktischen Intellekt durch den harten Kampf für das Bürgerrecht; und im Handel nicht in falsch gemachten oder abscheulichen oder unreinen Dingen, sondern in schönen Dingen, schön und ehrlich gemacht. Und jetzt bekommen Sie es Aus der ganzen langen Geschichte der Welt, seit sie von Menschen bevölkert wurde, bis heute kommen nur fünfzig Jahre perfekter Arbeit. Perfekt. Es ist ein starkes Wort; es ist auch ein wahres. Das Tun dieser fünfzig Jahre ist unanfechtbar *richtig*, als Kunst; was sein Gefühl sein mag – ob zu groß oder zu klein, ob oberflächlich oder aufrichtig – ist eine andere Frage, aber als Künstlerwerk lässt es keine Vorstellung von etwas Besserem zu.

„Es ist wahr, dass im folgenden Zeitalter, basierend auf dieser absolut strengen Rechtschaffenheit, eine Phase gigantischer Kraft und exquisiter Leichtigkeit und Glückseligkeit kam, die eine Ehrfurcht und einen ganz eigenen Charme besitzen. Sie sind unnachahmlicher als das Werk.“ der perfekten Schule. Aber sie sind nicht *perfekt*. ...

238. Diesen Zeitraum nannte Herr Ruskin „die ‚Zeit der Meister‘, Fünfzig Jahre, einschließlich Luini, Leonardo, John Bellini, Vitto Carpaccio, Andrea Mantegna, Andrea Verrocchio, Cima da Conegliano, Perugino und im Datum, wenn auch nur in sein früheres Leben, der der Schule angehörte, Raphael .... Die großen fünfzig Jahre waren die Blütezeit des Lebens von drei Männern: John Bellini, geboren 1430, starb im Alter von 90 Jahren im Jahr 1516; Mantegna, geboren 1430, starb im Alter von 76 Jahren 1506; und Vittor Carpaccio, der 1522 starb.“

„Das Ziel dieser Meister ist ein völlig anderes als das der früheren Schule. Die Männer der Mittelgotik wollen Sie immer hauptsächlich mit den Tatsachen ihres Fachs beeindrucken; aber die Meister dieser abgelaufenen Zeit wollen alles nur zierlich und entzückend machen. Wir.“ Es gibt nicht viele Bilder dieser Klasse in England, aber einige wurden in letzter Zeit der Nationalgalerie hinzugefügt, und der Perugino dort, insbesondere das Fach mit Raphael und Tobit und der kleine St. Hieronymus von John Bellini, werden Ihnen dies perfekt zeigen Hauptfigur – bildliche Perfektion und Köstlichkeit – wird vor allem anderen gesucht. Wenn Sie in diesen heiligen Hieronymus schauen, werden Sie feststellen, dass alles darin erlesen, vollständig und rein ist; es gibt kein Staubkorn in den Schränken, noch eine Wolke in der Luft; die hölzernen Fensterläden sind zierlich, die Kerzenleuchter sind zierlich, der scharlachrote Hut des Heiligen ist zierlich, und seine violette Quaste und sein Band und sein blauer Umhang und sein Paar Schuhe und sein kleines braunes Rebhuhn – Es ist alles eine vollkommene Quintessenz unschuldigen Luxus – absolutes Vergnügen, ohne einen einzigen Nachteil darin und nirgendwo einen Makel des Teufels."

...

239. Nachdem Herr Ruskin auf mehrere andere Bilder dieser Klasse eingegangen war und die volle Hingabe der Künstler dieser Zeit an ihre Kunst und ihr Werk bezeugt hatte, wandte er sich dem zweiten Teil seines Diskurses zu, den Flüssen von Verona. „Es gibt nur einen Fluss in Verona, dennoch verbindet Dante seinen Namen mit dem des Po, wenn er von der gesamten Lombardei sagt:

„In sul paese, ch' Adice e Po riga,
Solea valore e cortesia trovarsiPrima che Federigo avesse briga."

Ich möchte ein oder zwei Minuten über diese großen Flüsse sprechen, denn bei den Bemühungen, die jetzt unternommen werden, um einen Teil seines Handels nach Venedig zurückzubringen, stehen genau dieselben Fragen im Raum, die seit der Gründung Venedigs immer wieder diskutiert werden Die Stadt hat ihren Senat mit der Frage konfrontiert, wie sie den ständig fortschreitenden Sumpf in Schach halten kann, der durch den von den Alpenflüssen herabgespülten Schlick entsteht. Ist es nicht verwunderlich, dass die Venezianer seit mindestens sechshundert Jahren mit diesen Flüssen an ihren *Mündungen* kämpfen – das heißt dort, wo ihre Stärke völlig unwiderstehlich geworden ist – und nie daran gedacht haben, mit ihnen an ihren Quellen, wo ihre Kräfte fließen, zu kämpfen? Unendlich getrennte Bäche könnten so leicht wie Kinder regiert werden und sollen vom Himmel auch so leicht regiert werden ? Und beobachten Sie, wie streng und ständig der Ort, an dem sie regiert werden sollen, von dem Unheil gezeichnet ist, das ihre Freiheit anrichtet. Bedenken Sie, was das Vordringen des Po-Deltas in die Adria für die Alpen bedeutet. Das Übel des Deltas selbst, so groß es auch sein mag, ist nichts im Vergleich zu dem, was in seinem Ursprung steckt.

240. „Die allmähliche Zerstörung des Hafens von Venedig, die endlosen Kosten seiner Verzögerung, die Malaria an der gesamten Küste bis nach Ravenna, ja, die Anhebung des Po-Flusses zur Gefährdung der gesamten Lombardei sind nur zweitrangig." Übel. Jeder Hektar dieses wachsenden Deltas bedeutet *die Verwüstung eines Teils eines Alpentals und den Verlust von so viel fruchtbarem Boden und spendendem Regen* . Einige von Ihnen, die jetzt hier anwesend sind, müssen dieses Jahr durch die Täler der Toccia und des Tessins gereist sein. Sie Wisse daher, welche Verwüstungen dort und im Rhonetal durch die großen Überschwemmungen von 1868 angerichtet wurden, und dass zehn Jahre Arbeit, selbst wenn die Bauernschaft noch den Mut zur Arbeit hätte, diese Gebiete nicht in Fruchtbarkeit erlösen können . Was Sie dort in großem Maßstab gesehen haben, geschieht zu einem gewissen Grad bei jedem Sommergewitter, und von der Zerstörung eines Teils fruchtbaren Landes steigt der Staub herab, um die Sumpfgebiete des Po zu vergrößern. Aber beobachten Sie weiter – ob plötzlich gespeist Schneeschmelze oder Sturm – jeder zerstörerische Anstieg der italienischen Flüsse bedeutet den Verlust so großer Bewässerungskraft auf der Alpensüdseite. Sie alle kennen sicher das Aussehen ihrer Kette – von Mailand oder Turin im Spätsommer aus gesehen –, wie wenig Schnee übrig ist, außer auf dem Monte Rosa, wie weit ein Gebiet mit braunen Berghängen, erhitzt und karg, ohne Felsen und doch ohne Wald . In dieser braun-violetten Zone und an den Flanken jedes Tals, das sie teilt, gibt es eine weitere Lombardei mit kultivierbarem Land; und jede Regenwolke, die die Gebirgsbäche anschwellen lässt, wäre, wenn sie dort aufgefangen würde, wo sie fällt, buchstäblich Goldregen. Wir suchen Gold unter den Felsen; und wir werden nicht einmal einen Graben entlang des Hügels anlegen, um es dort aufzufangen, wo es vom Himmel fällt, und wo es sich, wenn es nicht so gefangen wird, in ein rasendes Monster verwandelt, das zuerst Dörfer, Hügel und Ebenen verwüstet und dann entlang der Küste versinkt Ufer von Venedig in vergifteten Schlaf. Stellen Sie sich vor, wie dieser Alpengürtel aussehen könnte – bis zu 1200 Meter über der Ebene –, wenn das System der terrassenförmigen Bewässerung, das selbst halbwilde Nationen vor langer Zeit in China und auf Borneo entdeckt und praktiziert haben und das unsere eigenen Ingenieure unterworfen haben Weite Bezirke im äußersten Indien wurden teilweise aber auch hier praktiziert – hier, im ältesten und stolzesten Zentrum der europäischen Künste, wo Leonardo da Vinci – Meister unter Meistern – zum ersten Mal die Gesetze der sich windenden Wolken und wandernden Ströme erkannte, so dass dies der Fall war bis heute ist seine Technik von der modernen Wissenschaft nicht zu übertreffen; und doch hat man sich in diesem Zentrum aller menschlichen Errungenschaften keinen Gedanken gemacht, diese großen Gaben des stillen Schnees und des fliegenden Regens mit heiliger Kunst zu empfangen. Denken Sie, ich wiederhole, was dieser Südhang der Alpen sein könnte: ein Paradies aus

lieblichen Weiden und Alleenwäldern aus Kastanienbäumen und blühenden Bäumen, mit Wasserfällen, die fügsam und unschuldig wie Kleinkinder sind und den ganzen Sommer über von Felsen zu Felsen und von Teich zu Teich lachen . und die Etsch und der Po, die Dora und das Tessin, nicht mehr verunreinigt, nicht mehr abwechselnd zwischen heftiger Flut und giftiger Trägheit, sondern in ruhigen, klaren Strömungen, die Schiffe zu jeder Stadt und Gesundheit zu jedem Feld der gesamten azurblauen Ebene des lombardischen Italiens bringen ....

241. „Es ist mir jetzt ein äußerst ernstes Anliegen geworden, einige der großartigen Bilder der italienischen Schulen nach England zu bringen; und ich denke, dass dies zu diesem Zeitpunkt – mit guter Hilfe – gelingen könnte Auch wenn ich meine Pläne am wenigsten ungeduldig jemand anderem aufdränge, weiß ich ganz genau, dass dies, was ich gesagt habe , getan werden *sollte , für die italienischen Flüsse getan werden kann* und dass es am Ende keine Beschäftigungsmethode für unsere arbeitsfähigen Arbeitskräfte geben wird lohnender, oder in den Anfängen gesünder und in jeder Hinsicht wohltuender, als mit der Zustimmung der italienischen und schweizerischen Regierungen, sie zu beauftragen, die Täler des Tessins und der Rhone zu erlösen. Und ich bitte Sie, darüber nachzudenken; für Ich sage euch aufrichtig – euch, denen Italien am Herzen liegt –, dass sowohl seine Leidenschaften als auch seine Gebirgsströme edel sind; aber dass sein Glück nicht von der Freiheit, sondern von der richtigen Regierung beider abhängt.“
[14]

FUSSNOTEN:

[12] Bericht (mit Auszügen) eines Aufsatzes mit dem Titel „Ein Vortrag über Verona und seine Flüsse“, vorgetragen von Herrn Ruskin beim wöchentlichen Abendtreffen der Royal Institution of Great Britain am 4. Februar 1870. Siehe Proceedings *of* the Royal Institution, Bd. vi., S. 55.— ED
.

[13] Dieser Katalog (London: Queen Street Printing-Office, 1870) ist unten abgedruckt, S. 109, § 242 *ff.* – ED .

[14] Siehe *Arrows of the Chace* .

KATALOG.

(Siehe Ante, S. 101. – HRSG.)

Zeichnungen und Fotografien zur Veranschaulichung der Architektur von Verona,
ausgestellt am 4. Februar 1870 in der Royal Institution.

ABSCHNITT I. NR. 1 BIS 7. LOMBARD.

242. (1.) *Vorhalle der Kirche St. Zeno.* (Foto.)

Aus dem 12. Jahrhundert.

(2.) *Veranda des Südeingangs des Doms.*

Wahrscheinlich aus dem 10. oder 11. Jahrhundert und höchst bemerkenswert wegen der Wildheit seiner grotesken oder monströsen Skulptur, die vom Zeichner Mr. Bunney mit größter Sorgfalt wiedergegeben wurde.

Um Platz zu sparen, beachten Sie, dass die Skizzen meiner beiden geschicktesten und geduldigsten Helfer, Mr. A. Burgess und Mr. Bunney, jeweils mit (A) und (B) und meine eigenen (R) gekennzeichnet sind.

(3.) *Veranda des Westeingangs des Doms.* (Foto.)

Späteres Datum – aber immer noch aus dem 12. oder sehr frühen 13. Jahrhundert. Einzelheiten dazu finden Sie in den nächsten Zeichnungen.

243. (4.) *Griffin* (ich behalte die verständliche alte englische Schreibweise bei), der *die Säule auf der Nordseite der Veranda stützt, die in Nr. 3 zu sehen ist.* (R.)

Letzten Sommer gemalt.

Ich habe seinen Kopf und seine Brust, von der anderen Seite gesehen, in die Tafel „True and False Griffins" in „Modern Painters" eingraviert. Von dieser Seite sind nur der Hinterkopf und der Hals des kleinen Drachens zu sehen, den er in seinen Vorderklauen hält.

(5.) *Kapitell der vom Greif getragenen Säule, deren Sockel in Nr. 4 zu sehen ist.* (A.)

Erstklassige Skulptur der damaligen Zeit und bewundernswert gezeichnet.

(6.) *Teil der dekorativen lombardischen Zierleiste von der Südseite des Doms.* (A.)

Zeigt die eigentümliche Windung des verzweigten Maßwerks mit einer schlangenförmigen Biegung – völlig anders als die federnden Linien gotischer Ornamente. Es wäre fast unmöglich, dies besser zu zeichnen; Es ähnelt dem Original viel mehr als ein Abguss.

(7.) Löwe mit Drache in seinen Klauen, lombardische Skulptur (heute in eine Mauer in Venedig eingebaut); darüber der Kopf eines der Hunde, die das Grab von Can Grande in Verona stützen. (R.)

Der Löwe – in seiner abgemagerten Kraft – und die Schlange mit ihrer vitalen Bewegung und ihrem tödlichen Umkehrbiss sind beide charakteristisch für die feinste lombardische Arbeit. Der Kopf des Hundes stammt aus der Gotik des 14. Jahrhunderts – ein Meisterwerk breiter, subtiler und einfacher Skulptur, die bei jeder Berührung Ausdruck erhält und nie die geringste Wellenform der Oberfläche verliert, während er die bloße Nachahmung von Haaren oder die Erzielung von Effekten durch tiefe Schnitte gänzlich ablehnt
.

ABSCHNITT II. NR. 8 BIS 38. GOTISCH.

244. (8.) *Nordportal der Kirche St. Fermo.* 13. Jahrhundert. (B.)

Mr. Bunneys Zeichnung ist so originalgetreu und sorgfältig, dass der Betrachter sich fast vorstellen kann, er sei an Ort und Stelle. Die Details dieser Veranda gehören zu den interessantesten in der Gotik Italiens, aber letztes Jahr musste ich mich mit diesem Gesamtbild begnügen, aus Angst davor, dass das Ganze „restauriert" werden könnte; und mit den beiden folgenden Zeichnungen.

(9.) Basis der zentralen Säule. Nordportal, St. Fermo. (B.)

Im Faksimile, so nah wie möglich und in Originalgröße, um die fortwährende Vielfalt der Berührung zu zeigen; und in der Anordnung und Größe der Massen.

(10.) Schachthauptstädte des Innenbogens der Nordvorhalle, St. Fermo. (B.)

So gestaltet, dass kein Lappen eines Blattes dem anderen gleicht, auch wenn es symmetrisch und sogar eintönig erscheint.

Im Original ganz großartig, aber äußerst schwierig zu zeichnen, und in dieser Skizze verlieren sie viel von ihrer Anmut.

245. (11.) *Westtür der Kirche St. Anastasia, mit dem Grab des Grafen von Castelbarco links über dem Bogen.* (Foto.)

Die zentrale Säule, die geschnitzten Stürze und der umlaufende große Spitzbogen der Tür mit ihren tiefen Zierleisten und flankierenden Schäften gehören zu den schönsten veronesischen Werken des 13. Jahrhunderts. Die beiden kleineren Spitzbögen stammen aus dem 14. Jahrhundert. Die flankierenden Pilaster mit Doppelfeldern und Girlanden darüber sind der Beginn einer Fassade, die im 15. Jahrhundert errichtet worden sein soll.

Der Graf von Castelbarco, der Kanzler von Can Grande della Scala, starb um das Jahr 1330, und sein Grab kann nicht viel später datiert werden.

Die Einzelheiten dieser Gebäudegruppe sind unter den nächsten Nummern der Reihe dargestellt.

(12.) *Säulen und Stürze der Westtür von St. Anastasia.* (Foto.)

Die Skulptur des Türsturzes zeichnet sich vor allem durch ihre prägnante und intensive Geschichte des Lebens Christi aus.

1. Die Verkündigung. (Jungfrau und Engel kniend.)

2. Die Geburt Christi.

3. Die Offenbarung. (Ausgewählt als Lebenszeichen für die Heiden.)

4. Christus trägt sein Kreuz. (Ausgewählt als Zeichen seines gesamten persönlichen Lebens.)

5. Die Kreuzigung.

6. Die Auferstehung.

Zweitens. Als Skulptur zeigt dieser Türsturz alle Hauptmerkmale des charakteristischen Designs von Verona aus dem 13. Jahrhundert.

Winzige und verkümmerte Figuren; die Köpfe hatten hässliche Gesichtszüge, strengen Ausdruck; aber der Vorhang war vorzüglich in winzigen, aber nicht tief eingeschnittenen Falten angeordnet.

(13.) *Die Engel auf der linken Seite des Themas der Auferstehung in Nr. 12.* (A.)

Hervorragend in seiner tatsächlichen Größe gezeichnet.

Der Eindruck von Verschmelzung und Weichheit in den Konturen entsteht nicht durch die Zeit, sondern ist gewollt und wird durch die große Geschicklichkeit des Bildhauers erreicht, die in der Zeichnung getreu wiedergegeben wird.

(14.) *Skizze des Kapitells der Mittelsäule in Nr. 12.* (R.)

(Mit leichten Anmerkungen zu einer Klammer eines Straßenbalkons aus dem 16. Jahrhundert auf jeder Seite.)

Gezeichnet, um die feinen Krümmungen und die Sanftheit der Behandlung in der veronesischen Skulptur weit voneinander entfernter Epochen zu zeigen.

246. (15.) *Unvollendete Skizze des Castelbarco-Grabes, gesehen von einem der Fenster des Hotels der „Zwei Türme".* (R.)

Dieses Gasthaus war selbst einer der Paläste der Scaliger; und der Reisende sollte sich stets bemühen, sich die Wirkung des kleinen Platzes von Sta vorzustellen. Anastasia, als der Bereich seiner Gebäude vollständig war; auf der einen Seite das Castelbarco-Grab, auf der anderen dieser gotische Palast und dazwischen die große Tür der Kirche. Das Mauerwerk des Baldachins dieses Grabes war so verschlossen und schwalbenschwanzförmig, dass es fast ohne Zement im Gleichgewicht stand; Aber in letzter Zeit wurden die Steine aufgrund der Erlaubnis, die schwer beladenen Karren ständig unter dem Torbogen passieren durfte, durch die Vibrationen so gelockert, dass das alte Dach unsicher wurde und entfernt und durch ein schönes, glattes Dach aus sauber geschnittenen weißen Steinen ersetzt wurde , während ich den Rest des Grabes gegen die Zeit bemalte. Daher der unvollendete Zustand meiner Skizze, der letzten, die jemals von dem Grab im Bauzustand aufgenommen werden konnte.

(16.) *Das Castelbarco-Grab, seitlich gesehen.* (B.)

Eine äußerst sorgfältige Zeichnung, die in der Umsetzung des Themas kaum Wünsche offen lässt. Es wurde so nah am Grab aufgenommen, dass die Perspektive verwirrend war, aber mir gefiel diese malerische Aussicht besser als die weiter entfernten.

Die Zeichnung des Torbogens und des dunkelgrauen und roten Mauerwerks des Grabes ist sehr schön.

247. (17.) *Löwe mit Hinterhand in seinen Krallen.* (A.)

Die Stütze des Sarkophags unter den Füßen der liegenden Figur im Castelbarco-Grab.

(18.) *Löwe mit Drache in seinen Klauen.* (A.)

Die Stütze des Sarkophags am Kopf der Figur.

(19.) *St. Lukas.* (A.)

Skulptur einer der vier kleinen Tafeln an den Ecken des Sarkophags im Castelbarco-Grab. Ich habe den Heiligen Markus zur Illustration der edlen Groteske in die „Steine von Venedig" eingraviert. Aber diese Zeichnung gibt die strenge Haltung des alten Bildhauers besser wieder.

(20.) *Zwei der Ausläufer der Sockel der Kirchenschiffsäulen in der Kirche St. Anastasia.* (A.)

Von der echten Größe. In der Dunkelheit der Kirche sieht man sie normalerweise nicht und sie sind auf ihre raue Art sehr schön.

248. (21.) *Grab von Can Grande, Gesamtansicht.* (R.)

Vor einiger Zeit zusammengestellt aus Fotografien und Skizzen aus dem Jahr 1852; und ungenau, aber nützlich, um einen allgemeinen Überblick zu vermitteln.

(22.) *Grab von Can Grande.* (R.)

Die Skizze wurde letztes Jahr sorgfältig vor Ort angefertigt. Der Sarkophag unvollendet; Die Einzelheiten würden nicht in einen so kleinen Raum gehen.

(23.) *Der Sarkophag und die liegende Statue von Can Grande, separat gezeichnet.* (R.)

Letztes Jahr vor Ort skizziert. Eine fast makellose Art kraftvoller und feierlicher gotischer Skulptur. (Can Grande starb 1329.)

(24.) *Die zwei Hunde.* (R.)

Die kniende Madonna und die Skulptur der rechten oberen Tafel des Sarkophags von Can Grande.

Die Zeichnung der Tafel ist in Originalgröße und stellt den Ritter in der Schlacht von Vicenza dar.

(25.) *Das Gesims des Sarkophags von Can Grande.* (A.)

Von seiner tatsächlichen Größe, bewundernswert gezeichnet und deutlich mit der Weichheit und Correggio-ähnlichen Note seiner Blätter und seiner symmetrischen Formalität im Design, während der Fluss jedes Blattes wechselhaft ist.

249. (26.) *Studie zum Sarkophag des Grabes von Mastino II., Verona.* (R.)

1852 skizziert.

(27.) *Kopf der liegenden Statue von Mastino II.* (A.)

Wunderschön gezeichnet von Mr. Burgess.

Kann Mastino II. hatte drei Töchter: – Madonna Beatrice (später „die Königin" genannt, weil sie „tutte le grazie che i cieli ponno concedere a femina" hatte und von Historikern immer einfach Lady „Reina" della Scala genannt wurde), Madonna Alta-luna und Madonna Verde. Lady Reina heiratete Bernabó Visconti, Herzog von Mailand; Lady Alta-luna, Ludwig von Brandenburg; und Lady Verde, Gonzaga, Herzog von Mantua. Ihr Vater starb 1350 im Alter von 43 Jahren an „souveräner Melancholie".

(28.) *Teil des Gesimses des Sarkophags von Mastino II.* (A.)

Eines der schönsten gotischen Gesimse Italiens; Seine Wirkung wird mit äußerst einfacher Ausführung aus zwei Marmorrippen erzielt, die jeweils zunächst entlang der gesamten Länge zu einer einheitlichen scharfen Kante geschnitten, dann durchbohrt und zu Blättern und Blüten modelliert werden.

(29.) *Skizze in Originalgröße des Musters, das auf dem Vorhang des Grabes von Can Mastino II. eingeschnitten und gemalt wurde.* (R.)

Es ist wegen der Vielfalt seiner Muster bemerkenswert; Beachten Sie, dass die floralen Füllungen von Räumen einander ähneln, aber niemals gleich sind. Es gibt kein Ende, wenn man beginnt, Details dieser Art sorgfältig zu zeichnen. Die Skizze ist zwar noch so dürftig, vermittelt aber dennoch einen Eindruck vom fließenden Verlauf des Steingewandes und von der Sorgfalt des Bildhauers, sein Muster so zu malen, *als ob* es an der scheinbaren Falte gebogen wäre.

250. (30.) *Grab des Can Signorio della Scala.*

Samuel Prouts Skizze vor Ort; (später von ihm in seinen „Skizzen in Frankreich und Italien" lithographiert;) sehr bewundernswert in Gefühl, Komposition und prägnanter Abstraktion des wesentlichen Charakters.

Dahinter ist der Familienpalast der Scaliger zu sehen, in dem Dante empfangen wurde.

(31.) *Eine einzelne Nische und Teil der Eisenarbeiten des Grabes von Can Signorio.* (R.)

Vom Palast der Scaliger aus gesehen; In der kleinen Straße dahinter sind die Überreste eines anderen Hauses derselben Familie zu sehen.

(32.) *Untersuchung der Details der Oberseite des Grabes von Can Signorio.* (R.)

Ich brauchte mehr Arbeit, als ich Zeit hatte, und war durch die Eile ziemlich verwöhnt; aber in Teilen hier und da interessant; Schauen Sie sich zum Beispiel die unterschiedlichen Größen und Designs der Kroketten an. und Schönheit der Gesimse.

(33.) *Halterung unter dem Sarkophag von Giovanni della Scala.* (A.)

Charakteristisch für die feinste spätere Behandlung von fließendem Laub.

251. (34.) *Teil der Vorderseite des Herzogspalastes in Venedig.* (R.)

1852 nach Maßzeichnung mit äußerster Sorgfalt skizziert; und zeigt die scharfen Fenstermaßwerke, die auf Fotografien selten zu sehen sind.

(35.) *Blickwinkel des Herzogspalastes, Blick von der Piazzetta auf das Meer.* (R.)

Letztes Jahr skizziert (Restaurierungen drohen), nur um zu zeigen, wie das Licht durch die Kanten des Winkels durch das obere Kapitell und das Blattwerk in der darunter liegenden Skulptur dringt; damit die Masse nicht ungebrochen in den Himmel ragt.

(36.) *Foto der Winkelhauptstadt von Upper Arcade, gesehen in Nr. 34.*

Darstellung der durchstochenen Teile und ihrer Behandlung.

(37-38.) *Hauptstädte der oberen Arkade.*

Zeigt die großartigste Behandlung architektonischer Ranken, die den Meistern des 14. Jahrhunderts gelang; massiv für alle Zwecke der Unterstützung; außerordentlich weich und raffiniert in der Kontur und tadellos komponiert.

ABSCHNITT III. ZEIT VON „THE MASTERS".

252. (39.) *Studie der Spitze des Pilasters neben dem Castelbarco-Grab.* (R.)

Die Blätter der Wildfeige sind unvollendet; Da mein Assistent unglücklicherweise einigen Straßenjungen, die sie mit Steinen bewarfen, seine Sorge um ihre Erhaltung allzu energisch gezeigt hatte, besorgten sie sich eine Leiter und wurzelten sie noch in derselben Nacht auf. Die Oberfläche des violetten und feinkörnigen weißen Marmors des Pilasters ist nach dreihundertjähriger Einwirkung völlig unversehrt. Der grobe weiße Marmor darüber ist verrottet und grau von Flechten.

(40.) *Studie der Basis desselben Pilasters und der damit verbundenen Fassade.* (R.)

Zeigt die Wirkung verschiedenfarbiger Murmeln, die in sorgfältig ungleichen Massen angeordnet sind.

253. (41.) *Innenhof des Herzogspalastes von Venedig, mit Riesentreppe.* (R.)

Im Jahr 1841 skizziert und möglicherweise mit einigen Charakteren versehen, die bei einer vollständigeren Zeichnung verloren gehen würden.

(42.) *Die Piazza d'Erbe, Verona.* (R.)

1841 skizziert, zeigt die allgemeine Wirkung und hübsche Gruppierung der späteren veronesischen Gebäude.

(43.) *Piazza de' Signori, Verona.*

Letztes Jahr skizziert. Beachten Sie den an der Wand des Palastes angebrachten Plakat mit der Werbung für Victor Hugos „Homme qui rit".

Der große Turm stammt aus der Gotik. Beachten Sie den edlen Schwung aus sanft ansteigenden, nach innen geneigten Kurven.

(44.) *Tor der zerstörten Schule von St. John, Venedig.* (Foto.)

Exquisit in der Blumenskulptur und im Finish des Stils.

(45.) *Weißdornblätter, vom Sockel des Pilasters, in der Kirche St. Maria dé Miracoli, Venedig.* (R.)

Im feinsten Stil der Blumenskulptur. Die Perfektion der Behandlung ist nicht zu übertreffen; besonders für die Erlangung von Lebendigkeit und Weichheit, durch breite Flächen und feine Gruppierung.

(46.) *Basrelief von einer der Innentüren des Herzogspalastes.*

Sehr edel und typisch für den puren Stil.

(47.) *St. Johannes der Täufer und andere Heilige.* (Cima da Conegliano.)

Vollendete Arbeit; Aber das Foto ist zwar gut aufgenommen, verdunkelt es aber fürchterlich.

(48.) *Treffen von Joachim und Anna.* (Vettor Carpaccio.) (Foto.)

(49.) *Madonna und Heilige.* (John Bellini.) Porträt. (Mantegna.)

(Fotos.)

(50.) *Madonna.* (John Bellini.)

Mit Raffaels „Della Seggiola“. Zeigt den ersten Übergang vom Stil der „Meister“ zum Stil der Neuzeit.

Die Fotos in der obigen Serie stammen alle von den Bildern selbst.

CHRISTLICHE KUNST UND SYMBOLIK. [15]

EIN VORWORT.

254. Der Autor dieses Buches ist seit langem mein Freund und in den frühen Tagen der Freundschaft mein Schüler.

Aber in letzter Zeit gehörte ich ihm; denn er hat sich ernsthaft dem Studium christlicher Kunstformen gewidmet, zu deren Untersuchung ich kaum Gelegenheit hatte, und wurde bei diesem Studium von einem Glanz der Begeisterung beseelt, der mir seit langem unmöglich war. Da ich dies wusste und wusste, dass er perfekt in der Lage war, die Lücke zu füllen, die ansonsten nur schwer zu überbrücken gewesen wäre, in meinem Unterricht in Oxford, bat ich ihn, diese Vorlesungen zu halten und sie für die Veröffentlichung vorzubereiten. Und das hat er getan, um mir zu gefallen; Und jetzt, wo er es getan hat, bin ich in gewisser Hinsicht alles andere als erfreut: Denn seine Schriften gefallen mir besser als meine eigenen, und ich bin eifersüchtiger darauf, als ich dachte, dass es in mir steckt, ein gutes Werk zu sein – wie viel weniger von meinem Freund! Ich tröste mich, indem ich darüber nachdenke oder es mir zumindest wiederhole und zu denken versuche, dass er das alles nicht hätte herausfinden können, wenn ich ihm nicht den Weg gezeigt hätte. Aber zutiefst und ernsthaft bin ich für diese Hilfe dankbar, bei einer Arbeit, die für meine gegenwärtigen Kräfte viel zu groß ist; Meine Hilfe ist umso kostbarer, weil mein Freund die Integrität und Ruhe des Glaubens, in dem sie geschaffen wurde, in die Erforschung der frühchristlichen Kunst und ihres Einflusses einbringen kann und glücklicher als ich darin ist, ein persönlicher, erfüllender Tröster und Helfer der Menschen gewesen zu sein sein Leben in täglicher und unbestreitbarer Pflicht; während ich, vielleicht zu Unrecht, immer gezögert habe und mir eingeredet habe, dass es meine Pflicht sei, die Dinge zu tun, die mir Freude bereiten.

255. Außerdem war es für einen Großteil meiner analytischen Arbeit notwendig, dass ich die Kunst jeder Nation so weit wie möglich aus ihrem eigenen natürlichen Blickwinkel betrachte; und ich habe mich so ernsthaft darum bemüht, einen Glauben zu erkennen, den ich für falsch hielt, und ein Gefühl, das meinem Temperament fremd war, dass ich am Ende kaum noch weiß, wie weit ich mit dem Verstand anderer Menschen denke und mit jemandes Augen außer meinen eigenen sehe. Sogar der Versuch, meine vorübergehend aufgehobene Verurteilung wiederzuerlangen, scheitert gelegentlich; und was mir einst gesichert war, wird wie alles andere theoretisch.

Aber mein alter Gelehrter ist durch sein entschieden gerichtetes Leben vor den Versuchungen dieser spekulativen Gerechtigkeit geschützt worden; und ich glaube, dass seine Schriften den bisher wahrsten Ausdruck der Gefühle enthalten, mit denen ein christlicher Gentleman mit Verstand und Gelehrsamkeit die Kunst betrachten sollte, die in alten Zeiten hervorgebracht wurde, bis zum Beginn der Glaubensrichtungen, die noch immer sein Verhalten leiten und seinen Frieden sichern .

256. In allen allgemeinen Grundsätzen der Kunst sind Herr Tyrwhitt und ich absolut einer Meinung; aber er übertrifft mich oft in seiner ausgeprägten persönlichen Kenntnis der Menschen und ihrer Verhaltensweisen. Wenn wir in unseren Gedanken über die Dinge unterschiedlicher Meinung sind, liegt das daran, dass wir sie von entgegengesetzten Seiten kennen; und oft ist seine Seite diejenige, die am natürlichsten zu sehen ist und die man am meisten sehen möchte. Es gibt zum Beispiel eine wichtige Angelegenheit, über die wir scheinbar streiten, in Wirklichkeit aber nicht so sind. Diese Vorträge zeigen durchweg die schönste und gerechteste Ehrfurcht vor Michael Angelo und sind in ihrer Darstellung von ihm von besonderem Wert; während die letzte Vorlesung über Bildhauerei, die ich in Oxford gehalten habe, ausschließlich der ^{Untersuchung} der Art und Weise gewidmet ist, in der sein Genie versagte und das anderer Männer pervertierte. Aber Michael Angelo ist groß genug, um Lob und Tadel gleichermaßen notwendig und gleichermaßen unzulänglich zu machen, in jedem wahren Bericht über ihn. Mein Freund sieht ihn, wie ein Reisender aus der Ferne eine edle Bergkette sieht, die in goldenen Wolken und violetten Schatten verborgen ist; und ich sehe ihn wie einen mürrischen Bergmann, der dieselben Berge befahren würde, der durch die Kälte von Sturm und Schnee zwischen ihren Abgründen umherwandert und erkennt, dass ihre Stärke gefährlich und ihre Substanz unfruchtbar ist. Wir beide sehen wahrhaftig, beide teilweise; die vollständige Wahrheit ist das Zeugnis beider.

257. Die Notizen von Holbein und den Engländern, die er malte (siehe insbesondere die Skizze von Sir Thomas Wyatt in der sechsten Vorlesung), sind für mich von einzigartigem Wert und entsprechen, soweit ich das beurteilen kann, dem gesamten Inhalt des Buches – denn, wie ich schon sagte, handelt es sich bei vielen um Themen, mit denen ich nicht vertraut bin – so fundiert und das Gefühl darin so warm und wahr, und wahr in der Wärme, dass es mich erfrischt wie der Anblick der Dinge von sich selbst spricht es. Es wird vielen Lesern einen neuen und lebendigen Anblick von ihnen bieten; und allen, die meine Belobigung beachten werden, empfehle ich sie; Ich bitte diejenigen, die bisher meinen Lehren Glauben geschenkt haben, diese Vorträge so zu lesen, wie sie meine eigenen lesen würden; und darauf zu vertrauen, dass andere, die an mir gezweifelt haben, einen Grund sehen werden, meinem Freund zu vertrauen.

Pisa , *30. April 1872.*

FUSSNOTEN:

[15] Vorwort zum oben genannten Buch von Rev. St. John Tyrwhitt. London: Smith, Elder & Co., 1872. – Ed .

[16] Siehe Herrn Ruskins Broschüre über „Die Beziehung von Michael Angelo zu Tintoret", die (obwohl separat gedruckt) die siebte Vorlesung des Kurses (1872) ist, veröffentlicht als Aratra *Pentelici* – Ed .

KUNSTSCHULEN DES MITTELALTERLICHEN CHRISTENREICHS. [17]

EIN VORWORT.

258. Die Zahl britischer und amerikanischer Reisender, die sich ungekünstelt für die frühe Kunst Europas interessieren, ist bereits groß und nimmt täglich zu; Wie ich dankenswerterweise feststellen kann, verspüren sie täglich immer mehr das Bedürfnis nach einem Reiseführer, der möglichst viele vertrauenswürdige Hinweise auf das enthält, was sie am vernünftigsten untersuchen können. Die von Mr. Murray veröffentlichten Nachschlagewerke sind zwar von außerordentlichem Wert für Reisende, die es sich zur Aufgabe machen, (in seinem und ihrem Sinne des Wortes) alles zu sehen, was zu sehen ist, haben aber überhaupt keinen Wert oder können es vielleicht sein Für Reisende, die nur das sehen wollen, was sie in einfacher Weise verstehen und an das sie sich mit Freude erinnern können, kann es zu Recht als sogar von völlig umgekehrtem Wert angesehen werden. während die Kunstgeschichten und Biographien von Künstlern, auf die der ernsthaftere Student in seinem Noviziat zurückgreifen muss, gleichzeitig so umfangreich, so vage und so widersprüchlich sind, dass ich mir selbst nicht vorstellen kann, dass er aus ihrem Studium irgendeinen anderen Nutzen ziehen würde als eine tiefe Überzeugung von der Schwierigkeit des Themas und der Ungewissheit menschlicher Meinungen.

259. Beim Lesen der in diesem Band gesammelten Aufsätze, wie sie in der Zeitschrift [18] erschienen, für die sie geschrieben wurden, schien es mir, dass die Autorin nicht nur über ein sehr genaues Urteilsvermögen für die Qualitäten der mittelalterlichen Kunst verfügte, die es gab verdiente zu Recht Lob, hatte aber ein ungewöhnlich klares Verständnis dafür, inwieweit sie erwarten konnte, ein solches Urteilsvermögen im allgemeinen Bewusstsein höflicher Reisender zu kultivieren; Ich habe auch ihre Fähigkeit bewundert, im Wesentlichen anschauliche Fakten zusammenzustellen, um die Geschichte eines sehr weitreichenden kontemplativen Kunstbereichs in einen tragbaren Rahmen und eine sehr anmutige und brauchbare Form zu bringen. Ihre Lektüre war in der Tat im Hinblick auf viele sehr interessante Perioden religiöser Arbeit viel umfangreicher als meine eigene; und als ich mich bereit erklärte, den Band der gesammelten Aufsätze herauszugeben, geschah dies nicht ohne die Gewissheit, dass mir bei der Arbeit, sie zu überarbeiten, ein erheblicher Vorteil zufallen würde.

260. Die Überarbeitung wurde jedoch, wie ich leider sagen muss, unterbrochen und unvollkommen, was zwangsläufig die letzte Folge der von mir gerade gestandenen Unwissenheit über mehr als einen Abschnitt des

großen beleuchteten Feldes der frühen religiösen Kunst war, mit dem der Autor am meisten vertraut war klugerweise die gleiche und symmetrische Aufmerksamkeit gelenkt und teils unter dem extremen Druck einer anderen Beschäftigung unterbrochen, teils aus großer Angst, versucht zu werden, die Gelassenheit der allgemeinen Aussicht zu unterdrücken, die meiner Meinung nach diese Aufsätze hervorragend dazu geeignet sind, einem genialen Leser zu öffnen, mit dem stürmischen Hell-Dunkel meiner eigenen Vorliebe und Ablehnung. Ich überlasse das Werk daher ausschließlich Miss Owens Werk, mit gelegentlichem Vorwurf, aber ohne Retusche, obwohl klar zu verstehen ist, dass es kein bloßes Kompliment ist, wenn ich meinen Namen als Herausgeber eines Buches erlaube (falls ...). meine Herausgeberschaft könnte tatsächlich als solche angesehen werden) auf das Genie oder Verdienst des Autors; aber es bedeutet, dass ich mich in den Hauptpunkten voll und ganz für die Richtigkeit der dargelegten Ansichten verantwortlich halte und dass ich wünsche, dass das Werk von denen, die Vertrauen in meine frühere Lehre haben, als Erweiterung und Anwendung der Teile angenommen wird davon, die ich als unvollständig empfunden habe.

OXFORD , *27. November 1875.*

ANMERKUNG : Die im Band verstreuten „Notizen der Remonstration" oder Zustimmung sind nicht zahlreich. Sie sind nachstehend aufgeführt, jeweils vorangestellt durch die (kursiv geschriebene) Aussage oder den Ausdruck:, der sie hervorgerufen hat:

(1) S. 73. „ *Das besondere Merkmal der byzantinischen Kirchen ist die Kuppel.* " „Die Form stammt ursprünglich aus den Katakomben. Siehe Lord Lindsay."

(2) S. 89. „ *Das achteckige Baptisterium in Florenz, das lombardischen Königen zugeschrieben wird...* " „Nein; es ist ein etruskisches Werk reiner Abstammung."

(3) *Id.* „ *S. Michele aus Pavia, reine Langobarde des siebten Jahrhunderts, im zehnten Jahrhundert wieder aufgebaut.* " „Kirchen wurden oft mit ihren ursprünglichen Skulpturen wieder aufgebaut. Ich glaube, dass viele dieser Kirchen langobardisch sind. Siehe nächste Seite."

(4) S. 95. „ *Die von Rafaelle begonnene Revolution endete mit der vulgären Malerei, den sentimentalen Drucken und den farbigen Statuetten, die einerseits die religiöse Kunst des 19. Jahrhunderts zum Synonym für ihre Schwäche gemacht haben , sein Aberglaube auf der anderen Seite.* " „Ausgezeichnet; aber meine gute Gelehrte hat den vulgären vom nicht vulgären Naturalismus nicht unterschieden.

[Vergleichen Sie die letzte Anmerkung im Buch, S. 487-488, wo Miss Owens Aussage lautet, dass „ *der Grund für Rafaelles Popularität ... das Überwiegen übertriebener dramatischer Darstellungen war, die in seinen Bildern über allen moralischen und spirituellen Qualitäten sichtbar sind.*“ „ wird als „intensiv und genau wahr“ bezeichnet. *]*

(5) S. 108. „ *Es kann sein … es ist kaum glaubwürdig.* “ „Was spielt es für eine Rolle, was sein mag oder was kaum glaubwürdig ist? Ich hoffe, der Leser wird bedenken, was für eine Zeitverschwendung das Nachdenken über Dinge ist.“ wenn wir sie nie richtig kennen können.

(6) S. 109. Zu der Aussage, dass „ *keine lebenswichtige Kunstschule jemals existiert hat, außer als Ausdruck des lebenswichtigen und unbestrittenen Glaubens eines Volkes* “, gefolgt von einigen Bemerkungen zu äußeren Hilfen für die Hingabe, gibt es eine Anmerkung unter das Wort „Menschen“. „Bis zu diesem Punkt ist diese Seite zweifelsohne und völlig wahr. Ich bin für den Rest der Klausel nicht verantwortlich, bestreite sie aber auch nicht.“

(7) S. 113. *S. Michele in Lucca.* „Die Kirche ist heute nur noch eine moderne Architektenkopie.“

(8) S. 129. „ *Es gibt ein gutes Modell dieser Kanzel* “ (Niccola im Baptisterium von Pisa) „ *im Kensington Museum, durch das wir viel über den Aufstieg der gotischen Skulptur erfahren können.* “ „Davon kann man nichts machen.“ Die Art. Die pisanische Skulptur kann nur im Originalmarmor studiert werden; die Hälfte ihrer Tugend liegt im Meißeln.

(9) S. 136. „ *Das Heiligtum von S. Donato* “ (von Giovanni Picano) „ *in der Kathedrale von Arezzo ist eines der schönsten Denkmäler der pisanischen Schule.* “ „Nein. Er versuchte zu fein zu sein und übertrieb es. Die Arbeit.“ ist lediglich eine angehäufte Alltäglichkeit.“

(10) S. 170. Über Giotto zeichnet man ohne Zirkel einen Kreis mit einem Buntstift, „ *nicht mit einem Pinsel, womit, wie Professor Ruskin erklärte, das Kunststück unmöglich gewesen wäre. Siehe „Giotto und seine Werke in Padua“.* „Tu es nicht, aber übe mit einem Kamelhaarpinsel, bis du es schaffst. Ich wusste nichts von der eigentlichen Pinselarbeit, als ich diesen Aufsatz über Padua schrieb.“

(11) S. 179. Im ersten Flachrelief von Giottos Turm in Florenz heißt es: „ *Noah liegt schlafend oder, wie Professor Ruskin behauptet, betrunken.* “ „Ich ,behaupte‘ nichts dergleichen; ich *weiß* es. Er ist so betrunken, wie ein Mann nur sein kann, und der Ausdruck der Trunkenheit wird mit bewusster und intensiver Geschicklichkeit ausgedrückt, wie auf der Ecke des Herzogspalastes in Venedig.

(12) S. 179. Zu Giottos „ *Astronomie, dargestellt von einem alten Mann* “ auf demselben Turm. „Darüber sind durch die Astronomie seines Herzens die himmlischen Heerscharen zu sehen, die über den Sternen dargestellt sind.“

(13) S. 190. „ *Die Loggia dei Langi* “ (in Florenz) ... „ *die Rundbögen, neu für diese Zeit ... Siehe Vasari.* “ „Vasari ist ein Esel mit kostbaren Dingen in seinen Packtaschen; aber du.“ Er darf zu keiner Angelegenheit nach seiner Meinung fragen. Die damals neuen Rundbögen waren in ganz Italien, römisch oder lombardisch, die allgemeingültige Bauform gewesen, im 13. Jahrhundert schwach und widerstrebend spitz und gelegentlich, wie im Campo Santo von Pisa, und Orcagnas eigenes Or San Michele, das nur dreihundert Meter von den Loggia-Bögen entfernt steht, die „damals neu“ waren, mit Maßwerk gefüllt und selbst aus sich kreuzenden Rundbögen zusammengesetzt. Nun spielt es für die Kunstgeschichte keine Rolle, wer gebaut *hat* . Aber wer hat die Loggia entworfen und geschnitzt? Sie ist durch und durch die großartigste in Italien, und ihre archaischen Tugenden selbst sind undurchführbar und unvorstellbar. Ich bürge nicht dafür, dass sie von Orcagna stammt, und ich bürge auch nicht dafür, dass die Fresken des Campo Santo von ihm stammen. Ich habe ihn nie besonders studiert, und ich weiß auch nicht, welche mächtigen Männer mit oder nach ihm arbeiten sollten. Aber ich weiß, dass die Loggia eine mächtige Architektur im Stil und in der Zeit Orcagnas ist und dass das Jüngste Gericht und der Triumph des Todes auf dem Campo Santo die strengsten Lehren sind, die auf den Mauern der Toskana niedergeschrieben sind, und allein schon mehr Studium wert sind, als englische Reisende normalerweise tun Pisa, Lucca, Pistoja und Florenz insgesamt.“

(14) S. 468. „ *Der gotische Stil für Kirchen hat in Venedig nie Fuß gefasst.* “ „Nicht ganz korrekt. Die Maßwerke des Herzogspalastes werden in den „Steinen von Venedig“ (Bd. II.) gezeigt und auf ihnen gegründet der Frari.“

(15) S. 471. Mantegna. „ *Er hatte kein Gefühl für die lebenswichtige Schönheit des menschlichen Antlitzes oder der niederen Geschöpfe der Erde.* “ Dazu fügt Miss Owen in einer Notiz hinzu: „Professor Ruskin erinnert mich hier ergänzend an Mantegnas Fähigkeit, unbelebte Formen zu malen.“ , *z. B.* in den Bäumen und Blättern seiner Madonna der Nationalgalerie. „Er ist“, sagt Professor Ruskin, „der wunderbarste Blattmaler der Lombardei.“

FUSSNOTEN:

[17] Vorwort zum oben genannten Buch von Miss AC Owen, herausgegeben von Herrn Ruskin. London: Mozley & Smith, 1876. – ED.

[18] *Das Monatspaket.* — ED.

Der Ausbau der Eisenbahnen im Seegebiet. [19]

EIN PROTEST.

261. Die auf den folgenden Seiten zur Stützung ihres Vorbringens gesammelten Beweise sind so vollständig und die Zusammenfassung seines Anliegens, die Mr. Somervell mit so maßvoller Meisterschaft gegeben hat, dass ich in Bezug auf die Umstände nichts hinzuzufügen und wenig zu berichten finde. im Argument durchsetzen. Und ich traue mich nicht einmal, das kurze Vorwort niederzuschreiben, das ein so gutes Werk dank der Höflichkeit seines Autors von mir erhalten dürfte, da ich schon so lange mit Bemühungen beschäftigt bin, die in die gleiche Richtung gehen, denn genau aus diesem Grund Ich interessiere mich weitaus weniger als mein Freund für diesen lokalen und begrenzten Widerstand gegen die andernorts tödlich siegreiche Strömung moderner Torheit, Grausamkeit und Verderben. Wenn die Raserei des Geizes täglich unsere Seeleute ertrinkt, unsere Bergleute erstickt, unsere Kinder vergiftet und die kultivierbare Fläche Englands in eine baumlose Aschewüste verwandelt, [20] was macht es dann schon aus, ob es eine Schafherde mehr oder weniger ist , von den Hängen von Helvellyn vertrieben werden, oder aus dem kleinen Teich von Thirlmere, der mit Schiefer gefüllt ist, oder ein paar wilde Blüten von St. John's Vale, die der Krone des englischen Frühlings verloren gegangen sind? Wenig für irgendjemanden; und – lassen Sie mich das zumindest zu Beginn sagen – *nichts* für *mich* . Niemand muss mir wegen der Verteidigung dieser moosbewachsenen Hügel Egoismus in irgendeinem Wort oder einer Tat vorwerfen. Ich ziehe nicht um, mit so geringer Aktivität, wie ich sie bisher im Geschäft gezeigt habe, weil ich in Coniston lebe (wo mich kein Geräusch der Eisenräder von Dunmail Raise erreichen kann) und auch nicht, weil ich keinen anderen Ort finde, an den ich mich an Wordsworth erinnern kann vorbei, als der Narzissenrand seines kleinen Rydal-Sumpfes. Welche Gedanken und Arbeiten, wie er sie lehrte, noch vor mir liegen, müssen unabhängig von engen Assoziationen sein. Alle meine lieben Berggebiete und Schatzstädte, Chamouni, Interlachen, Luzern, Genf, Venedig, sind vor langer Zeit von der europäischen Bevölkerung zerstört; und jetzt ist es mir für meinen Teil egal, was sie sonst noch tun; Sie mögen Loch Katrine trockenlegen, Loch Lomond trinken und ganz Wales und Cumberland in einen Haufen Schieferschindeln sprengen; Die Welt ist weit genug, um mir während der für mich bestimmten Tage Zuflucht zu finden. Aber es ist nicht weniger meine Pflicht im Namen derer, für die die süßen Landschaften Englands noch kostbar sind und denen sie vielleicht noch lehren, was sie mir in meiner frühen Kindheit beigebracht haben und immer noch tun würden, wenn ich es jetzt lernen könnte ,-es ist meine Pflicht, mit aller Ernsthaftigkeit

darum zu bitten, dass diese heiligen Sibyllinenbücher vor dem Untergang gerettet werden.

262. Aber auch hier werde ich überprüft, weil ich nicht weiß, wie ich mit den Personen sprechen soll, mit denen in dieser Angelegenheit gesprochen werden *muss* .

Angenommen, ich sitze dort, wo ich mich immer noch im stark veränderten Oxford wiederfinde, in einer der kleinen Gitterzellen der Bodleian Library, zu der mein freundlicher und geliebter Freund, Mr. Coxe, käme mir die Nachricht, dass vorgeschlagen wurde, jeden Tag neunhundert Ausflügler in drei Gruppen zu je dreihundert durch die Bibliothek zu schicken; dass es beabsichtigt war, dass sie ihren Geist heben sollten, indem sie alle Bücher lasen, die sie während ihres Aufenthaltes ergattern konnten; – und dass praktisch wissenschaftliche Mitarbeiter, die sie begleiteten, nach allen Manuskripten Ausschau halten und diese verbrennen sollten, deren Buchmalereien Gold enthielten, das das besagte Gold könnte aus praktischem Nutzen bestehen; aber dass er, Mr. Coxe, seinerseits nicht mit der Bewegung sympathisieren konnte und hoffte, ich würde etwas schreiben, um sie abzulehnen! Wie ich damals denken sollte, fühle ich jetzt, dass ich ihm auf Wunsch von Herrn Somervell ein Vorwort zur Verteidigung von Helvellyn schreiben würde. Was könnte ich für Mr. Coxe sagen? Natürlich ist es den neunhundert gegenüber nur fair, dass neunhundert Menschen täglich die Bibliothek besuchen, statt nur einer, und wenn Gold in den Büchern ist, ist es dann nicht öffentliches Eigentum? Wenn es in Helvellyn Kupfer oder Schiefer gibt, soll die Öffentlichkeit es dann nicht verbrennen oder herausschlagen – und das sagen sie natürlich – gegen unseren Willen? Was bedeutet es für *sie* , wie wir armen, alten, stillen Leser in dieser Bergbibliothek fühlen? Allerdings wissen wir ganz genau – was die neunhundert Exkursionsgelehrten nicht wissen –, dass die Bibliothek nicht in einer Viertelstunde ganz durchgelesen werden kann; auch, dass das echte Lesen ein ganz anderes Vergnügen bereitet als das Umblättern; und dass Gold in einem Messbuch oder eine Schiefertafel in einem Felsen wertvoller sein kann als in einer Bank oder einem Schornstein. Aber wie sollen uns diese praktischen Menschen Glauben schenken, die nicht lesen können und es auch nie tun werden? Und wem wurde beigebracht, dass nichts tugendhaft ist, als sich um seinen Bauch zu kümmern, und dass nichts nützlich ist, als was in ihm steckt?

263. Unabhängig davon, ob dies gewürdigt wird oder nicht, können die tatsächlichen Sachverhalte, die auf den folgenden Seiten klar dargelegt werden, für die Prüfung durch eine aufrichtige Person kurz dargelegt werden.

Es gibt vier Hauptargumente für die neue Eisenbahn, die auf diese Weise beantwortet werden können.

1. „Es gibt im Bezirk entwicklungsfähige Bodenschätze."

Antwort. Es handelt sich um eine bösartige Fiktion, erfunden von demjenigen, der sie erfunden hat, nur um die Aktionäre zu betrügen. Jede Blei- und Kupferader in Cumberland ist seit Jahrhunderten bekannt; das Kupfer von Coniston zahlt sich nicht aus; und in Helvellyn gibt es niemanden, der so reich ist. Und die wichtigsten zentralen Vulkangesteine, durch die der Weg verläuft, produzieren weder Schiefer noch Hämatit, während es in Llanberis und Dalton genug davon gibt, um ganz England in ein einziges riesiges Chaos zu hüllen und mit Eisengittern zu überziehen, wenn es sich ernsthaft als bedürftig erachtet diese Unterkunft.

2. „Die Szenerie muss der Öffentlichkeit zugänglich gemacht werden."

Antwort. Es ist bereits mehr als zugänglich; Das Publikum wird mit voller Wucht hineingeworfen und verpasst zwangsläufig zwei Drittel davon. Die Seelandschaft beginnt erst im Süden bei Lancaster, wo die Cumberland-Hügel über der Morecambe Bay zu sehen sind. im Norden, bei Carlisle, wo man die Moore von Skiddaw über den fruchtbaren Ebenen zwischen ihnen und dem Solway sehen kann. Niemand, der Berge liebt, würde aus diesen Entfernungen auf beiden Seiten auch nur einen Schritt verlieren. Aber die dummen Herden moderner Touristen ließen sich in Windermere und Keswick entleeren wie Kohlen aus einem Sack. Wenn die neue Eisenbahn dort angekommen ist, muss sie diejenigen, die nach Keswick gekommen sind, nach Windermere schaufeln und diejenigen, die nach Windermere gekommen sind, nach Keswick schaufeln. Und was dann?

3. „Aber für die arbeitende Bevölkerung, die sonst die Landschaft überhaupt nicht sehen könnte, ist ein günstiger und schneller Transit notwendig."

Antwort. Können Sie ihnen nach all Ihrem Geschrei darüber, was die Beamten für Alkohol ausgeben, nicht beibringen, genug von ihrem Jahreslohn zu sparen, um eine Kutsche und ein Pony für einen Tag zu bezahlen, um Missis und das Baby die angenehmen zwanzig Meilen zu fahren und wann anzuhalten? Sie mögen es, den Korb auf einer moosigen Bank auszupacken? Wenn sie die Landschaft nicht auf diese Weise genießen können, können sie das auf keinen Fall; und alles, was Ihre Eisenbahngesellschaft für sie tun kann, ist, Tavernen und Kegelplätze rund um Grasmere zu eröffnen, das dann bald nur noch ein Abflussbecken mit einem Strand zerbrochener Ingwerbierflaschen sein wird; und ihr Geist wird durch die Betrachtung der Landschaft eines solchen Sees ebenso wenig verbessert werden wie die von Blackpool.

4. Was gibt es noch zu sagen? Ich protestiere, ich kann nichts finden, es sei denn, Ingenieure und Bauunternehmer müssen leben. Lassen Sie sie leben, aber auf eine nützlichere und ehrenhaftere Weise, als indem Sie Old Bartholomew Fair unter Helvellyn abhalten und ein Dampfkarussell durch das Seenland machen.

Es gibt Straßen, die repariert werden müssen, wo die Gemeinde sie nicht reparieren will, es werden Zufluchtshäfen benötigt, wo unsere mit Deck beladenen Schiffe in hilfloser Gefahr sind; Holen Sie sich Ihre Provisionen und Dividenden dort, wo Sie wissen, dass Arbeit nötig ist, und nicht dort, wo Sie Vergnügungssüchtige am besten zu schwindligerem Nichtstun überreden können.

264. Die von den Eisenbahnbefürwortern vorgebrachten Argumente können somit zusammenfassend beantwortet werden. Von denen, die in der folgenden Broschüre zur Verteidigung des Landes, wie es ist, angesprochen werden, möchte ich die Aufmerksamkeit des Lesers nur auf eines lenken (siehe S. 27, 28), nämlich auf die Gewissheit, dass sich der moralische Charakter der Einwohner verschlechtert hat jedes Bezirks, der von einer Eisenbahn durchquert wird. Wo wenig moralischer Charakter verloren geht, hat dieses Argument nur geringes Gewicht. Aber die Grenzbauernschaft Schottlands und Englands, die Scott und Wordsworth mit absoluter Treue gemalt haben (als Haupttypen dieser unerschöpflichen Porträtmalerei möchte ich Dandie Dinmont und Michael nennen), ist bisher eine kaum verletzte Rasse, deren Stärke und Tugend noch erhalten sind repräsentieren den Körper und die Seele Englands vor seinen Tagen des mechanischen Verfalls und der kommerziellen Schande. Auf meinen eigenen Feldern arbeiten Männer, die möglicherweise mit Heinrich dem Fünften in Agincourt gekämpft haben, ohne dass man sie von seinen Rittern unterscheiden konnte; Ich kann mich für tausend Pfund auf das Wort meiner Handwerker verlassen; Mein Gartentor öffnet sich durch den Riegel zur öffentlichen Straße, Tag und Nacht, ohne Angst davor zu haben, dass jemand außer meinem eigenen Fuß hereinkommt, und meine weiblichen Gäste können auf der Straße oder im Moorland oder durch jedes waldige Tal dieses wilden Waldes wandern. frei wie die Heidebienen oder Eichhörnchen.

Welchen Einfluss der Zustrom der Vorstädte unserer Industriestädte auf den Charakter einer solchen Bevölkerung haben wird, dafür gibt es in jeder Zeitung, die auf seinem Morgentisch liegt, hinreichende Beweise, wenn der Leser sich über die Fakten informieren möchte.

265. Und nun noch ein letztes Wort zu der vorgeschlagenen wohltuenden Wirkung auf den Geist derjenigen, die Sie aussenden, um uns zu verderben.

Ich habe gesagt, dass ich an diesem Widerstand gegen die Eisenbahn kein egoistisches Interesse habe. Aber ich nehme eine selbstlose. Gerade weil ich leidenschaftlich den Geist der Bevölkerung verbessern möchte und weil ich meinen eigenen Verstand, meine Kraft und mein Vermögen ausschließlich für dieses Ziel verwende, möchte ich sie Helvellyn nicht sehen lassen, während sie betrunken sind. Ich nehme an, nur wenige heute lebende Menschen haben so ernsthaft gespürt – sicherlich hat niemand so ernsthaft erklärt –, dass die Schönheit der Natur die gesegnetste und notwendigste Lektion für den Menschen ist; und dass alle anderen Bildungsbemühungen vergeblich sind, bis Sie Ihrem Volk beigebracht haben, Felder, Vögel und Blumen zu lieben. Kommen Sie also, meine gütigen Freunde, schließen Sie sich mir an dieser Lehre an. Ich habe mein ganzes Leben damit verbracht und versichere Ihnen ohne Stolz feierlich, dass ich weiß, wie man damit umgeht. Ich kann Ihnen in diesem kurzen Vorwort tatsächlich nicht sagen, wie Sie eine so glorreiche Aufgabe vollständig erfüllen können. Aber ich kann Ihnen klar, unmittelbar und nachdrücklich sagen, mit welcher Stimmung Sie es angehen müssen. *Hier* sind Sie, ein Christ, ein Gentleman und ein ausgebildeter Gelehrter; *Da* ist Ihr Bildungsgegenstand – ein gottloser Clown in hilfloser Unwissenheit. Sie können Gott kein gesegneteres Opfer darbringen als dieses menschliche Geschöpf, das zum Glauben, zur Sanftmut und zur Kenntnis der Werke seines Herrn erzogen wurde. Aber beachten Sie Folgendes: Sie dürfen nicht hoffen, Gott ein so edles Opfer darzubringen, das Sie nichts kostet! Sie müssen entschlossen sein, zu arbeiten und sich selbst zu verlieren, bevor Sie dieses übermüdete, verlorene Schaf retten und es lebend seinem Herrn anbieten können. Wenn Sie dann, mein gütiger Freund, bereit sind, Ihre zwei Pence herauszunehmen und sie den Gastgebern hier in Cumberland zu geben und zu sagen: „Passen Sie auf ihn auf, und was auch immer Sie mehr ausgeben, ich werde es Ihnen zurückzahlen, wenn ich zu mir komme." Cumberland selbst", unter *diesen* Bedingungen – oh meine gütigen Freunde, ich bin mit Händen und Handschuhen an Ihrer Seite, bei jeder Anstrengung, die Sie für die Erleuchtung der Augen armer Männer unternehmen möchten. Aber wenn Ihr Motiv im Gegenteil darin besteht, zwei Pence in Ihre eigene Handtasche zu stecken, die Sie zwischen Jerusalem und Jericho von Keswick und Ambleside aus der Tasche des armen betrunkenen Reisenden gestohlen haben – wenn Ihr eigentliches Ziel in Ihrer Wohltätigkeitsspende darin besteht , nicht einmal um dem Herrn zu leihen, indem ich den Armen *gebe* , sondern um dem Herrn zu leihen, indem ich aus den Armen eine Dividende mache; – dann, meine frommen Freunde, begeisterter Ananias, bemitleidenswerter Judas und geheiligter Korah, werde ich mein tun Am besten in Gottes Namen, halten Sie Ihre Hände zurück und halten Sie Ihre Zungen zurück.

BRANTWOOD , *22. Juni 1876* .

FUSSNOTEN:

[19] Vorwort zu einer Broschüre (1876) mit dem Titel „Ein Protest gegen die Erweiterung der Eisenbahnen im Lake District", zusammengestellt von Robert Somervell (Windermere, J. Garnett; London, Simpkin, Marshall & Co.). Die Broschüre enthielt auch eine gedruckte Ankündigung wie folgt: „Der Autor von ‚Modern Painters' bittet alle Personen, die sich möglicherweise für seine Schriften interessiert haben oder eine persönliche Wertschätzung für ihn haben, dringend, ihn jetzt bei der Verbreitung zu unterstützen." beiliegendes Papier, verfasst von seinem Freund Mr. Somervell, für die Verteidigung des Lake Districts von England und um die darin so gerechtfertigt und maßvoll dargelegte Berufung ihren persönlichen Freunden zur Kenntnis zu bringen." – Ed .

[20] Siehe – die Illustration ist zufällig gegeben, während ich diese Seite für den Druck korrigiere – die Beschreibung des schrecklichen Dienstes und die Geschichte der tödlichen Dynamitexplosion auf den einst schönen Anwesen des Herzogs von Hamilton im Hamilton *Advertiser* von 10. und 17. Juni.

Das Studium der Schönheit und Kunst in großen Städten. [21]

266. Ich wurde von Herrn Horsfall gebeten, ein paar einleitende Worte zu den folgenden Papieren zu schreiben. Das Vertrauen ist aufrichtig, denn unsere Freundschaft besteht schon lange und innig genug, um ihrem Autor zu versichern, dass meine Gefühle und sogar praktischen Überzeugungen in vielerlei Hinsicht von den seinen abweichen und in einigen, insbesondere in Bezug auf die hier behandelten Themen, sogar im Widerspruch stehen zu seinem; so dass meine privaten Briefe (von denen er, um die Wahrheit zu sagen, kein einziges Wort nimmt) kaum mehr sind als eine Reihe von Ermahnungen an ihn, ein für alle Mal das schöne Cavalier-Lied „Farewell, Manchester" zu singen und einzuschenken der Tau seines künstlerischen Wohlwollens auf weniger widersprüchlichem Boden. Da er jedoch sicherlich viel mehr über seine eigene Stadt weiß als ich und offensichtlich entschlossen ist, sein Bestes dafür zu tun, bleibt mir nur noch, ihm so gut wie möglich zu helfen Es ist eine schwierige Aufgabe, die er sich gestellt hat, oder, wenn ich nicht anders kann, zumindest die Güte des Samens zu bezeugen, den er sich vorgenommen hat, zwischen Dornen zu säen. Denn tatsächlich sind die Prinzipien, nach denen er arbeitet, durchaus wahr und vernünftig; und die Definitionen und Verteidigung derselben in dieser Broschüre gehören zu den wichtigsten Teilen der Kunstlehre, die mir jemals in der neueren englischen Literatur begegnet sind; In der Kunstliteratur der Vergangenheit kann es natürlich nichts Paralleles dazu geben, da die zu bewältigenden Schwierigkeiten und die zu bewältigenden Unannehmlichkeiten ganz von heute sind. Und allen praktischen Vorschlägen und Empfehlungen, die auf den folgenden Seiten gegeben werden, stimme ich nicht nur zu, sondern bin auch selbst eine große Hilfe, wenn ich sie in der Form lese, in der sie meinen eigenen Plänen für das Museum in Sheffield zugrunde liegen. Ich zweifle auch nicht daran, dass sie sich sofort jedem intelligenten und aufrichtigen Leser empfehlen werden. Aber meiner Meinung nach sind die Grundsatzerklärungen, auf denen diese Empfehlungen basieren, der weitaus wertvollere Teil der Schriften, denn sie sind wahr und für alle Zeiten und an allen Orten brauchbar; während sie an Einfachheit und Klarheit weit über alles hinausgehen, was man normalerweise in Essays über Kunst findet, und die politische Bedeutung der so definierten Gesetze wird hier meines Erachtens zum ersten Mal richtig erfasst und veranschaulicht.

267. Von diesen wird jedoch diejenige, deren Wurzeln am tiefsten und am weitesten reichen, von vielen Lesern geleugnet und von anderen bezweifelt werden, so dass es gut sein dürfte, ein oder zwei Worte weiter zu ihrer Interpretation und Verteidigung zu sagen – das Sprichwort: nämlich, dass „der Glaube nicht in abscheulichen Städten wohnen kann" und dass „die

Vertrautheit mit Schönheit eine äußerst mächtige Hilfe für den Glauben ist." Dies ist ein merkwürdiger Spruch angesichts der Tatsache, dass die Hauptkraft der Untreue in der Renaissance das Streben nach fleischlicher Schönheit war und dass heutzutage (zumindest soweit meine eigene Erfahrung reicht) mehr Vertrauen in die Untreue gefunden werden kann Seitenstraßen der meisten Städte als in den schönen. Dennoch ist das Sprichwort völlig wahr, erstens, weil fleischliche Schönheit keine wahre Schönheit ist; zweitens, weil, richtig beurteilt, die schönen Straßen der meisten modernen Städte abscheulicher sind als die hinteren; Schließlich – und das ist der Punkt, auf den ich näher eingehen muss –, weil allgemein die erste Voraussetzung für den Glauben, dass es Ordnung im Himmel gibt, der Anblick der Ordnung auf Erden ist; Ordnung ist also nicht das Ergebnis eines physikalischen Gesetzes, sondern einer darüber herrschenden spirituellen Macht, wie zum Beispiel, um Beispiele aus meinem eigenen alten und Lieblingsthema zu nehmen, der Anordnung der Wolken in einem wunderschönen Sonnenuntergang, der a entspricht die Erfindung eines Malers oder die Anordnung der Farben auf einem Vogelflügel oder die Ausstrahlung eines Raureif- oder Saphirkristalls; über alle diese Angelegenheiten schweigen die sogenannten Wissenschaftsmänner notwendigerweise und für immer, weil die Verteilung der Farben in Spektren und die Beziehung der Ebenen in Kristallen sind endgültige und grundlose Tatsachen, *Ordnungen* , das heißt keine *Gesetze* . Und darüber hinaus neigt das ungläubige Gemüt, das nicht in der Lage ist, diese spirituelle Schönheit wahrzunehmen, augenblicklich und ständig dazu, sich an der Umkehrung davon zu erfreuen, so dass seine Untersuchung sich praktisch immer vorzugsweise auf Formen von Tod oder Krankheit und jeden Zustand konzentriert von Unordnung und Auflösung, wobei die liebevolle Analyse von Lastern in modernen Romanen Teil derselben Wissenschaft ist. Und um bei meinem eigenen Spezialgebiet zu bleiben – der Ordnung der Wolken – gibt es ein grotesk bemerkenswertes Beispiel für den Zusammenhang zwischen Untreue und dem Gefühl der Hässlichkeit in einem Artikel in der letzten Contemporary Review, in dem ein fähiger Autor , der Vernon Lee, dessen persönliche Sichtweise oder Absicht bis zum Ende des Aufsatzes jedoch unergründlich bleibt, hat mit beträchtlicher Schärfe und Lebendigkeit den Verlauf eines Dialogs zwischen einem der gewöhnlichen modernen Stadtmenschen, die Parasiten ihrer eigenen Zigarren sind, und zweien wiedergegeben mehr oder weniger schwache und törichte Freunde zögerlich feindseliger Instinkte; die drei gehen jedoch praktisch davon aus, dass ihre eigene Weisheit die höchste ist, die die Menschheit je erreicht hat; und ihre eigene Ablenkung auf den bergigen Höhen erfolgte durch den Anblick eines sogenannten „absurden" Sonnenuntergangs, der in folgenden Worten beschrieben wird:

Ein strahlendes Licht, das all seine Rot- und Gelbtöne und mit ihnen alles Leben aus der Landschaft zu versinken schien; das Bleichen der vergilbten Maisfelder und der braunen Heide; aber die Weiden und Eichenwälder glänzen in dämonischer [22] Farbenergie, strahlend vor dem dunklen Himmel, als wären sie mit grünem Feuer erfüllt.

Am Straßenrand waren die Mohnblumen, die ein gewöhnlicher Sonnenuntergang in Flammen setzt, völlig erloschen, wie ausgebrannte Glut; Die gelben Herzen der Gänseblümchen waren völlig verloren und verschmolzen mit ihren strahlend weißen Blütenblättern. Und als es gegen die Fenster des alten schwarz-weiß karierten Bauernhofs schlug (in diesem Licht ein gespenstisches Skelett), ließ es sie nicht aufflackern, nein, nicht im geringsten röten, sondern einen strahlenden weißen Lichtfleck reflektieren. Alles war unwesentlich, doch nicht wie in einem Nebel, nein, eher substanziell, sondern flach, wie aus Papier ausgeschnitten und auf die schwarzen Zweige und grünen Blätter geklebt, die fahlen, grellen Häuser, mit Dächern aus toten, kaum wahrnehmbaren Stäbchen (wie wenn ein Eisen, das im Stein von glühend weißglühend wird, auch stumpf und trüb wird).

„Es sieht aus wie am Vorabend des Kommens des Antichristen, wie es in mittelalterlichen Hymnen beschrieben wird", bemerkte Vere: „Die Sonne saugt alles Leben aus der Erde, bevor sie nie wieder aufgeht, und hinterlässt nur einen Hügel aus fahler Asche, unfruchtbar." und zerfallen, durch die die begrabenen Nationen leicht ihren Weg finden werden, wenn sie auferstehen.

Wie ich oben bereits sagte, erkenne ich nicht die Absicht des Autors dieses Aufsatzes; aber es wäre unmöglich, diesen chronischen Wahnsinn des ungläubigen Denkens, der die ganze Natur zum Gespenst macht, klarer zu veranschaulichen; während sich alles, was in den äußeren Dingen schrecklich oder ungeordnet *ist* , mit genau entsprechender und reflektierender Kraft in Krankheit des menschlichen Geistes reproduziert, die davon betroffen ist.

268. Die entsprechenden Beziehungen von Schönheit und Moral werden auf den folgenden Seiten in einer Weise dargestellt, die kaum Wünsche offen lässt und kaum Raum für Meinungsverschiedenheiten lässt; Ich habe jedoch die folgenden Passagen für meine zukünftige Referenz markiert, von denen ich denke, dass es den Nutzen des Buches erhöhen wird, wenn der Leser zunächst den Inhalt und die Zusammenhänge beobachtet. [23]

1 (S. 15, Zeile 6–10). Unsere Vorstellung von Schönheit in allen Dingen hängt davon ab, was sie unserer Meinung nach sein und tun sollten.

2 (S. 17, Zeile 8–17). Freude findet man am meisten auf sicheren und reinen Wegen, und das größte Glück im Leben besteht darin, viele *kleine* Glückseligkeiten zu haben.

3 (S. 24, Zeile 10–30). Das Wunder und die Trauer darüber, dass es in einem Land mit einer etablierten Kirche kein Buch gibt, das in die Hände der Jugend gelegt werden kann, um ihnen die besten Dinge zu zeigen, die man im Leben tun kann, und um zu verhindern, dass sie es verschwenden.

4 (S. 28, Zeile 21–36). Es gibt allen Grund zu der Annahme, dass fast jeder durch entsprechendes Training im Kindesalter eine Empfänglichkeit für Schönheit erlangen kann.

5 (S. 29, Zeile 33–35). Aber wenn wir entweder eine höhere Moral oder eine starke Liebe zur Schönheit erreichen wollen, muss diese Errungenschaft das Ergebnis einer energischen Anstrengung und eines starken Willens sein.

6 (S. 41, Zeile 16–22). Die Richtigkeit der Form und des Aussehens muss den Menschen zunächst in den Dingen gezeigt werden, die sie interessieren, und über die Richtigkeit des Aussehens, auf die sie möglicherweise großen Wert legen.

7 (S. 42, Zeile 1–10). Und deshalb ist die Korrektheit des Aussehens der Körper, der Häuser und der Handlungen der Menschen dieser großen Städte von größerer Bedeutung als die Korrektheit des Aussehens in dem, was man gewöhnlich Kunst und Bilder edler Taten und Leidenschaften nennt Schöne Landschaften sind von weitaus größerem Wert als Kunst in Dingen, die das menschliche Denken und Fühlen nicht tiefgreifend beeinflussen können.

Die aus diesen Grundsätzen abgeleiteten praktischen Vorschläge, die den größten Teil von Herrn Horsfalls zweitem Aufsatz einnehmen, stellen eine unerprobte Gruppe von Ressourcen in der Bildung dar; und es wird für mich die größte Ermutigung sein, was auch immer ich mir erhofft habe, eine Kunstschule in Oxford einzurichten, wenn sich herausstellt, dass der zentrale

Einfluss der Universität auf solche Weise ausgeweitet werden kann, um das allgemeine Glück der Menschen in Oxford zu fördern England.

BRANTWOOD , *28. Juni 1883* .

FUSSNOTEN:

[21] Einleitung von Herrn Ruskin zu einer Broschüre mit dem Titel „The Study of Beauty and Art in Large Towns, two papers by TC Horsfall" (London, Macmillan & Co., 1883). Der erste der beiden Artikel wurde ursprünglich auf dem Kongress der Social Science Association in Nottingham und der zweite auf der Manchester Field Naturalists' Society gelesen . – ED.

[22] Siehe „Art of England".

[23] Die zitierten Passagen lauten wie folgt:

1. „Unsere Vorstellung davon, was Schönheit am Menschen, an Bildern, an Häusern, an Stühlen, an Tieren, in Städten, kurz gesagt an allem, von dem wir wissen, dass es einen Nutzen hat, hängt im Wesentlichen davon ab, was wir glauben." dass Menschen, Bilder und der Rest sein und tun sollten.

2. „Jedes Ufer, jeder Feldweg, jeder Busch, jeder Baum, der Himmel bei Tag und bei Nacht, jeder Aspekt der Natur ist voller schöner Formen oder Farben oder von beidem für diejenigen, deren Augen, Herzen und Gehirne sie haben." geöffnet, um Schönheit wahrzunehmen. Richter hat irgendwo gesagt, dass der *größte Fehler* des Menschen darin besteht, dass er so viele *kleine* Glückseligkeiten hat. Mit der gleichen Wahrheit kann man sagen, dass das größte Glück, das der Mensch haben kann, darin besteht, viele kleine Glückseligkeiten zu haben, und deshalb Eine starke Liebe zur Schönheit, die es uns ermöglicht, fast jeden Quadratzentimeter unberührter Natur angenehme Eindrücke zu vermitteln, ist einer der besten Besitztümer, die wir haben können.

3. „Jedem, der das Leben genau beobachtet, muss klar sein, dass kaum jemand zu den Gegenständen gelangt, für die alle leben sollten, der nicht danach strebt, sie zu erreichen, und dass derzeit nicht einer von hundert Menschen auch nur im Geringsten weiß, was die Gegenstände sind." Es ist daher erstaunlich, dass es in einem Land, das über eine etablierte Kirche, reich ausgestattete Universitäten und sogar mehrere Pädagogikprofessoren verfügt, kein Buch gibt, das in die Hände jedes intelligenten Jugendlichen gelegt werden kann von jedem intelligenten Vater und jeder intelligenten Mutter und zeigt, was unsere weisesten und besten Männer für die besten Dinge halten, die man im Leben tun kann, und welche Art von Ausbildung

es am einfachsten macht, diese Dinge zu tun. Es wird oft gesagt, dass jeder von ihnen Wir können nur von seiner eigenen Erfahrung profitieren, aber niemand glaubt das. Niemand kann sehen, wie viele wohlmeinende Menschen Mittel mit Zwecken verwechseln und in Fehler und Sünde abdriften, einfach weil weder sie noch ihre Eltern wussten, welchen Kurs sie einschlagen sollten und welche Ausrüstung auf der Reise des Lebens benötigt wird – niemand kann dies sehen und daran zweifeln, dass ein „Leitfaden zum Leben", der die Ergebnisse des Vergleichs der Erfahrungen von sogar einem halben Dutzend fähiger und aufrichtiger Männer enthält, würde unzählige Menschen davor bewahren, ihr Leben zu verschwenden, da die meisten Leben jetzt verschwendet werden.

4. „Was in Bezug auf die Musik wahr ist, gilt auch in Bezug auf die Schönheit von Form und Farbe. Denn vielen erwachsenen Menschen gelingt es trotz großer Anstrengungen nicht, richtig zu singen oder überhaupt etwas Angenehmes darin wahrzunehmen." Früher ging man gemeinhin davon aus, dass sehr viele Menschen ohne die Fähigkeit geboren werden, Liebe zur Musik zu entwickeln und sich mit ihr nicht auskennen zu können. Heute weiß man, dass es sich dabei um eine Frage der Früherziehung handelt, und dass es auf tausend Kinder sehr viele gibt Nur wenige – im Durchschnitt glaube ich nicht mehr als zwei oder drei – können nicht die Fähigkeit erlangen, richtig zu singen und Freude an der Musik zu haben, wenn sie in der Kindheit gut erzogen werden, während ihr Nervensystem noch leicht Gewohnheiten entwickeln kann und hat Ich habe mir noch nicht angewöhnt, gegenüber Klangunterschieden unempfindlich zu sein.

„Es gibt allen Grund zu der Annahme, dass die Empfänglichkeit für die Schönheit von Form und Farbe bei fast jedem auch durch entsprechende Schulung im Kindesalter erworben werden kann.

5. „Unter solchen Umständen wie den unseren gibt es keine , *weise* Passivität'." Wenn wir eine hohe Moral oder eine starke Liebe zur Schönheit erreichen wollen, muss dies das Ergebnis intensiver Anstrengung und eines starken Willens sein.

6. „Das Prinzip, auf das ich mich beziehe, ist, dass Kunst das Geben einer richtigen oder schönen Form oder eines schönen oder richtigen Aussehens ist, wenn wir Menschen dazu bringen wollen, sich für Kunst zu interessieren, wenn wir wollen, dass sie das Gute lieben." Kunst müssen wir ihnen zeigen, wenn sie auf Dinge angewendet wird, die für sie selbst sehr interessant sind und auf deren Richtigkeit das Aussehen ihnen deshalb möglicherweise sehr am Herzen liegt.

7. „Es ist gelungen, den Einfluss der Kunst auf die Massen der Bevölkerung in Großstädten oder auf jede Gruppe von Menschen auszuüben, die ihr Brot

verdienen müssen und keine Zeit haben, einen ungesunden Appetit auf unsinnige Verse oder unsinnige Bilder zu entwickeln." wird sicherlich nur von Personen erreicht werden, die wissen, dass Kunst genau im Verhältnis zur Bedeutung dessen, was sie kleidet, wichtig ist, und die selbst die Richtigkeit des Aussehens der Körper, der Häuser und der Handlungen, kurz gesagt des Ganzen, spüren Das Leben der Bevölkerung jener Großstädte, die jetzt „England" heißen oder bald „England" zu sein drohen, ist von weitaus größerer Bedeutung als die Korrektheit des äußeren Erscheinungsbildes in all dem, was man gewöhnlich „Kunst" nennt und von dem man überhaupt spricht Nur die schönen Künste, die Korrektheit des Aussehens in Bildern edler Taten und Leidenschaften und wunderschöner Landschaften, deren Liebe fast eine Voraussetzung für die geistige Gesundheit ist, sind von weitaus größerer Bedeutung, als die Kunst in Dingen sein kann, die das menschliche Denken nicht tief beeinflussen können und Gefühl." – ED.

ANMERKUNGEN ZUR NATURWISSENSCHAFT.

DIE FARBE DES RHEINS. 1834.
DIE SICHTEN DES MONT BLANC. 1834. DIE VERHÄRTUNG
DES SANDSTEINS. 1836. DIE TEMPERATUR DES
FRÜHLINGS- UND FLUSSWASSERS. 1836. METEOROLOGIE.
1839.

BAUMZWEIGE. 1861.
GESCHICHTETE ALPEN VON SAVOY. 1863.

UNTERSUCHUNGEN ZU DEN URSACHEN DER FARBE DES RHEINWASSERS. [24]

269. Ich glaube nicht, dass die Ursachen für die Farbe von transparentem Wasser ausreichend geklärt sind. Ich meine nicht die Wirkung einer Farbe, die lediglich optischer Natur ist, wie die Farbe des Meeres, die durch den Himmel darüber oder den Zustand der Atmosphäre reguliert wird, sondern ich meine die feste Farbe von transparentem Wasser, die bei der Analyse rein gefunden worden. Nun wird Kupfer das Wasser grün färben, und zwar sehr stark; aber so imprägniertes Wasser ist nicht durchsichtig und lagert das darin gelöste Kupfer auf jedem Stück Eisen ab, das hineingeworfen wird. In einer Schlucht an der Nordwestflanke von Snowdon gibt es einen See, der von einem Bach gespeist wird, der zuvor über mehrere Kupferadern floss; Dieser See ist natürlich von leuchtendem Grünspan, aber er ist nicht durchsichtig. Nun ist die Farbwirkung, von der ich spreche, im Wasser der Rhone und des Rheins gut zu sehen. Der erstere dieser Flüsse ist, wenn er in den Genfersee mündet, nachdem er die von den Walliser Bergen herabströmenden Ströme aufgenommen hat, mit Schlamm verunreinigt oder weiß von der kalkhaltigen Substanz, die er in Lösung hält. Nachdem es sich im Genfer See abgelagert hat (wodurch sich nach und nach ein riesiges Delta bildet), entweicht es völlig rein aus dem See und fließt so durchsichtig durch die Straßen von Genf, dass man den Boden zwanzig Fuß unter der Oberfläche als Strahl sehen kann so blau, dass man es für eine Lösung aus Indigo halten könnte. Ebenso fließt der Rhein, nachdem er sich im Bodensee gereinigt hat, klargrün hervor, und dies unter allen Umständen und bei jedem Wetter. Es wird manchmal gesagt, dass dies auf die Wildbäche zurückzuführen sei, die diese Flüsse versorgen, die im Allgemeinen von den Gletschern fließen, deren grüne und blaue Farbe möglicherweise Anlass zu dieser Meinung gegeben hat; Die Farbe des Eises ist jedoch rein optischer Natur, da die von der Masse gelösten Bruchstücke weiß erscheinen. Vielleicht kann mir ein Korrespondent Informationen zu diesem Thema geben.

JR [26]

März 1834 .

FUSSNOTEN:

[24] Aus London's *Magazine of Natural History* (London, Longmans & Co., 1834), Bd. vii., Nr. 41, S. 438–439, der früheste Beitrag des Autors zur Literatur. – ED.

[25] Dieser See ist jedoch, wenn der Dichter wahrhaftig gesprochen hat, nicht sehr fruchtbar:

„Der Genfersee bezaubert mich mit seinem kristallenen Gesicht,
dem Spiegel, in den die Sterne und Berge blicken, der Stille ihres Aspekts in jeder Spur, seiner klaren Tiefe, die ihre weite Höhe und ihren Farbton offenbart."

BYRON.

[26] In der Nummer der Zeitschrift, in der diese Notiz erschien, befand sich ein Artikel von „EL" über die Perforation eines Bleirohrs durch Ratten, worauf JR bemerkt wie folgt: „ES hat sicherlich zu wenig auf die Proportionen geachtet: Es gibt eine Inkonsistenz in den Abmessungen eines Bleirohrs mit etwa 1¼ Zoll Außendurchmesser und einer Bohrung von etwa ¾ Zoll Durchmesser; es bleibt also ein Feststoff übrig." Umfang des Metalls mit einer Dicke von ½ Zoll bis ¾ Zoll. – JR , *Sept. 1834.* „– ED.

Fakten und Überlegungen zu den Schichten des Mont Blanc und zu einigen in der Schweiz zu beobachtenden verdrehten Schichten. [27]

270. Die Granitketten des Mont Blanc sind für den Geologen ebenso interessant wie für den Maler. Der Granit ist dunkelrot und enthält oft Adern aus kristallisiertem und kompaktem Quarz sowie gut geformte Schörlkristalle. Die durchschnittliche Höhe seiner Gipfelkette, die sich vom Mont Blanc bis zum Tète Noire erstreckt, liegt etwa 12.000 englische Fuß über dem Meeresspiegel. [Der höchste Gipfel ist 15.744 Fuß hoch.] Die Aiguille de Servoz und die von Dru sind hervorragende Beispiele für die Pyramiden- und Atemwegsformation, die diese Granitketten im Allgemeinen annehmen. Sie erheben sich aus riesigen Schneefeldern, aber da sie selbst zu steil sind, als dass Schnee darauf ruhen könnte, bilden sie rote, kahle und unzugängliche Gipfel, die selbst die Gämse kaum zu erklimmen wagt. Ihre Basen scheinen manchmal (wenn ich so sagen darf) an Glimmerschiefer anzugrenzen, der die Südostseite des Tals von Chamonix bildet, dessen Flanken, wenn sie durchschnitten werden, (in *Abb.* 72) wie *ein* Granit erscheinen könnten, der sich auf dem Tal bildet auf der einen Seite (B) der Mont Blanc, auf der anderen (C) der Mont Breven; *b*, Glimmerschiefer, der auf dem Fuß des Mont Blanc ruht und Amianthus und Quarz enthält, in dem Kapillarkristalle aus Titan vorkommen; *c*, kalkhaltiges Gestein; *d*, Schwemmland, das das Tal von Chamonix bildet. Ich hätte erwähnen sollen, dass der Granit offenbar eine kleine Menge Gold enthält, da dieses Metall zwischen den Granittrümmern und dem kieselsäurehaltigen Sand des Flusses Arve zu finden ist [Bakewell, *i*. 375]; und ich habe zwei oder drei Exemplare, in denen Chlorit (sowohl kompakt als auch in winzigen Kristallen) die Stelle von Glimmer einnimmt.

JR

März 1834.

Zu diesem Artikel wurden einige Beobachtungen von Rev. WB Clarke abgedruckt, woraufhin (S. 648) die folgende Anmerkung von JR erscheint

271. „ VERDREHTE SCHICHTEN. – Die Verzerrungen des Kalksteins am Fall des Nant d'Arpenaz, auf der Straße von Genf nach Chamonix, sind einigermaßen bemerkenswert. Das Gestein ist ein harter dunkelbrauner Kalkstein, der Teil einer Reihe sekundärer Schichten ist Klippen, die sich zwischen 500 und 1000 Fuß über die Engstelle erheben, an die sie grenzen. Die Basis selbst ist etwa 800 Fuß hoch. Die Schichten biegen sich sehr regelmäßig, außer bei *e* und *f*, [28] wo sie gebrochen zu sein scheinen.

Auf welche Eigenschaften in der Natur ist es zurückzuführen, dass die Steine in Gebäuden, die ursprünglich aus den zerbrechlichsten Materialien bestanden, nach und nach durch die Einwirkung der Atmosphäre und durch das Alter hart werden und in manchen Fällen auch den Abnutzungserscheinungen von Zeit und Wetter standhalten Instanzen viel besser, als die härtesten und kompaktesten Kalksteine und Granite? [29]

272. Zusätzlich zu der von Herrn Hunter [30] erwähnten Tatsache in Bezug auf die Verhärtung von weichem Sandstein möchte ich ein hervorragendes Beispiel für den gleichen Effekt in der Kathedrale von Basel in der Schweiz anführen. Die Kathedrale ist vollständig aus weichem, grobkörnigem Sandstein gebaut, der so tiefrot ist, dass er an langgebrannte Ziegel erinnert. Die zahlreichen und feinen Verzierungen und das feine Maßwerk an der Außenseite sind in einem ausgezeichneten Erhaltungszustand und zeigen nichts von dem modrigen Aussehen, das bei alten Kathedralen üblich ist, die aus Stein gebaut sind, der beim Abbau viel härter war als dieser Sandstein. Der Bodenbelag im Innenraum besteht aus dem gleichen Material; und da es sich bei fast jeder Platte um ein Grab handelt, ist sie mit den Armen, Namen und oft Flachreliefstatuen derer, die darunter liegen, beladen, die zart in das weiche Material eingearbeitet sind. Doch obwohl diese Skulpturen seit Jahrhunderten von den Füßen vieler Menschen getragen werden, sind sie kaum beschädigt; Sie stechen noch immer in kräftigem und deutlichem Relief hervor: Kein unleserlicher Buchstabe, kein unauffindbares Ornament ist zu finden; und es wird gesagt, und ich glaube mit Wahrheit, dass sie jetzt so hart geworden sind, dass sie durch den ständigen Tritt von Tausenden nicht im geringsten noch weiter abgenutzt werden; und dass der Stein umso härter wird, je länger er der Luft ausgesetzt ist. Die Kathedrale wurde 1019 erbaut.

273. Die Ursachen für die verschiedenen Wirkungen der Luft auf Stein müssen zahlreich und ihre Untersuchung äußerst schwierig sein. Was erstens die Gesteinsmassen betrifft , so wird meiner Meinung nach die Wirkung der Luft, wenn ihre Struktur kristallin oder ihre Zusammensetzung tonhaltig ist, normalerweise schädlich sein. So dringt bei Granit, der eine Art parallelogrammartiger Spaltung aufweist, Wasser in die Spalten ein, und das Ergebnis ist bei starkem Frost ein *massenhafter* Zerfall der Gesteine ; und wenn der Feldspat in der Zusammensetzung des Granits vorherrscht, wird er einer schnellen Zersetzung unterliegen. Die Morvine einiger Gletscher von Chamouni und Allée Blanche besteht aus weißem Granit, der hauptsächlich aus Quarz und Feldspat mit etwas Chlorit besteht. Der Sand und Kies am Rande dieser Gletscher scheint weitaus eher das Ergebnis von Zersetzung als von Abnutzung zu sein. Alle feinblättrigen Steine, Schieferplatten usw. können durch Frost oder nasses Wetter beschädigt werden. Die Straße des

Simplon auf der italienischen Seite ist an einigen Stellen bei oder nach nassem Wetter gefährlich, da ständig Schieferfelsen von den überhängenden Bergen darüber fallen. Dabei handelt es sich jedoch lediglich um Zerfall, nicht um Zersetzung. Nicht so bei den Brekzien der Zentralschweiz. Der Felsen von Righi besteht aus Kieselsteinen verschiedener Art, die durch eine rote tonige Glut verbunden sind. Wenn dieser Stein nicht der Luft ausgesetzt war, ist er sehr hart: Sie können die Kieselsteine fast genauso leicht zerbrechen, wie sie aus ihrer Matrix lösen; Aber wenn es einige Jahre lang Wind und Wetter ausgesetzt ist, wird die Matrix weich und die Kieselsteine können sich leicht lösen. Ich war beeindruckt vom Unterschied zwischen diesem Gestein und einer Brekzie in Epinal in Frankreich, wo die Matrix ein roter Sandstein war, wie der der Kathedrale von Basel. Obwohl der Fels den Anschein erweckte, als wäre er schon lange der Luft ausgesetzt gewesen, war er doch so hart wie Eisen; und es war völlig unmöglich, einen der Kieselsteine vom Bett zu lösen; es war sogar schwierig, den Stein überhaupt zu zerbrechen. Ich kann nicht mit Sicherheit sagen, dass das Gluten in diesen Sandsteinen kalkhaltig ist, aber ich vermute, dass es so war. Soweit ich mich erinnere, scheint kompaktes Kalkgestein keinen Witterungseinflüssen ausgesetzt zu sein. Viele Kirchen in Italien und fast die gesamten Städte Venedig und Genua sind aus sehr feinem Marmor gebaut; und die Perfektion der zarten Schnitzereien ist, wie alt sie auch sein mögen, äußerst bemerkenswert. Ich erinnere mich an eine Kirche in der Nähe von Pavia, die mit dem feinsten und teuersten Marmor bedeckt war; Eine Reihe wunderschön geformter Medaillons rund um den Sockel waren zwar alt, aber in ihrer Ausführung so deutlich und fein, als kämen sie gerade erst aus dem Atelier des Bildhauers. Wenn daher das Gluten des Sandsteins entweder kalkhaltig oder kieselsäurehaltig ist, wird es auf natürliche Weise die oben erwähnte Wirkung hervorrufen, obwohl es sicherlich seltsam ist, dass der Stein beim ersten Abbau weich sein sollte. Sandstein ist ein Gestein, in dessen Schichten man selten viele Risse oder Spalten sieht: Sie sind im Allgemeinen durchgehend und fest. Nun kann es sein, dass in der Masse ein gewisser Grad an Dichte vorhanden ist, der nicht erhöht werden könnte, ohne Risse zu erzeugen, die, wie im Granit, durch ihn verlaufen: Man kann annehmen, dass die Teilchen in einem gewissen Grad an Spannung gehalten werden, und das kann auch der Fall sein eine Tendenz zu dem, was die Franzosen „*Assaissement*" *nennen* (ich kenne den englischen Begriff nicht), dem sich jedoch der Stein *en masse widersetzt* ; und eine Menge Wasser kann ebenfalls nicht in einem Zustand chemischer Verbindung, sondern in einem Zustand enger Mischung mit dem Gestein gehalten werden. Beim Brechen oder Abbauen kann es zu einer *Zerkleinerung* kommen, die Steinpartikel können näher zusammenrücken, die Anziehungskraft wird stärker; und wenn es der Luft ausgesetzt wird, wird das Wasser, wie innig es auch sein mag, im Laufe der Jahre ausgetrieben, was die Verfestigung der kalkhaltigen Teilchen und die Annäherung der kieselhaltigen Teilchen und eine daraus folgende allmähliche Verhärtung verursacht des gesamten Steinkörpers. Ich vertrete diese Annahme mit aller Zurückhaltung; Es kann viele andere Ursachen geben, die erst durch entsprechende Experimente ermittelt werden können. Es wäre interessant, die relative Härte verschiedener Sandsteinproben zu ermitteln, die aus verschiedenen Tiefen eines Bettes entnommen wurden, dessen Oberfläche der Luft ausgesetzt war, sowie von Proben, die der Luft unterschiedlich lange ausgesetzt waren.

JR

HERNE HILL , *25. Juli 1836.*

FUSSNOTEN:

[27] London's *Magazine of Natural History* , Bd. vii., S. 644-5. Die Notiz wurde durch Stiche aus zwei Skizzen des Autors der Aiguille de Servoz und der Aiguille Dru sowie durch ein Diagramm zur Erläuterung des vorletzten Satzes illustriert. – Ed .

[28] „Eine kleine saubere Kopie einer sorgfältig an Ort und Stelle angefertigten Skizze", die nach Angaben des Herausgebers der Zeitschrift dieser Mitteilung beilag, wurde jedoch nicht veröffentlicht. Sehen Sie sich die Zeitschrift an . – ED.

[29] Loudon's *Magazine of Natural History* , Bd. ix., Nr. 65, S. 488-90. – ED.

[30] Die hier diskutierte Frage wurde ursprünglich in der Zeitschrift (Bd. ix., S. 379-80) von Herrn W. Perceval Hunter unter Bezugnahme auf den Zustand von Bodiam Castle in Sussex gestellt. – Ed .

Beobachtungen zu den Ursachen, die zu den Temperaturschwankungen zwischen Quell- und Flusswasser führen. – VON JR [31]

274. Der Temperaturunterschied zwischen Fluss- und Quellwasser, der Anlass zur Frage Ihres Korrespondenten Indigena (S. 491) gibt, [32] kann das Ergebnis vieler Ursachen sein, deren wichtigste jedoch zweifellos ist: die innere Wärme der Erde. Es ist eine wohlbekannte Tatsache, dass diese Wärme in einem beträchtlichen Verhältnis zunimmt, wenn wir abtauchen, und einen Unterschied von mehreren Grad zwischen der Temperatur der Erde an ihrer Oberfläche und in Tiefen von 500 oder 600 Fuß ausmacht; Dadurch wird natürlich die Temperatur aller Quellen erhöht, die auch nur in mäßigen Tiefen entspringen, und sie werden vollständig vor den Auswirkungen des Frosts geschützt, der bekanntlich nicht tiefer als 3 bis 4 Fuß in die Erde eindringen kann.

275. Für die starke Wirkung dieser inneren Hitze lassen sich viele Beispiele anführen. Die Gletscher der Alpen zum Beispiel bedecken häufig eine Ausdehnung von drei bis vier Quadratmeilen mit einer Eismasse von 400, 500 oder sogar 600 Fuß Tiefe und verhindern so den Zutritt der äußeren Wärme zum Boden völlig; Dennoch ist die Wärmestrahlung des Bodens selbst so stark, dass sie das Eis sehr schnell auflöst und unter dem Eis Ströme von nicht unerheblicher Größe entstehen lässt, deren Temperatur im Sommer, soweit man feststellen kann, meiner Meinung nach bei nicht viele Grad unter dem von Bächen, die der Luft ausgesetzt sind; und die Wärmestrahlung des Wassers dieser Bäche bildet Gewölbe unter dem Eis, die häufig 40 Fuß oder 50 Fuß über dem Wasser liegen; und die, wie ein Blick zeigt, nicht durch die Kraft des Baches geformt werden, der sich nur eine für seinen Durchgang ausreichende Höhle zerreißen würde, sondern durch die Hitze, die von ihm ausstrahlt und dem Bogen seine immense Höhe verleiht schöne regelmäßige Form.

Diese Bäche fließen sowohl im Winter als auch im Sommer weiter, wenn auch in geringerer Menge; und es ist dieser Prozess, der hauptsächlich verhindert, dass der Gletscher an Größe zunimmt; denn das Schmelzen an der Oberfläche ist im Vergleich dazu selbst im Sommer sehr unbedeutend, da der Wind kalt ist, die Sonne wenig Kraft hat und es in der Nacht häufig zu leichtem Frost kommt. Es ist auch dieses Schmelzen unter dem Eis (subglazial, nehmen wir an, wir nennen es), das das Eis vom Boden löst und die ständige Abwärtsbewegung verursacht oder vielmehr zulässt, mit der es verbunden ist

„Die kalte und unruhige Masse des Gletschers
bewegt sich Tag für Tag weiter."

276. Eindringlichere und eindrucksvollere Beweise liefern jedoch
Experimente, die in Minen großer Tiefe durchgeführt wurden. Zwischen 60
Fuß und 80 Fuß Tiefe ist die Temperatur der Erde meines Erachtens zu jeder
Zeit und an allen Orten gleich; und unterhalb dieser Tiefe nimmt sie
allmählich zu. In der Nähe von Bex im Wallis gibt es einen senkrechten
Schacht mit einer Tiefe von 677 Fuß oder etwa 732 Fuß Englisch, mit Wasser
am Boden, dessen Temperatur von Saussure ermittelt wurde. Er sagt uns
nicht, ob er das Réaumur-Thermometer oder das Zentesimalthermometer
benutzte; aber das Ergebnis seines Experiments war folgendes: – In einem
seitlichen Stollen, der mit dem Hauptschacht verbunden, aber menschenleer
und deshalb unbeeinflusst von Atem oder der Hitze von Lampen war, in 321
Fuß 10 Zoll unter der Oberfläche die Temperatur Der Winkel des Wassers
und der Luft war genau gleich, $11\frac{1}{2}°$; oder, wenn das
Zentesimalthermometer verwendet wurde, 52 $\frac{4}{5}$ Fahren.; wenn Ré aumur 's,
57 $\frac{7}{8}$ Fahr.

277. In einer anderen Galerie, 564 Fuß unter der Oberfläche, hatten Wasser
und Luft ebenfalls die gleiche Temperatur, $12\frac{1}{2}°$, entweder 54 $\frac{4}{5}$ oder 6O $\frac{1}{4}$
Fahr. Das Wasser am Grund, 677 Fuß, betrug 14 $°$, 57 $\frac{1}{2}$ oder 63 $\frac{1}{4}$ Fahr.
Das Verhältnis, in dem die Hitze zunimmt, nahm daher mit dem Abstieg zu,
da ein Unterschied von 113 Fuß zwischen der Tiefe des Schachtbodens und
der untersten Galerie einen größeren Temperaturunterschied ausmacht als
der Unterschied von 243 Fuß zwischen der untersten und der untersten
Galerie obere Galerie. Diese Hitze ist umso auffälliger, wenn man bedenkt,
dass das Wasser mit Salz imprägniert ist; Tatsächlich scheint Saussure geneigt
zu sein, es für einen Zufall zu halten, der möglicherweise durch die
Verbrennung von Pyrit oder andere Ursachen im Inneren des Berges
verursacht wurde („Voyages dans les Alpes", Bd. IV., ca. 50). Alle
Experimente dieser Art sind in der Tat anfällig für Fehler aufgrund des
häufigen Auftretens warmer Quellen und anderer zufälliger Ursachen des
Temperaturanstiegs. Das Wasser am Grund tiefer Seen ist immer mehrere
Grad kälter als die Atmosphäre, selbst wenn das Wasser an der Oberfläche
wärmer ist. Dies kann jedoch durch den Unterschied im spezifischen
Gewicht des Wassers bei verschiedenen Temperaturen erklärt werden; und
da die Hitze der Sonne und der Atmosphäre im Sommer größer ist als die
mittlere Hitze der Erde in mäßigen Tiefen, muss das Wasser am Boden,
selbst wenn es die gleiche Hitze wie die Erde annimmt, kälter sein als das
Wasser am Boden Oberfläche, die durch die Sonneneinstrahlung häufig
wärmer wird als die Luft. Die gleichen Ursachen wirken sich auf die
Temperatur des Meeres aus; und die größere Sättigung des Wassers unten
mit Salz macht es noch anfälliger für Kälte. Unterströmungen von den Polen

und das Absinken des Wassers mit niedriger Temperatur, das durch das Abschmelzen der Eisberge entsteht, die in wärmere Breiten schwimmen, tragen noch weiter dazu bei, die Temperatur der Tiefsee zu senken. Wenn man also feststellt, dass die Temperatur des Meeres in großen Tiefen nicht viele Grad niedriger ist als die an der Oberfläche, wäre das ein schlagender Beweis für die Wirkung, die die Hitze der Erde hervorruft; aber mir sind die Ergebnisse der Experimente, die zu diesem Thema durchgeführt wurden, nicht bekannt.

278. Wir müssen uns also mit der wohlbekannten Tatsache zufrieden geben, dass die Temperatur der Erde, selbst in Tiefen von einigen Fuß, in gemäßigten Breiten niemals bis zum Gefrierpunkt sinkt; und dass er in einer Tiefe von 60 Fuß immer derselbe ist, im Winter viel höher, im Sommer erheblich niedriger als der der Atmosphäre. Quellwasser, das in beträchtlicher Tiefe entspringt, wird also, wenn es zum ersten Mal aufsteigt, diese mittlere Temperatur haben; während es, nachdem es über eine gewisse Distanz geflossen ist, die Temperatur der Atmosphäre annimmt oder im Sommer sogar noch wärmer wird, und zwar aufgrund der Einwirkung der Sonne, sowohl direkt als auch reflektiert oder abgestrahlt von seinem Boden. Neben dieser gleichmäßigen Temperatur im Wasser selbst wird in der Regel Quell- oder Brunnenwasser abgedeckt; und selbst wenn der Brunnen sehr tief ist, gefriert das Wasser nicht, zumindest nicht sehr leicht; Denn der Frost wirkt nicht mit seiner vollen Kraft, außer bei freier Luftzirkulation. In offenen Teichen, wo Sträucher über dem Wasser hängen, ist das Eis schwach. Die Annahme von Indigena, dass sich im Flusswasser Erdpartikel befinden, die es anfälliger für Kälte machen als Quellwasser, kann nicht wahr sein; denn dann wären die relativen Temperaturen im Winter und im Sommer gleich, was nicht der Fall ist; und außerdem gibt es in Mineralquellen oder sogar gewöhnlichen Landquellen häufig mehr erdige Partikel als in klarem Flusswasser, vorausgesetzt, es wurde nicht durch Fremdstoffe verunreinigt; denn es hat die Tendenz, die Erdteilchen, die es in der Schwebe hält, abzulagern.

279. Es ist auch offensichtlich, dass die Annahme von Mr. Carr (Bd. v., S. 395) in Bezug auf Ankerfröste, dass die Steine am Boden einen größeren Kältegrad annehmen, oder, um genauer zu sagen, Dass mehr Wärme verloren geht als das Wasser, ist falsch. JG hat die Gründe auf S. 770; und die Gletscher der Schweiz bieten uns ein Beispiel. Wenn ein Stein auf einem Gletscher von beträchtlicher Größe, aber nicht größer als 1 Fuß oder 18 Zoll im Durchmesser, abgelagert wird, wird er von der Hitze der Sonne durchdrungen, schmilzt das darunter liegende Eis und versinkt im Gletscher. Aber diese Wirkung hört nicht auf, wie man annehmen könnte, wenn der Stein unter dem Wasser versinkt, das er gebildet hat; im Gegenteil, er nimmt weiterhin die Wärme der Sonnenstrahlen auf, hält durch seine Strahlung das

Wasser über ihm flüssig und sinkt tiefer in den Gletscherkörper, bis er außerhalb der Reichweite der Sonnenstrahlen liegt. wenn das Wasser des Brunnens, den er gebildet hat, nicht mehr flüssig gehalten wird und der Stein im Eis begraben bleibt. Im Sommer hingegen wird das Wasser flüssig gehalten; und auf diese Weise gebildete kreisförmige Brunnen kommen häufig auf den Gletschern vor, manchmal sind sie morgens von einer dünnen Eiskruste bedeckt.

Daher müssen die Steine am Grund von Bächen dazu neigen, diese Temperatur eher zu erhöhen als zu senken. Ist es möglich, dass sich bei der Bewegung eines Baches an seinem Grund, wenn auch heftige, vorübergehende und winzige Vakua bilden, die dazu neigen, die Intensität der Kälte zu erhöhen?

HERNE HILL , *2. September 1836.*

FUSSNOTEN:

[31] London's *Magazine of Natural History* , Bd. ix., S. 533-536. – ED.

[32] Die Anfrage lautete wie folgt:

Eine Untersuchung zur Ursache des Temperaturunterschieds zwischen Flusswasser und Quellwasser im Sommer und Winter. —Im Sommer ist das Flusswasser viel wärmer als das einer Quelle; bei starkem Winterfrost ist es kälter; und wenn der Bach mit Eis bedeckt ist, bleibt die Quelle, also das Brunnen- oder Pumpenwasser, von Frost verschont. Ist dieser Unterschied darauf zurückzuführen, dass die Oberfläche des Flusswassers im Sommer dem direkten Einfluss der Sonne und im Winter dem Frost ausgesetzt ist? während das Brunnenwasser, da es abgedeckt ist, vor ihrer Macht geschützt ist? Oder ist Flusswasser aufgrund der darin enthaltenen Erdpartikel anfälliger für Hitze und Kälte? – *Indigena* . *19. April 1836.* – ED.

280. Der Vergleich und die Einschätzung der relativen Vorteile verschiedener Wissenschaftsbereiche ist eine Aufgabe, die immer teilweise ausgeführt wird, weil sie niemals unvoreingenommen in Angriff genommen wird; Denn da es nur die genaue Kenntnis einer Wissenschaft ist, die es uns ermöglichen kann, ihre Schönheit darzustellen oder ihren Nutzen abzuschätzen, werden die Wissenszweige, mit denen wir am besten vertraut sind, immer als die wichtigsten erscheinen. Der Versuch, über die relative *Schönheit* oder *das Interesse* der Wissenschaften zu urteilen, ist daher völlig aussichtslos. Lassen Sie den Astronomen sich der Großartigkeit seiner Spekulationen rühmen, den Mathematiker der Unveränderlichkeit seiner Tatsachen, den Chemiker der Unendlichkeit seiner Kombinationen, und wir werden zugeben, dass sie alle den gleichen Grund für ihre Begeisterung haben. Der höchste Maßstab der Wertschätzung ist jedoch der des Nutzens. Der weitaus größere Teil der Menschheit, die Uninformierten, die nicht in der Lage sind, die Schönheit der Wissenschaften zu erkennen, deren Nutzen sie erleben, sind die wahren, gerechten und einzigen Richter über ihre relative Bedeutung. Sie sind es, die spüren, was unparteiische Gelehrte wissen: dass die Masse des Allgemeinwissens eine vollkommene und schöne Körperschaft ist, unter deren Mitgliedern es keine Spaltung geben sollte und deren Wohlstand immer dann am größten sein muss, wenn keiner nur teilweise und keiner übermäßig verfolgt wird abgelehnt. Wir erheben daher keine stolzen und ungerechtfertigten Ansprüche auf die Überlegenheit des Wissenschaftszweigs, zu dessen Förderung diese Gesellschaft über alle anderen gegründet wurde; Aber wir treten eifrig hervor, um die Apathie zu verurteilen, mit der sie seit langem betrachtet wird, um die Vorurteile zu zerstreuen, die diese Apathie allein hätte hervorrufen können, und um ihren Anspruch auf eine ehrenvolle und gleichberechtigte Position unter den stolzen Thronen ihrer Schwesterwissenschaften zu rechtfertigen. Wir stellen die Meteorologie nicht als eine Tätigkeit dar, die der Beschäftigung mit langweiliger Freizeit oder dem Vergnügen einer unvorsichtigen Stunde dient. Derartige Qualifikationen sind kein Anreiz für Wissenschaftler und Gelehrte, sich danach zu richten, und nur ihnen widmen wir uns jetzt. Wir fördern sie auch nicht aufgrund ihres Interesses oder ihrer Schönheit, obwohl es sich um eine Wissenschaft handelt, die beides in keinem gewöhnlichen Maße besitzt. Was seine Schönheit betrifft, kann man anmerken, dass es nicht darauf ausgelegt ist, den Geist, den es stärkt, zu verhärten und ihn an das Messen von Größen und das Schätzen von Mengen zu binden, wodurch alle höheren Gefühle, alle feineren Sensibilitäten zerstört werden: Es ist nicht zu lernen zwischen den gasförmigen Ausdünstungen des tödlichen Labors; es hat keinen Wohnsitz in den kalten Höhlen der dunklen Erde; es darf nicht in den Leichenhäusern der Schöpfung weiterverfolgt werden. Aber es ist eine

Wissenschaft der reinen Luft und des hellen Himmels; seine Gedanken sind inmitten der Schönheit der Schöpfung; es führt sowohl den Geist als auch das Auge zum Morgennebel, zur Mittagspracht und zur Dämmerungswolke, zum purpurnen Frieden des Berghimmels, zur wolkigen Ruhe des grünen Tals; bald im Schweigen des sturmlosen Äthers, bald im Rauschen der Flügel des Windes. Es ist in der Tat ein Wissen, das in seinem Wesen als erfüllt von der Seele des Schönen empfunden werden muss. Denn sein Interesse ist universell, unvermindert an jedem Ort und zu jeder Zeit. Er, dessen Königreich der Himmel ist, kann niemals auf einen uninteressanten Raum treffen, kann niemals die Phänomene einer Stunde erschöpfen; er befindet sich in einem Bereich des ständigen Wandels, der ewigen Bewegung, des unendlichen Mysteriums. Licht und Dunkelheit sowie Kälte und Hitze sind für ihn Freunde mit vertrautem Gesicht, aber unendlich vielfältigen Gesprächen; und während sich der Geologe nach dem Berg, der Botaniker nach dem Feld und der Mathematiker nach dem Studium sehnt, freut sich der Meteorologe wie ein Geist höherer Ordnung als jeder andere über die Königreiche der Luft.

281. Aber wie wir bereits sagten, empfehlen wir das Studium der Meteorologie weder wegen ihres Interesses noch wegen ihrer Schönheit. Dabei handelt es sich um Fragen von höchster praktischer Bedeutung, deren Lösung denjenigen Klassen den größten Nutzen bringen wird, die die Spekulationen, aus denen diese Vorteile abgeleitet werden, am wenigsten verstehen können. Zeiten und Jahreszeiten und Klimazonen, Windstille und Stürme, Wolken und Winde, deren Wechsel dem unerfahrenen Geist als die verworrenen Folgen unregelmäßiger, unbestimmter und zufälliger Ursachen erscheinen, ordnen sich vor dem Meteorologen in schöner Abfolge ungestörter Ordnung, in direkter Ableitung von Bestimmtem Ursachen; Es ist an ihm, den Weg des Sturms rund um den Globus zu verfolgen, den Ort aufzuzeigen, an dem er entstand, die Zeit seines Niedergangs vorherzusagen, die Stunden rund um die Erde zu verfolgen, während sie „unter ihrer Pyramide der Nacht rotiert". „die Pulsationen des Ozeans zu spüren, den Verlauf seiner Strömungen und seine Veränderungen zu verfolgen, die Kraft, Richtung und Dauer geheimnisvoller und unsichtbarer Einflüsse zu messen und der Saat- und Erntezeit, der Kälte und der Hitze konstante und regelmäßige Zeiträume zuzuordnen.", Sommer und Winter, Tag und Nacht, von denen wir wissen, dass sie nicht aufhören werden, bis das Universum nicht mehr existiert. Man könnte meinen, wir übertreiben die Auswirkungen einer Wissenschaft, die noch in den Kinderschuhen steckt. Aber es muss daran erinnert werden, dass wir nicht von seiner erreichten, sondern von seiner erreichbaren Macht sprechen: Es ist der junge Herkules, zu dessen Förderung die Meteorologische Gesellschaft gegründet wurde.

282. Es gibt einen Punkt, den man nun beachten muss, in dem sich die Wissenschaft der Meteorologie von allen anderen unterscheidet. Ein Galilei oder ein Newton kann durch die alleinige Arbeit seines einsamen Geistes die Geheimnisse des Himmels entdecken und ein neues System der Astronomie schaffen. Ein Davy könnte bei seinen einsamen Meditationen auf den Klippen von Cornwall oder in seinem einsamen Labor die erhabensten Geheimnisse der Natur entdecken und die kompliziertesten Kombinationen ihrer Elemente aufspüren. Aber der Meteorologe ist machtlos, wenn er allein ist; seine Beobachtungen sind nutzlos; denn sie basieren auf einem Punkt, während die Spekulationen, die daraus abgeleitet werden sollen, sich auf den Raum beziehen müssen. Es nützt nichts, wenn er seine Position ändert, ohne zu wissen, was hinter und vor ihm geschieht. er möchte die Bewegungen des Raumes abschätzen und kann nur den Tanz der Atome beobachten; er würde die Strömungen der Atmosphäre der Welt berechnen, während er nur die Richtung einer Brise kennt. Vielleicht ist dies der Grund dafür, dass die Sache der Meteorologie bisher so wenig unterstützt wurde; Durch die gigantischsten Anstrengungen eines einzelnen Intellekts kann kein Fortschritt erzielt werden, und die erforderliche Zusammenarbeit war schwer zu erreichen, da es notwendig war, dass die Individuen gleichzeitig denken, beobachten und handeln, obwohl sie durch Entfernungen voneinander getrennt waren Die Größe hing vom Nutzen der Beobachtungen ab.

283. Die Meteorologische Gesellschaft wurde daher nicht für eine Stadt oder ein Königreich gegründet, sondern für die Welt. Es möchte der zentrale Punkt sein, die treibende Kraft einer riesigen Maschine, und es hat das Gefühl, dass es machtlos sein muss, wenn es das nicht sein kann; Wenn es nicht alles kann, kann es nichts tun. Es möchte zu bestimmten Zeiten über perfekte Systeme methodischer und gleichzeitiger Beobachtungen verfügen – es möchte, dass sein Einfluss und seine Macht über den Globus allmächtig sind, damit es zu jedem Zeitpunkt wissen kann, was Zustand der Atmosphäre an jedem Punkt ihrer Oberfläche. Man darf nicht annehmen, dass dies eine chimäre Einbildung ist, der eitle Traum einiger philosophischer Enthusiasten. Es ist die Zusammenarbeit, um die wir jetzt bitten, im vollen Vertrauen, dass, wenn unsere Bemühungen mit einem der Sache würdigen Eifer begegnet werden, unsere Mitarbeiter individuell über das Ergebnis ihrer gemeinsamen Arbeit erstaunt sein *werden* . Niemand soll sich entmutigen lassen, weil er allein ist oder weit von seinen Freunden entfernt ist. Was früher Schwäche war, wird jetzt zur Stärke. Lassen Sie den Alpenpastor die Variationen seiner Bergwinde beobachten; Lassen Sie uns von den Reisenden Notizen über die Veränderungen auf der Meeresoberfläche schicken. Lassen Sie den einsamen Bewohner der amerikanischen Prärie die Stürme und die Veränderungen des Klimas beobachten; und jeder, der allein machtlos gewesen wäre, wird sich als Teil eines mächtigen Geistes wiederfinden, als

ein Lichtstrahl, der in ein riesiges Auge eindringt, als Mitglied einer vielfältigen Macht, die zum Wissen beiträgt und die Bemühungen unterstützt, die stattfinden werden fähig, die tiefsten verborgenen Probleme der Natur zu lösen, in die verborgensten Ursachen einzudringen und die große Vielzahl schöner und wunderbarer Phänomene, durch die die Weisheit und das Wohlwollen der Höchsten Gottheit den Lauf der Zeiten und der Welt regelt, auf Prinzipien und Ordnung zu reduzieren Jahreszeiten hüllen den Globus in Grün und Fruchtbarkeit und passen ihn an, um den Bedürfnissen der unzähligen Stämme der belebten Existenz gerecht zu werden und zum Glück beizutragen.

UNIVERSITÄT   OXFORD.

FUSSNOTEN:

[33] Aus „Transactions of the Meteorological Society", Bd. I., S. 56-9 (London, 1839). Der vollständige Titel der Arbeit lautete „Bemerkungen zum gegenwärtigen Stand der meteorologischen Wissenschaft". Die Gesellschaft wurde 1823 gegründet, scheint aber keine früheren Transaktionen veröffentlicht zu haben. – ED.

AUF BAUMZWEIGEN. [34]

284. Die Absicht des Redners bestand darin, die Entwicklung der üblichen Zweigformen bei zweikeimblättrigen Bäumen aus dem festen Typ des einjährigen Triebs darzustellen. Bei allen akkumulativen Veränderungen können drei Hauptmodi der Zunahme und des Wachstums unterschieden werden, nämlich:

1. Einfache Aggregation, die keine periodische oder anderweitig definierte Grenze hat und nur den Gesetzen der Kohäsion und Kristallisation unterliegt, wie in anorganischer Materie.

2. Addition ähnlicher Teile zueinander, wobei durch ein Gesetz ihre Grenzen festgelegt und ihre Einheit gesichert werden.

3. Vergrößerung oder systematische Veränderung der Anordnung einer typischen Form, wie beim Wachstum der Glieder eines Tieres.

285. Das Wachstum der Bäume fiel unter die zweite dieser Rubriken. Ein Baum wuchs nicht an Stamm oder Ästen, so wie das Handgelenk und die Hand eines Kindes zu dem Handgelenk und der Hand eines Mannes wuchsen; aber es wurde durch Hinzufügung gleichartiger Teile aufgebaut, wie eine Stadt durch den Bau neuer Häuserreihen vergrößert wird.

Jeder einjährige Trieb sollte am besten als ein einzelner Zweig betrachtet werden, der nach Möglichkeit immer vertikal wachsen würde.

Jeder dieser Stäbe oder Pfeiler hatte bei gewöhnlichen Holzbäumen typischerweise entweder einen polygonalen oder einen rechteckigen Querschnitt.

Wenn es vieleckig war, waren die Blätter darauf spiralförmig angeordnet, wie bei der Ulme oder Eiche.

Bei rechteckigen Blättern waren die Blätter paarweise abwechselnd im rechten Winkel zueinander angeordnet.

Zwischenformen verbanden jeden dieser Typen mit denen einkeimblättriger Bäume. Die Struktur des *Lebensbaums* könnte als typische Verbindung zwischen der rechteckigen Struktur und der von Monokotyledonen angesehen werden; und die der Kiefer zwischen der polygonalen Struktur und der der Monokotyledonen.

Während seiner Lebenszeit sonderte jedes Blatt zusammen mit den Elementen Wasser Kohlenstoff aus der Atmosphäre ab und bildete eine bestimmte Menge Holzgewebe, das sich an der Außenseite des Baumes bis zum Boden und weiter bis zu den Enden der Wurzeln erstreckte. Die Art und Weise, in der dieses absteigende Mauerwerk hinzugefügt wurde, schien von den besonderen Funktionen des Kambiums abzuhängen und war (wie der Sprecher glaubte) von Botanikern bisher ungeklärt.

286. Jedes Blatt bildete nicht nur dieses Mauerwerk entlang des ganzen Baumes, sondern schützte auch eine Knospe an der Basis seines eigenen Stiels. Aus dieser Knospe würde im nächsten Jahr ein neuer Spross entstehen, sofern sie nicht abgebrochen wird. Nehmen wir nun an, dass sich von den Blattknospen an jedem Trieb eines fünfeckigen Baumes nur fünf an dessen äußerstem Ende oder an seiner Seite entwickeln durften, so entwickelte sich selbst unter dieser Beschränkung die Anzahl der Triebe aus einem einzigen Trieb im siebten Jahr wäre 78.125. Die äußere Form eines gesund gewachsenen Baumes bestand daher zu jedem Zeitpunkt seiner Entwicklung aus einer Masse von Sprays, deren Vitalität ungefähr in gleicher Tiefe über die *Oberfläche* des Baumes verteilt war. Die Zweige darunter stützten und ernährten sich sofort von diesem kreisrunden Feld oder belebten äußeren Vegetationskleid, von dem aus jedem einzelnen Blatt, wie aus einer unzähligen Vielzahl kleiner grüner Quellen, Ströme holziger Fasern herabflossen, sich trafen und vereint wie Flüsse und sammelten ihre volle Flut in der Kraft des Stammes.

287. Die Hauptfehler, die Künstler beim Zeichnen von Bäumen begangen hatten, waren darauf zurückzuführen, dass sie annahmen, der Ast verzweige sich unregelmäßig und verliere zum Ende hin etwas an Kraft; wohingegen die echten Äste ihre ganze Energie nach den Enden hin abwarfen und ihre Substanz vervielfachten, indem sie sich in mehr oder weniger becherförmigen Reihen um den Stamm herum aufstellten und an der Außenseite des Baumes eine kompakte, einheitliche Oberfläche bildeten.

288. Im Laufe der Entwicklung zu dieser Form zeigte sich, dass der Ast in seiner gesamten Länge von einer Kraft beeinflusst wurde, die der des Instinkts eines Tieres ähnelte. Seine kleinen Kurven und Winkel waren alle einer starken herrschenden Tendenz und einem Vorwärtsgesetz unterworfen, das teils von dem Ziel jedes Sprosses, sich aufrecht zu erheben, teils von der Notwendigkeit abhing, den benachbarten Blättern den gebührenden Platz zu geben und zu erhalten für sich so viel Licht und Luft wie möglich. Es wurde tatsächlich festgestellt, dass pflanzliches Gewebe (unter festgelegten mechanischen Bedingungen) durch Licht, Hitze, Feuchtigkeit usw. zu Kontraktionen und Ausdehnungen neigt. Doch pflanzliches Gewebe im lebenden Zweig kontrahierte oder dehnte sich allein unter äußeren Einflüssen nicht aus. Das Prinzip des Lebens manifestierte sich entweder durch den Kampf mit der äußeren Kraft oder durch die glückliche Anerkennung derselben. Es akzeptierte mit sichtbarer, aktiver und

scheinbar freudiger Zustimmung die Einflüsse, die den Ast zu seinem ihm gebührenden Platz in der Ökonomie des Baumes führten; und es gehorchte widerstrebend, teilweise und mit verzerrten Krümmungen denen, die es zwangen, die typische organische Form zu verletzen. Die Aufmerksamkeit von Laubmalern war selten mit ausreichender Genauigkeit auf die Linien der Astkrümmung oder der Blattkontur gelenkt worden, da sie diese subtilen Gesetze des beginnenden Willens zum Ausdruck brachten; aber der relative Wert der großen Schulen der Figurengestaltung ließe sich, in Ermangelung aller anderen Beweise, fast fehlerfrei anhand der Präzision ihrer Behandlung der Blattkrümmung bestimmen. Als Beispiel könnte das Blattgemälde um den Kopf des Ariosto von Tizian in der Nationalgalerie dienen.

289. Das Blatt unterschied sich somit von der Blüte dadurch, dass es hinter sich nicht nur die Knospe bildete und schützte, in der sich die Form eines neuen Sprosses wie sie selbst befand, sondern ein Stück permanenter Arbeit und produzierter Substanz, durch die jeder nachfolgende Sprössling entstehen konnte unter andere Umstände gestellt als sein Vorgänger. Jedes Blatt arbeitete im Laufe seines Lebens daran, diese Substanz zu verfestigen; aber der von der Blume hinterlassene Samen reifte erst, als die Blume zugrunde ging.

Dieser Unterschied in der Wirkung und Ausdauer von Blüte und Blatt wurde von fast allen großen Nationen als Typus der unterschiedlich aktiven und produktiven Lebenszustände von Einzelpersonen oder Gemeinwesen genutzt. Chaucers Gedicht „Blume und Blatt" ist in dieser Hinsicht der deutlichste Ausdruck des mittelalterlichen Gefühls, während die Fabeln vom Raub der Proserpine sowie von Apollo und Daphne das der Griechen verkörpern. Es gibt keine griechische Göttin, die der Flora der Römer entspricht. Ihre Flora ist Persephone, „die Bringerin des Todes". Sie spielt eine Weile auf den sizilianischen Feldern, pflückt Blumen, wird dann von Pluto entführt, erhält ihre höchste Macht, als sie aus unserem Blickfeld verschwindet, und wird im Grab gekrönt. Daphne hingegen ist die Tochter eines der großen arkadischen Flussgötter und der Erde; Sie ist die Art des Flussnebels, der die felsigen Täler Arkadiens füllt. die Sonne, die diesen Nebel von Tal zu Tal verfolgt, ist Apollo, der Daphne verfolgt; Wo der Nebel durch die Schatten der Felsen vor seinen Strahlen geschützt wird, entspringen an den Ufern des Flusses Lorbeerblätter und andere üppige Vegetation, so dass das Lorbeerblatt im griechischen Geist zum Sinnbild für den wohltätigen Dienst und die Lebenskraft der Flüsse wird und die Erde unter den Sonnenstrahlen; und deshalb wird es ausgewählt, um die Siegelkrone der höchsten Ehre für Götter oder Menschen zu bilden, Ehre für die Arbeit, die aus der Kraft und dem Tau der Erde geboren und durch das zentrale Licht des Himmels geprägt ist; arbeitslebend, mehrjährig und wohltätig.

FUSSNOTEN:

[34] Gelesen von Herrn Ruskin bei der wöchentlichen Abendsitzung der Royal Institution (siehe *Proceedings* , Bd. III, S. 358–60), 19. April 1861. – ED.

Über die Formen der geschichteten Savoyer Alpen.

290. Der Zweck des Diskurses bestand darin, einige der Einflüsse nachzuzeichnen, die die gegenwärtigen äußeren Formen der geschichteten Berge von Savoyen hervorgebracht haben, sowie das wahrscheinliche Ausmaß und die Ergebnisse der zukünftigen Wirkung dieser Einflüsse.

Das Thema wurde in drei Rubriken gegliedert:

I. Die Materialien der Savoyer Alpen.
II. Die Art ihrer Entstehung.III. Die Art ihrer späteren Skulptur.

291. I. *Ihre Materialien.* - Die Untersuchung beschränkte sich auf jene Alpen, die ganz oder teilweise entweder aus Jura-Kalkstein, aus neokomischen Schichten oder aus hippuritischem Kalkstein bestehen und keine bedeutenden Massen anderer Formationen umfassen. Alle diese Gesteine sind Meeresablagerungen; und die erste Frage, die in Bezug auf die Entwicklung von Bergen aus ihnen zu berücksichtigen ist, ist die Art der Veränderung, die sie beim Trocknen durchlaufen müssen. Unabhängig davon, ob die Trocknung und Verfestigung solcher Gesteine sich über große Zeiträume hinzog oder durch Hitze und Druck beschleunigt wurde, zog sie sich zusammen und war in der Regel in der Folge von winzigen Rissen durchzogen. Unter bestimmten Druckbedingungen nehmen diese Risse das Aussehen einer schieferartigen Spaltung an; bei anderen werden sie zu unregelmäßigen Rissen, die die gesamte Substanz des Steins zerteilen. Wenn diese nicht gefüllt würden, würde der Felsen zu einem bloßen Trümmerhaufen werden und nicht in der Lage sein, sich in irgendeiner kräftigen Form zu etablieren. Dem wird durch eine metamorphe Wirkung entgegengewirkt, die entweder die Gesteinsteilchen insgesamt in neue und kristallinere Zustände bringt oder aber einige von ihnen dazu bringt, sich vom Rest zu trennen, den Gesteinskörper zu durchqueren und sich selbst zu ordnen in seinen Rissen; Dadurch entsteht ein Zement, der normalerweise aus einer feineren und reineren Substanz besteht als der Rest des Steins. In beiden Fällen zielt die Wirkung kontinuierlich auf die Reinigung und Trennung der Elemente des Steins ab. Die Energie einer solchen Aktion hängt von zufälligen Umständen ab: erstens von der Anziehungskraft der einzelnen Elemente untereinander; zweitens bei jeder Änderung der Außentemperatur und des Verhältnisses. Die Berge befinden sich also zu unterschiedlichen Zeiten in unterschiedlichen Gesundheitsstadien (sozusagen) oder Krankheiten. Wir haben Berge mit trägem Temperament, Berge mit gehemmtem Kreislauf, Berge mit nervösem Fieber, Berge mit Atrophie und Niedergang.

292. Diese Veränderung in der Struktur bestehender Gesteine lässt sich durch kontinuierliche Abstufungen verfolgen, so dass ein schwarzer Schlamm oder kalkhaltiger Schleim unmerklich in eine herrlich harte und kristalline Substanz umgewandelt wird, die Nester aus Beryll, Topas und Saphir enthält und mit Goldadern durchzogen ist. Es kann jedoch nicht festgestellt werden, inwieweit oder an welchen Orten diese Veränderungen bereits zum Stillstand gekommen sind; in den meisten Fällen sind sie offensichtlich noch im Gange. Es erscheint vernünftig anzunehmen, dass die Veränderung langsamer abläuft, wenn sich jedes Gestein seinem perfekten Typ annähert. seine Vollkommenheit wird immer näher gerückt, aber nie erreicht; seine Veränderung kann auch durch neue geologische Phänomene unterbrochen oder umgekehrt werden. Im Zuge dieser Veränderung dehnen sich Gesteine aus oder ziehen sich zusammen; und in Teilen verleihen ihnen ihre zahlreichen Risse eine Duktilität oder Viskosität, die der von Gletschereis in größerem Maßstab ähnelt. Deshalb stellt man sich viele Formationen am besten als Gletscher oder gefrorene Felsfelder vor, deren Tiefe in Meilen statt in Klaftern zu messen ist, deren Spalten mit Lösungsmittelflammen, mit Dampf, mit gallertartigem Feuerstein oder mit kristallisierenden Elementen gefüllt sind gemischte Naturen; Die ganze Masse verändert ihre Dimensionen und fließt in neue Kanäle, allerdings in nicht messbaren Abstufungen und in Zeiträumen, in denen das menschliche Leben keine nennenswerte Einheit bildet.

293. II. *Formation.* – Berge sind hinsichtlich ihrer Struktur in zwei große Klassen einzuteilen – diejenigen, die aus den Schichten, aus denen sie bestehen, herausgeschnitten werden, und diejenigen, die durch die Faltung oder Verzerrung der Schichten selbst gebildet werden. Die Savoyer Berge gehören hauptsächlich zu dieser letzteren Klasse. Wenn geschichtete Formationen verformt werden, geschieht dies normalerweise entweder durch Druck von unten, der einen Teil der Formation über den Rest hebt, oder durch seitlichen Druck, der die gesamte Formation in eine Reihe von Wellen reduziert. Der aufsteigende Druck kann in seinem Wirkungsbereich begrenzt sein; Die seitliche Welle betrifft zwangsläufig weite Landstriche, und die Erhebungen, die sie hervorbringt, verschwinden nur nach und nach, wie die Wellen, die das Kielwasser eines Schiffes hinterlässt. Die Savoyer Berge waren in sehr komplexer Weise und zu unterschiedlichen Zeiten beiden Arten von Gewalt ausgesetzt, so dass es fast unmöglich wird, die Wirkungsweise einer bestimmten Kraft an einem bestimmten Punkt einzeln und vollständig zu verfolgen.

294. Die Absicht des Redners bestand darin, so weit wie möglich die Wirkung der Formungskräfte in einer Welle einfacher Erhebung, dem Mont Salève, und in einer anderen Welle mit seitlicher Kompression, dem Mont Brezon, zu analysieren: aber die Untersuchung des Mont Salève hatte unerwartete

Schwierigkeiten bereitet. Man ging immer davon aus, dass die Fassade aus vertikalen Beeten bestand, die im Tertiär in diese Position gebracht wurden; Die Nachforschungen des Sprechers hatten ihn im Gegenteil zu dem Schluss geführt, dass das Auftreten vertikaler Schichten auf einer besonders scharfen und deutlichen Spaltung beruhte, die im rechten Winkel zu den Schichten, aber nahezu parallel zu deren Streichen verläuft und an anderer Stelle in der Jura-Reihe in ähnlicher Weise manifestiert wurde von Savoyen und zeigt sich an den Fronten der meisten Abgründe dieses Felsens. Die Aufmerksamkeit der Geologen wurde auf die Klärung dieser Frage gelenkt.

Die komprimierte Welle des Brezon war komplexer angeordnet und klarer definiert. Es wurde ein Ausschnitt davon dargestellt, der die umgekehrte Position des Hippurit-Kalksteins im Gipfel und in den unteren Abhängen zeigt. Es zeigte sich, dass diese Kalksteinwelle Teil einer großen Reihe war, die parallel zu den Alpen verlief und einen welligen Bezirk bildete, der hauptsächlich aus Kreideschichten bestand und durch einen langen, gefüllten Graben oder Wassergraben vom höher gelegenen Kalksteinbezirk des Jura und Lias getrennt war mit Mitgliedern der Tertiärreihe – hauptsächlich Nummulitkalksteine und Flysch. Dieser Graben könnte von Faverges aus, an der Spitze des Sees von Annecy, quer durch Savoyen verfolgt werden. Es trennte den Mont Vergi vom Mont Dorons und die Dent d'Oche von der Dent du Midi; dann gelangte es in die Schweiz und trennte die Moleson von den Diablerets; Er zog durch die Bezirke Thun und Brientz und teilte sich in zwei Teile, wodurch die zickzackförmige Form des Vierwaldstättersees entstand. Der Hauptarm verlief dann zwischen dem hohen Sentis und dem Glarnisch und brach in Tirol in Verwirrung aus. Auf der Nordseite dieses Grabens waren die Kreideschichten oft vertikal oder in wiederholten Falten angeordnet, deren Böschungen größtenteils von den Alpen abgewandt waren; aber auf der Südseite des Grabens zeigten die Jura-, Trias- und Karbonschichten, obwohl sie stark verzerrt waren, eine vorherrschende Tendenz, sich zu den Alpen hin zu neigen und ihre Steilhänge der Mittelkette zuzuwenden.

295. Beide Gebirgssysteme werden von Quertälern durchschnitten, deren Ursprung in erster Linie einer Reihe quer verlaufender krummliniger Brüche zu verdanken ist, die sogar die Formen jedes kleineren Bergrückens beeinflussen und sogar dessen Hauptschluchten und kühnste Felsen hervorbringen wo keine deutlich ausgegrabenen Täler existieren. Somit sind der Mont Vergi und die Aiguilles von Salouvre nur fragmentarische Überreste einer Reihe horizontaler Schichten, die einst durchgehend waren, aber durch dieses quer verlaufende System krummliniger Spaltungen unterbrochen und in separate Gipfel abgenutzt oder verwittert wurden.

Zuletzt mussten die Mittel dieser ultimativen Skulptur oder Verwitterung betrachtet werden.

---

296. III. *Skulptur.* – Die endgültige Verringerung der Gebirgsform ist entweder auf Zerfall oder auf die Einwirkung von Wasser im Zustand von Regen, Flüssen oder Eis zurückzuführen, unterstützt durch Frost und andere Temperatur- und Atmosphärenverhältnisse.

Alle wichtigen existierenden Formen sind auf Zerfall oder die Einwirkung von Wasser zurückzuführen. Das von Eis war merkwürdigerweise überbewertet worden. Als Instrument der Bildhauerei ist Eis weitaus schwächer als Wasser; die scheinbar energetischen Auswirkungen sind lediglich die Auslöser des Zerfalls. Ein Gletscher erzeugte seine Moräne nicht, sondern hielt die Bruchstücke, die auf seine Oberfläche fielen, aufrecht und legte sie frei, indem er sie pulverisierte, indem er sie in Bewegung hielt, was aber nur sehr unbedeutende Auswirkungen auf das Gestein darunter hatte; die durch das Eis verursachten Rundungen und Streifen waren oberflächlich; während ein Strom in jeden Winkel und jede Ritze eindrang, ständig untergrub und abnutzte und Steine, nach der niedrigsten Schätzung, sechshunderttausendmal schneller als der Gletscher trug. Wäre die Regenmenge, die in Form von Schnee auf den Mont Blanc gefallen ist (und als Eis in die Schluchten gesunken ist), als Regen gefallen und in Strömen herabgestürzt, wären die Schluchten viel tiefer gewesen als jetzt, und der Gletscher könnte es sein bisher als schützend angesehen werden. Aber seine Transportkraft ist unbegrenzt, und wenn sich Erd- oder Gesteinsmassen einmal gelöst haben, trägt der Gletscher sie fort und legt neue Oberflächen frei. Im Allgemeinen ist die Arbeit von Wasser und Eis in der Bergchirurgie wie die von Lanzette und Schwamm – einer für den Schnitt, der andere für die Waschung. Eine Ausgrabung durch Eis war in großem Maßstab ebenso wenig möglich wie durch einen Honigstrom; und seine verschiedenen Wirkungen mit ihren Grenzen konnten nur verstanden werden, wenn man das große Gesetz seiner Bewegung als viskose Substanz, das von Professor James Forbes festgelegt wurde, stets klar im Blick hatte.

297. Die bestehenden Formen der Alpen lassen sich daher hauptsächlich auf die Entblößung zurückführen, als sie aus dem Meer aufstiegen, gefolgt von einer mehr oder weniger heftigen Wassereinwirkung, die teilweise während der Eiszeiten gestoppt wurde, während das erzeugte Diluvium in das Tal der Alpen verschleppt wurde den Rhein oder in die Nordsee. Ein sehr wichtiges Ergebnis der Entblößung war noch nicht ausreichend berücksichtigt worden;

nämlich, dass, wenn Teile einer dicken Schicht (wie der Rudisten-Kalk) vollständig entfernt worden wären, das Gewicht der verbleibenden Massen, die ungleichmäßig auf die unteren Schichten drückten, diese drücken würde, wenn diese weich wären (wie die neokomischen Mergel). nach oben in gewölbte Verhältnisse, wie die Böden von Kohlebergwerken, in dem, was die Bergleute „Kriechen" nannten. Viele anomale Lagen der Spatangenkalkbetten in der Gegend des Sees von Annecy waren aller Wahrscheinlichkeit nach auf diese Ursache zurückzuführen: Sie ließen sich vorteilhaft an der schrägen Basis der großen Rochers de Lanfon untersuchen, die in gekrümmte, fast vertikale Flocken zerfielen , von denen jeder tausend Fuß hoch war, waren dennoch nur ein äußerer Überrest der großen horizontalen Formation des Parmelan und bestanden wie dieser aus sehr dünnen horizontalen Schichten von Rudisten-Kalk, die auf schieferhaltigen Massen von Neocomian aufgelagert waren, die durch deren Druck verändert wurden . Komplexere Formen aus härterem Gestein wurden durch die Bäche und Regenfälle zu fantastischen Umrissen geformt; und die Querschluchten wurden dort tief eingeschnitten, wo sie zuerst durch Verwerfung oder Verzerrung aufgespürt worden waren. Allein die Analyse dieser wässrigen Wirkung würde eine Reihe von Diskursen erfordern; aber die Summe der Tatsachen war, dass die besten und interessantesten Teile der Berge nur diejenigen waren, die schließlich übrig blieben, sozusagen die Zentren und Gelenke der alpinen Anatomie . Es würde unermessliche Zeiträume erfordern, um diese abzunutzen; und allen Anschein nach erhoben sich während des Prozesses ihrer Zerstörung andere, um ihren Platz einzunehmen, und Formen vielleicht weitaus edler organisierter Berge würden Zeuge des parallelen Fortschritts der Menschheit sein.

JR

FUSSNOTEN:

[35] Gelesen von Herrn Ruskin bei der wöchentlichen Abendsitzung der Royal Institution (siehe *Proceedings* , Bd. IV, S. 142-46), 5. Juni 1863. – ED.

Der Bereich der intellektuellen Konzeption verhält sich proportional zum Rang im belebten Leben. [36]

Ein Satz.

298. Ich halte diesen Satz für eine Binsenweisheit; aber ich wage es, es zu sagen, weil es sicherlich wünschenswert ist, dass es von Metaphysikern als Axiom anerkannt wird, und es scheint mir praktisch noch nicht so gewesen zu sein. Ich sage „lebendiges Leben", weil das Wort „Leben" allein auch das von Gemüse umfassen könnte; und ich sage „belebtes" statt „spirituelles" Leben, weil das lateinische „anima" und die hübsche italienische Verfälschung davon, „alma", die neue Idee der Ernährung des Körpers durch die Nahrung oder Almosen Gottes zu beinhalten scheint, dies zu tun scheint Mir gelingt es, eine bessere Vorstellung von der Existenz bewusster Lebewesen zu vermitteln als jede Ableitung von „spiritus", „pneuma" oder „psyche".

Allerdings lege ich dem Wort „Konzeption" einen etwas niedrigeren Sinn bei, als es meiner Meinung nach bei Metaphysikern üblich ist, denn als Maler gehöre ich zu einem niedrigeren Rang beseelter Wesen als sie und kann mit Konzeption nur „was" meinen Ich weiß davon. Ein Maler stellt sich niemals etwas absolut vor und ist in der Tat nicht in der Lage, sich etwas überhaupt vorzustellen, außer als ein Phänomen oder eine Empfindung oder als die Art und Weise oder den Ort eines Phänomens oder einer Empfindung. Das, was nicht eine Erscheinung, ein Gefühl oder eine Art des einen oder anderen ist, bedeutet für ihn nichts.

299. Zum Beispiel würde er die Definition des Phänomens, das er selbst als erstes hervorbringt – eine Linie – als „Länge ohne Breite" leugnen. Er würde sagen: „Was keine Breite hat, ist nichts, und nichts kann nicht lang sein." Er würde eine Linie als ein schmales und langes Phänomen definieren und die Vorstellung eines Mathematikers davon als eine Vorstellung von der Richtung eines solchen Phänomens.

Der Akt der Vorstellung oder Vorstellung ist bei ihm daher lediglich die einfache oder kombinierte Erinnerung an Dinge, die er gesehen oder gefühlt hat. Er hat keinen Strahl, keinen Ansatz einer darüber hinausgehenden Fähigkeit. Keine noch so strenge Ausbildung in der Schule Hegels würde ihn jemals in die Lage versetzen, das Absolute zu denken. Er weigerte sich hartnäckig, das Wort „denken" überhaupt im transitiven Sinne zu verwenden. Er würde zum Beispiel nie sagen: „Ich denke, der Spieß wendet sich", sondern „Ich denke, der Spieß wendet sich" oder tut es auch nicht, je nachdem. Und wenn ihm in irgendeiner Schule beigebracht würde, wie man einen Tisch entwirft, wäre seine erste Forderung, dass man ihm einen zeigt oder auf andere Dinge verweist, die in anschaulicher Weise die Eigenschaften eines solchen haben.

300. Und selbst wenn er die konstanten Methoden oder Gesetze der Phänomene respektiert, kann er deren Aussage nicht zu einem Akt der Konzeption erheben. Die Aussage, dass zwei rechte Linien niemals einen Raum einschließen können, erscheint ihm lediglich als eine andere Form der verbalen Definition oder, im besten Fall, als eine Definition im prophetischen Ausmaß, die mit anderen Worten besagt, dass eine Linie einen Raum einschließt oder jemals einschließen kann , ist nicht richtig und wird es auch nie sein. Er würde zugeben, dass das, was er sich jetzt als zwei Dinge vorstellt, verdoppelt, immer das sein würde, was er jetzt als vier Dinge vorstellt. Geht man aber davon aus, dass es eine Welt gibt, in der zwei Dinge, die tatsächlich zwei anderen Dingen gegenübergestellt werden, tatsächlich dreimal oder tatsächlich fünf werden, geht er davon aus, dass sich die Praxis der Arithmetik und ihre Gesetze in dieser Beziehung ändern würden zu diesem neuen Zustand in der Materie; und er akzeptiert daher die Aussage, dass zweimal zwei vier ist, nur als einen Zufall der existierenden Phänomene der Materie.

301. Ich denke, ein Maler kann daher nur als Vertreter einer hohen Klasse sensationeller Geschöpfe angesehen werden, die zu nichts anderem als physischen Ideen und Eindrücken fähig sind; und ich führe meine Arbeit daher nur im Namen des gefügigen und daher verbesserungsfähigen Teils der rohen Schöpfung fort.

Und in ihrem Namen würde ich vorschlagen, dass wir viel fügsamer sein sollten, als wir es sind, wenn wir uns nie damit beschäftigen würden, Dinge zu begreifen, die über unserer Natur liegen. Um ein Beispiel zu nennen: bei einer Kreatur, die etwas niedriger ist als ich. Neulich wurde ich bei Ebbe von einem Tintenfisch in einem Teich überrascht. Als er mit der Spitze meines Regenschirms berührt wurde, füllte er zunächst die Lache mit Tinte, und dann wurde er immer noch in der Dunkelheit berührt, verlor die Beherrschung und griff den Regenschirm mit viel Psyche oder Anima an, wobei er ihn mit all seinen acht Armen fest umarmte und bemüht sich wie ein ungestümes Baby mit einer Koralle, sie in den Mund zu bekommen. Als ich ihm stattdessen einen Finger anbot, saugte er mit scheinbar bösartiger Befriedigung mit zwei oder drei seiner Arme daran, und als er abgeschüttelt wurde, zog er sich mit einer Miene hektischer Menschenfeindlichkeit in die Wolke seiner Tinte zurück.

302. Nun scheint es mir nicht wenig lehrreich, darüber nachzudenken, wie völlig nutzlos eine solche Manifestation eines überlegenen Wesens für seinen

Tintenfischgeist war und wie glücklich es für seine Artgenossen war, dass er keine Federn beherrschte sowie Tinte, noch irgendeine Neigung, über die Beschaffenheit von Regenschirmen oder Menschen zu schreiben.

Es lässt sich außerdem beobachten, dass alle Vorstellungen, die er sich in Bezug auf beides bilden konnte, absolut falsch waren – derart im Widerspruch zur Wahrheit, dass sie schlimmer als gar keine waren und einfach gefährlich für ihn selbst, soweit er sich dazu bewegen ließ, danach zu handeln – dass nämlich ein Regenschirm ein essbares Ding oder ein Mann ein bezwingbares Ding war, dass der einzelne Mann, der ihn ansah, ihm feindlich gesinnt war oder dass seine Absichten durch das Ausstoßen von Tinte beeinträchtigt werden konnten. Jede Anstrengung, die der Fisch unter diesen Überzeugungen unternahm, schadete ihm selbst; Seine einzige Weisheit wäre gewesen, ruhig und unüberlegt in seinem Pool zu liegen.

Und auch bei uns Malern ist das einzige Ergebnis aller Bemühungen, uns mit den Themen metaphysischer Forschung vertraut zu machen, ein gesteigertes Gefühl für die Klugheit, ruhig und unreflektiert in unseren Teichen zu liegen oder uns zumindest auf solche sanften Bemühungen zu beschränken Die Vorstellungskraft mag mit den noch unvollkommen entwickelten Kräften vereinbar sein, ich sage nicht einmal die der Kopffüßer-, sondern die der Ascidian-Nervenzentren.

303. Aber man kann sich leicht vorstellen, wie angenehm die Hoffnung ist, die in der darwinistischen Theorie enthalten ist, dass ihre Pools selbst zu einer unbegrenzten Erweiterung und ihre Natur zu einer unbegrenzten Entwicklung fähig sein mögen – für Personen, die in ihrer Selbsteinschätzung so gebremst sind – die Hoffnung, dass unsere Nachkommen sich eines Tages für uns schämen und mit Erstaunen und Abscheu über die Frage ihrer Abstammung diskutieren.

Und es scheint mir, dass das Ziel des elementaren metaphysischen Studiums künftig praktischer sein könnte als das jeder anderen Wissenschaft. Denn indem wir bisher kaum Kenntnis von der Beschränkung des Denkens durch die Struktur des Körpers genommen haben, haben wir sicherlich auch die Macht bestimmter Denkweisen über die Prozesse dieser Struktur aus den Augen verloren. Nehmen wir zum Beispiel das Gefühl des Zorns, zu dem die Kopffüßer zwar genauso fähig sind wie wir, uns aber insofern unterlegen sind, als sie nicht entscheiden können, ob sie gut daran tun, wütend zu sein oder nicht, und ich glaube nicht, dass dies eine chemische Wirkung hat Die auf die Blutpartikel einwirkenden Emotionen, die sie zersetzen und auf andere Weise lähmen oder schwächen, sind ausreichend untersucht worden, noch die tatsächliche Menge an Nervenenergie, die ein Wutanfall aufgrund gegebener Gewalt dem Körper entzieht und in den Raum zurückführt, noch die entsprechende Kraft des Willens, die Leidenschaft zu zügeln oder die Wahl heilsamer Gedanken zu lenken, wie bei heilsamen Kräutern an Bächen. Und selbst wir Maler, die wir uns nicht als gedankenfähig bezeichnen dürfen, sind in der Lage, eine mehr oder weniger heilsame Vision zu wählen. In dem Maße, in dem wir diese Entscheidungsfähigkeit im Sehen verlieren, so dass die Spektralphänomene, die die Materialien unserer Industrie darstellen, sich in Formen präsentieren, die außerhalb unserer Kontrolle liegen, werden wir verrückt; Und obwohl für all unsere beste Arbeit ein gewisser Grad dieses Wahnsinns notwendig ist und die ersten auftretenden Vorstellungen ungezwungen sind, wie in Träumen, haben wir, wenn wir gesund sind, stets die augenblickliche Fähigkeit, einige zu akzeptieren, andere abzulehnen und die Umrisse und Farben zu perfektionieren von denen, die wir behalten möchten, und ordnen sie in solchen Beziehungen an, wie wir es wünschen.

304. Und zweifellos stehen die Formen des Körpers, die Maler instinktiv als die besten erkennen und „schön" nennen, so weit unter der Herrschaft der plastischen Kraft des freiwilligen Denkens, dass die ursprüngliche und zukünftige Autorität einer solchen plastischen Kraft über das Ganze besteht Die Schöpfung scheint für Maler einen direkten, wenn auch keinen bestimmten Einfluss zu haben; und sie würden sofort ihre Zustimmung zu der Aussage geben, die der jetzige Regius-Professor für Medizin vor vielen Jahren in seinen Eröffnungsvorlesungen in Oxford gemacht hat (soweit ich mich ungefähr erinnern kann, in diesen Worten) – dass „es genauso logisch ist, und es ist weitaus einfacher, sich die ursprüngliche Anima so vorzustellen, dass sie sich an Formen der Substanz anpasst, als dass sich die ursprüngliche Substanz an die Formen des Geistes anpasst."

305. Von künftigen Metaphysikerschulen ist daher sicherlich nicht zu viel zu erwarten, dass sie die Menschheit in Denkmethoden führen, die zugleich glücklich, unfehlbar und medizinisch und daher völlig weise sind; dass sie die Grenzen markieren werden, jenseits derer Einheitlichkeit gefährlich und Spekulation vergeblich sein muss; und dass sie in keiner fernen Zeit der Erbitterung der Theologen und den Unverschämtheiten sowie dem Kummer des grundlosen Glaubens ein Ende bereiten werden, indem sie zeigen, dass er dazu bestimmt ist, gemeinsam mit dem Rest der tierischen Schöpfung darin zu leben inmitten eines Universums, dessen Natur so viel besser ist, als wir glauben können, wie es größer ist, als wir verstehen können.

FUSSNOTEN:

[36] Contemporary Review, Juni 1871. – ED.

LITERATUR.

Fiktion – fair und schlecht.

(Neunzehntes Jahrhundert, Juni, August, Sept., Nov. 1880 und Okt. 1881.)

MÄRCHENGESCHICHTEN.

(Vorwort zu „Deutsche Volksgeschichten", 1868.)

Fiktion, fair und schlecht.

1. Am ersten milden – oder zumindest ersten hellen – Märztag dieses Jahres spazierte ich über einen ehemaligen Feldweg zwischen der Herberge „Halfmoon" am Fuße des Herne Hill und das abgeschiedene College of Dulwich.

In meiner Jugend war die Croxsted Lane eine grüne Nebenstraße, die ein Stück weit mit Karren befahrbar war; aber selten so durchquert, und zum größten Teil kaum mehr als ein schmaler Streifen unbebauten Feldes, der durch Brombeerhecken von den besser gepflegten Wiesen auf beiden Seiten getrennt ist: Daher wächst dort mehr Unkraut als auf ihnen, und vielleicht im Frühling ein oder zwei Primeln – weiße Erzengel – Gänseblümchen in Hülle und Fülle und lila Disteln im Herbst. Ein schmaler Bach, der sich kaum mit seiner Helligkeit rühmt, denn in Dulwich gibt es keine Quellen, der aber nur durch den Regen und den Morgentau gespeist wird, tröpfelte hier – dort herumlungerte – durch das lange Gras unter den Hecken und dehnte sich aus, wo er konnte , in mäßig klare und tiefe Teiche, in denen sich unter ihren Wasserlinsenschleier ein oder zwei Süßwassermuscheln, verschiedene neugierige kleine Hüpfgarnelen, jede Menge Kaulquappen zu ihrer Zeit und manchmal sogar eine Fledermaus meiner Kindheit anboten erfreute und nicht ungenaue Beobachtung. Dort sammelten meine Mutter und ich die ersten Knospen des Weißdorns; und dort pflegte ich in späteren Jahren im Schatten des Sommers spazieren zu gehen, wie an einem Ort, der wilder und süßer als unser Garten war, um über eine Passage nachzudenken, die ich in *„Moderne Maler"* besser als gewöhnlich machen wollte .

Wie bereits erwähnt, machte ich mich am ersten freundlichen Tag dieses Jahres noch einmal auf den Weg, um mir den Ort noch einmal anzusehen, da ich mehr als sonst an diese alten Zeiten dachte.

2. Sowohl damals als auch seitdem habe ich mir oft und vergeblich Mühe gegeben, Worte zu finden, um von schönen Dingen zu erzählen; Aber Schönheit gibt es schon seit der Erschaffung der Welt auf der Welt, und die menschliche Sprache kann irgendwie eine Veränderung herbeiführen, um darüber Rechenschaft abzulegen, wohingegen die besonderen Kräfte der Verwüstung, die das moderne Stadtleben hervorruft, erst in jüngster Zeit in die Welt eingedrungen sind; und keine mir bekannten Sprachbegriffe reichen aus, um die Formen des Schmutzes und die Art der Zerstörung zu beschreiben, die sich entlang der Croxsted Lane veränderten. Die Felder auf beiden Seiten sind heute größtenteils zum Bauen umgegraben oder durch die wilden Kreuzungen und Zusammenstöße dreier Eisenbahnlinien in karge Ecken und Winkel uneinsehbaren Geländes zerschnitten. Ein halbes

Dutzend neuer Hütten mit dorischen Türen stehen hier und da auf dem zerklüfteten Boden. Der Weg selbst, jetzt völlig graslos, ist eine von tiefen Furchen durchzogene, hügelige Karrenstraße, die torlos in verschiedene Ziegelfelder abzweigt Abfallstücke; und auf beiden Seiten begrenzt von Haufen von – der Hades weiß nur, was! – gemischtem Staub von allem Unreinen, das in Dürre zerfallen kann, und Schimmel von allem Unreinen, das in Feuchtigkeit verrotten oder rosten kann: Asche und Lumpen, Bierflaschen und Altes Schuhe, kaputte Pfannen, zerschlagenes Geschirr, Fetzen namenloser Kleidung, Türfeger, Bodenfeger, Küchenmüll, Hintergartenabwasser, altes Eisen, morsches Holz mit ausgefransten Nägeln, Zigarrenstummel, Pfeifenköpfe, Asche , Knochen und Kot, unbeschreiblich; und, verschiedentlich hineingeknetet, daran klebend oder hier und da schmutzig flatternd, Reste von jeder Art von Zeitung, Werbung oder großgeschriebenen Rechnungen, die in den Gruben stinkenden Staubs schwärten und ihre letzte Werbung zur Schau stellten tödlicher Schleim.

3. Der Weg endet jetzt dort, wo einst seine schönsten Kurven begannen; Sie wird durch eine Kreuzung abgeschnitten, die von Dulwich zu einem kleinen Bahnhof führt. Und auf der anderen Seite dieser Straße verwandelt sich das, was einst die zarteste Verwickeltheit seiner Einsamkeit war, in eine gerade, gleichmäßig asphaltierte Kutschenfahrt zwischen neuen Häuser von äußerstem Ansehen, mit schönen angeschlossenen Gärten und Büros – die meisten dieser Mietshäuser waren größer –, alle anspruchsvoller, und viele, so vermute ich, hatten weitaus höhere Mieten als die meines Vaters, der zwanzig Jahre lang in Herne Hill gemietet wurde. Und es wurde mir zu einer neugierigen Überlegung, was hier aus Kindern werden musste, die in ihrem Temperament meinem armen kleinen, verträumten Quondam-Ich ähnelten und so in der gleichen Entfernung von London und in den gleichen oder besseren Umständen des weltlichen Glücks aufgewachsen waren; Für ihren Landspaziergang steht jedoch nur die Croxsted Lane in ihrem jetzigen Zustand zur Verfügung. Die gepflegte Straße vor ihren Türen, wie man sie früher in den eleganten Vororten von Cheltenham oder Leamington zu sehen pflegte, bietet ihrem Arbeitszimmer nichts als Kies und Gaslaternenpfähle; der moderne Zusatz einer zinnoberroten Buchstabensäule trug zwar zur Pracht, aber kaum zum Interesse der Szene bei; und ein Kind, das über Verstand oder Fantasie verfügt, würde in aller Eile aus dieser kargen Wüste der Höflichkeit fliehen und sich, soweit möglich, auf die Suche nach der Naturgeschichte von Croxsted Lane machen.

4. Aber welche Nahrung oder welchen Anreiz kann es für seinen Sinn oder seine Vorstellungskraft auf diesem schmutzigen Damm seiner jugendlichen Pilgerreise finden? Was mit mir passiert wäre, so gerichtet, kann ich mir nicht genau vorstellen. Möglicherweise hätte ich mich für das alte Eisen und die

Holzspäne interessiert; und Ingenieur oder Zimmermann werden: Wenn nicht die Kinder von heute von dem Moment an, in dem sie aus ihren Wiegen erwachen, an den Anblick dieser unendlichen Gemeinheit gewöhnt sind, die als fester Zustand des Universums über der Oberfläche herrscht Was soll die schulische Frage sein, wenn man die Natur betrachtet und alle Tätigkeiten des fleißigen Menschen begleitet? Es sei denn, der Nervenkitzel wissenschaftlicher Eitelkeit bei der primären Analyse eines beispiellosen Verderbnisprozesses – oder die Belohnung mikroskopischer Forschung beim Anblick von Würmern mit mehr Beinen und Acari von neugierigerer Generation als je zuvor belebte den einfacheren Geruch Plasma der Antike.

Ein Ergebnis einer solchen Elementarpädagogik steht jedoch bereits fest; nämlich, dass die Freude, die wir uns vorstellen können, die Kinder der kommenden Zeit an der Analyse physischer Korruption haben, in gefährlichere und trostlosere Bereiche führt, die Ausweitung einer fantasievollen Literatur: und dass die Reaktionen moralischer Krankheiten auf sich selbst und die Bedingungen eines trägen, monströsen Charakters, der in einer Atmosphäre geringer Vitalität entwickelt wurde, sind zum wertvollsten Material moderner Belletristik und zu den am eifrigsten diskutierten Texten der modernen Philosophie geworden.

5. Die vielen gleichzeitigen Gründe für dieses Unheil lassen sich meines Erachtens unter ein paar allgemeinen Überschriften zusammenfassen. [38]

I. Da ist zunächst die heiße Gärung und die unheilsame Heimlichkeit der in großen Städten zusammengedrängten Bevölkerung, wobei jedes Teilchen im Elend als einzelne Seele leichter ist als ein totes Blatt, aber in der rauchenden Masse jeder für seinen Nächsten bedrückend und ansteckend wird des Verfalls. Die daraus resultierenden Formen des geistigen Ruins und der Verzweiflung sind immer wieder neu; und in gewissem Sinne in ihrer Monstrosität studierenswert: Sie haben dementsprechend eine entsprechende Wissenschaft der Fiktion entwickelt, die sich hauptsächlich mit der Beschreibung solcher Krankheitsformen wie der Botanik der Blattflechten befasst.

In De Balzacs Geschichte von *Pater Goriot* macht ein Lebensmittelhändler ein großes Vermögen, von dem er so viel für sich selbst ausgibt, dass er am Leben bleibt; und an seinen beiden Töchtern alles, was ihre Freuden oder ihren Stolz fördern kann. Er heiratet sie mit hochrangigen Männern, deckt sie heimlich ab und stellt für seine Favoritin ein separates und geheimes Etablissement mit ihrem Geliebten bereit. Auf seinem Sterbebett schickt er nach dieser Lieblingstochter, die mitkommen möchte, und zögert eine Viertelstunde, bis er zu einem Ball geht, auf dem es seit einem Monat ihr Hauptziel ist, gesehen zu werden . Endlich geht sie zum Ball.

Die Geschichte ist natürlich eine, deren heftige Kontraste und gespenstische Katastrophe nur in einer Großstadt stattfinden oder man sich das vorstellen kann. Ein Dorflebensmittelhändler kann kein großes Vermögen machen, kann seine Töchter nicht mit adligen Gutsbesitzern verheiraten und kann nicht sterben, ohne dass seine Kinder zu ihm gebracht werden, wenn er in der Nachbarschaft ist, aus Angst vor Dorfklatsch, und sei es aus keinem besseren Grund.

6. II. Aber ein viel tieferes Gefühl als diese bloße Neugier der Wissenschaft auf krankhafte Phänomene ist in der Produktion der sorgfältigsten Formen moderner Fiktion verankert. Die Schande und der Kummer, die aus dem bloßen Trampeldruck und der elektrischen Reibung des Stadtlebens resultieren, werden für die Leidenden in ihrer Unverdientheit besonders geheimnisvoll und in ihrer Unvermeidlichkeit schrecklich. Die Macht aller Umgebungen über sie zum Bösen; Die Unfähigkeit ihres eigenen Geistes, sich der Verschmutzung zu widersetzen, und ihres eigenen Willens, sich der Last der schwindelerregenden Masse zu widersetzen, die sie erstickt und ins Verderben drückt, stellt jedes Gesetz einer gesunden Existenz und jede angebliche Methode der Hilfe in Frage und Hoffnung in den Zweifel. Empörung ohne jeden beruhigenden Glauben an Gerechtigkeit und Selbstverachtung, ohne jeden heilenden Selbstvorwurf trübt den Verstand und erniedrigt das Gewissen, bis hin zur mürrischen Ungläubigkeit aller Sonnenstrahlen außerhalb des Misthaufens oder der Brise jenseits der Wogen seiner Unreinheit; und schließlich entwickelt sich eine teils satirische, teils tröstende Philosophie, die sich nur mit der regenerativen Kraft des Mists und den notwendigen Unklarheiten der fimetischen Vorsehung befasst; Es zeigt, dass jeder die Schuld eines anderen trägt, wie Infektionen kein Gesetz haben, Verdauung keinen Willen und gewinnbringender Schmutz keine Schande.

Und so hat sich in Verbindung mit den neueren Formen der Romantik eine ausgefeilte und geniale Scholastik etabliert, die man die Göttlichkeit der Zersetzung nennen könnte, und ihnen gleichzeitig einen selbstgefälligen Ton klerikaler Würde und einen angenehmen Schuss ketzerischer Unverschämtheit verleiht; während die eingeprägte Lehre den doppelten Vorteil hat, dass sie keiner mühsamen Gelehrsamkeit für ihre Grundlage und keiner schmerzhaften Selbstverleugnung für ihre Praxis bedarf.

7. III. Die Monotonie des Lebens in den zentralen Straßen jeder großen modernen Stadt, besonders aber in denen von London, wo jede Emotion, die Menschen aus dem Anblick der Natur oder dem Sinn für Kunst ableiten sollen, für immer verboten ist, hinterlässt das Verlangen danach das Herz für ein aufrichtiges und doch wechselvolles Interesse, das nur aus einer Quelle gespeist wird. Unter natürlichen Bedingungen wird der Grad der geistigen Erregung, der für die körperliche Gesundheit notwendig ist, durch den Lauf

der Jahreszeiten und die verschiedenen Fähigkeiten und Glückseligkeiten der Landwirtschaft bereitgestellt. Auf dem Land bringt jeder Morgen des Jahres einen neuen Aspekt der entstehenden oder verblassenden Natur mit sich; eine neue Pflicht, die auf Erden erfüllt werden muss, und eine neue Verheißung oder Warnung im Himmel. Kein Tag ist ohne seine unschuldige Hoffnung, seine besondere Klugheit, sein freundliches Geschenk und seine erhabene Gefahr; und in jedem Prozess kluger Wirtschaftsführung und jeder Anstrengung, zu kämpfen oder Abhilfe zu schaffen, werden die heilsamen Leidenschaften, der Stolz und die körperliche Kraft des Arbeiters in glücklichstem Einklang erregt und ausgeübt. Die Gesellschaft von Hausangestellten und die Fürsorge für nützliche Tiere mildern und erweitern sein Leben durch bescheidene Wohltätigkeit und züchtigen ihn in vertrauten Weisheiten und unrühmlicher Tapferkeit; während die göttlichen Gesetze der Saatzeit, die nicht abgerufen werden kann, der Ernte, die nicht beschleunigt werden kann, und des Winters, in dem niemand arbeiten kann, die Ungeduld und die Begierde seines Herzens zu einer Arbeit zwingen, die zu unterwürfig ist, um ängstlich zu sein, und eine Ruhe, die zu süß ist, um mutwillig zu sein. Welcher Gedanke kann den Kontrast zwischen einem solchen Leben und dem in Straßen, wo Sommer und Winter nur ein Wechsel von Hitze und Kälte sind, ausreichend begreifen? wo der Schnee nie weiß fiel und die Sonne nie klar schien; wo der Boden nur ein Bürgersteig ist und der Himmel nicht mehr als das Glasdach einer Arkade; wo die größte Kraft eines Sturms darin besteht, die Dachrinnen zu verstopfen, und die schönste Magie des Frühlings Schlamm in Staub verwandelt; wo – der größte und verhängnisvollste Zustandsunterschied – für keinen der Bewohner ein Beschäftigungsinteresse außer der Routine besteht von Tresen oder Schreibtischen innerhalb der Türen und der Versuch, draußen ohne Kollision aneinander vorbeizukommen; so dass von morgens bis abends die einzig mögliche Variation der Monotonie der Stunden und die Milderung der Strafe des Daseins eine Art Unfug sein muss, der sich, sofern nicht durch mehr als einen gewöhnlichen Glücksfall des Todes, auf den Sturz eines Pferdes beschränkt wird. oder das Aufschlitzen einer Tasche?

nur aus *einer Quelle* gestillt werden könne . Jeder andere als ein streng vorsichtiger Philosoph hätte denken können, dass die Verweigerung ihrer natürlichen Nahrung für die menschlichen Gefühle ein reaktionäres Verlangen danach geweckt hätte; und dass die Tristesse der Straße durch Träume von pastoraler Glückseligkeit vergoldet worden wäre. Die Erfahrung hat gezeigt, dass die Tatsache anders ist; Der durchtrainierte Londoner kann keine andere Aufregung genießen als die, an die er gewöhnt ist, aber er bittet darum *in* immer leidenschaftlicherer oder bösartigerer Konzentration; und die ultimative Macht der Fiktion, ihn zu unterhalten, besteht darin, dass sie nach seiner Vorstellung die Modi des Todes variiert und für seine

Langweiligkeit die Schrecken definiert. In dem einzigen Roman von „Bleak House" gibt es neun Todesfälle (oder in der Drop-Szene dem Tod überlassene), die sorgfältig ausgearbeitet oder herbeigeführt wurden, entweder als angenehme Überraschung, wenn das Baby beim Ziegelmacher ist, oder fertig in ihren Drohungen und Leiden, mit so viel Freude, wie in der Vorwegnahme erfunden werden kann, und so viel Pathologie, wie in der Beschreibung konzentriert werden kann. Unter den folgenden Methodenvarianten:

Einer durch Ermordung	Herr Tulkinghorn.
Einer durch Hunger, mit Schwindsucht	Joe.
Einer aus Verzweiflung	Richard.
Eines durch Selbstentzündung	Herr Krook.
Einer aus Trauer	Lady Dedlocks Liebhaber.
Einer aus Reue	Lady Dedlock.
Einer durch Wahnsinn	Fräulein Flite.
Einer durch Lähmung	Sir Leicester.

Außer dem Baby, das an Fieber erkrankt war, und einer lebhaften jungen Französin, die gehängt werden musste.

Und das alles nicht in einer tragischen, abenteuerlichen oder militärischen Geschichte, sondern lediglich als weitere Belebung einer Erzählung, die amüsant sein soll; und als angemessen repräsentativer Durchschnitt der Statistik der zivilen Sterblichkeit im Zentrum von London.

9. Beobachten Sie weiter und hauptsächlich. Es ist nicht die bloße Zahl der Toten (die, wenn wir die ein oder anderen Soldaten in der letzten Szene mitzählen, in „Old Mortality" überschritten wird und in „Waverley" und „Guy Mannering" innerhalb von ein oder zwei Jahren erreicht wird). markiert den eigentümlichen Ton des modernen Romans. Es ist die Tatsache, dass alle diese Todesfälle, bis auf einen, harmlose oder zumindest nach Ansicht der Welt respektable Personen betreffen; und dass sie alle auf groteske Weise entweder gewalttätig oder elend seien, was angeblich die moderne Theologie veranschaulichen soll, dass das Schicksal eines großen Durchschnitts unserer Bevölkerung darin besteht, wie Ratten im Abfluss zu sterben, entweder durch Falle oder durch Gift. Tatsächlich kann ein Anwalt, der in voller Praxis tätig ist, in den Augen des Himmels normalerweise nicht

als so tadellos angesehen werden wie eine Taube oder eine Waldschnepfe; aber frühere Gottheiten hielten es nicht für den Willen der Vorsehung, dass er durch einen Schuss eines Klienten hinter seinem Kaminschirm fallen gelassen und am Morgen von seinem Hausmädchen unter dem Kronleuchter zurückgeholt werden sollte. Auch ist Lady Dedlock in ihrem Verhalten nicht weniger verwerflich als viele Modedamen es waren und sein werden; aber es wäre daher poetisch und in der altmodischen Moral nicht gerechtfertigt gewesen, dass sie von ihrer Tochter tot bei ihr aufgefunden werden sollte Gesicht im Schlamm eines St. Giles-Kirchhofs.

10. Im Werk der großen Meister ist der Tod immer entweder heroisch, verdient oder ruhig und natürlich (es sei denn, ihr Zweck ist völlig und zutiefst tragisch, wenn ein zusätzlicher, gemeinerer Tod zugelassen wird, wie der von Polonius oder Roderigo). In „Old Mortality" sind vier der Todesfälle, Bothwells, Ensign Grahames, Macbriars und Evandales, großartig heroisch; Burleys und Oliphants längst verdientes und schnelles; die der Soldaten, die sich bei der Erfüllung ihrer Militärpflicht trafen, und die des alten Geizhalses, so sanft wie das Vorüberziehen einer Wolke und fast schön in seinen letzten Worten der – jetzt selbstlosen – Fürsorge.

„Ailie" (er hat mich „Ailie" genannt, wir waren alte Bekannte), „Ailie, pass auf dich auf und gib das Zahnrad zusammen; denn der Name von Morton of Milnwood erklang wie der letzte Schrei eines alten Liedes." Und er fiel aus einem Zimmer in ein anderes und sagte kein Wort mehr, es sei denn, es war etwas, was wir nicht verstehen würden, dass eine eingetauchte Kerze gut genug sei, um dafür zu sorgen. Er konnte es kaum abwarten, eine geformte Ane zu sehen, und unglücklicherweise lag eine auf dem Tisch.

In „Guy Mannering" wird der, wenn auch unbeabsichtigte, Mord an einer einzelnen Person (die nicht ganz unschuldig ist, aber zumindest durch Herzlosigkeit in einer grausamen Funktion ihr Schicksal verdient) bis zum Äußersten an allen Männern gerächt, die sich des Verbrechens bewusst sind ; Mr. Bertrams Tod war, wie der seiner Frau, kurz und schmerzvoll und wurde jeweils in einem halben Dutzend Zeilen erzählt; und das der Heldin der Geschichte, selbsthingabeig, im höchsten Maße heroisch und glücklich.

Man darf beim Vergleich von Scotts Werken mit minderwertigen Werken auch nie vergessen, dass seine eigenen großartigen Kräfte bereits in jungen Jahren durch die modernen Bedingungen kommerzieller Aufregung beeinträchtigt und in seinen späteren Jahren zerstört wurden, dann zuerst, aber schnell , sich weiterentwickeln. Selbst in seinen besten Romanen gibt es Teile, die er nach seinem Geschmack gefärbt hat und die er verabscheute; und in seinen späteren Artikeln wurden viele Seiten geschrieben, um seinen Artikel für den wahllosen Markt zu erweitern.

11. Aber es gab eine Schwäche, der sein gesunder Geist bis zuletzt nicht gewachsen war. In modernen Geschichten, die für ein anspruchsvolleres oder anspruchsvolleres Publikum als die von Dickens geschrieben wurden, wird die düstere Spannung größtenteils nicht durch die Zufügung eines gewaltsamen oder abscheulichen Todes erzielt; sondern in der Spannung, dem Pathos und den mehr oder weniger von allen gefühlten und anerkannten tödlichen Phänomenen des Krankenzimmers. Für schwache Autoren ist die Versuchung dieser Themenordnung besonders groß, weil das Studium am lebenden – oder sterbenden – Modell so einfach ist und für viele der beeindruckendste Teil ihrer eigenen persönlichen Erfahrung war; Selbst wenn die Beschreibung nur mittelmäßig genau ist, wird ein großer Teil der Leser ihre Wahrheit bewundern und ihre Melancholie schätzen. Nur wenige Autoren von zweit- oder drittklassigem Genie können ein wahrscheinliches Gespräch im gewöhnlichen Leben entweder aufzeichnen oder erfinden; aber nur wenige sind andererseits so unaufmerksam, dass sie nicht in der Lage sind, die gebrochenen Silben und trägen Bewegungen eines Kranken aufzuzeichnen. Das leicht wiederzugebende und zu sicher erkannte Bild des vertrauten Leidens wird sofort als real empfunden, wo alles andere falsch war; und der Historiker der Gesten des Fiebers und der Worte des Deliriums kann ebenso sicher mit dem Beifall eines zufriedenen Publikums rechnen wie der Dramatiker, der auf der Bühne seiner schwächelnden Handlung eine fahrbare Kutsche oder einen Springbrunnen präsentiert, der fließen wird. Aber die Meister mit starker Vorstellungskraft verachten solche Arbeit, und diejenigen mit tiefer Sensibilität scheuen davor zurück. [39] Nur unter Bedingungen persönlicher Schwäche, wie wir hier betonen werden, würde Scott den Gelüsten seines niederen Publikums nach Schreckensszenen wie dem Tod von Front-de-Bœuf nachkommen. Aber er zog kein einziges Mal den heiligen Vorhang des Krankenzimmers zurück, noch ließ er die Schande mutwilliger Tränen um die Demütigung der Stärke oder den Untergang der Schönheit zu.

12. IV. Keine Ausnahme von diesem Gesetz der Ehrfurcht wird es in den Szenen in Cœur de Lions Krankheit geben, die den Hauptvorfall im „Talisman" einleiten. Ein minderwertiger Schriftsteller hätte den König in seiner Fantasie an der Spitze seines Rittertums angreifen oder in Träumen an

den Bächen Aquitaniens wandern lassen; Aber Scott erlaubt uns, keine überraschenderen Symptome der Krankheit des Königs zu erfahren, als dass er unruhig und ungeduldig war und seine Rüstung nicht tragen konnte. Keine körperliche Schwäche oder Gefahrenkrise darf auch nur einen Augenblick die königliche Intelligenz und das Herz stören, mit denen er den Arzt, den seine Betreuer fürchten, untersucht, ihm vertraut und ihm gehorcht.

Doch die Wahl des Hauptthemas dieser Geschichte und ihres Begleiters – der Prozess bis zur völligen Folter des ritterlichen Glaubens und mehrere Passagen im Verhalten beider, insbesondere die übertriebenen Szenen im Haus Baldringham und in der Einsiedelei von Engedi sind Zeichen des allmählichen Verfalls der intellektuellen und seelischen Kraft, den diejenigen, die Scott am meisten lieben, ihm in ihren Bemühungen, sie zu verschleiern oder zu leugnen, das schlimmste Unrecht zugefügt haben. Die gemeinen Ängste, moralischen Demütigungen und die gnadenlos geforderte Gehirnarbeit, die ihn töteten, zeigten viele, viele Jahre lang ihre Grabeskraft, bevor sie ihren endgültigen Sieg errangen; und die Zustände mehr oder weniger abgestumpfter, verzerrter und verschmutzter Vorstellungskraft, die in „Castle Dangerous" gipfeln, verleihen „St. Ronan's Well", „The Fair Maid of Perth" und „Anne of Geierstein" einen stygischen Farbton, der sie senkt sie, das erste insgesamt, die anderen beiden in regelmäßigen Abständen, in Gemeinschaft mit der normalen Krankheit, die sich durch den gesamten Körper unserer niederen fiktiven Literatur zieht.

13. Fiktiv! Ich verwende das mehrdeutige Wort absichtlich; Denn es ist unmöglich, in diesen Geschichten über das Gefängnis zu unterscheiden, inwieweit Laster und Trübsinn in ihre Herstellung geworfen werden, nur um einer abscheulichen Forderung gerecht zu werden, und inwieweit sie ein fester Bestandteil des Denkens von Männern sind, die von dort aus ausgebildet wurden Jugend im Wissen um das Elend Londons und Paris. Das Besondere an der Pest ist die Freude an der Darstellung der Zusammenhänge zwischen Schuld und Altersschwäche; und ich nenne die Ergebnisse dieser Literatur „des Gefängnisses", weil die vereitelten Gewohnheiten von Körper und Geist, die die Strafe für rücksichtsloses Gedränge in Städten darstellen, bei der Ausgabe dieser Strafe zu schrecklichen Themen werden, die ausschließlich für sie von Interesse sind sich; und die Kunst der Fiktion, an der sie sich schließlich erfreuen, ist nur die sorgfältigere Anordnung und Illustration der täglichen Bulletins über ihr eigenes Elend, des Gefängniskalenders, der Polizeinachrichten und des Krankenhausberichts durch farbige Feuerlichter.

14. Der Leser wird vielleicht überrascht sein, dass ich das größte Werk von Dickens, „Oliver Twist", mit Ehre von der abscheulichen Masse abtrenne, zu der es normalerweise gehört. Dieses Buch ist eine ernsthafte und

unkarikierte Aufzeichnung der Zustände im kriminellen Leben, geschrieben mit didaktischem Zweck, voller ernsthafter Belehrungen, ohne dass es an pathetischen Studien edler Leidenschaft mangelt. Sogar die „Geheimnisse von Paris" und Gaboriaus „Crime d'Orcival" erheben sich aufgrund ihrer eindeutigen historischen Absicht und ihrer Vorwarnung weit über das Niveau ihrer Ordnung und können als fotografischer Beweis einer ansonsten unglaublichen, korrumpierten Zivilisation akzeptiert werden in der höllischen Tatsache, bis hin zur Entstehung von Figuren wie dem Vicomte d'Orcival, dem Messerstecher, [40] dem Skelett und der Wölfin. Aber das eigentliche Hauptstück der ganzen kretinischen Schule ist der berühmte Roman, in dem der bucklige Liebhaber die Hinrichtung seiner Geliebten vom Turm von Notre-Dame aus beobachtet; und seine Stärke geht nach und nach in die anatomischen Vorbereitungen für den allgemeinen Markt von Romanen wie „Poor Miss Finch" über, in denen die Heldin blind, der Held epileptisch und der widerwärtige Bruder tot aufgefunden wird, ohne dass ihm die Hände abgenommen wurden die arktischen Regionen. [41]

15. Diese Literatur des Gefängnishauses, wobei unter dem Wort nicht nur die Zelle von Newgate verstanden wird, sondern auch und noch deutlicher die Zelle des Hôtel-Dieu, das Hôpital des Fous und der vergitterte Korridor mit den tropfenden Platten des Morgue, dessen zentraler Ursprung somit auf der Ile de Paris – oder historisch und vor allem in der „Cité de Paris" – liegt, ist, wenn man es genau versteht, die genaue Gegenkorruption der Religion der Sainte Chapelle, ebenso wie die schlimmsten Formen des körperlichen und geistigen Verfalls sind die Verderbnis der Liebe. Deshalb habe ich es „Fiction mécroyante" genannt, mit wörtlicher Genauigkeit und Präzision: Gemäß der Erklärung des Wortes, die der Leser in jedem guten französischen Wörterbuch finden kann, [42] und rund um seinen arktischen Pol im Leichenschauhaus kann er sich versammeln in eine Caina von eisiger Fäulnis das gesamte Produkt der modernen ungläubigen Fantasie, die sich mit der Zerstörung des Körpers amüsiert und sich mit der Verirrung des Geistes beschäftigt.

16. Aberration, Lähmung oder Pest werden im Unterschied zum normalen Übel beobachtet, so wie sich das Gift der Tollwut oder der Cholera von dem einer Wespe oder einer Viper unterscheidet. Das Leben des Insekts und der Schlange verdient unsere Gedanken oder lässt es zumindest zu; nicht so die Stadien der Qual beim wütenden Hund. Es gibt zwar eine gewisse Entschuldigung für die pathologische Arbeit des modernen Romanciers in der Tatsache, dass er in einer Stadtbevölkerung nicht leicht einen gesunden Geist zur Vivisektion finden kann; aber der größte Teil einer solchen Amateurchirurgie ist der Kampf in einer Epoche eines wilden literarischen Wettbewerbs, um Neuheit des Materials zu erreichen. Die Vielfalt an Aussehen und Farbe gesunder Früchte, sei es süß oder sauer, kann innerhalb

gewisser Grenzen erschöpfend beschrieben werden. Nicht so die Flecken seiner denkbaren Plage: Und während die Symmetrien des integralen menschlichen Charakters nur durch harmonisches und zartes Geschick nachgezeichnet werden können, wie die Zweige eines lebenden Baumes, können die Fehler und Lücken eines Baumes, der durch einen zerfressenden Zufall weggenagt wurde, hineingemischt werden sinnlose Veränderung wie die Schutzzauber einer Chubb-Schleuse.

17. V. Es ist unnötig, auf dem weiten Feld für dieses durch Würfel oder Karten ausgeteilte Unglück zu beharren, das sich in der Unwissenheit, dem Geldinteresse und der gemeinen Leidenschaft der Stadtehe öffnet. Bauern kennen sich als Kinder – treffen sich, während sie in schwierigen Arbeiten aufwachsen; und wenn der Sohn eines beleibten Bauern ein handloses Mädchen heiratet, ist er selbst schuld. Auch in den Patrizierfamilien der Gegend wissen die jungen Leute, was sie tun, und heiraten ein benachbartes Anwesen oder einen begehrenswerten Titel, mit einer gewissen Vorstellung von der Verantwortung, die sie übernehmen. Aber selbst unter diesen führt ihre Zeit in der verwirrten Metropole zu zügellosen und zufälligen Versuchungen, die unbekannt sind; und in den unteren Mittelschichten wurde ihnen ein völlig neues Reich des Unbehagens und der Schande in den Lehren des ungezügelten Vergnügens gepredigt, die lediglich eine Entschuldigung für ihre eigentümlichen Formen der Unzucht sind. Es ist ziemlich merkwürdig, wie oft die Katastrophe oder das Hauptinteresse eines modernen Romans auf dem Mangel an Selbstbeherrschung sowohl bei Dienstmädchen als auch bei Junggesellen beruht, die ihren Großmüttern und Großvätern als erstes Element des Gewöhnlichen beigebracht wurde anständiges Verhalten. Neulich erkundigte ich mich bei einer Freundin vorschnell nach der Handlung einer modernen Geschichte [43] und erfuhr nach einigem Zögern, dass sie hauptsächlich davon abhänge, dass die jungen Leute „sich selbst in einem Boot vergessen";

und ich halte es für beinahe als Axiom im Kodex des modernen bürgerlichen Rittertums, dass die Stärke liebenswürdiger Gefühle dadurch bewiesen wird, dass wir bei geeigneten Gelegenheiten nicht in der Lage sind, sie zum Ausdruck zu bringen, und bei unangemessenen Gelegenheiten sie zu kontrollieren. Der Stolz eines Gentlemans der alten Schule lag früher in seiner Fähigkeit, zu sagen, was er meinte, und zu schweigen, wenn er sollte (ganz zu schweigen von dem höheren Adel, der Liebe verlieh, wo es ehrenhaft war, und Ehrfurcht, wo sie gebührte). ; Aber die automatischen Liebschaften und unfreiwilligen Anträge der neueren Liebesromane erkennen kaum ein weiteres Gesetz der Moral an als den Instinkt eines Insekts oder das Aufbrausen einer chemischen Mischung.

18. Es gibt eine hübsche kleine Geschichte von Alfred de Musset – „La Mouche", die mir, wenn der Leser einen Blick darauf wirft, weitere Mühe ersparen wird, die disziplinierende Autorität bloßer altmodischer Höflichkeit

sozusagen zu erklären Schutz vor höheren Dingen. Es beschreibt mit viel Anmut und Präzision einen Zustand der Gesellschaft, der keineswegs besonders tugendhaft oder enthusiastisch heroisch ist; in dem viele Menschen extrem Unrecht tun, aber keiner völlig richtig. Aber so wie es Höhen gibt, die man nicht erreichen kann, so gibt es auch Abgründe, zu denen man nicht hinabsteigen kann; Weder Zufall noch Versuchung werden eine der wichtigsten Persönlichkeiten dazu veranlassen, von einem angenommenen Beschluss abzuweichen oder einen anerkannten Grundsatz der Ehre zu verletzen. Von den Menschen wird erwartet, dass sie gelegentlich mit Anstand sprechen und geduldig warten, wenn sie dazu aufgefordert werden: Wer Unrecht tut, gibt es zu; Wer das Richtige tut, rühmt sich nicht damit; Jeder weiß, was er denkt, und jeder hat gute Manieren.

19. Es darf auch nicht vergessen werden, dass in den schlimmsten Tagen der Maßlosigkeit, die die Aristokratien Europas zerstörte, ihre Laster, so zügellos sie auch sein mochten, niemals im fatalen modernen Sinne „prinzipienlos" waren. Die Eitelsten glaubten an Tugend; die Abscheulichsten respektierten es. „Chaque wählte avait son nom" [44] und der strengste englische Moralist erkennt den präzisen Witz, den erhabenen Intellekt und die unbekümmerte Güte an, die den Kreis von d'Alembert und Marmontel aus der verdorbenen Umgebung erlöste. [45]

Ich habe mit allzu geringem Lob gesagt, dass die Eitelsten damals an die Tugend „glaubten". Schöne und heroische Beispiele dafür lagen ihnen stets vor Augen; Und es geschah auch nicht ohne die geheime Bedeutung, die scheinbar den geringsten Zufällen in der Arbeit eines Meisters zukommt, als Scott seinen beiden Heldinnen des Zeitalters der Revolution in England den Namen der Königin der höchsten Stufe der englischen Ritterlichkeit gab. [46]

20. Es ist wenig zu sagen über die Art von Jugendlichen und Dienstmädchen, die allein Scott als eine Freude empfand, sich vorzustellen, oder die es für ehrenhaft hielt, sie darzustellen, dass sie in einer Sphäre handeln und fühlen, in der sie keinem einzigen Moment ausgesetzt sind die Schwächen, die die Ruhe von Keuschheit und Mut in einem modernen Roman stören oder die Entschlossenheit erschüttern. Scott lebte in einem Land und einer Zeit, in der, vom höchsten bis zum niedrigsten, aber hauptsächlich in der würdevollen und edel strengen [47] Mittelklasse, zu der er selbst gehörte, eine Gewohnheit heiteren und makellosen Denkens für die Menschen so natürlich war wie ihr Berg Luft. Frauen wie Rose Bradwardine und Ailie Dinmont waren die Anmut und Wächterin fast jedes Haushalts (Gott sei gepriesen, dass ihre Rasse trotz allem, was Mall oder Boulevard leisten können, noch nicht ausgestorben ist), und es ist vielleicht sogar der Aufmerksamkeit von aufmerksamen Menschen entgangen Leser, dass der vergleichsweise uninteressante Charakter von Sir Walters Helden schon

immer von einer Klasse von Jugendlichen studiert wurde, die einfach nicht in der Lage waren, etwas ernsthaft Falsches zu tun; und konnten durch die Folgen ihrer Leichtfertigkeit oder Unvorsichtigkeit nur in Verlegenheit gebracht werden.

21. Aber es gibt noch einen weiteren Unterschied zwischen dem Wogen eines Waverley-Romans und dem Spinnennetz eines modernen Romans, der von Scotts umfassenderer Sicht auf das menschliche Leben abhängt. In seiner Vorstellung von Mann und Frau ist die Ehe keineswegs das wichtigste Geschäft ihrer Existenz; [48] Noch ist Liebe der einzige Lohn, der für ihre Tugend oder Anstrengung angeboten wird. In seiner Lektüre der Gesetze der Vorsehung ist es nicht notwendig, dass Tugend, sei es durch Liebe oder durch einen anderen äußeren Segen, überhaupt belohnt wird; [49] und die Ehe wird in allen Fällen als Bestandteil des Lebensglücks betrachtet, aber nicht als ihr einziges Interesse, geschweige denn als ihr einziges Ziel. Und wenn wir die Motive seiner Hauptgeschichten mit einiger Sorgfalt analysieren, werden wir oft feststellen, dass die Liebe in ihnen lediglich ein Licht ist, durch das die strengeren Charakterzüge beleuchtet werden sollen, und dass die Ehe des Helden diesem ebenso untergeordnet ist Der Schwerpunkt der Geschichte liegt auf der Schlacht von Agincourt, da Heinrich V. Katharina umwirbt. Ja, das Schicksal der Person, die nominell Gegenstand der Geschichte ist, ist oft kaum mehr als ein Hintergrund, auf dem größere Figuren gezeichnet und tiefere Schicksale angedeutet werden. Die Urteile über den Glauben und die Ritterlichkeit Schottlands bei Drumclog und Bothwell Bridge verdanken für einen vernünftigen Leser kaum ihr Interesse der Tatsache, dass der Kapitän der Popinjay als Gefangener in eine Schlacht getragen wird und aus der anderen als Gefangener zurückkommt : und Scott selbst, während er das weiße Segel beobachtet, das Queen Mary zum letzten Mal aus ihrem Heimatland trägt, vergisst fast, seinen Roman zu Ende zu lesen oder es uns zu erzählen – und hat kaum das Gefühl, dass das ein Trost sein könnte Nebensächlicher Umstand: „Roland und Katharina waren trotz ihrer unterschiedlichen Glaubensrichtungen vereint."

22. Man darf auch keinen Augenblick an den leichten und manchmal verächtlichen Blick denken, mit dem Scott über Szenen hinweggeht, die ein Romancier unserer Zeit mit der Miene eines Philosophen analysiert und mit der Neugier eines Klatschers gemalt hätte, weist darauf hin, dass es in seinem Herzen kein Mitgefühl für die großen und heiligen Elemente des persönlichen Glücks gibt. Eine Ära wie unsere, die ihr Herz mit Fleiß und Prahlerei von allen Leidenschaften befreit hat, die einst als Loyalität, Patriotismus und Frömmigkeit bekannt waren, verstärkt zwangsläufig die scheinbare Kraft des einen verbliebenen Gefühls, das durch die kargen Kammern seufzt oder sich untrennbar daran festklammert die Abgründe des Verfalls; Sie kann auch nicht anders, als mit Ehrfurcht den unbesiegbaren

Geist zu betrachten, der immer noch die Klugheit der Selbstsucht in Irrtum oder Raserei verführt oder verrät, von der man glaubt, sie sei Liebe.

Dass Scott nie er selbst war, im Sinne des von Liebhabern der Pariser Schule verwendeten Ausdrucks „ivre d'amour", kann unbeschadet seiner Sensibilität zugegeben werden, [50] und dass er „l'amor che" nie kannte „move 'l sole e l'altre stelle" war das größte, wenn auch unerkannte Unglück seines zutiefst wechselvollen Lebens. Aber der Leser von Ehre und Gefühl wird daher nicht annehmen, dass die Liebe, die Miss Vernon opfert, indem sie sich für einen Moment von ihrem Pferd beugt, von weniger edlem Charakter oder weniger dauerhaftem Glauben ist als die, die Consuelos gesamte Existenz beunruhigt und erniedrigt; oder dass die Zuneigung von Jeanie Deans für die Gefährtin ihrer Kindheit, die wie ein Feld sanften blauen Himmels hinter den wolkigen Trümmern ihres Kummers gezogen wird, weniger vollständig von ihrer Seele beherrscht wird als die zögernden und selbstvorwurfsvollen Impulse, unter denen ein moderner Mensch steht Die Heldin vergisst sich in einem Boot oder kompromittiert sich in der Kühle des Abends.

23. Ich möchte nicht auf das Ödland zurückkommen, das wir durchquert haben, und Punkt für Punkt Scotts Verhalten mit dem von Bermondsey und den Faubourgs vergleichen; Aber es könnte in diesem Moment vielleicht interessant sein, mit Illustrationen aus jenen Waverley-Romanen, die in letzter Zeit die Aufmerksamkeit eines fairen und sanften Publikums zurückgezogen *haben* , [51] die universellen Bedingungen des zu Recht so genannten „Stils" zu untersuchen. die in allen Zeiten und vor allem lokalen Strömungen oder schwankenden Gezeiten vorübergehender Sitten Säulen dessen sind, was für immer stark ist, und Vorbilder dessen, was für immer gerecht ist.

Aber ich muss zuerst die Werke von Scott definieren, und zwar innerhalb eines strengen Horizonts, in dem sein vollkommener Geist erkannt und seine gewählten Wege verstanden werden können.

Seine großen Prosawerke, mit Ausnahme des ersten halben Bandes von „Waverley", wurden alle in zwölf Jahren, 1814–26, geschrieben (in seinem eigenen Alter waren es 43 bis 55), die tatsächliche Zeit, die sie für ihre Komposition benötigten nicht mehr als ein paar Monate pro Jahr; und während dieser Zeit nur die Morgenstunden und freien Minuten während des Berufstages. „Obwohl der erste Band von ‚Waverley' vor langer Zeit begonnen wurde und tatsächlich eine Zeit lang verloren ging, wurden die beiden anderen zwischen dem 4. Juni und dem 1. Juli begonnen und beendet, während ich während meiner gesamten Gerichtsverhandlung meinen Dienst verrichtete. und lief ohne Zeitverlust oder Geschäftsbehinderung ab." [52]

Wenige der Maximen, zu deren Durchsetzung ich in „Moderne Maler" vor langer Zeit den allgemeinen Charakter eines Liebhabers des Paradoxons erlangt habe, sind einzigartiger oder sicherer als die scheinbar für den Müßiggänger so ermutigende Aussage, dass Wenn etwas Großartiges überhaupt getan werden kann, dann ist es einfach. Aber es ist diese Art von Leichtigkeit, mit der ein Baum nach langen Jahren gesammelter Kraft erblüht, und alle großartigen Schriften Scotts waren die Nachbildungen eines Geistes, der in pflichtbewusster Arbeit bestärkt und reich an der organischen Anhäufung grenzenloser Ressourcen war.

Wenn wir die beiden kleineren und unvollendeten Skizzen zum „Schwarzen Zwerg" und zur „Legende von Montrose" sowie, aus einem noch zu bedenkenden Grund, das unglückliche „St, die in drei verschiedene Gruppen mit jeweils sechs Gruppen unterteilt sind.

24. Die erste Gruppe unterscheidet sich von den beiden anderen durch Charaktere von Stärke und Glückseligkeit, die nach Scotts schrecklicher Krankheit im Jahr 1819 nie mehr auftauchten. Dazu gehören „Waverley", „Guy Mannering", „The Antiquary", „ Rob Roy", „Old Mortality" und „The Heart of Midlothian".

Die Komposition dieser Werke beschäftigte sich an den Morgen seiner glücklichsten Tage im Alter zwischen dreiundvierzig und achtundvierzig Jahren. Am 8. April 1819 (er war am 15. August davor achtundvierzig geworden) begann er zum ersten Mal zu diktieren – da er sich nicht anstrengen konnte, sich zu schreiben – „Die Braut von Lammermuir", „die liebevolle Bitte von Laidlaw". Er forderte ihn auf, mit dem Diktieren aufzuhören, wenn sein hörbares Leiden jede Pause erfüllte. „Nein, Willie", antwortete er, „pass nur auf, dass die Türen fest sind. Ich würde das ganze Geschrei und die ganze Wolle gern für uns behalten; aber was das Geben angeht." Überarbeitung, das kann nur sein, wenn ich Wollkleidung trage."" [53] Von diesem Zeitpunkt an fehlt der Glanz der Freude und die Aufrichtigkeit des unvermeidlichen Humors, der die Bildsprache der früheren Romane perfektionierte, völlig, außer in den beiden kurzen Phasen der unerklärlichen Wiederherstellung der Gesundheit, in denen er „Redgauntlet" und „Nigel" schrieb.

Es ist seltsam, aber nur ein Teil der allgemeinen Einfachheit von Scotts Genie, dass diese Wiederbelebung früherer Macht unbewusst geschah und dass die Zeit extremer Schwäche, in der er „St. Ronan's Well" schrieb, die Zeit war, in der er erstmals behauptete seine eigene Restaurierung.

25. Es ist auch ein äußerst interessantes Merkmal seiner edlen Natur, dass er niemals etwas durch Krankheit gewinnt; Der ganze Mensch atmet oder fällt in Ohnmacht wie ein einziges Geschöpf: Der Schmerz, der ein Glied

versteift, lässt sein Herz erstarren, und jeder Schmerz in seinem Magen lähmt das Gehirn. Bei minderwertigen Geistern ist das nicht der Fall, bei deren Funktionsweise es oft unmöglich ist, die angeborene von der narkotischen Phantasie und das Pochen des Gewissens von dem der Verdauungsstörung zu unterscheiden. Ob in Hochstimmung oder Trägheit, die Farben des Geistes sind immer morbide, die beim „Ancient Mariner" auf dem Meer und bei „St. Agnes' Eve" durch die Fensterfenster leuchten; aber Scott ist durch die Krankheit gleichzeitig geblendet und verdummt; bekommt nie einen Krampfanfall, ohne ein Kapitel zu verderben, und ist vielleicht der einzige Autor mit lebhafter Fantasie, der nie ein dummes Wort geschrieben hat, außer wenn er krank war.

In diesem Punkt bleibt nur zu bemerken, dass jede starke natürliche Erregung, die die tieferen Quellen seines Herzens beeinflusst, seine intellektuellen Kräfte sofort zu ihrer Fülle wiederherstellen würde, und zwar weit zu ihrem Ende hin; aber dass der starke Wille, auf dem er Er war stolz auf sich selbst, obwohl er den Schmerz mit Füßen treten, Kummer zum Schweigen bringen und Fleiß erzwingen konnte, aber in seinen dunkleren Stunden nie seine Fantasie anregen oder sein Urteil klären konnte.

Ich glaube, dass diese Macht des Herzens über den Intellekt allen großen Männern gemeinsam ist; aber was der besondere Charakter der Emotionen war, die allein Scott über die Macht des Todes erheben konnten, werde ich den Leser gleich fragen , mit freudiger Sorgfalt zu beobachten.

26. Die oben genannten ersten Romanserien sind alles, was die Betonung seiner unversehrten Fähigkeiten zeigt. Die zweite Gruppe, die in den drei Jahren nach der fast tödlichen Krankheit entstanden ist, trägt mehr oder weniger das Siegel dieser Krankheit.

Sie bestehen aus der „Braut von Lammermuir", „Ivanhoe", dem „Kloster", dem „Abt", „Kenilworth" und dem „Piraten". [54] Die Zeichen gebrochener Gesundheit sind bei all diesen im Wesentlichen zweierlei: vorherrschende Melancholie und phantastische Unwahrscheinlichkeit. Drei der Geschichten sind quälend tragisch, der „Abt" in seiner Haupthandlung kaum weniger und „Ivanhoe" trotz all seiner strahlenden Pracht zutiefst verletzt; während selbst in der kraftvollsten Serie der Serie die unmöglichen Bogenschießen und Axtschläge, die unglaublich günstigen Auftritte von Locksley, der Tod von Ulrica und die Wiederbelebung von Athelstane teils jungenhaft, teils fieberhaft sind. Caleb in der „Braut", Triptolemus und Halcro im „Pirat" sind alle mühsam und der erste unpassend; Ein halber Band des „Abtes" wird mit äußerst langweiligen Einzelheiten über Rolands Beziehungen zu seinen Mitdienern und seiner Geliebten verbracht, die überhaupt nichts mit der zukünftigen Geschichte zu tun haben; und die Dame von Avenel selbst verschwindet nach dem ersten Band, „wie ein Kranz, wenn es taut, Jeanie." Die Öffentlichkeit hat sich selbst zum „Kloster" geäußert, wenn auch viel zu hart, da sie törichterweise die Schrecken von „Ravenswood" und den Unsinn von „Ivanhoe" gepriesen hat; denn das moderne Publikum findet in der Folter und den Abenteuern dieser Opern die Art von Aufregung, die es in einer Oper sucht, während es keinerlei Verständnis für das pastorale Glück von Glendearg oder die anhaltenden Einfachheiten des Aberglaubens hat, die dem Theater historische Wahrscheinlichkeit verleihen Legende der Weißen Dame.

Aber sowohl in dieser verhassten Geschichte als auch in ihrer Fortsetzung steckt Scotts Herz. Der erste begann, sich in den Pausen der künstlichen Wehen bei „Ivanhoe" zu erfrischen. „Es war eine Erleichterung", sagte er, „die Szenerie, die mir am vertrautesten war [55], mit der fremden Welt zu verbinden, für die ich so viel Fantasie einsetzen musste." In allen Schlussszenen des zweiten Teils wird er durch seine Liebe zur Königin auf sein eigenes wahres Niveau gehoben. Und innerhalb des Kodex von Scotts Werk, auf den ich mich zur Veranschaulichung seiner wesentlichen Kräfte berufen werde, akzeptiere ich „Kloster" und „Abt" und lehne die übrigen vier dieser Gruppe davon ab.

27. Die letzte Serie enthält zwei recht edle, „Redgauntlet" und „Nigel"; zwei von sehr hohem Wert, „Durward" und „Woodstock"; das schlampige und diffuse „Peveril", geschrieben für den Handel; [56] die kränklichen „Tales of the Crusaders" und der völlig kaputte und kranke „St. Ronan's Well". Letzteres verwerfe ich ganz und gar nicht, und von den übrigen akzeptiere ich nur die vier erstgenannten als solides Werk; so dass sich die Liste der Romane, in denen ich seine Methoden und idealen Maßstäbe untersuchen möchte, auf die folgenden zwölf reduziert (benannt in der Reihenfolge ihrer Produktion): „Waverley", „Guy Mannering", der „Antiquar", „Rob Roy"., „Old Mortality", „Heart of Midlothian", „Monastery", „Abbot", „Redgauntlet", „Fortunes of Nigel", „Quentin Durward" und „Woodstock". [57]

28. Es ist jedoch zu spät, in diesem Artikel auf mein Thema einzugehen, den ich passend abschließen möchte, indem ich auf einige der rein verbalen Merkmale seines Stils hinweise, die in gewisser Weise die von uns untersuchten Fragen veranschaulichen, und zwar hauptsächlich Was für viele Leser vielleicht am peinlichsten ist, ist der Unterschied zwischen Charakter und Krankheit.

Ein ganz besonderer Reiz der Waverleys ist ihr veränderter Gebrauch des schottischen Dialekts; aber es ist weder von ihren Nachahmern noch von den Autoren anderen Geschmacks, die für ein späteres Publikum geschrieben haben, allgemein beobachtet worden, dass es einen Unterschied zwischen dem Dialekt einer Sprache und ihrer Verfälschung gibt.

Ein Dialekt wird in jedem Bezirk gebildet, in dem es Personen gibt, die intelligent genug sind, um die Sprache selbst in ihrer ganzen Feinheit und Kraft zu gebrauchen, jedoch unter den besonderen Lebens-, Klima- und Temperamentsbedingungen, die der Landschaft eigentümliche Wörter und Wortformen einführen und Redewendungen, die der Rasse eigen sind, und Aussprachen, die ihren Charakter und ihre Veranlagung anzeigen.

So ist „brennen" (von einem Bach) ein Wort, das nur in einem Land möglich ist, in dem es klar fließende Gewässer gibt, „lassie", ein Wort, das nur dort möglich ist, wo Mädchen so frei sind wie die Bäche, und „auld", eine Form von „ südländisch „alt", übernommen von einer Rasse mit feinerem musikalischen Gehör als die Engländer.

Im Gegenteil, bloße Verschlechterungen oder derbe, schrille und im gewöhnlichen Sinne des Ausdrucks „breite" Formen der Äußerung sind überhaupt keine Dialekte, da sie nichts Dialektisches an sich haben; und alle Phrasen, die in Zuständen unhöflicher Beschäftigung und eingeschränkten Verkehrs entwickelt werden, schaden dem Ton und verengen die Kraft der Sprache, auf die sie sich beziehen. Die bloße Breite des Akzents verdirbt einen Dialekt nicht, solange es sich bei den Sprechern um Männer mit vielfältigen Ideen und guter Intelligenz handelt; Aber sobald das Leben durch Bergbau, Mühlenarbeit oder irgendeine bedrückende und eintönige Arbeit eingeschränkt wird, werden die Akzente und Phrasen entwertet. Es gehört zur gängigen Torheit der damaligen Zeit, Freude daran zu finden, diese fehlgeschlagenen, verkrüppelten und mehr oder weniger brutalen Formen der menschlichen Sprache zu schreiben und zu buchstabieren.

29. Abortiv, verkrüppelt oder brutal sind jedoch nicht unbedingt „korrupte" Dialekte. Verdorbene Sprache ist etwas, das durch Unwissenheit gesammelt, durch Laster erfunden, durch Gefühllosigkeit missbraucht oder durch Affektiertheit zerkleinert und verfälscht wird, insbesondere bei dem Versuch, mit Wörtern umzugehen, deren Bedeutung nur zur Hälfte verstanden oder deren Klang nur zur Hälfte gehört wird. Mrs. Gamps „scheinbar so" – und das „unterbewertet" mit dem Urgefühl des Unterminierens, von – ich weiß nicht mehr, welcher Klatsch in der „Mill on the Floss" Meister-und-Herrin-Stücke dieser letzteren Art sind. Mrs. Malaprops „Allegorien an den Ufern des Nils" weisen einen etwas höheren Fehlergrad auf: Mrs. Tabitha Brambles Ignoranz wird durch ihren Egoismus vulgarisiert, die von Winifred Jenkins durch ihre Einbildung. Das „Wot" von Noah Claypole und die anderen Erniedrigungen des Cockneyismus (Sam Weller und sein Vater sind in nichts bewundernswerter als in der Kraft des Herzens und der Sinne, die selbst

diese reinigen kann); Das „trewth" von Mr. Chadband und „natur" von Mr. Squeers sind Beispiele für die Verfälschung von Wörtern durch Gefühllosigkeit: Die Verwendung des Wortes „bloody" im modernen Niederenglisch ist eine tiefere Verfälschung, die die Form von nicht verändert das Wort, sondern den darin enthaltenen Gedanken verunreinigen.

Nachdem ich so viel verstanden habe, werde ich damit fortfahren, ein Fragment von Scotts schottischem Lowland-Dialekt eingehend zu untersuchen; nicht die schönste Art wählen; im Gegenteil, es soll ein Stück sein, das so tiefgreifend ist, wie er Scotch nur zulässt – es ist vielleicht der einzige unfaire Patriotismus in ihm, dass er, wenn er jemals ein oder zwei Worte wirklich bösartigen Slangs will, es auf Englisch vorträgt oder Niederländisch – nicht Schottisch.

Am Ende dieses Aufsatzes hatte ich vor, die Charaktere von Andrew Fairservice und Richie Moniplies zu analysieren und zu vergleichen, zum Beispiel den ersteren, der angeboren böse ist, von äußeren Einflüssen nicht beeinflusst wird und nicht krank ist, sich aber vom natürlichen Guten unterscheidet, wie sich eine Brennnessel unterscheidet Melisse oder Lavendel; und letzteres von angeborener Güte, durch die Umstände zusammengezogen und eingeklemmt, aber immer noch unversehrt, wie ein Eichenblatt, das vom Frost, nicht vom Wurm, knusprig wird. Da ich noch viel anderes im Kopf habe, muss ich das aufschieben; aber das sorgfältige Studium eines Satzes von Andrew wird uns einiges zum Nachdenken geben.

30. Ich nehme seinen Bericht über die Rettung der Kathedrale von Glasgow zur Zeit der Reformation.

Ah! Es ist eine tapfere Kirche – nichts wie frühere Whigmaleeries und Curliewurlies und offene Stahlsäume – eine solide, mit Gelenken verbundene Maurerhütte, die so lange bestehen wird wie der Krieg, Hände und Schießpulver von ihr fernhalten wird. Es hatte einen großen Einfluss auf die Reformation, als sie die Kirchen von St. Andrews und Perth zerstörten und sie von Papierkram, Götzendienst, Bilderverehrung, Chorröcken und Sic reinigen wollten - wie Lumpen von der Hure, die auf sieben Hügeln sitzt, als ob sie nicht genug Zopf für ihr letztes Ende hätte. Mit Blick auf die Gemeingüter von Renfrew, die Baronie, die Gorbals und so weiter mussten sie an einem schönen Morgen nach Glasgow kommen, um zu versuchen, die Kleinigkeiten der High Kirk of Popish zu säubern. Aber die Stadtbewohner von Glasgow fürchteten, ihr altes Gebäude könnte durch die harte Arbeit der Stadt die Gurte verrutschen lassen, deshalb läuteten sie die gemeinsame Glocke und stellten die Zugbänder zusammen, indem sie die Trommel abnahmen. Zum Glück war der würdige James Rabat in diesem Jahr Dekan der Gilde – (und ein guter Maurer, der er selbst war, machte ihn umso eifriger, die alte Größe aufrechtzuerhalten), und die Handwerker versammelten sich und lieferten den Gemeinen einen regelrechten Kampf. Anstatt dass ihre Kirche die Crans putschen sollte, wie es andere anderswo getan hatten. Es war nicht aus Liebe zu Paperie – na, na! – das könnte keiner von den Handwerkern von Glasgow jemals sagen –, als sie sich darauf geeinigt hatten, die götzendienerischen Heiligenstatuen (trauere ihnen!) zu entfernen von ihren Neuks – Und die Teile der Stane-Idole wurden durch einen heiligen Beschluss in Stücke gerissen und in die Molendinar-Verbrennung geworfen, und die alte Kirche stand da wie eine Katze, als die Flammen von ihr und einem Körper abgefeuert wurden war gleichermaßen zufrieden. Und ich habe weise Leute sagen hören, dass, wenn das Gleiche in Ilka Kirk in Schottland geschehen wäre, die Reform genauso rein gewesen wäre wie heute, und wir hätten mehr christliche Kirchen gehabt; denn ich bin seit langem in England, dass mir nichts aus dem Kopf getrieben wird, dass der Hundezwinger in Osbaldistone-Hall besser ist als jedes Gotteshaus in Schottland.

31. Nun ist dieser Satz in erster Linie ein Stück schottischer Geschichte von ganz unschätzbarem und konzentriertem Wert. Andrews Temperament ist der Typus einer großen Klasse schottischer – nennen wir es „ *Sow* -thistlian"- Geistes, die zwangsläufig die Ansicht eines Papstes oder eines Heiligen vertritt, die die Distel im Libanon von der Zeder oder den Lilien im Libanon annahm; und die ganze Kraft der Leidenschaften, die in der schottischen Revolution die französische Revolution vorhersagten und bewaffneten, wird in diesem einen Absatz erzählt; Beachten Sie die Grobheit, die nicht zum Spaß zugegeben wird, ebenso wenig wie eine Zwiebel in der Brühe nur wegen ihres Geschmacks, sondern wegen des Fleisches; Die inhärente Beständigkeit dieser Grobheit ist eine Tatsache in dieser Geisteshaltung und ein wesentlicher Teil der zu erzählenden Geschichte.

Zweitens beachten Sie, dass diese Rede, in ihrer religiösen Leidenschaft, wie sie auch sein mag, völlig aufrichtig ist. Andrew ist ein Dieb, ein Lügner, ein Feigling und in dem gerechten Dienst, der ihm seinen Namen verdankt, ein Heuchler; aber in der Form von Vorurteilen, zu denen sein Verstand an Stelle der Religion nichts anderes fähig ist, ist er vollkommen aufrichtig. Er gibt nicht im Geringsten vor, die Bilderverehrung zu verabscheuen, um seinem Herrn oder irgendjemandem anderen zu gefallen; er verachtet aufrichtig die „fleischliche Moral " der Predigt in der Oberkathedrale; und als er in der Krypta in kritische Aufmerksamkeit auf den „wahren Geschmack der Lehre" gehüllt wird, vergisst er die Heuchelei seines gerechten Dienstes so völlig, dass er den Versuch seines Meisters, ihn zu stören, mit harten Ellbogenschlägen erwidert.

Drittens. Er ist ein Mann von nicht gerade geringem Scharfsinn, der dem durchschnittlichen Standard des schottischen gesunden Menschenverstandes durchaus entspricht, nicht einem niedrigen; und obwohl er nicht in der Lage ist, irgendeine Art von erhabenem Gedanken oder Leidenschaft zu verstehen, ist er ein scharfsinniger Erkenner von Schwächen und nicht ohne ein oder zwei Funken freundlicher Gefühle. Sehen Sie sich zunächst seine Charakterskizze seines Meisters an Herrn Hammorgaw an, die mit den Worten beginnt: „Er ist kein Mensch ohne jeglichen Sinn, auch nicht"; und dann das Ende des Dialogs: „Aber der Junge ist nach einer Weile kein schlechter Junge, und er braucht einen sorgfältigen Körper, der sich um ihn kümmert."

Viertens. Er ist ein guter Arbeiter; kennt sein eigenes Geschäft gut und kann andere Handwerksberufe beurteilen, ob solide oder nicht.

Alle diese vier Eigenschaften von ihm müssen bekannt sein, bevor wir diese einzelne Rede verstehen können. Ich denke daran und greife es Wort für Wort auf.

32. Sie bemerken, dass Scott zu Beginn keinerlei Versuche unternimmt, Akzente oder Ausspracheweisen durch geänderte Schreibweise anzuzeigen, es sei denn, das Wort wird definitiv neu und sicher schreibbar. Die schottische Art, „James" auszusprechen, ist beispielsweise völlig eigenartig und äußerst angenehm für das Ohr. Aber es ist so, nur weil es das Wort *nicht* in Jeems, noch in Jims, noch in Jawms verwandelt. Ein moderner Dialektschreiber würde es amüsant finden, die eine oder andere dieser hässlichen Schreibweisen zu verwenden. Aber Scott schreibt den Namen in reinem Englisch, wohlwissend, dass ein schottischer Leser ihn richtig aussprechen wird und ein englischer Leser klug sein wird, ihn die Finger zu lassen. Andererseits schreibt er „weel" für „gut", weil dieses Wort in seiner Veränderung vollständig ist und durch das doppelte *e sehr genau ausgedrückt werden kann* . Die zweideutigen *u* in „gude" und „sune" sind zugelassen, weil der Klang viel ähnlicher ist als das doppelte *o* , und zwar in „hure", um der Gnade willen, um das Wort abzumildern; also auch „flaes" für „Flöhe". „Mony" für „many" hat wiederum eindeutig den richtigen Klang, und „neuk" unterscheidet sich in der Bedeutung von unserem „nook" und ist überhaupt nicht dasselbe Wort, wie wir gleich sehen werden.

Zweitens, beachten Sie, dass kein Wort durch unanständige Eile, Langsamkeit, Schlamperei oder Unfähigkeit der Aussprache verfälscht wird. Es gibt kein Lispeln, schleppendes Geplapper, kein Geifer und kein Schnüffeln: Die Sprache ist so klar wie eine Glocke und so scharf wie ein Pfeil; und ihre Auslassungen und Kontraktionen sind entweder melodisch, („na" für „nicht" oder „pu"). „d" für „gezogen") oder so normal wie in einem lateinischen Vers. Die langen Worte werden ohne das geringste Pfusch vorgetragen; und „bigging" bis zum letzten *g abgeschlossen* .

33. Ich nehme die wichtigen Worte jetzt an ihre Stelle.

Mutig. Die alte englische Bedeutung des Wortes „mutig gehen" wurde beibehalten und drückte Andrews aufrichtige und respektvolle Bewunderung aus. Hätte er damit andeuten wollen wollen, dass die Kirche zu fein sei, hätte er „Braw" gesagt.

Kirche. Das ist natürlich ein ebenso reines und unprovinzielles Wort wie „Kirche" oder „église".

Whigmaleerie. Ich kann die Wurzel dieses Wortes nicht ergründen, aber es zeigt, dass der Sprecher nicht an klassische Regeln gebunden ist, sondern alle Silben verwenden wird, die seine Bedeutung bereichern. „Nipperty-tipperty" (aus dem „Poetry-Nonsense" seines Meisters) ist ein weiteres Wort derselben Klasse. „Curliewurlie" ist natürlich genauso rein wie Shakespeares „Hurlyburly". Aber siehe den ersten Vorschlag dieser Idee an Scott bei Blair-Adam (L. vi. 264).

Opensteek-Säume. Eine genauere Beschreibung, oder besser gesagt, der späteren Gotik lässt sich nicht in vier Silben zusammenfassen. „Steek", melodiös für Stich, hat eine kombinierte Bedeutung für Schließen oder Befestigen. Und beachten Sie, dass die spätere Gotik genau das ist, was Scott am besten kannte (in Melrose) und ihm am besten gefiel, und dass er hier wie anderswo genauso sehr über ihn selbst [59] wie über ^{Frank} lacht, wenn er *mit* Andrew lacht, dessen „Opensteek-Säume" sind nur eine grobe Metapher für seine eigenen „in Stein verwandelten Weidenkränze".

Schießpulver. „-Ther" ist ein Überbleibsel des französischen „-dre".

Syne. Eines der melodiösen und geheimnisvollen schottischen Wörter, die teils das Geräusch von Wind und Bach in sich tragen, teils aber auch die Bandbreite einer sanfteren Idee, die wie eine Ferne blauer Hügel über Grenzland ist („weit im fernen Cheviots Blau"). Vielleicht könnte sogar der am wenigsten sympathische „Engländer" dies erkennen, wenn er „Old Long Since" als Ersatz für die schottischen Worte in der Luft hören würde. Ich kenne die Wurzel nicht; aber die eigentliche Bedeutung des Wortes ist nicht „seit", sondern vor oder nach einem Zeitraum von einiger Dauer, „so weel sune wie syne". „Aber zuerst gibt Sawnie einen Anruf, Syne, sie kommt frech herein."

Behoved (zu kommen). Ein reiches Wort mit eigenartiger Ausdrucksweise, das immer mehr oder weniger ironisch für alles verwendet wird, was unter einer teilweise falschen und teilweise vorgetäuschten Vorstellung von Pflicht geschieht.

Siccan. Weitaus hübscher und bedeutungsvoller als „so". Es enthält ein zusätzliches Gefühl des Staunens; und bedeutet eigentlich „so großartig" oder „so ungewöhnlich".

Nahm (o'drum). Klassisches „tuck" aus dem italienischen „toccata", der einleitende „Berührung" oder Schnörkel, auf jedem Instrument (siehe jedoch Johnson unter dem Wort „tucket", zitiert „Othello"). Die tieferen schottischen Vokale werden hier verwendet, um den tieferen Klang der Bassdrum zu markieren, wie in einer feierlicheren Warnung.

Bigging. Das einzige Wort im ganzen Satz, dessen schottische Form weniger melodiös ist als die englische, „and what for no", wenn man bedenkt, dass die schottische Architektur größtenteils kaum über die von Bessie Bell und Mary Gray hinausgeht? „Sie machen einen großen Bogen an der Brandstelle und haben Ausschläge." Aber es hat rein angelsächsische Wurzeln; siehe Glossar zu Fairbairns Ausgabe von Douglas „Virgil", 1710.

Coup. Ein weiteres der vielumfassenden Worte; Abkürzung für „upset", aber mit einem Gefühl der Unbeholfenheit als inhärenter Ursache des Sturzes; vergleiche Richie Moniplies (auch wegen der Bedeutung von „behoved"): „Ae auld hirplin deevil of a potter behoed, just to get in my way, and offer me a pig (irden pot – etym. dub.), as he said ‚just to.' tat meine Scotch-Salbe hinein, und ich gab ihm einen Stoß, wie es nur natürlich war, und der schwankende Teufel stürzte sich in seine eigenen Schweine und beschädigte Dutzende von ihnen. So auch Dandie Dinmont in der Postkutsche: „‚Seltsam! Ich hoffe, sie überfallen uns nicht."

Die Crans. Idiomatisch; Wurzel ist mir unbekannt, aber es bedeutet in dieser Verwendung, totaler Sturz und ohne Wiederherstellung. [60]

Molendinar. Von „molendinum", dem Mahlort. Ich weiß nicht, ob es tatsächlich der lokale Name [61] oder Scotts Erfindung ist. Vergleichen Sie Sir Piercies „Molinaras". Aber auf jeden Fall wird es hier mit einem Nebengefühl der Erniedrigung der ehemals untätigen Heiligen verwendet, um in der Mühle zu mahlen.

Crouse. Mutig, sanft und mit einem Gefühl von Geborgenheit.

Ilka. Wieder ein Wort mit azurblauer Distanz, einschließlich der gesamten Bedeutung von „jedem" und „jedem". Der Leser muss diese umfassenden Wörter, die zwei oder mehr perfekt verstandene Bedeutungen in einem *Bedeutungsakkord* zusammenfassen und mehr Harmonien als Worte sind, sorgfältig und ehrfurchtsvoll von den oben erwähnten Fehlern zwischen zwei halb getroffenen Bedeutungen unterscheiden, die wie ein schlechtes Klavier gespielt werden -Spieler trifft auf die Kante einer anderen Note. Im

Englischen gibt es weniger dieser kombinierten Gedanken; so dass Shakespeare lieber mit den unterschiedlichen Lichtern seiner Worte spielt, als sie zu einem einzigen zu verschmelzen. So buchstabiert und sprach Bischof Douglas das Wort „rose" wiederum anders, je nach seinem Zweck; wenn auch als oberste oder regierende Herrscherin der Blumen, „rois", aber wenn auch nur in ihrer eigenen Schönheit, Rose.

Christlich. Der Sinn für Anstand und Ordnung, die dem Christentum eigen sind, ist in Schottland stärker als in jedem anderen Land, und das Wort „Christ" steht deutlicher im Gegensatz zu „Tier". Daher die üble Kritik an den Engländern wegen ihrer allzu frommen Fürsorge für Hunde.

34. Ich bin selbst ein wenig überrascht darüber, wie weit diese Prüfung eines kleinen Stückes von Sir Walters erstklassigem Werk uns gebracht hat, aber hier muss ich vorerst Schluss machen, vertrauensvoll, wenn der Herausgeber des Neunzehnten Jahrhunderts es *mir* erlaubt , doch vielleicht mehr als einmal, um die Geduld seiner Leser zu strapazieren; aber auf jeden Fall in einem folgenden Aufsatz die technischen Merkmale von Scotts eigenem Stil, sowohl in Prosa als auch in Versen, zusammen mit Byrons, im Gegensatz zu unseren modischen, neueren Dialekten und Rhythmen zu untersuchen; Die wesentlichen Tugenden der Sprache hingen bei beiden Meistern der alten Schule letztlich, so wenig man es auch annehmen könnte, von bestimmten unveränderlichen Ansichten von ihnen über den Kodex namens „der Zehn Gebote" ab, der völlig im Widerspruch zu den Dogmen der Automatik stand Moral, die, noch einmal zusammengefasst durch den Satz der Hexen: „Gerecht ist schlecht, und schlecht ist gerecht", durch den Nebel und die schmutzige Luft unseres wohlhabenden Englands schwebt.

FUSSNOTEN:

[37] *Neunzehntes Jahrhundert* , Juni 1880.

[38] Siehe *Time and Tide* , § 72. – ED .

[39] Nell im „Old Curiosity Shop" wurde einfach für den Markt getötet, so wie ein Metzger ein Lamm tötet (siehe Forsters „Life"), und Paul wurde unter denselben Krankheitsbedingungen geschrieben, die auch Scott betrafen – teilweise der ominösen Lähmungen, die sowohl in „Dombey" als auch in „Little Dorrit" Autor und Thema gleichermaßen erfassen.

[40] „Chourineur" schlägt nicht mit der Dolchspitze, sondern zerreißt mit der Messerschneide. Dennoch tue ich ihm und La Louve Unrecht, wenn ich sie den beiden anderen gleichstelle; sie werden nur als Teile in ein und demselben Phantasma zusammengefügt. Vergleichen Sie mit La Louve die

Kraft der wilden Tugend in der „Louvécienne" (Lucienne) von Gaboriau –
sie, in der Provinz geboren und aufgewachsen; und in der Figur ihrer
befreundeten Schneiderin eine Gegnerin der Pariser Zivilisation. „De ce
Paris, où elle était née, elle savait tout – elle connaissait tout. Rien ne
l'étonnait, nul ne l' intimidait. Sa science of detail matériels de l'existence était
unfassbar. Impossible de la duper! – Eh gut Dieses Mädchen, das arbeitet
und wirtschaftlich ist, hat mir nicht die vage Vorstellung von den Gefühlen
gegeben, die die Ehre der Frau bedeuten. Es fehlt mir die Idee, dass es keinen
moralischen Sinn gibt und dass es unbewusste Verderbnis gibt , d'une
impudence si effrontément naive." – „L'Argent des autres", Bd. IP 358.

[41] Der Leser, der danach sucht, kann leicht medizinische Beweise für die
physischen Auswirkungen bestimmter Zustände von Gehirnerkrankungen
finden, indem er insbesondere Bilder von abgeschnittenen und Hermes-
ähnlichen Deformationen erzeugt, die durch Grobheit kompliziert sind.
Horaz spottet in den „Epoden" darüber, aber nicht ohne Entsetzen. Luca
Signorelli und Raphael sind in ihren Arabesken zutiefst davon betroffen:
Dürer, der sich ihr abwechselnd widersetzt und damit spielt, wird in den
verzerrten Gesichtern, den schlagenden Hellebarden und den hängenden
Satyrn seiner Arabesken rund um das polyglotte Vaterunser immer wieder
fast niedergeschlagen; es nimmt Balzac in den „Contes Drolatiques"
vollständig in Besitz; es traf Scott in den frühesten Tagen seiner kindlichen
„Visionen", die durch den Axthieb-Mord an seiner Großtante noch verstärkt
wurden (L. i. 142, und siehe Ende dieser Anmerkung). Es wählte für ihn das
Thema „Das Herz von Midlothian" und brachte danach alle
wiederkehrenden Vorstellungen von Hinrichtungen hervor, die „Nigel"
befleckten, „Quentin Durward" – absolut die „Fair Maid of Perth" – fast
verdarben und in „Bizarro" gipfelten " (L. x. 149). Es deutete auf alle
Todesfälle hin, die durch Stürze oder Untergang wie im wahnsinnigen Schlaf
verursacht wurden – Kennedy, Eveline Neville (fast wiederholt in Clara
Mowbray), Amy Robsart, die Meisterin von Ravenswood im Treibsand,
Morris und Corporal Grace-be-here – im Vergleich der Traum von Gride in
„Nicholas Nickleby" und Dickens' eigene letzte Worte *am Boden* (so auch, als
ich vor zwei Jahren in meiner eigenen Gehirnentzündung war, träumte ich,
dass ich durch die Erde fiele und auf der anderen Seite wieder herauskam
Seite). In seiner grotesken und verzerrenden Kraft brachte es alle Figuren des
Laienkobolds, Pacolet, Flibbertigibbet, Cockledemoy, Geoffrey Hudson,
Fenella und Nectabanus hervor; in Dickens gibt es in ähnlicher Weise Quilp,
Krook, Smike, Smallweed, Miss Mowcher und die Zwerge und Wachsfiguren
von Nells Karawane; und tobt völlig wild in „Barnaby Budge", wo ein Corps
de Drame aus einem Idioten, zwei Verrückten, einem Gentleman-Narren,
der auch ein Bösewicht ist, einem Ladenjungen-Narren, der auch ein Schurke
ist, einem Henker usw. besteht eine verschrumpelte Virago und eine Puppe

mit Bändern – er trägt diese Truppe durch Aufruhr und Feuer, bis er den Henker, einen der Verrückten, seine Mutter und den Idioten hängt, den Gentleman-Narren in einem blutigen Duell angreift und verbrennt und zermalmt Der Ladenjunge verfällt in die Formlosigkeit, er kann noch nicht zufrieden sein, ohne dem übriggebliebenen Liebhaber das Bein abzuschießen und ihn mit der Puppe in einer Holzpuppe zu verheiraten; Der formlose Ladenjunge wird schließlich auch in *zwei* Holzläden verheiratet. Beachten Sie, dass diese Verstümmelung das eigentliche Zeichen der Pest ist. verbunden, in den künstlerischen Formen davon, mit einer Liebe zum Dornen – (in ihrer mystischen Wurzel die Stutzung der gliederlosen Schlange und die Stacheln des Drachenflügels. Vergleiche „Moderne Maler", Bd. IV., „Kapitel über das Mountain Gloom", S. 19); und in *allen* Formen davon, mit Versteinerung oder Kraftverlust durch Kälte im Blut, woher der letzte darwinistische Prozess des Hexenzaubers – „Kühle ihn mit dem *Blut eines Pavians, dann* ist der Zauber fest und gut." Die beiden Fresken in den kolossalen Flugblättern, die in letzter Zeit die Straßen Londons schmückten (der Pavian mit dem Spiegel und die Enthauptung von Maskelyne und Cooke), sind die letzten englischen Formen von Raffaels Arabeske unter diesem Einfluss; und es lohnt sich auf jeden Fall, sich die Nummer von „Young Folks – eine Zeitschrift mit lehrreicher und unterhaltsamer Literatur für Jungen und Mädchen jeden Alters" für die Woche bis zum 3. April 1880 zu besorgen, die „A Sequel to Desdichado" (die Moderne) enthält Weiterentwicklung von Ivanhoe), in dem ein recht monumentales Beispiel der betreffenden Kunst als Hauptillustration dieses charakteristischen Satzes zu finden ist: „Sehen Sie, guter Cerberus", sagte Sir Rupert, „meine Hand wurde abgeschlagen. Sie. *"Ich muss mir eine Hand aus Eisen machen, eine mit Federn darin, damit ich sie einen Dolch fassen kann* . Der Text ist auch, wie er vorgibt, lehrreich; es handelt sich um die ultimative Degeneration dessen, was ich oben die „Torheit" von „Ivanhoe" genannt habe; denn die Torheit bringt immer mehr Torheit hervor; und was auch immer Scott und Turner falsch gemacht haben, hat Tausende von Nachahmern – ihre Weisheit wird niemand hören, geschweige denn folgen!

In beiden Meistern muss immer daran erinnert werden, dass das Böse und das Gute gleichermaßen Bedingungen der wörtlichen *Vision sind* und daher auch untrennbar mit dem Gesundheitszustand verbunden sind. Ich glaube, dass die ersten Elemente aller Fehler Scotts in der Milch seiner schwindsüchtigen Amme lagen, die ihn als Säugling fast umbrachte (L. i. 19) – und zweifellos die Ursache für das Kinderkrankheiten war, das in seiner Lahmheit endete (L. i. 20). Dann kamen (wenn der Leser wissen möchte, was ich mit „Fors" meine, er solle die Seite sorgfältig lesen) die schrecklichen Unfälle seiner einzigen Schwester und ihr Tod (L. i. 17); dann der Wahnsinn seiner Krankenschwester, die seinen eigenen Mord plante (21), dann erzählten ihm die Geschichten immer wieder von den Hinrichtungen in Carlisle (24), bei denen der Mann seiner Tante sie gesehen hatte; beim Herausgeben, er selbst weiß kaum wie, in dem unerklärlichen Schrecken, der ihn beim Anblick der Statuen (31) – insbesondere der Jakobsleiter – überkam; dann die Ermordung von Mrs. Swinton und schließlich das fast tödliche Platzen des Blutgefäßes in Kelso, mit der darauf folgenden Nervenkrankheit (65-67) – getröstet, während er „ausblutete und Blasen bekam, bis er kaum noch einen Puls hatte", „durch die Geschichte der Malteserritter – liebevoll weitergedacht und durch die tatsächliche Modellierung ihrer Festung verwirklicht, die ihm beim Untergang als Thema ihrer letzten Anstrengung wieder in den Sinn kam.

[42] „Se dit par dénigrement, d'un chrétien qui ne croit pas les dogmes de sa religion." – Fleming, Bd. ii. P. 659.

[43] Der Roman, auf den angespielt wird, ist „The Mill on the Floss". Siehe unten, S. 272, § 108. – ED .

[44] „A son nom", richtig. Der Satz stammt von Victor Cherbuliez in „Prosper Randoce", der voller anderer wertvoller Sätze ist. Siehe „Ici bas les choices vont de travers, comme un chien qui va à vêpres" der alten Amme, S. 93; und vergleichen Sie Prospers Schätze, „la petite Vénus, et le petit Christ d'ivoire", S. 121; auch Madame Brehannes Bitte um Divertissement von „quelque belle batterie à coups de couteau" mit Didiers Antwort. „Hélas! Madame, vous jouez de malheur, ici dans la Drôme, l'on se massacre aussi peu que mightable", S. 33.

[45] Edgeworths „Tales" (Hunter, 1827), „Harrington and Ormond", Bd. iii. P. 260.

[46] Alice von Salisbury, Alice Lee, Alice Bridgnorth.

[47] Scotts Vater war gewöhnlich asketisch. „Ich habe seinen Sohn erzählen hören, dass es bei ihm üblich war, wenn jemand bemerkte, dass die Suppe gut war, sie noch einmal zu probieren und zu sagen: ‚Ja, sie ist zu gut, Kinder', und ein Glas kaltes Wasser zu schütten in seinen Teller." – Lockharts „Life" (Black, Edinburgh, 1869), Bd. ip 312. An anderen Stellen beziehe ich mich auf dieses Buch in der einfachen Form von „L".

[48] Eine junge Dame sang mir, kurz bevor ich diese Seite für den Druck kopierte, das „großartige Lied" von Miss Somebody vor: „Live, and Love, and Die". Wäre es für nichts Besseres als Seidenraupen geschrieben worden, hätte es zumindest hinzufügen sollen: Spin.

[49] Siehe Passage der Einleitung zu „Ivanhoe", klug zitiert in L. vi. 106.

[50] Siehe unten, Anmerkung, S. 199, zum Abschluss von „Woodstock".

[51] Der Verweis bezieht sich auf eine Reihe von „Waverley Tableaux", die kurz vor der Veröffentlichung dieses Artikels in London gegeben wurden . – ED .

[52] L. iv. 177.

[53] L. vi. 67.

[54] „Noch ein solcher Roman, und es gibt ein Ende; aber wer kann ewig bestehen? Wer hat jemals so lange durchgehalten?" – Sydney Smith (von The *Pirate*) an Jeffrey, 30. Dezember 1821. (*Letters* , Bd. S. 223.)

[55] L. vi. P. 188. Vergleichen Sie die Beschreibung von Fairy Dean, vii. 192.

[56] Alles, leider! waren nun weitgehend so geschrieben. „Ivanhoe", „The Monastery", „The Abbot" und „Kenilworth" wurden alle zwischen Dezember 1819 und Januar 1821 veröffentlicht. Constable & Co. gaben fünftausend Guineen für das verbleibende Urheberrecht an ihnen, Scott zahlte zehntausend Guineen vor dem Handel wurde abgeschlossen; und bevor die „Fortunes of Nigel" in der Presse erschienen, hatte Scott Instrumente ausgetauscht und die Rechnungen seines Buchhändlers für nicht weniger als vier „Belletristik" erhalten, von denen in den Vertragsurkunden keines anders beschrieben war und die in ununterbrochener Folge produziert werden sollten , *wobei jeder von ihnen mindestens drei Bände füllen soll, jedoch mit angemessenen Sparklauseln hinsichtlich der Erhöhung des Kopiergeldes für den Fall, dass einer von ihnen auf vier Bände erweitert werden sollte* ; und innerhalb von zwei Jahren wurde all diese Vorfreude durch „Peveril of the Peak", „Quentin Durward", „St. Ronan's Well" und „Redgauntlet" zunichte gemacht.

[57] „Woodstock" wurde am 26. März 1826 fertiggestellt. Er wusste damals von seinem Untergang; und schrieb in Bitterkeit, aber nicht in Schwäche. Die Schlussseiten sind die schönsten des Buches. Aber einen Monat später starb Lady Scott; und er hat nie mehr frohe Worte geschrieben.

[58] Vergleichen Sie die nicht seltenen Reden von Herrn Spurgeon zum gleichen Thema.

[59] In den Romanen gibt es drei eindeutige und absichtliche Porträts von ihm selbst, von denen jedes einen eigenen Teil seiner selbst darstellt: Mr. Oldbuck, Frank Osbaldistone und Alan Fairford.

[60] Siehe Anmerkung, S. 224.— ED .

[61] Andreas beherrscht Latein und könnte das Wort in seiner Einbildung geprägt haben; aber als ich einem freundlichen Freund in Glasgow schreibe, stelle ich fest, dass der Bach schon vor dem Bau der Subdean Mill im Jahr 1446 „Molyndona“ hieß. Siehe auch den Bericht über den Ort in Mr. Georges bewundernswertem Band „Old Glasgow“, S. 129, 149 usw. Der Protestantismus von Glasgow hat, seitdem er dieses Heiligenpulver in seinen Bach Kidron geworfen hat, ihm andere fromme Opfergaben dargebracht; und mein Freund fährt fort, dass der Bach, der einst für die Reinheit seines Wassers berühmt war (das häufig zum Bleichen genutzt wurde), „seit fast hundert Jahren ein kriechender Bach der Abscheulichkeit war. Er ist jetzt zugemauert, und eine Kutsche-“ Oben wurde ein Weg gemacht; darunter verläuft das üble Durcheinander immer noch durch das Herz der Stadt, bis es in der Nähe des Hafens in den Clyde mündet.

Fiktion, fair und schlecht. [62]

II.

35. *„Er hasste Begrüßungen auf dem Marktplatz* , und auf der Straße gab es im Allgemeinen Herumlungerer, die ihn *entweder wegen der Ereignisse des Tages* oder wegen kleinerer Geschäfte verfolgten."

Diese Zeilen, die der Leser am Anfang des sechzehnten Kapitels des ersten Bandes des „Antiquary" finden wird, enthalten zwei Hinweise auf den Charakter des alten Mannes, der, wenn man das Ideal von ihm als Porträt von Scott selbst aufnimmt, von Bedeutung ist für mich äußerst interessant. Sie meinen im Wesentlichen, dass weder Monkbarns noch Scott Lust hatten, von Männern Rabbi genannt zu werden, wenn sie nur die Menge hörten; und vor allem, dass sie es hassten, durch irgendeine Art von „täglichen" Nachrichten, ob gedruckt oder geplappert, aus ihren weit entfernten Gedanken oder nach vorn aus ihren längst vergangenen Gedanken gerissen zu werden. Über diese zwei lebenswichtigen Eigenschaften, die tiefer in beiden Männern liegen (denn ich muss immer von Scotts Schöpfungen sprechen, als wären sie so real wie er selbst), als ihre oberflächlichen Eitelkeiten oder vorübergehenden Begeisterungen, muss ich zu einem anderen Zeitpunkt mehr sprechen. Ich zitiere die Passage gerade, weil es einen Teil der täglichen Nachrichten des Jahres 1815 gab, der Scott äußerst interessierte und die Arbeit des letzten Teils seines Lebens wesentlich bestimmte; Auch gibt es in diesem gesamten 19. Jahrhundert kein Stück Geschichte, das so reich an vielfältigen Lehren ist wie das Studium der Gründe, die Scott und Byron in ihren gegensätzlichen Ansichten über den Ruhm der Schlacht von Waterloo beeinflusst haben.

36. Aber ich zitiere es noch aus einem anderen Grund. Die wichtigste Begrüßung, die Mr. Oldbuck bei dieser Gelegenheit auf dem Markt erhält, wird mir im Vergleich mit der Rede von Andrew Fairservice, die ich in meinem ersten Artikel untersucht habe, den Text dessen liefern, was ich in diesem Artikel hauptsächlich zu sagen habe.

„Mr. Oldbuck', sagte der Stadtschreiber (eine wichtigere Person, die vortrat und es wagte, den alten Herrn aufzuhalten), ,der Propst, der weiß, dass Sie in der Stadt sind, bittet Sie auf keinen Fall, zu kündigen es, ohne ihn zu sehen; er möchte mit Ihnen darüber sprechen, das Wasser aus der Fairwell-Quelle durch einen Teil Ihres Landes zu leiten.'

„„Was zum Teufel! – haben sie niemandes Land außer meinem, um es zu mähen und zu schnitzen? – Ich werde nicht zustimmen, sagen Sie es ihnen.'

‚‚Und der Propst', sagte der Schreiber und fuhr fort, ohne die Zurückweisung
zu bemerken, ‚und der Rat wären damit einverstanden, dass Sie die alten
Stanes in der Donagild-Kapelle haben, die Sie sich vorgenommen hatten.'

‚‚Äh? – was? – Oho! Das ist eine andere Geschichte – Nun ja, ich werde den
Propst anrufen und wir werden darüber reden.'

‚‚Aber du darfst nicht sofort deine Meinung äußern, Monkbarns, wenn du
die Pfosten willst; denn Diakon Harlewalls glaubt, dass die geschnitzten
durchgehenden Pfosten mit Vorteil an der Vorderseite des neuen
Gemeindehauses angebracht werden könnten – das heißt am Twa-Kreuz -
beinige Gestalten, die die Callants früher benutzten, um Robbin und Bobbin
zu rufen, eine auf Ilka-Türwange; und die andere staute, dass sie Ailie Dailie
baten, die Tür zu öffnen. Es wird sehr geschmackvoll sein", sagt der Diakon,
und einfach im Stil der modernen Gotik."

‚‚Guter Gott, befreie mich von dieser Gothic-Generation!' rief der
Altertumsforscher aus: ‚‚Ein Denkmal eines Tempelritters auf jeder Seite
einer griechischen Veranda und eine Madonna auf der Spitze! – Oh *Crimini!*
– Nun, sagen Sie dem Propst, dass ich die Steine haben möchte, und wir"
Über den Wasserlauf werde ich nicht anderer Meinung sein. – Es ist ein
Glück, dass ich heute zufällig hierher gekommen bin.'

‚‚Sie trennten sich beiderseitig zufrieden; aber der schlaue Schreiber hatte
allen Grund, sich über die Geschicklichkeit zu freuen, die er an den Tag gelegt
hatte, seit dem ganzen Vorschlag eines Austauschs zwischen den
Denkmälern (die der Rat beschlossen hatte, als Ärgernis zu entfernen, weil
sie einen Meter über ihnen standen). die öffentliche Straße) und das Privileg,
das Wasser über das Anwesen von Monkbarns zur Stadt zu transportieren,
war eine Idee, die ihm selbst unter dem Druck des Augenblicks entstanden
war.

37. Könnte der Leser auf dieser einzelnen Seite von Scott bitte die Art von
prophetischem Instinkt beachten, mit dem die großen Männer aller Zeiten
ihr Schicksal markieren und vorhersagen? Das Wasser aus dem Fairwell ist
das zukünftige Thirlmere, das nach Manchester transportiert wird; Die „Auld
Stanes" [63] in Donagild's Chapel, die als *Ärgernis* entfernt wurden, kündigen
die notwendige Sichtweise an, die der moderne Cockneyismus, Liberalismus
und Fortschritt in Bezug auf alle Dinge einnimmt, die sie an die edlen Toten,
an den Ruhm ihrer Väter oder an … erinnern ihre eigene Pflicht; und die
öffentliche Straße wird zu ihrem Idol, statt zum Heiligtum des Heiligen.
Schließlich die Schurkerei der gesamten Transaktion – der gemeine Mann
erkennt die Schwäche des Ehrenwerten und „überwindet" ihn – im
modernen Slang, in der Art und Weise und im Tempo des modernen
Handels – „auf den Druck des Augenblicks hin".

Aber das ist auch nicht das, wofür ich die Passage jetzt zitiert habe.

Ich zitiere es, damit wir darüber nachdenken können, wie viel wundervolle und abwechslungsreiche Geschichte sich in der Tatsache versammelt, die uns in diesem Stück völlig fairer Fiktion aufgezeichnet wird, nämlich die im schottischen Bezirk Fairport (eigentlich Montrose) im Jahr 17 – Christi , das Wissen, das die Pfarrer und Lehrer, die der aufgeklärte schottische Protestantismus seinen Kindern vermittelte, über die Geschichte ihrer Väter und den Ursprung ihrer Religion vermittelten, hatte zu dieser Substanz und Summe geführt: – dass die Statuen zweier Kreuzzugsritter geworden waren , an ihre Kinder Bobbin und Bobbin; und die Statue der Madonna, Ailie Dailie.

Wirklich ein wunderbares Stück Geschichte: und viel zu umfassend für einen allgemeinen Kommentar hier. Nur einen kleinen Teil davon möchte ich den Gedanken der Leser weitergeben.

38. Die oben genannten Pfarrer und Lehrer (typischerweise in einem anderen Teil dieses fehlerfreien Buches von Herrn Blattergowl dargestellt) sind für diese Namen nicht verantwortlich, was auch immer sie sonst noch zu verantworten haben. Die Namen sind von den Kindern selbst gewählt und vergeben, aber nicht ihre eigene Erfindung. „Robin" ist ein klassischer, liebenswerter Beiname, der das *verirrte* Heldentum vergangener Zeiten widerspiegelt – den Namen von Bruce und Rob Roy. „Bobbin" ist eine poetische und symmetrische Erfüllung und Verzierung des ursprünglichen Satzes. „Ailie" ist das letzte Echo von „Ave", geändert in den sanftesten schottischen Vornamen, der den Kindern vertraut ist, selbst die schöne weibliche Form des königlichen „Louis"; das „Dailie" wurde für eine freundlichere und musikalischere Zärtlichkeit noch einmal symmetrisch hinzugefügt. Die letzten Spuren der Ehre für das Heldentum und die Religion ihrer Vorfahren, die noch auf den Lippen von Säuglingen und Säuglingen verbleiben.

Doch welchen Sinn hat die Notwendigkeit, die Nomenklatur rhythmisch und reimend zu vervollständigen, für die Kinder? Beachten Sie zunächst sorgfältig den Unterschied und das Erreichen beider Qualitäten durch die betreffenden Verspaare. Rhythmus ist das syllabische und quantitative Maß der Wörter, in dem Robin sowohl in Gewicht als auch in Zeit Bobbin ausbalanciert; und Dailie hält die Waage mit Ailie. Aber Reim ist die zusätzliche Entsprechung von Lauten; unbekannt und unerwünscht, soweit wir wissen, vom griechischen Orpheus, aber absolut wesentlich für den schottischen Thomas und wird als besondere Tugend zum Titel des schottischen Thomas.

39. Der „Ryme" [64], so mag man es zunächst vermuten, ist der besonders kindische Teil des Werkes. Nicht so. Es ist der besonders ritterliche und

christliche Teil davon. Es charakterisiert den christlichen Gesang oder Lobgesang als etwas Höheres als eine griechische Ode, ein Melos oder ein Hymnos oder als eine lateinische Carmen.

Denk daran; denn das ist wieder wunderbar! Dass diese Kinder von Montrose ein Element der Musik in ihren Seelen haben sollten, das Homer nicht hatte – was ein Melos von David, dem Propheten und König, nicht hatte – was Orpheus und Amphion nicht hatte – was Apollos unverfälschte Orakel bei dem Klang verstummten von.

Eine seltsame neue Billigkeit ist dies – sozusagen melodische Gerechtigkeit und Urteil – in allen Worten, die von christlichen menschlichen Geschöpfen feierlich und rituell gesprochen werden; – Robin und Bobbin – am Grab des Kreuzfahrers, bis hin zu „Dies iræ, dies illa", bei Urteil über die Kreuzfahrerseele.

Sie müssen diesen christlichen Minnesänger vom ersten bis zum letzten am tiefsten verstehen; dass sie musikalischer, weil fröhlicher sind als alle anderen auf der Erde: ätherische Minnesänger, Pilger des Himmels, treu zu den verwandten Punkten des Himmels und der Heimat; ihre Freude ist im Wesentlichen die der Lerche, am Licht, an der Reinheit; Aber mit ihren menschlichen Augen suchen sie nach dem herrlichen Erscheinen von etwas am Himmel, was dem Vogel nicht möglich ist.

Dadurch wird das etruskische Murmeln in Terza rima verwandelt – das horatische Latein in die Melodie eines provenzalischen Troubadours; nicht, weil weniger kunstvoll, weniger weise.

40. Hier ist zum Beispiel ein kleiner Teil der französischen Reimkunst kurz vor Chaucers Zeit – nah genug an unserem eigenen Französisch, um für uns noch verständlich zu sein.

„O quant très-glorieuse vie,
Quant cil qui tout peut et maistrie,Veult esprouver pour nécessaire,Ne pour quant il ne blasma mieLa vie de Marthe sa mie:Mais il lui donna exemplaireD'autrement vivre, et de bien plaireA Dieu; et Das Beste ist, dass Marie, die ihr ohne Gewissensbisse begegnet ist, und überlegt hat, was sie will, und das Beste daran

ist Ich habe nicht gedacht, dass es so ist, als würde ich es sehen. Ich werde jeden Tag frisch und neu sein, D'aymer Dieu und ich werde es tun fut visitéeEt de Dieu Premier confortée;Car charité est trop ysnelle.

41. Das einzige in diesem Lied beachtete *Metrumsgesetz besteht darin, dass jede Zeile achtsilbig sein muss:*

Qui fut | tousjours | frische et | Novelle,

D'autre | ment vi | vret de | bien (ben) plaire

Und Stift | soit den | tendret | de taire.

Der Leser muss jedoch beachten, dass Wörter, die im Lateinischen zumeist zweisilbig waren, im Französischen immer noch zweisilbig sind.

La *vi* | *e* de | Marthe | sa mie,

obwohl *mie* , eine Lieblingssprache, liebevolle Abkürzung von *amica* durch *amie* , einsilbig bleibt. Aber *vie* lässt sein *e* vor einem Vokal weg:

Auto Mar- | das ich | nait vie | activeEt Ma- | ri-e | Zeitgenössisch | lativ;

und der Brauch kennt viele Ausnahmen. So kann *Marie* wie oben dreisilbig sein oder auf *mie* als Dissilbe antworten; aber *vierge* ist, glaube ich, immer zweisilbig, *vier-ge* , mit noch stärkerer Betonung auf *-ge* für das lateinische *-go*
.

Zweitens gibt es für die Quantität kaum ein festes Gesetz. Die Takte können nach Belieben des Minnesängers getimt werden – schnell oder langsam – und der jambische Strom wird in einen umgekehrten Wirbel umgewandelt, wenn die Worte zufällig kommen.

Aber drittens muss es ein reichhaltiges Reimen und Läuten geben, ganz gleich wie einfach es auch sein mag, sodass die Worte in den verschiedenen Teilen der Strophe nur mit der gebotenen Kunst des Ineinandergreifens und Antwortens zusammenklingeln und klimpern, entsprechend den Wendungen von Maßwerk und Erleuchtung . Die gesamte zwölfzeilige Strophe besteht also nur aus zwei Reimen, jeweils sechs, und ist folgendermaßen angeordnet:

AAB | AAB | BBA | BBA |

Auf diese Weise wird der Vers in vier Takte unterteilt, die im Auf- und Abstieg vertauscht sind, oder besser gesagt *im Diskant* ; und zweifellos mit entsprechenden Phasen in der gegebenen Stimme und der ordnungsgemäß begleitenden oder folgenden Musik; Der Grundsatz von Thomas the Rymer,

dass „tong is chefe in mynstrelsye", immer treu im Hinterkopf behalten wird.
[65]

42. Hier haben Sie also ein ausreichendes Beispiel für den reinen Gesang der christlichen Zeitalter; das im Herzen immer fröhlich ist und sich in die vier großen Formen aufteilt; Loblied, Gebetslied, Liebeslied und Kampflied; Lob ist jedoch in allen vier Formen der Grundton der Leidenschaft; nach dem ersten Gesetz, das ich bereits in den „Gesetzen von Fésole" angegeben habe; „Alle große Kunst ist Lob", wovon auch das Gegenteil zutrifft, alle schlechte oder bösartige Kunst ist Anklage, διαβολ ἰ : „Sie gab mir vom Baum und ich aß", ein völlig sinnloser Ausdruck von Adams Seite, kurz gesagt wesentliches Gegenteil von Love-song.

Zu diesen vier vollkommenen Formen des christlichen Gesangs gehören das „Te Deum", das „Te Lucis Ante", das „Amor che nella mente" [66] und der „Chant de Roland" als reine Beispiele gemischte Trauerlieder heidnischen Ursprungs (ob griechisch oder dänisch), die in Zeiten des Leids und der Trauer die Rassen, die sie einst gelernt haben, stillhalten; und Lieder der christlichen Demütigung oder Trauer, die sich hauptsächlich auf die Leiden Christi oder die Umstände unserer eigenen Sünde beziehen: Während das gesamte System dieser musikalischen Klagen mit Moralvorstellungen, Anweisungen und damit verbundenen Geschichten verwoben ist, um beides zu veranschaulichen, geht es ins Epische über und romantische Verse, die mit zunehmenden Formen und Erkenntnissen der Gesellschaft nach und nach weniger fröhlich und mehr belehrend oder satirisch werden, bis die letzten Echos christlicher Freude und Melodie in der „Eitelkeit menschlicher Wünsche" verschwinden.

43. Und hier muss ich ein oder zwei Minuten innehalten, um die verschiedenen Zweige unserer Untersuchung klar voneinander zu trennen. Zum einen muss der Leser bitte vorerst alle Gedanken an den Fortschritt der „Zivilisation" aus seinem Kopf verbannen – das heißt, im Großen und Ganzen, an die Ersetzung von Haaren durch Perücken, Kerzen durch Gas und Beine durch Dampf. Dies ist eine völlig andere Angelegenheit als die Phasen der Politik und der Religion. Es hat nichts mit der britischen Verfassung, der Französischen Revolution oder der Vereinigung Italiens zu tun. Es gibt tatsächlich bestimmte subtile Beziehungen zwischen dem Geisteszustand, zum Beispiel in Venedig, der sie dazu bringt, einen Dampfer einer Gondel vorzuziehen, und dem, der sie einen Gazetteer einem Herzog vorziehen lässt; Aber diese Beziehungen können überhaupt nicht behandelt werden, bis wir feierlich begreifen, dass es nicht von der Art und Weise abhängt, wie die Menschen ihre Haare schneiden, ihre Hosen binden oder ihr Feuer anzünden, ob sie Christen und Dichter oder Ungläubige und Dummköpfe werden. Dr. Johnson hätte seiner Würde entsprechend seine

Perücke vollständig tragen können, ohne daher zu dem Schluss zu kommen, dass menschliche Wünsche vergeblich seien; Auch ist nicht Königin Antoinettes zivilisiertes Haarpuder, im Gegensatz zu Königin Berthas wild offenem Haar, der Grund dafür, dass Antoinette ihren Kopf schließlich in Gerüststaub legt, sondern Bertha in einem von Pilgern heimgesuchten Grab.

44. Auch hier habe ich gerade die Wörter „Dichter" und „Dummkopf" verwendet und meinte damit den Grad jeder Eigenschaft, die der durchschnittlichen menschlichen Natur möglich ist. Die Menschen werden auf ewig in die beiden Klassen Dichter (Gläubiger, Schöpfer und Lober) und Dummköpfe (oder Ungläubiger, Unmacher und Verleumder) eingeteilt. Und im Laufe der Zeit haben sie die Macht, aus sich selbst treue und formende Geschöpfe zu machen, oder untreue und *deformierende* . Und diese Unterscheidung zwischen den Geschöpfen, die segnend, gesegnet sind, und immer mehr *benedicti* , und den Geschöpfen, die fluchend, verflucht sind, und immer mehr maledicti, ist eine, die sich durch die gesamte Menschheit zieht; vorsintflutlich bei Kain und Abel, vorsintflutlich bei Ham und Sem. Und die Frage für die Öffentlichkeit einer bestimmten Zeit ist nicht, ob sie ein verfassungsgemäßer oder ein verfassungswidriger Vulgus ist, sondern ob sie ein gutartiger oder bösartiger Vulgus ist. Auch die Frage, ob es tatsächlich die Götter waren, die einem Edelmann die Gnade gegeben haben, den Pöbel zu verachten, hängt ganz davon ab, ob es tatsächlich der Pöbel oder er ist, der die böswilligen Personen ist.

45. Aber noch einmal. Dieser Unterschied besteht zwischen den Menschen, denen der Himmel laut Orpheus „die Stunde der Freude" gewährt hat, und denen, die er zur Stunde der Abscheulichkeit verdammt hat, und zwar, wie ich gerade gesagt habe, aus allen Zeiten und Nationen , – es ist ein innerer und subtilerer Unterschied, den wir in der Gabe des *christlichen* Gesangs im Unterschied zum unchristlichen Gesang untersuchen. Orpheus, Pindar und Horaz unterscheiden sich zwar vom prosaischen Pöbel, wie der Vogel von der Schlange; Aber zwischen Orpheus und Palestrina, Horaz und Sidney gibt es eine andere Trennung und eine neue Kraft der Musik und des Gesangs, die der Menschheit gegeben wird, die auf die Auferstehung hofft.

Dies ist die Wurzel allen Lebens und aller Richtigkeit in der christlichen Harmonie, sei es im Wort oder im Instrument; Und zwar im wahrsten Sinne des Wortes, dass mit dem Verschwinden dieser Hoffnung auch die Kraft des Gesangs völlig verloren geht. „Wenn der Christ von der strahlenden Hoffnung auf die Auferstehung abweicht, ist ihm sogar das Orpheus-Lied verboten. Die Hoffnung nicht gekannt zu haben, ist tadellos: Man kann unwissend singen wie der Schwan oder Philomela. Aber gewusst zu haben und davon abfallen und erklären, dass die menschlichen Wünsche, die in diesem einen – „Dein Königreich komme" – zusammengefasst sind, vergeblich sind! Das Schicksal ordnet an, dass es nach dieser Verleugnung keinen Gesang mehr geben soll.

46. Denn beachtet dies, und zwar ernsthaft. Das alte orphische Lied mit seiner trüben Hoffnung auf ein weiteres Mal Eurydike, das Philomela-Lied, das nach der grausamen Stille gewährt wurde, und das Halcyon-Lied mit seinen fünfzehn Tagen des Friedens waren alle traurig oder nur in einer vagen Vision freudig Sieg über den Tod. Aber die Johnsonsche Eitelkeit der Wünsche befriedigt Johnson im Großen und Ganzen – sie wurde vom Papst mit vornehmer Resignation angenommen, von Frau Barbauld triumphierend und mit dem Gebrüll von Penny-Trompeten und dem Blasen von Dampfpfeifen für die glorreiche Entdeckung der zivilisierten Zeitalter verkündet. Miss Edgeworth, Adam Smith und Co. Es gibt keinen Gott, aber haben wir nicht das Schießpulver erfunden? – wer will schon einen Gott haben, der das in der Tasche hat? [68] Es gibt keine Auferstehung, weder Engel noch Geist; Aber haben wir nicht Papier und Stifte und können nicht jeder Dummkopf seine Meinung drucken und der Tag des Jüngsten Gerichts republikanisch werden, mit jedem zum Richter und der Ebene des Universums zum Thron? Es gibt kein Gesetz, sondern nur Schwerkraft und Erstarrung, und wir sind in einem ewigen Hagel zusammengeklebt und im ewigen Schlamm verschmolzen, und groß war der Tag, an dem unsere Anbetung geboren wurde. Und es gibt kein Evangelium, sondern nur, was immer wir haben, mehr zu bekommen und, wo immer wir sind, woanders hinzugehen. Und sind diese Entdeckungen nicht zu besingen, zu trommeln und zu spielen und im Lobgesang des 18. Jahrhunderts auf melodische Weise unzweifelhaft zu machen?

47. Das Schicksal will es nicht. Kein Wort des Liedes ist in diesem Jahrhundert den sterblichen Lippen zugänglich. Nur ausgefeilte Verse, sentimentaler Pentameter und Hexameter, bis Astraea, nachdem er seine Zehen lange genug ausgestreckt hat, ohne zu tanzen, und seine Lippen lange genug geplappert hat, ohne zu flöten, plötzlich auf die Erde zurückkehrt, und eine Art Tag des Jüngsten Gerichts, und dort bricht es aus Endlich wieder ein Lied, eine höchst knappe, melodiöse Triole aus dem amphisbanischen Reim „ *Ça ira* “.

Amphisbænic, in jedem Reim mit Feuerzähnen versehen und Ercildounes Gebot „Tong ist Chef von Mynstrelsye“ bis auf die Silbe gehorchend. – Don Giovannis bisher liebevoll gesungenes „Andiam, andiam“ wird plötzlich unpersönlich und prophetisch: Es wird gehen, UND du Auch. Ein Schrei – bevor es ein Lied ist, dann Lied und Begleitung zusammen – perfekt gemacht; und der Marsch „in Richtung des Marsfeldes“. Die zweihundertfünfzigtausend – sie zum Klang von Saitenmusik –, vorangegangen von jungen Mädchen mit dreifarbigen Fahnen, sie haben soldatenmäßig ihre Schaufeln und Spitzhacken geschultert und singen mit einer Kehle Ça *ira* ." [69]

Den ganzen Frühling des Jahres 1790 hindurch, von der Bretagne bis zum Burgund, marschieren und drehen sich in den meisten Ebenen Frankreichs und unter den meisten Stadtmauern die Ça-iraing-Stimmung von Pfeifen und Trommeln – unseren klar blickenden Phalanxen – dem Gesang der beiden Hundertfünfzigtausend, von Jungfrauen geführt, steht im langen Licht des Juli. Dennoch wird noch ein weiteres Lied benötigt, für die Phalanx und für die Magd. Denn nachdem zwei Frühlinge und Sommer vergangen waren – amphisbænic –, ritt Dumouriez am 28. August 1792 vom Lager Maulde ostwärts nach *Sedan* . [70]

48. „Und Longwi ist niederträchtig gefallen, und Braunschweig und der preußische König werden Verdun belagern, und Clairfait und die Österreicher drängen tiefer in die nördlichen Marken vor, das kimmerische Europa im Rücken. Und in derselben Nacht versammelt Dumouriez den Kriegsrat in seiner Unterkunft in Limousine. Preußen hier, Österreicher dort, siegreich beide. Mit breiter Autobahn nach Paris und wenig Hindernissen – *wir* zerstreuten uns, hilflos hier und da – was soll ich raten?" Die Generäle raten zum Rückzug, und zwar bis zur Plünderung von Paris am spätesten Tag. Schweigend entlässt Dumouriez *sie* und behält nur mit einem Zeichen Thouvenot. So still, wenn es nötig ist, und dennoch mit einer Stimme, wie es scheint, von der Qualität, die Musiker als Tenor bezeichnen, einer seltenen Art. Rubini-artig, sogar, aber für die anspruchsvollen Ohren der Oper kaum darstellbar. Es folgt die Eroberung des Waldes von Argonne – die Kanonade von Valmy. Die Preußen marschieren *dieses Mal* nicht nach Paris , die herbstlichen Stunden des Schicksals vergehen – *ça ira* – und am 6. November trifft Dumouriez auch die Österreicher. „Dumouriez hatte breite Flügel, sie hatten breite Flügel – bei und um Jemappes, dessen grüne Höhen mit rotem Feuer gesäumt und behaart sind. Und Dumouriez wird auf diesem Flügel zurückgefegt und auf diesem zurückgefegt, und es ist, als ob er völlig zurückgefegt würde, wenn." Er stürmt persönlich herbei, spricht ein oder zwei schnelle Worte und erhebt dann mit klarer Tenorpfeife die Hymne der Marseillaise, wobei sich zehntausend Tenor- oder Basspfeifen anschließen, oder sagen wir etwa vierzigtausend insgesamt, denn jedes Herz springt auf beim Klang; und so sammeln sie sich mit rhythmischer Marschmelodie, sie rücken vor, sie stürmen todesmutig und fegen wie der Feuerwirbelsturm alle möglichen Österreicher vom Schauplatz des Geschehens." So singt durch die Lippen von Dumouriez Tyrtæus, Rouget de Lisle. [71] „Aux armes – Marchons." Iambisches Maß mit einem Zeugen! In welcher weiten Strophe beginnt hier – in welcher ungeahnten Antistrophe kehrt er in den Ratssaal in Sedan zurück!

49. Während diese beiden großen Lieder von der französischen Nation im Kometenzyklus komponiert, gesungen und getanzt wurden, erhoben sich hier auf unserer weniger heiteren Insel, inmitten von Geschäftsstunden in Schottland und Müßiggang in England, drei Troubadours von ganz anderem Temperament. Anders auch sie selbst, aber nicht der Gegner; Sie bildeten einen perfekten Akkord und widersprachen allen dreien den französischen Musikern in diesem Hauptpunkt: Während *Ca ira* und Marseillaise im Wesentlichen Lieder der Schuld und des Zorns waren, schrieben die britischen Barden praktisch immer Loblieder. allerdings keineswegs eine Psalmodie in den alten Tonarten. Im Gegenteil, alle drei sind gleichermaßen von einer einzigartigen Abneigung gegen die Priester getrieben und werden von den Pietisten ihrer Zeit mit Furcht und Empörung angesprochen – nicht ohne versteckten Grund. Denn sie alle sind mit liebevollstem Dienst Diener jener Welt, die Puritaner und Mönche gleichermaßen verachteten; und im Dreiakkord ihres Liedes konnten sie den religiösen Personen um sie herum nicht umhin, als jeweils und konkret die Lobpreiser zu erscheinen – Scott der Welt, Burns des Fleisches und Byron des Teufels.

Um mit diesem fleischlichen Orchester zu kämpfen, hatte die religiöse Welt, die ihre katholischen Psalmen schon vor langer Zeit als antiquiert und unwissenschaftlich abgelehnt hatte und feststellte, dass ihre puritanischen Melodien von ihrem ursprünglichen Trompetenklang nur noch schwach verzerrt waren, nur die Unschuldigen zu bekämpfen als religiöse Verse der Schule, die als die der englischen Seen anerkannt sind; ihnen gegenüber sehr lobenswert; zugleich häuslich und raffiniert; Mit Mitleid und zärtlicher Empörung beobachtete er die Irrtümer der Welt außerhalb der Seen und gelangte in lakustriner Abgeschiedenheit zu vielen wertvollen Prinzipien der Philosophie, so rein wie die Bergseen und von entsprechender Tiefe. [72]

50. Ich habe kürzlich mit großer Freude die Bearbeitung von Wordsworths Gedichten durch Herrn Matthew Arnold gesehen; und las mit aufrichtigem Interesse seine hohe Einschätzung von ihnen. Aber das Werk eines großen Dichters bedarf niemals der Bearbeitung durch andere Hände; und obwohl es sehr angemessen ist, dass Silver How seinen brüderlichen Rydal-Berg klar versteht und hell lobt, dürfen wir nicht vergessen, dass dort drüben die ganze Zeit die Anden liegen.

Wordsworths Rang und Rang unter den Dichtern wurden von ihm selbst mit einem einzigen Ausruf bestimmt:

„Was war das Selbst des großen Parnassus für dich,
Mount Skiddaw?"

Beantworten Sie seine Frage getreulich, und Sie haben die Beziehung zwischen den großen Meistern der Musenlehre und dem angenehmen Fingerspiel auf seiner Hirtenflöte zwischen den Schilfrohren von Rydal.

Wordsworth ist einfach ein Bauer aus Westmoreland, mit deutlich weniger Schlauheit als die meisten Grenzengländer oder Schotten; und keinen Sinn für Humor: aber (in dieser Hinsicht einzigartig) mit einem lebhaften Sinn für natürliche Schönheit und einem hübschen Gespür für Reflexionen ausgestattet, die nicht immer scharfsinnig sind, aber, soweit sie reichen, heilsam gegen das Fieber des ruhelosen und verdorbenen Lebens um ihn herum sind ihn. Wasser für ausgetrocknete Lippen ist vielleicht besser als samischer Wein, aber verwechseln wir deshalb nicht die Eigenschaften von Wein und Wasser. Ich bezweifle sehr, dass es auf den Friedhöfen unseres Landes viele unrühmliche Miltons gibt; aber ich bin mir sehr sicher, dass dort viele Wordsworths ruhen, die dem Berühmten nur dadurch unterlegen waren, dass sie sich weniger darum kümmerten, sich selbst reden zu hören.

Mit einem ehrlichen und gütigen Herzen, einem anregenden Egoismus, einer gesunden Zufriedenheit in bescheidenen Verhältnissen und einer so ausreichenden Leichtigkeit in diesem akzeptierten Zustand, dass man viel Zeit damit verbringen konnte, sich zu wünschen, dass Gänseblümchen die Schönheit ihrer eigenen Schatten sehen könnten , und andere solch gewinnbringende mentale Übungen hat uns Wordsworth eine Reihe von Studien über das anmutige und glückliche Hirtenleben unserer Seenlandschaft hinterlassen, die für mich persönlich absolut süß und kostbar sind; aber sie sind nur so wie der Spiegel einer existierenden Realität, die in vielerlei Hinsicht schöner ist als ihr Abbild.

51. Aber neulich ging ich zur Nachmittagsruhe in die Hütte eines unserer Landsleute vom Stand der alten Staatsmänner; Das Cottage liegt fast auf halbem Weg zwischen zwei Dorfkirchen, ist aber bequemer für den Abstieg zu einer als zur anderen. Als die gute Hausfrau mir Tee kochte, stellte ich fest, dass sie trotzdem den Hügel hinauf zur Kirche ging. „Warum gehst du nicht in die nächstgelegene Kirche?" Ich fragte. „Magst du den Geistlichen nicht?" „Oh nein, Sir", antwortete sie, „das ist es nicht; aber Sie wissen, ich konnte meine Mutter nicht verlassen." „Deine Mutter! Sie ist dann in H... begraben?" „Ja, Sir; und Sie wissen, dass ich nirgendwo anders in die Kirche gehen könnte."

Dass Gefühle wie diese unter den Bauern existierten, nicht nur in Cumberland, sondern auf der ganzen zarten Erde, die ihre Früchte für die Lebenden hervorbringt und ihre Toten zum Frieden aufnimmt, hätte vielleicht zu unserem großen und unendlichen Trost entdeckt werden können Wenn sich Wordsworth bisher damit zufrieden gegeben hätte, uns zu erzählen, was er über seine eigenen Dörfer und Leute wusste, nicht als Anführer einer neuen und einzig richtigen Schule der Poesie, sondern einfach als ein Landedelmann mit Verstand und Gefühl, der Primeln liebte, Er war freundlich zu den Gemeindekindern und voller Ehrfurcht vor dem Spaten, mit dem Wilkinson seine Ländereien bestellt hatte. Und ich bin mir keineswegs sicher, dass sein Einfluss auf die stärkeren Geister seiner Zeit durch den Geist der Melodie, unter deren Führung er stand, beschleunigt oder ausgeweitet wurde entdeckte, dass der Himmel zu sieben reifte und Foy zu Junge.

52. Dennoch im Herzen melodisch und vom himmlischen Chor anerkenne ich ihn gerne und offen; und unsere englische Literatur wurde durch die luftige Reinheit und gesunde Richtigkeit seines ruhigen Liedes um eine neue und einzigartige Tugend bereichert; – aber nur *luftig* , – nicht ätherisch; und bescheiden in seiner Privatsphäre des Lichts.

Ein maßvoller Geist und ruhig; unschuldig, reuelos; hilfreich für die sündlosen und unbarmherzigen Geschöpfe, die nicht in die Irre gehen. Zumindest hoffnungsvoll, wenn auch nicht treu; Sie begnügen sich mit Andeutungen der Unsterblichkeit, wie sie im Hüpfen von Lämmern und im Lachen von Kindern vorkommen können – und sind uninteressiert, in den Händen die Fingerabdrücke der Nägel zu sehen.

Ein gnädiger und beständiger Geist; wie das Gras seiner heimischen Hügel, duftend und rein; – doch für den Schwung und den Schatten, den Stress und die Not der größeren Seelen der Menschen, wie der büschelige Thymian für die Lorbeerwildnis von Tempe – wie der strahlende Euphras zu den dunklen Zweigen von Dodona.

[Ich bin gezwungen, den Hauptteil dieser Arbeit auf den nächsten Monat zu verschieben, – Überarbeitungen, die viel zu spät in meine lakustrine Abgeschiedenheit eindringen; wie es auch unglücklicherweise mit dem vorangehenden Artikel passiert ist, in dem der Leser vielleicht freundlicherweise die daraus resultierenden Druckfehler [jetzt korrigiert, HRSG .], S. 203, 1. 23, von „kaum" bis „sicher" und S. 23. 206, 1. 6, „voll", mit Komma für „fallen", ohne eins; Beachten Sie außerdem, dass „Redgauntlet" in der Liste weggelassen wurde, S. 198, 199; und dass sich der Verweis auf die Anmerkung nicht auf das Wort „Einbildung" beziehen sollte, S. 198, 1. 6, aber beim Wort „Handel" 1. 15. Mein lieber alter Freund, Dr. John Brown, schickt mir aus Jamieson's *Dictionary* das folgende zufriedenstellende Ende einer meiner Schwierigkeiten: „Coup the Crans." Die Sprache ist dem „Cran" entlehnt, einem Untersetzer, auf den beim Kochen kleine Töpfe gestellt werden, der manchmal von einem ungeschickten Helfer mit den Füßen nach oben gedreht wird. Es bedeutet also, *völlig verärgert* zu sein .]

„ ABBOTSFORD : 21. April 1817.

„ SEHR GEEHRTER HERR , nichts kann zuvorkommender sein als Ihre Aufmerksamkeit für die alten Steine. Sie waren so treu wie die Sonnenuhr selbst." [Die Sonnenuhr war gerade erst aufgestellt worden.] „Von den beiden würde ich die größere bevorzugen, da sie ganz im alten Stil vor einer Brüstung stehen soll. Aber im Falle eines Unfalls ist sie bis zu mir am sichersten in Ihrer Obhut." Kommen Sie am 12. Mai wieder in die Stadt. Ihre früheren Gefälligkeiten (die ebenso gewichtig wie akzeptabel waren) sind sicher hier angekommen und werden mit großer Wirkung entsorgt.

„ ABBOTSFORD : 30. Juli .

in der Tolbooth nebenan hat Gebäude, ich glaube, ich bin der Erste, der bei einer solchen Gelegenheit eine Nische daraus bekommen hat. Dafür muss ich Ihrer Freundlichkeit danken und dafür, dass ich Ihnen in hohem Maße Ihr ergebener Diener bleibe,

„ WALTER SCOTT ."
„ 16. August .

„ SEHR GEEHRTER HERR , ich bemühe Sie mit diesen wenigen Zeilen, um Ihnen für die sehr genauen Zeichnungen und Maße der Tolbooth-Tür und für Ihr freundliches Versprechen zu danken, mein Interesse und das von Abbotsford in dieser Angelegenheit zu berücksichtigen Distel und Fleur de Lis. Die meisten unserer Wappen sind jetzt montiert und sehen sehr gut aus, da das Haus etwas nach dem Vorbild einer alten Halle (kein Schloss) ist, wo solche Dinge gut zum Charakter passen." [Ach – Sir Walter, Sir Walter!] „Ich beabsichtige, dass der alte Löwe über einem Brunnen dominiert, den die Kinder Löwenbrunnen getauft haben. Seine jetzige Höhle ist jedoch weiterhin die Halle in der Castle Street."

„ 5. September .

„ SEHR GEEHRTER HERR , ich bin Ihnen sehr dankbar für die Sicherung des Steins. Ich bin mir nicht sicher, ob ich das Tor ganz in der alten Form errichten werde, aber ich würde gerne die Mittel dafür sichern. Die Ziersteine sind jetzt aufzustellen und eine sehr erfreuliche Wirkung zu erzielen. Wenn Sie die Freundlichkeit haben, mir Bescheid zu sagen, wenn die Tolbooth-Tür herunterfällt, werde ich meine Karren für die Steine schicken; ich habe eine bewundernswerte Situation dafür. Ich nehme an, die Tür selbst „[er meint das hölzerne] „wird für das neue Gefängnis aufbewahrt; wenn nicht, und es auch nicht anders gewünscht wäre, würde ich es für merkwürdig halten, es zu besitzen. Gewiss hoffe ich, dass nicht so viele schmerzende Herzen durch die berühmte Tür gehen, wenn sie drin sind." mein Besitz wie bisher."

„ 8. September.

„Ich würde es als großes Glück betrachten, wenn ich auch die Tür hätte, obwohl ich annehme, dass sie modern ist, da sie zur Zeit des Porteous-Pöbels niedergebrannt ist.

„Ich bin den Herren zu großem Dank verpflichtet, die der Meinung waren, dass diese Überreste des Herzens von Midlothian ihrem beabsichtigten Besitzer nicht zu Unrecht geschenkt wurden."

FUSSNOTEN:

[62] August 1880.

[63] Die folgenden Fragmente aus den Briefen in meinem eigenen Besitz, die Scott an den Bauunternehmer von Abbotsford schrieb, als die Außendekorationen des Hauses gerade fertiggestellt wurden, werden zeigen, wie genau Scott sich selbst in Monkbarns vorgestellt hatte.

[64] Von nun an werde ich „Ryme" weiterhin ohne unser falsch hinzugefügtes *h* buchstabieren, nicht aus Affektiertheit, sondern zur besseren Bequemlichkeit des Lesers .

[65] L. ii. 278.

[66] „Che nella mente mia *ragiona* ." Liebe – Sie sehen, die höchste *Vernünftigkeit* statt französischer *Ivresse* oder sogar Shakespeares „bloßer Torheit"; und Beatrice als Göttin der Weisheit in diesem dritten Lied des *Convito* , verglichen mit der revolutionären Göttin der Vernunft; Ich erinnere mich an das ganze Gedicht, hauptsächlich an die Zeile:

„Costei penso chi che mosso l'universo."

(Siehe Lyells „Canzoniere", S. 104.)

[67] ὠ ραν της τ ἐ ρπσιος – Platon, „Gesetze", ii., Steph. 669. „Hour" hat hier fast die Macht von „Fate", mit dem zusätzlichen Gefühl, eine Tochter von Themis zu sein.

[68] „Schießpulver ist eine der größten Erfindungen der Neuzeit *und was hat den zivilisierten Nationen eine solche Überlegenheit gegenüber barbarischen Nationen verschafft* ?" („Abende zu Hause" – fünfter Abend.) Kein Mann kann Mrs. Barbauld und Miss Edgeworth mehr verdanken als ich; und ich wünschte nur, dass ihnen im Kern ihrer klugen Worte mehr Gehör geschenkt worden wäre. Dennoch sind die Keime aller modernen Einbildungen und Irrtümer in Bezug auf Manufaktur und Industrie als Rivalen der Kunst und des Genies in „Abende zu Hause" und „Harry und Lucy" konzentriert – allesamt selbst Werke von wahrem Genie und Prophetie von Dingen, die noch gelernt und erfüllt werden müssen. Siehe zum Beispiel den Aufsatz „Things by Their Right Names", der dem Artikel folgt, aus dem ich gerade zitiert habe („The Ship"), und den ersten Band der alten Ausgabe der „Evenings" abschließt.

[69] Carlyle, „Französische Revolution" (Chapman, 1869), Bd. ii. P. 70; conf. P. 25 und die *Ça ira* in Arras, Bd. iii. P. 276.

[70] *Ebenda.* iii. 26.

[71] Carlyle, „Französische Revolution", iii. 106, der letzte Satz wurde um ein oder zwei Wörter geändert.

[72] Ich war sehr enttäuscht, als ich die Sondierungen unserer majestätischsten Bergtümpel durchführte und feststellte, dass sie keinesfalls an der Grenze des Unergründlichen lagen.

Fiktion, fair und schlecht.

III. [73]

[BYRON]

„Ein dürrer Sommer hat kein Recht,
diesen Kristallbrunnen zu verzehren; Regenfälle, die jeden Bach zu einem
Sturzbach machen, ihn weder beschmutzen noch anschwellen lassen."

53. So war es Jahr für Jahr zwischen den ungeahnten Hügeln. Der kleine
Duddon und die kleine Rotha liefen klar und froh; und lachte vom
Felsvorsprung bis zum Teich und öffnete sich vom Teich bis zum bloßen
Wasser, durchscheinend, durch endlose Tage des Friedens.

Aber östlich, zwischen ihren Obstgartenebenen, schloss die Loire sie tot
umarmend in stillen Sanden ein; dunkel vor Blut rollte Iser; eisbleich,
Beresina-Lethe, an dessen Ufer die müden Herzen ihr Volk und das Haus
ihres Vaters vergaßen.

Auch nicht unbefleckt, Tiber; noch ungewollt, Arno und Aufidus; und
Euroclydon hoch oben auf Helles Welle; Lassen Sie in der Zwischenzeit
unsere glückliche Frömmigkeit die Gartenfelsen mit Schneeglöckchenreifen
verherrlichen und den Geist des Paradieses einatmen, wo das Leben weise
und unschuldig ist.

Heutzutage gibt es viele Karten, die den Erdbestandteil, die Luftströmung
und die Gezeiten des Ozeans deutlich anzeigen. Werden wir jemals die Karte
der gemeineren Forschung eingravieren, deren Schattierungen sich mit der
Aufgabe begnügen, die Tiefe oder Dürre – die Ruhe oder Not des
menschlichen Mitgefühls aufzuzeigen?

54. Denn dies ist in der Tat alles Edle im Leben des Menschen und die Quelle
alles Edlen in der Rede des Menschen. Hatte es sich damals, ausgerechnet
auf die Halbinsel zwischen Cockermouth und Shap, verengt?

Nicht ganz so; aber tatsächlich schien sich die *Vocal-* Frömmigkeit endgültig
in diese moosige Einsiedelei oberhalb von Little Langdale zurückgezogen
(oder einen Ausflug gemacht?) zu haben. Soweit wir wissen, mag die
lautstarke Frömmigkeit des Menschen mit der klaglosen Trauer *der Uno eine
etwas größere Bandbreite haben; aber die Geschichte ignoriert diese Punkte;* und von
einer fest verkündeten und sanftmütigen Religion schien es zu diesem
Zeitpunkt wirklich niemanden zu geben, mit dem man östlich von
Ingleborough oder nördlich von Criffel rechnen konnte. Nur unter Furness

Fells oder im Bolton Priory können wir anscheinend noch kirchliche Sonette, Strophen über die Kraft des Gebets, Oden an die Pflicht und Lobreden an die Gottheit über sein Erdulden zur Anbetung schreiben. Ganz anders, dort drüben, an der Bucht von Spezzia und Ravenna Pineta und in den Schluchten von Hartz. Dort sprechen die leisesten Stimmen die wildesten Worte; und Keats Diskurse über Endymion, Shelley über Demogorgon, Goethe über Luzifer und Burger über die Auferstehung des Todes in den Tod – während selbst das puritanische Schottland und Episcopal Anglia für uns nur diese drei Minnesänger mit zweifelhaftem Ton hervorbringen, die nur wenig Respekt vor dem „ unco guid", setzte nur begrenztes Vertrauen in den begabten Gilfillan und übersetzte mit unerschütterlicher Offenheit den *Morgante Maggiore* . [74]

55. Der Anblick der spirituellen Welt, oder zumindest ihr Klang, könnte in den Augen und Ohren der Heiligen (wie wir sie hatten) dieser Zeit durchaus düster erscheinen – sicherlich auch düster in den Augen der Engel! Dennoch ist es möglich, dass die Düsterkeit in der Sicht der Engel sozusagen anders geviertelt wird als durch die Heraldik der Sterblichen; und was man von Engeln gesehen und gehört hat – ich sage es noch einmal – zögernd – *ist* es möglich, dass die Güte des Unco Guid und die Gabe von Gilfillan und das Wort von Mr. Blattergowl ganz und gar nicht die Güte von gewesen sein könnten Gott, die Gabe Gottes, noch das Wort Gottes; sondern dass in den viel zunichte gemachten und gescheiterten Bemühungen um das Gute und in der nachlässigen Gabe, die sie selbst verachteten, [75] und in dem süßen Reim und Gemurmel ihrer unbeabsichtigten Worte, Der Geist des Herrn war tatsächlich wie in Tagen des Chaos auf lichtlosen Gewässern umherirrend in den Herzen und von den Lippen dieser anderen drei seltsamen Propheten ausgegangen, obwohl sie am Altar der ausgegossenen Asche verbotenes Brot aßen und obwohl das wilde Tier der Wüste sie fand und tötete.

Zumindest weiß ich, dass es England gut ergangen war, obwohl alle seine anderen Propheten, die Presse, das Parlament, der Stuhl des Doktors und der Thron des Bischofs, verstummt waren; Nur dass sie hier und da die einfachste Zeile davon, die sie verachtete, mit ihrem Herzen verstehen konnte.

56. Ich nehme zufällig eines:

„Wer denkt an sich selbst, wenn er in den Himmel blickt?" [76]

Nun, ich weiß es nicht; Mr. Wordsworth tat dies sicherlich und stellte wahrheitsgemäß fest, dass die Wolken infolge seiner Erfahrungen eine nüchterne Farbe annahmen. Es ist viel, wenn diese Traurigkeit tatsächlich selbstlos wäre und unsere Augen liebevoll über die Sterblichkeit des Menschen wachten . Es fällt mir heute schwer, irgendjemandem glauben zu machen, dass eine solche Nüchternheit möglich ist; und dass Turner in den Wolken von Goldau ein tieferes Purpur als andere sah. Aber dass irgendjemand denken sollte, dass die Wolken durch die Unsterblichkeit des Menschen aufgehellt statt durch seinen Tod abgestumpft seien, und in den Himmel blicken und auf den Tag warten, an dem jedes Auge ebenfalls blicken muss – denn siehe, Er kommt mit Wolken – das ist *es* Für das christliche England ist es nicht mehr möglich, es zu begreifen, wie auch immer es von seiner begabten und weisen Führung ermahnt wird.

57. „Aber Byron hat an solche Dinge nicht gedacht!" – Er, der Verworfene! Wie sollten solche wie er von Christus denken?

Vielleicht nicht ganz so, wie Sie oder ich von Ihm denken. Versuchen Sie es mal mit einer oder zwei weiteren Zeilen:

„Carnage (so sagt Ihnen Wordsworth) ist Gottes Tochter; [77]
Wenn er die Wahrheit sagt, ist sie die Schwester Christi und benahm sich gerade wie im Heiligen Land."

Blasphemie, weinst du, guter Leser? Sind Sie sicher, dass Sie es verstanden haben? Die erste Zeile, die ich Ihnen gegeben habe, war ein lockerer Byron – ein fast oberflächlicher Byron – hier geht es um den Mann in seiner Tiefe, und Sie werden ihn nicht wie ein See ergründen – und auch nicht in Eile.

„Habe mich gerade wie im Heiligen Land verhalten." Wie *verhielt* sich Carnage damals im Heiligen Land? Sie alle haben sich in letzter Zeit stark gefragt, ob die Sonne, die Ihrer Meinung nach jetzt untergeht, jemals stillgestanden hat. Hatten Sie bei diesen wissenschaftlichen Anlässen in einer späten Minute Gelegenheit, darüber nachzudenken, wofür er stehengeblieben *war*? oder wenn nicht – würden Sie bitte nachsehen – und was er auch sah, als er als starker Mann wieder hinausging, um seinen Lauf zu gehen, und sich darüber freute?

„Da zog Josua von Makkeda nach Libna und kämpfte gegen Libna. Und der Herr gab es und seinen König in die Hand Israels und erschlug es mit der Schärfe des Schwertes und alle Seelen, die darin waren." Und von Lachisch bis Eglon und von Eglon bis Kirjath-Arba und bis zum Grab Sarahs im Land der Amoriter, „und Josua schlug das ganze Land der Hügel und des Südens und des Tals und der Quellen und alles, was dazu gehörte." Könige: Er ließ niemanden übrig, sondern vernichtete alles, was Odem hatte, wie der Herr, der Gott Israels, befohlen hatte.

diese Texte vielleicht nicht so oft über die Wegnahme der Sünden der Welt predigen hören wie einige andere. Ich frage mich, wie gerne die Welt sich von ihnen trennen würde! Bisher hat es es immer vorgezogen, sich zuerst von seinem Leben zu trennen – und Gott hat es beim Wort genommen. Aber der Tod ist trotzdem nicht *sein eingeborener Sohn;* Auch ist der Tod Unschuldiger im Gemetzel der Schlacht nicht sein „Instrument zur Ausarbeitung einer reinen Absicht", wie Mr. Wordsworth es ausdrückt; aber das Instrument des Menschen, um eine unreine Sache zu erschaffen, wie Byron Sie wissen lassen möchte. Theologie vielleicht weniger orthodox, aber sicherlich ehrfürchtiger; – auch ist das Woolwich-Kind kein Kind Gottes; Auch der eiserne „Donnerer" stößt kein Donnergötter Gottes aus – was für *Sie* und viele andere an diesem Tag besser gewesen wäre, wenn Sie die Gnade oder den Verstand gehabt hätten, von Byron zu lernen, anstatt ihn der Gotteslästerung zu bezichtigen auch wilde Seelen, an der Küste von Euxine und in den Zulu- und afghanischen Ländern.

59. Es war jedoch weder der Theologie noch dem Nutzen dieser Zeilen wegen, dass ich sie zitierte; aber um diesen Hauptpunkt von Byrons eigenem Charakter zu beachten. Er war der erste große Engländer, der die Grausamkeit des Krieges und in seiner Grausamkeit auch die Schande spürte. Seine Schuld war George Fox bekannt – seine Torheit wurde von Penn praktisch gezeigt. Aber das *Mitgefühl* der frommen Welt hatte sich zum größten Teil nur darin gezeigt, dass sie ihren Stamm an Barabbasen möglichst nicht hängen ließ; und bis Byron kam, hatten weder Kunersdorf, Eylau noch Waterloo das Mitleid und den Stolz der Menschen gelehrt

„Das Austrocknen einer einzelnen Träne hat mehr
ehrlichen Ruhm als das Vergießen von Blutmeeren." [78]

Solche friedlichen Verse wären für die Edinburgher Freiwilligen auf dem Portobello Sands tatsächlich nicht akzeptabel gewesen. Aber Byron kann auch ein Kampflied schreiben, wenn es *sein* Stichwort zum Kampf ist. Wenn Sie sich die Einleitung zu den „Inseln Griechenlands" ansehen, nämlich die 85. und 86. Strophe des 3. Gesangs von „Don Juan", werden Sie feststellen, was Sie nicht finden werden, wenn Sie sie nur *verstehen* ! „Er" bedeutet in der ersten Zeile, erinnern Sie sich, den typischen modernen Dichter.

„Als er zum Singen aufgefordert wurde,
gab er den verschiedenen Nationen normalerweise etwas Nationales. Es war ihm egal – ‚Gott schütze den König' oder ‚Ca ira', je nach der Tradition; seine Muse machte aus allem etwas von der hohen Lyrik bis zur niedrigen Rationalität: „Wenn Pindar Pferderennen sang, was sollte ihn dann daran hindern, so biegsam zu sein wie Pindar?

In Frankreich würde er zum Beispiel ein Chanson schreiben; in England eine Quartgeschichte mit sechs Gesängen; in Spanien Er würde eine Ballade oder eine Romanze über „Der letzte Krieg" machen – ganz ähnlich in Portugal; In Deutschland wäre der Pegasus, auf dem er tänzelte, der des alten Goethe – (siehe, was de Staël sagt). In Italien würde er die „Trecentisten" nachahmen. „In Griechenland sang er eine Art Hymne wie diese."

60. Beachten Sie hier zunächst, wie wir es bei Scott getan haben, die Konzentrations- und Vorhersagekraft. Der „Gott schütze die Königin" in England ist jetzt hohl geworden, ebenso wie der „Ca ira" in Frankreich – kein Mann in Frankreich, der weiß, wohin entweder Frankreich oder „das" (was auch immer „das" sein mag) gehen wird; noch wagt die Königin von England, um ihr Leben zu bitten, den kleinsten Engländer zu bitten, auch nur eine einzige Sache zu tun, die ihm nicht gefällt; – noch ist Gott irgendeine Erlösung, weder der Königin noch des Reiches, mehr möglich, es sei denn unter der Leitung von die Royal Society: Beachten Sie dann die Einschätzung von Höhe und Tiefe in der Poesie, die in einem Augenblick von „hoch lyrisch zu niedrig rational" gefegt wird. Pindar an Pope (wobei er die ganze Zeit auch Popes Größe kannte, kein besserer Mann); dann die poetische Kraft Frankreichs – kurz zusammengefasst – Béranger; dann der Schnitt bei Marmion, völlig verdient, wie wir sehen werden, aber dennoch freundlicherweise gegeben, denn alles, was er in diesen beiden Strophen nennt, ist das Beste seiner Art; dann „Romantik in Spanien – der *letzte* Krieg (der *gegenwärtige* Krieg entspricht nicht dem spanischen poetischen Geschmack), dann Goethe, das wahre Herz von ganz Deutschland, und zuletzt die Nachäffung der Trecentisten, die sich seitdem im Präraffaelitentum vollendet hat!" Das ist auch das Beste, was Italien in England getan hat, sei es in Rossettis „gesegneten Damozels" oder in Burne Jones' „Tagen der Schöpfung". Zuletzt kommt der Spott über sich selbst – den modernen englischen Griechen – (gefolgt von „degenerate into hands like my" im Lied selbst); und dann – zum Erstaunen – donnert er mit seiner Achillesstimme. Wir hatten eine Zeile von ihm in seiner Klarheit, fünf von ihm in seiner Tiefe und sechzehn von ihm in seinem Stück. Höre jetzt nur dies aus ganzem Herzen:

„Was – noch still? Und ganz still *?* Ach
nein, die Stimmen der Toten klingen wie der Sturz eines fernen Wildbachs und antworten: ‚Lass nur *einen* lebendigen Kopf aufstehen – wir kommen – wir kommen:' – ‚Das ist nur.'
die Lebenden, die stumm sind."

Auferstehung, das sehen Sie wie bei Bürger; aber nicht von Tod zu Tod.

61. „Klingt wie der Sturz eines fernen Wildbachs." Ich sagte, Byrons *ganzes Herz steckte in dieser Passage.* Zuerst sein Mitgefühl, dann seine Empörung und das dritte, noch nicht untersuchte Element, diese Liebe zur Schönheit dieser

Welt, in der die drei – unheiligen – Kinder ihres Feurigen Ofens einander ähnlich waren; aber Byron war der weitherzigste. Scott und Burns lieben Schottland mehr als die Natur selbst: Für Burns muss der Mond über Cumnock Hills aufgehen, – für Scott muss das Rymer's Glen die Eildons trennen; Aber für Byron blickt Loch-na-Gar *mit Ida* über Troja, und das leise Gemurmel der Dee und Bruar verwandelt sich in Stimmen der Toten auf dem fernen Marathon.

Doch nehmen Sie die Parallele von Scott, durch ein Feld heimeligerer Ruhe: –

„Und die Stille hilft – obwohl die steilen Hügel
tausend Bäche zum See schicken; im Sommer ist die Flut so sanft, dass sie weinen, das Geräusch lässt das Ohr nur einschlafen; der Huftritt deines Pferdes klingt zu grob, so still ist die Einsamkeit.

Nichts Das Leben trifft das Auge oder das Ohr, aber ich wette, die Toten sind nahe; denn obwohl in Feudalstreitigkeiten ein Feind die Kapelle Unserer Lieben Frau niedergerissen hat, so ruht der Bauer
noch immer unter der heiligen Erde von seiner Mühe, und sterbend
, befiehlt, seine Gebeine dort niederzulegen, wo einst seine einfachen Väter beteten.

Und zum Schluss noch die gleiche Trauernotiz – mit Burns' Finger auf dem Untergang:

„Trauert, ilka grove, die Cushat Kens,
ihr dunstigen Schals und Dornenhöhlen, ihr Burnies, weint durch eure Täler, mit toddlin' Lärm, oder schäumendem Strang mit hastigen StensFrae Lin to Lin."

62. Wenn Sie nacheinander diese Fragmente des Gesangs der großen Meister lesen, spüren Sie nicht, dass irgendein Element in ihrer Leidenschaft steckt, nicht weniger als in ihrem Klang, der sich insbesondere von dem von „Parching Summer" unterscheidet hat keinen Haftbefehl? Ist es Ihrer Meinung nach profaner – oder zärtlicher – oder vielleicht im Kern wahrer?

Zum Beispiel, wenn uns das gesagt wird

„Wharfe, als er weiterging,
ertönte zu den Matinen eine traurige Stimme."

Ist diese Neigung des Flussgeistes zu nachdenklichen Psalmodien ganz logisch durch die vorherige Aussage (selbst keineswegs rhythmisch süß) erklärt?

„Der Junge liegt in den Armen von Wharfe
und wird von einer gnadenlosen Macht erdrosselt"?

Oder, wenn wir in die Verbesserungsreflexion geführt werden,

„Wie süß wäre Muße, könnte sie nicht mehr hergeben,
als sich mitten auf diesem wellengewaschenen Kirchhof zurückzulehnen
und aus Hirtengräbern göttliche Gedanken zu extrahieren!"

– Wird uns die Göttlichkeit des Extrakts dadurch zugesichert, dass er in aller
Ruhe und in liegender Haltung hergestellt wird – im Vergleich zu den
Meditationen ansonsten aktiver Männer in aufrechter Haltung? Oder irren
wir, viele von uns, immer noch etwas in unseren Vorstellungen von
Göttlichkeit und Menschheit, in der poetischen Herkunft und in der
moralischen Position?

63. Sollte dies der Fall sein, könnte ich um ein paar weitere Worte aus der
Schule von Belial bitten?

Ihr Anlass ist, das muss man zugeben, völlig ungerechtfertigt. Einige sehr
böse Menschen – eigentlich Meuterer – haben sich menschenfeindlich in
einen abgelegenen Teil des Landes zurückgezogen und finden sich dort zwar
in Sicherheit, aber äußerst durstig. Daraufhin gibt Byron ihnen Folgendes zu
trinken:

„Ein kleiner Bach strömte von der Höhe herab
und strömte in den Ozean, so gut er konnte. Sein begrenzender Kristall
tummelte sich im Strahl und ergoss sich von der Klippe zum Felsen mit
salzlosem Gischt, dicht am wilden, weiten Ozean – und doch so rein und
frisch wie die Unschuld; und mehr sicher. Sein silberner Strom glitzerte
über der Tiefe, während das Auge der schüchternen Gämse über die
Steilküste blickte, während weit unten die gewaltige und düstere Woge des
alpinen Azurblaus des Ozeans stieg und sank. [79]

Nun möchte ich mit der Autorität, die ein alter Arbeiter in seinem Beruf
haben kann, bitten, dem Leser zu versichern, dass es sich hier um ein absolut
erstklassiges literarisches Werk handelt, da ich in meiner Zeit auch den einen
oder anderen Wasserfall und nicht selten eine Welle betrachtet habe .
Obwohl Luzifer selbst es geschrieben hat, ist das Ding an sich gut, und zwar
nicht nur so, sondern unübertroffen gut, wobei die Schlusszeile
wahrscheinlich die beste ist, die das Meer betrifft und die jemals von der
Rasse der Seekönige geschrieben wurde.

64. Aber Luzifer selbst *hätte* es nicht schreiben können; auch kein Diener Luzifers. Ich bezweifle nicht, dass die meisten Leser überrascht waren, als ich am Ende meines ersten Aufsatzes sagte, dass Byrons „Stil" in irgendeiner Weise von seinen Ansichten bezüglich der Zehn Gebote abhänge. Dass eine so überaus wichtige Sache wie „Stil" im Geringsten von einer so lächerlichen Sache wie dem moralischen Sinn abhängen sollte: oder dass Allegras Vater, der sie in der Kutsche des Grafen G. vorbeifahren sah, auch nur annähernd so lächerlich war etwas, das seine poetische Leidenschaft lenken oder zügeln soll, mag für die liberale und keusche Philosophie der bestehenden britischen Öffentlichkeit mehr als fragwürdig erscheinen. Aber lassen wir zunächst die Frage beiseite, wer schreibt oder spricht: Erkennen Sie als guter Leser den *richtigen* „Stil", wenn Sie ihn verstehen? Können Sie von einem halben Dutzend Zeilen aus einem Roman, einem Gedicht oder einem Theaterstück sagen, dass sie im Wesentlichen vom Stil her gut oder im Wesentlichen schlecht sind? Und können Sie sagen, warum so ein halbes Dutzend Zeilen gut oder schlecht sind?

65. Ich kann mir vorstellen, dass die Antwort in den meisten Fällen zögernd erfolgen würde, aber wenn Sie mir ein wenig Geduld geben und mir ein wenig Mühe geben, kann ich Ihnen auf ein paar Seiten die wichtigsten Stiltests zeigen .

Ich nehme zwei Beispiele von absolut vollkommenem und in seiner Art höchsten, *das heißt* königlichem und heroischem Stil: das erste Beispiel im Ausdruck von Zorn, das zweite von Liebe.

(1)

„Wir freuen uns, dass der Dauphin so angenehm bei uns ist, für sein Geschenk und Ihre Mühen danken wir Ihnen. Wenn wir unsere Schläger an diese Bälle angepasst haben, werden wir in Frankreich durch Gottes Gnade ein Spiel spielen." setSoll die Krone seines Vaters in die Gefahr schlagen.

(2)

„Mein gnädiges Schweigen, sei gegrüßt! Hättest du gelacht, wenn ich im Sarg nach Hause gekommen wäre? Der weinte, um mich triumphieren zu sehen? Ach, meine Liebe, solche Augen tragen die Witwen in Corioli und Mütter, denen es an Söhnen mangelt."

66. Beachten wir Punkt für Punkt die Bedingungen der Größe, die diesen beiden Passagen gemeinsam sind und deren Stimmung so unterschiedlich ist.

A. Absolute Beherrschung aller Leidenschaft, wie intensiv sie auch sein mag; Dies ist die erste der ersten Bedingungen (siehe den Satz des Königs unmittelbar zuvor: „Wir sind kein Tyrann, sondern ein christlicher König, dessen Gnade unsere Leidenschaft ebenso *unterworfen* ist wie unsere Elenden in unseren Gefängnissen gefesselt sind"); und mit dieser Selbstbeherrschung das überaus überblickende Erfassen jedes auszusprechenden Gedankens vor seiner Äußerung; damit jedes an seinem genauen Ort, zu seiner Zeit und in seiner Verbindung kommen kann. Die geringste Eile, die falsche Platzierung eines Wortes oder die unnötige Betonung einer Silbe würde den „Stil" augenblicklich zerstören.

B. Auswahl der wenigsten und einfachsten Wörter, die im Umfang der Sprache zu finden sind, um das Gemeinte auszudrücken: Diese wenigen Wörter sind außerdem auf die einfachste und verständlichste Weise angeordnet; Umkehrung nur dann zulassen, wenn das Subjekt ohne Unklarheit zum Primären gemacht werden kann: (also ist „wir danken Dir für sein Geschenk und deine Schmerzen" besser als „wir danken dir für sein Geschenk und deine Schmerzen", weil die Gabe des Dauphins durch ist Höflichkeit wird dem Botschafter in den Vordergrund gestellt; aber „wenn wir zu diesen Bällen unsere Schläger gematcht haben" hätte den Stil sofort verdorben, denn – ich hätte sagen wollen, Ball und Schläger sind von gleicher Bedeutung und daher nur das Natürliche die eigentliche Ordnung; aber auch hier ist die natürliche Ordnung die gewünschte, der englische Schläger hat Vorrang vor dem französischen Ball). In der vierten Zeile steht das „in Frankreich" an erster Stelle, da es den wichtigsten Handlungsbeschluss ankündigt; als nächstes „durch Gottes Gnade" als einzige Bedingung, die eine Lösung möglich macht; Die Einzelheiten der Ausgabe folgen mit der strengsten Begrenzung im Schlusswort. Der König sagt nicht „Gefahr", geschweige denn „Schande", sondern nur „Gefahr"; Da ist er *sich* menschlich gesehen sicher.

67. C. Vollkommen nachdrückliche und klare Äußerung der gewählten Worte; langsam im Ausmaß ihrer Bedeutung, wobei jedoch jedes Wort weggelassen wird, das nicht unbedingt erforderlich ist; und natürliche Verwendung der bekannten Kontraktionen der letzten Dissilbe. Daher ist „einen Satz spielen, der zuschlagen soll" besser als „einen Satz spielen, *der* zuschlagen soll", und „match'd" ist königlich kurz – keine Notwendigkeit des Metrums hätte stattdessen „matched" entschuldigen können. Im Gegenteil, die drei ersten Worte „Wir freuen uns" wären vom König langsamer und ausführlicher gesprochen worden als alle anderen Silben in der gesamten Passage, wobei er zuerst das königliche „Wir" in seiner stolzesten Form und dann das „ sind" als kontinuierlicher Zustand und dann das „froh" als das genaue Gegenteil dessen, was die Botschafter von ihm erwartet hatten. [80]

D. Absolute Spontaneität bei all dem, einfach und notwendig, so wie das Herz schlägt. Der König *kann nicht* anders sprechen als er – und der Held auch nicht. Die Worte kommen nicht nur zu ihnen, sondern werden ihnen aufgedrängt. Sogar lispelnde Zahlen „kommen", aber mächtige Zahlen sind bestimmt und inspiriert.

E. Melodie in den Worten, veränderlich mit ihrer Leidenschaft, genau darauf abgestimmt, und das Äußerste, wozu die Sprache fähig ist – die Melodie in der Prosa ist äolisch und variabel – in Versen edler, indem sie sich einem strengeren Gesetz unterwirft. Ich werde diesen Punkt gleich näher erläutern.

F. Höchster spiritueller Inhalt in den Worten; so dass jedes nicht nur seine unmittelbare Bedeutung in sich trägt, sondern auch eine trübe Begleitung einer höheren oder dunkleren Bedeutung entsprechend der Leidenschaft – fast immer durch Metapher angedeutet: „einen Satz spielen" – manchmal durch Abstraktion – (so in der zweiten Passage „Stille" für schweigsamer) manchmal durch Beschreibung statt durch direkten Beinamen („in den Sarg gelegt" für tot), aber immer ein Hinweis darauf, dass im Kopf des Sprechers mehr ist, als er gesagt hat oder sagen kann, so ausführlich seine Worte auch sein mögen. Von der Menge dieser begleitenden Fülle hängt die Majestät des Stils ab; das heißt praktisch, von der Menge der in den kürzesten Worten enthaltenen Gedanken, wobei solche Gedanken in erster Linie liebevoll und wahr sind: und das ist die Summe von allem – dass nichts gut gesagt werden kann, außer mit der Wahrheit, nicht schön, sondern mit der Liebe.

68. Dies sind die wesentlichen Bedingungen einer edlen Rede in Prosa und Versen gleichermaßen, aber die Übernahme der Form des Verses, und insbesondere des Reimvers, bedeutet die Hinzufügung all dieser Eigenschaften um eine weitere; der Musik, das heißt nicht nur äolisch, sondern apollinisch; eine Konstruktion oder Architektur von Wörtern, die den äußeren Gesetzen der Zeit und Harmonie unterliegen.

Wenn Byron sagt: „Der Reim gehört zu den Rohen", [81] meint er damit, dass Burns ihn braucht – während Heinrich der V. ihn nicht braucht, noch Platon, noch Jesaja –, doch in diesem Bedürfnis der Einfachen wird er umso mehr religiös: und daher sind die schönsten Teile der christlichen Sprache alle in Reimen gehalten – das Beste von Dante, Chaucer, Douglas, Shakespeare, Spenser und Sidney.

69. Ich bin jetzt nicht in der Lage, mit dem Strom der modernen Wissenschaft Schritt zu halten; (Um die Wahrheit zu sagen, mache ich mir auch keine Mühe, da der erste Rand der Wellen größtenteils schlammig ist und dazu neigt, den Uferabfall flach zu überstreichen :), so dass ich kein besseres Nachschlagewerk bei mir habe als das verwirrter Aufsatz über die Antike des Reims am Ende von Turners „Anglo-Saxons". Ich kann mir

jedoch kein interessanteres Werk vorstellen, wenn es noch nicht fertig ist, als die Sammlung der gesichteten frühesten bekannten Fragmente von Reimliedern in europäischen Sprachen. Von Osteuropa weiß ich nichts; aber was Hellespont angeht, wird der Kern der Sache vollständig in König Knuts Impromptu dargelegt

„Fröhlich" (oder ist es süß? – ich weiß nicht mehr, was, und es spielt keine Rolle)
„sangen die Mönche von Ely, als Knut, der König, vorbeisegelte;"

Das ist für jeden bemerkenswert, der seine Religion düster macht und seinen Sonntag zur Sonnenfinsternis der Woche macht. Und beachten Sie weiter: Wenn Milton nicht reimt, liegt das daran, dass seine Gesangsfähigkeit sich hauptsächlich auf Verlust bezog; und er hat kaum mehr als die Fähigkeit zu krächzen, was Gewinn betrifft; Während Dante, obwohl moderne Leser ihn nie weiter begleiten als bis in die Grube, beim Aufstieg zur Rose des Himmels nur von Casella aufgehalten wird. Gibbon kann also auf *seine* Weise den Untergang Roms beschreiben; aber Virgil, auf *seine* Weise, der Aufstieg davon; und schließlich bricht Douglas auf *seine* Weise in solch leidenschaftliche Loblieder auf Rom und Vergil aus, wie es sich für einen christlichen Bischof und einen guten Untertanen des Heiligen Stuhls gehört.

„Meister der Meister – süße Quelle und sprudelnder Brunnen,
weit, wo über allem deine himmlische Glocke läutet;

Warum sollte ich dann mit stumpfer Stirn und eitel,
mit unhöflichem Einfallsreichtum und baranem, leerem Gehirn, mit schlechter, harter Rede und lewit barber Zunge annehmen, zu schreiben, wo deine süße Glocke läutet, oder dein kostbares Wort zu fälschen, ist teuer? Na, na – nicht so; aber knie nieder, wenn ich sie höre. Aber noch weiter – und tiefer, um herabzusteigen. Vergib mir, Vergil, wenn ich dich beleidige. Verzeihe deinem Gelehrten, lass ihn reimen, denn irgendwann warst *du* nur ein sterblicher Mann.

„Vor Ehre steht Demut." Wird Ihnen dieses Gesetz nicht klarer, nachdem Sie diese edlen, frommen Worte gelesen haben? Und beachten Sie , *wessen* Demut? Wie kommt es, dass der Klang der Glocke so instinktiv in seinen Schlaggesang eindringt? Dieser sanfte Sänger ist der Sohn von – Archibald Bell-the-Cat!

70. Und jetzt können Sie vielleicht mit der richtigen Anteilnahme die Szene in „Marmion" zwischen seinem Vater und König James lesen.

„Der Monarch ergriff plötzlich seine Hand
– ‚Nun, bei der Seele des Bruce, Angus, verzeihen Sie meine hastige Rede,
so wahr sein Geist lebt, wie er über den alten Douglas sagte, ich kann wohl
von Ihnen sagen: – Dieser König hat niemals Untertan gehalten, In der
Rede freier, im Krieg kühner, zärtlicher und wahrer: „Und während der
König seine Hand anstrengte, fielen die Tränen des alten Mannes wie
Regen.“

Ich glaube, dass selbst die ungläubigsten scholastischen Leser kaum umhin
können, die Beziehung zwischen der Süße, Einfachheit und Melodie des
Ausdrucks in diesen Passagen und der Sanftheit der Leidenschaften, die sie
zum Ausdruck bringen, zu erkennen, während Männer, die nicht scholastisch
und doch wahre Gelehrte sind, Ich werde in ihnen weiter erkennen, dass die
Einfachheit des Gebildeten schöner ist als die Einfachheit des Unhöflichen.
Hören Sie als nächstes einen Teil von Spensers Lehre, wie Unhöflichkeit
selbst durch ihre Fehler schöner werden kann, wenn die Fehler liebevoll
gemacht werden.

„Ihr Hirtentöchter, die
ihr auf dem Grünen wohnt, lasst niemand dorthin kommen, außer dass
Jungfrauen gewesen wären, um ihre Gnade zu schmücken. Und wenn ihr
kommt, während sie an Ort und Stelle ist, seht zu, dass eure Unhöflichkeit
euch nicht beschämt; bindet eure Filets Fasten Sie, und gürten Sie Ihren
Abfall, für mehr Feinheit, mit einer Taudry-Spitze.

Bringen Sie hierher die rosa und lila Cullumbine mit Gylliblumen; bringen
Sie Coronatiöns und Sops in Wein, getragen von Liebhabern; streuen Sie
mir den Boden mit Narzissen und Schlüsselblumen und Königsbechern
und geliebte Lilien;
Der hübsche Bauch
und die Chevisaunce sollen mit der schönen Blumendelikatesse
harmonieren. [82]

71. Nur noch zwei kurze Stücke des Meisterliedes, und wir haben genug zum
Ausprobieren.

(1)

„Nicht mehr, nicht mehr, seit du tot bist. Sollen wir jemals schüchterne
Bräute ins Bett bringen? Nicht mehr bei jährlichen Festen. Wir werden
Schlüsselblumenbälle oder Akeleiketten herstellen, für diesen oder jenen
Anlass.“ Nein Nein, unsere jungfräulichen Freuden sind mit dir in dein
Wickeltuch eingewickelt. [83]

(2)

„Der Tod ist jetzt das Nest des Phönix, und die treue Brust der Schildkröte ruht in Ewigkeit. [84]

72. Wenn Sie sich jetzt, mit dem Echo dieser perfekten Verse im Kopf, an Byron wenden und einen kurzen Blick auf ihn werfen oder sich so viel von ihm ins Gedächtnis rufen, dass ein genauer Vergleich möglich ist, werden oder sollten Sie die folgenden Arten erkennen des Unheils in ihm. Erstens, wenn ihn jemand beleidigt – wie zum Beispiel Mr. Southey oder Lord Elgin – „haben seine Manieren nicht die Ruhe, die die Kaste auszeichnet" usw. *Dieser* Fehler im Stil Seiner Lordschaft besteht darin, dass ich bei der Verwendung gewissenhaft und sogar schmerzhaft zurückhaltend bin Ich brauche nicht zu sagen, wie sehr ich diese schmähende Sprache bedauere. [85]

Zweitens. In den besten und am meisten violetten Teilen seines Werkes gibt es im Vergleich zu elisabethanischen und früheren Versen dennoch einen seltsamen Makel; sozusagen ein undefinierbarer Abendgeschmack von Covent Garden; ganz zu schweigen von einem Gasaustritt im Strand. Das ist einfach das, was es von sich selbst verkündet: Londoner Luft. Wenn er sein ganzes Leben in Green-head Ghyll verbracht hätte, wären die Dinge natürlich anders gewesen. Aber es war sein Schicksal, wie Michaels Sohn in die Stadt – die moderne Stadt – zu kommen; und das moderne London (und Venedig) ist für den Zustand seiner Abflüsse verantwortlich, nicht Byron.

Drittens. Seine Melancholie ist ohne jede Erleichterung; sein Scherz ist trauriger als sein Ernst; während im elisabethanischen Werk jede Klage voller Hoffnung und jeder Schmerz voller Balsam ist.

Von diesem Übel hat er euch selbst die Ursache in einer einzigen Zeile erzählt, die prophetisch für alles seither und heute ist. „Wohin *er* blickte, herrschte Düsternis." [86]

Während Mr. Wordsworth zum Beispiel bei einem Besuch in der Stadt als vorbildlicher Frühaufsteher glücklich über die Westminster Bridge spazierte und bemerkte, dass die Stadt nun wie ein Kleidungsstück die Schönheit des Morgens trage; Byron, der etwas später aufstand, betrachtete nur das Gewand, das die Schönheit des Morgens inzwischen von der Stadt zum Tragen erhalten hatte; und wiederum, während Mr. Wordsworth in unbändiger religiöser Verzückung Gott zum Zeugen anruft, dass die Häuser zu schlafen scheinen, Byron, ein lahmer Dämon, wie er war, der von Rauch umweht fliegt, öffnet auf einen Blick die Dächer der Häuser und sieht, was das mächtige Cockney-Herz von ihnen in der Stille des Liegens enthält, und wird sich im wachen Geschäft zu einem Zweck aufraffen.

„Der Schmutz der Zivilisation, vermischt
mit all den Leidenschaften, die der Sündenfall des Menschen hervorgerufen
hat." [87]

73. Viertens verbindet sich mit dieser Beständigkeit bitterer Melancholie ein
Gefühl für die materielle Schönheit, sowohl der unbelebten Natur, der
niederen Tiere als auch der Menschen, die in ihrem Schillern, ihrer Farbtiefe
und ihrem Morbiden (ich verwende das Wort) Absichtlich) ist das Mysterium
und die Sanftheit davon – zusammen mit anderen Eigenschaften, die mit
einzelnen Worten nicht zu beschreiben sind und nur mit äußerster Sorgfalt
analysiert werden können – in vollem Umfang nur bei fünf mir bekannten
Männern aus der Neuzeit zu finden; nämlich Rousseau, Shelley, Byron,
Turner und ich – völlig unterschiedlich und in der gesamten Gruppe von
uns, von der Freude an der klaren Schönheit von Angelico und den
Trecentisten; und viel einzigartiger von den fröhlichen Freuden Chaucers,
Shakespeares und Scotts getrennt, durch seine unerklärliche Zuneigung zu
„Rokkes blak" und anderen Formen des Schreckens und der Macht, wie etwa
denen der Eisozeane, die für Shakespeare nur waren Alpenrheum; und die
Via Malas und die teuflischen Brücken, zu deren Besteigung oder
Überquerung nur verlorene Seelen Dante verdammt hätte; – all diese Liebe
zu drohenden Bergen, aufgerollten Gewitterwolken und gefährlichem Meer,
verbunden in uns mit einem mürrischen, fast wilden, Liebe zum Rückzug in
die Täler von Charmettes, die Golfe von Spezzia, die Schluchten des Olymp,
niedrige Unterkünfte in Chelsea und das dichte Unterholz bei Coniston.

74. Und schließlich glüht auch in der ganzen Gruppe von uns der vulkanische
Instinkt der astraischen Gerechtigkeit, der nicht zur Erde zurückkehrt,
sondern aus ihr hervorgeht, was uns keineswegs mehr erlauben wird, in
Papsts heiterem „Was auch immer ist" zu ruhen. ist richtig"; aber im
Gegenteil ist er zutiefst davon überzeugt, dass etwa neunundneunzig
Hundertstel von dem, was derzeit ist, falsch ist: Diese Überzeugung macht
vier von uns , je nach unseren Manieren, zu Anführern der Revolution für
die Armen und zu Verkündern einer politischen Doktrin, die für sie
monströs ist die Ohren der Söldnermenschheit; und die fünfte, weniger
zuversichtliche, in eine bloße gemalte Melodie der Klage über den
Trugschluss der Hoffnung und die Unversöhnlichkeit des Schicksals
treibend.

Bei Byron sind die Empörung, die Trauer und die Anstrengung mit dem Tod
verbunden: und sie sind die Teile seiner Natur (wie auch meiner in ihren
schwächeren Ausdrücken), von denen das selbstsüchtige, bequeme
Publikum im wahrsten Sinne des Wortes überhaupt keine Vorstellung hat;
und vor dem das fromme, sentimentale Publikum, das täglich die reine

Opfergabe göttlicher Ruhe darbringt, mit einem Anathema zurückschreckt, das nicht ohne Angst und Verbitterung ist.

75. Über diese Themen hoffe ich, in meinem nächsten Aufsatz ausführlicher und mit genauerer Darstellung zu sprechen; aber da dieser bisher etwas düster und für sanfte Leser vielleicht nicht wenig beunruhigend war, werde ich ihn mit einer leichten biografischen Studie abschließen, die für meinen Plan notwendig und an dieser Stelle ebenso bequem zulässig ist danach; nämlich der Bericht über die Art und Weise, wie Scott – wir werden, wie bereits erwähnt, immer in hervorstechenden und greifbaren Elementen des Charakters finden werden, von der Welt, weltlich, wie Burns vom Fleisch, fleischlich, und Byron ist des Deuce, verdammenswert, – verbrachte seinen Sonntag.

76. Wie üblich können wir aus Lockharts Farrago nicht das Erste herausfinden, was wir wissen wollen – ob Scott am Sonntagmorgen nach seiner Wochentagsgewohnheit arbeitete. Aber ich nehme an, nicht; auf jeden Fall ruhten sein Haushalt und sein Vieh (L. iii. 108). Ich stelle mir vor, dass er in seinen Wald ging oder still in seinem Arbeitszimmer las. Unmittelbar nach dem Frühstück sagte jeder, der im Haus war: „Meine Damen und Herren, ich werde um elf Uhr Gebete lesen, wenn ich euch alle erwarte" (Vii. 306). Die Frage des Kollegiums und anderer äußerlich einstimmiger Gebete hat sich für uns ganz kurz geklärt: „Wenn du keinen Glauben hast, dann habe wenigstens Manieren." Er las den Gottesdienst der Church of England, die Lektionen und alles, Letzteres, wenn auch interessant, eloquent (*ebd.*). Nach dem Gottesdienst eine von Jeremy Taylors Predigten (vi. 188). Wenn das Wetter schön war, ging er nach der Predigt mit seiner Familie, Hunden und Gästen eingeschlossen, zu einem *kalten* Picknick spazieren (iii. 109), gefolgt von kurzen biblischen Romanen aus dem Stegreif; denn er hatte seine Bibel, insbesondere das Alte Testament, auswendig, da es das letzte Geschenk seiner Mutter an ihn war (vi. 174). Diese Lektionen in biblischer Geschichte wurden seinen Kindern immer gegeben, egal, ob es ein Picknick gab oder nicht. Den Rest des Nachmittags vergnügte er sich im Wald mit Tom Purdie, der auch immer am Sonntag nach dem Abendessen an der Seite seines Herrn erschien und dem Laird und seiner Dame und der ganzen guten Gesellschaft ein langes Leben schenkte je nach Lust und Laune ein Glas Whisky oder ein Glas Wein (vi. 195). Was auch immer an den anderen Abenden der Woche passieren mochte, am Sonntag aß Scott immer zu Hause; und mit alten Freunden: niemals, es sei denn, es war unvermeidlich, jemanden zu empfangen, mit dem er feierlich zusammenstand (V. 335). Er kam ins Zimmer und rieb sich die Hände wie ein Junge, der über die Feiertage nach Hause kommt, seine Paprika und Senfkartoffeln umherspielend, „und selbst die stattliche Maida grinste und wedelte mitfühlend mit dem Schwanz." Zur Begrüßung der weniger geehrten Wochentage verteilte er an der

Sonntagstafel während des Abendessens zügig den Champagner und überlegte sich anschließend ein Pint Rotwein als gerechten Anteil jedes Mannes (Vers 339). Am Abend las er zur Belustigung oder Erbauung seines kleinen Kreises, da Musik für den weltlichen schottischen Geist unangebracht war, einen Lieblingsautor vor. Shakespeare könnte es sein, oder Dryden – Johnson oder Joanna Baillie – Crabbe oder Wordsworth. Aber in jenen Tagen „schüttete Byron seinen Geist frisch und voll aus, und wenn ein neues Stück aus *seiner* Hand erschienen wäre, würde es *Scott mit Sicherheit am darauffolgenden Sonntagabend lesen* ; und das mit so entzückter Nachdruck, dass es zeigte, wie vollständig das Der ältere Barde hatte seine Begeisterung für die Poesie schon in seiner Jugend und seine ganze Bewunderung für das Genie bewahrt, frei, rein und unbefleckt vom geringsten Tropfen literarischer Eifersucht" (V. 341).

77. Mit so notwendigen und leicht vorstellbaren Abwechslungen, wie sie sich ergaben, als Dandie Dinmont oder Captain Brown in Abbotsford zu Gast waren, oder Colonel Mannering, Counselor Pleydell und Dr. Robertson in Castle Street, so war Scotts üblicher Sabbat: ein Tag, wie wir wahrnehmen, das Fett zu essen (*das Abendessen* , vermutlich nicht kalt, da es ein Werk der Notwendigkeit und Barmherzigkeit ist – auch du, sogar du, der heilige Thomas von Turnbull, hast deins!) und das Süße zu trinken, reichlich in der Art von Mr. Southeys Katarakt Lodore: „Hier kommt es, funkelnd." Ein Tag voller Krönungen und Schluck Wein; tief in Trankopfer für gute Hoffnung und liebevolle Erinnerung versunken; ein Tag der Ruhe für das Tier und der Freude für den Menschen (wie auch für mitfühlende Tiere, die fröhlich sein können) und der in einer orphischen Stunde der Freude endet, die Frieden auf Tweedside und Wohlwollen für die Menschen dort oder in der Ferne bedeutet; – immer mit Ausnahme der Franzosen und Boney.

„Ja, und sehen Sie, was am Ende herausgekommen ist."

Nicht so, dunkelbösartiger Minos-Mucklewrath; das Ende kam von ganz anderen Dingen; Daraus resultierten die langen Tage und der Frieden, die Scott in seinem Vaterland hatte, und die Unsterblichkeit, die er in allen Ländern hatte .

78. Der ernstere und nachdenklichere Byron erteilte ihm einen nüchternen, entschiedenen, wenn auch zutiefst höflichen Tadel für seine manchmal allzu große Leichtfertigkeit. Denn der Lord Abbot von Newstead kannte seine Bibel so gut wie Scott auswendig, obwohl sie ihm von seiner Mutter nie als ihr wertvollster Besitz geschenkt worden war. Wusste es und darüber hinaus hatte er darüber nachgedacht und darin gesucht, was Scott nie gedacht und auch nicht gern gesucht hatte.

Und ich liebte Scott sehr und bereitete ihm immer jede nur erdenkliche Freude auf die Art und Weise, die er für am angenehmsten hielt – wie zum Beispiel, dass er sich jedes gesegnete Wort, das der Prinzregent gesprochen hatte, genau ins Gedächtnis rief und es gleich am nächsten Morgen aufschrieb Er freute sich, vor einem höfischen Publikum von ihm zu sprechen – er hatte jedoch den Eindruck, dass so billige Reime zum Beispiel seine eigene „Braut von Abydos" waren, die er von Anfang bis Ende in vier Tagen geschrieben hatte, oder sogar die Reisereflexionen von Harold und Juan über Männer und Frauen waren für einen Patriarchen-Merlin wie Scott kaum stabil genug für die Lektüre am Sonntagnachmittag. So widmet er ihm ein Werk wahrhaft religiöser Tendenz, an dem er sein Bestes gegeben hat: das Drama „Kain". Die tatsächliche Bedeutung dieser Widmung für Sir Walter könnte so ausgedrückt werden. Liebster und letzter Wahrsager der Grenze, du hast uns tatsächlich von Schwarzen Zwergen und Weißen Jungfrauen erzählt, auch von Grauen Brüdern und Grünen Feen; auch von heiligen Stechpalmen am Brunnen und von heimgesuchten Gaunern im Tal. Aber von den Büschen, die die schwarzen Hunde in den Wäldern von Phlegethon zerreißen; und von den Gaunern im Tal und den Streitereien der Burnie, wo Geister auf die Mächtigsten von uns treffen; und von dem schwarzen Menschenfeind, der keineswegs noch ein Zwerg ist und über den klügere Geschöpfe als Hobbie Elliot zitternd fragen: „Guter Führer, was ist mit dir?" Hast du noch nichts gewusst, da du doch noch *nichts gesagt hast* ?

Scott hat vielleicht seine Antwort. Wir werden es rechtzeitig hören.

FUSSNOTEN:

[73] September 1880.

[74] „Es muss im Original ausgedrückt werden, Strophe für Strophe und Vers für Vers; und Sie werden sehen, was in einem katholischen Land und einem bigotten Zeitalter den Kirchenmännern in Bezug auf die Religion erlaubt war – und sagen Sie es diesen Possenreißern." die mir vorwerfen, die Liturgie anzugreifen.

„Ich schreibe in größter Eile, es ist die Stunde des Corso, und ich muss gehen und mit den anderen albern. Meine Tochter Allegra ist gerade mit der Gräfin G. in der Kutsche des Grafen G. und sechs gegangen. Unser alter Kardinal ist tot, und der Neue ist noch nicht ernannt – aber die Maskierung geht weiter." (Brief an Murray, 355. in Moore, datiert Ravenna, 7. Februar 1820.) „Ein schrecklich moralischer Ort, denn Sie dürfen niemandes Frau ansehen, außer die Ihres Nachbarn."

[75] Siehe die *weiter unten zitierte* Verspottung von Byron über sich selbst und alle anderen modernen Dichter, „Juan", Gesang III. Strophe 80 und vergleiche Gesang xiv. Strophe 8. In zukünftigen Zitaten steht die erste Ziffer immer für Gesang; die zweite für Strophe; der dritte, falls erforderlich, für Zeile.

[76] „Insel", ii. 16, siehe Kontext.

[77] „Juan", viii. 5; aber nach dem Zitat Ihrer Lordschaft sagt Wordsworth „Instrument" – nicht „Tochter". Eure Lordschaft hätte besser „Infant" sagen und die Woolwich-Behörden als Zeugen heranziehen sollen: Nur Infant hätte sich nicht geärgert.

[78] „Juan", viii. 3; Vergleiche 14 und 63 mit all ihrem schönen Kontext 61-68: dann 82 und danach langsam und mit gründlicher Aufmerksamkeit die Rede des Teufels, beginnend mit „Ja, Sir, Sie vergessen" in Szene 2 von „The Deformed Transformed": dann Sardanapalus, Akt I. Szene 2, beginnend mit „Er ist fort, und an seinem Finger trägt mein Siegel" und schließlich die „Vision des Gerichts", Strophen 3 bis 5.

[79] „Insel", iii. 3, und vergleiche, von der Küstenbrandung, dem „wirft seine hohen Flocken, zitterte in Schneeregen" von Strophe 7.

[80] Ein moderner Redakteur – von dem ich die Ausdrücke, die mir einfallen, nicht verwenden werde – findet, dass das „wir" eine überflüssige Silbe in der iambischen Zeile ist, und gibt „wir sind" aus. Es ist eine Kleinigkeit – aber ich kann mich in den vierzig Jahren meiner literarischen Erfahrung nicht erinnern, dass der Herausgeber jemals eine so niederträchtige Retusche vorgenommen hätte. Aber ich lese die neuen Ausgaben nicht oft, das muss man berücksichtigen.

[81] „Insel", ii. 5. Ich wollte eigentlich sagen: „Achten Sie auf den Kontext", möchte es aber hier gerne wiedergeben; denn die auswendig gelernte Strophe sollte unsere schulische Einführung in die Literatur der Welt sein.

„So war dieses Liedchen aus den Tagen der Tradition,
das den Toten ein nachklingender Ruhm im Lied vermittelt, wo der Ruhm
noch kein Zeichen hinterlassen hat, jenseits des Klangs, dessen Charme
halb göttlich ist; das dem skeptischen Auge keine Aufzeichnungen
hinterlässt, sondern die junge Geschichte allen preisgibt." Harmonie; Ein
Knabe Achilles mit der Lyra des Zentauren in der Hand, um ihn zu lehren,
seinen Vater zu übertreffen. Für die einfache Daube einer lang gehegten
Ballade, vom Felsen gesprossen oder mit der Welle vermischt, oder von der
grasbewachsenen Seite des sprudelnden Baches, Oder das Echo der Berge
sammelnd, während sie gleiten, hat eine größere Macht über jedes wahre

Herz und Ohr, als alle Säulen, die die Diener der Eroberung aufstellen; lädt
ein, wenn Hieroglyphen ein Thema sind, für die Arbeit der Weisen oder
den Traum des Studenten; zieht an, wenn die Bände der Geschichte eins
sind Mühe – Die erste, die frischeste Knospe des Gefühlsbodens. So war
dieser grobe Reim – der Reim ist vom Rohen, aber so inspirierte die
Einsamkeit des Normannen, der kam und siegte; so, wo immer sich Länder
erheben, die kein Feind zerstört oder
zivilisiert
, Existieren; und was kann unsere vollendete Verskunst mehr bewirken, als
das erwachte Herz zu erreichen?“

[82] „Hirtenkalender.“ „Coronatiön“, treu-pastoral für Nelke; „sops in
wine“, fröhlich-pastoral für Double Pink; „paunce“, gedankenloses
Hirtenwort für Stiefmütterchen; „chevisaunce“, ich weiß es nicht (nicht auf
Gerarde); „flowre-delice“ – ausgesprochen „dellice“ – besteht zur Hälfte aus
„delicate“ und „delicious“.

[83] Herrick, „Klagelied für Jephthahs Tochter.“

[84] „Leidenschaftlicher Pilger.“

[85] Vergleichen Sie in diesem Punkt den „Fluch der Minerva“ mit den
„Tränen der Musen“.

[86] „Er“ – Luzifer; („Vision des Urteils“, 24). Gerade weil Byron *nicht* sein
Diener war, konnte er die Düsterkeit sehen. Den wahren Dienern des Teufels
bringt die Anwesenheit ihres Meisters sowohl Fröhlichkeit als auch
Wohlstand; mit einem entzückenden Sinn für ihre eigene Weisheit und
Tugend; und vom „Fortschritt“ der Dinge im Allgemeinen: – bei ruhiger See
und schönem Wetter – und ohne die Notwendigkeit, das Ruder zu berühren
oder sich mit dem Ruder zu befassen: als ob man sich einmal weit am Rande
des Mahlstroms befindet.

[87] „Insel“, ii. 4; vollkommen orthodoxe Theologie, sehen Sie; Es gibt keine
Leugnung des Sündenfalls, noch wird er durch eine bakterielle Geburt
ersetzt. Nein, fast evangelische Theologie, in Verachtung für das menschliche
Herz; aber mit einer tieferen als evangelischen Demut, die auch anerkennt,
was in ihrer Zivilisation schmutzig ist.

Fiktion, fair und schlecht.

IV. [88]

79. Ich fürchte, der Herausgeber des *Neunzehnten Jahrhunderts* wird von seinen Lesern kaum dafür gedankt werden, dass er meinem Vortrag über altmodische Männer und Dinge in dicht aufeinanderfolgenden Nummern so viel Raum eingeräumt hat. Nichtsdestotrotz habe ich ihn dieses Mal um ein oder zwei Anmerkungen zu noch älteren Moden gebeten, um die wichtigsten Umrisse literarischer Tatsachen, die ich in meiner letzten Arbeit nur in Umrissen festzuhalten wagte und die sich dunkel durchsetzten, *klarer* hervorzuheben gegen das Rampenlicht des jüngsten moralischen Glaubens und der Erfindung von Fiktionen.

Der Bischof von Manchester stellte anlässlich der großen Wordsworth-Bewegung in dieser Stadt zur Vergrößerung, Verschönerung und zum Verkauf von Thirlmere in seiner Befürwortung dieser Vorhaben fest, dass seiner Meinung nach nur sehr wenige Menschen Tairlmere jemals gesehen hatten. Seine Lordschaft hätte mit größerem Glück annehmen können, dass nur sehr wenige Menschen jemals Wordsworth gelesen hatten. Meine eigene Erfahrung in dieser Angelegenheit ist, dass die liebenswürdigen Menschen, die sich „Wordsworthianer" nennen, – normalerweise vor langer Zeit – „Lucy Gray", „The April Mornings", ein oder zwei ausgewählte Sonette und die „Ode on the Intimations" gelesen haben „Und schließlich scheinen sie im Allgemeinen den Eindruck zu haben, den niemand sonst je erlebt hat: und meine weitere Erfahrung mit diesen sentimentalen Studenten ist, dass sie selten geneigt sind, eine einzige Silbe des Ratschlags, den ihnen ihr Vorbild gegeben hat, in die Tat umzusetzen Dichter.

Da ich Wordsworth nun von Jugend bis Alter als tägliches Lehrbuch verwendet und darüber hinaus in allen wesentlichen Punkten nach dem Tenor seiner Lehren gelebt habe, war es für mich eine gewisse Demütigung, als In Oxford versuchte ich, die Erinnerung an Mr. Wilkinsons Spaten durch einige praktische Spatenarbeit bei Ferry Hincksey zu würdigen, und stellte fest, dass kein anderer Tutor in Oxford auch nur den geringsten Sinn oder Sinn in dem erkennen konnte, worum es mir ging; und dass, obwohl mein Freund Professor Rolleston gelegentlich mit Ausdruck der Bewunderung die Schatten unserer rydalischen Lorbeeren suchte, seine Professorenart, „aus Hirtengräbern göttliche Gedanken zu extrahieren", dazu führte, dass das Oxford Museum mit den verschorften Schädeln von Pest heimgesuchten Idioten gefüllt wurde.

80. Ich wage es daher, meinen idyllischen Freunden respektvoll mitzuteilen, dass ich weitaus wichtiger als sie weiß, was in Wordsworth *ist* und was nicht. Jeder Mensch, der sich dafür entscheidet, nach seinen Geboten zu leben, wird in ihnen glücklicherweise eine Schönheit und Richtigkeit finden (*erlesene* Richtigkeit, die ich in „Sesam und Lilien" nannte), die ihn gleichermaßen vor gemeinem Vergnügen, vergeblicher Hoffnung und schuldiger Tat bewahren wird: damit er nicht am Tor der Felder trauert, die er mit noch gierigerem Geist verkauft hat, noch von den Wassern trinkt, die er mit noch größerem gierigen Geist gestohlen hat, noch das Brot der Armen heimlich verschlingt oder es auf seinen Gästetisch legt das Lamm des armen Mannes: – in all diesen einfachen Tugenden und sicheren Richtern soll er Wordsworths wahrer Schüler sein; und er wird dann mit Gelassenheit hören können, wenn man es sagen muss, dass sein ausgezeichneter Meister oft Verse schrieb, die nicht musikalisch waren, und manchmal Meinungen äußerte, die nicht tiefgründig waren.

Und die Notwendigkeit, dies zu sagen, wird zwingend, wenn der unvollendete Vers und die unkorrigierte Fantasie durch die Zuneigung seiner Jünger in Autoritätspositionen befördert werden, wo sie den populären nationalen Vorurteilen Halt geben, von deren Ansteckung sie in den meisten Fällen selbst betroffen sind sprang.

81. Nehmen Sie zum Beispiel die folgenden dreieinhalb Zeilen des 38. Kirchensonetts:

„Staunen trifft die Menge; während viele
ihre Augen voller Kummer abwenden, brennen andere vor Verachtung und rufen zu einem rachsüchtigen Verbot der empörten Natur."

Das erste ganz offensichtliche Merkmal dieser Zeilen ist, dass es sich um äußerst schlechte Jamben handelt – ebenso schlecht konstruiert wie unmelodisch; Das Drehen und Brennen befindet sich an den falschen Enden, und die Enden selbst befinden sich genau dann, wenn der Satz in der Mitte steht.

Aber ein schwerwiegenderer Fehler dieser dreieinhalb Zeilen ist, dass das Staunen, das Umdrehen, das Brennen und das Verbot gleichermaßen fiktiv sind; und schmutzig erfunden, verleumderisch konzipiert, nicht weniger als falsch. Kein einziger der Zuschauer der erwähnten Szene war wirklich erstaunt – nicht einer verächtlich, nicht einer bösartig. Es ist nur unser sanfter Minnesänger der Meres, der auf dem Stuhl der Verächtlichen sitzt – nur der Einsiedler vom Rydal Mount, der die Bosheit der Natur beschwört.

Was genau die Szene war und wie sie beobachtet wurde, wird nicht lange dauern, um es zu erzählen; Die Geschichte wird auch nicht nutzlos sein: Aber ich muss den Leser zunächst auf eine Zeit verweisen, die fast ein Jahrhundert vor der großen symbolischen Aktion unter der Veranda von St. Markus liegt.

82. Der protestantische Geistliche und ungläubige Historiker, der Freude daran hat, seinen Stolz zu stützen oder seine Bosheit zu zügeln, indem er die Korruption aufdeckt, durch die das Christentum gegangen ist, sollte in jedem Fragment authentischer Aufzeichnungen studieren, das die Wut ihrer Zeit hinterlassen hat Leben der drei Königinnen des Priestertums, Theodora, Marozia und Matilda, und die Begründung der gnadenlosen Macht der Päpste durch den Mönch Hildebrand. Und wenn es jemanden von uns gibt, der mit edlerem Essen als den Katastrophen auf der Bühne zufrieden sein möchte, die Ehrfurcht vor dem Wunderbaren im menschlichen Leid, das in einer authentischen Tragödie die Quelle der Tränen heilig macht, dann möge sie Schritt für Schritt und Schmerz folgen durch Pang, die Demütigung des vierten Heinrich in Canossa und seinen Tod in der Kirche, die er der Jungfrau in Spire gebaut hatte.

Sein Gegenspieler Hildebrand starb zwanzig Jahre vor ihm; Gefangenschaft der Normannen in Salerno, nachdem er gesehen hatte, wie das Rom, in dem er sein Fürstentum über die ganze Erde ausgerufen hatte, in seinen letzten Trümmern lag; und ewig. Rom selbst war seit seiner Verwüstung durch Guiscard nur ein Grab und eine Wildnis [89] – was *wir* Rom nennen, ist lediglich eine Kolonie des Fremden in seinem „Marsfeld". Diese Zerstörung Roms durch die Normannen ist genau und gänzlich das Ende seiner kapitolinischen und von Wölfen gesäugten Macht; und von diesem Tag an nimmt ihre leonische oder christliche Macht ihren Thron in der leoninischen Stadt ein, geheiligt in der Tradition durch ihr Gebet um Sicherheit für das sächsische Borgo, in dem die Kindheit unseres eigenen Alfred erzogen worden war.

Und von diesem Datum an (das allgemein als 1090, das Geburtsjahr des heiligen Bernhard, bezeichnet wird) nicht mehr von den Überresten des römischen Todes bedrückt, beherrschen christlicher Glaube, Rittertum und Kunst die Welt und erschaffen sie neu den Zeitraum von vierhundert Jahren – dem zwölften, dreizehnten, vierzehnten und fünfzehnten Jahrhundert.

Und zwangsläufig findet im ersten dieser Jahrhunderte die Hauptdebatte zwischen den Kräften von Mönchen und Rittern statt, die in dieser Szene unter der Veranda des Markusdoms beigelegt wurde.

83. Diese Debatte wurde durch die Geburt der neuen dritten Elementarkraft des Staates – des Bürgers – auf ihre Krise und ihren Ausgang gebracht. Sismondis republikanischer Enthusiasmus erlaubt es ihm nicht, den wesentlichen Charakter dieser Macht zu erkennen. Er spricht immer von den Republiken und den Freiheiten Italiens, als ob sich ein Handwerker von

einem Ritter nur durch politische Privilegien unterschied und als ob seine besondere Tugend darin bestehe, keinem Herrn Gehorsam zu leisten. Aber die Stärke der großen Städte Italiens war nicht republikanischer als die ihrer Klöster oder Festungen. Der Handwerker von Mailand, der Seemann von Pisa und der Kaufmann von Venedig sind alle im Wesentlichen andere Personen als der Soldat und der Einsiedler: – aber die Stadt wurde unter dem Banner ihres Caroccio und dem Kommando ihres *Podesta* weitaus *mehr* diszipliniert strenger als jedes umherziehende Militärgeschwader durch seinen Anführer oder irgendeinen niederen Mönchsorden unter seinem Abt. Bei der Gründung bürgerlicher Verfassungen ist der Herr der Stadt gewöhnlich ihr Bischof: – und es ist merkwürdig, den republikanischen Historiker zu hören – der, so blind er auch im Urteil ist, im Herzen nie unaufrichtig ist, sich darauf vorbereitet, seinen Bericht über die zehn Jahre zu schließen ' Krieg von Como mit Mailand, mit dieser Zusammenfassung des Kummers der heldenhaften Bergsteiger – dass „sie ihren Bischof Guido verloren hatten, der ihre Seele war."

84. Ich erkenne eine der hoffnungslosesten der vielen Schwierigkeiten, vor denen der Modernismus steht und die weder mit Dampf noch mit Dynamit unüberwindbar sein werden, darin, jede Vorstellung von einem König entweder einzuklemmen oder in seinen eigenen gusseisernen Kopf einzuschweißen. Mönch oder Bürger des zwölften und zweier folgender Jahrhunderte. Und doch lässt sich keine Silbe der Äußerung, kein Fragment der Künste des Mittelalters, geschweige denn irgendein Beweggrund ihrer Taten auch nur im Buchstaben lesen – um wie viel weniger im Geiste beurteilt –, es sei denn, wir können zunächst etwas Stellen Sie sich all diese drei lebenden Seelen vor.

Erstens ein König, der der beste Ritter seines Königreichs war und an dessen eigenen Schwerthieben das Schicksal der Christenheit hing. Ein König wie Heinrich der Fowler, der erste und dritte Edward von England, der Bruce von Schottland und dieser Friedrich der Erste von Deutschland.

Zweitens ein Mönch, der von Jugend an in größeren Härten als jeder Soldat ausgebildet worden war und schließlich gelernt hatte, sich kein anderes Leben als ein Leben voller Härten zu wünschen; – ein Mann, der an die eigene Unsterblichkeit und die seiner Mitmenschen glaubte, an die helfenden Kräfte von Engel und die ewige Gegenwart Gottes; bewandert in der gesamten Wissenschaft, anmutig in der gesamten Literatur, sich der gesamten Politik seiner Zeit bewusst; und furchtlos vor allem, was auf der Erde oder darunter geschaffen wurde.

Und schließlich ein Handwerker, der sein Handwerk absolut beherrscht und so stolz auf die Ausübung seines Handwerks ist, wie alle gesunden Seelen bei der Entfaltung ihrer persönlichen Kräfte, stolz auch auf seine Stadt und sein Volk; Jahr für Jahr bereichern sie ihre Straßen mit erhabeneren Gebäuden, ihre Schatzkammern mit selteneren Besitztümern; und er vererbte seine erbliche Kunst einer Reihe aufeinanderfolgender Meister, durch deren Rassentakt und Ehre der Anstrengung die wesentlichen Fähigkeiten der Metallverarbeitung in Gold und Stahl, der Töpferei, der Glasmalerei, der Holzverarbeitung und der Weberei vermittelt wurden eine Perfektion, die nie zu übertreffen ist; und von dem unsere größte moderne Hoffnung darin besteht, eine nicht sofort entdeckte Nachahmung hervorzubringen.

Ich wiederhole, wir müssen uns diese drei Arten von Personen vorstellen, bevor wir irgendein einzelnes Ereignis des Mittelalters verstehen können. Denn alles, was in ihnen bleibt, wurde von Männern wie diesen getan. Die Geschichte verzeichnet in der Tat zwanzig Verhängnisse für eine Tat, zwanzig Verwüstungen für eine Erlösung; und hält den Narren und Schurken ebenso für mächtig wie den Weisen und Wahrhaftigen. Aber die Natur und ihre Gesetze erkennen nur die Edlen an: Generationen der Grausamen vergehen wie die Dunkelheit von Heuschreckenplagen; während ein liebevolles und mutiges Herz eine Nation gründet.

85. Ich beschreibe den Charakter von Barbarossa mit den Worten von Sismondi, einem Mann, der im Lob der Kaiser sparsam war: –

„Der Tod Friedrichs wurde sogar von den Städten betrauert, die so lange Gegenstand seiner Feindseligkeit und Opfer seiner Rache gewesen waren. Alle Langobarden – sogar die Mailänder – würdigten seinen seltenen Mut, seine Standhaftigkeit im Unglück – seine Großzügigkeit Eroberung.

„Eine tiefe Überzeugung von der Gerechtigkeit seiner Sache hatte ihn gegenüber denen, die sich noch widersetzten, oft grausam bis zur Grausamkeit gemacht; aber nach dem Sieg rächte er sich nur noch an sinnlosen Mauern; und so verärgert er auch über die Menschen in Mailand, Crema gewesen war." , und Tortona, und was auch immer Blut er während der Schlacht vergossen hatte, er befleckte seinen Triumph nie durch abscheuliche Strafen. Trotz des Verrats, den er einmal gegen Alessandria anwandte, wurden seine Versprechen im Allgemeinen respektiert; und als, nach dem Frieden von Konstanz, die Städte, die ihm von Natur aus feindlich gesinnt waren, ihn in ihren Mauern aufnahmen, brauchten sich nicht vor jedem Versuch seinerseits zu schützen, die von ihm einst anerkannten Privilegien zu unterdrücken.

Meine eigene Einschätzung von Frederics Charakter wäre kaum so günstig; Es ist der einzige Punkt der Geschichte, bei dem ich selbst an der Autorität meines eigenen Meisters Carlyle gezweifelt habe. Aber es geht mir hier nur um die Realität seiner Kriege in Italien, um die Menschen in seinen Städten und um das Oberhaupt seiner Religion.

86. Friedrich von Schwaben, direkter Erbe der ghibellinischen Rechte, wurde fast genau in der Mitte des 12. Jahrhunderts (1152) zum Kaiser gewählt, obwohl er nahezu blutsverwandt mit den welfischen Häusern Bayern und Sachsen war. Er wurde von den Stimmen der Italiener nach Italien gerufen. Der damalige Papst Eugen III. rief seine Hilfe gegen das römische Volk unter Arnold von Brescia an. Die Einwohner von Lodi beteten um seinen Schutz vor der Mailänder Tyrannei.

Friedrich drang 1154 über das Etschtal in die Ebene von Verona ein, verwüstete das Gebiet Mailands, plünderte und brannte Tortona, Asti und Chieri nieder und feierte sein Weihnachtsfest in Novara. marschierte nach Rom, überlieferte Arnold dem Papst [90] (der, indem er ihn sofort tötete, die protestantischen Reformen in Italien für die damalige Zeit beendete) – zerstörte Spoleto; und kehrte von Verona zurück, nachdem er seinen Weg durch Italien wie ein Blitz über die Erde gebrannt hatte.

Drei Jahre später starb Adrian; und vor allem durch die Liebe und den Willen des römischen Volkes wurde Roland von Siena unter dem Namen Alexander III. auf den päpstlichen Thron erhoben. Das Kardinalskonklave wählte einen anderen Papst, Viktor III.; Bei seiner zweiten Invasion in Italien (1158) rief Friedrich beide gewählten Oberhäupter der Kirche zu sich, damit diese vor *ihm über ihre Ansprüche entscheiden sollten* .

Der Papst der Kardinäle, Victor, gehorchte. Der Alexander des Volkes lehnte ab; als Antwort darauf, dass der Nachfolger des heiligen Petrus sich weder dem Urteil von Kaisern noch von Räten unterwarf.

Der Geist des modernen Prälatentums mag es einem englischen Kirchenmann vielleicht unmöglich gemacht haben, sich diese Antwort anders als die der Unverschämtheit und Heuchelei vorzustellen. Aber ein treuer und seines Thrones würdiger Papst konnte nicht anders antworten. Frederic bestätigte natürlich sofort die Behauptungen seines Rivalen; Die deutschen Bischöfe und italienischen Kardinäle vereinigten im Rat in Pavia ihre Macht mit der des Kaisers, und Alexander, der aus Rom vertrieben worden war, wanderte – seiner Seele nach nicht unterworfen – von Stadt zu Stadt und flüchtete schließlich nach Frankreich.

87. In der Zwischenzeit, im Jahr 1159, eroberte und zerstörte Friedrich Crema, nachdem er zuvor die Geiseln an seine Kriegsmaschinen gebunden hatte. Im Jahr 1161 unterwarf sich Mailand seiner Gnade und er verfügte, dass ihr Name untergehen sollte. Von der antiken Stadt sind uns nur noch wenige Säulen eines römischen Tempels und die Kirche St. Ambrosius

erhalten. Von ihrer Zerstörung gewarnt, schlossen sich Verona, Vicenza, Padua, Treviso und Venedig dem Gelübde an, das vom Langobardenbund einberufen wurde, um die Macht des Kaisers auf ihre gerechten Grenzen zu beschränken. Und im Jahr 1164 Alexander unter dem Schutz Ludwigs VII. von Frankreich und Heinrich II. von England, kehrte nach Rom zurück und wurde in Ostia vom Senat, dem Klerus und dem Volk empfangen.

Drei Jahre später eroberte Frederic erneut die Campagna; griff die leonische Stadt an, wo die Basilika des Vatikans, die in eine Festung umgewandelt wurde und von der Wache des Papstes gehalten wurde, seinem Angriff widerstand, bis auf Befehl des Kaisers die Kirche der Heiligen Maria der Barmherzigkeit in Brand gesteckt wurde.

Die leonische Stadt wurde eingenommen; Der Papst zog sich ins Kolosseum zurück, von wo aus er erneut seine entschiedene Missachtung des Kaisers zum Ausdruck brachte, aus Angst vor Verrat jedoch verkleidet den Tiber hinunter zum Meer floh und in Benevent Asyl suchte.

Im August 1166 lagerte die deutsche Armee rund um Rom, vor ihren Augen standen die Ruinen der Kirche Unserer Lieben Frau vom Mitleid. Das Sumpffieber traf sie – tötete den Cousin des Kaisers, Friedrich von Rothenburg, den Herzog von Bayern, den Erzbischof von Köln, die Bischöfe von Lüttich, Spire, Regensburg und Verden sowie zweitausend Ritter; die gewöhnlichen Toten wurden ungezählt. Der Kaiser sammelte die Trümmer seiner Armee, zog sich in die Lombardei zurück, quartierte seine Soldaten in Pavia ein und floh heimlich mit dreißig Rittern über den Mont Cenis.

88. Südlich der Alpen blieben ihm keine Kraftorte außer Pavia und Montferrat; und um diese in Schach zu halten und die Ebenen des Piemont zu beherrschen, baute der Langobardenbund die Festungsstadt, die sie nach dem Papst, der in allen Widrigkeiten die Autorität seines Throns und die Sache des italienischen Volkes aufrechterhalten hatte, „Alessandria" nannten ."

Gegen dieses Bollwerk stürmte der noch immer unbezwingbare Kaiser nach acht Jahren der Pause und in der Stimmung, in der Menschen ihre Seelen auf einen einzigen Pfahl setzen, mit seiner größten gesammelten Kraft. In seinem letzten Krieg hatte er alles außer seiner Ehre verloren – in diesem Krieg verlor er auch seine Ehre. Wie auch immer die anderen Elemente seines Charakters gerechtfertigt beurteilt werden mögen, unter den Rittern seiner Zeit zeichnete er sich zweifellos durch seine Gottlosigkeit aus. In der Schlacht von Cassano durchbrach er die Mailänder Vorhut zu ihrem *Caroccio* und schlug mit eigener Hand dessen goldenes Kruzifix nieder; zwei Jahre später wurden Kreuz und Standarte vor ihm verneigt – und das vergebens.

 Furchtlos beansprucht er das Entscheidungsrecht zwischen konkurrierenden Päpsten für sich und lagert auf der Asche der Marienkirche gegen den Rechtmäßigen.

Bei seinem ersten Angriff auf Alessandria vereitelt, durch die Überschwemmungen des Winters vor ihm aufgehalten und im Frühjahr von der Armee der Liga bedroht, verkündete er den Belagerten einen Waffenstillstand, damit sie den Karfreitag einhalten könnten. Dann verletzte er sowohl die Heiligkeit des Tages als auch seinen eigenen Eid und griff die vertrauensvolle Stadt durch eine heimlich fertiggestellte Mine an. Und zum zweiten Mal erging das Urteil Gottes gegen ihn. Jeder Mann, der Zugang zur Stadt erhalten hatte, wurde getötet oder von den Stadtmauern vertrieben; die Alessandriner öffneten alle ihre Tore, fielen mit den gebrochenen Flüchtlingen über die anrückenden Truppen, zerstreuten sie in Unordnung und brannten ihre Angriffstürme nieder. Der Kaiser versammelte ihre sterblichen Überreste am Ostersonntag in Pavia, die bei seiner Niederlage gegen die Armee der Liga verschont blieben.

89. Und doch stellte er seine Sache noch einmal vor den Kampf. Er hielt sich in Lodi mit den Legaten des Papstes auf und stellte unter den Erzbischöfen von Magdeburg und Köln sowie den Oberprälaten und Fürsten Deutschlands eine siebte Armee zusammen; brachte es über den Splügen nach Como, stellte sich dort an seine Spitze und traf im Frühjahr 1176, im fünfzehnten Jahr, seit er die Auslöschung des Namens Mailand angeordnet hatte, in Legnano mit dem Gespenst Mailands zusammen.

Aus ihrem Grab auferstanden, führte sie die Lombard League in dieser letzten Schlacht an. Dreihundert ihrer Adligen bewachten ihr *Caroccio* ; Neunhundert ihrer Ritter verpflichteten sich – unter dem Namen „Kohorte des Todes" –, für sie zu siegen oder zu sterben.

Das Schlachtfeld liegt mitten in der Ebene, die jetzt mit Mais- und Maulbeerbäumen bedeckt ist, von der aus der Reisende, der über den Lago Maggiore nach Italien gelangt, zunächst den ungebrochenen Schnee des Rosa hinter sich und die weißen Zinnen des Mailänder Doms sieht der Süden. Der Kaiser selbst führte, wie es seine Gewohnheit war, die angreifende Ritterschaft an. Die Mailänder knieten nieder, als sie kamen, beteten laut zu Gott, dem heiligen Petrus und dem heiligen Ambrosius und gingen dann zu Fuß um ihr *Caroccio herum* . Der Angriff des Imperators durchbrach ihre Reihen fast bis zu ihrer Standarte – dann ritt die Kohorte des Todes gegen ihn.

90. Und sein ganzer Kampf verwandelte sich vor ihnen in Flucht. Zum ersten Mal fiel auf dem betroffenen Feld die kaiserliche Standarte und wurde eingenommen. Die Mailänder folgten dem zerschlagenen Heer, bis ihre

Schwerter erschöpft waren; und der Kaiser wurde im Kampf von seinem Pferd geschlagen und blieb verloren unter den Toten zurück. Die Kaiserin, deren Gnade gegenüber Mailand er verboten hatte, trauerte bereits in Pavia um ihn, als ihr Mann einsam und flehend an das Tor kam.

Die Lektion genügte endlich; und Barbarossa schickte seine ketzerischen Bischöfe, um den Papst um Vergebung und die Langobarden um Frieden zu bitten.

Begnadigung und Frieden wurden gewährt – ohne Bedingungen. „Cäsars Nachfolger" war ein Vierteljahrhundert lang der Schandfleck Italiens gewesen; er hatte ihre Ernten verwüstet, ihre Städte niedergebrannt, ihre Kinder durch Hungersnot dezimiert, ihre jungen Männer durch das Schwert; und siebenmal versuchte es in einer erneuten Invasion die Herrschaft über es zu errichten, von den Alpen bis zum Felsen von Skylla.

Sie verlangte von ihm keine Rückerstattung, begehrte keine Provinz, verlangte keine Festung von seinem Land. Weder Feigling noch Räuberin, sie verschmähte gleichermaßen die Bewachung und den Gewinn ihrer Grenzen; sie rechnete nicht mit einer Entschädigung für ihren Kummer; und setze keinen Preis auf die Seelen ihrer Toten. Sie stand in der Veranda ihres strahlendsten Tempels – zwischen den blauen Ebenen ihrer Erde und ihres Meeres – und gewährte ihrem Feind in der Person ihres geistlichen Vaters Verzeihung.

„Schwarze Dämonen schweben über seinem Kopf mit der Mitra", denkst du, sanfter Sonettist des Narzissensumpfes? Und wurden Barbarossas Geschlecht von besseren Engeln gelehrt, wie man sich vor einem besiegten Kaiser benimmt, oder hat England durch mutigere und großzügigere Impulse gelernt, wie man seinen verbannten Sohn beschützt?

Den Untergang Venedigs seit diesem Tag beschrieb Byron in einer einzigen Zeile:

„Ein Kaiser trampelt dort herum, wo ein Kaiser kniete."

Aber mit welchen Worten soll die tiefere Demütigung ausgedrückt werden, die entsteht, wenn ein Deutscher seinen hilflosen Feind ausplündert und England seinen Verbündeten unter dem Speer des Wilden zurücklässt?

91. Mit den jetzt gegebenen Hinweisen und ein oder zwei Stunden zusätzlicher Lektüre eines Standardhistorikers, den er möchte, kann der Leser mit sicherer Begründung beurteilen, ob der Waffenstillstand von Venedig und der Frieden von Konstanz vom Teufel verursacht wurden, was auch immer er letztendlich empfinden mag oder bekräftigen, zumindest wird

er dies mit Sicherheit zur Kenntnis nehmen, dass Mr. Wordsworth, der keinen Zweifel an der völligen Weisheit jeder Idee hat, die ihm in den Sinn kommt, in einem dogmatischen Sonett seinen ersten Eindruck von der schwarzen Instrumentalität niederschreibt Geschäft; so dass seine unschuldigen Leser, die ihn für ihren alleinigen Herrn halten, weit davon entfernt sind, sich eingehender mit der Sache zu befassen, sondern sogar unbewusst bleiben, dass es umstritten ist, und für immer unfähig sein, sich entweder das Gefühl eines Katholiken oder das Zögern eines sorgfältigen Historikers rührend vorzustellen die zentral bedeutsame Machtkrise im gesamten Mittelalter! Während Byron, der die Geschichte gründlich kennt und mit ehrlichem und offenem Herzen über den Katholizismus urteilt, es wagt, nichts zu behaupten, was eine Debatte zulässt, weder in Bezug auf menschliche Motive noch auf die Anwesenheit von Engeln; sondern vereint in einer Zeile massiver Melodie die unfehlbar gezählte Summe venezianischer Majestät und Schande.

92. In einem künftigen Aufsatz schlage ich vor, seine Methode zu untersuchen, wie er mit der Debatte umgeht, die sich selbst mit einem höheren Thema befasst. Deshalb werde ich die vorliegende Debatte abschließen, indem ich einige der Dornen und Dornen des Volksvergehens aus dem Weg trete.

Die häufigsten Anklagepunkte gegen Byron sind im Wesentlichen drei.

die Schlechtigkeit seines Lebens eingestand – in gewisser Weise sogar trotzig verkündete (was die natürliche Art des Geständnisses eines stolzen Mannes ist) [92] .

Die Heuchelei [93] sogar von Pall Mall und Petit Trianon geht, wie ich annehme und es nicht wagen darf, nicht so weit, die Frechheit selbst zu verurteilen? Und dass er es tatsächlich gestanden *hat* , ist genau der Grund, ihn nach seinem eigenen Motto „Vertraue Byron" zu lesen. Sie können es immer tun; und der gewöhnliche, glattgesichtige Mann von Welt ist umso schuldiger, je mehr Sie ihn wertschätzen.

II. Dass er über schöne Dinge schrieb, von denen man nie etwas hören sollte.

Angesichts der genauen Gepflogenheiten moderner Belletristik, Kunst und Dramen scheue ich mich, die Frage anzusprechen, was erwähnt und gesehen werden sollte – und was nicht. Alles, was ich hier sagen möchte, ist, dass Byron Ihnen von Realitäten erzählt und dass sie meiner Meinung nach auf den ersten Blick (im wahrsten Sinne des Wortes) eher zu seinen Gunsten ist, wenn sie hübsch sind. Wenn Sie sich jedoch eingebildet haben, dass er Sie dazu bringen will, Dudu so hübsch zu finden wie Myrrha [94] oder sogar

Haidee, ob in voller Kleidung oder nicht, so hübsch wie Marina, dann ist es Ihre Schuld, nicht seine.

93. III. Dass er Gott und den König gelästert hat.

Bevor ich auf diesen Punkt antworte, muss ich den Leser um Geduld bei einem sehr ernsthaften Werk bitten, nämlich der Feststellung der wahren und vollständigen Bedeutung des Wortes Blasphemie. Es bedeutet einfach „Schädliches Sprechen" – männliche Diktion – oder kurz „Schuld"; und kann sowohl gegen ein Kind oder einen Hund, wenn Sie ihnen wehtun *wollen*, *als auch gegen die Gottheit begangen werden.* Und in seiner ursprünglichen Verwendung steht es im genauen Gegensatz zu einem anderen griechischen Wort, „Euphemie", das eine ehrfürchtige und liebevolle Art des Segens bedeutet, das in der modernen Gefühlswelt und Sprache völlig außer Gebrauch geraten ist.

Nun können Umfang und Charakter der wesentlichen männlichen Diktion, wie sie im Lateinischen genannt wird, oder der Blasphemie, wie sie im Griechischen genannt wird, dem allgemeinen Leser meiner Meinung nach am besten durch ein Beispiel in einer sehr kleinen Sache erklärt werden, nämlich zunächst durch die Übersetzung kurze Stücke von Platon, die die Bedeutung des Wortes in den Codes der griechischen Moral am besten zeigen.

„Das sind also die Dinge" (die wahre Ordnung von Sonne, Mond und Planeten), „oh meine Freunde, von denen ich wünsche, dass alle unsere Bürger und Jugendlichen zumindest so viel über die Götter des Himmels lernen, wie nicht." sie zu lästern, sie aber ehrfürchtig zu beschönigen, sowohl beim Opfern als auch in jedem Gebet, das sie beten." – Gesetze, VII. Steph. 821.

„Und das ganze Leben lang braucht ein Mann über alle anderen Bedürfnisse hinaus Euphemie für seine Eltern, denn es gibt keine schwerere Strafe als die der leichten und geflügelten Worte" (für sie) ? „Denn Nemesis, der Engel der göttlichen Vergeltung, wurde als Bischof über alle Menschen gesetzt, die auf diese Weise sündigen." – IV. Steph. 717.

Das Wort, das ich mit „Vergeltung" übersetzt habe, ist genauer gesagt „himmlische Gerechtigkeit" – das eigentliche Licht der Welt, vor dem nichts verborgen bleiben kann und durch das jeder, der will, sicher wandeln kann; Daher die mystische Antwort von Odysseus an seinen Sohn, als Athene, selbst unsichtbar, mit ihnen geht und die Kammer des Hauses mit Licht erfüllt: „Dies ist die Gerechtigkeit der Götter, die den Olymp besitzen." Siehe den Kontext, in dem Platon die Zeile zitiert. – Laws, X. Steph. 904. Die kleine

Geschichte, die ich zu erzählen habe, ist vor allem im Zusammenhang mit der oben zitierten zweiten Passage von Platon von Bedeutung.

94. Ich habe an anderer Stelle erwähnt, dass ich ein selbsterzogener Junge war und dass, wie meine Mutter mir fleißig und gewissenhaft meine Bibel und die lateinische Grammatik beibrachte, mir mein Vater liebevoll und hingebungsvoll meinen Scott, meinen Papst und meinen Byron beibrachte. [95] Die lateinische Grammatik, die mir meine Mutter beibrachte, war die 11. Auflage von Alexander Adams – (Edinb.: Bell und Bradfute, 1823) – nämlich von Alexander Adam, Rektor der Edinburgh High School, in dessen Oberklasse Scott überging im Oktober 1782, und der – frühere Meister hatten nichts Bemerkenswertes an dem stämmigen Jungen gefunden – wirklich hervorragende Qualitäten in ihm *fand* und „sich ständig an ihn wandte, um Daten und Einzelheiten von Schlachten und anderen bemerkenswerten Ereignissen zu erfahren, auf die Horaz anspielte." oder *welche anderen Autoren die Jungen auch lasen* ; und nannten ihn den Historiker seiner Klasse" (L. i. 126). *Dieser* Alex. Auch Adam, der selbst ein liebevoller Historiker war, erinnerte sich an das Schicksal jedes Jungen an seiner Schule während der fünfzig Jahre, in denen er sie geleitet hatte, und seine letzten Worte – „Es wird dunkel, die Jungen können entlassen werden" gaben Scott das Herz Vision und die Prüfung des Todes von Elspeth vom Craigburn-Foot.

Seltsamerweise finde ich beim Öffnen des alten Bandes in diesem Moment (ich würde ihn nicht für ein illuminiertes Messbuch halten) in dem Artikel über Prosodie einige Dinge, die für mich äußerst nützlich sind, nach denen ich bei Zumpt und Matthiæ vergeblich gesucht habe. In jeder rationalen Hinsicht halte ich es für die beste lateinische Grammatik, die bisher geschrieben wurde.

Als meine Mutter mich bis zur Syntax durchgearbeitet hatte, hielt man es für wünschenswert, dass ich einem Meister unterstellt werden sollte: und der ausgewählte Meister war ein zutiefst und verdientermaßen geehrter Geistlicher, der Rev. Thomas Dale, der in Mr. Holbeachs Werk erwähnt wird Artikel „The New Fiction" (*Contemporary Review* für Februar dieses Jahres) zusammen mit Mr. Melville, der unser Pastor war, nachdem Mr. Dale nach St. Pancras gegangen war.

95. Am ersten Tag, als ich in Mr. Dales Schulzimmer Platz nahm, trug ich ihm in bescheidenem Stolz meine alte Grammatik vor und erwartete etwas Ermutigung und Ehre für die Genauigkeit, mit der ich auf Verlangen einiges wiederholen konnte hundertsechzig eng gedruckte Seiten davon.

Aber Mr. Dale warf es mir mit einem heftigen Knall auf seinen Schreibtisch zurück und sagte (mit Akzent und Blick siebenfacher Verachtung): „Das ist eine *schottische* Sache."

Nun, mein Vater war Schotte und ein Schuljunge aus Edinburgh, und meine Mutter hat mit mir an diesem Buch gearbeitet, seit ich lesen konnte, und meine ganze schönste Ferienzeit habe ich im North Inch von Perth verbracht, mit diesen vier Wörtern Die damit einhergehende Handlung enthielt so viel Beleidigung, Schmerz und eine Schwächung meines Respekts vor meinen Eltern, meiner Liebe zum Land meines Vaters und meiner Ehre für seine Würdenträger, wie man in vier Silben und einer unanständigen Geste zusammenfassen konnte. Was also reine, zweischneidige und spitzfindige Gotteslästerung war. Denn einen Jungen dazu zu bringen, die Fürsorge seiner Mutter zu verachten, ist der direkteste Weg, ihn auch dazu zu bringen, die Stimme seines Erlösers zu verachten; und ihn dazu zu bringen, seinen Vater und das Haus seines Vaters zu verachten, der direkteste Weg, ihn dazu zu bringen, seinen Gott und den Himmel seines Gottes zu verleugnen.

96. Ich spreche und beobachte in diesem Fall nur von den tatsächlichen Worten und ihrer Wirkung; nicht von dem Gefühl im Kopf des Redners, das fast spielerisch war, obwohl seine Worte, die von äußerstem Stolz geprägt waren, so leichtfertig waren, dass die Menschen am Tag des Jüngsten Gerichts Bericht erstatten werden. Die wahre Sünde der Gotteslästerung liegt weder im Sprechen noch im Denken; sondern im Wünschen, das der Vater des Gedankens und Wortes ist: und die Natur davon besteht einfach darin, irgendetwas Böses zu wünschen; denn so wie die Qualität der Barmherzigkeit nicht beansprucht wird, so wird auch die der Blasphemie nicht beansprucht, die eine aus den Wolken des Himmels, die andere aus dem Dampf der Grube. Wer im Kleinen ungerecht ist, ist im Großen ungerecht, wer im Geringsten böse ist, ist im Größten böse, wer die Erde hasst, die Gottes Fußschemel ist, hasst noch mehr den Himmel, den Thron Gottes, und den, der darauf sitzt. Letztlich bedeutet Blasphemie also, *irgendetwas* Böses zu wünschen ; und das Ergebnis sind Vanni Fuccis extreme „schlechte Manieren" – sie wünschen Gott Böses.

Im Gegenteil, Euphemy wünscht allen alles Gute, und das Ergebnis ist Burns' extreme „gute Manieren", der alles Gute wünscht –

> „Ah! Habt ihr mal darüber nachgedacht, und Männer!"

Das ist das Höchste der Euphemie.

97. Machen Sie sich dann zunächst klar, dass die Sünde der Verwünschung, ob Shimeis Einzelperson oder John Bulls Staatsangehöriger, in der vulgären

Bösartigkeit und nicht in der vulgären Diktion liegt, und beachten Sie dann weiter, dass „Phemie" oder „Ruhm" Die beiden Wörter „Blasphemie" und „Euphemie" bedeuten im Großen und Ganzen das Ablegen eines *falschen* Zeugnisses *gegen* den Nächsten im einen Fall und eines *wahren* Zeugnisses *für* ihn im anderen Fall: Die eigentliche Aufgabe des Gotteslästerers besteht also darin, Feuerlicht auf das Böse zu werfen Bei guten Menschen besteht die Aufgabe des Euphuisten (ich muss das Wort aus Mangel an einem Besseren ungenau verwenden) darin, bei schlechten Menschen Sonnenlicht auf die Guten zu werfen; solche, zum Beispiel, wie Bertram, Meg Merrilies, Rob Roy, Robin Hood und die allgemeine Schar von Korsaren, Giauren, Türken, Juden, Ungläubigen und Ketzern; ja, sogar Schwestern von Rahab und Töchter von Moab und Ammon; und schließlich die ganze geistige Rasse dessen, zu dem gesagt wurde: „Wenn du es gut tust, wirst du dann nicht angenommen werden?"

98. Und da wir damit wieder bei unserem eigentlichen Thema angelangt sind, beabsichtige ich, nach einigen weiteren zusammenfassenden Anmerkungen zum Glanz der elektrotypischen Sprache der modernen Leidenschaft zu untersuchen, welche Tatsachen oder Wahrscheinlichkeiten sowohl Goethes als auch Byrons Vorstellung davon zugrunde liegen der Kampf zwischen den Mächten von Gut und Böse, dessen biblischer Bericht Herrn Huxley so unvereinbar mit den anerkannten Gesetzen der politischen Ökonomie erscheint; und es ist durch die Feigheit unserer alten Übersetzer so sehr seiner Lebenskraft beraubt worden, dass die offene griechische Behauptung, der heilige Michael wagte es nicht, den Teufel zu lästern, [96] durch ihre Umschreibung von „durst" noch zehnmal schelmisch abgestumpft und karikiert wird „Keine üblen Vorwürfe gegen ihn erheben" als durch Byrons scheinbar – und nur scheinbar – weniger ehrfurchtsvolle Beschreibung der Art und Weise der Engelsbegegnung für einen minderwertigen Herrscher des Volkes.

„Zwischen Seiner Dunkelheit und Seiner Helligkeit
verlief ein gegenseitiger Blick von großer Höflichkeit."

Paris, *20. September 1880* .

NACHTRAG .

99. Ich selbst bin äußerst dankbar und bezweifle nicht, dass die meisten meiner Leser ein ähnliches Gefühl haben, sowohl für die Informationen, die im ersten der beiden folgenden Briefe enthalten sind; und die Korrektur der Verweise im zweiten Teil, wobei ich jedoch einige Schlusssätze weggelassen habe, die der Autor meiner Meinung nach für unnötig gehalten hat. [97]

NORTH STREET, WIRKSWORTH :
2. August 1880.

SEHR GEEHRTER HERR , als ich Ihren interessanten Artikel in der Juni-Ausgabe des *19. Jahrhunderts* und Ihr Zitat von Walter Scott las, fiel mir die große Ähnlichkeit zwischen einigen schottischen Wörtern und meiner Muttersprache (Norwegisch) auf. *Whigmaleerie* , über dessen Ableitung Sie offenbar nicht ganz sicher sind, ist auf Norwegisch *Vægmaleri* . *Væg* , ausgesprochen „Vegg", bedeutet Wand, und Maleri „Bild", ausgesprochen fast genauso wie im Schottischen und abgeleitet von *at male* , „malen". Siccan ist im Dänischen *sikken* , wird eher für etwas Komisches als für etwas Großes verwendet und gehört kaum zur geschriebenen Sprache, in der *slig* , so, und *slig en* , so eins, das Äquivalent wären. Ich brauche nicht zu erwähnen, dass Dänisch und Norwegisch hinsichtlich der Schriftsprache gleich sind, nur die Dialekte unterscheiden sich.

Nachdem mir einige englische Freunde gesagt haben, dass diese Erklärung für Sie vielleicht nicht ohne Interesse wäre, erlaube ich mir, diesen Brief zu schreiben. Ich verbleibe mit Respekt Ihr,

THEA BERG .

INNERER TEMPEL : *9. September 1880.*

SIR , – in Ihrem letzten Artikel über Fiction, Foul and Fair (*Neunzehntes Jahrhundert* , September 1880) haben Sie die folgende Anmerkung:

„Juan VIII. 5" (es sollte 9 sein), „aber nach dem Zitat Ihrer Lordschaft sagt Wordsworth ‚Instrument', nicht ‚Tochter'."

In Murrays Ausgabe von Byron, 1837, Oktav, lautet das Zitat Seiner Lordschaft wie folgt:

„Aber dein gefürchtetstes Instrument
bei der Verwirklichung einer reinen Absicht ist der Mensch, der sich auf gegenseitiges Abschlachten vorbereitet; ja, das Gemetzel ist deine Tochter."

Und seine Lordschaft verweist Sie auf „Wordsworths Thanksgiving-Ode".

Ich habe keine frühe Ausgabe von Wordsworth. Bei Moxon aus dem Jahr 1844 kommen solche Zeilen in der Thanksgiving-Ode nicht vor, aber in der unmittelbar davor abgedruckten Ode aus dem Jahr 1815 kommen die folgenden Zeilen vor.

„Aber der Mensch ist dein schrecklichstes Instrument
bei der Verwirklichung einer reinen Absicht."

Es ist kaum möglich, den Schluss zu vermeiden, dass Wordsworth die Zeilen geändert hat, nachdem „Don Juan" geschrieben wurde. Ich bin mit großem Respekt Ihr gehorsamer Diener,

RALPH THICKNESSE .

JOHN RUSKIN , Esq.

FUSSNOTEN:

[88] November 1880. – ED .

[89] „Childe Harold", iv. 79; vergleiche „Adonais" und Sismondi, Bd. IP 148.

[90] Adrian der Vierte. Eugenius starb im Vorjahr.

[91] „Alle Volksmengen warfen sich auf die Knie und beteten im Namen der Kreuze, die sie trugen, um Gnade: Der Graf von Blandrata nahm ein Kreuz von den Feinden, mit denen er gedient hatte, und fiel betend zu Füßen des Throns um Gnade für sie. Der ganze Hof und die anwesende Armee waren in Tränen aufgelöst – der Kaiser allein zeigte keine Anzeichen von Rührung. Aus Misstrauen gegenüber der Sensibilität seiner Frau hatte er ihr die Anwesenheit bei der Zeremonie verboten; die Mailänder, die nicht in der Lage waren, sich ihr zu nähern, warfen sich auf sie Fenster der Kreuze, die sie trugen, um für sie zu flehen." – Sismondi (französische Ausgabe), Bd. IP 378.

[92] Das edelste und zärtlichste Bekenntnis findet sich in Allegras Epitaph: „Ich werde zu ihr gehen, aber sie wird nicht zu mir zurückkehren."

[93] Heuchelei ist ein zu gutes Wort für Pall Mall oder Trianon, da es zu Recht (wie immer im Neuen Testament) nur auf Männer angewendet wird, deren falsche Religion ernsthaft und zu einem Teil ihres Wesens geworden ist: so dass sie den Himmel umfassen und Erde, um einen Proselyten zu machen. Es gibt keine Verbindung zwischen den Geistern dieser Art und denen gewöhnlicher Schurken. Weder Tartuffe noch Joseph Surface sind Heuchler – sie sind einfach Betrüger: Aber viele der ernsthaftesten Prediger in allen bestehenden Kirchen sind Heuchler im höchsten Maße; und das Tartuffe-Squiredom und Joseph Surface-Masterhood unseres tugendhaften

Englands, die Kirchen bauen und Priester bezahlen, um ihre Bauern und Hände friedlich zu halten, damit Pachtzinsen und Prozente unbemerkt in den Ausschweifungen der Metropole ausgegeben werden können, sind dunklere Formen von Betrug, als Himmel und Erde bisher jemals umschlossen wurden; und womit sie enden sollen, wissen nur Himmel und Erde. Vergleichen Sie noch einmal: „Insel“, ii. 4, „die Gebete Abels im Zusammenhang mit den Taten Kains“ und „Juan“, viii. 25, 26.

[94] Vielleicht haben sogar einige der aufmerksamen Leser von Byron die Wahl der drei Namen – Myrrha (bitterer Weihrauch), Marina (Meeresdame), Angiolina (kleiner Engel) – im Zusammenhang mit den Handlungen der drei Stücke nicht bemerkt .

[95] Ich werde ganz endgültig den Verstand verloren haben, als ich das erste Mal vergesse, dass ich meinen Vater mit einem Verspaar in englischer Sprache erfreut habe (nach vielen Jahren voller Prüfungen); und die strahlende Freude auf seinem Gesicht, als er es meiner Mutter mit Nachdruck, halb unter Tränen, vorlas, erklärte: „Es war so schön wie alles, was Pope oder Byron jemals geschrieben haben!“

[96] Über unsere Streitereien im Parlament wie Rotkehlchen in einem Busch, aber kein Rotkehlchen im ganzen Haus, das sein großes A kennt, hören Sie noch einmal Platon: „Sie aber, obwohl sie noch so wenig streiten, äußern viel Stimme.“ , lästert, redet Böses übereinander – und es gehört sich nicht, dass in einer Stadt wohlgeordneter Menschen so etwas geschehen sollte – nein; nichts davon nirgends und nirgends – und dies sei das einzige Gesetz für alle – lass es Niemand redet Unfug über irgendjemanden (Μηδ ἐ να κακηγορε ἱ το μηδεις).“ – Gesetze, Buch II. S. 935; und vergleiche Buch IV. 117.

[97] Ein Absatz, der mit „Ich finde Pressekorrekturen immer lästige Arbeit, und in meinem letzten Aufsatz vertraue auf die Freundlichkeit des Lesers, einige Korrekturen im vorhergehenden Aufsatz vorzunehmen“ beginnt, wird hier weggelassen und die Korrekturen vorgenommen. – HRSG .

Fiktion, fair und schlecht.

V. [98]

DIE BEIDEN DIENER.

100. Ich bin in diesen Aufsätzen davon ausgegangen, dass jeder wusste, was Fiktion bedeutet; Wie Herr Mill in seiner Politischen Ökonomie annahm, wusste jeder, was Reichtum bedeutete. Die Annahme war für Mr. Mill bequem und beharrte darauf: Aber ich für meinen Teil habe nicht die Angewohnheit zu reden, auch wenn ich es in diesem Fall getan habe, ohne sicherzustellen, dass der Leser weiß, wer ich bin sprechen über; und es ist höchste Zeit, dass wir uns auf die grundlegende Vorstellung davon einigen, was Fiktion ist.

Ein vorgetäuschtes, fiktives, künstliches, übernatürliches, aus dem Kopf zusammengestelltes Ding. All das muss es zunächst einmal sein. Der beste Typ davon ist der praktisch fiktivste – eine griechische Vase. Ein Ding, das zwei Seiten hat, die man sehen kann, zwei Griffe, an denen man es tragen kann, und einen Boden, auf dem man stehen kann, und einen Deckel, aus dem man ausgießen kann, das ist jede richtige Fiktion, was auch immer sie sonst sein *mag* . Sorgfältig geplant, sanft abgerundet, symmetrisch ausbalanciert, handlich zu handhaben, mit sanfter Lippe zum Ausgießen von Öl und Wein. Endlich zierlich bemalt mit Bildern ewiger Dinge –

Für immer sollst du lieben, und sie wird gerecht sein.

101. Ganz anders als ein „Abguss" – dieses Werk aus Ton in den Händen des Töpfers, da es dem Töpfer gut erschien, es herzustellen. Sehr interessant mag vielleicht ein Abguss aus dem Leben sein; Interessanter ist für manche vielleicht ein Abguss vom Tod; die meisten modernen Romane sind wie Exemplare aus Lyme Regis, Abdrücke von Skeletten im Schlamm.

„Strikt geplant" – ich drücke die Bedingungen noch einmal nacheinander aus – muss es sein, wie immer ein Memphian-Labyrinth oder eine normannische Festung. Komplexität voller zarter Überraschungen; Verhüllter Weg in der Geheimhaltung präziser Absichten, kein Stein nutzlos, kein Wort, kein Vorfall weggeworfen.

„Glatt gerundet" – das Glücksrad drehte sich mit ihm in ungefühlter Geschwindigkeit; wie die Welt, deren Geschichte aufsteigt wie die Morgendämmerung und untergeht wie der Sonnenuntergang, mit ihrem eigenen süßen Licht für jede Stunde.

„Symetrisch ausbalanciert" – die beiden Seiten sind klar voneinander getrennt, der Krieg zwischen Gut und Böse ist richtig aufgeteilt. Seine Figuren bewegen sich im majestätischen Gesetz von Licht und Schatten.

„Handlich gehandhabt" – damit Sie es und alles, was es enthält, mit Vorsicht und Sanftmut leicht erfassen können; eine Sache, die dir von nun an in die Hand gegeben wird, um sie zu haben und zu halten. Verständlich, keine Masse, die nicht mit beiden Armen umgangen werden kann; haltbar, kein wirrer Kieselhaufen, von dem man immer nur einen Kieselstein heben kann.

„Sanft gelippt" – voller Freundlichkeit und Trost: Die Keats-Zeile ist in der Tat die ewige Botschaft davon: „Für immer sollst du lieben, und sie wird gerecht sein." Alle schönen Romane handeln von der Madonna, sei es die Jungfrau von Athen oder von Juda – immer panathenisch.

Und jede schlechte Fiktion ist *Majestät* für die Madonna und die Weiblichkeit. Denn in der Tat besteht die große Fiktion jedes menschlichen Lebens darin, seine Liebe mit der gebotenen Klugheit, der gebotenen Vorstellungskraft, der gebotenen Beharrlichkeit und Vollkommenheit vom Anfang seiner Geschichte bis zum Ende zu gestalten; für jede menschliche Seele ihr Palladium. Und daraus folgt, dass jede richtige fantasievolle Arbeit schön ist, was ein praktisches und kurzes Gesetz darüber ist. Alle schrecklichen Dinge sind entweder töricht oder krank, Besuche der Raserei oder Verschmutzungen der Pest.

102. Nehmen wir also die griechische Vase in ihrer besten Zeit als Symbol der schönen Fiktion: des Fouls, so findet man im großen Eingangsraum des Louvre, gefüllt mit der luxuriösen Orfèvrerie des 16. Jahrhunderts, perfekte und unzählige *Typen* : In Serpentin geschnitzte Satyrn, mit Gold überzogene Gorgonen, Furien mit Augen aus Rubin, Skyllas mit Schuppen aus Perlen; unendlich wertlose Mühe, unendlich sinnlose Bosheit; Vergnügen wird zur Idiotie, Leidenschaft wird zum Wahnsinn, kein Gegenstand des Denkens, Sehens oder Einbildens, sondern Schrecken, Verstümmelung, Verzerrung, Korruption, Qual des Krieges, Unverschämtheit der Schande und Elend des Todes.

Es ist wahr, dass die Leichtigkeit, mit der eine Schlange oder etwas, das man für eine Schlange versteht, in Metall gejagt oder bearbeitet werden kann, und die geringe handwerkliche Geschicklichkeit, die erforderlich ist, um die Hufe und Hörner eines Satyrs abzubilden, im Vergleich zu der, die für einen Menschen erforderlich ist B. Fuß oder Stirn, haben die Wahl des Motivs durch inkompetente Schmiede stark beeinflusst; und in ähnlicher Weise ist die Verbreitung solch bösartiger oder hässlicher Geschichten in der Masse der modernen Literatur nicht so sehr ein Zeichen der Laszivität der Zeit als vielmehr ihrer Dummheit, obwohl beide aufeinander und auf den Dampf des Schwefeligen reagieren Der Pool verbreitet sich schließlich so sehr in der Atmosphäre unserer Städte, dass er jeden, den er nicht korrumpieren kann, zumindest verdummen lässt.

103. Gestern, letzten August, kam von der Fine Art Society eine Serie von zwanzig Schwarz-Weiß-Scrabbles [99] zu mir, von denen mir in einem beredten Vorwort mitgeteilt wurde, dass der Autor ein Michael Angelo aus dem Glebe war, und dass seine Hirten und Hirten an Würde und Größe den Propheten und Sibyllen der Sixtinischen Kirche ähneln.

Wenn ich die Reihe dieser erstaunlichen Produktionen durchschaue, finde ich eine, die besonders charakteristisch und ausdrucksstark für die moderne Bilder- und Romanliteratur ist: „Hauling" oder genauer „Paysan rentrant du Fumier", die zumindest den Rücken eines Mannes darstellt die Rückseite seiner Weste, seiner Hose und seines Hutes, in vollem Licht, und ein kleiner Fleck, wo sein Gesicht sein sollte, mit einem kleinen Kratzer, wo seine Nase sein sollte, verlängert zu einem, der einen Holzspalt im Hintergrund darstellt.

Wenn ich den Band weiter untersuche, in der Hoffnung, irgendeine Spur eines vernünftigen Motivs für die Veröffentlichung dieser Werke durch die Gesellschaft zu entdecken, erkenne ich, dass dieser Michael Angelo aus dem Glebe tatsächlich über natürliche Fähigkeiten von nicht geringer Bedeutung verfügte und dass die traurige Geschichte seines Lebens enthält sehr merkwürdige Lehren über die modernen Bedingungen der Imagination und Kunst.

104. Erstens finde ich, dass er ein bretonischer Bauer war; Der Patensohn seiner Großmutter wurde in guter Hoffnung getauft und taufte Jean nach seinem Vater und François nach dem Heiligen von Assisi, dem Schutzpatron seiner Patin. Unter ihrer Obhut und Anleitung und der seines Onkels, des Abbé Charles, wuchs er auf; und der würdevolle und mühevolle Ernst dieser seiner Gouverneure war ein Haupteinfluss in seinem Leben und ein charakteristisches Merkmal in seinem Charakter. Die Familie Millet führte in ihrer unveränderlichen Einfachheit und ihrem Fleiß ein fast patriarchalisches Dasein; und der Junge wuchs in einer Umgebung voller Mühe, Aufrichtigkeit und Frömmigkeit auf. Er wurde durch die Bibel und das große Buch der Natur gefördert ... Als er aufwachte, hörte er das Brüllen des Viehs und den Gesang der Vögel; Er spielte den ganzen Tag inmitten der Anblicke und Geräusche der offenen Landschaft und schlief mit dem Murmeln des Spinnrads in seinen Ohren und der Erinnerung an das Abendgebet in seinem Herzen ... Er lernte Latein vom Gemeindepfarrer und von seinem Onkel Charles; und er wurde bald ein Schüler von Vergil, und als er noch jung war, begann er, seinem Vater auf die Felder zu folgen, und von da an folgte er, wie es sich für den ältesten Jungen in einer großen Familie gehörte Familie,

arbeitete hart im Pfropfen und Pflügen, Säen und Ernten, Mähen und Scheren und Pflanzen und all den vielen Pflichten eines Landwirts. In der Zwischenzeit hatte er sich dem Zeichnen zugewandt ... kopierte alles, was er sah, und fertigte nicht nur Studien, sondern auch Kompositionen an ; bis sich sein Vater schließlich dazu bewegte, ihn von der Landwirtschaft wegzunehmen und ihm Malerei beibringen zu lassen.

105. Nun erzählt der einleitende und kommentierende Autor alles über das frühe Leben des Jungen, als erwarte er, dass der allgemeine Leser zugibt, dass diese Art der Erziehung für ihn von Vorteil gewesen sei: dass Einfachheit und Frömmigkeit heilsame Zustände seien Geist; dass Gemeindepfarrer und Onkel Abbés keine Verräter oder Verschlinger jugendlicher Unschuld sind – dass es eine lohnende Lektüre in der Bibel gibt und dass der Klang des Abendgebets etwas angenehm Beruhigendes – wenn nicht sogar Nützliches – hat. Ich kann auch nebenbei bemerken, dass seine Ausbildung bisher genau das ist, was ich in den letzten zehn Jahren als die wünschenswerteste für alle Personen beschrieben habe, die beabsichtigen, ein ehrliches und christliches Leben zu führen: (meine Empfehlung an die Bauern). (Das Erlernen der lateinischen Sprache war vor etwa vier oder fünf Jahren Gegenstand großer Belustigung auf den Seiten von *Judy* und anderen solchen Pflegern göttlicher Weisheit in der öffentlichen Meinung.) Der Vater des Jungen hatte jedoch beschlossen, dass er Maler werden sollte , und diese Kunst war dem Abbé Charles und dem Dorfpfarrer unbekannt (in welcher Art von Unwissenheit, wenn der unfehlbare Papst sie nur wüsste, wären er und seine jetzt *kunstlosen* Hirten im Vergleich zu Mönchen, die es könnten, in der Welt verhängnisvoll im Nachteil sowohl mit Farbe als auch mit Worten beleuchten) – die einfache junge Seele wird zur Verfeinerung und Vollendung ihrer künstlerischen Fähigkeiten nach Paris geschickt.

106. „Dabei", so mein einleitender Autor, „befand sich die romantische Bewegung im vollen Aufschwung."

Hugo hatte „Notre Dame" geschrieben und Musset hatte „Rolla" und die „Nuits" veröffentlicht; Balzac das „Lys dans la Vallée"; Gautier die „Comédie de la Mort"; Georges Sand „Léone Léonie"; und noch eine Menge wilder und eloquenter Romane; und auf Anweisung dieser romantischen Autoren verliebte sich seine Vermieterin, der er die wenigen Francs, die er besaß, anvertraut hatte, um sie nach Bedarf zu verteilen, in ihn und stellte fest, dass er nicht darauf reagieren konnte oder wollte Ihre Vorschüsse beschlagnahmten die gesamte Kaution und ließen ihn mittellos zurück. Im Vorwort erfahren wir weiter, wie er sich, da er sich mit diesen Formen der Romantik nicht im Einklang fühlt, dem Studium des Unendlichen und Michael Angelos zuwendet; wie er lernte, den heroischen Akt zu malen; wie er die Manieren von Rubens, Ribera, Mantegna und Correggio zur

Nachahmung vermischte; wie er sein ganzes Leben lang mit Vernachlässigung zu kämpfen hatte und mit seiner Familie alle Qualen der Armut ertragen musste; Er hatte Schulden bei seinem Metzger und seinem Lebensmittelhändler und war endlosen Sorgen und Belästigungen durch Gerichtsurteile und Hinrichtungen ausgesetzt. und als zuerst seine Großmutter und dann seine Mutter starben, war keines der beiden Sterbebetten in der Lage, das Geld aufzubringen, das ihn von Barbizon nach Gruchy gebracht hätte.

Das nun von der Fine Art Society der Öffentlichkeit vorgelegte Werk ist daher – was auch immer seine Vorzüge oder Mängel sein mögen – als Ausdruck des Einflusses des Unendlichen und Michael Angelos auf einen Geist zu betrachten, der unschuldig auf ihre Rezeption vorbereitet war. Und an einer anderen Stelle möchte ich vielleicht die Gelegenheit nutzen, auf die besondere Anpassungsfähigkeit der modernen Radierung an den Ausdruck des Unendlichen hinzuweisen, durch die Vielzahl von Kratzern, die sie auf einer Oberfläche hinterlassen kann, ohne etwas Besonderes darzustellen; und zur Veranschaulichung der Majestät von Michael Angelo, indem die Rücken und Beine der Menschen den Gesichtern vorgezogen werden.

107. Aber ich beziehe mich in diesem Aufsatz auf das Buch, teilweise tatsächlich, weil mein Geist voller Trauer ist und ich möglicherweise keine andere Gelegenheit finde, dies zu sagen; aber hauptsächlich, weil der Autor des Vorworts die Hauptautoren der verdorbenen Belletristik in einem einzigen Satz zusammengefasst hat; und ich möchte, dass der Leser sich fragt, warum von all den Formen des Malerischen, die von dieser Gruppe literarischer Führer vorgeschlagen wurden, keine für den Geist eines in Reinheit und Glauben geschulten Jugendlichen akzeptabel und nicht hilfreich war.

Wenn er darüber nachdenkt, wird er feststellen, dass die Schule sich nicht aus romantischen oder anderen gesunden Zielen von denen löst, die neuere Autoren manchmal als „klassisch" bezeichnen; aber zuerst durch Untreue und ein so völliges Fehlen des religiösen Elements, dass es schließlich in den Hass auf das Priestertum übergeht, der für den Republikanismus charakteristisch geworden ist; und zweitens durch den Makel und die Lepra der tierischen Leidenschaft, die als herrschende Macht der Menschheit idealisiert oder zumindest als Hauptelement des Interesses bei der Gestaltung ihrer Geschichte verwendet wird. Mit „Die *Sünde* des Meisters Anthony" überschattet Georges Sand (der beste von ihnen) den gesamten Verlauf eines Romans, der die Einfachheit des Lebens empfehlen soll – und mit der Schwäche von Consuelo, die dieselbe Autorin für selbstverständlich hält, um das Ganze auszulösen Pracht des höchsten musikalischen Genies.

Ich bin nicht in der Lage, den Grad der moralischen Absicht oder Überzeugung zu beurteilen, mit dem einer der Romanautoren schrieb. Aber ich kann mit Sicherheit sagen, dass ihre Methode, was auch immer ihr Zweck sein mag, falsch ist und dass der Gesellschaft durch die bildliche Darstellung ihrer Krankheiten niemals etwas Gutes getan wird.

108. Jede gesunde und hilfreiche Literatur legt einfache Grenzen zwischen richtig und falsch; geht davon aus, dass bei Männern und Frauen ein gesunder Geist in einem gesunden Körper steckt, und verliert keine Zeit mit der Diagnose von Fieber oder Dyspepsie bei beiden; am allerwenigsten bei der besonderen Art von Fieber, die das unkontrollierte Übermaß jeglichen Appetits oder jeder Leidenschaft bedeutet. Die „Langweile", die viele moderne Leser unweigerlich empfinden, und einige moderne Dummköpfe halten es für glaubwürdig, bei Scott zu behaupten, besteht nicht zuletzt in seiner absoluten Reinheit von jedem abscheulichen Element oder jeder Aufregung niederer Leidenschaften; so dass Menschen, die gewohnheitsmäßig in satyrischen oder hircinischen Denkzuständen leben, ihn genauso fade finden wie ein Bild von Angelico. Der genaue und scharfsinnige Unterschied zwischen ihm und dem gewöhnlichen Bahnhofsromanautor besteht darin, dass in seiner Gesamtkonzeptionsmethode nur ein erhabener Charakter es wert ist, überhaupt beschrieben zu werden; und es wird interessant, nicht durch seine Fehler, sondern durch die Schwierigkeiten und Zufälle des Schicksals, durch das es geht, während im Eisenbahnroman das Interesse des vulgären Lesers für die abscheulichste Figur geweckt wird, weil der Autor sie sorgfältig beschreibt Er erkennt die Flecken, Grate und Pickel, in denen die dürftige Natur seiner eigenen ähnelt. Die „Mill on the Floss" ist vielleicht das auffälligste Beispiel dieser Studie über Hauterkrankungen. In dem Buch gibt es keine einzige Person, die für irgendjemanden auf der Welt auch nur die geringste Bedeutung hätte, außer sich selbst, oder deren Qualitäten auch nur eine Zeile Druckschrift in ihrer Beschreibung verdient hätten. Es gibt kein lebendes, einigermaßen kluges, halbgebildetes und unglücklicherweise verwandtes Mädchen, dessen Leben nicht mindestens so viel zu beschreiben und zu bemitleiden hat wie das von Maggie. Tom ist ein tollpatschiger und grausamer Lümmel, in dem es darum geht, bessere Dinge zu schaffen (und das Gleiche kann man heute von fast jedem Engländer sagen, der raucht und sich mit den Ellbogen seinen Weg durch die hässliche Welt bahnt, zu deren Entstehung seine Fehler beigetragen haben); während der Rest der Charaktere einfach nur der Müll aus einem Pentonville-Omnibus ist. [100]

109. Und es ist sehr notwendig, dass wir diese im Wesentlichen Cockney-Literatur, die nur in den Londoner Vororten entwickelt wurde und die Nachfrage der Reihen ähnlicher Backsteinhäuser befriedigt, die sich in verschlingenden Krebsarten rund um jede Industriestadt verzweigen, von

der wirklich romantischen unterscheiden Literatur Frankreichs. Georges Sand ist oft unmoralisch; aber sie ist immer schön, und in dem charakteristischen Roman, den ich „Le Péché de Mons. Antoine" genannt habe, sind die fünf Hauptfiguren, der alte Cavalier Marquis, – der Zimmermann, – M. de Chateaubrun – Gilberte – und der wirklich leidenschaftliche und großzügige Liebhaber sind alle so heroisch und strahlend ideal wie Scotts Colonel Mannering, Catherine Seyton und Roland Graeme; während die Landschaft reich und authentisch ist und die Emotionen der Jahre widerspiegelt, die das Leben in Tälern aus normannischem Granit und an den Buchten des italienischen Meeres verbracht hat. Aber in der englischen Cockney-Schule, die in George Eliot ihren Höhepunkt findet, werden die Persönlichkeiten hinter dem Tresen hervorgeholt und aus der Gosse geholt; und die Landschaft, mit dem Ausflugszug nach Gravesend, mit Rückfahrkarte für die City-Road.

110. Aber der zweite Grund dafür, dass Scott für den ungebildeten oder fehlgebildeten Leser langweilig ist, liegt viel tiefer; und seine Analyse bezieht sich auf die subtilsten Fragen der Designkunst.

Die gemischte Fröhlichkeit und Düsterkeit im Plan eines jeden modernen Romans, der in seiner Machart einigermaßen klug ist, kann fast genau mit dem Flickenteppich eines Harlekin-Kleides verglichen werden, das reich verziert ist; eine hübsche Sache genug, wenn die menschliche Gestalt darunter anmutig und aktiv ist. Wenige Persönlichkeiten auf der Bühne erfreuen mich mehr als ein guter Harlekin; Auch wenn ich nichts Besseres zu tun habe, kann ich immer noch mit großer Zufriedenheit meinen Georges Sand oder Alfred de Musset lesen, wenn die Geschichte nur ein gutes Ende nimmt.

Aber wir dürfen Cordelia oder Rosalind nicht in Gewänder aus dreieckigen Flicken kleiden, die mit Pailletten bedeckt sind, um ihren *Coup d'œil weniger langweilig zu machen;* und so ähnelt Scotts Geschichtenerzählung dem Gewand der Sixtinischen Zipporah – nur an den Rändern mit Gold und Blau bestickt, und die Stickerei beinhaltet eine in mystischen Buchstaben geschriebene Legende.

Und das Interesse und die Freude, die er seinem Leser in seiner Geschichte vermitteln möchte, bestehen darin, den goldenen Faden hier und da in seiner beabsichtigten Wiederkehr aufzunehmen – und seiner immer wieder aufsteigenden Melodie durch den disziplinierten und akzentfreien Marsch zu folgen die Fuge.

111. So hängen der ganze Reiz und die Bedeutung der Geschichte vom Kloster vom Grad der Sympathie ab, mit der wir die ersten und letzten Ereignisse beim Erscheinen einer Figur vergleichen, an die sich vielleicht

nicht einer von zwanzig Lesern als zu den Dramatis gehörig erinnern würde Personen – Stawarth Bolton.

Ohne Kinder versichert er in der ersten Szene der Eröffnungsgeschichte der Witwe von Glendinning und ihren beiden Kindern Sicherheit – der ältere Junge fordert ihn in diesem Moment heraus: „Ich werde bis zum Tod gegen dich kämpfen, wenn ich das Schwert meines Vaters ziehen kann." " In praktisch der letzten Szene ist der erwachsene Jugendliche, der jetzt das Kommando über eine kleine Kompanie Speerkämpfer im Dienste des Regenten Murray hat, zu Fuß, in der ersten Pause nach der Schlacht bei Kennaquhair, neben den Leichen von Julian Avenel und Christie und die sterbende Katharina. [101]

Glendinning vergaß für einen Moment seine eigene Situation und seine Pflichten und wurde zuerst durch das Trampeln eines Pferdes und den Ruf „St. Georg für England", den die englischen Soldaten immer noch benutzten, an sie erinnert. Seine Handvoll Männer, denn die meisten Nachzügler hatten auf Murrays Herannahen gewartet, blieben zu Pferd, hielten ihre Lanzen aufrecht und hatten keinen Befehl, sich zu unterwerfen oder Widerstand zu leisten.

„Da steht unser Kapitän", sagte einer von ihnen, als eine starke Gruppe Engländer heranrückte, die Vorhut von Fosters Truppe.

„Ihr Kapitän! Mit dem Schwert in der Scheide und zu Fuß in der Gegenwart seines Feindes? Ein roher Soldat, das verspreche ich ihm", sagte der englische Anführer. „Also! ho! junger Mann, ist dein Traum ausgeträumt, und wirst du mir jetzt antworten, ob du kämpfen oder fliegen willst?"

„Weder noch", antwortete Halbert Glendinning mit großer Ruhe.

„Dann wirf dein Schwert nieder und gib dich", antwortete der Engländer.

„Nicht, bis ich mir nicht anders helfen kann", sagte Halbert mit der gleichen Mäßigung in Ton und Verhalten.

„Bist du für deine eigene Hand, Freund, oder wem schuldest du deinen Dienst?" forderte der englische Kapitän.

„An den edlen Earl of Murray."

„Dann dienst du", sagte der Südstaatler, „dem untreuesten Edelmann, der lebt – sowohl England als auch Schottland gegenüber."

„Du lügst", sagte Glendinning ungeachtet aller Konsequenzen.

„Ha! Ist dir jetzt so heiß, und warst du erst vor einer Minute so kalt? Ich lüge, nicht wahr? Willst du in diesem Streit mit mir kämpfen?"

„Mit eins zu eins, eins zu zwei oder zwei zu fünf, wie Sie es nennen", sagte Halbert Glendinning; „Gib mir nur ein schönes Feld."

„Das sollst du haben. Tretet zurück, meine Kameraden", sagte der tapfere Engländer. „Wenn ich falle, gib ihm faires Spiel und lass ihn mit seinen Leuten frei davonlaufen."

„Langes Leben dem edlen Kapitän!" riefen die Soldaten, so ungeduldig, das Duell zu sehen, als wäre es ein Stier gewesen.

„Er wird jedoch nur ein kurzes Leben haben", sagte der Sergeant, „wenn er, ein alter Mann von sechzig Jahren, aus irgendeinem Grund oder ohne Grund mit jedem Mann kämpfen muss, den er trifft, und besonders mit den jungen Burschen." Er könnte der Vater von ihm sein. Und hier kommt außerdem der Aufseher, um das Schwertspiel zu sehen.

Tatsächlich stellte Sir John Foster eine beträchtliche Truppe seiner Reiter auf, als sein Kapitän, dessen Alter ihn dem Kampf mit einem so starken und aktiven jungen Mann wie Glendinning nicht mehr gewachsen war, sein Schwert verlor. [102]

„Nimm es zur Schande, alter Stawarth Bolton", sagte der englische Aufseher; „Und du, junger Mann, geh zu deinen eigenen Freunden und bleib nicht hier herum."

Ungeachtet dieses gebieterischen Befehls konnte Halbert Glendinning nicht anders, als anzuhalten, um einen Blick auf die unglückliche Catherine zu werfen, die unempfindlich gegenüber der Gefahr und dem Trampeln so vieler Pferde um sie herum lag – unempfindlich gegenüber allem und für immer, wie der zweite Blick ihm versicherte . Glendinning freute sich fast, als er sah, dass das letzte Elend des Lebens vorüber war und dass die Hufe der Kriegspferde, unter denen er gezwungen war, sie zurückzulassen, einen bewusstlosen Leichnam nur verletzen und verunstalten konnten. Er nahm das Kind aus ihren Armen, halb beschämt über das Gelächter, das von allen Seiten erklang, als er sah, wie ein bewaffneter Mann in einer solchen Situation eine so ungewöhnliche und unbequeme Last auf sich nahm.

„Schultern Sie Ihr Kind!" rief ein Arkebusier.

„Portieren Sie Ihr Kind!" sagte ein Pikenier.

„Frieden, ihr Bestien!" sagte Stawarth Bolton, „und respektiere die Menschlichkeit in anderen, wenn du selbst keine hast. Ich verzeihe dem

Jungen, dass er meine grauen Haare etwas in Misskredit gebracht hat, wenn ich sehe, wie er sich um dieses hilflose Geschöpf kümmert, auf dem du herumgetrampelt hättest, als ob du es getan hättest." war übersät mit Wölfen, nicht von Frauen geboren."

Der so gerettete Säugling ist der Erbe von Avenel, und die Komplexität und schicksalhafte Tragweite jedes Vorfalls und Wortes in der Szene vereint in einem zentralen Moment alle Schlüssel zur Handlung zweier Liebesromane, während der reiche Chef eines gotischen Gewölbes die versammelt Schaftformteile davon können nur von einem ganz aufmerksamen Leser ertastet werden; So wie (um die Ähnlichkeit auf Scotts eigenem Boden zu verfolgen) die in Stein verwandelten Weidenkränze aus Melrose-Maßwerk nur von den schärfsten Augen in ihrer Notlage erfasst werden können. Die Maschen werden von der Hand des Meisters wieder zusammengezogen, als das Kind, das nun in zwanzig Jahren in Halberts Armen liegt, sich über ihn beugt, um seinen Helm zu lösen, während der gefallene Ritter bewusstlos auf dem Feld von Carberry Hill liegt. [103]

112. Aber es gibt noch eine andere und noch verborgenere Methode in Scotts Erzählentwurf, bei der er sich äußerste Mühe gibt und auf viel Mitgefühl des Lesers rechnet, bei einem modernen Studenten aber mit Sicherheit keins finden kann. Der moralische Zweck des Ganzen, den er im Vorwort zur ersten Ausgabe von Waverley behauptete, war immer mit der minutiösen Untersuchung der Auswirkungen wahrer und falscher Religion auf das Verhalten verbunden; wobei dieses Thema stets mit der äußersten Leichtigkeit berührt wurde Seine Absichten entziehen sich oft der ersten Beobachtung ebenso vollständig wie die inneren Gefühle lebender Menschen; und ich bin selbst erstaunt, wenn ich jedes einzelne Stück seiner Arbeit zur Prüfung vornehme und stelle fest, wie viele seiner Punkte ich zuvor übersehen oder außer Acht gelassen hatte.

113. Die Gruppen von Persönlichkeiten, deren Verhalten in der Scott-Romanze eindeutig von religiöser Überzeugung beeinflusst ist, können wie diejenigen der tatsächlichen Welt grob unter den folgenden Überschriften angeordnet werden:

1. Die unterste Gruppe besteht aus Personen, die an die allgemeinen Wahrheiten der evangelischen Religion glauben, diese ihren Leidenschaften anpassen und durch allmähliche Zunahme der Verderbtheit zu jedem Verbrechen oder jeder Gewalt fähig sind. Ich werde diese nicht in unsere vorliegende Studie einbeziehen. Trumbull („Red Gauntlet"), Trusty Tomkyns („Woodstock") und Burley („Old Mortality") sind drei der Haupttypen.

2. Der nächsthöhere Rang besteht aus Männern, die fest und wahrhaftig genug glauben, um von jedem Verhalten abgehalten zu werden, das sie eindeutig als kriminell anerkennen, deren natürlicher Egoismus sie jedoch unfähig macht, die Moral der Bibel über einen bestimmten Punkt hinaus zu verstehen; und ihre unvollkommenen Denkfähigkeiten machen sie in vielerlei Hinsicht anfällig für die Verzerrung von Eigeninteressen oder kleinen Versuchungen.

Fairer Service. Blattergowl. Pauke. Begabter Gilfillan.

3. Die dritte Ordnung besteht aus Männern, die von Natur aus gerecht und ehrlich sind, aber wenig Mitgefühl und viel Stolz haben und bei denen ihre Religion, während sie in ihrem Innersten ihre besten Tugenden unterstützt, alle ihre schlimmsten Fehler an die Oberfläche bringt und sie zu ihnen macht tadelnd, ermüdend und oft furchtbar boshaft.

Richie Moniplies. Davie Deans. Mause Hedrigg.

4. Der enthusiastische Typ, der zu missionarischen Bemühungen führt, oft zum Märtyrertum.

Aufseher, in „Kloster“. Oberst Gardiner. Ephraim Macbriar. Joshua Geddes.

5. Höchster Typ, der die tägliche Pflicht erfüllt; immer sanft, völlig fest, der Trost und die Stärke von allem um sie herum; barmherzig gegenüber jeder menschlichen Schuld und unterwürfig ohne Zorn gegenüber jeder menschlichen Unterdrückung.

Rachel Geddes. Jeanie Deans. Bessie Maclure, in „Old Mortality“ – die Königin aller.

114. In der vorliegenden Arbeit bitte ich den Leser um Geduld, nur mit der Erfüllung eines Versprechens, das ich schon vor langer Zeit gemacht habe, um den Gegensatz der Wirkungen eines völlig ähnlichen religiösen Glaubens bei zwei Männern von untergeordneter Stellung hervorzuheben, die in Perfektion die häufigsten Typen in der Welt darstellen Schottland der zweiten und dritten Ordnung der hier vertretenen Religionsvertreter sind Andrew Fairservice („Rob Roy“) und Richie Moniplies („Nigel“).

Die Namen beider Männer deuten auf die eine oder andere Art von Täuschung hin: „Fairservice“, da sie nur vorgetäuscht fair dienen; Moniplies haben viele Windungen, Wendungen und Fluchtmöglichkeiten. Scotts Namen sind selbst so monopiliert, dass sie genauso viel Beachtung brauchen wie Shakespeares; Und da ihre Wurzeln rein schottischer Natur sind und nur wenige Menschen ein gutes schottisches Glossar zur Hand haben oder es verwenden würden, wenn sie eines hätten, werden die Romane normalerweise gelesen, ohne dass sie den ersten Schlüssel zu ihnen umdrehen. Bis vor Kurzem wusste ich selbst nicht, woher Dandie Dinmonts Name stammt – „Dinmont", ein zweijähriges Schaf; noch weniger die von Moniplies, für die ich mich stets mit Meister George Heriots Darstellung zufrieden gegeben hatte: „Dieser Kerl hat keinen schlechten Namen – er hat mehr als eine Lage in seinem Umhang." („Nigel", i. 72.) Im ersten Sinne ist es das schottische Wort für Kutteln, wobei Moniplies der Sohn eines Metzgers ist.

115. Listig sind sie also beide in hohem Maße – aber fairer Dienst nur für ihn selbst, Moniplies für sich und seinen Freund; oder, in ernsten Angelegenheiten, sogar zuerst für seinen Freund. Aber es ist einer von Scotts ersten Grundsätzen des Moralgesetzes, dass List niemals Erfolg haben wird, es sei denn, sie wird von einer Person, deren Wesensmerkmale völlig offenherzig und wahrhaftig sind, entschieden *gegen einen Feind eingesetzt;* wie von Roland gegen Lady Lochleven oder Mysie Happer gegen Dan von Howlet-Hirst; Aber konsequente List in der Figur scheitert immer: Scott lässt keinen Ulyssean-Helden zu.

Deshalb scheitert die List von Fairservice immer und völlig; aber das von Moniplies genau nach dem Grad seiner Selbstsucht: ganz in der Angelegenheit der Petition – („Ich bin sicher, ich hatte ein Recht und ein Risiko", i. 73) – teilweise in der Angelegenheit das Carcanet. Dies erkennt er selbst schließlich selbstzufrieden:

„Ich denke, du hättest mich vielleicht verlassen", sagt Nigel in ihrer Abschiedsszene (i. 286), „um nach meinem eigenen Urteil zu handeln."

„Mickle besser nicht", antwortete Richie; „Mickle besser nicht. Wir sind gebrechliche Geschöpfe und können für andere besser urteilen als in unseren eigenen Fällen. Und ich selbst – sogar ich selbst – habe immer beobachtet, dass ich bei dem, was ich in Eurer Lordschaft getan habe, viel umsichtiger vorgegangen bin als selbst in dem, was ich in meinem eigenen Interesse tätigen konnte – und zuletzt habe ich es tatsächlich immer aufgeschoben, wie ich es aus Pflichtgründen tun sollte."

„Ich glaube, dass du es getan hast", antwortete Lord Nigel, „dass du dich jemals als treu und treu befunden hast."

Und sein endgültiger Erfolg ist ausschließlich seinem Mut und seiner Treue zu verdanken, nicht seiner List.

Zu dieser Subtilität kommt bei beiden Männern die beträchtliche Fähigkeit hinzu, in die Schwächen des Charakters einzudringen; aber Fairservice sieht nur die oberflächlichen Mängel und hat keinen Respekt vor irgendeiner Art von Noblesse; während Richie mit großer Trauer zusieht, wie der Charakter und Ruf seines Meisters allmählich sinkt.

„Mein Herr", sagte Richie, „um bei dir zu sein, die Gnade Gottes ist besser als Goldstücke, und wenn es meine letzten Worte wären", sagte er mit erhobener Stimme, „würde ich sagen, du bist in die Irre geführt, und verlasst die Wege, die euer ehrenwerter Vater eingeschlagen hat; und was noch schlimmer ist, ihr geht – immer noch unter Züchtigung – mit der Schmeichelei zum Teufel, denn ihr werdet von denen ausgelacht, die euch auf diese ungeordneten Nebenwege führen" (I. 282).

116. Drittens ist zu beachten, dass Moniplies' Einsicht, obwohl sie, wie bereits erwähnt, mehr in Fehler als in Tugenden versunken ist, dennoch auf der Wahrheit seiner eigenen Natur beruht, nicht zu täuschen ist. Kein Schurke kann ihm auch nur einen Augenblick entkommen; und er durchschaut von Anfang an alle Machenschaften der Feinde von Lord Glenvarloch; während Fairservice, der klug genug darin ist, die Torheiten guter Leute aufzudecken, völlig hilflos gegenüber Schurken ist und dreimal von seinen selbst gewählten Freunden getäuscht wird – zuerst vom Anwaltsschreiber Touthope (ii. 21), dann vom Heuchler MacVittie , und schließlich von seiner wahren presbyterianischen Freundin Laurie.

In diesen ersten Charakterelementen werden die Männer also weitgehend unterschieden; Aber im nächsten Schritt, der einer Analyse bedarf, sind die Unterschiede viel subtiler. Beide haben in nahezu gleichem Maße die besondere Vorliebe, das zu tun oder zu sagen, was sie provoziert, und zwar genau im Widerspruch zu den Wünschen der Person, mit der sie es zu tun haben, was ein Fehler ist, der der rauen Seite des ungebildeten schottischen Charakters innewohnt; aber bei Andreas wird die Gewohnheit durch sein Eigeninteresse eingeschränkt, so dass wir seine Meinung über ihn nur hinter dem Rücken seines Herrn hören; und erst wenn er die Beherrschung verloren hat, kommt die inhärente Provokation zum Vorschein – (siehe die dunkle Fahrt nach Schottland).

Im Gegenteil, Moniplies spricht immer nur zum Lob seines *abwesenden* Herrn; aber frohlockt darüber, ihn in direkten Gesprächen zu demütigen, gibt sich dieser liebenswürdigen Art jedoch nie hin, es sei denn, er hat eine wirklich freundliche Absicht und weiß genau, worum es bei ihm geht. Fairservice hingegen verfällt nach und nach in eine unbewusste Fatalität aus vielfältigen Patzern und Provokationen; und verursacht schließlich die ganze Katastrophe der Geschichte, indem er die Kerzen hereinbringt, obwohl ihm befohlen wurde, unten zu bleiben.

117. Als nächstes müssen wir uns daran erinnern, dass bei Scott Wahrheit und Mut eins sind. Er überschätzte *den tierischen* Mut etwas und hielt ihn für

die Grundlage aller anderen Tugenden, wie er selbst sagte: „Ohne Mut kann es keine Wahrheit und ohne Wahrheit keine Tugend geben." Allerdings erlaubte er manchmal seinen Schurken, die Basis ohne den Überbau zu besitzen, und so sind Rashleigh, Dalgarno, Balfour, Varney und andere Männer dieser Art sorgfältig von seinen irrenden *Helden* Marmion, Bertram, zu unterscheiden. Christie of the Clinthill oder Nanty Ewart, bei der Loyalität immer die wahre Stärke des Charakters ist und bei der die Fehler des Lebens auf vorübergehende Leidenschaft oder böses Schicksal zurückzuführen sind. Scott unterscheidet sich in diesem Maßstab des Heldentums erheblich von Byron, [104] in dessen Augen bloßer Mut und starke Zuneigung ausreichen, um bewundert zu werden; während Bertram und sogar Marmion, obwohl sie seinem Land treu ergeben sind, nur dazu gedacht sind, bemitleidet zu werden – nicht geehrt. Aber weder Scott noch Byron werden einem Feigling jemals ein Körnchen Gnade erweisen; und der letzte Unterschied zwischen Fairservice und Moniplies, der über ihr Schicksal in Scotts Händen entscheidet, ist daher der zwischen ihrem Mut und ihrer Feigheit. Fairservice wird an der Küchentür vertrieben, von der man nie wieder etwas hört, während Richie zum Sir Richie von Castle-Collop aufsteigt – vielleicht denkt der Leser im Moment vielleicht durch zu nachlässige Gnade seitens des Königs; was Scott tatsächlich in gewisser Weise meinte; – aber die Groteske und oft ausweichende Art von Richies gewöhnlichem Verhalten lassen uns vergessen, wie sicher sein bitteres Wort durch seinen bereiten Schlag gestützt wird, wenn es nötig ist. Seine erste Einführung zu uns (i. 33) erfolgt, weil sein hitziges Temperament seine Vorsicht überwindet, –

„Ich dachte bei mir: ‚Ihr seid mir zu viel Geld, mit dem ich mich herumschlagen kann; aber lasst mich euch in Barford's Park erwischen, oder beim Vennel-Anfall könnte ich einige von euch dazu bringen, einen anderen zu singen.' Sae, ein alter, zorniger Teufel von einem Töpfer kam mir einfach in den Weg und bot mir, wie er sagte, ein Schwein an, nur um meine Scotch-Salbe hineinzuschütten, und ich gab ihm einen ganz natürlichen Stoß, und der schwankende Teufel *kam* zurecht owre seine Ain-Schweine und beschädigte Dutzende von ihnen. Und dann die drei [105] erhöhen"—

während er am Ende der Ereignisse (II. 365) seine Frau durch einen Nahkampf gewinnt, dessen Wert seine kühle und strenge Einschätzung als Antwort auf den fröhlichen Templer ist Tolle Sätze, die Scotts unterschwellige zwei Gefühle gegenüber dem Krieg unterstreichen, trotz seiner Liebe zu seinem Heldentum.

„Bravo, Richie", rief Lowestoffe, „warum, Mann, da liegt die Sünde niedergeschlagen wie ein Ochse, und der Ungerechtigkeit ist die Kehle durchgeschnitten wie einem Kalb."

„Ich weiß nicht, warum Sie mir meine Erziehung vorwerfen sollten, Meister Lowestoffe“, antwortete Richie mit großer Gelassenheit; „Aber ich kann Ihnen sagen, die Trümmer sind kein schlechter Ort, um jemanden für diese Arbeit auszubilden.“

118. Da dies also die radikalen Bedingungen des angeborenen Charakters der beiden Männer sind, völlig unabhängig von ihrer religiösen Überzeugung, müssen wir beachten, welche Form ihr presbyterianischer Glaube bei jedem annimmt und welche Auswirkungen er auf ihr Gewissen hat.

Bei Richie hat es wenig zu tun; Sein Gewissen war im Grunde offen und klar. Seine Religion befiehlt ihm nichts, wozu er nicht sofort bereit ist oder es nicht gewöhnlich getan hat; und es verbietet ihm nichts, worauf er nicht verzichten möchte. Er bittet sie nicht um Verzeihung für bekannte Fehler; er sucht im Wortlaut nicht nach Ausreden wegen Verstößen gegen seinen Geist. Daher sind wir uns seiner Lebenskraft kaum bewusst, es sei denn in Momenten sehr ernster Gefühle und ihres notwendigen Ausdrucks.

„Da Ihnen der Brief daher bei dem, an den er gerichtet ist, nichts nützen wird, können Sie glauben, dass der Himmel ihn mir gesandt hat, der ich *eine* besondere Achtung vor dem Verfasser hege – und außerdem in mir so viel Barmherzigkeit und Ehrlichkeit habe wie ein Mensch Ich kann sein Brot mit ihm machen und bin bereit, jedem in Not geratenen Geschöpf zu helfen, das ist der Freund meines Freundes.

Also noch einmal, in dem tiefen Gefühl, das seinen Meister dafür tadelt, dass er den armen Lehrling leichtfertig ruiniert hat –

„Ich sage also, da ich ein wahrer Mann bin, als ich sah, wie dieses minderwertige Geschöpf in dieser gewöhnlichen Zeit durch den Ha' kam, während er Gott und den Menschen verfluchte (Gott vergib mir, dass ich schwörte), mit gebissenen Zähnen und seinem die Hände geballt und die Haube über die Stirn gezogen ...“ Er hielt einen Moment inne und blickte seinem Herrn fest ins Gesicht.

– und noch einmal bei der Rettung des armen Jungen selbst, als er „mit brennendem Herzen und blutunterlaufenen Augen“ auf die Straße zu seinem letzten Untergang geht:

„Warum versperrst du mir den Weg?“ sagte er heftig.

„Weil es schlecht ist, Meister Jenkin“, sagte Richie.

„Nein, fange nie damit an, Mann. Du siehst ja, dass du bekannt bist. Oh Gott! Dass der Sohn eines ehrlichen Mannes so lange leben sollte, bis er hört, wie er bei seinem eigenen Namen genannt wird.“

„Ich bitte Sie inständig, mich gehen zu lassen", sagte Jenkin. „Ich bin in der Stimmung, für mich selbst oder für irgendjemanden gefährlich zu sein."

„Ich werde das Risiko in Kauf nehmen", sagte der Schotte, „wenn du nur mitkommst. Du bist genau der Junge auf der Welt, den ich am liebsten treffen würde." [106]

„Und Sie", antwortete Vincent, „oder einer Ihrer bettelarmen Landsleute, sind der letzte Anblick, den ich jemals sehen möchte. Ihr Schotten seid immer fair und falsch."

„Was unsere Armut angeht, mein Freund", antwortete Richie, „so gefällt es dem Himmel; aber indem ich unsere Falschheit berühre, werde ich dir beweisen, dass ein Schotte seinem Freund gegenüber ein ebenso ehrliches und treues Herz hat, wie es jemals in einem englischen Wams geschlagen hat." ."

119. In diesen und anderen solchen Passagen wird man meinen, dass ich Richie Unrecht getan habe, indem ich ihn zu den Religionisten gezählt habe, die wenig Sympathie hegen! Bei allem echten Kummer ist sein Mitgefühl augenblicklich; aber seine doktrinäre Religion wird für ihn sofort zum Grund für das Scheitern der Nächstenliebe.

„Dieser Göttliche hat eine andere Ausstrahlung als der mächtige Meister Rollock und David Black aus North Leith und so weiter. Wer kann, wenn es Eurer Lordschaft gefällt, mal wissen, ob die Gebete der Südländer aus ihren alten Büchern vorgelesen werden? Das blutende schwarze Messebuch dort ist möglicherweise nicht so stark, um Unholde einzuladen, wie ein richtig rotes Gebet, das warm aus dem Herzen kommt, mächtig sein kann, um sie zu vertreiben; so wie der böse Geist durch den Geruch der Fischleber vertrieben wurde das Brautgemach Saras, der Tochter Raguels!"

Die Szene, in der diese Rede vorkommt, ist eines von Scotts vollendetsten Stücken und zeigt mit höchster Kunst, wie weit die Schwäche von Richies abergläubischer Formalität dadurch verstärkt wird, dass er zu diesem Zeitpunkt teilweise betrunken war!

Andererseits ist es für ihn als ernsthaften und forschenden Bibelleser hervorzuheben, dass er die Apokryphen zitiert. Nicht so begabter Gilfillan, —

„Aber wenn Euer Ehren den Fall Tobit in Betracht ziehen würden –!"

„Tobit!" rief Gilfillan mit großer Hitze; „Tobit und sein Hund sind völlig heidnisch und apokryphisch, und niemand außer einem Prälatisten oder einem Papisten würde sie in Frage stellen. Ich bezweifle, dass ich mich in dir geirrt habe, Freund."

Gilfillan und Fairservice sind sich völlig ähnlich, und beide unterscheiden sich von Moniplies durch ihren verächtlich exklusiven Dogmatismus, der in der Tat der charakteristische Plagepunkt der niederen evangelischen Sekte überall und die schlimmste Plage der engstirnigen Naturen ist, die zu ihrem eifrigen Bekenntnis fähig sind. Im Gegensatz dazu ist bei Blattergowl, wie sein Name andeutet, die *doktrinäre* Lehre zu bloßem Geplapper, Blatter oder Geschwätz geworden – einer Reihe von Gemeinplätzen, die er gewöhnlich in Ausübung seiner geistlichen Funktion ausspricht, an denen er jedoch kein persönliches oder sektiererisches Interesse hat .

„Er sagte gute Dinge über die Pflicht, sich dem Willen Gottes zu ergeben – das hat er getan"; aber sein eigener Geist ist unter gewöhnlichen Umständen nur auf das Einkommen und die Privilegien seiner Position fixiert. Scott bezeichnet dies jedoch ohne Strenge als eine der Schwächen einer etablierten Kirche, deren allgemeinem Prinzip er, wie allen anderen etablierten und monarchischen Gesetzen gegenüber, völlig unterwürfig und meist liebevoll ist (siehe die Beschreibung von Colonel Mannerings „Edinburgh Sunday"). , so dass Blattergowl, *nachdem er die Kanzel verlassen hat* , seine ernste pastorale Pflicht nicht vernachlässigt, sondern durch seine Anwesenheit und Ermahnung in der Hütte der Mucklebackits echten Trost spendet.

Andererseits ist Scott allen Arten von Unabhängigen und Nonkonformisten (außer vom Typ Roderick Dhu) mit all seinen Kräften ablehnend gegenüber; und dementsprechend sind Andrew und Gilfillan viel strenger und verächtlicher gezeichnet als Blattergowl.

120. Bei allen dreien darf der Leser jedoch keinen Augenblick das vermuten, was gemeinhin als „Heuchelei" bezeichnet wird. Ihre Religion ist keine vorgetäuschte Maske oder Vorspiegelung. Es ist in allem ein bestätigter und inniger Glaube, der durch seinen Irrtum im Verhältnis zu seiner Aufrichtigkeit boshaft ist (vergleiche „Ariadne Florentina", Absatz 87), und obwohl er durch seine Feigheit, seinen kleinen Diebstahl [107] und seine geringe Gerissenheit absolut gerechtfertigt ist Er gehörte zu einer anderen Klasse von Männern als Moniplies – in seinem festen religiösen Prinzip und seiner primären Auffassung von moralischem Verhalten ist er genau wie er. Wenn er also in einer Todesangst einmal ganz aufrichtig zu seinem Meister spricht, könnte man für einen Moment denken, es handele sich um einen Vortrag von Moniplies an Nigel.

„Oh, Maister Frank, die Torheiten deines Onkels und die Fliskies deines Cousins waren nichts dagegen! Trinken Sie reinen Alkohol, wie Sir Hildebrand; beginnen Sie den gesegneten Morgen mit Brandy-Zapfhähnen wie Squire Percy; rin wud unter den Mädchen wie Squire John; spiele wie Richard; gewinne Seelen für den Papst und den Teufel, wie Rashleigh; tobe, schimpfe, *breche den Sabbat* und gehorche den Geboten des Papstes, wie sie alles zusammenbringen – aber gnädige Vorsehung! Pass auf deine Jugend auf Bluid und Gang Na in der Nähe von Rob Roy.

Ich sagte, man könnte für einen Moment denken, es sei ein Vortrag von Moniplies für Nigel. Aber nicht für zwei Augenblicke, wenn wir überhaupt denken können. Wir könnten keine Passage finden, die Andrews Gesamtcharakter besser zum Ausdruck bringt; Auch die kalkulierte Präzision und der bewusste Einsatz jedes Wortes sind für Scott nicht charakteristischer.

121. Beachten Sie zunächst, dass Richies oben zitierte Zurechtweisung Nigels Gedanken sofort auf den *Edelmut* seines Vaters lenkt. Doch Andrews Anspielung auf Frank greift ebenso augenblicklich die *Torheiten* seines Onkels und seiner Cousins auf.

Zweitens lautet die Zusammenfassung von Andrews Lektion: „Tu alles, was schurkisch ist, wenn du nur deine Haut schonst." Aber Richies Aussage lässt sich auf den Punkt bringen: „Die Gnade Gottes ist besser als Goldstücke."

Drittens achtet Richie kaum auf Glaubensbekenntnisse, außer wenn er betrunken ist, sondern versucht, sich immer zu benehmen; während Andrew seinen Katalog des Unrechts mit „dem Befehl des Papstes folgen" und dem Verstoß gegen den Sabbat zusammenfasst; Diese Definitionen des Unverzeihlichen sind die schlimmste Absurdität aller schottischen Bosheiten bis heute – alles wird den Leuten vergeben, die am Sonntag in die Kirche gehen und den Papst verfluchen. Scott verliert diesen wunderbaren Pestherd der presbyterianischen Religion nie aus den Augen, und die letzten Worte von Andrew Fairservice sind:

jeden Sabbat mit ihm das gleiche Psalmbuch gesungen hat ."

und die Tragödie dieser letzten Worte von ihm und seiner Vertreibung aus seinem früheren glücklichen Zuhause – „ein Jargonelle-Birnbaum an einem Ende der Hütte, ein Bach und ein Blumengarten in Form eines Kreuzes davor, ein Küchengarten dahinter." , und eine Koppel für eine Kuh" (Viii. 6, der Ausgabe von 1830) kann nur durch die Lektüre des Kapitels verstanden werden, das er an dem letzten Sabbatabend zitiert, den er darin verbringt – dem 5. Nehemia.

122. Denn – und ich muss den modernen Leser, der in einer Welt der Affektiertheit lebt und in jeder Kreatur, die er sieht, „Heuchelei" vermutet, immer wieder darauf hinweisen – die eigentliche Plage dieser niederen evangelischen Frömmigkeit besteht darin, dass dies nicht der Fall *ist* Heuchelei; dass Andrew und Laurie beide *erwarten*, die Gnade Gottes zu erlangen, indem sie am Sonntag Psalmen singen, ganz gleich, welche Schurkerei sie unter der Woche auch treiben. Im modernen populären Drama „Schule" [108] ist die einzige religiöse Figur ein schmutziger und bösartiger Platzanweiser, der zum ersten Mal Herveys „Meditationen" liest und das Buch wegwirft, sobald er außer Sichtweite der Gesellschaft ist. Aber wenn Andrew von Frank gefunden wird, „wie eine Statue neben einer Reihe von Bienenstöcken in einer Haltung andächtiger Kontemplation thront, mit einem Auge die Bewegungen der kleinen, gereizten Bürger beobachtet und das andere auf ein Andachtsbuch gerichtet ist", werden Sie es tun Bitte beachten Sie, misstrauischer Leser, dass der gläubige Gärtner keinerlei Erwartungen an Franks Herangehensweise hegt, auch keine Absichten auf ihn hegt, noch darauf achtet, dass er irgendwelche Auswirkungen auf irgendjemanden hat. Er folgt seinen eigenen gewöhnlichen Bräuchen, und sein Andachtsbuch wurde bereits so häufig verwendet, dass „viel Abnutzung ihm seine Ecken genommen und es in eine ovale Form gebracht hatte"; Seine Anziehungskraft für Andrew ist zweifach: Erstens enthält es Lehren für seinen Geist; das zweite, dass solch eine gesunde Lehre unter Figuren dargelegt wird, die eigentlich zu seinem Fach gehören. „Ich war gerade dabei, die ‚Blume eines süßen Duftes, gesät auf der Mitte dieser Welt' des würdigen Mess John Quackleben in den Bann zu ziehen" (beachten Sie nebenbei Scotts einfache, spontane und exquisite Erfindung des Namens des Autors und des Titels des Buches); und es ist eine Frage von sehr merkwürdigem Interesse, inwieweit diese süßen „Zaubersprüche" in Quackleben und ähnlichen religiösen Übungen einer Natur nach mit weltlichen Geschäften vereinbar sind (vergleiche Luckie Macleary, „mit Blick auf Bostons ‚Crook in the Lot' gerichtet). Ihre Ideen waren damit beschäftigt, die Abrechnung zusammenzufassen" – Waverley, I. 112) – verändern in Schottland tatsächlich den Nationalcharakter zum Guten oder zum Schlechten; oder, ohne es wesentlich zu verändern, es zumindest feierlich zu machen und zu bestätigen, wozu es fähig sein könnte. Meine eigene schottische Krankenschwester, die in „Fors Clavigera" für April 1873 beschrieben wird, wäre, ohne ihre kleine Bibliothek puritanischer Theologie, zweifellos ebenso treu und liebevoll gewesen; Soweit ich sehen konnte, wurden ihre geringfügigen Fehler auch nicht durch ihre Ermahnungen gemildert. Aber ich kann nicht anders, als zu glauben, dass ihr klagloses Ertragen der schmerzhaftesten Krankheiten und ihre Standhaftigkeit trotz nicht seltener Missverständnisse seitens derjenigen, die sie am meisten liebte und denen sie am meisten diente, in hohem Maße durch so viel christlichen Glauben und

Hoffnung unterstützt wurden, die sie zu erlangen vermochte , ohne dass darüber gesprochen wird.

123. Ich kannte jedoch in meinen früheren Tagen einen recht alten Covenanter im Haus meiner schottischen Tante, über den ich mit Mause Hedrigg und David Deans vielleicht in meinem nächsten Aufsatz näher sprechen kann. [109] Aber ich kann erst jetzt sorgfältig darüber schreiben, was sich auf meine unmittelbare Arbeit bezieht, und muss den Leser um Nachsicht für die hastige Zusammenstellung von Materialien bitten, die vor meiner Krankheit im letzten Frühjahr weitaus gründlicher behandelt werden sollten. Die Freunde, die um meinen Ruf als „écrivain" fürchten, werden sich vielleicht freundlich daran erinnern, dass ein Satz aus „Modern Painters" oft vier- oder fünfmal in meiner eigenen Hand geschrieben und in jedem Wort vielleicht eine Stunde lang – vielleicht eine Stunde lang – ausprobiert wurde Vormittag – bevor es an den Drucker übergeben wurde. Ich konzentriere mich jetzt selten fünf Minuten lang in der Stille des Morgens auf einen Satz oder einen Gedanken, aber dann kommt ein Telegramm mit der Ankündigung, dass sich irgendjemand das Vergnügen gönnen wird, um elf Uhr anzurufen, und dass es zwei Schilling gibt bezahlen.

FUSSNOTEN:

[98] Oktober 1881.

[99] „Jean François Millet." Zwanzig als Faksimile reproduzierte Radierungen und Holzschnitte sowie eine biografische Mitteilung von William Ernest Henley. London, 1881.

[100] Es tut mir leid, dass meine frühere Anspielung auf die Bootsexpedition in diesem Roman von einer jungen, vielversprechenden Autorin als Herabwürdigung ihrer eigenen Arbeit missverstanden wurde; Ich halte es nicht für möglich, dass ich nur durch den unvollkommenen Bericht eines Freundes dazu gezwungen wurde, mir George Eliots Haus anzusehen.

[101] Ich schäme mich, die miserable Arbeit der „Rezension" zu veranschaulichen, indem ich dieses edle Schlusskapitel des „Klosters" zerfleische und murmele, aber ich kann das Netz der Arbeit nicht zeigen, ohne es zu entwirren.

[102] Mit einer lächerlich fatalen Retusche wurde er in der späteren Ausgabe seines Schwertes „beraubt".

[103] Auch hier bin ich aus Gründen der Rezension gezwungen, die Hälfte der Punkte der Szene wegzulassen.

[104] Ich muss meinem Freund, Herrn Hale White, zutiefst und aufrichtig dafür danken, dass er Goethes wahre Meinung über Byron anhand der entstellten Darstellung durch Herrn Matthew Arnold bestätigt hat (*Contemporary Review* , August 1881).

[105] „Reirde, rerde, angelsächsisches reord, lingua, sermo, clamor, schreien“ (Douglas-Glossar). Kein schottischer Satz in den Scott-Romanen sollte gefällt werden, ohne jedes Wort darin zu untersuchen, da sein Dialekt, wie bereits erwähnt, immer im höchsten Maße rein und klassisch ist und seine Bedeutung immer umso umfassender ist, je weiter man ihn verfolgt.

[106] Der Leser muss beachten, dass ich beim Zitieren von Scott zur Veranschaulichung bestimmter Punkte manchmal gezwungen bin, die Reihenfolge zu ändern und einen Großteil des Kontexts der Stücke, die ich möchte, wegzulassen, denn Scott lässt Sie nie seine Handschrift sehen oder auf seine Punkte eingehen ohne sich weit entfernte Stücke sorgfältig zu merken und zu vergleichen. Beweise für eine bestimmte Charakterphase zu sammeln ist, als würde man die Wurzeln einer Schlingpflanze ausreißen.

[107] Beachten Sie das „kleine Geschäft meines Ains“, d. 213.

[108] Sein „Held“ ist ein großer Jüngling mit hübschen Waden an den Beinen, der einen Stier mit einer Jagdflinte erschießt, ein großes Mittagessen zu sich nimmt, es für geistreich hält, Othello einen „Nigger“ zu nennen, und der nichts zum Leben hat Da er in der Lage ist, nichts für seinen Lebensunterhalt zu tun, etabliert er sich für immer in Mittagessen und Zigarren, indem er ein Mädchen mit Vermögen heiratet. Die Heldin ist eine liebenswürdige Gouvernante, die für die allgemeine Förderung der Tugend bei Gouvernanten mit der Heirat mit einem Lord belohnt wird.

[109] Der vorliegende Aufsatz war jedoch der letzte. – ED .

MÄRCHENGESCHICHTEN.

110

124. Vor langer Zeit, länger als die Eröffnung einiger Märchen, wurde ich von dem Verleger, der voreilig genug war, auf meine Bitte hin gebeten, diese meine alten Lieblingsgeschichten in ihrer frühesten englischen Form nachzudrucken, um für ihn meine Niederschrift niederzulegen Gründe dafür, sie den ausgefeilteren moralischen und satirischen Legenden vorzuziehen, die jetzt, mit reicher Ausschmückung jeder Seite durch sehr bewundernswerte Kunst, der Akzeptanz des Kindergartens präsentiert werden.

Aber es schien mir für die majestätische Unabhängigkeit des Kinderpublikums, das außer sich selbst mochte oder nicht mochte, was es als unterhaltsam ansah, so wenig zu bedeuten, dass ich mich nur auf den strengen Anspruch eines unvorsichtig gegebenen Versprechens einließ über die Unverschämtheit der Laudatio; und mein Widerwille ist umso größer, weil es in diesen Geschichten tatsächlich nichts besonders Bemerkenswertes gibt, es sei denn, sie sind frei von Fehlern, die seit einiger Zeit von der Mehrheit der Leser als das Gegenteil von Fehlern angesehen werden.

125. In den besten Geschichten, die neuerdings für die Jugend geschrieben wurden, gibt es einen Makel, der nicht leicht zu definieren ist, der sich aber zwangsläufig daraus ergibt, dass sich der Autor an Kinder wendet, die in Schulzimmern und Salons aufgewachsen sind, und nicht an Felder und Wälder – Kinder deren Lieblingsvergnügen darin besteht, die Eitelkeiten älterer Menschen vorzeitig nachzuahmen, und deren Vorstellungen von Schönheit teilweise von der Kostbarkeit der Kleidung abhängen. Die Feen, die sich in das Schicksal dieser Kleinen einmischen, neigen dazu, vor allem in Hutmode und Satinpantoffeln zu glänzen und mehr durch ihr Auftreten als durch ihren Zauber zu erschrecken.

Die feine Satire, die durch jedes spielerische Wort schimmert und einige dieser neueren Geschichten für die Alten ebenso attraktiv macht wie für die Jungen, scheint mir nicht weniger ungeeignet für ihre eigentliche Funktion zu sein. Kinder sollten lachen, aber nicht spotten; und wenn sie lachen, sollte es nicht über die Schwächen und Fehler anderer sein. Soweit es ihnen gestattet ist, sich um die Charaktere ihrer Mitmenschen zu kümmern, sollte ihnen beigebracht werden, treu nach dem Guten zu streben und nicht böswillig auf der Lauer zu liegen, um sich über das Böse lustig zu machen: Sie sollten zu schmerzhaft empfindlich gegenüber Unrecht sein lächle darüber; und zu bescheiden, um sich selbst zu seinen Richtern zu machen.

126. Bei diesen kleinen Fehlern handelt es sich um einen weitaus schwerwiegenderen. So wie die Einfachheit des Schönheitssinns in neueren

Kindermärchen verloren gegangen ist, so ist auch die Einfachheit ihrer Vorstellung von Liebe verloren gegangen. Das Wort, das im Herzen eines Kindes den beständigsten und lebendigsten Teil seines Wesens darstellen sollte; das das Zeichen der feierlichsten Gedanken sein sollte, die seine erwachende Seele prägen und in einem weiten Geheimnis reinen Sonnenaufgangs den Zenit seines Himmels überfluten und auf dem Tau zu seinen Füßen glänzen sollten; dieses Wort, das auf seinen Lippen geweiht werden sollte, zusammen mit dem Namen, den es nicht missbrauchen darf, und dessen Bedeutung jedes Gefühl mildern und beleben sollte, durch das die minderwertigen Dinge und die schwachen Geschöpfe in seiner engen Welt unter ihm sitzen, werden seiner Neugier oder Kameradschaft offenbart; Dieses Wort wird in modernen Kindergeschichten allzu oft zurückgehalten und zur Hieroglyphe eines bösen Geheimnisses verdunkelt, das den süßen Frieden der Jugend mit vorzeitigen Schimmern unverständlicher Leidenschaft und huschenden Schatten unerkannter Sünde stört.

Diese großen Fehler im Geiste der neueren Kinderliteratur hängen mit einer parallelen Torheit der Absichten zusammen. Eltern, die zu träge und selbstgefällig sind, um den Charakter ihrer Kinder durch gesunde Disziplin oder in ihren eigenen Lebensgewohnheiten und -grundsätzen zu formen, sind sich bewusst, dass sie ihnen kein tadelloses Beispiel geben können, und versuchen vergeblich, den überzeugenden Einfluss von aufgedrängten moralischen Grundsätzen zu ersetzen unter dem Deckmantel der Belustigung, für die Stärke einer moralischen Gewohnheit, die durch rechtschaffene Autorität erzwungen wird: — denken vergeblich daran, das Herz der Kindheit mit wohlüberlegter Weisheit zu erfüllen, während sie auf die Vormundschaft über ihre unbestreitbare Unschuld verzichten; und verwandeln in die Qualen einer unreifen Gewissensphilosophie die einst furchtlose Stärke ihrer unbefleckten und unbeirrbaren Tugend.

127. Ein Kind sollte sich nicht zwischen richtig und falsch entscheiden müssen. Es sollte nicht in der Lage sein, Unrecht zu tun; es sollte sich nichts Unrechtes vorstellen. Gehorsam, wie die Barke dem Ruder, nicht durch plötzliche Anstrengung oder Anstrengung, sondern in der Freiheit seines strahlenden, beständigen Lebens; wahr, mit einer undifferenzierten, lobenslosen, unrühmlichen Wahrheit, in einer kristallinen Haushaltswelt der Wahrheit; sanft, durch tägliches Bitten um Sanftmut und ehrenhaftes Vertrauen und hübschen Stolz auf die kindliche Gemeinschaft in guten Ämtern; stark, nicht im erbitterten und zweifelhaften Kampf mit der Versuchung, sondern im Frieden des Herzens und in der Rüstung des gewohnten Rechts, aus dem die Versuchung wie tauender Hagel fällt; Selbstbeherrschend, nicht in krankhafter Zurückhaltung gemeiner Gelüste und habgieriger Gedanken, sondern in vitaler Freude an einem Leben ohne

Luxus und Zufriedenheit in begrenztem Besitz, der mit Bedacht geschätzt wird.

So erzogene Kinder brauchen keine moralischen Märchen; aber sie werden in den scheinbar eitlen und unbeständigen Kursen einer Tradition der alten Zeit, die ihnen ehrlich übermittelt wird, eine Lehre finden, die durch keine andere ersetzt werden kann und deren Kraft nicht gemessen werden kann; Er belebte für sie die materielle Welt mit unauslöschlichem Leben, stärkte sie gegen die eisige Kälte selbstsüchtiger Wissenschaft und bereitete sie unterwürfig und ohne Bitterkeit des Erstaunens darauf vor, in späteren Jahren das Geheimnis zu erblicken – von Gott dazu bestimmt, es für alle Menschen zu bleiben dachte – an die Schicksale, die den Bösen und den Guten gleichermaßen widerfahren.

128. Und die Auswirkung des Bemühens, Geschichten moralisch zu gestalten, auf den literarischen Wert des Werks selbst ist ebenso schädlich, wie das Motiv des Bemühens falsch ist. Denn jedes Märchen, das es überhaupt wert ist, aufgezeichnet zu werden, ist das Überbleibsel einer Tradition, die wahren historischen Wert besitzt – historisch, zumindest insofern, als es auf natürliche Weise aus dem Geist eines Volkes unter besonderen Umständen entstanden ist und nicht ohne Bedeutung entstanden ist völlig aus ihrem Bereich des religiösen Glaubens entfernt. Es erhält später natürliche Veränderungen durch die aufrichtige Wirkung der Angst oder Fantasie aufeinanderfolgender Generationen aufrecht; Es erhält eine neue Farbe durch ihre Lebensweise und eine neue Form durch ihre wechselnden moralischen Gesinnungen. Solange diese Veränderungen natürlich und mühelos, zufällig und unvermeidlich sind, bleibt die Geschichte im Wesentlichen wahr, verändert zwar ihre Form wie eine fliegende Wolke, bleibt aber ein Zeichen des Himmels; ein schattenhaftes Bild, das ebenso wahrhaftig ein Teil des großen Firmaments des menschlichen Geistes ist wie das Licht der Vernunft, das es zu unterbrechen scheint. Aber die schöne Täuschung und der unschuldige Irrtum können weder durch eine vorsätzliche Absicht interpretiert noch zurückgehalten werden, und alle Hinzufügungen durch Taten verunreinigen nur, so wie der Hirte die Flocken des Morgennebels mit dem Rauch seines Feuers aus toten Blättern aufwirbelt.

129. In diesem Genuss zügelloser Veränderungen und Retuschen von Geschichten, um sie bestimmten Geschmäckern anzupassen oder Lieblingslehren einzuprägen, liegt auch ein tieferer Nebenschaden. Es zerstört direkt die Fähigkeit des Kindes, einen solchen Glauben wiederzugeben, wie es sonst in seiner Natur gelegen hätte, ihn einer fantasievollen Vision zu verleihen. Wie weit es überhaupt zweckmäßig ist, seinen Geist mit idealen Formen zu beschäftigen, mag für viele fraglich sein,

für mich jedoch nicht; aber es steht völlig außer Frage, dass, wenn wir die fiktive Darstellung zulassen, diese Darstellung ruhig und vollständig sein sollte, vollständig besessen sein und ihre äußerste Tiefe ausdrücken sollte. Die Aufmerksamkeit des kleinen Lesers sollte niemals verwirrt oder gestört werden, egal ob er sich mit Märchen oder Geschichte beschäftigt. Lassen Sie ihn sein Märchen genau kennen und vollkommene Freude oder Ehrfurcht bei der Vorstellung davon haben, als ob es real wäre; Auf diese Weise wird er immer seine Fähigkeit ausüben, die Realitäten zu erfassen; aber eine verwirrte, nachlässige oder diskreditierende Haltung gegenüber der Fiktion wird zu einer ebenso verwirrten und nachlässigen Interpretation der Tatsachen führen. Lassen Sie die Umstände beider genau wahrnehmen und lange darüber nachdenken, und lassen Sie den eigenen Geist des Kindes aus beiden Gedankenfrüchte entwickeln. Es ist von größter Bedeutung, sich diese Gewohnheit der Kontemplation frühzeitig zu sichern, und daher ist es ein schwerwiegender Fehler, die der Einbildungskraft präsentierten Ereignisse entweder unnötig zu vervielfachen oder mit übertriebener Fülle zu veranschaulichen. Es soll sie vervielfachen und für sich veranschaulichen; und wenn der Intellekt einen wirklichen Wert hat, wird es in seinen eigenen Träumen ein Geheimnis und eine Wunderbarkeit geben, die nur durch äußere Illustration vereitelt werden könnten. Dennoch führe ich den Text oder die Radierungen in diesem Band nicht als Beispiele dafür an, was beides in Werken dieser Art sein sollte: Sie sind in vielerlei Hinsicht gewöhnlich, unvollkommen, vulgär; aber ihre Vulgarität ist von heilsamer und harmloser Art. Es ist zum Beispiel kein elegantes Englisch zu sagen, dass ein Gedanke „in Catherines Kopf auftauchte"; Dennoch ist es als Einführung in den literarischen Stil weitaus besser, einem Kind dies zu sagen, als dass „ein Thema Catherines Aufmerksamkeit erregt hat". Und in echten Formen kleinerer Tradition wird immer ein unhöflicher und mehr oder weniger ungebildeter Ton erkennbar sein; denn alle besten Märchen verdankten ihre Entstehung und den größten Teil ihrer Macht der Enge der gesellschaftlichen Verhältnisse; Sie gehörten eigentlich zu Bezirken, in denen ummauerte Städte von hellem und makellosem Land umgeben sind und in denen ein gesundes und geschäftiges Stadtleben, das nicht besonders kultiviert ist, durch den ruhigen Zauber der Hirten- und Waldlandschaften erleichtert und kontrastiert wird bescheidener Anbau durch bäuerliche Herren oder in seiner natürlichen Einsamkeit gelassen. Unter Bedingungen dieser Art ist die Fantasie ausreichend angeregt, um instinktiv spirituelle Formen der Wildheit und Schönheit zu erfinden (und sich an deren Erfindung zu erfreuen), während sie dennoch durch die vertrauten Zufälle und Zusammenhänge des Stadtlebens, die sich immer mit ihm vermischen, gezügelt und fröhlich gemacht wird Er verbindet ausgefallene, humorvolle und vulgäre Umstände mit pathetischen und ist nie so sehr von seinen übernatürlichen Fantasien beeindruckt, dass er Gefahr läuft, sie als Teil seines religiösen Glaubens beizubehalten. Der gute Geist steigt allmählich von einem Engel zu einer Fee herab, und der Dämon schrumpft zu einer verspielten Groteske winziger Böswilligkeit, während beide dennoch einen anerkannten und lebenswichtigen Einfluss auf Charakter und Geist behalten. Aber die Sprache, in die solche Ideen üblicherweise gekleidet werden, muss zwangsläufig an ihrer Beschränktheit teilhaben; und die Kunst kennt sie systematisch nicht und hat nur unter den Bedingungen Kraft, die sie dazu erwecken, sich in einer unregelmäßigen und groben Groteske auszudrücken, die nur zur äußeren architektonischen Dekoration geeignet ist.

130. Die Abbildungen dieses Bandes sind fast die einzigen mir bekannten Ausnahmen von der allgemeinen Regel. Sie sind von ganz hervorragender und bewundernswerter Kunst, in einer Klasse, die in ihrer Höhe dem Charakter der Geschichten, die sie illustrieren, genau entspricht; und die Originalradierungen waren, wie ich bereits im Anhang zu meinen „Elements of Drawing" gesagt habe, seit Rembrandt in puncto meisterhafter Haptik konkurrenzlos (in einigen Qualitäten der Darstellung sogar von ihm unerreicht). Diese Kopien wurden so sorgfältig ausgeführt, dass ich mich zunächst von ihnen täuschen ließ und annahm, es handele sich um Spätabzüge der Platten (und darüber hinaus glaube ich, dass der Meister selbst von ihnen getäuscht wurde und annahm, es seien seine eigenen); und obwohl man bei einem sorgfältigen Vergleich mit den ersten Beweisen feststellen wird, dass sie keine Ausnahme von dem schrecklichen Gesetz sind, dass die wörtliche Wiederholung einer völlig guten Arbeit selbst für die Hand, die sie hervorgebracht hat, – und noch mehr für jede andere – für immer unmöglich sein soll, sind sie dennoch immer noch unmöglich stellen mit ausreichender Treue, um in höchstem Maße lehrreich zu sein, das harmonische Licht und den Schatten, die männliche Einfachheit der Ausführung und die leichte, unbelastete Fantasie der Entwürfe dar, die zur besten Periode von Cruikshanks Genie gehörten. Etwas vergrößerte Kopien davon anzufertigen, sie durch eine Lupe zu betrachten und niemals zwei Linien zu setzen, wo Cruikshank nur eine gesetzt hat, wäre eine Übung in Entschlossenheit und strengem Zeichnen, die hinterher in den Schulen wenig zu lernen übriglassen würde, würde ich tun Gerne sagen wir auch viel zu ihrem Lob als fantasievolle Gestaltungen; Aber die Kraft echter phantasievoller Arbeit und ihr Unterschied zu dem, was aus entlehnten Quellen zusammengesetzt und zusammengesetzt wird, ist von allen Qualitäten der Kunst am schwierigsten zu erklären; und ich muss mich mit den einfachen Behauptungen zufrieden geben.

Und so vertraue ich dem guten alten Buch und der ehrlichen Arbeit, die es schmückt, auf die Gunst, die sie bei Kindern mit offenem Herzen und bescheidenem Leben finden mögen.

DENMARK HILL , *Ostern* , 1868.

FUSSNOTEN:

[110] Dieses Papier bildet die Einleitung zu einem Band mit dem Titel „Deutsche Volksgeschichten mit Illustrationen nach den Originalentwürfen von George Cruikshank, herausgegeben von Edgar Taylor, mit Einführung von John Ruskin, MA", London: Chatto und Windus, 1868. Das Buch ist ein Nachdruck von Herrn Edgar Taylors Originalauswahl (1823) der „Hausmärchen" oder „Deutschen Volksgeschichten" der Brüder Grimm. Die ursprüngliche Auswahl bestand aus zwei Oktavbänden; der Nachdruck in einem kleineren Format, da (wie der Herausgeber in seinem Vorwort feststellt) „Mr. Ruskins Wunsch war, dass die neue Ausgabe eher junge Leser als Erwachsene ansprechen sollte." – ED .

WIRTSCHAFT.

DAS HAUS UND SEINE WIRTSCHAFT.

(*Contemporary Review, Mai* 1873.)

WUCHER. Eine Antwort und eine Gegenerwiderung.

(*Contemporary Review, Februar* 1880.)

WUCHER. EIN VORWORT.

(*Broschüre* , 1885.)

DAS HAUS UND SEINE WIRTSCHAFT.

111

131. In der März-Ausgabe der *Contemporary Review* erschienen zwei Aufsätze [112] von angesehenen Autoren, von denen ich nur hoffen kann, dass ihre Autoren bei näherer Betrachtung erkennen werden, dass sie Fehler enthalten, die umso schwerwiegender sind, als sie in letzter Zeit geworden sind. in den Köpfen fast aller Männer des öffentlichen Lebens, oberflächlich und vertraut. Ich habe daher den Herausgeber um Erlaubnis gebeten, auf beide Aufsätze zu antworten, da ihre Themen eng miteinander verbunden sind.

Das erste, von dem ich spreche, war das von Herrn Herbert Spencer, das unter dem Titel „The Bias of Patriotism" erschien. Aber das eigentliche Thema des Aufsatzes (in seinem besonderen Umfang, mit besonderer Sorgfalt und Gerechtigkeit diskutiert) war nur die Voreingenommenheit nationaler Eitelkeit; und die Debatte wurde mit diesem sehr merkwürdigen Satz eröffnet: „Patriotismus ist national, was der Egoismus individuell ist."

Ich glaube, Mr. Spencer selbst würde diese Aussage nicht akzeptieren, wenn sie in die klare Form gebracht würde: „Was bei einem Menschen Egoismus ist, ist bei zwei oder mehr Patriotismus und das Laster eines Einzelnen die Tugend einer Menge." [113] Aber es ist seltsam – so streng Herr Spencer in letzter Zeit seine Aufmerksamkeit auch auf metaphysische oder wissenschaftliche Themen beschränkt und dabei die Sprache der historischen oder fantasievollen Literatur außer Acht gelassen hat – es ist seltsam, ich wiederhole, dass ein Student so vorsichtig sein sollte nicht bewusst, dass der Begriff „Patriotismus" im klassischen Sprachgebrauch nicht auf die Aktion einer Menge ausgedehnt werden kann. Kein Autor von Autorität spricht jemals davon, dass eine Nation patriotisch empfunden oder gehandelt hat. Patriotismus ist per Definition eine Tugend des Einzelnen; und weit davon entfernt, bei diesen Individuen eine Form des Egoismus zu sein, besteht er gerade in der Aufopferung ihres Egoismus. Es ist ihre Geisteshaltung, die sie dazu bringt, ihre eigenen Interessen denen ihres Landes vorzuordnen.

132. Angenommen, es wäre möglich, dass ein paralleles Gefühl eine Nation als einen Körper beseelt, könnte es sich nur auf die Stellung beziehen, die es unter anderen Familien der Welt innehatte. Der Name des Gefühls wäre dann eigentlich „Kosmismus" und würde die Entschlossenheit eines solchen Volkes bedeuten, seine eigenen Sonderinteressen denen der Menschheit zu opfern. Tatsächlich hat sich der Kosmismus bisher im Allgemeinen nur in dem Wunsch der kosmischen Nation durchgesetzt, dass alle anderen ihre theologischen Ansichten übernehmen und ihr die Übernahme ihres persönlichen Eigentums gestatten; Aber Patriotismus hat in den Köpfen vieler Menschen, die großen Einfluss auf das Schicksal ihrer Rassen hatten, tatsächlich existiert, und zwar sogar als vorherrschendes Gefühl, und einer

unserer führenden Philosophen sollte sich der Natur dieses Gefühls nicht bewusst und unwissend sein seiner politischen Macht ist als schmerzlich charakteristisch für den gegenwärtigen Zustand Englands selbst anzusehen.

Daraus folgt tatsächlich nicht, dass ein Gefühl, dessen wir uns nicht bewusst sind, notwendigerweise in uns ausgelöscht wird; und die Wahrnehmungs- und Analysefähigkeiten sind durch die sprachlichen Genialitäten der Logik immer so gelähmt, dass es unmöglich ist, von einem bekennenden Logiker zu sagen, ob er nicht vielleicht noch unter der wirklichen Kraft von Ideen handelt, deren Bewusstsein er beide verloren hat und Konzeption. Von keinem Menschen, der sich einmal in das verstrickt hat, was Mr. Spencer weiter unten definiert als die „Wissenschaft der Beziehungen, die durch die Schlussfolgerungen, Ausschlüsse und Überschneidungen von Klassen impliziert werden", kann man erwarten, dass er im Laufe seines Lebens mehr davon wahrnimmt irgendetwas anderes als die Tatsache, dass es von etwas anderem eingeschlossen, ausgeschlossen oder überlappt wird; Das ist an sich schon ein hinreichend verwirrter Geisteszustand und besonders schädlich, weil er es uns ermöglicht, die Überlegung zu vermeiden, ob unsere geistige Wäsche selbst rein ist, während wir uns nur darum kümmern, festzustellen, ob sie von unserem Mantelkragen eingeschlossen, ausgeschlossen oder überdeckt wird . Aber es ist ein gravierendes Phänomen der Zeit, dass Patriotismus – von allen anderen – das Gefühl sein sollte, das ein englischer Logiker nicht nur nicht definieren kann, sondern als sein genaues Gegenteil zu definieren versucht. In jeder Epoche des Niedergangs wurden Männer, selbst von hoher intellektueller Energie, in die Fluten des öffentlichen Lebens hineingerissen, und die kristallinen Kanten ihres Geistes wurden durch die Reibung mit Abgestumpften abgenutzt; aber ich hatte nicht geglaubt, dass das ganze Gewicht der verdorbenen Masse des modernen Englands einen unserer genauesten Studenten so verblüfft haben könnte, dass er, auch wenn sie nicht mehr in der Lage sind, ihrem eigenen Land treu zu bleiben und sich mit irgendeinem anderen zu verbünden, ihn dazu gebracht hätte Verwechseln Sie Heldentum mit Einbildung und die Liebe zum Land und zur Heimat mit den Ungerechtigkeiten des Egoismus. Kann es erst ein Vierteljahrhundert her sein, seit der letzte Minstrel gestorben ist – und haben wir bereits auf seine Antwort „Lebt dort ein Mann" geantwortet? mit der ruhigen Behauptung, dass es keinen anderen als diesen gibt; und dass der „Elende, der sich ganz auf sich selbst konzentriert" der „Patriot" unserer Generation ist?

133. Sei es so. Es sei sogar zugegeben, dass der Egoismus die einzige Kraft ist, die sich ein moderner Metaphysiker als Quelle geistiger Energie vorstellen kann; Ebenso wie die chemische Erregung möglicherweise die einzige Kraft ist, die der moderne Arzt als Quelle der Muskelenergie nachweisen kann. Und dennoch ist Mr. Spencers nachfolgende Analyse ungenau und

unwissenschaftlich. Denn Egoismus bedeutet nicht zwangsläufig entweder ein Missverständnis oder eine Fehleinschätzung. Es gibt Arten der Liebe zu unserem Land, die eindeutig egoistisch sind, wie eine Katze am Kaminfeuer, aber dennoch völlig ausgeglichen und ruhig in ihrem juristischen Vermögen; Leidenschaften, die das Verhalten bestimmen, aber keinen Einfluss auf die Meinung haben. Zum Beispiel habe ich zu meinem ausschließlichen Vergnügen das Häuschen gekauft, in dem ich schreibe, in der Nähe des Seestrandes, an dem ich mit sieben Jahren gespielt habe. Wäre ich ein wissenschaftlich engagierter Mensch oder ein wohlwollender frommer Mensch, würde ich stattdessen zweifellos die geografischen Beziehungen der Mondberge untersuchen oder das Athanasianische Glaubensbekenntnis ins Tatarisch-Chinesische übersetzen. Aber ich hasse den bloßen Namen der Öffentlichkeit und arbeite nicht unter bedrückender Sorge, weder für den Fortschritt der Wissenschaft noch für die Erlösung der Menschheit. Deshalb beschäftige ich mich lieber mit den Seekieseln, von denen ich nichts anderes weiß, als dass sie hübsch sind; und mich mit Menschen zu unterhalten, die ich ohne Mühe verstehen kann und die mir, weit davon entfernt, bekehrt zu werden, im Großen und Ganzen besser erscheinen als ich selbst. Das ist moralischer Egoismus, aber kein intellektueller Fehler. Ich bilde mir nie eine Meinung über die relative Schönheit der Yewdale-Felsspitze und der Mountains of the Moon, geschweige denn, sie zum Ausdruck zu bringen. Ich genieße es auch nicht, in übertriebenem Licht über die spirituellen Vorteile nachzudenken, die ich durch meine Vertrautheit mit den Neununddreißig Artikeln besitze. Ich kenne die Höhe meiner Nachbarberge auf den Fuß genau; und das Ausmaß meines wirklichen theologischen und materiellen Besitzes in einem Artikel. Patriotischer Egoismus bindet mich an das Eine; persönlicher Egoismus befriedigt mich im anderen; und der ruhige Egoismus, mit dem die Natur alle ihre unphilosophischen Geschöpfe gesegnet hat, macht mich blind für die Anziehungskraft – wie für die Fehler – von Dingen, die mich nicht interessieren, und bewahrt mich sofort vor der Torheit der Verachtung und dem Unbehagen des Neids . Ich hätte genauso treffend schreiben können: „Das Unbehagen der Verachtung"; Denn tatsächlich sind die Formen gereizter Rivalität und Selbstbehauptung, die Mr. Spencer als Entwicklungen des Egoismus ansieht, lediglich dessen Krankheiten; (wobei das Wort „Krankheit" im wahrsten Sinne des Wortes gemeint ist). Ein vernünftiger Mensch ist in seiner Bescheidenheit eher ein Egoist als ein Dummkopf in seiner Prahlerei; und es sind weder Stolz noch Selbstachtung, sondern nur Unwissenheit und schlechte Erziehung, die entweder die Tatsachen des Lebens verschleiern oder seine Höflichkeiten verletzen.

134. Ich vertraue darauf, dass es keine Verletzung der Höflichkeit gegenüber einem Autor von Herrn Spencers weitreichendem Einfluss sein wird, wenn

ich seine Aufmerksamkeit auf die Gefahr lenke, der Metaphysiker immer ausgesetzt sind, wenn sie annehmen, dass die Untersuchung der Denkprozesse dazu beitragen wird sie, um seine Formen zu unterscheiden. „Ebenso gut könnte sich der Chemiker, der die Bedingungen der Glaskörperverschmelzung eingehend untersucht hatte, vorstellen, dass er daher qualifiziert sei, die vom Hauch Venedigs gebogenen Vasen zu nummerieren oder zu klassifizieren. Herr Spencer hat, glaube ich, zur Zufriedenheit seiner Leser festgestellt, auf welche Weise Gedanken und Gefühle aufgebaut sind; Jetzt ist es für ihn an der Zeit, die Ergebnisse der Konstruktion zu beobachten, ob sie nun in seinem eigenen Geist beheimatet sind oder in anderen intellektuellen Gebieten entdeckt werden können. Patriotismus ist jedoch vielleicht das letzte Gefühl, das er jetzt bequem in England studieren kann, denn das Temperament, das die Lebensfreude mit der Süße und dem Anstand des Todes krönt, kann in einem Land, das sich schnell zu einem Land entwickelt, dessen Friede es ist, kaum deutlich zum Ausdruck kommen Umweltverschmutzung und deren Kampf, Verbrechen; In dessen Grenzen es abscheulich ist zu leben und für dessen Sache es eine Schande ist zu sterben.

135. Die Hauptgründe für ihre Erniedrigung wurden mit feiner Entschuldigung in dem zweiten Aufsatz verteidigt, auf den ich oben Bezug genommen habe; die Änderung eines Briefes durch Herrn WR Greg, den er zum Thema Luxusausgaben und ihre wirtschaftlichen Ergebnisse an die *Pall Mall Gazette gerichtet hatte* ; und was Herr Greg in dieser Zeitschrift als Auslöser einer Kontroverse bezeichnete, an der sich vier oder fünf Kämpfer beteiligten, deren lockere Vorstellungen ihn dazu veranlassten, seine eigenen, kohärenteren Ansichten in der *Contemporary Review zum Ausdruck zu bringen* . [114]

Es tut mir leid, dass Herr Greg meine eigene schlechte Rolle in dieser Korrespondenz als kontrovers ansah. Ich habe ihm lediglich eine Frage gestellt, die er für heimtückisch und irrelevant erklärt hat (ganz zu schweigen davon, dass, wenn es das eine wäre, es nicht auch das andere sein könnte), und ich habe ein paar Tatsachen dargelegt, über die keine Kontroverse möglich war und die Herr Greg Er habe sich, wie er es ausdrückte, „eifrig davon ferngehalten", es zu bemerken.

Aber Herr Greg empfand meine Frage als heimtückisch, weil ihm dadurch teilweise bewusst wurde, dass er nur die eine Hälfte des Themas, über das er sprach, untersucht hatte, und selbst diese Hälfte war ungenau.

Herr Goldwin Smith hatte davon gesprochen, dass ein reicher Mann die Lebensgrundlagen der Armen verschlingt. Als Antwort wies Herr Greg darauf hin, wie sinnvoll der reiche Mann das ausgab, was er bekam.

Daraufhin wagte ich die Frage, „wie er es bekommen hat"; Dies ist in der Tat genau die erste Frage, die gestellt werden muss, wenn die wirtschaftlichen Beziehungen eines Menschen zu seinem Nachbarn untersucht werden sollen.

Dick Turpin wird – nehmen wir mal an – von einer schlichten Person dafür verantwortlich gemacht, dass er die Lebensgrundlagen anderer Menschen verschlingt. „Nein", sagt Dick zu der schlichten Person, „beobachten Sie, wie großzügig und angenehm ich alles ausgebe, was ich bekomme!"

„Ja, Dick", beharrt der schlichte Mensch; „Aber wie bekommt man es?"

„Die Frage", sagt Dick, „ist heimtückisch und irrelevant."

Lassen Sie nicht zu, dass ich irgendeine Unregelmäßigkeit oder Unangemessenheit in Dicks Beruf behaupte – ich behaupte lediglich, dass Mr. Greg, wenn er sein Fach beherrschen will, auch die Art und Weise von Gain in jedem Fall untersuchen muss als die Art der Ausgaben. Solche Rechnungen müssen in einer gut regulierten Gesellschaft stets korrekt wiedergegeben werden.

136. „Der Leutnant richtete die Bewährung an den Kapitän, und er sagte, er solle diese Mannequins, den Erfolg, die Cannelle, die Männer und die Rosinen sehen, zu einem Bénavent-Epicier. Après qu'il." eut rendu compte de son expédition au béro, les dépouilles de l'épicier furent portées in the office. Alors il no fut plus questions that de se réjouir; I debutai at the Buffet, que me parai de plusieurs bouteilles de ce bon vin que le Seigneur Rolando m'avoit vanté.

Herr Greg beschränkt sich strikt auf eine Untersuchung der Vorteile, die dieses so angenehme Fest der Öffentlichkeit bringt; aber er darf nicht überrascht oder empört sein, dass eine Untersuchung über den daraus resultierenden Zustand des épicier de Bénavente durchgeführt werden sollte.

Und es ist umso notwendiger, eine solche Untersuchung einzuleiten, wenn der Kapitän der Expedition ein Diener nicht des Mondes, sondern der Sonne ist; und daher für alle Betrachter blendend. „Der Himmel bestimmt, was ich bei dieser Gelegenheit tun soll", [115] sagt Heinrich von Navarra; „Mein Rückzug aus dieser Stadt, [116] bevor ich mich ihrer bemächtigt habe, wird der Rückzug meiner Seele aus meinem Körper sein." „Dementsprechend haben wir das ganze Viertel, das noch standhielt, unterworfen", sagt Herr de Rosny, „danach legten die Einwohner, da sie nicht mehr in der Lage waren, Widerstand zu leisten, ihre Waffen nieder, und die Stadt wurde der Plünderung preisgegeben. Mein Wohl." Das Glück warf mir eine kleine eiserne Truhe in den Weg, in der ich etwa viertausend Goldkronen fand.

Ich kann nicht bezweifeln, dass die Ausgabe dieser Summe durch den Baron für Frankreich und die protestantische Religion in höchstem Maße vorteilhaft wäre. Aber die gesamte Wirtschaftswissenschaft muss die Wirkung ihrer Abstraktion auf den unmittelbaren Wohlstand der Stadt Cahors untersuchen; und sogar darüber hinaus – die Art und Weise seiner früheren Übernahme durch die Stadt selbst, die vielleicht in den Ökonomien der Unterwelt einige ihrer Bürger in den siebten Kreis delegiert hat. [117]

137. Und die merkwürdigsten Punkte in der Parteilichkeit der modernen Wirtschaftswissenschaft sind, dass sie diese Frage der Mittel und Wege bei den Reichen stets außer Acht lässt, sie bei den Armen jedoch eifrig vorantreibt; und während der Konsum eines solchen Luxusartikels wie Wein (um das zu nennen, was Mr. Greg selbst als Beispiele anführt) als wirtschaftlich sinnvoll angesehen wird, wird behauptet, dass der Konsum von Wein, wenn er von Personen getrunken wird, die nicht durstig sind, insgesamt derselbe Konsum sei unzweckmäßig, wenn das Privileg auf diejenigen ausgedehnt wird, die es sind. So weist Herr Greg an einer Stelle mit mitfühlender Verachtung die äußerst vulgäre Vorstellung zurück, „dass ein Mann, der eine Flasche Champagner im Wert von fünf Schilling trinkt, während sein Nachbar wirklich etwas zu essen braucht, seinem Nachbarn in irgendeiner Weise Unrecht tut." ; und doch bleibt Herr Greg selbst an anderer Stelle [118] offensichtlich weiterhin unter dem ebenso vulgären Eindruck, dass die vierundzwanzig Millionen solcher durstigeren Menschen, die fünfzehn Prozent ihres Einkommens für Alkohol und Tabak ausgeben, ihren Nachbarn durch diese Ausgaben Unrecht tun.

138. Es kann sicherlich nicht der Unterschied im Grad der Verfeinerung zwischen Malzlikör und Champagner sein, der bei Herrn Greg in dem einen Fall das unbestimmte Gefühl von moralischer Verfehlung und wirtschaftlichem Fehler hervorruft und im anderen Fall das Fehlen von Nichts; Wenn das alles ist, kann ich ihm seine Verlegenheit ersparen, indem ich die Fälle paralleler darstelle. Ein Geistlicher schreibt mir in seelischer Not, weil die arbeitsfähigen Arbeiter, die im Winter zu ihm betteln, im Sommer Portwein aus Eimern trinken. Natürlich wird Herr Gregs logischer Verstand sofort zugeben (als Konsequenz seines eigenen, sehr gerechten *Argumentums ad hominem* auf einer vorherigen Seite [119]), dass der Konsum von Portwein aus Eimern ebenso ein Vorteil für die Gesellschaft im Allgemeinen sein muss wie der Konsum von Champagner aus Flaschen; und doch bin ich mir merkwürdigerweise sicher, dass er meine Frage spüren wird: „Woher bekommt der Trinker die Mittel für sein Trinken?" Dies ist bei Portweintrinkern relevanter als bei Champagnertrinkern. Und obwohl Herr Greg fortfährt, mit jener erhabenen Verachtung für die Gebote der Natur und des Christentums, die radikale Ökonomen nur spüren können, zu bemerken: „Während der natürliche Mensch und der Christ den

Champagnertrinker auf seine Flasche verzichten und den Wert angeben würden." Wenn der radikale Ökonom ein solches Verhalten als eindeutig kriminell und verderblich verurteilen würde, würde er dem hungernden Unglücklichen an seiner Seite kaum gerecht werden, würde er, glaube ich, die Schlussfolgerungen des unnatürlichen Menschen und des Antichristen kaum mit der gleichen triumphalen Zuversicht und mit Respekt umsetzen sowohl für den Arbeiter als auch für den Müßiggänger; und erklären, dass die äußerst einfachen Menschen, die immer noch an die Naturgesetze und die Barmherzigkeit Gottes glauben, den Portweintrinker auf seinen Eimer verzichten und den Wert davon der hungernden Frau und dem hungernden Kind neben ihm geben würden, „die Ein radikaler Ökonom würde ein solches Verhalten als eindeutig kriminell und schädlich verurteilen.

Herr Greg hat es in der Tat in der Hand, zu antworten, dass es angebracht ist, für die eigene Frau und die eigenen Kinder zu sparen, aber nicht für das Wohlergehen anderer. Da jedoch laut einem anderen Vertreter der Prinzipien der Radical Economy im *Cornhill Magazine* [120] ein gut geführter Landarbeiter nicht heiraten darf, bevor er fünfundvierzig ist, muss er, wenn überhaupt, schon in jungen Jahren mit der Wirtschaft beschäftigt sein Wegen ihrer abstrakten Menschlichkeit beleidigten sie Mr. Greg ebenso wie die des reichsten Junggesellen der Stadt.

139. Auf derselben Seite gibt es einen weiteren kurzen Satz, dessen zufällige Bedeutung kaum zu überschätzen ist.

„Der oberflächliche Beobachter", sagt Herr Greg, „erinnert sich an einen Text, den er in seiner Jugend gehört hat, dessen genaue Anwendbarkeit er aber nie in Betracht gezogen hat: ‚Wer zwei Mäntel hat, der soll ihn dem geben, der keine hat.'"

Die Annahme, dass kein gebildeter Engländer diesen Text jemals gehört haben kann, außer in seiner Jugend, und dass diejenigen, die alt genug sind, sich daran zu erinnern, ihn gehört zu haben, „nie über seine genaue Anwendbarkeit nachgedacht haben", sind im Hinblick auf die Behandlung eines wissenschaftlichen Themas sicherlich voreilig. Ich kann Herrn Greg versichern, dass einige wenige grauhaarige Anhänger des Glaubensbekenntnisses der Christenheit immer noch – wenn auch vielleicht leise – die Worte lesen, die ihnen durch frühe Assoziationen wertvoll geworden sind; und dass in früheren Zeiten, als diese Bergpredigt noch von vielen Nicht-Analphabeten mit Respekt angehört wurde, ihre Bedeutung nicht nur bedacht, sondern sehr bewusst umgesetzt wurde. Sogar die Leser der *Contemporary Review* werden vielleicht Freude daran haben, sich für ein paar ruhige Momente aus dem Sonnenschein der zeitgenössischen Wissenschaft in die Schatten der Vergangenheit zurückzuziehen und im

Folgenden Auszüge aus zwei Briefen von Scott (dem ersten) zu hören Er schildert die Lebensweise seiner Mutter, deren Tod er einem Freund verkündet, und der zweite nimmt das künftige Urteil über die Verwaltung seines Anwesens durch einen schottischen Adligen vorweg.) welche Beziehungen zwischen Arm und Reich möglich waren, während dies bei Philosophen nicht der Fall war und doch lispelte er sogar in den süßen Zahlen der Radical Sociology.

140. „Sie war eine strenge Ökonomin, was ihr, wie sie sagte, ermöglichte, liberal zu sein; von ihrem geringen Einkommen von etwa 300 Pfund im Jahr spendete sie mindestens ein Drittel für ausgewählte Wohltätigkeitsorganisationen und lebte mit dem Rest wie eine …“ Sie war eine vornehme Frau und hatte sogar eine allgemeinere Gastfreundschaft, als ihrem Alter zu entsprechen schien; dennoch konnte ich sie nie dazu bewegen, irgendeine Hilfe anzunehmen. Sie können sich nicht vorstellen, wie berührend es für mich war, die kleinen Geschenkvorbereitungen zu sehen, die sie für die zusammengestellt hatte Neujahr, denn sie war eine große Beobachterin der alten Moden ihrer Zeit – und zu denken, dass das gütige Herz kalt war, das sich an all diesen Künsten freundlicher Zuneigung erfreute.“

141. „Der Herzog ist einer dieser zurückgezogenen und übermütigen Männer, die erst dann bekannt werden, wenn die Welt fragt, was aus der riesigen Eiche geworden ist, die auf der Kuppe des Hügels wuchs und so viel Land bedeckte Bedrängnis, obwohl seine eigenen immensen Mieten im Rückstand blieben und obwohl ich weiß, dass er um Geld gekniffen wurde, wie es bei allen Menschen der Fall war, vor allem aber bei den Besitzern von Fideikommisse, verließ er London, um bequem für sich selbst zu bezahlen. Die auf seinen verschiedenen Gütern beschäftigten Arbeiter. Diese beliefen sich (denn ich habe die Liste oft gesehen und mitgeholfen, sie zu überprüfen) auf neunhundertfünfzig Männer, die zum Tageslohn arbeiteten und von denen jeder bei einem mäßigen Durchschnitt drei Personen ernähren konnte Alleinstehende Männer haben Mütter, Schwestern und alte oder sehr junge Verwandte, die sie beschützen und unterstützen müssen. Es ist in der Tat wunderbar, wie viel selbst eine vergleichsweise kleine Summe zur Unterstützung des schottischen Arbeiters beitragen kann, der in seinem natürlichen Zustand vielleicht einer der Besten ist , der intelligenteste und gutherzigste aller Menschen; und in Wahrheit habe ich meine anderen Ausgabengewohnheiten stark eingeschränkt, seit ich mir angewöhnt habe, meine ehrlichen Leute zu beschäftigen. Ich wünschte, Sie hätten gestern etwa

hundert Kinder sehen können, die fast ausschließlich von der Arbeit ihrer Väter oder Brüder ernährt wurden, um zu den Pfeifen zu tanzen und ein Stück Kuchen und Bannock und einen Pence pro Stück zu bekommen (keine sehr tödliche Großzügigkeit).) zu Ehren von Hogmanay. Ich erkläre Ihnen, mein lieber Freund, dass ich mich dafür schämte, als ich dachte, dass die armen Kerle, die diese Kinder so ordentlich, gut erzogen und gut erzogen haben, den ganzen Tag für achtzehn oder höchstens zwanzig Pence schuften würden ihre Dankbarkeit und ihre Zuneigungen und Verbeugungen. Aber schließlich tut man, was man kann, und es ist besser, dass sich zwanzig Familien entsprechend ihren Wünschen und Gewohnheiten wohlfühlen, als dass die Hälfte dieser Zahl über ihre Situation hinaus erhöht wird."

142. Ich muss Herrn Greg weiter bitten, zu bemerken, dass, wenn er sich dazu herabgelassen hat, einen Blick auf diese Überreste fast prähistorischen Denkens zu werfen, der moderne Philosoph zwar niemals Grund haben wird, wegen der Dankbarkeit eines Menschen zu erröten, und dass er die romantische Idee völlig aufgegeben hat Auch wenn es nur einer Familie entsprechend ihren Wünschen und Gewohnheiten bequem gemacht werden soll, kann die von Scott vorgeschlagene Alternative, dass die Hälfte „der Zahl über ihre Situation hinaus erhöht werden sollte", sehr unbequem werden, wenn die Doktrinen der modernen Gleichheit und des Wettbewerbs dies ermöglichen sollten die andere Hälfte wünscht sich eine parallele Beförderung.

143. Es ist nun gerade einmal sechzehn Jahre her, dass Herr Gregs gegenwärtige Ausgabenphilosophie von den Gemeinderatsmitgliedern von New York in ihrem Bericht über die Handelskrise von 1857 mit großer Präzision in den folgenden Worten zum Ausdruck gebracht wurde: – [121]

„Eine weitere irrige Vorstellung ist, dass luxuriöses Wohnen, extravagante Kleidung, prächtige Außenanlagen und schöne Häuser die Ursache für das Leid einer Nation sind. Es könnte kein irriger Eindruck mehr entstehen. Jede Extravaganz, der sich der Mann mit 100.000 oder 1.000.000 Dollar hingibt, fügt hinzu." auf die Mittel, den Unterhalt, den Reichtum von zehn oder hundert Menschen, die wenig oder gar nichts anderes als ihre Arbeit, ihren Intellekt oder ihren Geschmack hatten. Wenn ein Mann mit 1.000.000 Dollar in zehn Jahren Kapital und Zinsen ausgibt und bettelt wird Am Ende dieser Zeit hat er durch die Aufteilung seines Reichtums tatsächlich hundert Menschen, die für seine Extravaganz gesorgt haben, seien es Arbeitgeber oder Angestellte, so viel reicher gemacht. Er mag ruiniert sein, aber die

Nation ist für hundert besser dran und reicher Geist und Hände sind mit 10.000 Dollar pro Stück weitaus produktiver als einer mit dem Ganzen."

Genau diese Ansicht vertreten auch zahlreiche radikale Ökonomen in England und Amerika; nur haben sie das Gefühl, dass die Zeit, wie kurz sie auch sein mag, die der reiche Herr braucht, um sein Eigentum auf seine Weise unter ihnen aufzuteilen, praktisch verschwendet ist; und noch schlimmer, weil die Methoden, die der Herr selbst wahrscheinlich anwenden wird, um sein Vermögen zu schwächen, aller Wahrscheinlichkeit nach nicht förderlich für die Hebung seines Charakters sein werden. Es erscheint daher sowohl aus moralischen als auch aus wirtschaftlichen Gründen wünschenswert, dass die Aufteilung und Verteilung sofort summarisch vorgenommen wird; und der einzige Punkt, der in den Ansichten der Gemeinsamen Ratsmitglieder noch zur Diskussion steht, ist, bis zu welchem Grad sie es für ratsam halten, die nachfolgende Unterteilung durchzuführen.

144. Ich gehe jedoch nicht davon aus, dass dies die Schlussfolgerung ist, die Herr Greg gerne von der allgemeinen antichristlichen Öffentlichkeit annehmen sollte; und in diesem Fall, wie ich aus seinem Artikel in der letzten Nummer des *Contemporary ersehen kann* , [122] dass er das christliche Leben selbst für praktisch unmöglich hält, kann ich dann seine Untersuchung der Sitten des Vorchristen empfehlen? Denn ich kann ihm bestätigen, dass dieses wichtige Thema, von dem er selbst nur eine Seite unvollkommen untersucht hat, mindestens siebenhundert Jahre vor Christus von allen Seiten gründlich untersucht wurde; und von diesem Tag an bis heute haben alle Menschen mit Verstand, Verstand und Gefühl in allen Nationen unter der Sonne genau die gleichen Ansichten zu den Themen Wirtschaft und Wohltätigkeit vertreten. Es spielt keine Rolle, ob Herr Greg die Erfahrung von Böotien, der Lombardei oder Yorkshire wählt, noch ob er die Arbeitsbeziehungen heute oder unter Hesiod, Virgil oder Sydney Smith studiert. Aber es wäre wünschenswert, dass er sich zumindest mit den Meinungen einiger dieser Personen sowie denen der Gemeinderatsmitglieder von New York vertraut macht; Denn obwohl es einem Mann von überragender Klugheit verziehen werden kann, wenn er zusammen mit den Freunden Hiobs denkt, dass die Weisheit mit ihm sterben wird, kann er doch nur durch Vernachlässigung der vorhandenen Möglichkeiten der allgemeinen Bildung deutlich in dem Eindruck bleiben, dass sie geboren wurde mit ihm.

145. Es wäre vielleicht angebracht, dass ich abschließend kurz die Ursachen und Bedingungen der Wirtschaftskrise unserer Zeit darlege, die Gegenstand der Debatte zwischen Herrn Goldwin Smith und Herrn Greg war.

Kein Mensch wurde oder kann jemals allein durch Arbeit und Wirtschaft weitgehend reich werden. [123] Alle großen Vermögen (ohne Rücksicht auf

Schatzkammern und Glücksspiel) basieren entweder auf Landbesetzung, Wucher oder der Besteuerung der Arbeit. Ob offen oder okkult, der Grundbesitzer, der Geldverleiher und der kapitalistische Arbeitgeber sammeln in ihrem Besitz eine bestimmte Menge der Existenzmittel, die andere Menschen durch die Arbeit ihrer Hände produzieren. Der erste Punkt, der untersucht werden muss, ist die Auswirkung dieser Abgabe auf die Lebensbedingungen des Pächters, Kreditnehmers und Arbeiters, d. h. die Auswirkungen auf die Art und Weise, wie Kapitän Roland seinen Geldbeutel füllt.

Zweitens müssen wir die Auswirkungen der Art und Weise untersuchen, in der Kapitän Roland seine Handtasche leert. Der Grundbesitzer, Wucherer oder Arbeitsmeister kann und kann nicht alle Lebensmittel, die er sammelt, selbst verbrauchen. Er gibt sie an andere Personen weiter, die er für seinen eigenen Auftrag beschäftigt – Champagnerbauern, Jockeys, Lakaien, Juweliere, Bauarbeiter, Maler, Musiker und dergleichen. Die Arbeitsteilung dieser Personen von der Nahrungsmittelproduktion bis zur Produktion von Luxusartikeln ist sehr häufig und auch heute noch sehr schwerwiegende Ursache für Hungersnöte. Aber wenn die Luxusgüter produziert werden, wird es eine ganz andere Frage, wer sie haben soll und ob der Gutsbesitzer und der Kapitalist die Musik, die Malerei, die Architektur, den Handwerksbetrieb, den Pferdedienst usw. vollständig monopolisieren sollen prickelnder Champagner der Welt.

146. Und in diesen Tagen wird den Pächtern, Kreditnehmern und Arbeitern allmählich klar, dass diese großen Summen nicht in die Hände der Grundbesitzer, Kreditgeber und Arbeitgeber gezahlt werden, damit diese Musik, Gemälde usw. kaufen können ., mit, die Mieter, Kreditnehmer und Arbeiter sollten sich besser ein wenig Musik und Malerei kaufen. Dass zum Beispiel, anstatt dass der kapitalistische Arbeitgeber dreihundert Pfund für ein Ganzkörperporträt von sich selbst zahlte, die vereinten Arbeiter in der Haltung, sein Kapital zu investieren, die dreihundert Pfund lieber selbst in die Hände des genialen Künstlers zahlen sollten , für ein Gemälde im antiquierten Stil von Leonardo oder Raffael, mit einem für sie religiös oder historisch interessanteren Thema; und so platziert, dass sie es immer sehen können. Und anstatt dreihundert Pfund an den zuvorkommenden Vermieter zu zahlen, damit dieser eine Loge in der Oper kauft, um dort die Feinheiten der Musik und des Tanzes zu studieren, beginnen die Mieter zu denken, dass sie ihre Miete genauso gut für sich behalten könnten , und damit einen Wandering Willie dafür bezahlen, an ihren eigenen Türen herumzufummeln, oder einen grauhaarigen Minnesänger bitten

„Stimmen Sie, um das Ohr eines Bauern zu erfreuen,
die Harfe, die ein König so gern gehört hatte.“

Und ebenso beginnen die Bewohner der Feldhütten und Dachgeschosse der Stadt zu denken, dass sie, anstatt eine halbe Krone für den Kredit eines halben Kamins zu zahlen, besser ihre halbe Krone in ihren Taschen behalten sollten, bis sie können Kaufen Sie sich ein ganzes.

147. Dies sind die Ansichten, die unter den Armen auf dem Vormarsch sind; und es ist völlig vergeblich zu versuchen, sie durch Zweideutigkeiten zu unterdrücken. Sie basieren auf ewigen Gesetzen; und obwohl ihre Anerkennung noch lange verweigert werden wird und ihre Verkündung, so sehr sie sich teils mit Gewalt, teils durch Falschheit widersetzen wird, nur durch unkalkulierbare Verwirrung und Elend möglich ist, müssen sie doch irgendwann anerkannt werden; und mit diesen drei Endergebnissen: – dass das Wuchergewerbe völlig abgeschafft wird, – dass der Arbeitgeber gerecht für seine Aufsicht über die Arbeit bezahlt wird, nicht aber für sein Kapital, und dass der Grundbesitzer für seine Aufsicht über die Bewirtschaftung des Landes bezahlt wird, wenn er in der Lage ist, es weise zu leiten: dass sowohl er als auch der Arbeitgeber mechanischer Arbeit als geliebte Meister anerkannt werden, wenn sie Liebe verdienen, und als edle Führer, wenn sie in der Lage sind, diskrete Führung zu geben; aber keinem von beiden wird es mehr gestattet sein, sich als sinnlose Kanäle zu etablieren, durch die die Stärke und der Reichtum ihres Heimatlandes in den Kelch der Unzucht seiner Hauptstadt gegossen werden sollen.

FUSSNOTEN:

[111] *Zeitgenössische Rezension* , Mai 1873.

[112] Dies waren zunächst „Bias of Patriotism" von Herrn Herbert Spencer, das neunte Kapitel seiner „Study of Sociology", das erstmals in der *Contemporary Review veröffentlicht wurde* ; und zweitens Mr. WR Gregs „Was ist schuldhafter Luxus?" Siehe unten, S. 303, § 135. – ED .

[113] Ich nehme gebührend zur Kenntnis, dass Herr Spencer mit seinem adverbialen Satz teilweise meint, Patriotismus sei individueller Egoismus, der seinen eigenen zentralen Nutzen durch den umlaufenden Nutzen der Nation, wie durch einen Trichter, erwartet: aber Herr Spencer bringt dieses Gefühl durchweg durcheinander, was er „Reflexegoismus" nennt, mit der Wirkung des „Unternehmensgewissens".

[114] Siehe die Briefe zum Thema „Wie die Reichen ihr Geld ausgeben" (Nachdruck aus der *Pall Mall*) in „Arrows of the Chace", Bd. ii., wo der Ursprung der Diskussion erklärt wird. – ED .

[115] Ich verwende das aktuelle Englisch der Übersetzung von Mrs. Lennox, aber Henrys eigentliches Sprichwort war (siehe die erste – grüne Blattausgabe von Sully): „Über dem, was mir bei jeder Gelegenheit passieren soll, steht geschrieben." Aus „Toute Occasion" wird in den Folgeauflagen „Cette Occasion" und schließlich wird „What Is To Happening to Me" (ce que doit être fait de Moi) im Englischen zu „What I Should To Do".

[116] Cahors. Siehe die „Memoirs of the Duke of Sully", Buch 1. (Bohns Ausgabe von 1856, Bd. I, S. 118-9.) – ED .

[117] Wo Gewalt und Brutalität bestraft werden. Siehe Dantes „Inferno", Canto xii . – ED .

[118] Siehe *Contemporary Review* auf S. 618 und 624. – ED .

[119] Nämlich: Wenn die Ausgabe eines Einkommens von 30.000 £ pro Jahr für Luxusgüter dazu dient, die Armen zu berauben, so ist dies *pro tanto auch* die Ausgabe eines so großen Teils eines Einkommens von 300 £, der für alles ausgegeben wird, was über „das" hinausgeht einfachsten Lebensbedürfnisse." – ED .

[120] Unter Bezugnahme auf zwei anonyme Artikel über „The Agricultural Laborer" im *Cornhill Magazine* , Bd. 27, Januar und Juni 1873, S. 215 und 307. – ED .

[121] Siehe die Times vom 23. November dieses Jahres.

[122] „Ist ein christliches Leben heutzutage machbar?" – ED .

[123] Siehe *Munera Pulveris* , § 139: „Niemand kann durch seinen persönlichen Willen weitgehend reich werden ... Nur durch die Entdeckung einer Methode zur Besteuerung der Arbeit anderer kann er reich werden." Und siehe auch *Time and Tide* , § 81. – ED .

WUCHER. [124]

Eine Antwort und eine Gegenerwiderung.

148. Es ist mir eine Ehre, einen Brief des Bischofs von Manchester erhalten zu haben, den ich mit der Erlaubnis Seiner Lordschaft den Herausgeber der Contemporary Review gebeten habe, ihn dem großen Kreis *seiner* Leser vorzulegen, zusammen mit einer kurzen Begleiterklärung die Umstände, unter denen der Brief angefordert wurde, und die unvollkommene Antwort, die ich unverzüglich zu erteilen vermag.

J. RUSKIN .

MANCHESTER , 8. Dezember 1879.

SEHR GEEHRTER HERR , – in einem Brief von Ihnen an Rev. FA Malleson, [125] veröffentlicht in der *Contemporary Review* des aktuellen Monats, bemerke ich die folgende Passage: „Ich habe noch nie so viel wie *einen* (Prediger) herzlich gehört." gegen alle „Betrüger mit eitlen Worten" verkündend, dass „kein habgieriger Mensch, der ein Götzendiener ist, *irgendein* Erbe im Reich Christi und Gottes hat"; und auf mich persönlich und öffentlich, als ich die Bischöfe von England im Allgemeinen und namentlich den Bischof von Manchester herausforderte, zu sagen, ob es nach dem Willen Gottes Wucher gab oder nicht, habe ich von keinem von ihnen eine Antwort erhalten." Ich gestehe für mich selbst, dass ich mir der Existenz einer solchen Herausforderung nicht bewusst war, bis ich diese Passage vor ein paar Tagen in gedruckter Form sah, und sie daher nicht beantworten konnte. Es scheint (A) in Nr. 82 einer Reihe von Briefen zugestellt worden zu sein, die Sie unter dem Titel „ *Fors Clavigera* " seit einiger Zeit an die Arbeiterklasse Englands gerichtet haben, die aber aufgrund der eigentümlichen Art ihrer Briefe Veröffentlichung, sind für den allgemeinen Leser nicht leicht zugänglich und ich habe sie nur in den seltenen Fällen, in denen ich meine Privilegien als Mitglied dieser Gesellschaft nutzen konnte, auf dem Bibliothekstisch des Athenæum Clubs flüchtig gesehen. Ich habe keine Ahnung, warum ich die Ehre hatte, namentlich erwähnt zu werden (B); Aber ich möchte Ihnen versichern, dass mein Schweigen nicht auf Unhöflichkeit gegenüber meinem Herausforderer zurückzuführen ist, noch auf jene Diskretion, die, wie einige Leute vielleicht denken, normalerweise der größte Teil der bischöflichen Tapferkeit ist und darin besteht, unbequeme Fragen aus einem gewissen Grund zu ignorieren Unfähigkeit, sie zu beantworten; sondern einfach aus der Tatsache, dass ich mir nicht bewusst war, dass deine Lanze meinen Schild berührt hatte.

149. Die Frage, die Sie gestellt haben, ist nur eine von denen, auf die sich Aristoteles' kluge Vorsicht bezieht: „Wir müssen solche Wörter unterscheiden und definieren, wenn wir wissen wollen, inwieweit und in welchem Sinne die entgegengesetzten Ansichten wahr sind" (Eth. *Nic*. , ix, c. viii. § 3). Was meinst du mit „Wucher"? (C) Verstehen Sie darunter *eine* Geldzahlung als Zins für die Verwendung von Fremdkapital? Oder nur exorbitante, ungerechtfertigte, erdrückende Zinsen, wie sie der Geldverleiher Fufidius erpresste?

Quinas hic capiti mercedes exsecat, atque
Quanto perditior quisque est, tanto acrius hurtet:Nomina sectatur modo sumta veste viriliSub patribus duris tironum. Maxime, quis non,Jupiter, exclamat, simultan atque audivit?

— *Hor. Sa.* ich. 2, 14-18.

Wucher an sich ist ein rein neutrales Wort, das in seiner Hauptbedeutung weder Lob noch Tadel mit sich bringt; und ein „Wucher" wird in unseren Wörterbüchern definiert als „eine Person, die es gewohnt ist, Geld zu verleihen und dafür Zinsen zu nehmen" – was die gewöhnliche Funktion eines Bankiers ist, ohne dessen Hilfe große kommerzielle Unternehmungen nicht durchgeführt werden könnten; obwohl es offensichtlich ist, wie leicht das Wort in einen Begriff des Vorwurfs übergehen kann, so dass die Tatsache, „ein Wucherer" genannt worden zu sein, eine der bitteren Erinnerungen war, die Shylock in seinem Katalog seiner Fehler am meisten störte.

150. Ich glaube nicht, dass irgendetwas der praktischen Wirksamkeit religiöser Sanktionen mehr geschadet hat als die extravaganten Versuche, die häufig unternommen werden, sie in Fällen zu verhängen, die sie ursprünglich nie in Betracht gezogen hatten, oder in „Verordnungen" hineinzudeuten, die offensichtlich „verhängt" wurden eine Zeit" – δικαι ώ ματα μ έ χρι καιρου (Hebr. ix. 10) – ein Gesetz der ewigen und unveränderlichen Verpflichtung. So wie uns (D) gesagt wird, wir sollten nicht erwarten, in der Bibel ein Schema der physikalischen Wissenschaft zu finden, so erwarte ich auch nicht, dort ein Schema der politischen Ökonomie zu finden. Was ich in Bezug auf meine Pflicht gegenüber meinem Nächsten erwarte, sind die unveränderlichen Grundsätze der Gerechtigkeit, Fairness, Wahrhaftigkeit und Ehrlichkeit (E), die die unverzichtbaren Grundlagen der Zivilgesellschaft darstellen. Ich brauche Sie sicher nicht daran zu erinnern, dass es einem Juden zwar gesetzlich verboten war, von seinem Bruder Wucher – *also* Zinsen für das Darlehen von Geld – zu nehmen, wenn dieser arm geworden war und mit ihm verfiel, und Diese großzügige Bestimmung wurde sogar auf Fremde und Reisende im Land ausgedehnt (Lev. xxv. 35-

38), und die interessante Geschichte in Nehemia (V. 1-13) erzählt uns, wie dieses Prinzip in den letzten Tagen des Jahres erkannt wurde Commonwealth – noch gibt es in diesem alten Gesetz keine Verurteilung des Wuchers im Allgemeinen, und er war im Falle gewöhnlicher Fremder ausdrücklich erlaubt [126] (Deut. xxiii. 20).

Es scheint mir auch klar, dass das Gebot unseres heiligen Herrn, „leihen und nichts mehr hoffen" (Lukas VI, 35), die gleiche oder eine ähnliche Art von Umständen im Blick hat und lediglich dazu gedacht war, die Umstände eines christlichen Menschen zu regeln Verhalten gegenüber den Armen und Bedürftigen und „denjenigen, die keinen Helfer haben" und kann nicht ohne eine gewaltsame Wendung (F) als allgemeines Gesetz ausgelegt werden, das für immer und in allen Fällen die legitime Verwendung von Kapital bestimmt. Tatsächlich erkennt der große Begründer des Christentums bei einer anderen Gelegenheit und in einem sehr denkwürdigen Gleichnis die Praxis an, Geld gegen Zinsen zu verleihen, und sanktioniert sie stillschweigend. „Du hättest", sagt der Herr zu seinem unnützen Diener, „du hättest" – εδει σε – „mein Geld an die Wechsler legen sollen; und dann hätte ich bei meiner Ankunft mein eigenes Geld mit Zinsen erhalten sollen . "

151. „Der heilige Paulus verurteilt zweifellos die Habgierigen." (G) Aber wer ist der πλεον ὲ κτης? Nicht der Mann, der zufällig Geld zu einem angemessenen Zinssatz leihen kann; aber, wie Liddell und Scott die Bedeutung des Wortes angeben: „jemand, der *mehr als seinen Anteil* hat oder beansprucht; daher gierig, habgierig, selbstsüchtig." Von solchen Menschen, deren Zuneigung ganz auf die Dinge der Erde gerichtet ist und die nicht sehr gewissenhaft darauf achten, wie sie diese befriedigen, kann man vielleicht nicht zu Unrecht sagen (H), dass sie „kein Erbe im Reich Christi haben und …" von Gott." Aber auch hier wäre es ein offensichtliches „Entreißen" der Worte, um sie auf einen Fall anzuwenden, über den wir keinen Beweis dafür haben, dass der Apostel darüber nachdachte, als er sie aussprach. Raubgier, Gewinngier, hartes und unterdrückendes Handeln, unfaire Ausnutzung unseres eigenen überlegenen Wissens und der Unwissenheit eines anderen, das Verschließen der Eingeweide des Mitgefühls gegenüber einem Bruder, von dem wir sehen, dass er es braucht – all diese und ähnliche Dinge sind vom Geist selbst verboten des Christentums und entsprechen offensichtlich „ *nicht* dem Willen Gottes", denn sie alle sind Formen von Ungerechtigkeit oder Unrecht. Aber Geld kann gegen Zinsen geliehen werden, ohne dass eine dieser schlechten Leidenschaften ins Spiel kommt, und in diesen Fällen gestehe ich, dass ich nicht erkennen kann, wo eine solche Verwendung von Geld weder inhaltlich noch im Geiste durch den christlichen Kodex verurteilt wird Nächstenliebe, oder durch das natürliche Gesetz des Gewissens, von dem uns gesagt wird, dass es in die Herzen der Menschen geschrieben ist.

152. Lassen Sie mich zur Veranschaulichung zwei oder drei einfache Beispiele heranziehen. Folgendes ist mir passiert. Mein ganzes Leben lang – von der Zeit an, als mein Einkommen nicht einmal ein Zehntel dessen betrug, was es jetzt ist – habe ich es als Pflicht empfunden, bei dem Bemühen, alle berechtigten Ansprüche zu erfüllen, innerhalb dieses Einkommens zu leben und so meine Ausgaben daran anzupassen dass auf der rechten Seite ein Rand vorhanden sein sollte. Diese Marge wuchs natürlich und erreichte mit der Zeit beispielsweise 1000 £. In diesem Moment schlug beispielsweise die London and North-Western Railway Company vor, Schuldverschreibungen mit einem Nennwert von vier Prozent auszugeben. Interesse, um die Kommunikation zu erweitern und so den Wohlstand des Landes zu steigern. Wem in aller Welt verletze ich – welches denkbare Unrecht mache ich – wo oder wie vereitele ich „den Willen Gottes" – wenn ich der Firma meine 1.000 Pfund überlasse und dafür 40 Pfund pro Jahr von ihnen erhalte Benutze ich es seitdem? Es sei denn, das Geld wäre von irgendeiner Seite hergekommen, eine Arbeit, die für den Wohlstand der Nation absolut notwendig war und die einer großen Zahl von Engländern eine lohnende Beschäftigung (K) bietet und es ihnen ermöglicht, ihre Familien in Ansehen und Ansehen zu erziehen Komfort, wäre nie erreicht worden. Können Sie mir sagen, dass diese Methode zur Durchführung großer Handelsunternehmen, die durch Erfahrung (L) als die am besten, wenn nicht die einzige, praktikable Methode bestätigt wird, „nicht dem Willen Gottes entspricht"?

153. Nehmen Sie ein anderes Beispiel. In Lancashire wurden zahlreiche Baumwollspinnereien nach dem Aktiengesellschaftsprinzip mit beschränkter Haftung errichtet. Die Sache wurde wahrscheinlich zu weit getrieben, und es gab einmal eine Menge unheilvoller Spekulationen über Floating-Unternehmen. Aber das ist nicht die Frage, vor der wir stehen; und die Unternehmen gaben den Arbeitern die Möglichkeit, ihre Ersparnisse anzulegen, was einen großen Anreiz zur Sparsamkeit darstellte und bislang auch einen Vorteil für das Land darstellte. In einer Mühle, deren Bau und Ausstattung mit Maschinen vielleicht 50.000 Pfund Sterling kosten würde, würde das gezeichnete Kapital, das nach Befriedigung aller anderen Forderungen Anspruch auf eine Gewinnteilung hätte, wahrscheinlich nicht mehr als 20.000 Pfund Sterling betragen. Der Rest würde zu Zinssätzen geliehen, die je nach Marktbedingungen variieren. Sie würden sicherlich nicht behaupten, dass diejenigen, die ihr Geld für einen solchen Zweck verliehen haben und sich mit 5 oder 6 Prozent für die Verwendung zufrieden gegeben haben, so dass die Aktionäre in guten Zeiten 20 oder 25 Prozent davon erhalten konnten ihres gezeichneten Kapitals entweder den Aktionären oder irgendjemand anderem Unrecht angetan haben oder könnte man ihnen in

irgendeiner Weise vorwerfen, dass sie „nicht im Einklang mit dem Willen Gottes" gehandelt haben?

154. Nehmen wir noch einen weiteren Fall. Ein Bauer bittet seinen Vermieter, sein Land trockenzulegen. „Gerne", sagt sein Knappe, „wenn Sie mir fünf Prozent der Auslagen zahlen." Mit anderen Worten: „Wenn Sie mich in diesem Umfang an den Mehrgewinnen teilhaben lassen würden." Der Handel ist für beide Seiten angenehm; die Produktivität des Landes wird erheblich gesteigert; Wem wird Unrecht getan? Sicherlich könnte eine solche Transaktion nicht fair als „nicht im Einklang mit dem Willen Gottes" beschrieben werden; Sicherlich, wenn der Handel und die produktiven Industrien des Landes nicht zerstört werden und mit der Zerstörung auch seine Bevölkerung auf den Stand zu den Zeiten Elisabeths zurückgedrängt wird, können diese und ähnliche Transaktionen völlig vermieden werden Die Sünde der Habgier und das Vertrauen auf die wohlverstandene Grundlage des gegenseitigen Vorteils, wobei jeder einzelne davon profitiert, sind nicht nur legitim, sondern unvermeidlich (M). Und nachdem ich nun Ihre Herausforderung angenommen habe und, soweit meine Möglichkeiten reichen, darauf geantwortet habe, darf ich, ohne zu fragen, inwieweit Ihr Vorwurf gegen den Klerus begründet werden kann, dass sie „im Allgemeinen alle Ungerechtigkeiten bevormunden und fördern." der Welt, indem du beständig ihre Strafen wegpredigst" (N), sei dir zumindest erlaubt, deiner pauschalen Verurteilung der großen Städte der Erde Einhalt zu gebieten, von denen du sagst, dass sie „zu abscheulichen Zentren der Unzucht und Habsucht geworden sind, zum Rauch von." Ihre Sünde stieg in den Angesicht des Himmels auf, wie der Ofen von Sodom, und ihre Verschmutzung verrottete und tobte durch die Knochen und Seelen der Bauern um sie herum, als wären sie alle ein Vulkan, dessen Asche in Blains ausbricht auf Mensch und Tier. [127] Gewiss, mein Herr, Ihre gerechte Empörung über das Böse hat Sie dazu veranlasst, Ihre Sprache zu überfordern. Niemand kann wie ich in den letzten zehn Jahren in einer großen Stadt gelebt haben, ohne sich ihrer Sünden und Verschmutzungen bewusst zu sein. Aber solange es nicht gelingt, die Ansammlung von Menschen in Großstädten zu verhindern, sind diese Übel notwendigerweise vorhanden; jedenfalls, die es schon immer gegeben hat. Die Großstädte von heute sind nicht schlechter, als Großstädte es immer waren (O). In einer wesentlichen Hinsicht glaube ich, dass sie besser sind. Immer mehr Bürger sind sich dieser Übel bewusst und versuchen ihr Bestes, mit der Hilfe Gottes, sie zu beheben. In Sodom gab es nur einen gerechten Mann, der „seine Seele betrübte" über die ungesetzlichen Taten, die er Tag für Tag auf allen Seiten miterlebte; und er tat offenbar nicht mehr, als seine Seele zu quälen. In Manchester gibt es Hunderte von Männern und Frauen aller Ränge und Glaubensrichtungen, die sich aktiv an einer christlichen oder

philanthropischen Arbeit beteiligen, um gegen diese gigantischen Übel zu kämpfen. Nirgendwo habe ich auffälligere Beispiele christlichen Einsatzes und treuherziger Hingabe an die höchsten Interessen der Menschheit gesehen. Und wenn diese Bemühungen zweifellos besser organisiert wären, könnte mehr erreicht werden, und Elemente, von denen man sich wünschen könnte, dass sie weg wären, vermischen sich manchmal mit der Arbeit und trüben sie, immer noch eine große Stadt, selbst „wenn der Rauch ihrer Sünde aufsteigt". in das Angesicht des Himmels" ist das edelste Gebiet der edelsten Tugenden, weil es den größten Spielraum für deren vielfältigste Ausübung bietet.

Wenn Sie uns Geistlichen beibringen, wie wir unser Amt als Minister eines Königreichs der Wahrheit und Gerechtigkeit besser ausüben können, werden wir Ihnen alle zu großem Dank verpflichtet sein. Niemand wird dies gerne anerkennen, als, mein lieber Herr, treu und mit großem Respekt.

J. MANCHESTER .

JOHN RUSKIN , Esq.

155. Der vorstehende Brief, dem ich am liebsten meine ungeteilte und unermüdliche Aufmerksamkeit gewidmet hätte, gelangte, wie aus dem Datum hervorgeht, erst gegen Ende des Jahres in meine Hände, da meine allgemeine Korrespondenz stets meine Geschäftsfähigkeit bei weitem übersteigt damit, und meine Kräfte – die mir jetzt noch zur Verfügung stehen – waren fast bis zum Äußersten für völlig unerwartete Geschäfte aufgewendet worden, die sich aus dem drohenden Unheil in Venedig ergaben. Aber ich bin zufrieden, dass eine so bruchstückhafte Antwort, wie sie mir unter diesem Druck möglich war, die Debatte für mich abschließen sollte. Bei der Frage, um die es geht, handelt es sich nicht um eine private Auslegung; und die betroffenen Interessen sind zu groß, als dass ihre Entscheidung lange hinausgezögert werden könnte.

Ich vertraue darauf, dass der Bischof die Art und Weise der Antwort in Form von Notizen, die besonderen Passagen beigefügt sind und durch eingefügte Buchstaben gekennzeichnet sind, nicht als Missachtung bezeichnen wird. Diese Art der Antwort wurde in *Fors Clavigera* in allen Fällen wichtiger Korrespondenz übernommen, da sie die einzelnen Punkte klarer definiert zur Debatte.

156. (A) „Die Herausforderung scheint gestellt worden zu sein." Darf ich respektvoll mein Bedauern darüber zum Ausdruck bringen, dass Ihre Lordschaft den Brief, mit dem Sie mich geehrt haben, nicht gelesen haben sollte? Die Zahl der *Fors* , auf die Bezug genommen wird, stellt nicht die Herausforderung dar, die in den *Fors* für den 1. Januar 1875 in Bezug auf das

Gebet gestellt wurde, sondern wiederholt sie lediglich: „Erbarme dich aller Juden, Türken, Ungläubigen und Ketzer und bringe sie heim." „Gepriesener Herr, zu Deiner Herde, damit sie unter den Überresten der wahren Israeliten gerettet werden" mit den folgenden Worten: „Wer *sind* die wahren Israeliten, mein Herr von Manchester, auf Deiner Seite? Spannen sie ihr Gewand? andere Leute? – haben sie irgendwelche heimlichen Geschäfte mit den wahrscheinlich verdammten falschen Israeliten – Rothschilds und dergleichen? Oder sind sie gebührend besorgt um die Seelen dieser Wanderer? Und wie oft predigen eure Geistlichen in Manchester im Durchschnitt? Von der köstlichen Parabel, der schmackhaftesten aller Heiligen Schriften, bis zu den Schurken (zumindest seit dem 11. Jahrhundert, als ich sie in meinem besten griechischen Manuskript besonders mit einem goldenen Titel versehen finde) vom Pharisäer und Zöllner – und wie oft, so weiter der Durchschnitt, aus diesen anstößigen ersten und fünfzehnten Psalmen?"

(B) „Ich habe keine Ahnung, warum ich die Ehre hatte, namentlich erwähnt zu werden." Durch die Diözese, mein Herr; nicht nennen, bitte beachten; und das aus diesem ganz einfachen Grund: dass ich bereits über ziemlich genaue Kenntnisse über die Göttlichkeit der alten Schulen von Canterbury, York und Oxford verfüge; aber ich betrachtete Ihre Lordschaft als den maßgeblichen Vertreter der fortgeschritteneren Göttlichkeit der Schule von Manchester, mit der ich noch nicht vertraut bin.

157. (C) „Was meinst du mit Wucher?" Was *ich* mit diesem Wort meine, mein Herr, hat sicherlich für niemanden außer meinen wenigen Lesern und weniger Jüngern eine Bedeutung. Was David und sein Sohn damit meinten, habe ich um Eure Gnade gebeten, es Eurer Herde zu sagen, im Namen der Kirche, die ihnen täglich die Lieder des einen diktiert und vorgibt, ihnen die Gebote des anderen zu interpretieren.

Und obwohl ich mir leicht vorstellen kann, dass ein Bischof am Hofe des Dritten Richard innegehalten hätte, als er auf die Frage eines allzu neugierigen Laien antwortete, was mit „Mord" gemeint sei; und kann sich auch einen Bischof am Hofe des Zweiten Karl vorstellen, der hinsichtlich der Bedeutung des Wortes „Ehebruch" zögert; und weiter, auf dem gegenwärtigen Höhepunkt der britischen Verfassung, überlegt ein Ältester der Kirche von Glasgow in sich selbst, ob das Gebot, das Diebstahl strikt verbietet, nicht auch die Unterschlagung einigermaßen zulassen sollte – zu keinem Zeitpunkt und unter keinen Umständen Ich kann mir keine Frage über die Bedeutung der Wörter τοκος, *fœnus vorstellen* ; *usura* , oder Wucher: und ich vertraue darauf, dass Ihre Lordschaft mich sofort davon freisprechen wird, dem Wort eine andere Bedeutung beimessen zu wollen als die, die es bei jeder Gelegenheit seiner Verwendung durch Moses, durch David, durch

... vollständig vermitteln sollte Christus und von den Kirchenlehrern bis ins 17. Jahrhundert.

Obwohl der kommerzielle Begriff „Zins" übernommen wurde, um einen offenen und nicht repressiven Zinssatz von einem heimlichen und tyrannischen Zinssatz zu unterscheiden, hat sich die Debatte über Rechtmäßigkeit und Rechtswidrigkeit auch seit diesem Datum noch nie ernsthaft mit dieser Unterscheidung beschäftigt. Weder wird es von seinen Verteidigern nur aufgrund seiner Milde gerechtfertigt, noch wird es von seinen Anklägern nur aufgrund seiner Härte verurteilt. Die Kirchengelehrten der frühen Kirche halten Wucher in jedem Ausmaß für sündhaft, genauso wie Diebstahl und Ehebruch als sündhaft gelten, obwohl beides möglicherweise nicht mit Gewalt einherging; und obwohl der Diebstahl im großartigsten Ausmaß und die Unzucht von der vornehmsten Vornehmheit gewesen sein mag.

So auch in der heutigen Zeit, obwohl die Stimme der Bank of England im Parlament einen Kredit ohne Zinsen für ein Ungeheuer erklärt, [128] und einen Kredit, der unter dem aktuellen Zinssatz aufgenommen wird, ein Ungeheuer in seinem Ausmaß, der Erhöhung von Dividenden über dem aktuellen Satz werden meines Wissens von den Aktionären nicht mit ebenso religiöser Abscheu gemieden.

158. Aber wenn diese seltsame Frage gestellt wird, gebe ich ihre einfache und umfassende Antwort mit den Worten Christi: „Das Annehmen, das du nicht niedergelegt hast" – oder, in erklärter und wörtlicher Hinsicht, ist Wucher jedes gezahlte Geld, oder sonstiger gewährter Vorteil für die Leihe von etwas, das seinem Besitzer unversehrt und unvermindert zurückgegeben wird. Im einfachsten Fall nahm ich neulich einen Taxifahrer auf eine lange Fahrt mit und lieh ihm einen Schilling für sein Abendessen. Wenn ich dreizehn Pence von seinem Fahrgeld einbehalten hätte, wäre der eine oder andere Penny Wucher gewesen.

Oder nochmal. Ich habe vor einigen Jahren einem meiner Diener elfhundert Pfund geliehen, um damit ein Haus zu bauen und das Grundstück zu bebauen. Nach einigen Jahren zahlte er mir die elfhundert Pfund zurück. Wenn ich elfhundert Pfund und einen Penny genommen hätte, wäre der zusätzliche Penny Wucher gewesen.

Ich weiß nicht, ob ich unter dem jetzt von Ihrer Lordschaft verwendeten Ausdruck „religiöse Sanktionen" das Gesetz Gottes verstehen soll, das David liebte und das Christus erfüllte, oder ob der Glanz, der kommerzielle Wohlstand und die vertraute Bekanntschaft mit all den Geheimnissen der Wissenschaft und den Schätzen der Kunst, die wir in der Stadt Manchester bewundern, müssen nach Ansicht Ihrer Lordschaft als „Fälle" betrachtet werden, die der Verstand des göttlichen Gesetzgebers ursprünglich nicht hätte in Betracht ziehen können. Ohne zu versuchen, die Enge des Horizonts zu verschleiern, den der Blick des Herrn vom Sinai erfasst, noch die Unbequemlichkeit der Gebote, die Christus denjenigen, die ihn lieben, zu befolgen aufgetragen hat, bin ich zu mühsam oder zu anspruchsvoll, wenn ich jemanden von denen erbitte? Der Heilige Geist hat unsere Aufseher zumindest zu einer deutlichen Karte der Alten Welt gemacht, wie sie der Allmächtige betrachtet. und eine klare Definition selbst des unangemessenen Tenors der Befehle Christi: Wenn nur der moderne wissenschaftliche Kirchenmann im Umkreis seiner himmlischen Vision sicherer triumphieren und die herrliche Freiheit der freidenkenden Kinder Gottes dankbarer annehmen könnte?

159. Um ein bestimmtes und nicht unverschämtes Beispiel zu nennen: Ich stelle im weiteren Teil Ihres Briefes fest, dass Ihre Lordschaft in Christus selbst zweifellos alle anderen menschlichen Vollkommenheiten anerkennt, also auch die Vollkommenheit eines Wucherers; und dass Euer Lordschaft, in der zuversichtlichen Erwartung, eines Tages von Seinen Lippen den überzeugenden Satz zu hören: „Du wusstest, dass ich ein strenger Mann war", für dich selbst durch die Verwendung deines Kapitals, nicht weniger als deiner Talente, eine bessere Antwort vorbereitet als die Unfruchtbare: „Siehe, da hast du das, was dein ist!" Als Antwort möchte ich nur darauf hinweisen, dass die Vorstellung vom Guten Hirten, die in der Sprache Ihrer Lordschaft in diesem Gleichnis „impliziert" wird, tatsächlich weniger die eines Menschen ist, der sein Leben für seine Schafe hingibt, als vielmehr die eines Menschen, der sie nimmt Obwohl er sein Geld dafür aufwendet, sind die Passagen der Unterweisungen unseres Meisters, deren Bedeutung nicht implizit, sondern explizit ist, vielleicht diejenigen, die seine einfacheren Schüler sicherer befolgen können. Davon finde ich zu Beginn seiner Lehre dies, fast sozusagen in einsilbigen Worten: „Gib dem, der dich bittet, und von dem, der von dir borgen will, wende dich nicht ab."

In diesem Satz ist nichts mehr „impliziert" als die wahrscheinliche Neigung, sich abzuwenden, was der erste Impuls im Geist eines Christen sein könnte, der umsonst etwas leihen soll, im Gegensatz zum Schüler der Manchester-Schule, dessen Hauptsorge darin besteht lieber den enthusiastischen und unternehmungslustigen „den, der von dir leihen wollte" finden, als ihn zu meiden. Wir aus der älteren Tradition, mein Herr, glauben, dass Klugheit, nicht weniger als Nächstenliebe, die Provokation oder Versuchung anderer in den Zustand der Schulden verbietet, auf den wir irgendwann einmal angewiesen sein könnten, und nicht nur, um die Begleichung von Schulden zu ermöglichen Wucher, sondern sogar ganz zu vergeben.

160. (D) „So wie es uns gesagt wird." Wo, mein Herr, und von wem? Es ist möglich, dass einige der Intriganten der Naturwissenschaften, von denen ich erst vor wenigen Tagen einen der führenden Ärzte einem erfreuten Publikum erklären hörte, dass Schlangen einst Beine hatten und diese im Laufe der Entwicklung abgeworfen hatten, mag dem modernen Jünger des Fortschritts eine neue Bedeutung in dem einfachen Satz „Auf deinen Bauch sollst du gehen" mitgeteilt haben; und dass die Weisheit der Schlange für wahre Gläubige des wissenschaftlichen Evangeliums künftig darin bestehen kann, Fleisch für dieses spirituelle Bewegungsorgan bereitzustellen. Es ist zweifellos auch wahr, dass wir in den Aussprüchen Salomos vergeblich nach einem Ausdruck der Meinung von Herrn John Stuart Mill suchen werden; aber zumindest so viel Naturwissenschaft, genug für unser höchstes Bedürfnis, können wir in der Heiligen Schrift finden – dass durch das Wort des Herrn die Himmel geschaffen wurden und ihr ganzes Heer durch den Atem seines Mundes; – und das viel Politisches, dass der Segen des Herrn *es* reich macht – und Er fügt keinen Kummer hinzu.

(E) „Was ich zu finden erwarte." Hat Eure Lordschaft *keine* höheren Erwartungen als diese an eine strengere Prüfung des Evangeliums? Wie zum Beispiel eine Verordnung der Liebe, die auf der Grundlage von Ehrlichkeit errichtet wurde?

161. (F) „Geht nicht ohne eine gewalttätige Wendung." Ich selbst habe nie jemanden gefunden, der ernsthaft dem Wort des Herrn gehorchen wollte und auch nur den geringsten Wunsch oder Anlass hatte, es zu verdrehen; ja, selbst diejenigen, die es nur studieren, um Methoden verzeihlichen Ungehorsams zu entdecken, erkennen die unumstößliche Schärfe seines Schwertes – und streben im schlimmsten Fall ihrer Not nicht danach, abzuwenden, sondern auszuweichen. Die äußerste Täuschbarkeit der Ungerechtigkeit kann sich nicht zu einer befriedigenden Fehlinterpretation täuschen; es wird immer auf ein zitterndes Weglassen der Texte reduziert, denen es nicht gehorchen will. Doch vor einiger Zeit hörte ich, wie ein völlig wohlmeinender Geistlicher, der während des Familiengottesdienstes im Haus eines wohlhabenden Freundes überrascht wurde und sich in der schmerzlichen Notwendigkeit befand, den fünfzehnten Psalm zu lesen, den ersten Satz ausließ der Schlussvers. Später hatte ich Gelegenheit, ihn zu fragen, warum er das getan hatte, und erhielt als Antwort, dass die Niedrigkeit christlicher Errungenschaften diesem Vers noch nicht „entsprach". Die Harmonien der Ungerechtigkeit sind also merkwürdig perfekt: – Die Ökonomien der spirituellen Ernährung befürworten dieselben Methoden der Verfälschung, die sich im Fleischlichen als gewinnbringend erweisen; bis der umsichtige Pfarrer dem Beispiel des gut unterrichteten Milchmanns folgt; und sorgt für seine neugeborenen Kinder *mit der* aufrichtigen Milch des Wortes, damit sie dadurch *nicht wachsen.*

162. (G) „Der heilige Paulus prangert zweifellos die Habgierigen an." Soll ich Ihre Lordschaft so verstehen, dass sie diese unbestreitbare Anschuldigung für eine originelle und eigenartige Ansicht des geringsten Apostels hält – vielleicht, nach dieser besonderen Meinung, nicht würdig, Apostel genannt zu werden? Die Traditionen meiner früheren Tage pflegten mich auf eine frühere Quelle dieser Idee zu verweisen; Dies scheint Ihrer Lordschaft jedoch nicht in den Sinn gekommen zu sein – sonst hätte der Verweis auf die Autorität von Liddell und Scott für die Bedeutung des Substantivs πλεον ἐ κτης auch für die des Verbs επιθυμ ἐ ω erfolgen müssen . Und die Offenheit Ihrer Lordschaft, die mich auf die Beispiele Ihrer eigenen Praxis bei der Verwendung Ihres Einkommens verwies, muss meine Entschuldigung für das sein, was sonst vielleicht als unverschämt erschienen wäre – indem ich feststelle, dass die Tadellosigkeit des bischöflichen Charakters, selbst von diesem geringsten der Apostel, in seinem ersten Brief an Timotheus gefordert wird, besteht nicht nur darin, sich mit einem bischöflichen Anteil am Kircheneigentum zufrieden zu geben, sondern in keiner Hinsicht entweder αισχροκορδ ἡ ς – ein Gewinnnehmer auf niedrige oder vulgäre Weise, oder φιλ ἀ ργυρος – ein „ „Liebhaber von Silber", wobei letzteres Wort in den Evangelien und Briefen das gebräuchliche und richtige Wort für „geizig" ist; ab den Pharisäern in Lukas xvi. 14; und mit den anderen Charakteren von Menschen in gefährlichen Zeiten in Verbindung gebracht, 2. Timotheus III. 2 und sein relatives Substantiv φιλαργαρ ἱ α, zusammenfassend für die Wurzel *allen* Übels in 2. Timotheus VI angegeben. 10, während sogar die Autorität von Liddell und Scott in der Interpretation von πλεονεξ ἱ α selbst als lediglich der Wunsch, mehr als unseren Anteil zu bekommen, vielleicht durch die Autorität des Lehrers übertroffen werden kann, der die an ihn gerichtete Berufung als ein ablehnte gerecht μεριστ ἡ ς (Lukas xii. 14-46) fordert seine Jünger auf, sich vor Habsucht zu hüten, einfach als Wunsch, mehr zu bekommen, als wir haben. „Denn das Leben eines Menschen besteht nicht im *Überfluss* der Dinge, die er besitzt."

163. Glauben Sie mir, mein Herr, es fällt mir nicht leicht, meinen natürlichen Drang zu unterdrücken, Ihnen als Gelehrter bei der interessanten Analyse der Unterschiede zu folgen, die zwischen Raubgier und Erwerbssucht gezogen werden können; zwischen dem Geiz oder der umsichtigen Sorge um den Besitz; zwischen Gier und bescheidener Gewinnerwartung; zwischen der Liebe zum Geld, die die Wurzel allen Übels ist; und der kommerzielle Geist, der in England als die Quelle allen Guten gilt. Diese heiklen Anpassungen der Waage, mit denen wir versuchen, die relativen Mengen an Hingabe, die wir im Dienst des Mammons und Gottes erbringen können, bis aufs kleinste Detail abzuwägen, sind eine völlig neue Erfindung und Anwendung; Sie haben auch nicht den geringsten Einfluss, weder auf die spirituelle

Bedeutung des letzten Gebots des Dekalogs noch auf die Eindeutigkeit des späteren Verbots des praktischen Wuchers.

Es muss auch daran erinnert werden, wie schwierig es geworden ist, den Begriff „schmutzig" im gegenwärtigen moralischen und physischen Zustand der englischen Atmosphäre genau zu definieren; und noch mehr, um zu beurteilen, inwieweit sich in diesem gesunden Element ein gemäßigter und zart geheiligter Appetit nach Gold zu lebhafteren Skrupeln des Hungers nach Gerechtigkeit entwickeln kann. Es mag eine Frage der persönlichen Meinung sein, inwieweit der Gewinn, den Eure Lordschaft durch Provisionen für die Fahrpreise und Erfrischungen der Passagiere im Nordwesten zieht, wohlriechend oder kostbar sein kann, im gleichen Sinne wie die Salbe auf dem Haupt Aarons; oder inwieweit die Lizenzgebühren, die der Primas von England für die Verbreitung verbesserter Literatur [129] erhielt , – wie bei Parfümen aus zerbrochenem Alabaster – die himmlische Luft von Addington bereichern können. Aber die höhere Klasse der Arbeiter im Weinberg des Herrn könnte sicherlich mit wahrer Gnade vom Letzten bis zum Ersten die reflektierte Anweisung erhalten, die so oft vom Ersten bis zum Letzten gegeben wurde: „Seid zufrieden mit eurem Lohn."

(H) „Es darf vielleicht nicht unrecht sein zu sagen:" Die Bibelgesellschaft wird diese Garantie zweifellos in Zukunft ihren Veröffentlichungen dankbar voranstellen.

(I) „Was uns gesagt wird." Können wir dann diese Schrift auf unserem Herzen nicht mehr für uns finden – oder ist sie nicht mehr lesbar?

164. (K) „Entgeltliche Beschäftigung." Ich kann das Erstaunen, mit dem ich einen Mann von der Intelligenz Eurer Lordschaft sehe, kaum in Worte fassen, wenn er den gebräuchlichen Ausdruck „Beschäftigung geben" anwendet, als ob Arbeit tatsächlich das beste Geschenk wäre, das die Reichen den Armen machen könnten. Natürlich „gibt" jeder müßige Vagabund, ob er reich oder arm ist, einem ansonsten ausreichend belasteten Unglücklichen „eine Anstellung", um für sein Essen und seine Kleidung zu sorgen; und jeder bösartige Vagabund gibt in der zerstörerischen Kraft seines Lasters den Energien des Widerstands und der Erneuerung der Tugend eine traurige Beschäftigung. Das müßige Kind, das sein Kinderzimmer verunreinigt und sein Kleid zerreißt, gibt dem Hausmädchen und der Näherin eine Anstellung; Die müßige Frau, die ihren Salon mit Schmuckstücken übersät und sich schämt, zweimal im selben Kleid gesehen zu werden, ist nach Ansicht Ihrer Lordschaft die aufgeklärte Anhängerin der Künste und Manufakturen ihres Landes. Am Ende Ihres Briefes, mein Herr, widersprechen Sie, wenn auch in maßvollen Worten, empört meiner Aussage über die Macht großer Städte zum Bösen, und tatsächlich habe ich mich vielleicht von meinem

langwierigen Studium der Ursachen des Falls von leiten lassen Venedig, in eine klarere Anerkennung einiger dieser städtischen Einflüsse, als es Ihrer Lordschaft im Zentrum der Tugenden und Anstandsweisen möglich gewesen wäre, die die Vorsehung beim Aufstieg Manchesters gesegnet hat. Aber das biblische Symbol für die Macht der Versuchung in der Hand des geistlichen Babylon – „alle Könige waren vom Wein ihrer Unzucht betrunken" – ist vollkommen wörtlich, wenn es den besonderen Einfluss von Städten auf ein bösartiges, d sagen wir, ein rückläufiges Volk. Sie sind die Brennpunkte seiner Unzucht, und die praktische Bedeutung besteht darin, dass die Herren des Bodens die Nahrung und Arbeit der Bauern, die ihre Sklaven sind, nehmen und sie vor allem in Luxusformen ausgeben, die von den sogenannten „Frauen" perfektioniert werden der *Stadt* , „die, ob Ost-Billig Doll oder West – ganz im Gegenteil von Billig-Nell, sowohl in der Farbe, die sie den Künsten geben, als auch in dem Ton, den sie den Manieren geben, vom Staat sind , eine buchstäbliche Plage, Pest und Belastung, ganz anders bösartig und bösartig als das arme Landmädchen, das im Heidekraut seinen Haarschopf verliert. Und wenn die *wirkliche* politische Ökonomie endlich die genauen Quellen und Konsequenzen der Ausgaben der großen Hauptstädte der Zivilisation für ihre eigenen Ablässe offenlegen wird, wird Ihre Lordschaft in den Statistiken ihres prächtigsten und gottlosesten Vergnügens mit Aufzeichnungen versorgt von genau der größten existierenden Quelle „lohnender Beschäftigung" – (wenn *das* alles wäre, was die Armen verlangen könnten), als nächstes nach der Vorbereitung und Ausübung des Krieges. Ich halte es in der Tat für wahrscheinlich, dass die „Einfachheit des Geschlechtsverkehrs" den nächstgrößten Grad an Beschäftigung bietet; und, wie Ihre Lordschaft richtig bemerkt, an die angesehensten Personen. Und wenn die gesamte Bevölkerung von Manchester ihre Beine verlieren würde, hätte Ihre Lordschaft ebenfalls die Genugtuung, über die notwendigen Träger- und Tragendienste zu verfügen, und könnte an den Gewinnen aus der Bereitstellung derselben beteiligt werden. Aber beachten Sie, mein Herr – und beachten Sie als letzte und unvermeidliche Wahrheit – dass, egal ob Sie Ihr Geld leihen, um eine behinderte Bevölkerung mit Krücken, Tragen, Leichenwagen oder der Eisenbahnunterkunft zu versorgen, die so oft mit den dreien gleichgesetzt wird, die Steuer auf *die Ihre Verwendung* , die die Dividende des Aktionärs darstellt, ist für sie eine dauerhafte, aus Geiz erzwungene Belastung und keineswegs eine aus Wohlwollen gewährte Hilfe.

165. (L) „Sanktioniert durch Erfahrung." Die Erfahrung von dreiundzwanzig Jahren, mein Herr, und mit dem folgenden Ergebnis: –

„Wir hatten jetzt Gelegenheit, die Theorie praktisch zu testen. Seitdem" (durch die endgültige Abschaffung der Wuchergesetze) „sind nicht mehr als siebzehn" (jetzt dreiundzwanzig – ich zitiere aus einem Brief aus dem Jahr

1875) „Jahre vergangen." Dem Wachstum dessen, was Lord Coke „dieses pestile Unkraut" nennt, wurde die Hemmung genommen, und wir sehen, wie sich Bacons Worte bestätigten: „Die Reichen werden reicher und die Armen immer ärmer, überall in der zivilisierten Welt." Brief von Herrn R. Sillar, zitiert in *Fors Clavigera* , Nr. 43.

(M) „Unvermeidlich." Weder „unmöglich" noch „unvermeidlich" waren Worte des alten christlichen Glaubens. Aber siehe den letzten Absatz meines Briefes.

(N) Bevor Sie mich auffordern, diesen Vorwurf zu begründen, möchte ich nach den Worten „beständig predigen" die Formulierung „und höflich erklären" einfügen – mit der paulinischen Einschränkung: „sei es durch Worte oder." unser Brief."

166. (O) „Die großen Städte von heute sind nicht schlimmer, als es große Städte immer waren." Ich kann mich nicht erinnern, gesagt zu haben, dass sie es waren, mein Herr; Ich habe für Manchester nie ein schlimmeres Schicksal erwartet als das von Sardes oder Sodom; Ich habe auch noch keine derart mächtigen Taten ihrer Minister an ihr beobachtet, dass ihre Unbußfertigkeit weniger verzeihlich wäre als die von Sidon oder Tyrus. Aber ich habe den besonderen Ausdruck verwendet, von dem Ihre Lordschaft annimmt, dass ich ihn in gerechter Empörung überbewertet habe: „ein Geschwür, das mit Beleidigungen an Mensch und Tier ausbricht", denn diese besondere Plage war diejenige, die Moses in der Ewigen Weisheit in Verbindung bringen sollte mit der Asche des Ofens – im wahrsten Sinne des Wortes, nicht weniger als im Geiste, als er die Israeliten aus Ägypten herausführte, *aus der Mitte des Eisenofens* . Wie im wahrsten Sinne des Wortes, nicht weniger als im Glauben und in der Hoffnung, der Rauch „der großen Stadt, die im Geiste Sodom und Ägypten heißt" die Erde, die Wasser und die lebenden Geschöpfe, Schafe und Rinder und die wissenden Kinder vergiftet hat nicht ihre rechte Hand von ihrer linken – weder Memphis noch Gomorrha noch Cahors werden sie wahrscheinlich selbst erkennen: Aber wenn ich vor der Unendlichkeit des Bösen innehalte, von dem ich nicht einmal die geringste Spur finden kann, dem es folgen könnte – wie viel weniger Worte dazu Sprechen Sie! – mir wird ein Brief vorgelegt, der in seinem einzelnen und historischen Beispiel vielleicht etwas Beeindruckenderes liefert als alle allgemeinen Beweise, die bereits auf den Seiten von *Fors Clavigera gesammelt wurden* .

167. „Früher konnte ich nie verstehen, was Sie mit Wucher meinen und dass es falsch ist, Zinsen zu nehmen. Ich habe damals wirklich gesagt, dass ich Ihnen ‚vertraue‘, was bedeutet, dass ich wusste, dass Sie in solchen Angelegenheiten keine ‚Meinung‘ haben – und dass sich in deinem Horizont unzählige Dinge befanden, die in meinem Horizont keinen Platz hatten.

„Aber da ich es nicht verstand, konnte ich nur zuschauen und nachdenken. Allmählich begann ich, ein wenig über fast jedes Land und über unseren eigenen Handel usw. zu erfahren – wie zum Beispiel, als ich aktuelle Fakten über Indien las. Dann (einer von mehreren Umständen (das konnte man genauer sehen) bei der Verwandtschaft meiner Mutter im Norden beobachtete ich den Ruin zweier Leben. Sie begannen ein gemeinsames Eheleben, mit guten Aussichten und ausreichenden Mitteln, in einem hübschen kleinen Nest zwischen den Hügeln, jenseits des Rochdale-Rauchs. Bald wurde das zu eng. „Ein prächtiger Handel“, mehr Mühlen, häufiger Wechsel in noch schönere Wohnungen, luxuriöses Leben, Prunk, Extravaganz, Jahr für Jahr zunehmend, alles, wie es jetzt scheint, ermöglicht durch Wucher – geliehenes Kapital. Die Frau wurde kürzlich in ihr Grab gelegt, und ihre Freunde sind *dankbar* . Der Ehemann, dessen Angelegenheiten vom Ruin bedroht sind, befindet sich in einem noch schlimmeren und lebendigeren Grab böser Gewohnheiten.

„Dies sind einige der Schlupflöcher, durch die Licht auf Ihre Worte gefallen ist, ihnen eine neue Bedeutung gegeben hat und mich fragen lässt, wie ich es von Anfang an übersehen konnte. Sobald ich mir dessen bewusst geworden bin, erkenne ich das Böse auf allen Seiten, und wie wir dadurch verwickelt sind; und obwohl ich in ein oder zwei Punkten immer noch verwirrt bin, bin ich mir über den Grundsatz sehr im Klaren – dass Wucher eine tödliche Sache ist.“

Ja; und immer tödlich, mit den abscheulichsten Formen der Zerstörung sowohl der Seele als auch des Körpers.

168. Es kommt merkwürdigerweise vor, mein Herr, dass ich, obwohl ich in den sieben Bänden von *Fors Clavigera* nie einen Satz niedergelegt habe, ohne ihn zuvor in Begriffe zu züchtigen, die sowohl *im wörtlichen Sinne* als auch in ihrer weitesten Tragweite gegen alle Kontroversen gerechtfertigt werden könnten, das könnten Sie Vielleicht hätten Sie in dem ganzen Buch, wenn Ihre Lordschaft es zu diesem Zweck gelesen hätte, keinen Ausspruch gefunden, der so wörtlich und großartig beweisbar wäre wie dieser, den Sie zufällig zum Angriff ausgewählt haben. Denn erstens war von allen Katastrophen, die in ihrer scheinbar gnadenlosen Verursachung den schwankenden Glauben der mittelalterlichen Christenheit lähmten, das „in Blains ausbrechende Geschwür“ in den schwarzen Seuchen von Florenz und

London der verhängnisvollste Bote der Unholde : und zweitens lässt sich das umfassende Ergebnis der Missionsarbeit der Städte Madrid, Paris und London zur Rettung der wilden Stämme der Neuen Welt seit ihrer gepriesenen Entdeckung zusammenfassen Stammsatz – Tod durch Trunkenheit und Pocken.

Der wohltuende Einfluss neuerer kommerzieller Unternehmen auf die Vermittlung solch göttlicher Gnade und göttlichen Segens (ganz zu schweigen von anderen, schrecklicheren und schändlicheren Krankheitszuständen) lässt sich am besten in der Geschichte der beiden großen französischen und englischen Unternehmen studieren , die das Monopol genossen haben, die Nacktheit der Alten Welt mit Fellmänteln aus der Neuen Welt zu bekleiden.

Die Charta des englischen Staates, die 1670 von der Krone erhalten wurde, war in der Sprache des modernen Liberalismus verfasst – „wunderbar liberal" [130] und beinhaltete nicht nur die Gewährung des ausschließlichen Handels, sondern auch des vollständigen Territorialbesitzes auf alle Ewigkeit , des riesigen Landes innerhalb der Wasserscheide der Hudson's Bay. Die Gesellschaft errichtete sofort einige Festungen an den Ufern des großen Binnenmeeres, von dem sie ihren Namen erhielt, und eröffnete einen sehr lukrativen Handel mit den Indianern, *so dass sie* bis zum Ende des Jahres nicht aufhörte, den glücklichen Aktionären reiche Dividenden zu zahlen das letzte Jahrhundert.

Bis zu diesem Zeitpunkt hatte es, mit Ausnahme der Entdeckungsreise, die Herne (1770-71) unter seiner Schirmherrschaft zur Mündung des Coppermine River unternahm, nur wenig für die Förderung geographischer Entdeckungen in seinem riesigen Gebiet getan.

169. In der Zwischenzeit waren die kanadischen (französischen) Pelzhändler den Indianern gegenüber so verhasst, dass diese Wilden eine Verschwörung zu ihrer völligen Ausrottung bildeten. *Zum Glück für die Weißen* brachen etwa zu dieser Zeit die Pocken unter den Rothäuten aus und fegten sie hinweg, während das Feuer das ausgedörrte Gras der Prärie verzehrte. Ihre unbegrabenen Leichen wurden von Wölfen und Wildhunden zerrissen, und die Überlebenden waren zu schwach und entmutigt, um etwas gegen die fremden Eindringlinge unternehmen zu können. Auch die kanadischen Pelzhändler sahen nun die Notwendigkeit, ihre Anstrengungen zum gegenseitigen Nutzen zu bündeln, anstatt sich gegenseitig durch einen wahnsinnigen Wettbewerb zu ruinieren; und gründete daraufhin 1783 eine Gesellschaft, die unter dem Namen North-West Company of Canada den gesamten Kontinent von den kanadischen Seen bis zu den Rocky Mountains beherrschte, 1806 sogar die Barriere überschritt und ihre Festungen im

Norden errichtete Nebenflüsse des Columbia River. Nach Norden hin dehnte es seine Operationen ebenfalls aus und griff immer mehr in die Privilegien der Hudson's Bay Company ein, die, zu neuer Energie erwacht, nun auch ihre Posten immer weiter ins Landesinnere vordrang und 1812 dort eine Kolonie gründete den Red River südlich des Winnipeg Lake und trieb damit seinem Rivalen sozusagen einen scharfen Dorn in die Seite. Aber eine Macht wie die North-West Company, die nicht weniger als 50 Agenten, 70 Dolmetscher und 1120 „Voyageure" in ihrem Sold hatte und deren Chefmanager zu ihren jährlichen Treffen in Fort William am Ufer des Lake erschienen Superior war trotz all des Prunks und Stolzes feudaler Barone nicht geneigt, diesen Eingriff zu dulden; und so brach nach vielen Streitereien ein regelrechter Krieg zwischen den beiden Parteien aus, der nach zweijähriger Dauer zur Vertreibung der Red-River-Kolonisten und zur Ermordung ihres Gouverneurs Semple führte. Dieses Ereignis ereignete sich im Jahr 1816 und ist nur eine Episode der blutigen Fehden, die bis 1821 zwischen den beiden rivalisierenden Unternehmen andauerten.

170. Die Meinungsverschiedenheiten der Pelzhändler hatten äußerst beklagenswerte Folgen für die Rothäute; Um die Zahl ihrer Anhänger zu vergrößern, verteilten beide Gesellschaften großzügig Spirituosen – eine Versuchung, der kein Inder widerstehen kann. Das gesamte Versammlungsgelände von Saskatchewan und Athabasca war nur ein einziger Schauplatz von Feierlichkeiten und Blutvergießen. Die durch die Pocken bereits dezimierten Indianer wurden nun Opfer von Trunkenheit und Zwietracht, und es war zu befürchten, dass die wichtigsten Stämme bei einer Fortsetzung des Krieges und der damit einhergehenden Demoralisierung bald völlig ausgelöscht würden.

Schließlich siegte die Weisheit über die Leidenschaft, und die Feinde kamen zu einem Entschluss, der ihnen, wenn er von Anfang an getroffen worden wäre, sowohl große Schätze als auch viele Verbrechen erspart hätte. Anstatt weiterhin den Tomahawk zu schwingen, rauchten sie nun das Calumet und schlossen sich 1821 unter dem Namen „Hudson's Bay Company" und unter den Flügeln der Charta zusammen.

Als Mitgift für das verarmte Paar schenkte die britische Regierung ihnen eine Lizenz zum exklusiven Handel im gesamten Gebiet, das sich unter dem Namen „Hudson's Bay und Nordwestgebiete" von Labrador bis zum Pazifik erstreckt. und vom Roten Fluss bis zum Polarozean.

171. Dies, mein Herr, waren die Triumphe des modernen Evangeliums über Wucher, Konkurrenz und Privatunternehmen, in einem völlig klaren Beispiel ihres Handelns, das ich hoffentlich mit ausreichender Offenheit gewählt habe, denn „Geschichte", sagt Professor Hind, „ stellt kein weiteres Beispiel

für eine Vereinigung von Privatpersonen dar, die einen mächtigen Einfluss auf einen so großen Teil der Erdoberfläche ausübt und ihre Angelegenheiten mit solch vollendetem Können und unerschütterlicher Hingabe an die ursprünglichen Ziele ihrer Eingliederung verwaltet."

Das ursprüngliche Ziel bestand natürlich darin, dass das arme, nackte Amerika, das in gewisser Weise noch zwei Mäntel hatte, von diesen christlichen Kaufleuten dazu gebracht werden könnte, demjenigen etwas zu geben, der keines hatte?

Kann in ähnlicher Weise irgendein christlicher Hausbesitzer, der zwei Häuser oder vielleicht zwei Parks hat, jemals dazu bewegt werden, demjenigen etwas zu geben, der keines hat? Mein Temperament und meine Höflichkeit nützen mir kaum, Mylord, um auf Ihre Behauptung zu antworten, dass es „unvermeidlich" sei, dass die Armen unserer Städte dies tun müssen, während die Hälfte Großbritanniens in Jagdreviere für noch wildere Vergnügungen als die Indianer angelegt ist in inzestuöse Haufen gefegt werden; oder in Höhlen und Höhlen, die nur beunruhigte Gräber sind und so das Weiß jüdischer Gräber in die Schwärze christlicher Gräber verwandeln, in denen die Herzen der Reichen und die Häuser der Armen gleich sind wie Gräber, die nicht sichtbar sind, sondern nur ihr Murmeln , das sagt „es ist nicht genug", klingt mit jeder Stunde tiefer unter uns; ja, die ganze Erde, und nicht nur ihre Städte, sendet diesen schrecklichen Schrei aus; und ihre fruchtbaren Ebenen sind zu Schlammgruben geworden, und ihre schönen Flussmündungen sind Abgründe des Todes; Für *uns* ist der Berg des Herrn nur noch Golgatha geworden, und der Klang des neuen Liedes vor dem Thron geht unter im rollenden Todesröcheln der Nationen: „Oh Christus, wo ist dein Sieg?"

Dies sind deine glorreichen Werke, Mammon, Mutter des Guten, – und das ist die wahre Debatte, mein Herr von Manchester, zwischen den beiden Engeln deiner Kirche – ob das „Traumland" ihrer Seelen jetzt oder in der Zukunft ist – jetzt, das Feuerschein in der Höhle oder später das Sonnenlicht des Himmels.

172. Wie, mein Herr, soll ich die engen Zugeständnisse Ihres Schlusssatzes annehmen oder darauf antworten? Der Geist der Wahrheit wurde sogar von der athenischen Akropolis gehaucht, und das Gesetz der Gerechtigkeit donnerte sogar vom kretischen Sinai; aber für *uns* sagte Er, der sagte: „Ich bin die Wahrheit", auch: „Ich bin der Weg und das Leben"; und für *uns* dachte Er, der über Gerechtigkeit nachdachte, auch über Mäßigkeit und das kommende Gericht nach. Ist dies die aufrichtige Milch des Wortes, das der Person Christi die Hoffnung und dem Auftrag seines Apostels die Furcht nimmt und dem englischen Heldentum die gefährliche Vision der

Unsterblichkeit verbietet? Gott sei mit dir, mein Herr, und erhöhe deine Lehre zu jener Qualität der Barmherzigkeit, die, wenn sie wie der Regen vom Himmel destilliert – und nicht wie durch Kanäle aus einem mürrischen Reservoir angespannt – die Herzen deines Volkes erweichen kann, um das Neue Gebot zu empfangen sie lieben einander. So soll rund um die Kathedrale deiner Stadt das Gesetz des Kaufmanns gerecht und seine Gewichte wahr sein; Der Tisch des Geldwechslers wurde nicht umgeworfen, und die Bank des Geldverleihers blieb unversehrt.

Und über alle, die nach dieser Regel wandeln, sei Friede und Barmherzigkeit und das Israel Gottes.

---

173. Mit dem vorangehenden Brief müssen sicherlich – vorerst, wenn nicht für immer – meine eigenen Notizen zu einem Thema enden, dessen Stress und Kummer ich mit meinen Kräften nicht mehr ertragen kann; aber möglicherweise gelingt es mir, die ohnehin schon vielfältigen und ausreichenden Referenzen, die in *Fors Clavigera verstreut sind, irgendwann in einer engeren Form zusammenzustellen* und vielleicht für die St. George's Guild das bewundernswerte Kompendium der britischen kirchlichen und weltlichen Autorität zu diesem Thema nachzudrucken. gesammelt von John Blaxton, Prediger des Wortes Gottes in Osmington in Dorsetshire, gedruckt von John Norton unter dem Titel „The English Usurer" und verkauft von Francis Bowman in Oxford, 1631. Eine noch wertvollere Aufzeichnung des heftigen Kampfes des Wuchers in das Leben unter Christen und über den Widerstand Venedigs und seines „Antonius" [131] findet sich im Dialog „della Usura" von Messer Speron Sperone (Aldus, in Vinegia, MDXIII.), gefolgt von der Dialog „del Cathaio", zwischen „Portia, sola, e fanciulla, Ruhm, e cibo, vita, e morte, di ciascuno che la conosce" und ihrem Geliebten Moresini, der die Quelle von allem ist, was am Schönsten im Kaufmann von *ist Venedig* . Leser, die eine modernere und wissenschaftlichere Unterweisung wünschen, können die ausführliche Zusammenfassung des Triumphs des Wuchers zu Rate ziehen, verfasst von Dr. Andrew Dickson White, Präsident der Cornell University („The Warfare of Science", HS King & Co., 1877). in dem der Sieg des großen modernen wissenschaftlichen Prinzips, dass zwei und zwei fünf ergeben, freudig auf den endgültigen Sturz des heiligen Chrysostomus, des heiligen Hieronymus, des heiligen Bernhard, des heiligen Thomas von Aquin, Luthers und Bossuets zurückgeführt wird, durch „ die Gründung der Familie Torlonia in Rom. Es gibt keine bessere Sammlung der erdrückendsten Beweise als diese, die von einem Gegner geliefert wurden; Eine weniger gereizte und pompöse, aber ernstere Stimme aus Amerika,

„Usury the Giant Sin of the Age" von Edward Palmer (Perth Amboys, 1865), sollte zusammen mit ihm gelesen werden. In der Zwischenzeit wird der Inhalt der Lehren der *ehemaligen* Kirche von England in der großen Predigt gegen Wucher von Bischof Jewell vielleicht nicht nutzlos eine zusätzliche Seite der *Contemporary Review einnehmen* :

174. „Wucher ist eine Art des Verleihens von Geld, Korn, Oyle, Wein oder irgendetwas anderem, wobei wir aufgrund von Vereinbarungen und Verhandlungen den gesamten Kapitalbetrag, den wir geliefert haben, und etwas mehr dafür zurückerhalten." Nutzung und Inanspruchnahme desselben; als ob ich 100 Pfund leihe und dafür verpflichte, 105 Pfund oder irgendeine andere Summe zu erhalten, die größer ist als die Summe, die ich geliehen habe: Das ist es, was wir Wucher nennen: eine solche Art von Feilschen, wie es kein guter Mensch oder gottesfürchtiger Mensch jemals getan hat. Eine solche Art des Feilschens, wie sie alle Menschen, die jemals Gottes Urteile fürchteten, immer verabscheut und verurteilt haben. Es ist schmutziger Gewinn und ein Werk der Dunkelheit, es ist ein Monster in der Natur: das Der Sturz mächtiger Königreiche, die Zerstörung blühender Staaten, der Verfall wohlhabender Städte, die Plagen der Welt und das Elend der Menschen: Es ist Diebstahl, es ist die Ermordung unserer Brüder, es ist der Fluch Gottes und das Fluch des Volkes. Das ist Wucher. An diesen Zeichen und Zeichen könnt ihr es erkennen. Denn wo auch immer es regiert, all dieses Unheil entsteht.

„Woher kommt der Wucher? Soone zeigte es. Auch von dort kommen Diebstahl, Mord, Ehebruch, die Plagen und die Zerstörung des Volkes. All dies sind die Werke des Divell und die Werke des Fleisches. Christus sagt den Pharisäern: „Du." Du bist der Divell deines Vaters, und die Begierden deines Vaters wirst du tun. So kann wahrlich zum Wucherer gesagt werden: Du bist der Divell deines Vaters, und die Begierden deines Vaters willst du tun, und darum hast du Freude an seinen Werken. Der Divell drang in das Herz von Judas ein und legte in ihm diese Gier und Gier nach Wild ein, für die er zufrieden war, seinen Herrn zu verkaufen. Judas' Herz war der Laden, der Divell war der Vorarbeiter, in dem er arbeitete Wer reich sein will, verfällt in Versuchungen und Fallstricke und in viele törichte und abscheuliche Begierden, die die Menschen in Verderben und Vernichtung ertränken. Denn die Gier nach Geld ist die Wurzel allen Übels. Und der heilige Johannes sagt: „Wer Sünde begeht." ist vom Divell, 1 Joh. 3-8. So sehen wir, dass der Divell der Pflanzer und der Vater des Wuchers ist.

„Was sind die Früchte des Wuchers? A. 1. Er löst den Knoten und die Gemeinschaft der Menschheit auf. 2. Er verhärtet das Herz des Menschen. 3. Er macht die Menschen unnatürlich und beraubt sie der Nächstenliebe und der Liebe gegenüber ihren liebsten Freunden. 4. Es erzeugt Elend und provoziert den Zorn Gottes vom Himmel. 5. Es verzehrt reiche Männer, es frisst die Armen auf, es macht Bankrott und macht viele Hausbesitzer zugrunde. 6. Die armen Besatzer werden in die Flucht getrieben, ihre Frauen werden allein gelassen, Ihre Kinder sind hoffnungslos und werden durch das unbarmherzige Handeln des gierigen Wucherers dazu getrieben, um ihr Brot zu betteln.

175. „Wer ein Wucherer ist, wünscht, dass allen anderen etwas fehlt und sie zu ihm kommen und von ihm borgen; dass alle anderen verlieren, damit er etwas gewinnt. Deshalb verabscheuten unsere alten Vorfahren diesen Handel so sehr, dass sie dachten ein Wucherer, der nicht würdig ist, in der Gesellschaft christlicher Männer zu leben. Sie ließen es nicht zu, dass ein Wucherer in Rechtssachen als Zeuge auftrat. Sie erlaubten ihm nicht, ein Testament zu machen und seine Güter durch Testament zu verschenken. Wenn ein Wucherer färbte, wollten sie es nicht Lassen Sie ihn an Orten begraben, die für die Bestattung der Christen bestimmt sind. So sehr missfiel ihnen diese unbarmherzige Ausplünderung und Täuschung unserer Brüder.

„Aber was spreche ich von den alten Kirchenvätern? Es gab nie eine Religion, keine Sekte, keinen Staat, keinen Grad oder Beruf von Menschen, aber sie haben es nicht gemocht. Philosophen, Griechen, Lateiner, Juristen, Geistliche, Katholiken , Ketzer; alle Sprachen und Nationen haben jemals gedacht, dass ein Wucherer so gefährlich ist wie ein Theefe. Der bloße Sinn der Natur bewcist, dass es so ist. Wenn die Steine sprechen könnten, würden sie das sagen. Aber einige werden sagen, dass alle Arten von Wucher das nicht seien verboten. Es kann Fälle geben, in denen Wucher mit Vernunft und Billigkeit einhergehen kann, und hier sagen sie so viel, dass man sich mit Witz etwas ausdenken kann, um ein schmutziges und hässliches Idol zu malen und sich selbst in offenkundiger und offener Bosheit zu beschatten. Was auch immer Gott sagt: Doch diese oder jene Art von Wucher, sagen sie, der in dieser oder jener Art betrieben wird, ist nicht verboten. Er begünstigt das Gemeinwesen, er entlastet große Zahlen, die Armen würden sonst zugrunde gehen, niemand würde ihnen etwas leihen. Aus gutem Grund: Es gibt einige, die Diebstahl und Mord verteidigen; sie sagen, dass es einen Fall geben könnte, in dem es legal ist, zu töten oder zu stehlen; Denn Gott wollte, dass die Hebräer die Ägypter ausraubten und dass Abraham seinen eigenen Sohn Isaak tötete. In diesen Fällen waren der Raub und die Tötung seines Sohnes rechtmäßig. Das sagen sie. Aus dem gleichen Grund unterhalten einige unserer Landsleute Konkubinen, Curtisans und Bordellhäuser und verteidigen offene Eintöpfe. Sie sind (sagen sie) zum Wohle des Landes, sie bewahren die Menschen vor gefährlicheren Unannehmlichkeiten; Nimm sie weg, es wird noch schlimmer. Obwohl Gott sagt, dass es unter den Töchtern Israels keine Hure geben soll, und dass es auch keinen Hurer unter den Söhnen Israels geben soll, sagen diese Männer doch, dass jede Art von

Hurerei nicht verboten sei. In diesen und diesen Fällen ist es nicht verkehrt, es zuzulassen."

„Wie Samuel zu Saul sagte, so können wir zum Wucherer sagen: Du hast dir Hüllen und Farben ausgedacht, um deine Schande zu verbergen, aber was hat Gott mit deinen Hüllen zu tun? Was kümmert Er sich aus deinen Gründen? Der Herr hätte mehr Freude daran, wenn Wenn du seine Stimme hörst, würdest du ihm gehorchen. Denn was ist dein Plan gegen den Rat und die Anordnung Gottes? Was für eine kühne Anmaßung ist es für einen sterblichen Menschen, die Gebote des unsterblichen Gottes zu missachten? Und seine himmlische Weisheit in der Waage abzuwägen der menschlichen Torheit? Wenn Gott sagt: „Du sollst keinen Zins nehmen, welches Geschöpf Gottes bist du, das Zinsen nehmen kann? Wenn Gott es für ungesetzlich erklärt, was bist du dann, oh Mensch, der sagt: „Es ist erlaubt?" Das ist ein Zeichen dafür ein verzweifelter Geist. Es ist wahr in dir, dass Paulus gesagt hat: Die Liebe zum Geld ist die Wurzel allen Übels. Du bist dem bösen Mammon so ausgeliefert, dass du dich nicht darum kümmerst, den Willen Gottes zu tun."

Soweit die Theologie Altenglands. Lassen Sie es mit dem ruhigen Gesetz schließen, das vierhundert Jahre vor Christus gesprochen wurde: α μ ή κατ έ θον, μ ή αν έ λη.

FUSSNOTEN:

[124] *Contemporary Review* , Februar 1880.

[125] Siehe unten (S. 393, § 236), im achten Brief über das Vaterunser. – ED .

[126] In Sprüche xxviii. 8 wird „Wucher" mit „ungerechtem Gewinn" und einem erbarmungslosen Geist gegenüber den Armen verbunden, was zeigt, in welchem Sinne das Wort dort und in anderen Passagen wie Ps. 8 zu verstehen ist. xv. 5 und Hesek. xviii. 8, 9.

[127] Siehe Beitrag, S. 394, § 237. – ED .

[128] Rede von Herrn JC Hubbard, Abgeordneter für London, berichtet im *Standard* vom 26. Juli 1879.

[129] Siehe die Satzung der East Surrey Hall, Museum, and Library Company. (*Fors Clavigera* , Buchstabe lxx.)

[130] „Die Polarwelt", S. 342, Longmans, 1874.

„Der liebste Freund für mich, der freundlichste Mann,
der konditionierteste und unermüdlichste Geist, wenn es darum geht,
Höflichkeiten zu erweisen; und einer, in dem
die antike römische Ehre mehr zum Ausdruck kommt,
als jeder, der in Italien Atem schöpft. "

Dies ist Shakespeares Beschreibung dieses Anthony, den die moderne britische Öffentlichkeit mit ihrem neuen kritischen Licht einen „Sentimentalisten und Spekulanten" nennt – und der Shylock für den wahren Helden und unschuldigen Opfer des Dramas hält.

WUCHER. [132]

EIN VORWORT.

176. In der klugen, praktischen und liebevollen Predigt, die der gute Bischof von Carlisle im vergangenen Herbst von der Kanzel von St. Mary vor der Jugend von Oxford hielt, nutzte Seine Lordschaft die Gelegenheit, sein eifrig aufmerksames Publikum mit tiefem Ernst vor dem zu warnen Schuldenkriminalität; er verweilte mit mächtigen Beschimpfungen bei der Grausamkeit und dem Egoismus, mit denen der Sohn in seinen Torheiten allzu oft die Früchte der Arbeit seines Vaters oder die Mittel zum Lebensunterhalt seiner Familie verschwendete; und verwickelte sich in Peinlichkeiten, die, wie der Bischof sagte, „wie ich immer wieder wusste, das Elend aller nachfolgenden Leben verursachten."

Die Sünde wurde nur den Studentenzuhörern des Predigers zur Last gelegt und die Berufung eingelegt. Unter der Galerie sitzen die Oberhäupter der Häuser unbarmherzig; Auch von der Kanzel war kein einziger Hinweis erlaubt, dass vernünftigerweise irgendwelche Maßnahmen zum Schutz – nicht weniger als die Warnung – der Jugendlichen unter ihrer Obhut ergriffen werden könnten. Eine solche Anregung wäre von keiner englischen Gemeinde dieser Zeit angenommen worden, wenn sie überhaupt verstanden worden wäre – einer seltsamen und gefährlichen Zeit, in der die größten Handelsleute der Welt dazu gebracht wurden, Wucher für den ehrenvollsten und fruchtbarsten Zweig zu halten, oder eher mehrjähriger Stamm der kommerziellen Industrie.

177. Aber wer ist schuld an dieser Stimmung und Unwissenheit der englischen Gemeinden? Mein Ausspruch [133], den der Autor dieses Buches am Ende seiner Einleitung zitiert, wurde von mir mit einer völlig entgegengesetzten und weitaus eindringlicheren Bedeutung verfasst, als sie einem unvorsichtigen Interpreten zu vermitteln scheinen könnte. [134] Im gegenwärtigen Zustand der Volksrevolte gegen jede Vorstellung und Art der Autorität, insbesondere aber gegen die geistliche Autorität, liest sich der Satz, als wäre er von einem Gegner der Kirche geschrieben worden – einem Hasser ihrer Prälatur – einem Verfechter der Kirche universelle Gedankenfreiheit und Freiheit des Verbrechens: Während der Satz in Wirklichkeit in der Überzeugung (ich würde sagen Wissen, wenn ich ohne Rücksicht auf die Ungläubigkeit des Lesers sprechen würde) geschrieben wurde, dass das Pastoralamt für immer das höchste sein muss, sei es im Guten oder im Bösen, in jedes christliche Land; und wenn *es an Wachsamkeit, Glauben oder Mut mangelt, müssen* die Schafe zerstreut werden, und weder König noch Gesetz nützen ihnen mehr, sie vor der Wut ihrer eigenen

Leidenschaften zu schützen, noch irgendein menschlicher Scharfsinn vor der Täuschung ihrer eigenen Herzen.

178. Da diese Dinge jedoch sofort so sind und die Bischöfe von England nun einvernehmlich zugestimmt haben, lediglich die hochbezahlten Kirchendiener ihrer Kathedralen zu werden und dafür zu sorgen, dass die Chorsänger auf dem Kirchhof nicht im Bockspringen spielen, dass die Die Bezirke sind mit eleganten Eisengittern von den profanen Teilen der Stadt abgegrenzt, und die Türen des Gebäudes müssen ordnungsgemäß verschlossen sein, damit niemand zu unpassenden Zeiten darin beten kann – da dies so ist, mögen wir uns nicht an „jeden" wenden Die „Mann-seinen-eigenen-Bischof"-Partei mit ihrer Bibelgesellschaft, ihrem missionarischen Eifer und dem Recht auf unfehlbare Privatinterpretation möchte den Bewohnern ihres eigenen Landes zumindest eine kleine Darlegung der Heiligen Schriften zukommen lassen, die ihnen so am Herzen liegen in den Besitz anderer bringen; Und dies umso mehr, als die unter uns beliebte, ungeschriebene Version des Neuen Testaments jetzt das genaue Gegenteil von dem zu sein scheint, was uns einst von göttlicher Autorität beigebracht wurde.

179. Ich stelle die alten und modernen Versionen der sieben Verse des Neuen Testaments nebeneinander, die den Anfang und in der Tat die Köpfe aller Lehren Christi waren:

Uralt.

Selig sind die Armen im Geiste, denn ihnen gehört das Himmelreich.

Selig sind die Trauernden, denn sie werden getröstet.

Selig sind die Sanftmütigen, denn sie werden die Erde erben.

Selig sind die, die nach Gerechtigkeit hungern, denn sie werden satt werden.

Selig sind die Barmherzigen, denn ihnen wird Barmherzigkeit zuteil.

Selig sind die, die reinen Herzens sind, denn sie werden Gott sehen.

Gesegnet sind die Friedensstifter, denn sie werden Kinder Gottes genannt.

Modern.

Gesegnet sind die Reichen an
Fleisch, denn ihnen gehört das Königreich der Erde.

Selig sind die, die fröhlich sind und zuletzt lachen.

Selig sind die Stolzen, die die Erde geerbt
haben .

Selig sind diejenigen, die nach Ungerechtigkeit hungern, weil sie ihren
Mammon teilen.

Selig sind die Unbarmherzigen, denn sie werden Geld erlangen.

Selig sind die, die ein schlechtes Herz haben, denn sie werden Gott nicht
sehen.

Gesegnet sind die Kriegstreiber, denn sie werden von den
Menschenkindern angebetet.

180. Wer die wahren „Schöpfer des Krieges", seine Förderer und
Unterstützer sind, habe ich längst in der Anmerkung zum kurzen Satz „Bis
zu diesem Schluss" dargelegt. „Es ist ausschließlich der Reichtum der
Kapitalisten (*d* . h. der Wucherer) [135] , der ungerechte Kriege unterstützt."
Aber inwieweit die Verehrung des Wucherers und die damit verbundene
Sklaverei die Seele eines jeden Menschen in Europa verdorben oder ihm die
Hände gebunden haben, möchte ich dem Leser mitteilen, aus Autorität wird
er weniger daran zweifeln als ich: —

„Finanziers sind der schelmische Feudalismus des 19 Investoren auf der
ganzen Welt trennten sich von den Anleihen. Darüber hinaus verursachten
sie mit der Differenz zwischen den Vorschüssen und dem Verkauf von
Anleihen einen Rückgang der von ihnen ausgegebenen Wertpapiere, und
nachdem sie zu 80 verkauft hatten, kauften sie zu 10 zurück , indem sie die
öffentliche Panik ausnutzten. Wiederum kauften sie mit dem so gewonnenen
Geld Gewissen auf, wo Gewissen marktfähig sind, und unter dem Vorwand,
das so gehandelte Land mit neuen Kommunikationsmitteln auszustatten,
steckten sie Geld in ihre eigenen Kassen . Sie hatten Schüler, Nachahmer
und Plagiatoren; und im gegenwärtigen Augenblick regieren die Finanziers
unter anderen Namen die Welt, sind ein Übel der Gesellschaft und bilden
eine der Hauptursachen moderner Krisen.

„Im Gegensatz zum Nil machen sie den Boden überall dort, wo sie
vorbeikommen, trocken und unfruchtbar. Die Schätze der Welt fließen in
ihre Keller und bleiben dort. Sie geben ein Zehntel ihrer Einnahmen aus; die

restlichen neun Zehntel horten sie und entziehen sie dem Verkehr Sie verteilen Gefälligkeiten und sind große politische Führer. Sie haben nicht den Platz des alten Adels eingenommen, sondern diesen in ihre Dienste genommen. Fürsten sind ihre Kämmerer, Herzöge öffnen ihre Türen und Marquisen fungieren als ihre Stallmeister, wenn sie herablassen Reiten.

„Diese neuen Granden galoppieren auf ihren prächtigen Arabern entlang des Rotten Ron, des Bois de Boulogne, des Prospect, des Praters oder Unter den Linden. Die Ladenbesitzer und alle, die Geld sparen, verneigen sich tief vor diesen Männern, die ihre Ersparnisse repräsentieren, die Sie werden es nie wieder in einer anderen Form sehen. Sicher gegen Sarkasmus, sicher des Respekts der kontinentalen Presse, indem sie sich gegenseitig mit einer Art Freimaurerei schützen, diktieren die Finanziers Gesetze, bestimmen das Schicksal von Nationen und machen die klügsten politischen Kombinationen fehlgeschlagen . Sie werden überall empfangen und angehört, und alle Kabinette spüren ihren Einfluss. Die Regierungen beobachten sie mit Unbehagen, und selbst der Eiserne Kanzler hat seine vergoldete Egeria, die ihm die Wünsche dieses einzigen modernen Autokraten mitteilt“ – Brief aus *Paris Korrespondent* , „ *Times* “, 30. *Januar* 1885.

---

181. Aber zu dieser Aussage muss ich die zu § 149 (siehe Anmerkung) von „Munera Pulveris“ gemachte Aussage hinzufügen, dass, wenn wir die innersten aller Ursachen des modernen Krieges aufspüren könnten, sie nicht in der Habgier oder ... zu finden wären Ehrgeiz, sondern die Trägheit der Oberschicht. „Sie haben nichts anderes zu tun, als der Bauernschaft beizubringen, sich gegenseitig zu töten“ – während die Tatsache, dass die Bauernschaft auf diese Weise lehrbar ist, wiederum davon abhängt, dass sie nicht in erster Linie im Gewohnheitsrecht der Gerechtigkeit erzogen wurde. Siehe noch einmal „Munera Pulveris“, Anhang I.: „Genau entsprechend der Zahl der gerechten Männer in einer Nation hängt ihre Fähigkeit ab, einen inneren oder einen fremden Krieg zu vermeiden.“

Ich freue mich, zu sehen, wie mein alter Freund, Herr Sillar, endlich die Beweise zusammenträgt, die er so fleißig über die Schuld des Wuchers gesammelt hat, und sie durch die immer beeindruckende Sprache symbolischer Kunst untermauert. [136] Denn tatsächlich hatte ich selbst keine Ahnung, bis ich die zusammenhängende Aussage las, die diese Bilder illustrieren, wie stetig das System des Geldverleihs über die Nation gewonnen hatte und wie verhängnisvoll jede Hand und jeder Fuß davon verstrickt war . Doch indem ich jedem tugendhaften und patriotischen Engländer das

Studium dieses Buches empfehle, muss ich den Leser nachdrücklich daran erinnern, dass all diese Sünden und Irrtümer nur die Zweige einer Wurzel der Bitterkeit sind – des tödlichen Stolzes. Dafür versammeln wir uns, dafür kämpfen wir, dafür sterben wir – hier und im Jenseits; Während die Weisheit von oben vergeblich dasteht und uns den Weg zu irdischen Reichtümern und zum himmlischen Frieden lehrt: „Was verlangt der Herr, dein Gott, von dir, als Gerechtigkeit zu üben, Barmherzigkeit zu lieben und demütig mit dir zu wandeln ? “ Gott?"

BRANTWOOD , *7. März* 1885.

FUSSNOTEN:

[132] Einführung in eine Broschüre mit dem Titel „Wucher und die englischen Bischöfe", oder genauer: „Wucher, seine schädlichen Auswirkungen auf die englische Landwirtschaft und den englischen Handel: Eine Allegorie, die ohne Erlaubnis den Bischöfen von Manchester, Peterborough und Rochester gewidmet ist" (London: A. Southey, 146, Fenchurch Street, 1885). Von RJ Sillar. (Siehe *Fors Clavigera* , Bd. v. Brief 56.) – ED .

[133] „Alles Böse in Europa ist in erster Linie die Schuld seiner Bischöfe."

[134] „Ich wusste bei der Verwendung genau, was Sie meinten." (Anmerkung von Herrn Sillar.)

[135] „Bargeld", hätte ich genauer sagen sollen – nicht „Reichtum".

[136] Die Broschüre von Herrn Sillar besteht aus einer Sammlung von Absätzen, die alle den Wucher verurteilen, aus den Schriften der englischen Bischöfe vom 16. Jahrhundert bis zur Gegenwart; und wird durch fünf symbolträchtige Holzschnitte illustriert, die eine Eiche (englischer Handel) darstellen, die nach und nach von einer Efeupflanze (Wucher) überwuchert und zerstört wird. – ED .

THEOLOGIE.

Hinweise zum Bau von Schafställen.

(Broschüre, 1851.)

Das Gebet des Herrn und die Kirche.

(*Briefe und Epilog* , 1879-1881.)

Die Natur und Autorität des Wunders.

(*Contemporary Review, März* 1873.)

Hinweise zum Bau von Schafställen. [137]

VORWORT (GENANNT „WERBUNG") ZUR ERSTEN AUSGABE.

Viele Leute werden mir wahrscheinlich vorwerfen, dass ich Meinungen veröffentliche, die nicht neu sind; aber ich werde diesen Vorwurf zufrieden ertragen, weil ich glaube, dass Meinungen zu diesem Thema kaum gerecht sein könnten, wenn sie nicht 1800 Jahre alt wären. Andere werden mir vorwerfen, dass ich Vorschläge gemacht habe, die völlig neu sind, denen ich antworten würde, dass die Dinge in diesen Tagen nicht so ganz richtig erscheinen, aber dass sie verbessert werden könnten. Und andere werden die Meinungen einfach als falsch und die Vorschläge als töricht bezeichnen — bei deren Wohlwollen ich, wenn sie es in die Hand nehmen, mir zu widersprechen, das, was ich geschrieben habe, zurücklassen muss —, da sie derzeit keinen Zweck haben, in religiöse Kontroversen verwickelt zu werden. Sollte jedoch jemand die Wahrheit zugeben, aber den Ton dessen, was ich gesagt habe, bereuen, bitten Sie ihn nur, darüber nachzudenken, wie viel weniger Schaden in der Welt durch unanständige Kühnheit angerichtet wird als durch vorzeitige Angst.

DÄNEMARK HILL,
Februar 1851.

VORWORT ZUR ZWEITEN AUFLAGE (1851).

Seit der Veröffentlichung dieser Notizen habe ich viele Briefe über die Angelegenheiten der Kirche von Personen fast aller christlichen Konfessionen erhalten; Für all diese Briefe bin ich dankbar, und in vielen von ihnen habe ich wertvolle Informationen oder Anregungen gefunden; aber ich habe derzeit keine Muße, das Thema weiter zu verfolgen; und es wurde mir kein Grund gezeigt, irgendeinen Teil des Textes in seiner jetzigen Form zu modifizieren oder zu ändern. Es wird daher ohne Änderung oder Ergänzung erneut veröffentlicht.

Ich muss jedoch besonders einem meiner Korrespondenten dafür danken, dass er mir eine Broschüre mit dem Titel „Sektierertum, der Fluch der Religion und der Kirche" [138] geschickt hat, die ich allen, die sich dafür interessieren, wärmstens zur Lektüre empfehlen möchte die Sache Christi; und als Hilfe beim Lesen der Heiligen Schrift möchte ich auch die kurze und bewundernswerte Anordnung paralleler Passagen nennen, die sich auf die Ämter des Klerus beziehen und „Das Zeugnis der Heiligen Schrift über den christlichen Dienst" genannt werden. [139]

VORWORT ZUR DRITTEN (ZWEITE) AUFLAGE.

*Ich muss diesem ersten Vorwort nur hinzufügen, dass die Kühnheit der Broschüre –
zugegebenermaßen recht unanmutig – niemandem Schaden zugefügt hat, soweit ich weiß;
aber im Gegenteil, soweit ich das beurteilen kann, durchaus etwas Gutes; und dass ich das
Ganze jetzt Buchstabe für Buchstabe in der ursprünglich gedruckten Fassung erneut
veröffentliche, da ich glaube, dass es wahrscheinlich immer noch brauchbar und aufgrund
der Argumentationsgrundlage (schriftgemäße Autorität) insoweit unwiderlegbar ist;
Allerdings wundert es mich, als ich es noch einmal lese, dass ich noch im Jahr 1851 nur
so weit gekommen bin, die Spaltung zwischen protestantischen Sekten als kriminell und
lächerlich zu empfinden, während ich die Spaltung zwischen Protestanten und Katholiken
immer noch vermutete tugendhaft und erhaben sein.*

*Der wertvollste Teil des Ganzen ist die Analyse der Regierungen, §§ 213-15; Die
Passagen über die Disziplin der Kirche, §§ 204-5, nehmen auch vieles vorweg, was ich in
Fors zu sagen habe, wo ich hoffe, den Inhalt dieser Broschüre auf breiterer Grundlage und
mit mehr Bescheidenheit zu bekräftigen.*

BRANTWOOD ,
3. August 1875 .

FUSSNOTEN:

[137] Diese Broschüre wurde ursprünglich 1851 unter dem Titel „Notes on
the Construction of Sheepfolds" von John Ruskin, MA, dem Autor der
„Seven Lamps of Architecture" usw., veröffentlicht (Smith, Elder & Co.).
Im selben Jahr folgte eine zweite Auflage mit einem zusätzlichen Vorwort.
Danach blieb die Broschüre vergriffen, bis sie 1875 in einer dritten,
fälschlicherweise als zweite Auflage bezeichneten Auflage nachgedruckt
wurde (George Allen, Sunnyside, Orpington, Kent). .— ED .

[138] London: 1846. Nisbet & Co., Berners Street.

[139] London: 1847. TK Campbell, 1, Warwick Square.

ANMERKUNGEN,

USW., USW.

182. Die folgenden Bemerkungen sollten Teil des Anhangs zu einem Aufsatz über Architektur sein. Als ich sie jedoch geordnet hatte, schien es mir, dass sie für Personen nützlich sein könnten, die kein Interesse daran hatten, das Werk zu besitzen, zu dem sie gehören Ich habe vorgeschlagen, sie beizufügen: Ich veröffentliche sie daher in einer separaten Form; aber ich habe keine Zeit, ihnen mehr Konsequenz zu verleihen, als sie es in der ursprünglich für sie vorgesehenen untergeordneten Position gehabt hätten. Ich behaupte nicht, die Göttlichkeit zu lehren, und ich bitte den Leser, dies zu verstehen und die Unbedeutung und Unzulänglichkeit der Notizen zu verzeihen, die nicht mehr die Absicht haben, ihr Thema zusammenhängend zu behandeln, als ein zufälliges Gespräch regeln könnte. Einige davon sind einfach aus meinem privaten Tagebuch kopiert; andere sind distanzierte Sachverhaltsdarstellungen, die mir bedeutungsvoll oder wertvoll erscheinen, ohne Kommentar; Alle sind in Eile und in den Pausen geschrieben, in denen ich mich mit einem völlig anderen Thema beschäftige. Man könnte mich fragen, ob ich es für richtig halte, so voreilig zu sprechen und die fragliche Angelegenheit nicht ausreichend zu respektieren? Ja. Ich halte es für richtig, hastig zu *sprechen* ; nicht voreilig *denken* . Ich habe nicht voreilig über diese Dinge nachgedacht; und außerdem wird die Eile des Sprechens eingestanden, damit der Leser denken kann, dass ich nur mit ihm spreche und so kurz und einfach, wie ich kann, Dinge sage, die er gerne tun würde, wenn er sie für töricht oder müßig hält beiseite schieben; aber was ich in aller Wahrheit zu diesem Zeitpunkt nicht umhin kann, es zu sagen.

183. Die Passagen des Aufsatzes, die Notizen erforderten, beschrieben die Unterdrückung der politischen Macht des venezianischen Klerus durch den venezianischen Senat; und es wurde für mich notwendig – um eine im Verlauf der Untersuchung aufgestellte Behauptung zu untermauern, dass die Idee der Trennung von Kirche und Staat sowohl eitel als auch gottlos sei –, den Sinn einzuschränken, in dem es mir schien, als würde das Wort „Kirche“ verstanden werden sollten, und die ein oder zwei Konsequenzen zu beachten, die sich aus der Akzeptanz einer solchen Einschränkung ergeben würden. Dies kann ich auch in einem gesonderten Aufsatz tun, der für jeden, der sich für das Thema interessiert, lesbar ist; denn es ist höchste Zeit, sich auf *eine* Definition des Wortes zu einigen. Ich meine damit nicht eine Definition, die sich auf die Lehre dieser oder jener Spaltung der Christen bezieht, sondern die in einer für alle verständlichen Weise den Sinn einschränkt, in dem das Wort von nun an verwendet werden *sollte* . Der gegenwärtige Stand der Dinge bringt erhebliche Unannehmlichkeiten mit

sich. Beispielsweise finde ich in einer kürzlich in Oxford veröffentlichten Predigt eines anti-traktarischen Geistlichen diesen Satz: „Es liegt eindeutig in der Zuständigkeit des Staates, eine nationale *Kirche* oder *eine externe Institution für bestimmte Formen des Gottesdienstes* zu gründen. " Nehmen wir nun an, man würde diese Interpretation des Wortes „Kirche", die von einem Geistlichen aus Oxford gegeben wurde, nehmen und das einfache Wort in einigen Bibeltexten ersetzen, wie zum Beispiel „Dem Engel der äußeren Einrichtung bestimmter Formen von" . Anbetung von Ephesus, schreiben Sie" usw. Oder: „Grüßt die Brüder, die in Laodizea sind, und Nymphas und die äußere Einrichtung bestimmter Formen der Anbetung, die in seinem Haus ist" – was für unangenehme Ergebnisse wir hier und da haben sollten ! Nun behaupte ich nicht, dass es den Menschen möglich ist, in ihren religiösen *Meinungen* einer Meinung zu sein , aber es ist sicherlich möglich, dass sie sich in ihren religiösen *Äußerungen* einig sind ; und wenn ein Wort in der Bibel hundertvierzehn Mal vorkommt, ist es von den konkurrierenden Geistlichen sicherlich nicht zu viel verlangt, es in dem Sinne stehen zu lassen, in dem es dort vorkommt; und wenn sie etwas ausdrücken wollen, wofür es in der Bibel *nicht* steht, verwenden sie ein anderes Wort. Dabei gibt es keinen Kompromiss hinsichtlich der religiösen Meinung; Es ist einfach der gebührende Respekt vor dem Englisch der Königin.

184. Das Wort kommt im Neuen Testament, wie gesagt, hundertvierzehn Mal vor. [140] In jedem dieser Vorkommnisse hat es ein und dieselbe großartige Bedeutung: die einer Versammlung oder Versammlung von Menschen. Aber es trägt diese Bedeutung in vier verschiedenen Modifikationen, die dem Wort vier verschiedene Bedeutungen verleihen. Diese sind-

I. Die gesamte Schar der Auserwählten; sonst Leib Christi genannt; und manchmal die Braut, die Frau des Lammes; einschließlich der Gläubigen aller Zeiten; – Adam und die noch ungeborenen Kinder Adams.

In diesem Sinne wird es in Epheser Vers 25, 27, 32 verwendet; Kolosser i. 18; und mehrere andere Passagen.

II. Die gesamte Menge der bekennenden Gläubigen an Christus, die zu einem bestimmten Zeitpunkt auf der Erde existiert; einschließlich falscher Brüder, Wölfe im Schafspelz, Ziegen und Unkraut sowie Schafe und Weizen und andere Arten von schlechten Fischen mit guten im Netz.

In diesem Sinne wird es in 1 Kor verwendet. X. 32, xv. 9; Galater i. 13; 1 Tim. iii. 5 usw.

III. Die Vielzahl bekennender Gläubiger, die in einer bestimmten Stadt, einem bestimmten Ort oder einem bestimmten Haus leben. Dies ist die häufigste Bedeutung, in der das Wort vorkommt, wie in Apostelgeschichte VII. 38, xiii. 1; 1 Kor. ich. 2, xvi. 19 usw.

IV. Jede Versammlung von Menschen: wie in Apostelgeschichte XIX. 32, 41.

185. Dass das Wort in einhundertzwölf der hundertvierzehn Texte eine dieser vier Bedeutungen hat, ist unbestreitbar. [141] Aber es gibt zwei Texte, in denen, wenn das Wort allein vorgekommen wäre, seine Bedeutung möglicherweise zweifelhaft gewesen wäre. Das sind Matt. xvi. 18 und xviii. 17.

Die Absurdität, irgendeine Lehre auf die unbeschreiblich unbedeutende Möglichkeit zu gründen, dass das Wort in diesen beiden Texten mit einer anderen Bedeutung verwendet worden sein könnte als die, die es in allen anderen hatte, verbunden mit der Annahme, dass die Bedeutung diese oder jene sei, ist selbstverständlich: Es handelt sich nicht so sehr um einen religiösen Irrtum als vielmehr um einen philologischen Solezismus; Soweit ich weiß, gibt es in keiner anderen Wissenschaft als der der Göttlichkeit ihresgleichen.

Ich glaube auch nie, dass Protestanten es mit offener Front begangen haben. Kein englischer Geistlicher, der direkt nach einer biblischen Definition von „der Kirche“ gefragt wird, wäre vermutlich mutig genug, mit „der Klerus“ zu antworten. Der allgemeine Gebrauch des Wortes schadet auch nicht, es muss nur deutlich verstanden werden, dass es sich nicht um das biblische Wort handelt; und daher nicht für die Ersetzung in einem Bibeltext geeignet. Es ist nicht schädlich, wenn ein Mann davon spricht, dass sein Sohn „in die Kirche geht“, was bedeutet, dass er Befehle entgegennehmen wird. Aber es ist sehr schädlich, wenn er annimmt, dass dies eine biblische Verwendung des Wortes ist und dass dies daher der Fall ist, als Christus sagte „Erzähl es der Kirche“, könnte er möglicherweise gemeint haben: „Erzähl es dem Klerus.“

186. Es ist an der Zeit, der Gefahr solcher Missverständnisse ein Ende zu setzen. Es sei nur von allen Menschen klar erklärt, dass sie, wenn sie beginnen, ihre Meinung zu kirchlichen Angelegenheiten zu äußern, das Wort „Kirche“ in der einen oder anderen Bedeutung verwenden werden – dass sie die Bedeutung, in der es verwendet wird, akzeptieren werden oder dass sie diesen Sinn leugnen und eine eigene neue Definition vorschlagen. Wir werden dann wissen, worum es ihnen geht – wir können ihnen vielleicht die neue Verwendung des Begriffs gestatten und mit ihnen über dieses Verständnis diskutieren; nur dass sie nicht vorgeben, von der Autorität der Heiligen Schrift Gebrauch zu machen, während sie sich weigern, die Sprache der Heiligen Schrift zu verwenden. Dies ist jedoch derzeit nicht meine

Absicht. Ich möchte nur diejenigen ansprechen, die bereit sind, die apostolische Bedeutung des Wortes Kirche zu akzeptieren; und mit ihnen möchte ich in Kürze versuchen herauszufinden, welche Konsequenzen sich aus der Annahme dieses apostolischen Sinnes ergeben müssen und was unsere ersten und notwendigsten Schlussfolgerungen aus der gemeinsamen Sprache der Heiligen Schrift [142] in Bezug auf die folgenden Punkte sein müssen:

(1) Die besonderen Charaktere der Kirche,
(2) Die Autorität der Kirche. (3) Die Autorität des Klerus über die Kirche.
(4) Die Verbindung der Kirche mit dem Staat.

187. Dabei handelt es sich um vier verschiedene Fragestellungen; aber wir müssen diese Fragen nicht nacheinander mit jeder der vier biblischen Bedeutungen des Wortes Kirche stellen, denn offensichtlich können seine zweite und dritte Bedeutung zusammen betrachtet werden, da sie lediglich die allgemeinen oder besonderen Bedingungen der sichtbaren Kirche und der sichtbaren Kirche zum Ausdruck bringen Die vierte Bedeutung ist völlig unabhängig von allen Fragen religiöser Art. Daher werden wir die oben genannten Fragen nur nacheinander in Bezug auf die unsichtbare und die sichtbare Kirche stellen; und da sich die beiden letzten – die Autorität des Klerus und die Verbindung mit dem Staat – offensichtlich nur auf die sichtbare Kirche beziehen können, müssen wir insgesamt diese sechs Fragen berücksichtigen:

(1) Die besonderen Charaktere der Unsichtbaren Kirche.
(2) Die besonderen Charaktere der Sichtbaren Kirche. (3) Die Autorität der Unsichtbaren Kirche. (4) Die Autorität der Sichtbaren Kirche, (5) Die Autorität des Klerus über die Sichtbare Kirche. (6) Die Verbindung der Sichtbare Kirche mit dem Staat.

188. (1) Was sind die charakteristischen Merkmale der Unsichtbaren Kirche? Das heißt: Was macht einen Menschen zu einem Mitglied dieser Kirche, und wie kann er dafür bekannt sein? Große Frage – ob wir alles zur Kenntnis nehmen müssten, was darüber geschrieben wurde, so bemerkenswert es schon immer eher wegen seiner Quantität als wegen seiner Sorgfalt war und voller Verwirrung zwischen Sichtbar und Unsichtbar: Sogar der Artikel der Church of England ist darin nicht eindeutig der erste Satz lautet: „Die *sichtbare* Kirche ist eine Gemeinde gläubiger Männer." Als ob es ohne Gott jemals möglich gewesen wäre, den Glauben zu sehen oder einen treuen Menschen durch das Sehen zu erkennen! Und es gibt kaum etwas anderes zu dieser Frage geschrieben, ohne dass es zu einer so schnellen Verwirrung der sichtbaren und unsichtbaren Kirche gekommen wäre – unnötige und unerklärliche Verwirrung. Denn offensichtlich ist die Kirche, die aus gläubigen Menschen besteht, die einzig wahre, unteilbare und

ununterscheidbare Kirche, die auf dem Fundament der Apostel und Propheten errichtet wurde, wobei Jesus Christus selbst der wichtigste Eckstein ist. Es umfasst alle, die jemals in Christus entschlafen sind, und alle noch Ungeborenen, die in Ihm gerettet werden sollen: Sein Körper ist noch unvollkommen; es wird nicht vervollkommnet sein, bis der letzte gerettete menschliche Geist zu seinem Gott versammelt ist.

Ein Mensch wird nur dann Mitglied dieser Kirche, wenn er von ganzem Herzen an Christus glaubt. Auch ist er, wenn er es geworden ist, von niemandem außer Gott eindeutig als Mitglied erkennbar, nicht einmal von ihm selbst. Dennoch gibt es bestimmte Anzeichen, anhand derer man die Schafe Christi erraten kann. Nicht dadurch, dass sie sich in einer bestimmten Herde befinden – denn viele sind zeitweise verlorene Schafe; sondern durch ihr schafähnliches Verhalten; und sehr viele sind tatsächlich Schafe, die wir auf der anderen Bergseite in ihrer Friedlichkeit für Steine halten. Für sie selbst besteht der beste Beweis dafür, dass sie Christi Schafe sind, darin, sich auf den Schultern Christi wiederzufinden; und zwischen ihnen bestehen bestimmte Sympathien (im Apostolischen Glaubensbekenntnis durch den Begriff „Gemeinschaft der Heiligen" ausgedrückt), durch die sie sich gewissermaßen erkennen und so füreinander zum gegenseitigen Trost sichtbar werden können.

189. (2) Die Grenzen der sichtbaren Kirche oder der Kirche im zweiten biblischen Sinne sind nicht so einfach zu definieren: Es handelt sich hierbei um heikle Fragen von Pfahlnetzen. Es wurde auf geniale und plausible Weise versucht, die Taufe zu einem Zeichen der Aufnahme in die sichtbare Kirche zu machen: aber absurd genug; denn wir wissen, dass die Hälfte der getauften Menschen auf der Welt offensichtliche Schurken sind, die weder an Gott noch an den Teufel glauben; und es ist glatte Blasphemie, diese sichtbaren Christen zu nennen; Wir wissen auch, dass der Heilige Geist manchmal vor der Taufe gegeben wurde, [143] und es wäre absurd, einen Mann, auf den der Heilige Geist gefallen war, einen unsichtbaren Christen zu nennen. Die einzige rationale Unterscheidung ist die, die wir praktisch, wenn auch nicht angeblich, immer annehmen. Wenn wir hören, wie ein Mann sich als Gläubiger an Gott und Christus bekennt, und dabei feststellen, dass er keine offensichtliche und vorsätzliche Verletzung des Gesetzes Gottes begangen hat, sprechen wir von ihm als einem Christen; und wenn wir andererseits hören oder sehen, wie er Christus leugnet, sei es in seinen Worten oder in seinem Verhalten, gehen wir stillschweigend davon aus, dass er kein Christ ist. Eine rührselige Nächstenliebe hält uns davon ab, in dieser Angelegenheit offen zu sprechen und uns ernsthaft darum zu bemühen, zu unterscheiden, wer Christen sind und wer nicht; und dies halte ich für eine der Hauptsünden der Kirche in der heutigen Zeit; denn so werden böse Menschen nicht beschämt; und bessere Menschen werden durch das Beispiel derer, die sie aus falscher

Nächstenliebe Christen nennen, in ihren Fehlern ermutigt oder in ihren Tugenden zurückgewiesen. Wenn man nun zugibt, dass es unmöglich ist, mit Sicherheit zu wissen, wer tatsächlich Christen sind, ist das kein Grund für völlige Nachlässigkeit bei der Unterscheidung zwischen dem Namens-, Schein- oder möglichen Christen und dem angeblichen Heiden oder Feind Gottes. Wir verbringen viel Zeit damit, über die Wirksamkeit von Sakramenten und anderen Geheimnissen zu streiten. aber wir handeln nicht nach den ganz bestimmten Tests, die klar und sichtbar sind. Wir wissen, dass das Volk Christi keine Diebe – keine Lügner – keine Wichtigtuer – nicht unehrlich – nicht geizig – nicht verschwenderisch – nicht grausam ist. Halten wir uns dann von Dieben – Lügnern – verschwenderischen Menschen – Geizigen – Betrügern – Menschen fern, die ihre Schulden nicht bezahlen. Versichern wir ihnen, dass sie zumindest nicht der sichtbaren Kirche angehören; und nachdem diese Kirche auf diese Weise in eine anständige Form und einen angemessenen Zusammenhalt gebracht wurde, wird es an der Zeit sein, darüber nachzudenken, die Pfahlnetze enger zu spannen.

Ich halte es für ein Gesetz, das für den gesunden Menschenverstand greifbar ist und an dessen Umsetzung nichts als die Feigheit und Treulosigkeit der Kirche hindert, dass die Verurteilung wegen unehrenhaftem Verhalten oder vorsätzlichem Verbrechen, wegen Betrug, Unwahrheit, Grausamkeit usw. erforderlich ist Gewalt sollte Grund für die Exkommunikation eines jeden Menschen sein: – wegen seiner öffentlich erklärten Trennung von der anerkannten Körperschaft der Sichtbaren Kirche: und dass er dort nicht wieder aufgenommen werden sollte, ohne sein Verbrechen öffentlich zu bekennen und seine Reue zu erklären. Wenn dies energisch durchgesetzt würde, hätten wir bald eine größere Reinheit des Lebens in der Welt und weniger Diskussionen über hohe und niedrige Kirchen. Aber bevor wir eine Vorstellung davon bekommen können, wie ein solches Gesetz durchgesetzt werden könnte, müssen wir uns mit dem zweiten Aspekt befassen, der die Autorität der Kirche betrifft. Nun hat die Autorität eine zweifache Bedeutung: sie soll die Lehre verkünden und Disziplin durchsetzen; und wir müssen daher in jeder Art nachfragen:

190. (3) Welche Autorität hat die Unsichtbare Kirche? Offensichtlich müssen alle Mitglieder der Unsichtbaren Kirche in Fragen der Lehre zum Zeitpunkt ihres Todes in den für die Erlösung wesentlichen Punkten Recht gehabt haben und auch immer haben. Aber (A) wir können nicht sagen, wer Mitglieder der Unsichtbaren Kirche *sind*.

(B) Wir können keine Beweise von Sterbebetten in klar dargelegter Form sammeln.

(C) Wir können Beweise, in welcher Form auch immer, nur von ein oder zwei von jedem tausend versiegelten Mitglied der Unsichtbaren Kirche sammeln. Elia dachte, er sei allein in Israel; und doch waren siebentausend Unsichtbare um ihn herum. Gewähren Sie, dass wir Elias Intelligenz hatten; und wir konnten nur damit rechnen, ein Siebentausendstel der Beweise oder Meinungen des zu einem bestimmten Zeitpunkt auf der Erde lebenden Teils der Unsichtbaren Kirche zu sammeln: das heißt, das Siebenmillionstel oder Billionstel ihrer kollektiven Beweise. Es ist daher ganz klar, dass wir nicht hoffen können, durch eine allgemeine Gleichung die widersprüchlichen Meinungen loszuwerden und die konsistenten Meinungen beizubehalten. Es wurde jedoch gesagt, dass dies keine widersprüchlichen Meinungen seien; Die Kirche ist unfehlbar. Wenn ich mich recht erinnere, wurde in dem Brief von Herrn Bennett an den Bischof von London von der Unfehlbarkeit der Kirche gesprochen. Wenn eine Kirche unfehlbar ist, dann ist sie mit Sicherheit die unsichtbare Kirche oder der Leib Christi: und unfehlbar im Hauptsinn muss sie natürlich ihrer Definition nach sein. Eine auserwählte Person muss gerettet werden und kann daher letztendlich nicht in wesentlichen Punkten getäuscht werden: So sagt Christus über die Täuschung eines solchen: „Wenn es *möglich wäre* “, was bedeutet, dass es unmöglich ist. Deshalb, wie wir sagten, wenn man die unterschiedlichen Meinungen der Mitglieder der Unsichtbaren Kirche loswerden könnte, wären die konstanten Meinungen sicherlich maßgebend; aber aus den drei oben genannten Gründen können wir nicht an ihre konstanten Meinungen herankommen: und wie Für die Gefühle und Gedanken, die sie täglich erleben oder zum Ausdruck bringen, ist die Frage der Unfehlbarkeit – die nur in dieser Hinsicht praktisch ist – bald geklärt. Beachten Sie, dass der heilige Paulus und der Rest der Apostel fast alle ihre Briefe an die unsichtbare Kirche schreiben: – Diese Briefe tragen die Überschrift: „An die Geliebten Gottes, die berufen sind, Heilige zu sein“; 1. Korinther: „An denen, die in Christus Jesus geheiligt sind; „2. Korinther: „An die Heiligen in ganz Achaia“; Epheser: „An die Heiligen, die in Ephesus sind, und an die Gläubigen in Christus Jesus;“ Philipper: „An alle Heiligen, die in Philippi sind;“ Kolosser: „An die Heiligen und treuen Brüder, die in Kolossä sind“; 1. und 2. Thessalonicher: „An die Kirche der Thessalonicher, die in Gott, dem Vater, und dem Herrn Jesus ist;“ 1. und 2. Timotheus: „An seinen eigenen Sohn im Glauben;“ Titus an denselben; 1. Petrus: „Den Fremden, Auserwählte nach dem Vorherwissen Gottes“; 2. Petrus: „Denen, die mit uns einen gleich kostbaren Glauben erworben haben.“ 2. Johannes: „An die Auserwählte;“ Judas: „Denen, die von Gott, dem Vater, geheiligt und in Jesus Christus bewahrt und berufen sind.“

191. Es gibt somit fünfzehn Briefe, die ausdrücklich an die Mitglieder der Unsichtbaren Kirche gerichtet sind. Philemon und Hebräer sowie 1. und 3.

Johannes sind offensichtlich ebenfalls so geschrieben, wenn auch nicht so ausdrücklich. Das des Jakobus und das der Galater gelten ebenso offensichtlich für die sichtbare Kirche: das eine ist allgemein und das andere für Personen, die „von dem entfernt sind, der sie berufen hat". Wenn wir daher diese beiden Briefe weglassen, aber die Worte Christi an seine Jünger einbeziehen, finden wir in den biblischen Ansprachen an die Mitglieder der Unsichtbaren Kirche vierzehn, wenn nicht mehr, direkte Aufforderungen, „sich nicht täuschen zu lassen". [145] So viel zur „Unfehlbarkeit der Kirche".

Nun könnte man den Puseyismus geduldiger ertragen, wenn seine Trugschlüsse lediglich aus eigentümlichen Temperamenten resultierten, die besonderen Versuchungen nachgaben. Aber seine kühne Weigerung, einfaches Englisch zu lesen; seine aufwändige Anpassung enger Bandagen über seinen eigenen Augen, als gesunde Vorbereitung für einen Spaziergang zwischen Fallen und Fallgruben; sein kühnes Vertrauen in sein eigenes Hellsehen zu jeder Zeit und seine Erklärungen, dass jede Grube, in die es fällt, ein siebter Himmel sei; und dass es angenehm und nützlich ist, sich die Beine zu brechen; – bei alledem ist es schwierig, Geduld zu haben. Man denkt an den Straßenräuber mit geschlossenen Augen in „1001 Nacht"; und fragt sich, ob irgendeine Art von Geißelung den anglikanischen Straßenräuber dazu bringen würde, „zuerst das eine und dann das andere" zu öffnen.

192. (4) So viel also, ich wiederhole, zur Unfehlbarkeit der *sichtbaren* Kirche und zu ihrer daraus resultierenden Autorität. Wenn wir nun herausfinden wollen, welche Unfehlbarkeit und Autorität es in der sichtbaren Kirche gibt, müssen wir die geringe Weisheit und das geringe Gewicht der unsichtbaren Christen mit dem großen Prozentsatz der falschen Weisheit und dem gegensätzlichen Gewicht der unentdeckten Antichristen verbinden. Welche Legierung bildet die aktuelle Münze der Meinungen in der Sichtbaren Kirche und hat den Wert, den wir – wenn seine Natur richtig geprüft wird – ihm beimessen können?

Daher gibt es in Fragen der Lehre *keine* Autorität der Kirche. Wir könnten genauso gut von der Autorität einer Morgenwolke sprechen. Es mag Licht *darin sein* , aber das Licht ist nicht von ihm; und es verringert das Licht, das es bekommt; und lässt weniger davon durch, als es aufnimmt, da Christus seine Sonne ist. Oder wir könnten genauso gut von der Autorität einer Schafherde sprechen – denn die Kirche ist eine Körperschaft, die gelehrt und genährt wird, nicht um zu lehren und zu weiden; und von allen Schafen, die auf der Erde gefüttert werden, sind die Schafe Christi die meisten einfach (die Kinder dieser Generation sind klüger): sich immer selbst verlieren; Sie tun kaum etwas anderes auf dieser Welt , *als* sich selbst zu verlieren; sie finden sich nie wieder. immer von jemand anderem gefunden; Ständig in Sümpfe, Schnee und Brombeerdickicht geratend, sterben sie dort gern, wenn nicht ihr

Hirte sie für immer findet und zurückträgt, mit zerrissenen Vliesen und Augen voller Angst.

193. Welche Autorität hat die Kirche dann in Fragen der Disziplin, da sie in Sachen Lehre keine Autorität hat?

Viel, in jeder Hinsicht. Die Schafe haben die natürliche und gesunde Fähigkeit (wie weit sie auch von ihrem eigentlichen Stall entfernt sein mögen), sich in geordneten Gruppen zusammenzuschließen; Sie folgen einander auf ausgetretenen Schafspfaden und halten ihre Köpfe in eine Richtung, wenn sie fremde Hunde kommen sehen. sowie jeden aus ihrer Gesellschaft auszuschließen, von dem sie Grund zu der Annahme haben, dass er keine guten Schafe ist und nichts Gutes unter ihnen ist. All diese Dinge müssen je nach Zeit und Ort und im gegenseitigen Einvernehmen erfolgen. Ein Weg kann zu einer Tageszeit gut sein, zu einer anderen jedoch schlecht, oder nach einem Windwechsel; und eine Position kann für eine plötzliche Verteidigung sehr gut sein, die für den Einmarsch sehr steif und umständlich wäre. Und häufig muss man sich auf die eine oder andere Kompanie auf diesem oder jenem Hügel, in dieser oder jener besonderen Gefahr einig sein – nicht auf die eine oder andere alle Schafe der Welt: und die Zustimmung kann entweder buchstäblich allgemein sein und in der Versammlung zum Ausdruck gebracht werden, oder es kann darin bestehen, Beamte über den Rest zu ernennen, mit diesem oder jenem Vertrauen der gemeinsamen Autorität, um zum gemeinsamen Vorteil eingesetzt zu werden. Die Verurteilung wegen Verbrechen und beispielsweise die Exkommunikation konnten nur vor oder durch Beamte einer ernannten Autorität durchgeführt werden.

194. (5) Dies bringt uns dann zu unserer fünften Frage. Welche Autorität hat der Klerus über die Kirche?

Der erste Satz der Frage muss offensichtlich lauten: „Wer *sind* die Geistlichen?" Und es ist nicht einfach, dies zu beantworten, ohne den Rest der Frage zu stellen.

Ich glaube zum Beispiel, dass ich einige Leute antworten hören kann, dass es beim Klerus drei Arten von Menschen gibt: Bischöfe, die die Kirche überwachen; Priester, die Opfer für die Kirche bringen; Diakone, die der Kirche dienen: Sie gehen also in ihrer Antwort davon aus, dass die Kirche *für sie* geopfert werden soll und dass das Volk sie nicht gleichzeitig übersehen und ihr dienen kann – was viel zu schnell geht. Ich denke jedoch, wenn wir den Klerus als die „geistlichen Amtsträger der Kirche" definieren – also mit Amtsträgern lediglich Amtsträger meinen –, werden wir zunächst einen Titel haben, der sicher und allgemein genug ist und auch entspricht , ziemlich gut, mit dem allgemeinen Ausdruck des heiligen Paulus προ ἰ σταμ ἐ νοι, in Rom. xii. 8 und 1 Thess. V. 13.

Was nun diese geistlichen Beamten oder Amtsträger betrifft, müssen wir uns zunächst fragen: Welches Amt oder welche Autorität haben sie? Zweitens: Wer hat ihnen diese Autorität gegeben oder sollte sie geben? Das heißt erstens: Was ist die *Art* ihres Amtes oder sollte es sein? und zweitens: Wie *groß* oder wie stark ist ihre Autorität darin? denn letzteres hängt hauptsächlich von seiner Ableitung ab.

195. Was sollten nun die Ämter und die Autorität des Klerus sein?

Bisher habe ich mich auf die Bibel berufen, um auf jede Frage eine Antwort zu finden. Ich mache es noch einmal; und siehe, die Bibel gibt mir keine Antwort. Ich fordere Sie auf, mir aus der Bibel zu antworten. Was die Ämter des Klerus im ersten Jahrhundert *waren , kann man nur vermuten und vage vermuten.* Du kannst mir keinen einzigen Befehl zeigen, was sie sein sollen. Seltsam, das; Auf eine so scheinbar wichtige Frage gibt die Bibel keine Antwort! Gott hätte sein Wort sicherlich nicht verlassen, ohne eine Antwort auf alles zu geben, was seine Kinder fragen sollten. Sicherlich muss es eine lächerliche Frage sein – eine Frage, die wir niemals hätten stellen oder auf die Idee kommen dürfen, sie zu stellen. Denken wir noch einmal darüber nach. Gewiss – es *ist* eine lächerliche Frage, und wir sollten uns schämen, sie gestellt zu haben: – Was sollten die Ämter des Klerus sein? Das heißt: Was sind die möglichen geistlichen Bedürfnisse, die jederzeit in der Kirche entstehen können, und durch welche Mittel und Menschen sollen sie gedeckt werden? – offenbar eine unendliche Frage. Unterschiedliche Arten von Bedürfnissen müssen von unterschiedlichen Behörden gedeckt werden, die je nach Bedarf gebildet werden. Robinson Crusoe will auf seiner Insel keinen Bischof und lässt für einen Evangelisten ein Gewitter genügen. Ohne ihren Bischof würde es der Universität Oxford schlecht gehen; will aber außerdem einen Evangelisten; und das sofort. Die Autorität, die die Waadtländer Hirten brauchen, kommt von Barnabas, dem Sohn des Trostes; Die Autorität, die die Stadt London braucht, kommt von James, dem Sohn des Donners. Lassen Sie uns dann die Form unserer Frage ändern und sie so an die Bibel richten: Welche Notwendigkeiten werden am wahrscheinlichsten in der Kirche entstehen? Und können sie am besten von verschiedenen Männern erfüllt werden oder größtenteils von denselben Männern, die in unterschiedlichen Funktionen handeln? Und sind die mit ihren Ämtern verbundenen Namen von Bedeutung? Ah, die Bibel antwortet jetzt, und das laut. Die Kirche ist auf dem Fundament der Apostel und Propheten errichtet, wobei Jesus Christus selbst der Eckstein ist. Also; Wir können nicht zwei Grundlagen haben, also können wir keine Apostel und Propheten mehr haben. Was dann die anderen Bedürfnisse der Kirche bei ihrer Erbauung auf dieser Grundlage betrifft, so gibt es täglich allerlei Dinge zu tun; Zurechtweisungen zu geben ; Trost soll gebracht werden; Zu erklärende Schriftstelle; Warnung, die durchgesetzt werden muss; Drohungen mit der Hinrichtung; Zu verwaltende Wohltätigkeitsorganisationen; und die Männer, die diese Dinge tun, werden Diakone, Bischöfe, Älteste, Evangelisten genannt und nennen sich selbst mit völliger Gleichgültigkeit, je nachdem, was sie zum Zeitpunkt des Redens tun. Der heilige Paulus nennt sich fast immer Diakon, der heilige Petrus nennt sich Ältester, 1. Petrus v. 1; und Timotheus, der im Allgemeinen als Bischof bezeichnet wird, wird in 1. Tim als Diakon bezeichnet. iv. 6 – in Vers 1 ist es verboten, einen Ältesten zurechtzuweisen, und in 2. Tim wird er dazu ermahnt, die Arbeit eines Evangelisten zu tun. iv. 5. Aber es gibt eine Sache, die sie als Offiziere oder als vom Rest der Herde getrennte Personen *niemals* nennen würden – die es unmöglich gewesen wäre, sich als so getrennte Personen jemals zu *nennen* ; das heißt – *Priester*.

196. Es wäre für den Klerus der frühen Kirche ebenso möglich gewesen, sich Leviten zu nennen, wie sich (von Amts wegen) Priester zu nennen. Die gesamte Funktion des Priestertums wurde am Weihnachtsmorgen auf einmal und für immer in Seiner Person vereint, die in Bethlehem geboren wurde; und von da an alle, die mit Ihm verbunden sind und mit Ihm Opfer darbringen; das heißt, alle Mitglieder der Unsichtbaren Kirche werden im Augenblick ihrer Bekehrung Priester; und werden in 1. Petrus II. so genannt. 5 und Rev. i. 6 und xx. 6, wo, beachten Sie, es keine Möglichkeit gibt, den Ausdruck auf den Klerus zu beschränken; Die Bedingungen für das Priestertum bestehen lediglich darin, dass man von Christus geliebt und in seinem Blut gewaschen wurde. Der blasphemische Anspruch des Klerus, *mehr* Priester zu sein als die frommen Laien – das heißt, eine höhere Heiligkeit zu haben als die Heiligkeit, eins mit Christus zu sein –, ist insgesamt eine romanistische Häresie, die man hinterherschleppt oder hat sein Ursprung liegt in den anderen Häresien bezüglich der Opferkraft des Kirchenbeamten und seiner Wiederholung der Opfergabe Christi und seiner Macht, von Sünden zu befreien: – mit all den anderen endlosen und erbärmlichen Unwahrheiten der päpstlichen Hierarchie; Unwahrheiten, für die der Heilige Geist, damit es keinen Schatten einer Entschuldigung gebe, angeordnet hat, dass sich kein christlicher Pfarrer von einem Ende des Neuen Testaments zum anderen jemals Priester nennen darf, außer zusammen mit seiner Herde; Und so weit entfernt, dass den Aposteln jemals die Idee einer besonderen Heiligung, die dem Klerus zusteht, jemals in den Sinn kam, sehen wir, dass der heilige Paulus sich tatsächlich gegen die mögliche Unterstellung von Minderwertigkeit verteidigt: „Wenn jemand sich darauf verlässt, dass er Christus angehört, Er soll bei sich selbst noch einmal darüber nachdenken, dass, wie er Christus gehört, auch wir Christus gehören" (2. Korinther 10,7).

Was die unglückliche Beibehaltung des Begriffs „Priester" in unserem englischen Gebetbuch betrifft, solange man darunter nichts anderes als einen höheren Rang eines Kirchenbeamten versteht, der die Erlaubnis hat, der Gemeinde vom Lesepult aus zu sagen, was (für den Rest) Man könnte meinen, sie hätten gewusst, ohne dass es ihnen gesagt wurde – dass „Gott allen vergibt, die wirklich Buße tun" – es war wenig Schaden daran; Aber jetzt, da dieser Orden des Klerus anfängt, sich einen Titel anzumaßen, der, wenn er überhaupt etwas bedeutet, einfach die Abkürzung für „Presbyter" ist und nicht mehr mit dem Wort „Hiereus" als mit dem Wort „Levite" zu tun hat, ist es an der Zeit, dass einige Die Bestellung sollte sowohl beim Buch als auch beim Klerus erfolgen. Zum Beispiel finden wir in dieser gefährlichen Verbindung von stockender Poesie und hohler Göttlichkeit, die „Lyra Apostolica" genannt wird, viele Verse über die Sünde Korahs und seiner Gesellschaft: mit angedeuteten Parallelen zwischen der christlichen und der levitischen Kirche und der Drohung, dass es „ Urteilsfeuer, für die hochstimmigen Korahs ihrer Zeit." Es gibt tatsächlich solche Brände. Aber als Moses sagte: „Einen Propheten wird der Herr euch erwecken wie mich", meinte er dann den Schriftsteller, der in der „Lyra Apostolica" mit γ unterschreibt? Das Amt des Gesetzgebers und Priesters ist nun für immer in einem Mittler zwischen Gott und den Menschen zusammengefasst; und SIE sind der Sünde Korahs schuldig, die sich blasphemisch seiner Mittlerschaft anschließen würden.

197. Was die Passagen in der „Ordnung der Priester" und in der „Heimsuchung" betrifft, die sich auf die Absolution beziehen, so sind sie offensichtlich reiner Romanismus und könnten genauso gut nicht dort sein, da sie eine praktische Wirkung auf das Gewissen der Laien haben ; und es wäre viel besser, nicht dort zu sein, was ihre Wirkung auf die Geister des Klerus betrifft. Es ist in der Tat wahr, dass Christus seinen Aposteln erlösende Vollmachten versprach: Er versprach denen, die glaubten, auch, dass sie Schlangen aufnehmen sollten; und wenn sie etwas Tödliches tranken, sollte es ihnen nicht schaden. Seine Worte wurden buchstäblich erfüllt; aber diejenigen, die ihre Macht über die apostolischen Zeiten hinaus ausdehnen wollen, müssen beide Versprechen oder keines von beiden aussprechen.

Obwohl die protestantischen Laien jedoch oft die freisprechende Macht ihres Klerus nicht anerkennen, neigen sie nur allzu dazu, in gewisser Weise dem Eindruck ihrer größeren Heiligung nachzugeben; und daraus ergibt sich sofort die unglückliche Konsequenz, dass der heilige Charakter des Laien selbst vergessen wird und seine eigene Amtspflicht vernachlässigt wird. Männer, die kein Amt in der Kirche innehaben, halten sich aus diesem Grund für eine Art unheilig; und dass sie deshalb mit mehr Entschuldigung sündigen und mit weniger Gefahr müßig oder gottlos sein können als der Klerus; insbesondere betrachten sie sich von allen Ministerfunktionen entbunden und als berechtigt, ihre ganze Zeit und Energie dem Geschäft dieser Angelegenheit zu widmen Welt. Kein Fehler kann größer sein. Jedes Mitglied der Kirche ist gleichermaßen an den Dienst des Oberhauptes der Kirche gebunden; und dieser Dienst dient in erster Linie der Rettung von Seelen. Es gibt keinen Augenblick im aktiven Leben eines Menschen, in dem er nicht indirekt predigt; und während eines großen Teils seines Lebens sollte er *direkt* predigen und sowohl Fremde als auch Freunde belehren; seine Kinder, seine Diener und alle, die ihm in irgendeiner Weise unterstellt sind, werden ihm als besondere Gegenstände seines Dienstes gegeben. Der einzige Unterschied zwischen einem Kirchenbeamten und einem Laienmitglied besteht also darin, dass ersterer entweder ein größeres Maß an Autorität erhält, da er offenbar ein weiserer und besserer Mann ist, oder dass eine besondere Ernennung zu einem Amt erfolgt, das von einer Person leichter ausgeübt werden kann als von vielen: wie zum Beispiel die Tischbedienung durch die Diakone; wobei die Autorität oder Ernennung in beiden Fällen üblicherweise durch eine deutliche Trennung vom Rest der Kirche und das Privileg oder die Macht [146] gekennzeichnet ist, vom Rest der Kirche aufrechterhalten zu werden, ohne gezwungen zu sein, mit seinen Händen zu arbeiten, oder sich mit irgendwelchen zeitlichen Sorgen belasten.

198. Wenn wir nun das Servieren von Tischen und andere derartige Pflichten, über die es keine Debatte gibt, außer Frage stellen, werden wir feststellen, dass die Ämter des Klerus, wie auch immer wir diejenigen nennen mögen, die sie ausüben, hauptsächlich fallen in zwei große Köpfe: – Lehre; einschließlich Lehre, Warnung und Trost: Disziplin; einschließlich Tadel und direkter Strafvollstreckung. Jede dieser Funktionen würde auf natürliche Weise einzelnen Personen unter Ausschluss anderer übertragen, und zwar aus reiner Bequemlichkeit: ob diese Personen klüger und besser als andere waren oder nicht; und bezüglich jedes dieser Punkte und der für seine ordnungsgemäße Ausführung erforderlichen Befugnisse muss eine kurze gesonderte Anfrage gestellt werden.

199. I. Lehren. – Es erscheint natürlich und weise, dass bestimmte Männer vom Rest der Kirche abgesondert werden, damit sie die Theologie zum Studium ihres Lebens machen können, und dass sie dazu besonders in der hebräischen und griechischen Sprache unterrichtet werden ; und ihnen wird völlige Muße gewährt, um die Heiligen Schriften zu studieren und allgemeine Kenntnisse über die Grundlagen des Glaubens und die besten Methoden zu seiner Verteidigung gegen alle Ketzer zu erlangen; und es scheint offensichtlich auch richtig, dass mit dieser scholastischen Pflicht eine Verbindung verbunden werden sollte die pastorale Pflicht, die Menschen ständig zu besuchen und zu ermahnen; Denn offensichtlich können die Bibel und die Wahrheiten der Göttlichkeit im Allgemeinen nur in ihrer praktischen Anwendung richtig verstanden werden; Und natürlich muss ein Mann, der

seine Zeit ständig mit geistlichen Diensten verbringt, bei jeder Gelegenheit besser in der Lage sein, kraftvoll mit dem menschlichen Herzen umzugehen, als jemand, der in solchen Angelegenheiten ungeübt ist. Die Einheit von Wissen und Liebe, beide völlig dem Dienst Christi und seiner Kirche gewidmet, zeichnet den wahren christlichen Geistlichen aus; Ich glaube, dass er, wann immer er existierte, es nie versäumt hat, die gebührende und gebührende Verehrung von allen Menschen zu erhalten – ganz gleich, welchen Charakters oder welche Meinung sie auch haben mögen; und ich glaube, wenn alle, die behaupten, solche zu sein, tatsächlich solche wären, gäbe es nie mehr Zweifel an ihrer Autorität.

200. Aber welchen Einfluss sie auch auf die Kirche haben mögen, ihre Autorität ersetzt niemals die des Intellekts oder des Gewissens der einfachsten ihrer Laienmitglieder. Sie können diesen Mitgliedern bei der Suche nach der Wahrheit helfen oder ihren übermüdeten und zweifelnden Geist trösten; Sie können ihnen sogar versichern, dass sie der Wahrheit im Weg stehen oder dass Vergebung in ihrer Reichweite liegt; aber sie können weder die Wahrheit offenbaren noch die Vergebung gewähren. Die Wahrheit muss jeder für sich entdecken und Vergebung erlangen. Dies geht aus unzähligen Texten der Heiligen Schrift hervor, vor allem aber aus denen, die jeden Menschen dazu ermahnen, nach der Wahrheit zu suchen, und die Wissen mit Handeln verbinden. Wir sollen nach Wissen streben wie nach Silber und danach suchen wie nach verborgenen Schätzen; Daher muss sie vor jedem Mann natürlich verborgen bleiben, und ihre Entdeckung darf nur der Lohn persönlicher Suche sein. Das Reich Gottes ist wie ein Schatz, der auf einem Feld verborgen ist; und von denen, die vorgeben, uns bei der Suche danach zu helfen, dürfen wir nicht auf diejenigen vertrauen, die sagen: „Hier ist der Schatz, wir haben ihn gefunden und haben ihn und werden euch etwas davon geben." aber bei denen, die sagen: „Wir denken, das ist ein guter Ort zum Graben, und Sie werden auf diese und jene Weise am leichtesten graben."

201. Darüber hinaus wurde versprochen, dass bei einer solchen ernsthaften Suche die Wahrheit entdeckt wird: so viel Wahrheit, das heißt, wie für die suchende Person notwendig ist. Daher halte ich dies für zwei Grundprinzipien der Religion: dass die Wahrheit ohne Suchen überhaupt nicht erkannt werden kann; und dass es durch Suchen auch von den Einfachsten entdeckt werden kann. Ich sage, ohne danach zu suchen, kann man es überhaupt nicht wissen. Es kann weder von der Kanzel deklariert, noch in Artikeln festgehalten werden, noch in irgendeiner Weise gebrauchsfertig verpackt „zubereitet und verkauft" werden. Die Wahrheit muss für jeden Menschen selbst aus seiner Hülle gemahlen werden, mit der Hilfe, die er bekommen kann, allerdings nicht ohne eigene harte Arbeit. In welcher Wissenschaft ist Wissen billig zu haben? Oder die Wahrheit, die

jeden siebten Tag in einem halbstündigen Gespräch auf einem Samtkissen erzählt wird? Kann man so Chemie lernen? – Zoologie? – Anatomie? und erwartest du, in das Geheimnis aller Geheimnisse einzudringen und das zu erkennen, dessen Preis höher ist als der von Rubinen? und wovon die Tiefe auf so einfache Weise sagt: „Es ist nicht in mir"? Es gibt Zweifel in dieser Angelegenheit, die böse Geister mit ihren Flügeln verdunkeln, und das gilt für alle diese Zweifel, die uns vor langer Zeit gesagt wurden – sie können „allein durch Taten beseitigt werden". [147]

202. So sicher wir leben, kann diese Wahrheit der Wahrheiten nur so erkannt werden: Demjenigen, der auf der Grundlage dessen handelt, was er weiß, wird mehr offenbart werden; und wenn also jemand seinen Willen tun will, wird er die Lehre erkennen, ob sie von Gott ist. Jeder Mensch – nicht der Mensch, der über die meisten Erkenntnismittel verfügt, der den subtilsten Verstand hat, der unter dem orthodoxesten Prediger sitzt oder dessen Bibliothek mit den meisten orthodoxen Büchern gefüllt ist –, sondern der Mensch, der nach Wissen strebt, der Gott annimmt Er folgt seinem Wort und macht sich daran, das himmlische Geheimnis mit seinen Wurzeln auszugraben, bevor Sonnenuntergang und die Nacht kommen, in der kein Mensch mehr arbeiten kann. An der Seite eines solchen Menschen steht Gott in immer sichtbarerer Gegenwart, während er sich abmüht, und lehrt ihn, was kein Prediger lehren kann – keine irdische Autorität kann ihm widersprechen. Von einem solchen Mann muss der Prediger selbst beurteilt werden.

203. Zweifeln Sie daran? In der gesamten Bibel gibt es nichts Sichereres und Klareres: Die Apostel selbst appellieren ständig an ihre Herden und *fordern von ihnen* tatsächlich ein Urteil, weil sie es verdienen und ein Recht darauf haben, anstatt es zu entmutigen. Beachten Sie jedoch zunächst die Art und Weise, wie im Alten Testament von der Entdeckung der Wahrheit gesprochen wird: „Böse Menschen verstehen kein Gericht; aber die den Herrn suchen, verstehen alle Dinge", Sprüche xxviii. 5. Gott stürzt nicht nur den Übertreter oder die Bösen, sondern sogar „die Worte des Übertreters", Sprüche xxii. 12 und „der Rat der Gottlosen", Hiob V. 13, xxi. 16; Beachten Sie es noch einmal in den Sprüchen xxiv. 14: „Mein Sohn, iss Honig, denn er ist gut – so wird die Erkenntnis der Weisheit deiner Seele widerfahren; wenn du *sie gefunden hast* , wird es eine Belohnung geben." und wiederum: „Welcher Mensch ist der, der den Herrn fürchtet? Den wird er auf dem Weg lehren, den er wählen wird." also Hiob xxxii. 8 und viele weitere Orte; Und dann vergleiche mit all diesen Stellen, die das eindeutige und persönliche Wirken des Geistes Gottes auf jedes einzelne seiner Leute zum Ausdruck bringen, die Stelle in Jesaja, die vom Gegenteil dieser menschlichen Lehre spricht: eine Passage, die so aussieht, als wäre es so war für genau diesen Tag und diese Stunde geschrieben worden. „Weil ihre Furcht vor mir durch die

Gebote der Menschen gelehrt wird ; darum siehe, die Weisheit ihrer Weisen wird zugrunde gehen, und der Verstand ihrer klugen Männer wird verborgen bleiben" (xxix. 13,14). Nehmen Sie dann das Neue Testament und beobachten Sie, wie der heilige Paulus selbst von den Römern spricht, obwohl sie seinen Brief kaum brauchten, sich aber gegenseitig ermahnen konnten: „Dennoch, Brüder, habe ich euch in gewisser Weise umso kühner geschrieben, *als dich in Erinnerung rufen* " (xv. 15). Wir hätten denken sollen, dass jeder so etwas tun könnte, und doch steigert der heilige Paulus die Bescheidenheit, je weiter er fortfährt; denn er beansprucht das Recht, so viel zu tun, nur „wegen der Gnade, die mir von Gott gegeben wurde, dass ich der Diener Jesu Christi für die Heiden sein sollte." Vergleichen Sie dann 2 Kor. Vers 11, wo er an das Gewissen des Volkes appelliert, ihm zu zeigen, dass er seine Pflicht getan hat; und beachten Sie in Vers 21 dieses und I des nächsten Kapitels das „beten" und „flehen", nicht „befehlen"; und noch einmal in Kapitel VI. Vers 4: „Wir bewähren uns als Diener Gottes." Aber die bemerkenswerteste Passage von allen ist 2 Kor. iii. 1, woraus hervorgeht, dass die Kirchen tatsächlich die Gewohnheit hatten, ihren Pfarrern Empfehlungsschreiben zu geben; und der heilige Paulus verzichtet auf solche Briefe, nicht aufgrund seiner apostolischen Autorität, sondern weil die Kraft seiner Predigt in den Korinthern selbst ausreichend zum Ausdruck kam. Und diese Passagen sind umso eindringlicher, denn wenn der heilige Paulus in einer von ihnen die absolute Autorität über die Kirche als Lehrer beansprucht hätte, so hätten wir von ihm nicht mehr erwarten dürfen, und das hätte er auch in keiner Weise tun können einen Rechtsnachfolger in derselben Forderung begründet. Aber jetzt, wo er es nicht beansprucht hat – wer wird es nach ihm wagen, es zu beanspruchen? Und die Erwägung der Notwendigkeit, Äußerungen der vorbildlichsten Demut, die den nachfolgenden Ministern als Vorbild dienen sollten, mit einer solchen Behauptung der göttlichen Autorität zu verbinden, die die Aufnahme des Briefes selbst in den heiligen Kanon sicherstellen sollte, erklärt die offensichtlichen Widersprüche hinreichend die in 2 Thess vorkommen. iii. 14 und andere solche Texte.

204. Soviel also zur Autorität des Klerus in Fragen der Lehre. Welche Autorität haben sie als Nächstes in Sachen Disziplin? Es muss offensichtlich sehr groß sein, selbst wenn es allein vom Volk ausgehen würde und lediglich den geistlichen Beamten als Vollstreckern ihrer kirchlichen Urteile und allgemeinen Aufsehern der gesamten Kirche übertragen würde. Aber wenn man dem Geistlichen, wie wir es jetzt tun müssen, zugesteht, sein Amt direkt von Gott zu bekleiden, wird seine Disziplinierungsautorität in der Tat sehr groß; wie groß, scheint mir am schwierigsten zu bestimmen, weil ich nicht verstehe, was der heilige Paulus damit meint, „einen Menschen Satan zur Vernichtung des Fleisches auszuliefern". Wenn man diese Frage jedoch für

eine oberflächliche Prüfung viel zu schwer hält, scheint es unbestreitbar zu sein, dass sich die Autorität der Minister oder des Ministergerichts auf die Ausweisung einer Exkommunizierung für bestimmte Verbrechen gegen die Kirche sowie für alle Verbrechen, die mit Strafe bedroht sind, erstrecken sollte gewöhnliches Recht. Ich denke, es sollte einen kirchlichen Gesetzeskodex geben; und ein Mann sollte nach diesem Gesetz vor einem kirchlichen Richter ein Schwurgerichtsverfahren absolvieren; In diesem Fall sollte er für schuldig befunden werden, wenn er wegen Lüge, Unehrlichkeit oder Grausamkeit oder noch mehr eines tatsächlich begangenen Gewaltverbrechens für schuldig befunden würde; lehnte das Sakrament ab; und seinen Namen an einem öffentlichen Ort als exkommunizierte Person schreiben lassen, bis er öffentlich seine Sünde bekannt und Gott um Vergebung dafür gebeten hatte. Die Jury sollte immer aus Laien bestehen, und vor einem kirchlichen Gericht sollte keine Strafe außer der Exkommunikation verhängt werden.

205. Dieser Vorschlag mag vielen Menschen seltsam erscheinen; Aber sicherlich wird dies, wenn nicht sogar viel mehr, in der Heiligen Schrift geboten, zunächst in dem (viel missbrauchten) Text: „Sage es der Kirche"; und am deutlichsten in 1 Kor. V. 11-13; 2 Thess. iii. 6 und 14; 1 Tim. Vers 8 und 20; und Titus III. 10; Aus diesen Passagen kennen wir auch die beiden richtigen Strafgrade. Denn Christus sagt: „Wer sich weigert, die Kirche zu hören, der sei für dich wie ein Heide und ein Zöllner." Christus aber diente den Heiden und saß mit dem Zöllner zu Tisch; nur immer mit erklärtem oder stillschweigendem Ausdruck ihrer Minderwertigkeit; Hier gibt es also einen Grad der Exkommunikation für Personen, die ihre Brüder „beleidigen" und ihnen gegenüber eine geringfügige Schuld begehen; und die sich weigern, ihre Schuld zu bekennen oder sie wiedergutzumachen, nachdem sie von der Kirche für falsch erklärt wurden; die dann nicht mehr als Mitglieder der Kirche gelten; und ihre Wiedergewinnung in den Körper muss genau so angestrebt werden, wie es im Fall eines Heiden der Fall wäre. Aber Habgierige, Spötter, Erpresser, Götzendiener und diejenigen, die sich anderer schwerer Verbrechen schuldig gemacht haben, müssen vollständig aus der Gemeinschaft der Gläubigen ausgeschlossen werden; und wir essen nicht mit ihnen. Diese letzte Strafe müsste jedoch streng gehütet werden, damit sie bei der Verhängung nicht missbraucht werden könnte, wie es von den Romanisten geschehen ist. Wir dürfen zwar nicht mit ihnen essen, aber wir können ihnen gegenüber alle christliche Barmherzigkeit üben und sie zu essen geben, wenn wir sie hungern sehen, wie wir es gegenüber allen unseren Feinden tun sollten; nur müssen wir sie eindeutig als unsere *Feinde betrachten*: das heißt als Feinde unseres Meisters Christus; und Diener Satans.

206. Was den Rang oder Namen der Beamten anbelangt, denen die Befugnisse, sei es im Lehr- oder Disziplinarbereich, übertragen werden

sollen, so bleibt die Heilige Schrift unbestimmt. Ich habe von Männern, die ihre Bibel viel besser kennen als ich, sagen hören, dass eine sorgfältige Prüfung Beweise für die Existenz von drei Geistlichenorden in der Kirche finden könnte. Das mag sein; Aber eines ist ohne mühsame Prüfung sehr klar: „Bischof" und „Ältester" bedeuten manchmal dasselbe; wie unbestreitbar bei Titus I. 5 und 7 und 1. Petrus v. I und 2, und dass das Amt des Bischofs oder Aufsehers von wesentlich geringerer Bedeutung war als bei uns. Dies geht deutlich aus 1. Timotheus III. hervor, denn was für ein Göttlicher unter uns, der über bischöfliche Anstandsregeln schreibt, würde auf die Idee kommen zu sagen, dass Bischöfe „nicht dem Wein ergeben sein dürfen", „keine Streikenden" und keine „Neulinge" sein dürfen. ? Wir haben heutzutage nicht die Angewohnheit, aus Novizen Bischöfe zu machen; und es wäre viel besser, wenn wir, wie die frühe Kirche, manchmal das Risiko eingehen würden, dies zu tun; Denn Tatsache ist, dass wir nicht genug Bischöfe haben – einige Hundert. Die Idee der Aufsicht wurde praktisch aus den Augen verloren, und ihre Verwirklichung wurde aus Mangel an mehr Bischöfen nach und nach physisch unmöglich. Die Pflicht eines Bischofs besteht zweifellos darin, den bescheidensten Geistlichen seiner Diözese zugänglich zu sein und sich ernsthaft darum zu bemühen, dass sie alle die Gewohnheit haben, sich in allen schwierigen Fällen an ihn zu wenden; Wenn sie dies nicht aus eigenem Antrieb tun, ist es offensichtlich seine Pflicht, sie zu besuchen, manchmal mit ihnen zusammenzuleben und sich an ihren Diensten für ihre Herden zu beteiligen, um die Fähigkeiten und Lebensgewohnheiten jedes Einzelnen genau zu kennen; und wenn sich einer von ihnen über dieses oder jenes Problem mit seinen Gemeinden beklagte, sollte der Bischof bereit sein, hinabzugehen, um ihnen zu helfen, für sie zu predigen, allgemeine Briefe an ihr Volk zu schreiben und so weiter; außerdem sollte er es natürlich sein wachsam gegenüber ihren Fehlern – bereit, Beschwerden ihrer Gemeinden über Ineffizienz oder etwas anderes anzuhören; außerdem hatte er die allgemeine Oberaufsicht über alle karitativen Einrichtungen und Schulen in seiner Diözese und verfügte über gute Kenntnisse aller theologischen Angelegenheiten im ganzen Königreich und auf dem Kontinent. Dies ist die Arbeit eines rechten Aufsehers; und ich überlasse es dem Leser, zu berechnen, wie viele zusätzliche Bischöfe – und auch diese hart arbeitenden Männer – wir benötigen sollten, um es auch nur anständig zu erledigen. Dann könnten unsere derzeitigen Bischöfe alle mit Vorteil Erzbischöfe werden und allgemeine Autorität über den Rest haben.
[148]

207. Was die Art und Weise betrifft, in der die Beamten der Kirche gewählt oder ernannt werden sollten, halte ich es nicht für meine Aufgabe, derzeit etwas zu sagen, und respektiere auch nicht das Ausmaß ihrer Autorität, weder über einander noch über die Gemeinde. Dies ist eine höchst schwierige

Frage, deren richtige Lösung offensichtlich zwischen zwei äußerst gefährlichen Extremen liegt – Ungehorsam und Radikalismus auf der einen Seite und kirchlicher Tyrannei und Häresie auf der anderen Seite. Von beiden ist Ungehorsam am wenigsten zu fürchten – denn Aus diesem Grund sind fast alle echten Christen mehr auf der Hut vor ihrem Stolz als vor ihrer Trägheit und würden ihrem Geistlichen, wenn möglich, lieber gehorchen, als mit ihm zu streiten; Während der Stolz, den sie angeblich besiegt haben, oft maskiert zurückkehrt und sie dazu bringt, aus ihrer Demut und ihrem abstrakten Gehorsam ein Verdienst zu machen, so unvernünftig er auch sein mag, können sie sich nicht so leicht davon überzeugen, dass in abstraktem *Ungehorsam* ein Verdienst steckt .

208. Die kirchliche Tyrannei basierte größtenteils auf der Idee des Vikarismus, einer der schädlichsten romanistischen Theorien, die in der Heiligen Schrift am deutlichsten angeprangert wird. Darüber habe ich dem modernen „Vikarianer" ein oder zwei Worte zu sagen. Alle Mächtigen sind zweifellos von Gott eingesetzt; damit diejenigen, die sich der Macht widersetzen, der Anordnung Gottes widerstehen. Daher sagen einige in diesen Ämtern: „Da wir von Gott ordiniert sind, über unsere Qualifikationen verfügen und in der englischen Bibel als Botschafter Gottes bezeichnet werden, repräsentieren wir in gewisser Weise Gott." Wir sind Stellvertreter Christi und stehen an der Stelle Christi auf der Erde. Ich habe dies von protestantischen Geistlichen sagen hören.

209. Nun hat das Wort „Botschafter" aufgrund seiner Verwendung in modernen politischen Angelegenheiten eine eigentümliche Mehrdeutigkeit; und diese Geistlichen gehen davon aus, dass das Wort, wie es von St. Paul verwendet wird, einen bevollmächtigten Botschafter bedeutet; Vertreter seines Königs und fähig, für seinen König zu handeln. Welches Recht haben sie anzunehmen, dass der heilige Paulus dies meinte? Der heilige Paulus verwendet das Wort „Botschafter" überhaupt nicht. Er sagt einfach: „Wir sind im Auftrag Christi, und Christus bittet euch durch uns." Höchst wahr. Und es sei weiterhin zugegeben, dass jedes Wort, das der Geistliche spricht, ihm buchstäblich von Christus diktiert wird; dass er bei der Übermittlung seiner Botschaft keinen Fehler machen kann; und dass es daher tatsächlich Christus selbst ist, der durch die Lippen des Boten zu uns das Wort des Lebens spricht. Stellt der Bote also Christus dar? Stellt der Kanal, der das Wasser des Brunnens leitet, den Brunnen selbst dar? Angenommen, als wir Wasser aus einer Zisterne schöpfen wollten, würde sich plötzlich die bleierne Quelle beleben, ihre Mündung öffnen und zu uns sagen: „Seht, ich bin Stellvertreter der Quelle." Welchen Respekt Sie auch immer dem Brunnen entgegenbringen, zeigen Sie mir einen Teil davon. Sollten wir dem Spout nicht antworten und sagen: Spout, du wurdest zu unserem Dienst dorthin

geschickt und könntest weggenommen und beiseite geworfen werden [149] , wenn mit dir etwas schief geht? Aber die Quelle wird für immer fließen.

210. Beachten Sie, dass ich die feierliche Autorität, die jedem christlichen Boten Gottes an die Menschen zukommt, nicht leugne. Ich bin bereit, dies voll und ganz zu gewähren; und alles, was George Herbert am Ende von „The Church-porch" sagt, würde ich zu einem anderen Zeitpunkt als diesem bis zum Äußersten durchsetzen. Aber die Autorität ist einfach die eines königlichen *Boten* ; nicht eines *Vertreters des Königs* . Es gibt einen großen Unterschied; der ganze Unterschied zwischen bescheidenem Dienst und gotteslästerlicher Usurpation.

Nun, die Gemeinde könnte darum bitten, ihm in Fällen der Lehre einen Boten des Königs zu gewähren, in Fällen der Disziplin einen Beamten, der den Auftrag des Königs trägt. Wie weit können wir ihm gehorchen? Inwieweit ist es zulässig, seine Befehle anzufechten?

Denn indem ich oben zugab, dass der Gesandte seine Botschaft stets treu übermittelte, habe ich meinen Gegnern zu viel zugestanden, als dass ihre Argumente das größtmögliche Gewicht hätten, das nur möglich war. Die Boten überbringen ihre Botschaft selten getreu; und manchmal haben sie, wie vom König, Botschaften ihrer eigenen Erfindung verkündet. Wie weit können wir, da wir sie als Boten des Königs kennen, glauben oder ihnen gehorchen?

211. Nehmen wir zum Beispiel an, dass in unserer englischen Armee am Vorabend einer großen Schlacht einer der Obersten seinem Regiment den Befehl geben würde: „Meine Männer, binden Sie Ihre Gürtel über Ihre Augen, werfen Sie Ihre Musketen nieder und …" Folge mir so stetig wie möglich durch dieses Sumpfgebiet bis in die Mitte der feindlichen Linie" (dies ist genau der Befehl unserer Offiziere der puseyitischen Kirche). Man könnte sich fragen, ob es in der echten Schlacht besser wäre, wenn ein Regiment ein Beispiel der Insubordination zeigen oder in Stücke gerissen werden sollte. Aber glücklicherweise gibt es in der Kirche keine derartigen Schwierigkeiten; denn der König ist immer bei seiner Armee: nicht nur bei seiner Armee, sondern zur Rechten jedes einzelnen seiner Soldaten. Wenn ihnen also einer ihrer Obersten einen seltsamen Befehl gibt, müssen sie nur den König fragen; und noch nie bat ein Christ seinen König um Rat, in welcher Schwierigkeit auch immer, ohne geistigen Vorbehalt oder geheimen Entschluss, aber er bekam sie sofort. Wir kommen dann schließlich zu dem Schluss, dass die Autorität des Klerus in Fragen der Disziplin groß ist (erstens führt er die geschriebenen Gesetze Gottes aus und zweitens diejenigen, die von der Gesamtheit der Kirche festgelegt und vereinbart wurden). in Fragen der Lehre darauf angewiesen, dass sie sich dem Gewissen eines jeden

empfehlen, sowohl als Boten Gottes als auch als selbst vollkommene und zu guten Werken belehrte Männer Gottes. [150]

212. (6) Das letzte Thema, das wir untersuchen mussten, war, wie wir uns erinnern, das, was man üblicherweise den Zusammenhang von „Kirche und Staat" nennt. Aber nach unserer Definition des Begriffs „Kirche" *ist* die Kirche (oder die Gesellschaft bekennender Christen) in der gesamten Christenheit der Staat, und unser Thema ist daher im eigentlichen Sinne die Verbindung von Laien und Geistlichen der Kirche; das heißt, das Ausmaß, in dem die zivilen und kirchlichen Regierungen sich gegenseitig stören oder beeinflussen sollten.

Es wäre natürlich vergeblich, eine formelle Untersuchung dieses komplizierten Themas zu versuchen; ich habe diesbezüglich nur einige isolierte Punkte zu bemerken.

213. Es gibt drei Grade oder Arten der Zivilregierung. Der erste und unterste, lediglich exekutive; Die Regierung ist in diesem Sinne einfach die nationale Hand und besteht aus Einzelpersonen, die die Gesetze der Nation verwalten und ihre festgelegten Ziele ausführen.

Die zweite Art der Regierung ist die beratende; aber in seiner Beratung repräsentiert es nur die Gedanken und den Willen des Volkes oder der Nation und kann abgesetzt werden, sobald es aufhört, diese Gedanken und diesen Willen zum Ausdruck zu bringen. Dies gilt unabhängig von seiner Form, ob es sich um einen König oder eine beliebige Anzahl von Männern handelt, zu Recht als demokratisch. Die dritte und höchste Art der Regierung ist eine beratende Regierung, nicht als Repräsentantin des Volkes, sondern als gewählte Regierung, die gesonderte Ratschläge für das Volk einnimmt und über die ihm übertragene Macht verfügt, um ihm jeden Beschluss aufzuzwingen, den es fasst, sei es im Einklang mit seinem Willen oder nicht. Diese Regierung ist unabhängig von ihrer Form zu Recht als monarchisch zu bezeichnen.

214. Ich sehe, dass Politiker und Geschichtsschreiber ständig in hoffnungslose Fehler geraten, weil sie die Form einer Regierung mit ihrer Natur verwechseln. Eine Regierung kann nominell einer Einzelperson übertragen werden; Und wenn dieser Einzelne dennoch solche Angst vor denen hat, die ihm unterstehen, dass er nichts anderes tut als das, von dem er annimmt, dass es für sie angenehm ist, ist die Regierung demokratisch; andererseits kann die Regierung einer beratenden Versammlung von tausend Männern übertragen werden, die alle die gleiche Autorität haben und alle aus den untersten Rängen des Volkes ausgewählt werden; Und doch ist die Regierung monarchisch, wenn diese Versammlung unabhängig vom Willen des Volkes handelt, keine Angst vor dem Volk hat und ihm seine Beschlüsse

aufzwingt. Das heißt, dass die Versammlung, die als Eins handelt, Macht über die Vielen hat, während im Fall des schwachen Königs die Vielen Macht über den Einen haben.

Eine monarchische Regierung, die im eigenen Interesse und nicht im Interesse des Volkes handelt, ist eine Tyrannei. Ich sagte, die Exekutivregierung sei die Hand der Nation; die republikanische Regierung sei in gleicher Weise ihre Zunge. An der Spitze steht die monarchische Regierung.

Jede wahre und richtige Regierung ist monarchisch und an der Spitze. Was die beste Form ist, ist eine ganz andere Frage; aber solange sie nicht *für das Volk* handelt und nicht als Vertreter des Volkes, ist sie überhaupt keine Regierung; und einer der gröbsten Dummheiten der heutigen Engländer ist ihre Idee, Männer ins Parlament zu schicken, um „ *ihre* Meinungen zu vertreten". Ihre einzige wahre Aufgabe besteht hingegen darin, die weisesten Männer unter ihnen herauszufinden und sie ins Parlament zu schicken, um ihre *eigenen* Meinungen zu vertreten und danach zu handeln. Von allen Puppenspielen im satanischen Karneval der Erde ist das verabscheuungswürdigste Puppenspiel ein Parlament mit einem Mob, der die Fäden in der Hand hält.

215. Von diesen drei Regierungsstaaten ist klar, dass die bloße Exekutive keinen angemessenen Einfluss auf kirchliche Angelegenheiten haben kann. Aber von den anderen beiden muss die erste, da sie die Stimme des Volkes oder die Stimme der Kirche ist, einen solchen Einfluss auf den Klerus haben, wie es der Körperschaft der Kirche angemessen ist. Der zweite, der in der gleichen Beziehung zum Volk steht wie ein Vater zu seiner Familie, wird einen ebenso größeren Einfluss auf kirchliche Angelegenheiten haben, wie ein Vater auf das Gewissen seiner erwachsenen Kinder. Es gibt daher keine absolute Autorität, den Besuch eines bestimmten Ortes der Anbetung oder die Unterzeichnung eines bestimmten Glaubensbekenntnisses zu erzwingen. Aber die unbestreitbare Autorität, ihnen den Religionsunterricht zu verschaffen, den er für am geeignetsten hält, [151] und ihn ihnen mit allen Mitteln zu empfehlen, die ihm zur Verfügung stehen; Er hat nicht nur Autorität, sondern ist auch verpflichtet, dies zu tun und in seinem Haus solche Disziplinen und Formen des Gottesdienstes einzuführen, die er für seine Familie am bequemsten hält; es steht ihnen in der Tat frei, die Einhaltung zu verweigern, wenn dies der Fall ist Disziplinen scheinen ihnen eindeutig im Widerspruch zum Gesetz Gottes zu stehen; aber nicht ohne die feierlichste Überzeugung davon, noch ohne tiefe Trauer darüber, zu einem solchen Kurs gezwungen zu werden.

216. Man kann jedoch sagen, dass die Regierung eines Volkes niemals in der Beziehung eines Vaters zu seiner Familie steht. Wenn nicht, ist es keine Regierung. So grob es auch sein mag, seine Pflicht zu erfüllen, und wie wenig es auch für seinen Platz geeignet sein mag, wenn es überhaupt eine Regierung ist, hat es ein väterliches Amt und eine väterliche Beziehung zum Volk. Ich finde, dass auf der einen Seite geschrieben steht: „Ehre deinen Vater", auf der anderen Seite: „Ehre den König", auf der einen Seite: „Wer seinen Vater schlägt, soll getötet werden"; [152] andererseits: „Wer sich widersetzt, wird die Verdammnis erleiden." Nun, aber, so lässt sich weiter argumentieren, der Klerus ist in einem noch feierlicheren Sinne die Väter des Volkes, und das Volk ist seine geliebten Söhne; Warum sollte daher der Klerus nicht die Macht haben, die Zivilbeamten zu regieren?

217. Aus zwei sehr klaren Gründen.

In allen menschlichen Institutionen sind zwangsläufig bestimmte Übel zugegeben; und bei der Organisation solcher Institutionen müssen wir die Folgen solcher Übel berücksichtigen und Vorkehrungen treffen, um sie am besten in Schach zu halten. Nun wird es sowohl in der zivilen als auch in der kirchlichen Regierung zwangsläufig eine gewisse Anzahl böser Männer geben. Der böse Zivilist hat vergleichsweise wenig Interesse daran, die kirchliche Autorität zu stürzen; es ist ihm oft eine nützliche Hilfe und bietet an sich wenig, was begehrenswert erscheint. Aber der böse kirchliche Beamte hat großes Interesse daran, die Zivilbevölkerung zu stürzen und die politische Macht in seine eigenen Hände zu bekommen. Soweit es böse Menschen betrifft, ist es daher besser, dass der Staat Macht über den Klerus hat, als dass der Klerus über den Staat verfügt.

Zweitens: Angenommen, sowohl die zivilen als auch die kirchlichen Beamten seien Christen; Es besteht keine Befürchtung, dass der Beamte die Würde des Ministers herabwürdigen oder dessen Dienstwürdigkeit herabsetzen könnte. Es besteht jedoch eine erhebliche Gefahr, dass der religiöse Enthusiasmus des Ministers die Brauchbarkeit des Zivilisten mindern könnte. (Die Geschichte des religiösen Enthusiasmus sollte von jemandem geschrieben werden, der sein Leben für die Erforschung dieser Geschichte einsetzen konnte; es ist eine der melancholischsten Seiten in den menschlichen Aufzeichnungen und eine der notwendigsten, die es zu studieren gilt.) Daher soweit gut Männer sind besorgt, es ist besser, dass der Staat Macht über den Klerus hat, als der Klerus über den Staat.

218. Dies könnten wir, so scheint es mir, mit der bloßen Vernunft schlussfolgern. Aber sicherlich wird die ganze Frage, ohne dass es einer menschlichen Vernunft bedarf, durch die Geschichte Israels entschieden. Wenn jemals eine Gruppe von Geistlichen unabhängige Autorität erhalten

hätte, dann das levitische Priestertum; denn sie waren tatsächlich eine Priesterschaft und heiliger als der Rest der Nation. Aber Aaron ist immer Moses unterworfen. Alle feierlichen Offenbarungen werden an Mose, den Zivilrichter, gerichtet, und er befiehlt Aaron tatsächlich hinsichtlich der Erfüllung seines Priesteramtes, und zwar in einer Notwendigkeit von Leben und Tod: „Gehe und erledige Sühne für das Volk." Auch in der gesamten jüdischen Geschichte gibt es nichts Bemerkenswerteres als die vollkommene Unterwerfung des Priestertums unter die königliche Autorität. So verstößt Salomo Abjathar aus dem Amt des Priesters, 1. Könige II. 27; und Joahaz verwaltet die Gelder des Hauses des Herrn, 2. Könige xii. 4, obwohl dieses Geld eigentlich das Sühnegeld war, das Hansom für Seelen (Exod. xxx. 12).

219. Wir haben jedoch auch das schöne Beispiel, dass Samuel in sich die Ämter eines Priesters, eines Propheten und eines Richters vereinte; Ich bestehe auch nicht auf einer besonderen Art der Unterordnung des Klerus unter die Beamten oder *umgekehrt* ; aber nur auf der Notwendigkeit ihrer vollkommenen Einheit und ihres gegenseitigen Einflusses in jedem christlichen Königreich. Diejenigen, die eine völlige Trennung von kirchlichen und zivilen Amtsträgern anstreben, streben einerseits danach, den Klerus den schlimmsten und subtilsten Versuchungen auszusetzen, die von ihrem eigenen spirituellen Enthusiasmus und ihrem spirituellen Stolz herrühren; auf der anderen Seite, um dem Zivilbeamten jegliches Gefühl religiöser Verantwortung zu entziehen und die furchtbare, gottlose, gewissenlose und seelenlose Politik der Radikalen und (sogenannten) Sozialisten einzuführen. Das Ideal jeder Regierung hingegen ist die vollkommene Einheit der beiden Beamtenkörperschaften, die sich gegenseitig unterstützen und korrigieren. der Klerus hat in allen nationalen Räten das gebührende Gewicht; die Zivilbeamten haben in all ihren Taten eine feierliche Ehrfurcht vor Gott; der Klerus heiligt durch seinen Einfluss alle weltliche Politik; und die Obrigkeit unterdrückt jeden religiösen Enthusiasmus durch ihre praktische Weisheit. Die beiden zu trennen bedeutet, zu versuchen, das tägliche Leben der Nation von Gott zu trennen und die Herrschaft der Seele in zwei Provinzen aufzuteilen – eine des Atheismus, die andere des Enthusiasmus. Dies waren also die Gründe, die mich dazu veranlassten, die Idee der Trennung von Kirche und Staat als eine Dummheit zu bezeichnen; Denn was für eine Einfältigkeit kann so groß sein, als wenn wir Gott nicht in unseren Gedanken haben; und bei jeder Handlung oder Aufgabe im Leben in unserem Herzen sagen: „Es gibt keinen Gott"?

220. Zu diesen Dingen würde ich gerne noch viel mehr sagen, aber nicht jetzt: Nur dies muss ich abschließend nachdrücklich betonen: „Dass die Spaltung zwischen der sogenannten evangelischen und hochkirchlichen Partei in Großbritannien ausreicht, um den Glauben vieler Menschen zu erschüttern." in der Wahrheit oder Existenz der Religion überhaupt. Es

scheint mir eine der schändlichsten Szenen in der Kirchengeschichte zu sein, dass der Protestantismus in seinem Innersten durch Eifersüchteleien gelähmt ist, die auf kaum etwas anderem als dem bloßen Unterschied zwischen hoher und niedriger Bildung beruhen. Denn die wesentlichen Unterschiede in den religiösen Ansichten der beiden Parteien sind bei zwei Männern, die wir als die höchsten Vertreter beider Parteien betrachten können, ausreichend ausgeprägt: George Herbert und John Milton; und ich glaube nicht, dass es große Schwierigkeiten gehabt hätte, diese beiden zu sühnen, wenn man sie hätte zusammenbringen können. Aber die eigentliche Schwierigkeit liegt heutzutage in der Sünde und Torheit beider Parteien; in der Überheblichkeit des einen und der Unhöflichkeit des anderen. Offensichtlich liegt die Sünde jedoch am meisten an der Tür der Hochkirche, denn die Evangelikalen sind viel eher bereit, mit Kirchenmännern zu handeln als mit den Evangelikalen; und ich glaube, dass dieser Zustand nicht mehr lange anhalten kann; und dass ihre Stunde geschlagen hat, wenn die Kirche von England nicht sofort die gesamte evangelische Körperschaft Englands und Schottlands mit sich vereint und gemeinsam mit ihnen gegen das Papsttum Stellung bezieht. Sie kann nicht länger zwei Herren dienen; Machen Sie auch keine Höflichkeiten abwechselnd gegenüber Christus und dem Antichristen. Dass sie dies getan *hat*, ist für den Zustand Europas in diesem Moment deutlich sichtbar. Drei Jahrhunderte seit Luther – dreihundert Jahre protestantisches Wissen – und das Papsttum noch nicht gestürzt! Die Wahrheit Christi beschränkte sich im Morgengrauen immer noch auf die weißen Klippen Englands und die weißen Gipfel der Alpen; – der Morgenstern hielt in seinem Lauf am Himmel inne; – Sonne und Mond blieben, mit Satan als ihrem Josua.

221. Aber wie kann man die beiden großen Sekten gelähmter Protestanten vereinen? Indem wir uns einfach an die Heilige Schrift halten. Die Mitglieder der schottischen Kirche haben nicht den Hauch einer Entschuldigung dafür, das Episkopat abzulehnen; es ist tatsächlich unter ihnen missbraucht worden, schwer missbraucht; aber es steht in der Bibel; und das ist alles, was sie zu verlangen haben.

Sie haben auch nicht den Hauch einer Entschuldigung dafür, dass sie sich weigern, eine schriftliche Form des Gebets anzuwenden. Es ist vielleicht nicht nach ihrem Geschmack – es ist vielleicht nicht die Art und Weise, wie sie gerne beten; aber im Moment geht es nicht um Vorlieben oder Abneigungen, sondern um Pflichten; und die Annahme einer solchen Form ihrerseits würde schon zur Hälfte dazu beitragen, sie mit ihren Brüdern zu versöhnen. Lassen Sie sie solche Einwände geltend machen, die sie vernünftigerweise gegen die englische Form vorbringen können, und lassen Sie diese von den Pastoren beider Kirchen sorgfältig und demütig abwägen: Einigen von ihnen sollte sofort zuvorgekommen werden. Denn die englische Kirche *muss* andererseits den Begriff „Priester" vollständig aus ihrem

Gebetbuch streichen und ihn durch den Begriff „Minister" oder „Ältester" ersetzen; Auch die Passagen über die Absolution müssen gestrichen werden, mit Ausnahme der zweifelhaften Passage im Morgengottesdienst, in der es keinen Schaden gibt; und dann wäre nur noch die Tauffrage übrig, bei der es um Worte und nicht um Dinge geht, und die leicht auf der Synode gelöst werden könnte, wodurch die widerspenstigen Geistlichen aus ihren Ämtern ausgeschlossen würden, um nach Rom zu gehen, wenn sie wollten. Als sich dann die Glaubensartikel und die Form des Gottesdienstes zwischen der englischen und der schottischen Kirche geeinigt hatten, sollten die schriftlichen Formen und Artikel sorgfältig in die europäischen Sprachen übersetzt und den protestantischen Kirchen auf dem Kontinent zur Akzeptanz angeboten werden ernsthafte Bitte, dass sie sie entgegennehmen würden, und gebührende Berücksichtigung aller Einwände, die sie vernünftigerweise geltend machen konnten; und so würde die gesamte Gruppe der Protestanten, vereint in einer großen Herde, tatsächlich ein- und ausgehen und Weide finden; und die ihnen zugewiesene Arbeit würde schnell erledigt und der Antichrist gestürzt werden.

222. Unmöglich: tausendmal unmöglich! – Ich höre es gegen mich ausrufen. Nein – nicht unmöglich. Christus ordnet keine Unmöglichkeiten an, und er *hat* uns befohlen, miteinander in Frieden zu sein. Nein, die Antwort lautet: Er kam nicht, um Frieden zu senden, sondern ein Schwert. Ja, wahrlich: ein Schwert auf die Erde zu schicken, aber nicht innerhalb seiner Kirche; denn zu seiner Kirche sagte er: „Meinen Frieden hinterlasse ich mit euch."

FUSSNOTEN:

[140] Vielleicht habe ich ein oder zwei Vorkommen des Wortes übersehen; aber nicht, glaube ich, in wichtigen Passagen.

[141] Der Ausdruck „Haus Gottes" in 1. Tim. iii. 15 wird nachweislich von der Gemeinde in 1 Kor verwendet. iii. 16, 17.

Ich habe das Wort κυριακ ή (oikia)], von dem das deutsche „Kirche", das englische „Church" und das schottische „Kirk" abgeleitet sind, nicht bemerkt, da es im Neuen Testament nicht in dieser Bedeutung verwendet wird.

[142] Jeder Verweis in Notizen dieser Art außer auf die Heilige Schrift wäre natürlich nutzlos: Die Argumentation der Väter oder mit ihnen darf nicht auf fünfzig Seiten komprimiert werden . Ich habe etwas zu Hooker zu sagen; aber ich behalte mir das für ein anderes Mal vor, da ich es nicht voreilig sagen oder es ohne Unterstützung stehen lassen möchte.

[143] Apostelgeschichte x. 44.

[144] Der Leser soll mir wegen dieser kurzen und scheinbar unverschämten Meinungsäußerungen nicht unzufrieden sein. Ich schreibe nicht überheblich, sondern so kurz und klar wie ich kann; und wenn ich ernsthaft an etwas glaube, sage ich es in wenigen Worten und überlasse es dem Leser, zu bestimmen, was mein Glaube wert ist. Aber ich entscheide mich nicht dafür, jeden Ausdruck persönlicher Meinung auf höfliche Allgemeinplätze abzumildern und so gleichzeitig Raum, Zeit und Verständlichkeit zu verlieren. Heutzutage werden wir von unseren Höflichkeiten, Rücksichtnahmen, Gehorsamspflichten und Anstandsregeln völlig unterdrückt. Vergib mir sie, dieses eine Mal, oder besser gesagt, lasst uns alle einander vergeben und lernen, zuerst klar und, wenn es möglich ist, danach anmutig zu sprechen; und nicht nur zu sprechen, sondern zu dem zu stehen, was wir gesagt haben. Einer meiner Oxford-Freunde hörte neulich, dass ich mit diesen Notizen beschäftigt war, und schrieb mir sofort in Panik, ich solle meinen Namen nicht nennen, aus Angst, ich könnte „mich selbst kompromittieren". Ich denke, die meisten von uns sind bereits in gewissem Maße kompromittiert, als England einen römisch-katholischen Geistlichen in die zweitgrößte Stadt Italiens geschickt hat und eine Woche lang ohne Regierung bleibt, weil sich seine führenden Männer nicht auf die Position eines Papstes einigen können Der Kardinal soll eine Aufenthaltserlaubnis in London erhalten.

[145] Matth. xxiv. 4; Markus xiii. 5; Lukas xxi. 8; 1 Kor. iii. 18, vi. 9, xv. 33; Eph. iv. 14, Vers 6; Spalte ii. 8; 2 Thess. ii. 3; Hebr. iii. 13; 1 Johannes I. 8, iii. 7; 2. Johannes 7, 8.

[146] εξουσ ί α in 1 Kor. ix. 12. 2 Thess, iii. 9.

[147] (Carlyle, „Vergangenheit und Gegenwart", Kapitel xi.) Kann etwas auffälliger sein als die wiederholten Warnungen des heiligen Paulus vor Streit um Worte? und seine klare Darlegung des Handelns als das einzig wahre Mittel zur Erlangung der Erkenntnis der Wahrheit und als einziges Zeichen dafür, dass Menschen den wahren Glauben besitzen? Vergleiche 1. Timotheus VI. 4, 20 (insbesondere der letzte Vers in Verbindung mit den vorherigen drei) und 2. Timotheus II. 14, 19, 22, 23, wobei auch hier der Zusammenhang nachgezeichnet wird; füge Titus i hinzu. 10, 14, 16, mit der Feststellung „ *in Werken* verleugnen sie ihn", und Titus iii. 8, 9: „Bestätigen Sie ständig, dass sie darauf achten, gute Werke aufrechtzuerhalten; aber meiden Sie dumme Fragen." und schließlich 1. Timotheus I. 4-7: eine Passage, die offenbar speziell für diese Zeit geschrieben wurde.

[148] Ich lasse im Haupttext die abstrakte Frage der Eignung des Episkopats unberücksichtigt und verspüre derzeit keinen Anlass, ausführlicher darüber zu sprechen; Alles, was ich für notwendig halte, ist, dass wir, wenn man die Bischöfe bewilligt, klar erkennen, dass wir zu wenige haben, um ihre Arbeit zu tun. Aber das Argument aus der Praxis der Urkirche scheint mir von enormer Bedeutung zu sein, und ich habe noch nie einen rationalen Vorwand gegen das Episkopat gehört, außer dass es, wie andere Dinge auch, missbrauchbar ist und manchmal missbraucht wurde ; und da in der Bibel völlig klar und unbestreitbar ein bischöfliches Amt beschrieben wird, das sich vom bloßen Ministeramt unterscheidet; und offenbar auch ein bischöflicher Beamter, der jeder Kirche zugeordnet ist und in der Offenbarung als Engel ausgezeichnet wird, halte ich den Widerstand der Scotch Presbyterian Church gegen das Episkopat für unbiblisch, vergeblich und schismatisch.

[149] „Durch gerechtes Urteil abgesetzt werden", Art. 26.

[150] Der Unterschied zwischen der Autorität der Lehre und der Disziplin wird in 2. Timotheus II. deutlich hervorgehoben. 25 und Titus II. 12-15. Im ersten Abschnitt darf der Diener Gottes, der die göttliche Lehre lehrt, nicht danach streben, sondern muss „in *Sanftmut* diejenigen unterweisen, die sich selbst widersetzen"; Im zweiten Abschnitt lehrt er uns, „dass er Gottlosigkeit und weltliche Begierden verleugnet und in dieser *gegenwärtigen Welt nüchtern, gerecht und gottesfürchtig leben soll* ", und soll mit ALLER AUTORITÄT sprechen, ermahnen und tadeln – beide Funktionen werden als vereint zum Ausdruck gebracht in 2. Timotheus IV. 3.

[151] Beachten Sie, dass diese und die folgenden Schlussfolgerungen vollständig von der Annahme abhängen, dass die Regierung Teil des Körpers der Kirche ist und dass einige Anstrengungen unternommen wurden, um sie aus religiösen und weisen Männern zusammenzusetzen. Wenn wir uns wissentlich und absichtlich dafür entscheiden, unser Parlament zu einem großen Teil aus Ungläubigen und Papisten, Spielern und Schuldnern zusammenzusetzen, werden wir seine Macht über den geistlichen Beamten durchaus bereuen; aber dass wir unser Parlament jederzeit so zusammensetzen sollten, ist ein Zeichen dafür, dass der Klerus selbst seine Pflicht und die Kirche ihre Wachsamkeit nicht erfüllt haben; so häuft sich das Böse als Reaktion. Was auch immer ich über die Verantwortung oder Autorität der Regierung sage, ist daher nur als Folge dessen zu verstehen, was ich zuvor über die Notwendigkeit gesagt habe, die Kirche eng einzuschränken und dann die Zivilregierung aus der begrenzten Körperschaft zusammenzusetzen. Somit wären alle Papisten sofort unfähig, daran teilzuhaben, und würden der zweiten oder schwersten Stufe der Exkommunikation unterworfen – erstens als Götzendiener, durch 1. Kor. Vers 10; dann als Habsüchtige und Erpresser (Verkauf von Absolution),

durch denselben Text; und schließlich als Ketzer und Bewahrer von Unwahrheiten, von Titus III. 10 und 1 Tim. iv. 1.

Ich schreibe dies weder voreilig noch ohne ernsthafte Rücksicht auf die Schwierigkeit und die Folgen einer solchen Kirchendisziplin. Aber entweder ist die Bibel ein überholtes Buch und darf nur als Aufzeichnung vergangener Tage gelesen werden; oder diese Dinge ergeben sich daraus klar und unweigerlich. Dass wir in Zeiten leben, in denen die Bibel nicht mehr praktikabel ist, ist (wenn es so ist) genau das, worüber ich nachdenken möchte. Ich werde diese Pläne oder Pläne nicht so niederlegen, wie es derzeit möglich ist. Ich weiß nicht, inwieweit sie möglich sind; aber es scheint mir, dass Gott sie klar befohlen hat und dass ihre Undurchführbarkeit daher eine Sache ist, über die man nachdenken sollte.

[152] Exod. xxi. 15.

Das Gebet des Herrn und die Kirche. [153]

BRIEFE.

I. [154]

Brantwood, Coniston, Lancashire,
20. Juni 1879 .

223. SEHR GEEHRTER HERR MALLESON , ich konnte Ihren wichtigen Brief nicht sofort beantworten; Denn obwohl ich sofort spürte, dass ich es nicht wagen konnte, vor einem solchen Publikum zu sprechen, wie Sie es vorgeschlagen haben, bin ich nicht bereit, auf jeden Anruf zu antworten, der sich auf Angelegenheiten bezieht, die mir schon lange am Herzen liegen, wenn überhaupt es mir möglich sein, dabei behilflich zu sein. Mein Gesundheitszustand – oder mein Mangel daran – verbietet mir jetzt gänzlich, irgendeine Pflicht zu erfüllen, die Aufregung oder große intellektuelle Anstrengung beinhaltet; aber ich denke, dass ich vor dem ersten Dienstag im August vielleicht in der Lage sein werde, ein oder zwei Briefe an Sie zu schreiben, in denen ich mich auf einige bereits in *Fors* und anderswo abgedruckte Passagen beziehe und diese mehr oder weniger vervollständige, was bei Ihrer Lektüre vielleicht Teile davon sein könnte Sie können die Informationen, die Sie für verfügbar hielten, während des Treffens in der Freizeit zum Diskussionsgegenstand werden, nachdem ihre eigenen Hauptziele geklärt wurden.

Auf jeden Fall werde ich darüber nachdenken, was ich bei einem solchen Treffen vertreten möchte und kann, und bitte Sie nur, mich nicht für unempfindlich gegenüber der Ehre zu halten, die mir durch Ihren Wunsch erwiesen wurde, und für die Schwere des mir entgegengebrachten Vertrauens in mir.

Mit freundlichen Grüßen,
J. RUSKIN.

Der Rev. FA Malleson.

II.

Brantwood, Coniston , *23. Juni 1879* .

224. SEHR GEEHRTER HERR MALLESON , – Gehen und Reden sind mir jetzt gleichermaßen unmöglich; [155] Für beides ist meine Kraft erschöpft; Ich glaube auch nicht, dass Gespräche über solche Dinge von geringstem Nutzen

sind, außer um zwischen vernünftigen Menschen ein freundliches Gefühl und Wissen über den persönlichen Charakter des anderen zu fördern. Ich vertraue voll und ganz auf *Ihre* Freundlichkeit und Wahrheit. Ich fürchte auch nicht, von Ihnen missverstanden zu werden. Was ich möglicherweise in schriftlicher Form darlegen kann, damit es Ihren Ratsfreunden vorgelegt werden kann, muss ohne Frage des persönlichen Gefühls niedergelegt werden – einfach als mathematische Frage oder Demonstration.

225. Die erste genaue Frage, die eine solche Versammlung meiner Meinung nach von Laien ernsthaft lösen muss, ist sicherlich axiomatisch: die Definition ihrer selbst als Körperschaft und ihrer Geschäfte als solche.

Nämlich: Betrachten sie sich als Geistliche der Kirche von England nur als solche, die einem bestimmten Staat angegliedert sind? Nehmen sie in ihrer Qualität als Führer eine ähnliche Stellung ein wie die Führer von Chamouni oder Grindelwald, die als zahlenmäßige Gruppe geprüfter und vertrauenswürdiger Personen aus diesen verschiedenen Dörfern dennoch keine chamunistische oder grindelwaldistische Meinung zu diesem Thema haben? der Alpengeographie oder Gletscherwandern; Aber sind Sie bereit, eine gemeinsame und universelle Wissenschaft der Lokalität und Leichtathletik in die Praxis umzusetzen, die auf sicherer Übersicht und erfolgreicher Praxis basiert? Sind die Geistlichen der Ecclesia of England also einfach die angestellten und bezahlten Führer Englands und der Engländer auf die Art und Weise, die von allen guten Männern bekannt ist und zum Leben führt? – oder sind sie im Gegenteil eine Gruppe von Männern, die halten oder auf irgendeine gesetzliche Weise erforderlich oder gezwungen, Meinungen zu diesem Thema zu vertreten – etwa über die Höhe der Himmlischen Berge, die Gletscherspalten, die am schnellsten in die Grube hinuntergehen, und andere verwandte Punkte der Wissenschaft –, die davon abweichen oder sogar im Gegensatz zu den Lehren der Führer der Kirche von Frankreich, der Kirche von Italien und anderen christlichen Ländern?

Ist das nicht die erste aller Fragen, die ein Klerikerrat offen beantworten muss?

Mit freundlichen Grüßen
J. RUSKIN.

III.

BRANTWOOD, *6. Juli.*

226. Mein erster Brief enthielt die Bitte eines Laien um eine klare Antwort auf die Frage: „Was ist ein Geistlicher der Church of England?" Nehmen wir

an, die Antwort auf diese Frage wäre zunächst, dass die Geistlichen der Kirche von England nicht Lehrer des Evangeliums für England, sondern des Evangeliums für alle Nationen sind; und nicht vom Lutherevangelium, auch nicht vom Augustinusevangelium, sondern vom Christusevangelium – dann wäre die zweite Frage des Laien:

Kann dieses Evangelium Christi in so einfache Worte und kurze Begriffe gefasst werden, dass ein einfacher Mensch es verstehen kann? – und wenn ja, wäre es dann nicht in einem ganz ursprünglichen Sinne wünschenswert, dass es so wäre, anstatt es zu belassen? zu entnehmen aus neununddreißig Artikeln, die keineswegs in klarem Englisch verfasst sind und sich zur weiteren Erläuterung genau des wichtigsten Punktes im gesamten Tenor ihrer Lehre [156] auf ^{eine} „Predigt der Rechtfertigung" beziehen [156 | 157], das im Allgemeinen nicht im Besitz oder wahrscheinlich sogar im Verständnis einfacher Personen ist?

Mit freundlichen Grüßen,
J. RUSKIN.

IV.

BRANTWOOD , *8. Juli.*

227. Ich freue mich sehr, dass Sie mit dem Briefplan einverstanden sind, da er es mir ermöglicht, das, was ich gerne sagen möchte, aus kleinen Steinen aufzubauen, ohne zu viel auf einmal zu heben, was meine Kraft übersteigt; und das Gefühl, einen Freund anzusprechen, der mich versteht und mit mir sympathisiert, verhindert, dass ich durch das ständige Bedürfnis nach Entschuldigung oder die Angst, Anstoß zu erregen, zum Stehen gebracht werde.

Dennoch verstehe ich nicht ganz, warum Sie meinen Wunsch nach einer einfachen und verständlichen Darstellung des christlichen Evangeliums zu Beginn verstehen sollten. Ist es von dir nicht geboten, in die *ganze Welt* zu gehen und es jedem Geschöpf zu predigen? (Ich glaube selbst, dass der Geistliche am ehesten Gutes tun wird, wenn er das π ά ση τη κτ ί σει so wörtlich annimmt, dass er zumindest mit der Predigt des heiligen Franziskus an die Vögel sympathisiert und das Gefühl hat, dass er entweder Schafe oder Hühner füttert, oder Den Ochsen den Maulkorb zu öffnen oder die Zaunkönige im Schnee am Leben zu halten, würde von ihrem himmlischen Ernährer als die *vollkommene* Erfüllung Seines „Weide meine Schafe" im höheren Sinne empfangen werden.) [158]

228. Das ist alles eine Klammer; Denn obwohl ich denke, dass Ihre gute Gesellschaft alle zustimmen würde, dass Freundlichkeit gegenüber Tieren eine Art Predigt für sie sei und dass Jagd und Vivisektion für sie eine Art Gotteslästerung seien, möchte ich Ihrem Rat nur die ernstere Frage stellen: *Wie* Dieses Evangelium soll entweder πανταχο ὐ " oder „π ά ντα τ ά κτ ί σει gepredigt werden, wenn seine Prediger nicht vorher ganz klar festgestellt haben, was es *ist*? Und könnte eine solche Definition, die für den gesamten Körper der Kirche Christi akzeptabel ist, nicht erreicht werden, indem lediglich die Begriffe des Vaterunsers – die ersten Worte, die Kindern in der ganzen christlichen Welt beigebracht werden – in ihrer Vollständigkeit und Lebendigkeit erklärt werden?

Ich werde versuchen, in den folgenden Briefen zu erklären, was ich mit den einzelnen Artikeln meine. Und als Antwort auf die Frage, mit der Sie Ihr letztes Buch abschließen, kann ich nur sagen, dass es Ihnen vollkommen freisteht, einige davon oder alle Teile davon zu verwenden, wie Sie es für gut halten. Wenn ich gefragt werde, ob Briefe von mir gedruckt werden dürfen, sage ich normalerweise: „Selbstverständlich, vorausgesetzt, Sie drucken sie vollständig aus." Aber in deine Hände entziehe ich auch diesen Zustand und vertraue gerne deinem Urteil, das immer verbleibt

Mit freundlichen Grüßen,
J. RUSKIN.

DER REV. FA MALLESON.

V.

π ά τερ ἡ μων ο εν το ἱ ς ουραν ὁ ις

Pater noster qui es in cælis .

BRANTWOOD , *10. Juli* .

229. Als ich sagte, dass das Vaterunser zur Grundlage der Evangeliumslehre gemacht werden könnte, meinte ich nicht, dass es alles enthielt, was christliche Geistliche zu lehren haben; sondern dass es das enthält, worüber sich alle Christen einig sind, dass es zuerst gelehrt werden muss; und dass es in keinem Bezirk der Welt einen guten Gemeindepfarrer gibt, der aber gerne seinen Teil dazu beitragen würde, es seiner Gemeinde klar und lebendig zu machen.

Und der erste Satz davon liefert uns, natürlich richtig erklärt, die Grundlage dessen, was sicherlich ein mächtiger Teil des Evangeliums ist – sein „erstes und größtes Gebot", nämlich, dass wir einen Vater haben, den wir lieben können und den *wir* brauchen zu lieben und den Wunsch zu haben, mit Ihm im Himmel zu sein, wo auch immer das sein mag.

Und um zu verkünden, dass wir einen so liebenden Vater haben, dessen Barmherzigkeit über *allen* seinen Werken liegt und dessen Wille und Gesetz so lieblich und liebenswert sind, dass es süßer als Honig und kostbarer als Gold ist für diejenigen, die es „schmecken" können „Seht", dass der Herr gut ist – dies ist sicherlich eine höchst angenehme und herrliche gute Botschaft und ein *Zauber* , den man den Menschen bringen kann – im Unterschied zu der bösen Botschaft und dem verfluchten Zauber, den Satan stattdessen den Nationen der Welt gebracht hat , dass sie keinen Vater haben, sondern nur „ein verzehrendes Feuer", das bereit ist, sie zu verschlingen, es sei denn, sie werden durch einen Plan der Vergebung für alle von seiner wütenden Flamme befreit, wofür sie nicht dem Vater, sondern ihm dankbar sein sollen der Sohn.

Angenommen, dieser erste Artikel des wahren Evangeliums würde übereinstimmen, wie würde der Segen, der die Briefe dieses Evangeliums abschließt, verständlich und lebendig werden, statt dunkel und tot: „Die Gnade Christi und die Liebe Gottes und die Gemeinschaft der . " „Heiliger Geist" – ist das *liebevollste* Wort das des Vaters?

VI.

αγιασθ ή τω τ ό οναμ ά σου

Sanctificetur nomen tuum .

BRANTWOOD , *12. Juli 1879* .

230. Ich frage mich, wie viele, selbst von denen, die ehrlich und aufmerksam an unseren Gottesdiensten teilnehmen, eine bestimmte Vorstellung vom zweiten Satz des Vaterunsers, der ersten Bitte davon, dem ersten, wonach Christus ihnen aufgetragen hat , haben ihres Vaters?

Bin ich ungerecht, wenn ich denke, dass die meisten von ihnen kaum mehr Ahnung davon haben, als dass Gott „schlechte Sprache" verboten hat und dass sie beten sollen, dass alle Ihm gegenüber respektvoll seien?

Ist es beim dritten Gebot anders? Betrachten die meisten es nicht nur im Lichte des Eidgesetzes? und lesen Sie die Worte „wird ihn nicht für unschuldig halten" lediglich als eine leidenschaftslose Andeutung, dass, wie leichtsinnig ein Mann auch einen runden Eid ausstoßen mag, wirklich etwas daran nicht stimmt *?*

Kann andererseits etwas gewaltiger sein als die Worte selbst – doppelt verneint:

ου γ ά ρ μ ή καθαρ ί ση

Für *andere* Sünden gibt es eine Waschung; für diese keine! der siebte Vers, Ex. xx., in der Septuaginta, markiert die wirkliche Macht und nicht das Englische, was (ich nehme an) wörtlich für das Hebräische ist.

Für meinen Laien ist aus praktischen Gründen im gegenwärtigen Zustand der Kirche nichts so unmittelbar, als der Gemeinde zu erklären, was es bedeutet, in seinem Namen versammelt zu sein und ihn in ihrer Mitte zu haben; als auf der anderen Seite, dass man sich in der Lästerung seines Namens versammelt und den Teufel in seiner Mitte hat – der den Gebeten vorsteht, die zu einem Gräuel geworden sind.

231. Denn die gesamten Texte des Evangeliums gegen die Heuchelei sind im Großen und Ganzen nichts anderes als die Ausweitung der Drohung, die das Dritte Gebot abschließt. Denn wie „der Name, nach dem er genannt wird, DER HERR, UNSERE GERECHTIGKEIT " ist, so ist das Missbrauchen dieses Namens die Summe der „Täuschung der *Ungerechtigkeit* bei denen, die verloren gehen".

Ohne auf die Möglichkeit einzugehen – an der ich selbst jedoch keinen Moment zweifle –, dass ein ehrlicher Geistlicher in der Lage sein könnte, tatsächlich den Zutritt von Personen, die ein offen böses Leben führen, in seine Gemeinde zu verhindern, könnte irgendein Thema für die Zwecke von entscheidender sein? Ihre Treffen als der Unterschied zwischen dem gegenwärtigen und dem wahrscheinlichen Zustand der christlichen Kirche, der sich ergeben würde, wenn es mehr die Bemühungen eifriger Gemeindepriester wären, anstatt böse arme Menschen dazu zu bringen, in die Kirche zu kommen, um *böse* reiche *Leute* dazu zu bringen, sich von ihr fernzuhalten Es?

Damit bei der Erörterung einer solchen Frage nicht behauptet wird, dass „der Herr auf das Herz schaut", wie es allzu oft der Fall ist, lassen Sie es mich sagen – und zwar mit so viel Bestimmtheit, wie ich meine tiefste Überzeugung zum Ausdruck bringen kann – dass es zwar die Aufgabe des Herrn ist, auf das Herz zu schauen, es aber die Aufgabe des Pfarrers ist, auf die Hände und die Lippen zu schauen; und dass die abscheulichsten Eide des Diebes und des Straßengängers in den Ohren Gottes sündlos sind wie der Schrei des Falken oder das Murmeln der Mücke, verglichen mit den Reaktionen im Gottesdienst auf den Lippen des Wucherers und Ehebrechers , die nicht nur ihre eigenen Seelen zerstört haben, sondern auch die der Ausgestoßenen, die sie zu ihren Opfern gemacht haben.

Es ist Sache der Versammlung der Geistlichen selbst – und nicht eines Laien, sich an sie zu wenden –, weiter zu fragen, wie sehr der Name Gottes missbraucht und entweiht statt geheiligt werden kann – sowohl *auf* der Kanzel als auch darunter.

Mit freundlichen Grüßen
J. RUSKIN .

VII

ελθ έ τω η Βασιλε ί α σου

Adveniat regnum tuum.

BRANTWOOD , *14. Juli 1879* .

232. SEHR GEEHRTER HERR MALLESON , herzlichen Dank für Ihre Briefe und die gesendeten Korrekturabzüge . Ich bin mir sicher, dass Ihr Kommentar und Ihr leitender Link, wenn nötig, von größter Hilfe und Wert sein werden und darauf hinweisen, dass das, was Sie wissen, die wahrscheinliche Meinung Ihrer Zuhörer und der Punkt sein wird, der in Frage gestellt wird.

Ja, gewiss, dass „Sein“ in der vierten Zeile die ewige Gegenwart Christi andeuten sollte; wie in einer anderen Passage [160] , die sich auf die Schöpfung bezieht, „als seine rechte Hand den Schnee auf den Libanon streute und die Hänge von Golgatha ebnete“, aber insofern wir bei dieser Wahrheit verweilen: „Hast du mich gesehen, Philippus *?* “ , und nicht der Vater?“ [161] Wir lehren die Menschen nicht, was das Evangelium *Christi speziell ist* und dass es eine bestimmte Funktion hat – nämlich dem Vater zu *dienen* und den Willen des Vaters zu tun. Und in all seinen menschlichen Beziehungen zu uns und in seinen Geboten an uns handelt und spricht er als Menschensohn, nicht als „Macht Gottes und Weisheit Gottes“. Nicht als die Macht; denn *Er* muss beten, wie einer von uns. Nicht wie die Weisheit; denn er darf nicht wissen, „ob es möglich ist“, sein Gebet sollte erhört werden.

Sein Gebet , nicht nur als Sein Befehl, sondern als Sein Gebrauch) sagen möchte , ist es vor allem dieser Vergleich zwischen *Seinem* Reich und dem Seines Vaters, den ich die Jünger sehen möchte davor gehütet. Ich glaube, nur sehr wenige, selbst die Ernsthaftesten, erkennen bei dieser Bitte, dass es das Reich des Vaters und nicht des Sohnes ist, um das sie beten, es möge kommen, obwohl das ganze Gebet auf dieser Tatsache basiert: „Denn Dein ist das . “ Königreich, die Macht und die Herrlichkeit. Und ich stelle mir vor, dass der Geist des gläubigsten Christen völlig von seiner eigentlichen Hoffnung abgelenkt wird, wenn er über die Herrschaft – oder das Wiederkommen – Christi nachdenkt; worauf sie zwar achten und *achten sollen,* nicht aber, für das sie beten sollen. Ihr Gebet gilt dem größeren Königreich, zu dem er, nachdem er auferstanden ist und alle seine Feinde unter seinen Füßen hat, *sein Reich aufgeben muss* , „damit Gott alles in allem sei“.

Und obwohl es das Größte ist, ist es das ewige Königreich, das die Ärmsten von uns voranbringen können. Wir können das Kommen Christi nicht beschleunigen. „Von Tag und Stunde weiß niemand.“ Aber das Reich Gottes ist wie ein Senfkorn: Wir können daraus säen; es ist wie eine Schaumkugel aus Sauerteig: – wir können es vermischen; und seine Herrlichkeit und seine Freude bestehen darin, dass sogar die Vögel des Himmels in seinen Zweigen übernachten können.

Verzeihen Sie mir, dass ich zu meinen Spatzen zurückgekehrt bin; aber wahrlich, im gegenwärtigen Zustand Englands sind die Vögel der Luft die einzigen Geschöpfe, so gequält und ermordet sie auch sind, die noch hier und da Nester und Frieden und Freude im Heiligen Geist haben. Und es wäre gut, wenn viele von uns beim Lesen des Textes „Das Reich Gottes besteht nicht aus Speise und Trank“ auch nur so weit gekommen wären, zu verstehen, dass es mindestens genauso viel war, und zwar so lange, bis wir *satt* hatten die Hungrigen, es gab keine Kraft in uns, die Unglücklichen zu inspirieren.

Mit freundlichen Grüßen
J. RUSKIN .

Ich werde meine Gefühle zu den Teilen des Lebens Christi, die Sie mir geschickt haben, in einem privaten Brief niederschreiben. Ich kann sofort sagen, dass ich sicher bin, dass es viel Gutes bewirken wird und aufrichtig und verständlich sein wird, wie wenige religiöse Schriften es gibt!

VIII.

γενηθ ἡ τω το θ ἐ λημ ἀ σου ως εν ουϱαν ὠ , και επ ἱ γ ἡ ς.

Fiat meldete sich freiwillig in der Wohnung und im Gelände.

Brantwood , *9. August* 1879.

234. Ich habe heute Morgen zufällig das zweite Kapitel von Maleachi gelesen und mich gefragt, wie viele Geistliche es jemals gelesen haben, und habe mir das „Gebot für *sie* " zu Herzen genommen.

Denn sie sind immer bereit genug, sich Priester zu nennen (obwohl sie wissen, dass sie nichts dergleichen sind), wann immer aus dem Titel auch nur eine gewisse Würde herauszuholen ist; Aber wenn ihnen von den Propheten in ihrem selbstgefälligen Charakter ein guter, scharfer Tadel oder unangenehmer Rat gegeben wird, sind sie ebenso bereit, ihn aufzugeben, wie Dionysos, sein Löwenfell, wenn er den Charakter des Herakles findet ungünstig. „Ihr habt den Herrn mit euren Worten ermüdet" (ja, und auch einige von Seinem Volk zu eurer Zeit): „Und doch sagt ihr: Womit haben wir Ihn ermüdet? Wenn ihr sagt: „Jeder, der Böses tut, ist gut in den Augen." des Herrn, und Er hat Gefallen an ihnen; oder: Wo ist der Gott des Gerichts?"

Ich frage mich immer wieder, wie viele der lebhaften jungen Geistlichen, die der wachsenden Nachfrage unserer westlichen Enden blühender Städte der Ebene gerecht werden, jemals darüber nachdenken, was für eine Sünde es ist, für die Gott verantwortlich ist (es sei denn, sie nehmen es sich zu Herzen). werden „ihren Segen verfluchen und Kot auf ihre Angesichter streuen" oder auch nur im entferntesten verstanden haben, welche Rolle *sie* gespielt hatten und noch spielten, indem sie „den Bund des Herrn mit Levi verdorben und viele zum Straucheln gebracht haben". am Gesetz"?

235. Die vielleicht subtilste und unbewussteste Art und Weise, wie die religiösen Lehrer, auf die das Ende der Welt gekommen ist, dies getan haben, besteht darin, ihrem Volk nie die Bedeutung des Satzes im Vaterunser zu sagen, der von allen anderen ihr Vaterunser ist Die meisten ernsthaften Zuhörer haben am häufigsten auf ihren Lippen: „Dein Wille geschehe." Sie erlauben ihren Leuten, es so zu benutzen, als ob der Wille ihres Vaters immer darin bestünde, ihre Babys zu töten oder ihnen etwas Unangenehmes anzutun, anstatt ihnen zu erklären, dass der erste und eindringlichste Artikel des Willens ihres Vaters ihre eigene Heiligung und der darauf folgende Trost und Trost sei Reichtum; und dass der einzige Weg zum nationalen Wohlstand und zum inneren Frieden darin bestehe, den Willen des Herrn zu verstehen und alles zu tun, um ihn zu verwirklichen. Wohingegen man nach

dem Tonfall der eifrigsten Prediger heutzutage denken würde, dass ihr gesegnetes Amt nicht darin besteht, den Menschen zu zeigen, wie sie den Willen ihres Vaters auf Erden tun können, sondern wie sie in den Himmel kommen, ohne auch hier irgendetwas davon zu tun oder dort!

236. Ich sage besonders die eifrigsten Prediger; denn fast die gesamte missionarische Gemeinschaft (einschließlich der heißesten evangelistischen Sekte der englischen Kirche) besteht derzeit aus Männern, die glauben, das Evangelium, das sie tragen sollen, um die Welt zu heilen, sei tatsächlich: „Wenn jemand sündigt, dann er." hat einen Fürsprecher beim Vater;" Während ich aus eigener Erfahrung noch nie einen Missionar oder einen Stadtbischof getroffen habe, der auch nur behauptete, „zu verstehen, was der Wille des Herrn ist", geschweige denn, jemand anderen zu lehren, dies zu tun; und von fünfzig Predigern, ja, und fünfzighundert, die ich als Mittler des Neuen Testaments verkünden hörte, damit „die Berufenen die Verheißung des ewigen Erbes empfingen", habe ich noch nie jemanden gehört, der von ganzem Herzen gegen *alle* verkündete jene „Betrüger mit eitlen Worten" (Eph. 5,6), dass „kein Habgieriger, der ein Götzendiener ist, *irgendein* Erbe im Reich Christi oder Gottes hat"; und auf meine persönliche und öffentliche Herausforderung an die Bischöfe von England im Allgemeinen und namentlich an den Bischof von Manchester, um zu sagen, ob Wucher nach dem Willen Gottes sei oder nicht, habe ich von keinem von ihnen eine Antwort erhalten. [162]

13. August.

237. Ich habe mir zu Beginn dieses Briefes erlaubt, auf die zweideutige Verwendung des Wortes „Priester" in der englischen Kirche einzugehen (siehe Christopher Harvey, Ausgabe von Grosart, S. 38), weil die Annahme des Vermittlers, Im Mangel an Seelsorge erfüllt sich das Amt des Klerus natürlich und immer dadurch, dass sie vorgeben, den Sünder von seiner Strafe zu befreien, anstatt ihn von seiner Sünde zu reinigen; und praktisch in ihrer allgemeinen Schirmherrschaft und Förderung aller Ungerechtigkeiten der Welt, indem sie ständig deren Strafen wegpredigen. So dass die großen Städte der Erde, die Orte auf ihren Hügeln sein sollten, mit dem Tempel des Herrn in ihrer Mitte, zu dem die Stämme hinaufziehen sollten, [163] – Zentren der Königreiche und Provinzen der Ehre, der Tugend und der Kenntnis des Gesetzes Gottes – sind stattdessen zu abscheulichen Zentren der Unzucht und Habgier geworden – der Rauch ihrer Sünde steigt in das Angesicht des Himmels auf wie der Ofen von Sodom und seine Verunreinigung Verrottet und wütet durch die Knochen und Seelen der Bauern um sie herum, als wären sie alle ein Vulkan, dessen Asche in Flammen auf Mensch und Tier ausbricht. [164]

Und inmitten von ihnen läuten ihre frisch errichteten Türme die Menge zu einem wöchentlichen Gebet ein, dass der Rest ihres Lebens rein und heilig sein möge, während sie nicht die geringste Absicht haben, ihr Leben zu reinigen, zu heiligen oder zu verändern jedes noch so kleine Detail; und ihre Geistlichkeit versammelt, jeder in sich, die seltsame Doppelmacht und die janusgesichtige Majestät im Unheil des Propheten, der falsch prophezeit, und des Priesters, der durch seine Mittel die Herrschaft ausübt.

Und die Leute lieben es, es so zu haben.

BRANTWOOD , 12. August .

Ich freue mich sehr über Ihre kleine Nachricht aus Brighton. Ich hielt es für unnötig, die beiden Briefe dorthin zu schicken, die Sie zu Hause finden; und sie beenden fast alles, was *ich* sagen möchte; denn die übrigen Abschnitte des Gebets berühren Dinge, die für mich zu hoch sind. Aber ich werde Ihnen einen abschließenden Brief darüber schicken.

IX.

τον αρτον ημ ὼ ν τον επιο ὑ σιον δος ημ ἱ ν σ ἡ μερον.

Panem nostrum quotidianum da nobis hodie.

BRANTWOOD , 19. August .

238. Ich habe den vorstehenden Brief bis jetzt bei mir behalten, damit Sie nicht denken könnten, dass er in irgendeiner Eile oder Gereiztheit geschrieben wurde; aber jedes Wort davon ist absichtlich, obwohl es die Bitterkeit von zwanzig Jahren vergeblichen Kummers und Flehens über diese Dinge zum Ausdruck bringt. Ansonsten bin ich auch nicht in der Lage, irgendetwas über den nächsten folgenden Satz des Gebets zu schreiben; denn keine Worte könnten brennend genug sein, um das Böse zu beschreiben, das über die Welt gekommen ist, weil die Menschen es gedankenlos und blasphemisch gebrauchen und zu Gott beten, es ihnen zu geben was sie absichtlich stehlen wollen. Denn alles wahre Christentum ist – wie sein Meister war – dadurch bekannt, dass es das Brot bricht, und jedes falsche Christentum dadurch, dass es es stiehlt.

Möge der Geistliche in seiner Gemeinde nur mit unparteiischer und gleicher Geste die große pastorale Ordnung anwenden: „Wer nicht arbeiten will, soll auch nicht essen." und seien Sie entschlossen, von jedem Mitglied seiner Herde zu verlangen, dass er ihm sagt, *was* sie Tag für Tag tun, um sich ihr

Abendessen zu verdienen; und er wird entdecken, dass sich ihm und ihnen eine völlig neue Sicht auf das Leben und seine Sakramente eröffnet.

239. Denn der Mann, der nicht Tag für Tag eine Arbeit verrichtet, die ihm sein Abendessen einbringt, muss sein Abendessen stehlen; [165] Und die tatsächliche Tatsache ist, dass die große Masse der Menschen, die sich Christen nennen, in Wirklichkeit davon lebt, den Armen ihr Brot zu rauben, und von keinem anderen Handel überhaupt: und von der einfachen Untersuchung der Art und Weise, wie sie produzieren und konsumieren Europäisches Essen – wer danach gräbt und wer es isst – wird das jedem ehrlichen Menschen beweisen.

Es ist auch für keine christliche Kirche möglich, ohne unbeschreibliche Befleckungen und Heucheleien zu existieren, bis die Tugenden eines Lebens, das in seiner Zügellosigkeit maßvoll und in seinen Ämtern des weltlichen Dienstes an den Armen weitreichend ist, als das Normale betont werden Bedingungen, in denen allein das Gebet zu Gott um die Ernte der Erde etwas anderes als Gotteslästerung ist.

An zweiter Stelle. Da im Gleichnis bei Lukas gezeigt wird, dass das Brot, um das gebeten wird, auch und hauptsächlich der Heilige Geist ist (Lukas 11, 13), und das Gebet „Gib uns jeden Tag unser tägliches Brot" in seiner Fülle die Frage der Jünger: „Herr, gib uns immer wieder *dieses* Brot" – die Frage des Geistlichen an seine ganze Herde, hauptsächlich wörtlich: „Kinder, habt ihr hier etwas zu essen?" muss letztlich immer die größere spirituelle sein: „Kinder, habt ihr hier einen Heiligen Geist?" oder: „Habt ihr noch nicht gehört, ob es welche *gibt*? Und glaubt ihr statt an einen Heiligen Geist, den Herrn und Spender des Lebens, nur an einen unheiligen Mammon, Herrn und Spender des Todes?"

Der Gegensatz zwischen den beiden Herren war und bleibt, solange die Welt besteht, absolut, unversöhnlich, tödlich; und die erste Botschaft des Geistlichen an sein heutiges Volk lautet – wenn er treu ist: „Wähle heute, wem du dienen willst."

Mit freundlichen Grüßen,
J. RUSKIN .

X.

Ich habe die Erfahrung gemacht, **dass** ich nichts dagegen habe ς ημων

Et dimitte nobis debita **nostra** , *sicut et nos dimittimus debitoribus nostris* .

240. SEHR GEEHRTER HERR MALLESON , es hat sehr lange gedauert, bis ich versucht habe, auch nur ein Wort über den sechsten Satz des Pater zu sagen. Denn jedes Mal, wenn ich anfing, darüber nachzudenken, wurde ich von dem traurigen Gefühl der hoffnungslosen Aufgabe zurückgehalten, die ihr armen Geistlichen heutzutage hattet, den Menschen die Liebe zu ihren Feinden zu empfehlen und zu lehren, wo doch ihre ganze Energie bereits darauf gerichtet war, ihre Freunde zu betrügen.

Aber in allen Zeiten, in der Vergangenheit oder in der Gegenwart, ist der Satz so schwierig, dass man, um ihn zu verstehen, fast die Liebe Gottes erkennen muss, die das Wissen übersteigt.

Aber auf jeden Fall ist es sicherlich die Pflicht des Pfarrers, zu verhindern, dass seine Herde es *falsch* versteht; und vor allem, um sie von der Annahme abzuhalten, dass die Vergebung Gottes nur durch Bitten von denen erlangt werden kann, die „vorsätzlich sündigen, nachdem sie die Erkenntnis der Wahrheit empfangen haben".

241. Es gibt auch eine sehr einfache Lektion, die vor allem Menschen in glücklichen Lebensumständen benötigen, die ich noch nie vollständig von der Kanzel gehört habe und die normalerweise mehr aus den Augen verloren wird, weil das schöne und ungenaue Wort „Hausfriedensbruch" bedeutet. wird so oft anstelle des einzigen und genauen Begriffs „Schulden" verwendet. Bei Menschen mit guter Bildung und glücklichen Verhältnissen kann es leicht passieren, dass lange Zeitabschnitte ihres Lebens ohne bewusste Sünde vergehen, die sie bei der Entdeckung oder Erinnerung daran in Wahrheit und voller Schmerz zum Schreien bringen könnte: „Ich habe gesündigt." gegen den Herrn." Aber kaum eine Stunde ihrer glücklichen Tage kann an ihnen vergehen, ohne dass sie – wären ihre Herzen offen – einen Beweis hinterlassen hätten, dass sie „die Dinge, die sie hätten tun sollen, nicht getan haben", was ihnen einen noch bittereren und heftigeren Grund zum Weinen gibt: und schreien erneut – für immer, in den reinen Worten des Gebets ihres Meisters: „Dimitte nobis *debita* nostra."

Im Zusammenhang mit der genaueren Übersetzung von „Schulden" statt „Verfehlungen" [166] wäre es sicherlich gut, selbstgefälligen und harmlosen Gemeinden ständig vor Augen zu halten, dass in Christi eigener Prophezeiung über die Art und Weise des Jüngsten Gerichts die Die Verurteilung wird nur für Unterlassungssünden ausgesprochen: „Ich war hungrig, und ihr habt mir kein Fleisch gegeben."

242. Aber was auch immer der Prediger für eine Sünde, sei es durch Beleidigung oder durch einen Mangel, bei seinem Volk fürchtet, sicherlich

hat er es in letzter Zeit völlig versäumt, sie zu einer eindeutigen Anerkennung dieser Sünde in ihren verschiedenen und persönlichen Einzelheiten zu zwingen. Nichts in der vielfältigen Widersprüchlichkeit der menschlichen Natur ist grotesker als ihre Bereitschaft, sich mit einer beliebigen Menge an groben Sünden belasten zu lassen, und ihr Groll gegen die Unterstellung, auch nur das kleinste Paket davon im Detail begangen zu haben. Und die englische Liturgie, die offensichtlich mit der liebenswürdigen Absicht verfasst wurde, die Religion einem Volk, das seine Seelen ohne große persönliche Unannehmlichkeiten retten möchte, so angenehm wie möglich zu machen, ist vielleicht in keinem Punkt unheilvoller nachsichtig als in ihrem Zugeständnis an die Es ist die weitverbreitete Überzeugung, dass wir den gegenwärtigen Vorteil erlangen und der künftigen Bestrafung jeglicher Art von Ungerechtigkeit entgehen können, wenn wir die Art und Weise der Ungerechtigkeit geschickt vor den Menschen verbergen und triumphierend vor Gott bekennen, wie groß sie ist.

243. Schließlich kann eine Form des Gebets unabhängig von den Vorzügen und Anstandsmerkmalen und dem Umfang der gesammelten Passagen nicht gleichzeitig für den Gebrauch durch eine Gruppe gut unterrichteter und erfahrener Christen geeignet sein , wie sie sich den Gottesdiensten einer neunzehn Jahrhunderte alten Kirche anschließen sollten – und angepasst an die Bedürfnisse des schüchternen Sünders, der an diesem Tag zum ersten Mal ihre Veranda betreten hat, oder des reumütigen Wirts, der erst vor Kurzem seinen Ruf auf eine Kirchenbank bemerkt hat .

dass er für den Rest seines Lebens *mindestens* jeden Sonntagmorgen um elf Uhr Gebete darbringt Das Leben im Jenseits könnte rein und heilig sein und ihnen die ganze Zeit über bewusst sein, dass sie nächste Woche, zur gleichen Stunde, in ähnlicher Weise dem Herrn mitteilen müssten, dass „sie keine Gesundheit hatten!"

Unter den vielgerügten Torheiten und Missbräuchen des sogenannten „Ritualismus" ist keiner, von dem ich gehört habe, tatsächlich so gefährlich und düster „Ritual" wie dieses Stück autorisierter Verspottung des feierlichsten Aktes des menschlichen Lebens und des einzigen Eintritts des ewigen Lebens – Buße.

Glauben Sie mir, lieber Mr. Malleson,

Mit freundlichen Grüßen und Respekt Ihr
J. RUSKIN .

XI.

και μη εισεν έ γκης ημας εις πειρασ ό ν, αλλ ά ρυσαι ημας απο του ονηρου ο τι σου εστιν η βασιλε ί α, και η δυναμις, και η δ ό ξα, εις τους αι ώ νας. Αμ ή ν.

Et ne nos inducas in tentationem; sed libera nos a malo; quia tuum est regnum, potentia, et gloria in sceeula sceculorum. Amen .

BRANTWOOD , *14. September 1879* .

244. SEHR GEEHRTER HERR MALLESON , die sanften Worte in Ihrem letzten Brief beziehen sich auf den Unterschied zwischen Ihnen und mir in Bezug auf den Grad der Hoffnung, mit dem Sie das betrachten konnten, was der allgemeinen Meinung in den Plänen für die Aktion des Die Frage der christlichen Kirche lässt sich sicherlich am besten beantworten, indem man sich auf den einheitlichen Ton des Gebets beruft, das wir untersucht haben.

Ist nicht jede einzelne ihrer Petitionen ein perfekter Staat? Und ist dieser letzte Satz davon, an den wir heute denken müssen – wenn er vollständig verstanden wird – nicht nur eine Bitte um die Wiederherstellung des Paradieses, sondern eines Paradieses, in dem es keine tödlichen Früchte geben wird oder zumindest Kein Versucher, es zu loben? Und mögen wir nicht zugeben, dass es wahrscheinlich nur an der mangelnden ernsthaften Nutzung dieser letzten Bitte liegt, dass nicht nur die vorangegangenen bei uns formell geworden sind, sondern auch das private und einfach eingeschränkte Gebet für die kleinen Dinge, die jeder von uns persönlich wünscht Wird es von manchen Christen gefürchtet und ungenutzt und von anderen treulos und daher mit Enttäuschung genutzt?

245. Und ist es nicht aus Mangel an dieser besonderen Direktheit und Einfachheit der Bitte und dem Gefühl ihrer Annahme, dass die ganze Natur des Gebets in unseren Herzen angezweifelt und von unseren Lippen beschämt wurde? dass wir Angst davor haben, Gottes Segen für die Erde zu erbitten, wenn die Wissenschaftler uns sagen, dass er bereits Vorkehrungen getroffen hat, um sie zu verfluchen; und dass wir, anstatt ohne Furcht oder Streit dem klaren Befehl zu gehorchen: „Bittet, und ihr werdet empfangen, damit eure Freude vollkommen sei", traurig in die Entschuldigung des Gebets versinken, dass „es eine heilsame Übung ist, selbst wenn es fruchtlos ist", und dass wir fromm immer annehmen sollten, dass der Text eigentlich nicht mehr bedeutet als „Bitte, und ihr werdet *nicht empfangen, damit eure Freude leer* sei "?

Angenommen, wir wären zunächst alle ganz sicher, dass wir ehrlich das Gebet gegen die Versuchung gebetet haben, und dass uns alles, worauf wir unser Herz gesetzt haben, dankenswerterweise verweigert werden würde, wenn Gott tatsächlich sehen würde, dass es uns ins Böse führen würde, dann könnten wir das *tun* Habt danach kein Vertrauen, dass Er, in dessen Hand das Herz des Königs ist, wie die Wasserbäche, auch unsere winzigen kleinen Herzen auf den Weg lenken wird, den sie gehen sollen, und dass dann das besondere Gebet für die Freuden, die Er sie zu suchen lehrte, dies *tun* würde bis zur letzten Silbe beantwortet werden, und zwar bis zum Überlaufen?

246. Es ist sicherlich kaum nötig, darüber hinaus zu sagen, was die heiligen Lehrer aller Nationen immer übereinstimmend gezeigt haben, nämlich dass treues Gebet stets entsprechende Anstrengung erfordert; und dass niemand ehrlich oder hoffentlich darum bitten kann, von der Versuchung befreit zu werden, es sei denn, er ist ehrlich und fest entschlossen, sein Bestes zu tun, um ihr aus dem Weg zu gehen. Aber in der heutigen Zeit besteht das erste Ziel aller christlichen Eltern darin, ihre Kinder in Situationen zu bringen, in denen die Versuchungen (die sie gerne „Chancen" nennen) so groß und zahlreich wie möglich sind; wo der Anblick und die Verheißung „all dieser Dinge" in der Gabe Satans strahlend nahe sein mag; und wo der Akt des „Herunterfallens, um mich anzubeten", teilweise durch den Schutz verdeckt und teilweise durch den Druck der umherströmenden Menge als unfreiwillig entschuldigt werden kann.

In welcher Hinsicht sich die Königreiche der Welt und ihre Herrlichkeit *von* dem Königreich, der Macht und der Herrlichkeit unterscheiden, die für immer Gott gehören, wird, soweit ich gehört habe, selten verständlich von der Kanzel aus erklärt; und noch weniger die unversöhnliche Feindseligkeit zwischen den beiden Königshäusern und Reichen, die sich in der Strenge der Entscheidung äußert.

das wir beten sollen, auf Wunsch der Menschen kommen – und zwar tatsächlich –, darüber kann der Mensch sicherlich nicht urteilen. aber es ist zumindest seine Entscheidung, dem Teufel nicht mehr zu gehorchen oder ihm Ruhm und Macht zuzuschreiben. Wenn er in sich selbst nicht die Kraft findet, zum Himmel vorzudringen, kann er der Macht der Hölle zumindest sagen: „Geh hinter mich." und indem er sich an das Zeugnis dessen hält, der sagt: „Ich komme bald", bekräftige er sein frohes Gebet mit den Gläubigen: „Amen, komm, Herr Jesus."

Immer, mein lieber Freund,
glauben Sie mir liebevoll und dankbar, Ihr
J. RUSKIN .

ANMERKUNG : Die folgenden weiteren Briefe von Herrn Ruskin an Herrn Malleson wurden in „Letters to the Clergy" abgedruckt.

13. September.

247. SEHR GEEHRTER HERR MALLESON , ich bin sehr dankbar für Ihren Vorschlag, die Briefe ohne weitere Bezugnahme auf mich zu bearbeiten. Ich denke, das wird genau der richtige Weg sein; und ich glaube, ich kann Ihnen die Arbeit wirklich erleichtern, indem ich Ihnen in wenigen Worten erkläre, welche Art von *Freibrief* ich Ihnen gerne geben sollte.

Heute unterbrochen! Morgen mehr dazu, hoffentlich mit dem letzten Brief.

J. RUSKIN.

14. Sept.

Ich habe den letzten Brief fast fertig, aber ich werde ihn bis morgen aufheben, anstatt ihn für den ersten Beitrag hastig fertigzustellen. Ihre nette kleine Nachricht ist gerade angekommen; und ich kann nur sagen, dass Sie mir nicht mehr gefallen können, als wenn Sie in jeder Hinsicht mit vollkommener Freiheit handeln; und dass ich nur das sehen oder darauf antworten möchte, was Sie mir um der Sache willen wünschen. Und gewiss gibt es keinen Anlass, irgendwelche Gedanken oder Verschwendung von Schrift über *mich* persönlich zu machen, außer nur, um Ihr Wissen über meinen wahren Wunsch nach der Gesundheit und Macht der Kirche zum Ausdruck zu bringen. Mehr als dieses Lob dürfen Sie mir nicht geben; denn ich kann sagen, dass ich fast alles, was ich weiß, durch meine Fehler gelernt habe.

Ich bin herzlichst Ihr
J. RUSKIN.

17. Okt.

248. Ich bin dankbar zu sehen, dass die Briefe klar und leicht lesbar sind und alles enthalten, was ich sagen wollte; und nichts kann in jeder Hinsicht korrekter sein als der Druck und die Bindung, [167] und nichts kann höflicher und sicherer sein als Ihr Vorwort.

Ja, es *wird* einen Abgrund geben, den es zu überwinden gilt – einen *Tauriformis Aufidus* [168] – größer als Rubikon, und sein Brüllen ist seit vielen Jahren in der Ferne, durch den aufziehenden Nebel auf der Erde, lauter zu hören.

Der Fluss des spirituellen Todes in dieser Welt und der Eingang zum Fegefeuer in der anderen kommt zu uns herab.

Wann werden die Füße der Priester in den stillen Rand des Wassers getaucht? Jordan ist bereits überfordert.

Wenn Sie Ihre große Ausgabe samt Korrespondenz in den Druck gebracht haben, möchte ich die Blätter so lesen, wie sie herausgegeben werden; und legte lediglich Empfehlungsschreiben fest, die in einem kurzen „Epilog" aufgegriffen werden sollten. Aber ich möchte nichts mehr tun oder sagen, bis Sie alles perfekt zur Veröffentlichung bereit haben. Ich sollte lediglich meine Referenzschreiben am Rand und möglichst kurze Notizen am Ende hinzufügen.

J. RUSKIN.

FUSSNOTEN:

[153] Diese Briefe wurden von Herrn Ruskin an Rev. FA Malleson, Vikar von Broughton-in-Furness, geschrieben, von dem sie nach einigen einleitenden Bemerkungen vor der Furness Clerical Society verlesen wurden. Ihren Ursprung hatten sie, wie aus dem ersten hervorgeht, in einer Bitte von Herrn Malleson, dass Herr Ruskin sich zu diesem Thema an die Gesellschaft wenden möge. Sie wurden in drei Formen gedruckt: (1) in einer kleinen Broschüre (Oktober 1879) „nur zur privaten Verbreitung" unter den Mitgliedern der Furness und einer oder zwei anderen geistlichen Gesellschaften; (2) in der *Contemporary Review* vom Dezember 1879; (3) in einem Band (Strahan & Co., 1880) mit dem Titel „Das Vaterunser und die Kirche", der auch verschiedene Antworten auf die Briefe von Herrn Ruskin und einen Epilog als Gegenerwiderung von Herrn Ruskin selbst enthält. Dieser Band wurde von Herrn Malleson herausgegeben, mit dessen Zustimmung die Beiträge von Herrn Ruskin hier abgedruckt sind. – ED .

[154] Genannter Buchstabe II. in der Furness-Broschüre – wo ein Hinweis hinzugefügt wird, dass es einen früheren unveröffentlichten Brief gab. – ED .

[155] Als Antwort auf den Vorschlag, das Thema während einer Bergwanderung zu diskutieren. – FAM

[156] Kunst, xi.

[157] Predigt xi. der zweiten Tabelle.

[158] „ *Pfeile der Chace.* "

[159] Siehe Nachtrag zu diesem Brief . – ED.

[160] Bezugnehmend auf den Schlusssatz des dritten Absatzes des fünften Satzes, der auszudrücken schien, was meiner Meinung nach nicht die volle Bedeutung von Herrn Ruskin sein konnte, machte ich ihn auf den folgenden Satz in „Moderne Maler" aufmerksam *:*

„Als Jesus sich in der Wüste für das Werk des Lebens rüstete, kamen Engel des Lebens und dienten ihm; jetzt, in der schönen Welt, wenn er sich für das Werk des Todes rüstete, kommen die Diener zu ihm aus dem Grab, aber aus dem Grab besiegt. Einer aus dem Grab unter Abarim, das *seine* eigene Hand vor langer Zeit versiegelt hatte; der andere aus dem Rest, in den er hineingegangen war, ohne die Verwesung zu sehen."

Dazu machte ich eine Bemerkung etwa mit folgendem Inhalt: Ich war mir sicher, dass Herr Ruskin die liebevolle Arbeit des Vaters und des Sohnes als *gleichwertig ansah* , was die Vergebung der Sünden und die Erlösung der Menschheit betrifft; dass das, was der Vater tut, in Wirklichkeit auch der Sohn tut; und dass die Trinitätslehre uns durch bloße Anpassung an die menschliche Gebrechlichkeit des Verständnisses in einer Sprache offenbart wird, die zwar nicht ausreicht, um göttliche Wahrheiten zu vermitteln, aber dennoch die einzig mögliche Sprache ist; und ich fragte, ob ein solches Gefühl nicht in seinem Kopf vorhanden sei, als er in der obigen Passage aus „Modern Painters" das Pronomen „sein" für den Sohn verwendete, wo es normalerweise für den Vater verstanden würde; und als Konsequenz, ob er in dem Brief nicht selbst die Tatsache der Erlösung der Welt durch die liebevolle Selbstaufopferung des Sohnes in völliger Übereinstimmung mit dem ebenso liebevollen Willen des Vaters vollständig anerkennt. Soweit ich mich erinnern kann, ist dies der Ursprung der Passage im zweiten Absatz im siebten Brief. – FAM

[161] In den „Briefen an den Klerus" wird die Anmerkung hinzugefügt: „Und doch hast du mich nicht gekannt, Philippus? Wer mich gesehen hat, hat den Vater gesehen" (Johannes XIV. 9). – ED .

[162] *Fors Clavigera* , Buchstabe lxxxii. (Siehe *Ante* , § 148. – ED .)

[163] „Bibliotheca Pastorum", Bd. ich. „Der Ökonom von Xenophon", Pref., S. xii – ED .

[164] Vgl. *ante* , S. 319, § 154; P. 330, § 166. – ED .

[165] „ *Pfeile der Chace.* "

[166] „ *Pfeile der Chace.* "

[167] Bezogen auf die Erstausgabe, gedruckt für den privaten Verkehr. – FAM

„Sic tauriformis volvitur Aufidus,
Qua regna Dauni praefluit AppuliQuum saevit, horrendamque
cultisDiluviem meditatur agris."

– HOR. , *Carm.* , iv. 14.

EPILOG.

Brantwood, Coniston , *Juni 1880* .

249. Mein lieber Malleson , ich habe einen Blick auf die von Ihnen gesendeten Beweise geworfen; und *kann* nicht mehr tun als einen Blick, auch wenn es mir wünschenswert schien, dass ich mehr tun sollte – was es nach diesem Blick in keiner Weise tut. Lassen Sie mich Sie daran erinnern, was den Lesern des Buches unbedingt klar sein muss: dass ich diese Briefe auf Ihren Wunsch hin geschrieben habe, damit sie auf der Tagung einer privaten Gesellschaft von Geistlichen gelesen und besprochen werden. Ich lehnte es damals ab, an der Diskussion teilzunehmen, und ich lehne es immer noch ab. Sie haben später um Erlaubnis gebeten, die Briefe drucken zu dürfen, worauf ich geantwortet habe, dass sie Ihnen gehörten, für welchen Zweck Sie sie auch immer für sinnvoll hielten. Danach wurden Ihre Pläne erweitert, während meine eigene Vorstellung genau das blieb, was sie gewesen war – was die Diskussion hätte tun sollen dass die Schlussfolgerungen, falls vorhanden, auf wenigen Seiten in Klarschrift zur ausschließlichen Lektüre der Gemeindemitglieder hätten bekannt gegeben werden müssen.

Natürlich fühle ich mich geschmeichelt über den breiteren Kurs, den Sie für die Briefe erreicht haben, aber ich bin nicht im geringsten an der Debatte darüber interessiert, noch an irgendwelchen religiösen Debatten überhaupt, die ohne ernsthafte Überzeugung geführt werden, dass darin etwas falsch ist die Dinge, wie sie sind, oder den ernsthaften Vorsatz, sie ein bisschen besser zu machen. Das scheint mir, soweit ich die Gedanken Ihrer Korrespondenten lesen kann, deren wesentlicher Zustand zu sein. [169]

250. Eines kann ich nicht ohne Protest ignorieren: die Menge an Gesprächen über den Verfasser der Briefe. Was ich bin oder nicht, ist für die anstehenden Angelegenheiten ohne Bedeutung. Ich stelle mit Beruhigung oder zumindest mit Selbstgefälligkeit fest, dass Sie nach ein paar Stunden Gespräch, als ich hauptsächlich an die Verwitterung von Schiefer dachte, so freundlich waren, es mir über Goat's Water zu zeigen wagte es, mich in dem kleinen See zu taufen – nicht als Ziege, sondern als Schaf. Das Beste, worüber ich selbst sicher sein kann, ist, dass ich kein Wolf bin und nie auch nur die Würde eines Hundes des Herrn angestrebt habe.

Sie sagten mir, wenn ich mich recht erinnere, dass eines der Mitglieder des ursprünglichen Treffens mich als Erzketzer [170] angeprangert habe – was zweifellos einen Erzheidnen meinte; Denn ein Ketzer oder Sektenmacher ist von allen Begriffen des Vorwurfs der letzte, der gegen mich verwendet werden kann. Und ich denke, man hätte ihm antworten müssen, dass ich es gerade als

Erzheide gewagt habe, von seinen Predigern eine verständlichere und einhelligere Darstellung des christlichen Evangeliums zu verlangen.

251. Wenn irgendetwas in den Briefen diejenigen unter euch beleidigt hat, die mich für einen Bruder halten, wäre es sicherlich das Beste gewesen, es mir untereinander zu sagen oder es der Kirche zu sagen, oder mich in Frieden Anathema Maranatha aussetzen zu lassen – auf jeden Fall , ich muss mich derzeit daran halten und nur die Fehler über mich selbst korrigieren, die zu schwerwiegenderen Fehlern in Bezug auf die Dinge geführt haben, über die ich sprechen wollte. [171]

Das Merkwürdigste an allen Briefen ist vielleicht der von Herrn Wanstall, dass ich der Antike nicht genug Gewicht beimesse. Ich bin erst heute (29. Mai) auf den Satz gestoßen, aber meine Antwort darauf ist teilweise bereits geschrieben und bezieht sich auf den Wunsch einiger anderer Ihrer Korrespondenten, mehr über meine Gründe für meine Kritik an der englischen Liturgie zu erfahren.

252. Wenn den Menschen beigebracht wird, die Liturgie richtig und ehrfürchtig zu gebrauchen, wird es ihnen allen Gutes bringen; und ungefähr dreißig Jahre lang las ich es meinem Diener und mir immer vor, wenn wir keine protestantische Kirche in Alpen- oder italienischen Dörfern hatten, zu der wir gehen konnten. Man kann immer stillschweigend darum bitten, was man will, und den Rest passieren lassen. Aber als ich älter wurde und den Niedergang des christlichen Glaubens aller Nationen beobachtete, wurde ich immer misstrauischer gegenüber der Auswirkung dieser besonderen Wortform auf die Wahrhaftigkeit des englischen Geistes (der mittlerweile schnell zu einem Salz wird). hat seinen Geschmack verloren und ist nur noch dazu geeignet, von Menschen mit Füßen getreten zu werden. Und während der letzten zehn Jahre, in denen mich meine Position in Oxford dazu zwang, zu prüfen, welche Autorität es für den Gebetskodex gab, für den sich die Universität jetzt so schämt, dass sie es nicht mehr wagt, ihre Jugendlichen auch nur zum Hören zu zwingen, geschweige denn, es auszusprechen, ich habe mir zwangsläufig angewöhnt, immer auf die ursprünglichen Formen der Gebete der voll entwickelten christlichen Kirche zu achten. Ich hielt es auch nicht für einen bloßen Zufall, dass ich ein Manuskript des perfekten Gottesdienstes des dreizehnten Jahrhunderts, geschrieben von den Mönchen der Sainte Chapelle für St. Louis, in meinen Besitz gelangte; zusammen mit einem Exemplar desselben Datums, geschrieben in England, wahrscheinlich für die Diözese Lincoln; Hinzufügung einiger Collects, in denen es mit denen von St. Louis übereinstimmt, und der lateinischen Hymnen, die Dante so sehr liebte, mit der dazugehörigen Musik.

253. Und seit ich den Text dieser und anderer früher Bücher genau untersucht habe, ist mein Erstaunen mit jeder Stunde größer geworden, dass sich die Kirche von England in jedem Zustand nachlassender oder gefangener Energie mit einem Dienst hätte begnügen können, der sie verdrängte , von Anfang bis Ende, alle diese äußerst spirituellen und leidenschaftlichen Äußerungen gesungener Gebete (das heißt der gesamte Körper der authentischen *christlichen* Psalmen) und indem sie das übernommen haben, was sie schüchtern von den Kollekten bewahrt haben, haben sie sie verstümmelt oder abgestumpft der genaue Grad, der sie entweder unverständlich oder harmlos machen würde – so vage, dass jeder sie benutzen könnte, oder so sinnlos, dass niemand durch sie beleidigt werden könnte. Um ein besonderes Beispiel zu nennen: Das Gebet für „unsere Bischöfe und Pfarrer und alle Gemeinden, die sich ihrer Verantwortung verpflichtet haben", lautet im Lincoln Service-Book „für unseren Bischof und alle Gemeinden, die sich seiner Verantwortung verpflichtet haben " . Der Wechsel vom Singular zum Plural scheint geringfügig zu sein. Aber es genügt, den Blick des Volkes von seinem eigenen Bischof in die Unendlichkeit abzulenken; ein Gebet, das in persönlicher Sorge und Zuneigung gesprochen werden sollte, in ein Gebet für das allgemeine Wohl der Kirche umzuwandeln, über das niemand urteilen konnte und das niemandem besonders am Herzen lag; und schließlich ein Gebet, dessen Antwort, falls gegeben, sichtbar wäre, in ein Gebet umzuwandeln, bei dem niemand sagen konnte, ob es beantwortet wurde oder nicht.

254. In den Kollekten ist die Änderung, auch wenn sie verbal geringfügig ist, von enormer Bedeutung. Aber in der Litanei gehen Wort und Gedanke völlig durcheinander. Das erste Gebet der Litanei im Lincoln Service-Buch richtet sich an den Papst und alle Ränge unter ihm und impliziert einen sehr bemerkenswerten Teil der Theologie – dass der Papst in religiösen Angelegenheiten irren könnte, und dass das Gebet des demütigsten Dieners Gottes dies tun würde ihm nützlich sein: – „Ut Dompnum Apostolicum, et omnes gradus ecclesie in sancta religione conservare digneris." Das bedeutet, dass sie zu Gott beteten, dass er dem Papst und dem kollektiven Zeugnis und Verhalten der ihm unterstehenden Reihen Recht geben möge, ganz gleich, in welche Fehler bestimmte Personen auch immer verfallen könnten und müssen. Dann folgt das Gebet für ihren eigenen Bischof und *seine* Herde – dann für den König und die Fürsten (oberste Herren), damit sie (nicht alle Nationen) in Eintracht gehalten werden mögen – und dann für *unsere* Bischöfe und Äbte – die Kirche von England richtig; Jede einzelne dieser Bitten ist direkt, begrenzt und persönlich von Herzen; – und dann diese schöne für sie selbst: –

„Ut obsequium servitutis nostre rationabile facias." – „Dass Du den Gehorsam unseres Dienstes angemessen machen würdest" („was dein angemessener Dienst ist").

Dieses herrliche Gebet ist, glaube ich, genau ein „frühes englisches" Gebet. Es steht weder in der St. Louis-Litanei noch in einer späteren ausführlichen französischen Litanei aus dem 14. Jahrhundert; aber ich finde, dass es in einem italienischen MS abgeschwächt ist. des fünfzehnten Jahrhunderts in „ut nosmet ipsos in tuo sancto servitio confortare et conservare digneris" umgewandelt – „dass Du uns in Deinem heiligen Dienst behüten und trösten würdest" (der Trost wird hier, wie man bedenkt, gefragt, ob vernünftig oder nicht). !); und im besten und umfassendsten französischen Dienstbuch, das ich habe und das 1520 in Rouen gedruckt wurde, heißt es: „ut congregationes omnium sanctorum in tuo sancto servitio conservare digneris"; während sowohl Sieg als auch Eintracht für den König und die Fürsten erbeten werden – und so den Weg für den Sieg unserer eigenen Königin über alle ihre Feinde weisen, ein Gebet, das jetzt mit Bedacht in ein Gebet umgewandelt werden könnte, das sie – und in ihr, die Monarchie von England – könnten bei ihren Freunden mehr Treue finden.

255. Ich gebe ein weiteres Beispiel für die Korruption unseres Gebetbuchs und beziehe mich dabei auf die Einwände einiger Ihrer Korrespondenten gegen die in meinen Briefen implizierte Unterscheidung zwischen der Person des Vaters und der Person Christi.

Die „Memoria de Sancta Trinitate" im Dienstbuch von St. Louis lautet wie folgt:

"Omnipotens sempiterne Deus, qui dedisti famulis tuis in confessione vere fidei eterne Trinitatis gloriam agnoscere, et in potentia majestatis adorare unitatem, quesumus ut ejus fidei firmitate ab omnibus semper muniemur adversis. Qui vivis et regnas Deus, per omnia secula seculorum. Amen."

„Allmächtiger und ewiger Gott, der Du Deinen Dienern gegeben hast, im Bekenntnis des wahren Glaubens die Herrlichkeit der Ewigen Dreifaltigkeit anzuerkennen und in der Macht der Majestät zur Einheit zu beten; wir bitten darum, dass wir es durch die Festigkeit dieses Glaubens können." sei immer vor allen widrigen Dingen beschützt, die du Gott in allen Zeiten lebst und regierst. Amen."

256. Wenn wir uns unserer Kollekte zuwenden, stellen wir fest, dass wir zuerst das Wort „uns" vor „Deine Diener" eingefügt haben, und durch diese kleine Einfügung haben wir den Gutsbesitzer und seinen Jockey und den Wirt des Wirtshauses – und jeden anderen, der das tut – eingefügt Möglicherweise wurden sie am Dreifaltigkeitssonntag überredet, gedrängt

oder bedroht, in die Kirche einzudringen, und verlangten von ihrer gesamten Schar, sich als Diener Gottes und als Gläubige an das Geheimnis der Dreifaltigkeit zu bekennen. Und wir denken, wir haben Gott einen Dienst erwiesen!

"Anmut." Im Original gibt es kein Wort über Gnade. Man glaubt nicht durch Anmut, sondern durch Witz.

"Anerkennen." „Agnosco" bedeutet erkennen, nicht anerkennen. Zu *sehen*, dass sich in einem Kronleuchter drei Lichter befinden, bedeutet viel mehr, als anzuerkennen, dass sie vorhanden sind.

"Zum Gottesdienst." „Adorare" bedeutet, zu beten, nicht anzubeten. Sie mögen einen bloßen Beamten verehren; aber du *betest* zum Vater, zum Sohn und zum Heiligen Geist.

Der letzte Satz im Englischen ist zu schrecklich verstümmelt, als dass man ihn mit Geduld behandeln könnte. Die Bedeutung des großen alten Sammelns besteht darin, dass wir durch den Schild dieses Glaubens alle feurigen Pfeile des Teufels abwehren können. Das englische Gebet bedeutet, wenn es überhaupt eine Bedeutung hat: „Bitte bewahren Sie uns in unserem Glauben, ohne dass wir uns irgendwelche Mühe machen; und außerdem lassen Sie uns bitte nicht unser Geld verlieren und uns nicht erkälten."

„Der lebt und regiert." Rechts; Aber wie viele der bestehenden oder gegenwärtigen Gemeinden verstehen, was die beiden Wörter bedeuten? Dass Gott ein lebendiger Gott ist, kein totes Gesetz; und dass Er ein regierender Gott ist, der Unrechtes wiedergutmacht, und das früher oder später mit starker Hand und eiserner Rute; Und schon gar nicht mit einem weichen Schwamm und warmem Wasser, jeden Sonntagmorgen jeden so sauber wie ein Baby waschen, ganz gleich, mit welcher Drecksarbeit er die ganze Woche über zu tun hatte.

257. Auf dieser letzteren Annahme hat sich Ihre moderne Liturgie, soweit sie die alte ergänzt statt korrigiert hat, vollständig nachempfunden und in ihrer ersten Ansprache an die Gemeinde vor dem Allmächtigen genau das fehlerhafteste und dümmste Stück englischer Sprache hervorgebracht das kenne ich im gesamten Umfang der englischen oder amerikanischen Literatur. In den siebzehn Zeilen (wie sie in meinem altmodischen, großgedruckten Gebetbuch abgedruckt sind) finden sich siebenmal mehr als zwei Wörter für einen Gedanken.

1. Anerkennen und gestehen.

2. Sünden und Bosheit.

3. Verstellen oder verheimlichen.

4. Güte und Barmherzigkeit.

5. Versammeln Sie sich und treffen Sie sich.

6. Erforderlich und notwendig.

7. Bete und flehe.

Für einen guten Gelehrten gibt es in der Tat einen kleinen Unterschied zwischen einigen dieser Vorstellungen, für eine allgemeine Gemeinde jedoch nicht; [172] und welcher Unterschied sie erraten können, bringt sie nur durcheinander: Die Sünde anzuerkennen ist in der Tat etwas anderes als sie zu bekennen, aber es kann nicht auf einen Schlag geschehen; und Güte ist etwas anderes als Barmherzigkeit, aber es ist keineswegs Gottes unendliche Güte, die unsere Schlechtigkeit vergibt, sondern sie richtet.

258. „Der Fehlerhafteste", sagte ich, „und der Törichtste." Nachdem vierzehn Wörter verwendet worden wären, wofür sieben gereicht hätten, was kommt dann darauf, dass die ganze Rede mit ihrem vielen Sprechen gesagt wird? Dieser Morgengottesdienst in ganz England beginnt mit der Behauptung, dass die Heilige Schrift uns an verschiedenen Orten dazu drängt, unsere Sünden vor Gott zu bekennen. *Ist* das so? Wurden Ihre Gemeinden jemals an diese verschiedenen Orte verwiesen? Oder verlassen sie sich auf die Behauptung oder bleiben sie in dem Eindruck, dass Gott über ihre Sünden schlecht informiert bleiben muss, es sei denn, sie nutzen ihre eigene Offenheit aus?

„Dass wir sie nicht verstellen oder verhüllen sollten." *Können* wir das dann? Sind diese erwachsenen Gemeinden der aufgeklärten englischen Kirche im 19. Jahrhundert noch so jung in ihren Kinderstuben, dass ihnen das „Du, Gott, siehst mich" immer noch nicht geglaubt wird, wenn sie unters Bett gehen?

259. Schauen wir uns die verschiedenen bewegenden Passagen an, auf die Bezug genommen wird.

(Ich glaube, ich bin ein einfaches Lamm von der Herde und kann nur meine englische Bibel benutzen.)

Ich finde in meiner Konkordanz (Bekenntnis und Geständnis zusammen) zweiundvierzig Vorkommen des Wortes. Sechzehn davon, darunter das Bekenntnis des Johannes, dass er nicht der Christus war, und das Bekenntnis der treuen Väter, dass sie Pilger auf der Erde waren, bewegen uns in der Tat stark dazu, Christus vor den Menschen zu bekennen. Haben Sie Ihren Gemeinden jemals beigebracht, was dieses Bekenntnis bedeutet? Sie sind bereit genug, Ihn in der Kirche, das heißt in ihrer eigenen Privatsynagoge, zu bekennen. Werden sie im Parlament sein? Werden sie in einem Ballsaal sein? Werden sie in einem Geschäft erhältlich sein? Sechzehn der Texte sollen sie dazu *zwingen* .

Das wichtigste davon (1. Tim. 6, 13) bezieht sich auf das gute Bekenntnis Christi selbst, bei dem es sich meiner Meinung nach nicht um seine Sünden handelte, sondern um seinen Gehorsam. Wie viele Ihrer Gemeinden können ein solches Bekenntnis ablegen oder möchten es ablegen?

Im 18., 19. und 20. Buch (1. Könige VIII. 33, 2. Chron. VI. 26, Hebr Das einundzwanzigste Kapitel (Hiob 14) spricht von Gottes eigenem Bekenntnis, dass wir zweifellos das Volk sind und dass die Weisheit mit uns sterben wird, und unter welchen Bedingungen Er sie schaffen wird.

260. Es gibt noch einundzwanzig Texte, die vom Bekenntnis unserer Sünden sprechen – wirklich sehr bewegende – und der Himmel gebe, dass die britische Öffentlichkeit eines Tages davon bewegt werden könnte.

(1.) Der erste ist Lev. Vers 5: „Er wird bekennen, dass er *darin* gesündigt hat .“ Und wenn Sie eine Seele Ihrer Gemeinde dazu bringen können, zu sagen, dass sie in *irgendetwas gesündigt hat* , kann sie dies in zwei Worten tun, wenn sie möchte, und es wird dennoch eine gute Liturgie sein.

(2.) Das zweite ist in der Tat allgemein – Lev. xvi. 21: Das Gebot, dass die ganze Nation einmal im Jahr am großen Versöhnungstag ihre Seele quälen soll. Ich glaube, die Kirche von England schreibt keine solch unangenehme Zeremonie vor. Ihre Feste werden von ihrem Volk tatsächlich oft im Aussterben ihrer Seelen begangen, aber keineswegs in ihrer absichtlichen Bedrängnis.

(3, 4, 5.) Die dritte, vierte und fünfte (Lev. xxvi. 40, Numb. v. 7, Nehem. i. 6) beziehen sich alle auf die nationale Demütigung für eindeutigen Götzendienst, begleitet von einer völligen Aufgabe davon Götzendienst und von götzendienerischen Personen. Wie bald *diese* Form der Beichte in den englischen Gemeinden Platz finden wird, zeigen die Verteidigungen ihres Hauptgötters, des Mammon, in seiner abscheulichsten und grausamsten Form – dem Wucher –, mit dem dieses Buch besudelt wurde, sehr deutlich.

261. (6.) Der sechste ist Psalm xxxii. 5 – praktisch der gesamte Psalm, der sich tatsächlich vollständig auf das größere Bekenntnis bezieht, das Herz ein für alle Mal für Gott zu öffnen, was auf keinen Fall zweiundfünfzig Mal im

Jahr getan werden kann und das, wenn es einmal getan ist, versetzt Menschen in einen Zustand, in dem sie nie wieder sagen werden, sie hätten keine Gesundheit; noch dass ihre Herzen verzweifelt böse sind; sondern wird für immer dem augenblicklich folgenden Befehl gehorchen: „Freut euch im Herrn, ihr Gerechten, und jubelt vor Freude, alle, die ihr aufrichtigen Herzens seid."

(7.) Das siebte (Apostelgeschichte xxiv, 14) ist das einzige Bekenntnis, an dem ich selbst teilhaben kann: „Nach dem Weg, den sie Ketzerei nennen, so bete ich den Herrn, den Gott meiner Väter."

(8.) Der achte Teil (Jakobus Vers 16) fordert uns auf, unsere Fehler zu bekennen – nicht vor Gott, sondern „einander gegenüber" – eine Praxis, die von englischen Katechumenen nicht bevorzugt wird – (übrigens, was meint ihr alle *mit* „ „Auricular"-Beichte – ein Geständnis, das gehört werden kann? Und ist die protestantische angenehmere Form eine, die nicht sein kann?)

(9.) Die neunte ist die Passage aus Johannes (1. 9), dem beliebtesten Text des Evangeliums, der jeden Tag von Tausenden falscher Prediger gelesen und gepredigt wird, ohne auch nur einmal seinen großen Begleiter zu lesen: „Geliebter, Wenn unser Herz uns verurteilt, ist Gott größer als unser Herz und weiß alles; wenn aber unser Herz uns *nicht verurteilt* , dann haben wir Vertrauen zu Gott." Sorgen Sie dafür, dass Ihre Leute den zweiten Text verstehen, und sie werden auch den ersten verstehen. Im Moment lassen Sie sie beides nicht verstehen.

262. Und der gesamte Textbestand der übrigen Texte ist in Josua VII. zusammengefasst. 19 und Esra x. 11, in dem, ob Achan mit seinem babylonischen Gewand oder das Volk Israel mit seinen babylonischen Begierden, die Bedeutung der Beichte einfach das ist, was sie für jeden tapferen Jungen, jedes Mädchen, jeden tapferen Mann und jede tapfere Frau bedeutet, die das weiß Bedeutung des Wortes „Ehre" vor Gott oder den Menschen – nämlich zu sagen, was sie falsch gemacht haben, und die Strafe dafür auf sich zu nehmen (auf keinen Fall es ausbleichen zu lassen) und es nicht mehr zu tun – was bedeutet So weit davon entfernt, eine Geisteshaltung zu sein, die allgemein entweder von den Engländern oder einer anderen erhaltenen Liturgie durchgesetzt wird, halte ich es für eine, obwohl alle meine Dienstmädchen außerordentlich fromm sind und auf dem Privileg bestehen, in die Kirche zu gehen, als völlig unantastbar Es ist kaum zu hoffen, dass ihnen Krönung und Vollendung der Tugend zuteil wird, dass sie mir sagen, wenn sie einen Teller zerbrochen haben; und wenn ich es wagen würde, eine von ihnen zu fragen, wie sie ihren Sonntagnachmittag verbracht hat, würde ich nur mit empörten und erstaunten Blicken rechnen.

„Ohne Mut", sagte Sir Walter Scott, „gibt es keine Wahrheit; und ohne Wahrheit gibt es keine Tugend." Der Satz selbst wäre wahrer gewesen, wenn Sir Walter „Offenheit" anstelle von „Wahrheit" geschrieben hätte, denn es ist möglich, wahr zu sein, wenn es unverschämt ist, oder wahr, wenn es grausam ist. Aber wenn ich von den Kämmen der Hügel-Schwierigkeit aus auf mein eigenes früheres Leben zurückblicke und auf all die Vision, die mir von den Irrwegen auf den Wegen anderer gegeben wurde, ist mir von allen Grundsätzen dies am sichersten geworden, dass die Die erste Tugend, die vom Menschen verlangt werden muss, ist die Offenheit des Herzens und der Lippen. Und ich glaube, dass jeder vernünftige und ehrenhafte Jugendliche, der sich einer treuen Befragung stellt, das Gefühl haben würde, er hätte den Teufel zum Beichtvater, wenn er nicht seinen Vater oder seinen Freund hätte

.

263. Dass ein Geistlicher immer so wahrhaftig der Freund seiner Gemeindemitglieder sein sollte, dass er ihr Vertrauen von Kindheit an verdient, kann als sentimentales Ideal verachtet werden; aber er ist sicherlich nur ihr Feind, wenn er seine lutherische Abneigung gegen den Ablasshandel zum Ausdruck bringt, indem er diese kostenlos von seiner Kanzel aus sendet.

Die Unannehmlichkeiten und Unannehmlichkeiten eines Katechismus, der sich sowohl auf die persönliche Praxis als auch auf die allgemeine Pflichttheorie bezieht, sind für mich zwar durchaus vorstellbar; dennoch bin ich nicht davon überzeugt, dass eine solche Art des Katechismus daher weniger medizinisch wäre; und in den letzten zehn Jahren habe ich oft mit Erstaunen darüber nachgedacht, während unser Präsident am Corpus den Kapellenbänken Gebete vorlas, welche Auswirkungen dies wohl auf die Lehre und das Glaubensbekenntnis der Universität gehabt haben könnte. Hätte unser strenger alter Dekan Gaisford vom Haus Christi vor vierzig Jahren, als wir eine Vorlesung verpassten, statt uns in die Kapelle zu schicken, als wir eine Zurechtweisung versäumten, nachgefragt, bevor er uns überhaupt erlaubt hätte, in die Kapelle zu kommen? , ob wir Spieler, Hurenhändler oder in versteckten und selbstsüchtigen Schulden waren.

264. Mit äußerster Überraschung beobachte ich in den vorangegangenen Briefen, dass einige Ihrer Korrespondenten sich nicht bewusst waren, dass es in der christlichen Kirche jemals so etwas wie Disziplin gab. Das letzte heilsame Beispiel davon, an das ich mich erinnern kann, war in der Tat, als mein eigener Urgroßonkel Maitland Lady – von seinem Altargeländer hob und sie zurück zu ihrem Platz vor der Gemeinde führte, als sie anbot, das Sakrament zu empfangen in Feindschaft mit ihrem Sohn. [173] Aber ich glaube, dass ein paar ehrliche Stunden, die ein Geistlicher mit seiner Kirchengeschichte verbringt, ihm zeigen würden, dass das Vertrauen der Kirche in ihr Gebet immer genau im richtigen Verhältnis zur Strenge ihrer

Disziplin stand; dass ihre gegenwärtige Angst, von einem Apotheker oder Elektriker beim Beten erwischt zu werden, hauptsächlich darauf zurückzuführen ist, dass sie zugelassen hat, dass ihre Zweier und Dreier, die im Namen Christi versammelt waren, zu Sechser und Siebener wurden, die im Namen Belials versammelt waren; und dass ihre jetzt dringendste Pflicht darin besteht, ihren stammelnden Anhängern, die äußerst zweifelhaft an der Auswirkung ihrer Bitten auf die Politik oder das Wetter sind, zu erklären, dass Elia zwar ein Mann war, der ähnlichen Leidenschaften ausgesetzt war wie wir, er sie aber auch hatte besser unter Kommando; und dass, während das wirksame, inbrünstige Gebet eines gerechten Mannes viel nützt, das formelle und laue Gebet eines gesetzlosen Mannes viel nützt – ganz im Gegenteil.

Eine solche Anweisung, gepaart mit einer angemessenen Erklärung der Natur von Gerechtigkeit und Ungerechtigkeit, richtete sich hauptsächlich an diejenigen, die die Macht beider in ihren eigenen Händen haben, da sie Gesetze erlassen und Eigentümer von Eigentum sind, und würde ohne weitere Debatte etwas bewirken eine sehr einzigartige Veränderung in der Stellung und Seriosität englischer Geistlicher.

265. Inwieweit sie derzeit lediglich als die linke Hand des Gutsherrn betrachtet werden können, die zwangsläufig nichts davon weiß, was er mit seiner rechten tut, muss ihr eigenes Gewissen entscheiden.

Zum Beispiel schrieb mir neulich ein Freund: „Willst du nicht hierher kommen? Du wirst sehen, wie ein edler Herzog ein Dorf zerstört, das so alt ist wie die Eroberung, und Dutzende Familien vertreibt, deren Namen im Domesday Book stehen, weil sie Schulden haben.“ Aufgrund der Vernachlässigung seiner Vorfahren und der jahrelangen Miete ist der Ort nicht mehr in Ordnung, und die Menschen sind arm und werden möglicherweise zu Armen. Eine Lokalzeitung wagte es, die Wahrheit zu sagen. Der Agent des Herzogs rief den Herausgeber an, und drohte ihm mit Vernichtung, wenn er nicht den Mund hielte. Der edle Herzog hat zweifellos eine echte protestantische Abscheu vor der Ohrbeichte. Aber angenommen, anstelle des örtlichen Redakteurs hätte der örtliche Pfarrer es gewagt, von seiner Kanzel aus die Wahrheit zu sagen und Seiner Gnaden sogar anzudeuten, dass er den Leib und das Blut des Herrn nicht mehr am Altar dieser Gemeinde empfangen dürfe! Der Pfarrer wäre heutzutage kaum noch zum Scheiterhaufen gemacht worden, und Mr. Scotts Schüler hatten ihm ein hübsches Märtyrerdenkmal errichtet; aber er hätte trotzdem ein schönes Licht in unser England geworfen, dessen kleinliche Frömmigkeit jetzt weder den Mut hat, in seiner Kirche die Gnade eines Herzogs zu leugnen, noch in seinem Parlament die Gnade Christi zu verkünden.

266. Zuletzt. Ich bemerke, dass mehrere Ihrer Mitwirkenden voreilig ihre Füße in den Rand der hitzigen Frage des Wuchers getaucht haben; und ich kann nicht umhin, mein äußerstes Bedauern darüber zum Ausdruck zu bringen, dass Sie selbst der Versuchung nachgegeben haben, Meinungen zu äußern, zu deren Erörterung oder Prüfung Sie keine Zeit hatten. Meine Behauptung jedoch, dass die Reichen hauptsächlich davon lebten, die Armen auszurauben, bezog sich nicht auf Wucher, sondern auf Rente; und die Tatsachen, die diese beiden Erpressungsmethoden betreffen, sind für jede Person, die sie selbst feststellen möchte und in der Lage ist, die nötige Zeit und Mühe auf sich zu nehmen, vollkommen und zweifelsfrei feststellbar. Ich sehe in allen diesen Briefen keinerlei Anzeichen dafür, dass einer ihrer Verfasser den Wunsch hegte, die Fakten zu ermitteln, sondern lediglich Praktiken zu verteidigen, die er für praktisch in der Welt hält und vor denen er Angst hat Schuldzuweisungen in ihren Gemeinden. Angesichts der Anmaßung, mit der mehrere Autoren ihre Ansichten zu diesem Thema äußern, halte ich es nicht für richtig, in einem Epilog, auf den es keine Antwort gibt, weiter in den Worten zu sprechen, die es sonst verdient hätte. In Bezug auf andere Themen möchte ich Ihnen (soweit meine eigenen Gefühle in dieser Angelegenheit eine Stimme zulassen) aufrichtig für die Aufmerksamkeit danken, mit der Sie sie geprüft haben, und für den Mut, mit dem Sie diese bestätigt oder zumindest ertragen haben. Briefe, die zunächst den Eindruck ertragen mussten, in einem feindseligen, manchmal sogar spöttischen Geist geschrieben zu sein. Dieser Aspekt ist unwahr und ich bin auch nicht dafür verantwortlich: Die Dinge, über die ich sprechen musste, konnten nicht kurz beschrieben werden, sondern in Begriffen, die vielleicht satirisch klingen; denn jeder Irrtum ist, wenn er offen zur Schau gestellt wird, genau dann am lächerlichsten, wenn er am gefährlichsten ist, und ich habe kein Wort geschrieben, das nicht als das genaueste für seinen Anlass ausgewählt wurde, ob es nun einen Seufzer oder ein Lächeln auslöst. In meinen früheren Tagen schrieb ich viel mit dem Wunsch, den Leser zufrieden zu stellen und zu beeinflussen. Je älter ich werde, desto mehr erkenne ich die Wahrheit des Wortes des Predigers: „Die Sehnsucht wird vergehen, und die Trauernden gehen auf der Straße umher." und ich begnüge mich damit, jedem, den es betrifft, zu sagen, dass die Sache wahrlich so ist, ob er es hört oder ob er es unterlässt. Kein Mensch hat jemals die Orte, an denen die Ehre Gottes ruht, mehr geliebt als ich, oder den Lehren Seiner offensichtlichen Diener mehr Treue erwiesen. Kein Mensch trauert zu dieser Zeit mehr um die Gefahr der Kirche, die ihn als ihren Feind ansieht, während sie als Antwort auf den falschen *Kuss* derer, die am liebsten Ausgangssperre über den letzten Feuern des englischen Glaubens verkünden und den Spatz beobachten würden, „pax vobiscum" flüstert Findet ein Nest, wo sie ihre Jungen hinlegen kann, um die Altäre des Herrn herum.

Mit freundlichen Grüßen
J. RUSKIN .

FUSSNOTEN:

[169] Die folgenden Auszüge aus Briefen von Herrn Ruskin an Herrn Malleson wurden in den „Briefen an den Klerus" abgedruckt:

„ *14. Mai* 1880. – Mein lieber Malleson, ... als ich das letzte Mal schrieb, hatte ich Ihres noch *nie gesehen. Ich fiel zuerst auf –, den ich mit einiger Aufmerksamkeit las und wenig positiv kommentierte; fuhr dann fort am nächsten und blieb mit diesem Geschmack zufrieden, bis ich meinen Scott (Neunzehntes Jahrhundert) fertig hatte .*

„Ich habe heute Morgen Ihre eigenen gelesen, wozu ich Ihnen sehr gratuliere. Gott weiß, das liegt nicht daran, dass sie freundlich oder zuvorkommend sind, sondern weil Sie verstehen, was ich meine; und die Leute tun es kaum jemals; und ich denke, das ist nötig . " Ich habe sehr viel Kraft und das Gefühl, zu vergeben und zu verstehen, wie Sie es tun. Sie haben alles gesagt, was ich sagen möchte, und noch viel mehr, außer dem einen Punkt der Exkommunikation, der das Haupt- und fast das einzige Thema meiner Schlussbemerkung sein wird. "

„ *16. Mai* . – Ja, das Weglassen des ‚Mr.' Das bedeutete eine große Veränderung in all meinen Gefühlen Ihnen gegenüber und in meiner Einschätzung von Ihnen; für diese Veränderung, glauben Sie mir, bin ich froher und dankbarer, als ich es Ihnen wohl sagen kann.

„ J. RUSKIN ."

[170] Nur ein Ketzer! – FAM

[171] Man verzeiht mir vielleicht, dass ich zumindest meine Arithmetik bestätigt habe, auf die ich, wie auch Bischof Colenso, ziemlich stolz bin. Einer Ihrer Korrespondenten bezweifelt stark, dass ich fünftausend Verfechter evangelischer Prinzipien gehört habe (katholisch-absolvent oder protestantisch-detergens sind praktisch dasselbe). Ich bin jetzt sechzig Jahre alt, und fünfundvierzig davon war mindestens einmal am Sonntag in der Kirche, etwa einmal im Monat auch nachmittags, und Sie haben über dreitausend Gottesdienste. Wenn ich im Ausland bin, bin ich oft an einem einzigen Tag in einem halben Dutzend Kirchen und verliere nie die Chance, dem Geschehen zuzuhören. Hinzu kommen die Gespräche, die ich, nicht ohne Ernst, mit jedem ehrwürdigen Menschen geführt habe, mit dem ich reden kann – vom Bischof von Straßburg (einem so guten Exemplar eines Stadtbischofs, wie ich es kannte), bei dem ich ekstatische Gemälde studierte das Jahr 1850 – bis hin zum einfachsten reisenden Kesselflicker mit Neigung

zum Evangelium, den ich als aufrichtig wahrnehme, und Ihr Korrespondent wird erkennen, dass meine schnelle Zahlenausdrücke weit unter der Wahrheit liegen müssen. Er fügt seine eher rationalen Zweifel an meiner Bekanntschaft mit vielen städtischen Missionaren hinzu; Darauf kann ich nur antworten, dass meine spirituellen Fortschritte in dieser Richtung sicherlich nicht groß waren, da ich nicht in der Stadt lebe und mich auch nicht als Missionar niedergelassen habe. Ich behaupte lediglich, dass ich von den wenigen, die ich kannte – angefangen bei Herrn Spurgeon, unter dem ich ein oder zwei Jahre lang mit großer Erbauung saß –, keine solche Lehre gekannt habe, von der ich spreche.

[172] Die einzige Erklärung, die jemals für diese überschwängliche Worthaftigkeit angeboten wurde, ist, dass, wenn Gläubige einen Begriff nicht verstanden, sie den anderen verstanden, und in einigen Fällen, in der Ermahnung und anderswo, ist ein Wort lateinischen und das andere sächsischen Ursprungs.[1] Aber das ist sicherlich eine sehr schwache Entschuldigung für schlechte Komposition. Ganz anderer Art ist der schöne Höhepunkt, der in den drei bewundernswert gewählten Wortpaaren im Gebet für das Parlament erreicht wird: „Frieden und Glück, Wahrheit und Gerechtigkeit, Religion und Frömmigkeit." – FAM

(Anmerkung 1: Die Wiederholung synonymer Begriffe kommt in der Schrift des 16. Jahrhunderts sehr häufig vor, etwa „für immer und ewig", „Zeit und Stunde laufen durch den härtesten Tag" (Macbeth, I. 3) .)

[173] In einigen ländlichen Bezirken Schottlands wird das Recht der Kirche, in das Leben von Privatpersonen einzugreifen, immer noch ausgeübt. Erst vor zwei Jahren wurde ein wohlhabender Landwirt von der „Kirk Session" der Dissenting Church, der er angehörte, wegen Untreue gegenüber seiner Frau zurechtgewiesen.

Bei der halbjährlichen schottischen Kommunion wurde früher die Zeremonie des „Umzäunens der Tische" begangen; das heißt, alle diejenigen abzuweisen, deren Leben sie angeblich für den Empfang des Sakraments ungeeignet gemacht hätte.

Die Natur und Autorität des Wunders.

267. Jedes Zeitalter der Welt hat seine eigenen besonderen Sünden und besonderen Einfachheiten; und zu unseren besonderen Stimmungen in beiden Arten muss die Tendenz gezählt werden, unsere Entdeckungen der Naturgesetze zur Schau zu stellen, als ob noch nie jemand von einem Naturgesetz gehört hätte.

Das merkwürdigste Ergebnis dieses äußerst absurden Geisteszustands ist vielleicht die Besorgnis religiöser Menschen über Themen, bei denen man hätte glauben können, dass die meisten offensichtlichen Schwierigkeiten vor dem 19. Jahrhundert gelöst worden seien. Die Theorie des Gebets zum Beispiel und der Wunder. Ich habe vor ein oder zwei Monaten in den Zeitungen eine lange Diskussion über die Angemessenheit des Betens für oder gegen Regen gesehen. Plötzlich, so scheint es, war der öffentlichen Meinung und den Herren, die die Theologie des Frühstückstisches schreiben, klar geworden, dass der Regen natürliche Ursachen hatte; und dass es unvernünftig sein muss, von Gott zu erwarten, dass er auf unseren unmittelbaren Bedarf hin liefert, was ohne vorherige Verdunstung nicht bereitgestellt werden konnte. Mir fiel außerdem auf, dass diese besorgniserregende Schwierigkeit für einige unserer Metropolitangemeinden durch die Zusicherungen ihrer Pfarrer zumindest gemildert wurde, dass es seit der letzten Vorlesung von Professor Tyndall an der Royal Institution unmöglich geworden sei, daran zu denken, Gott darum zu bitten Auch wenn sie keinen zeitlichen Segen hatten, konnten sie immer noch hoffen, dass ihre Anträge auf spirituelle Vorteile gelegentlich erfolgreich sein würden. Dies impliziert, dass, obwohl materielle Prozesse notwendigerweise langsam und die Gesetze des Himmels in Bezug auf Materie unantastbar seien, mentale Prozesse augenblicklich und mentale Gesetze überhaupt ablaufen könnten Moment, der von ihrem Institutor außer Acht gelassen wird: damit der Geist eines Menschen in einem Moment zur Reife gebracht werden kann, auch wenn die Ressourcen der Allmacht überbeansprucht oder ihre Beständigkeit aufgegeben würden, in dem Bestreben, das gleiche Ergebnis auf einem Greengage zu erzielen.

Logischer, wenn auch nicht klüger, haben andere Geistliche behauptet, dass das Gebet für uns selbst medizinisch nützlich sei, unabhängig davon, ob wir das bekommen, worum wir bitten oder nicht; und dass unser moralischer Zustand durch die Gewohnheit, täglich für das Kommen des Reiches Gottes zu beten, allmählich erhöht wird – obwohl uns nichts mehr in Erstaunen versetzen würde als sein Kommen.

268. Mit diesen Zweifeln an der Möglichkeit oder Angemessenheit eines Wunders ergibt sich eine unmittelbarere Schwierigkeit hinsichtlich seiner

tatsächlichen Natur oder Definition. Welche Qualität hat ein Ereignis, das zu Recht als „Wunder“ bezeichnet werden kann? Was sind die Grade der Wunderbarkeit? – was ist der überragende Grad davon, der das Wunder in ein Zeichen verwandelt oder von der menschlichen Intelligenz positiv als eine Unterbrechung, statt einer neuen Wirkung, jener Naturgesetze erkannt werden kann, mit denen, von spät, wir haben uns so ausführlich kennengelernt? Ich für meinen Teil kann nur sagen, dass mich der Zweifel an der Sicherheit unseres besten Wissens und die Unzufriedenheit mit dessen Umfang so sehr quälen, dass es mir im Widerspruch zur Bescheidenheit erscheint, sei es in religiöser oder wissenschaftlicher Hinsicht Ansicht, *etwas* als Wunder betrachten . Ich weiß so wenig, und dieses Wenige, das ich weiß, ist so unerklärlich, dass ich nicht sagen darf, dass etwas wunderbar ist, weil es mir fremd ist, oder nicht wunderbar, weil es mir vertraut ist. Ich habe nicht die geringste Ahnung, wie ich meine Hand dazu zwinge, diese Worte zu schreiben, oder meine Lippen, sie zu lesen: und die Frage, die die These von Mr. Wards sehr interessantem Aufsatz „Kann Erfahrung die Einheitlichkeit der Natur beweisen?“ war? [175] lässt sich meines Erachtens so sicher mit dem Negativen erklären, das der Verfasser zu wünschen schien, dass gerade aus diesem Grund die Vollendung eines sogenannten Wunders für mich moralisch unbeeindruckend wäre. Wenn morgen ein zweiter Josua der Sonne befahl, still zu stehen, und sie ihm gehorchte; und er deshalb Ehrerbietung als Wundertäter beanspruchte, fürchte ich, ich sollte antworten: „Was! Ein Wunder, dass die Sonne stillsteht? – überhaupt nicht. Ich hatte immer damit gerechnet. Das einzige Wunder war für mich ihr geht weiter.“

269. Aber selbst wenn man die nachweisbare Einheitlichkeit der uns bekannten Gesetze und Bräuche der Natur annimmt, bleibt es eine schwierige Frage, welche Art von Eingriff in solche Gesetze oder Bräuche wir logischerweise für ein Wunder halten könnten und was wir im Gegenteil tun sollten nur als Beweis für die Existenz eines anderen, bisher unentdeckten Gesetzes betrachten.

Beispielsweise gibt es einen durch die Unterschriften mehrerer führender Pariser Physiker bestätigten Fall, bei dem ein Bauernmädchen unter bestimmten Bedingungen krankhafter Erregung in der Lage war, Gegenstände in einiger Entfernung von sich zu bewegen, ohne sie zu berühren. Wenn man die Beweise als wertvoll betrachtet, würde die Entdeckung einer solchen Fähigkeit meiner Meinung nach nur den Schluss rechtfertigen, dass sich unter den Bedingungen der modernen körperlichen Gesundheit eine neue Lebensenergie entwickelt; und nicht, dass irgendein Eingriff in die Naturgesetze stattgefunden hätte. Doch die im Allgemeinen hartnäckige Weigerung von Wissenschaftlern, mündliche Zeugenaussagen über solche Tatsachen zu erhalten, ist ein Beweis dafür, dass sie glauben, dass diese im Widerspruch zu einem Gesetzeskodex stehen, der ihrer Erfahrung nach mehr oder weniger vollständig und ihrer Auffassung nach völlig vollständig ist; und ich denke, es ist daher ihre Aufgabe, für uns das wahre Prinzip festzulegen, anhand dessen wir die wundersame Verletzung eines bekannten Gesetzes von der plötzlichen Manifestation eines unbekannten Gesetzes unterscheiden können.

270. In der Zwischenzeit brauchen wir, auch wenn wir uns für unfähig halten, das Gesetz zu definieren oder seine Unterbrechung zu erkennen, weder unsere Vorstellung vom einen noch unseren Glauben an das andere aufzugeben. Einige von uns sind möglicherweise nicht mehr in der Lage, ein echtes Wunder zu erkennen, wenn wir es sehen, als andere, ein echtes Bild zu erkennen. aber der gewöhnliche Drang, daher jeden Anspruch auf Wunderkraft als Betrug oder Selbsttäuschung zu betrachten, erinnert mich immer an die Rede einer französischen Dame an mich, deren Sammlung alter Bilder ihres Mannes bei der Auktion unerwartet niedrige Preise erzielt hatte. „Wie können Sie so sinnlos sein“, sagte sie, „sich dem Studium einer Kunst zu widmen, in der Sie sehen, dass alle Exzellenz eine bloße Ansichtssache ist?“ Einige von uns sind daher zu der Vorstellung gekommen, dass die Gesetze der Natur ebenso wie die der Kunst Meinungssache sein könnten; und ich erinnere mich an einen genialen Aufsatz von Herrn Frederic Harrison vor etwa zwei Jahren über die „Subjektive Synthese“, der, nachdem er bewiesen hat, was nicht eines so ausführlichen Beweises zu bedürfen scheint, den wir nur wissen können Das Universum, das, was wir sehen und verstehen können, erklärte weiter, dass die Naturgesetze „keine objektiven Realitäten seien, ebenso wenig wie absolute Wahrheiten“. [176] Diese Entscheidung scheint mir so, als ob eine bescheidene und vernünftige Mücke, die sich der demütigenden Überzeugung hingegeben hatte, dass sie nicht mehr von der Welt wissen könne, als durch die Flucht durchquert oder durch Stich gekostet werden könnte, dennoch Im Verlauf eines Experiments mit einem Philosophen mit seinem Rüssel sollte man, wenn man ihn von den Instituten Justinians sprechen hört, bei seiner Rückkehr in die Gesellschaft der Mücken feststellen, dass die Institute Justinians keine objektiven Realitäten waren, genauso wenig wie sie absolut waren Wahrheiten. Und tatsächlich führt der nachlässige Gebrauch des Wortes „Wahrheit“ oft selbst die genauesten Denker in die Irre. Ein Gesetz kann nicht als absolute oder konkrete Wahrheit bezeichnet werden. Es ist ein Naturgesetz, das heißt, meine eigene Natur, dass ich nach dem Abendessen einschlafe, und mein Geständnis dieser Tatsache ist eine Wahrheit; aber die schlechte Angewohnheit ist ebenso wenig eine Wahrheit, wie die Aussage darüber eine schlechte Angewohnheit ist.

271. Trotz des Verrats unserer Vorstellungen und unserer Sprache und trotz der gerechten Schlussfolgerung selbst aus unserer begrenzten Erfahrung ist jedoch die Überzeugung in unseren Herzen verankert, dass die

Gewohnheiten oder Gesetze der Natur beständiger sind als unsere eigenen und von einer strengeren gestützt werden Intelligenz: Damit wir, ohne auch nur im Geringsten die Fähigkeit zu beanspruchen, ein Wunder zu erkennen, dessen Wesen sicher definieren können. Es wird angenommen, dass die Phänomene des Universums, mit denen wir vertraut sind, unter allgemeinen Bedingungen konstant sind, aber von einem höchsten persönlichen Geist in dieser Konstanz aufrechterhalten werden; und es wird weiter angenommen, dass diese herrschende Person unter bestimmten Bedingungen die Kontinuität dieser Phänomene unterbricht, um eine besondere Beziehung zu minderwertigen Geschöpfen herzustellen.

272. Es ist in der Tat merkwürdig, wie bereitwillig die minderwertigen Geschöpfe sind, sich eine solche Beziehung vorzustellen, ohne einen entscheidenden Beweis für ihre Begründung zu haben. Die gesamte Frage des Wunders hängt mit der Frage der besonderen Vorsehung zusammen, von der in einigen Religionstheorien angenommen wird, dass sie manchmal die Feinde verwirren und immer die Lieblinge Gottes beschützen soll: und in den Köpfen liebenswürdiger Menschen das Natürliche und Unverfälschte Das berechtigte Gefühl ihrer eigenen Bedeutung für das Wohlergehen der Welt kann oft zu der angenehmen Annahme führen, dass die Gottheit, wie unvorsichtig sie auch anderen gegenüber sein mag, für *sie sorgen wird* . Ich erinnere mich an einen Artikel von Dr. Guthrie zu diesem Thema, der vor nicht allzu langer Zeit in einer religiösen Zeitschrift veröffentlicht wurde und in dem der Autor als auffallend göttlichen Umstand erwähnte, dass sein Fuß an einem Felsvorsprung hängen geblieben sei und dadurch verhindert worden sei, was sonst hätte passieren können ein tödlicher Sturz. Angesichts des Verlusts für die Sache der Religion und der Gesellschaft von Edinburgh, der die Folge des Unfalls gewesen sein könnte, ist es nur natürlich, dass Dr. Guthrie mit stark erregten, hingebungsvollen Gefühlen darüber spricht, vielleicht aber mit besseren Gefühlen Aus diesem Grund wäre ein junges Mitglied des Alpenvereins, das sich des Wertes seines Lebens nicht sicher war, bei der gleichen Gelegenheit wahrscheinlich eher von seiner eigenen Unbeholfenheit provoziert als von der vorsehungsgemäßen Struktur des Felsens beeindruckt gewesen. Die Wurzel jedes Irrtums zu diesen Themen kann entweder eine unvollkommene Vorstellung von der Universalität der Gottheit oder ein übertriebenes Gefühl individueller Bedeutung sein: Und doch ist es nicht weniger sicher, dass jeder Gedankengang uns in die richtige Richtung führen kann muss auf der Anerkennung beruhen, dass die Persönlichkeit einer Gottheit, die Gerechtigkeit und Barmherzigkeit befohlen hat, nur in der deutlichen Unterstützung gerechter Anliegen und in der Gunst gütiger Menschen zum Ausdruck kommen kann. Die schöne Überlieferung vom Tod von Kleobis und Bito drückt in der Tat das Gefühl aus, das den weisesten Männern eigen ist, dass wir weder erkennen noch

selbst entscheiden können, worin die Gunst Gottes besteht; aber die Verheißungen der christlichen Religion implizieren dies Seine wahren Jünger werden in der Lage sein, mit Klugheit zu fragen, was unfehlbar gewährt werden soll.

273. Und tatsächlich hängen die Beziehungen zwischen Gott und seinen Geschöpfen, die die Aufgabe des Wunders ist, weit mehr von der Übereinstimmung der Ereignisse mit dem menschlichen Willen ab, als vom wunderbaren Charakter der Ereignisse selbst. Diese Beziehungen sind im Wesentlichen zweifacher Natur. Wunder dienen entweder dazu, zu überzeugen oder zu helfen. Wir neigen dazu zu denken, dass sie nur dazu gedacht sind, den Glauben zu stärken, aber viele dienen lediglich der Bequemlichkeit des Lebens. Dass Elisa den Axtkopf schwimmen ließ und die vergiftete Suppe gesund machte, diente nicht dazu, irgendjemanden zu überzeugen, sondern lediglich, um auf dem schnellsten Weg Hilfe zu leisten. Tatsächlich ist die Überzeugung bei vielen der interessantesten Wunder ein eher zweitrangiges und oft unerreichtes Ziel. Die hungrige Menge wird gefüttert, das Schiff in Gefahr durch plötzliche Ruhe erleichtert. Die Jünger ignorieren die Vermehrung der Brote, sind aber stark vom Wetterumschwung betroffen.

Aber ob zur Überzeugung, zur Hilfe (oder zur Hilfe in der schrecklichen Form der Bestrafung), das Wesen des Wunders ist die Manifestation einer Macht, die die ansonsten konstanten Phänomene der Natur lenken oder modifizieren kann; und ich denke, dass viele fromme Menschen, nicht weniger als Ungläubige, dazu neigen, zu verachten, wenn sie dem, was man das missionarische Werk des Wunders nennen könnte, eine zu große Bedeutung beimessen, anstatt dem, was man im Unterschied dazu als pastorale Arbeit bezeichnen könnte. und daher die wundersame Kraft insgesamt zu leugnen.

274. „Wir müssen nicht durch die willkürliche Ausübung seiner Macht von der Existenz Gottes überzeugt werden", sagen sie dass es noch andere geben sollte.

Aber man muss allen Argumenten und Gefühlen misstrauen, die auf unseren eigenen Vorstellungen davon beruhen, was für die Gottheit angemessen ist. Ich kann auch nicht, selbst nach unserer menschlichen Urteilskraft, irgendeine Unangemessenheit in dem Gedanken finden, dass eine Energie natürlich sein kann, ohne normal zu sein, und göttlich, ohne konstant zu sein. Der weise Missionar braucht in der Tat kein Wunder, um seine Autorität zu bestätigen; aber der verachtete Pfarrer braucht vielleicht ein Wunder, um es durchzusetzen, oder den mitfühlenden Gouverneur, um es nützlich zu machen. Und es ist durchaus möglich, sich das pastorale Wunder als

Ergebnis einer Kraft vorzustellen, die genauso natürlich ist wie jede andere, wenn auch nicht so beständig. Der Wind weht, wo er will, und einige der Energien, die den aus dem Geist geborenen Menschen verliehen werden, können sich nur unter bestimmten Bedingungen und in seltenen Fällen manifestieren; und daher immer wunderbar oder wundersam sein, wenn auch weder ungeordnet noch unnatürlich.

So das Argument des heiligen Paulus gegenüber Agrippa: „Warum sollte es bei euch für etwas Unmögliches gehalten werden, dass Gott die Toten auferwecken sollte?" Es wäre selbstmörderisch, wenn er sich auf das Wunder als Beweis für die Autorität seiner Mission berufen wollte. Aber ohne Anspruch auf Autorität zu erheben, verkündet er als wahrscheinliche und akzeptable Tatsache den Beginn einer Evangeliumszeit, in der es ebenso selbstverständlich war, dass die Toten auferweckt wurden, wie dass das Evangelium den Armen gepredigt wurde, obwohl sowohl das eine als auch das andere so war wundersame Zeichen dafür, dass der Herr der Natur als Immanuel unter die Menschen herabgekommen war und dass kein Prophet in Zukunft nach einem anderen Ausschau halten sollte.

Wir haben uns in der Tat leichtsinnig angewöhnt, die Wörter „übernatürlich" und „übermenschlich" als gleichwertig zu verwenden. Eine menschliche Handlung mag übermenschlich und eine göttliche Handlung übermenschlich sein, doch alle drei Handlungen sind absolut natürlich. Es ist vielleicht ebenso die Tugend eines Geistes, unbeständig zu sein, wie die Tugend eines Giftes, und deshalb ist es immer unmöglich, die Elemente moralischer Kraft in der Waage eines Apothekers abzuwägen.

275. Es ist wahr, dass man bei jeder abstrakten Reflexion über diese Dinge sofort durch Fragen nach der Vernünftigkeit, der Notwendigkeit oder dem zweckmäßigen Grad eines Wunders innegehalten wird. Christus geht auf dem Wasser und überwindet insoweit die Schwerkraft. Warum nicht geflogen sein und es ganz überwunden haben? Er speist die Menge, indem er vorhandene Brote bricht; Warum hätte man den Steinen nicht befohlen, Brot zu machen? Oder, anstatt auf wundersame Weise entweder eine Gemeinde oder eine Nation zu ernähren, warum befähigen wir sie nicht, wie Er selbst, auf wundersame Weise für die nötige Zeit zu fasten? Und wenn man die Theorien des pastoralen Wunders allgemein anerkennt, stellt sich die unmittelbare Frage: Angenommen, eine Nation wäre den göttlich ernannten Ministern einer vernünftigen Theokratie weise gehorsam, wie viel würde ihre Regierung auf wundersame Weise unterstützen und wie viele ihrer Angelegenheiten würden zu wundersamem Wohlstand führen? Ausgabe? Würden seine Feinde von Engeln vernichtet und seine Nahrung vom Himmel auf ihn herabgeschüttet werden, oder würde sich die übernatürliche Hilfe darauf beschränken, die Zahl seiner im Kampf Gefallenen zu

verringern [177] ^{oder} seine Handelsschiffe sicher oder augenblicklich in Führung zu bringen? in das Land, wohin sie gehen würden?

Aber bei der Untersuchung eines wirklich schwierigen menschlichen Problems kann man keinen Fortschritt machen und vieles verhindern, wenn man es auf der hypothetischen Seite angeht. Ein solcher Ansatz ist für den Dummen leicht, für den Stolzen angenehm und für den Böswilligen bequem, aber absolut ergebnislos. Unsere Bescheidenheit und Weisheit bestehen gleichermaßen in der einfachen Registrierung der für uns erkennbaren Tatsachen und in unserer Pflicht, sie für die Gegenwart aktiv zu nutzen, ohne uns um die Möglichkeiten der Zukunft zu kümmern. Und die beiden wichtigsten Tatsachen, mit denen wir uns auseinandersetzen müssen, sind, dass die historischen Aufzeichnungen über Wunder immer von unbeständiger Kraft sind und dass unsere eigenen tatsächlichen Energien nahezu im genauen Verhältnis zu ihrer Würdigkeit unbeständig sind.

276. Erstens sage ich: Die Geschichte der Wunder ist von unbeständiger Kraft. Der heilige Paulus erweckt Eutychus vom Tod, und seine Gewänder bewirken eine wundersame Heilung; Dennoch lässt er Trophimus krank in Miletum zurück, erkennt in der Genesung von Epaphroditus nur die Barmherzigkeit Gottes und empfiehlt, wie jeder uninspirierte Arzt, Timotheus Wein für seine Gebrechen. Und zweitens sind unsere eigenen Energien fast im Verhältnis zu ihrer Erhabenheit unbeständig. Wir atmen regelmäßig und können die für alltägliche Aufgaben erforderliche Kraft einkalkulieren. Aber die Bilanz unserer besten Arbeit und unserer glücklichsten Momente ist immer geprägt von Erfolgen, die wir nicht erwartet hatten, und von Begeisterung, die wir nicht verlängern konnten.

277. Und deshalb können wir nur nach einer unvollkommenen und unterbrochenen Erscheinung suchen, können aber sicherlich auf einer gelegentlichen Manifestation wundersamer Berechtigungsnachweise durch jeden Religionsminister bestehen. Es gibt keine praktischen Schwierigkeiten bei der Unterscheidung, ob Wunder wirklich übermenschlich sind. Bewunderer wissenschaftlicher Entdeckungen behaupten tatsächlich häufig, dass viele Dinge, die vor fünfzig Jahren wunderbar waren, heute nicht mehr so wunderbar sind; und ich bin durchaus bereit, ihnen zuzugestehen, dass das, was sie jetzt selbst für bewundernswert halten, in Zukunft nicht mehr bewundert werden wird. Aber das kleine Zeichen, das der Augur Attus vor Tarquinius angefertigt haben soll, würde in diesem Augenblick genauso beeindruckend sein wie damals; während die größten Errungenschaften der jüngsten wissenschaftlichen Wunder kaum die Speisung ihres Bettlers Lazarus erreicht haben, geschweige denn die Auferstehung ihres Freundes Lazarus. Unser christlicher Glaube steht und fällt jedenfalls mit dieser Prüfung. „Diese Zeichen werden denen folgen, die glauben", sind Worte, die

weder eine Einschränkung noch ein Missverständnis zulassen; und es ist für jeden Menschen weit weniger arrogant, nach einer solchen göttlichen Bestätigung seiner Autorität als Lehrer zu suchen, als ohne diese Autorität zu beanspruchen, zu lehren. Und sicherlich ist es kein Beweis dafür, dass solche Erwartungen ungeeignet oder unklug sind, dass einer Kirche, die immer wieder gewarnt wurde, in den letzten tausend Jahren wundersame Kräfte entzogen worden zu sein scheinen oder sie zumindest unnachweisbar zu besitzen scheint Sein Meister, dass Reichtum für die Religion tödlich und Liebe für sie von wesentlicher Bedeutung sei, hat dennoch Reichtum zur Belohnung theologischer Gelehrsamkeit und Kontroverse zu ihrem Beruf gemacht. Es gibt Zustände des moralischen Todes, die nicht weniger erstaunlich sind als die physische Auferstehung; und eine Kirche, die ihren Geistlichen erlaubt, das zu predigen, was sie nicht mehr zu glauben, und ihren Leuten erlaubt, dem zu vertrauen, dem sie nicht gehorchen wollen, ist in ihrer Ohnmacht vielleicht wahrhaft wundersamer, als sie in ihrer Macht wundersam wäre, wenn sie die verhängnisvollen Felsen bewegen könnte von Kalifornien bis zum Pol und pflanzt den Bergahorn und den Weinstock zwischen den Meereskämmen.

FUSSNOTEN:

[174] *Contemporary Review* , März 1873.

[175] Gelesen auf der Novembertagung der Metaphysical Society.

[176] Ich zitiere aus dem Gedächtnis, bin mir aber der Bedeutung des Satzes sicher, nicht aber seines Ausdrucks.

[177] „Und sei es der Tod, der durch unser Heer verkündet wird, um sich dessen zu rühmen.“ – *Heinrich V.*

EIN OXFORD-VORTRAG.

(Neunzehntes Jahrhundert, Januar 1878.)

EIN OXFORD-VORTRAG. [178]

278. Ich bin sicher, dass alle in diesem Publikum, die gestern bei Dr. Aclands ernsthaftem und beeindruckendem Vortrag anwesend waren, gespürt haben müssen, wie tief ich von seinem abschließenden Hinweis auf die Freundschaft berührt sein sollte, die in unserer Studentenzeit begann; – davon möchte ich aber nur sprechen Sagen Sie, wenn das allein alles wäre, was ich Oxford schuldete, wäre die größte Güte der Alma Mater in diesem Geschenk für mich erfüllt worden.

Aber seine liebevollen Worte, in ihrer Bescheidenheit, als würden sie sogar seinen Beruf verteidigen, den edelsten aller menschlichen Berufe! und von seiner Wissenschaft – der wunderbarsten und schrecklichsten menschlichen Intelligenz! zeigte mir, dass ich Ihnen noch nicht ganz klar gemacht hatte, in welchem genau begrenzten Ausmaß ich es gewagt habe, die Eignung der Ihnen jetzt an dieser Universität zugewiesenen Studienmethode in Frage zu stellen.

279. Über die Würde der Naturwissenschaften und das Glück derer, die sich ihr zur Heilung und Hilfe für die Menschheit widmen, habe ich nie vorgehabt, und ich glaube auch nicht, dass ich es je geäußert habe, ein respektloses *Wort* . Aber gegen die Neugier der Wissenschaft, die uns dazu bringt, praktisch nichts als gewonnen zu bezeichnen, sondern etwas Neues zu entdecken, und jede Nutzung unseres Wissens zu dessen Erwerb zu verachten; von der Unverschämtheit der Wissenschaft, die für sich eine gesonderte Funktion des menschlichen Geistes beansprucht, der in seiner Vollkommenheit eins und unteilbar ist, nach dem Bild seines Schöpfers; und von der Perversion der Wissenschaft, in der Hoffnung, durch die Analyse des Todes herauszufinden, was nur durch die Anbetung des Lebens entdeckt werden kann – darüber habe ich nicht nur mit Trauer, sondern auch mit einer Angst gesprochen, die ich jeden Tag spüre Seien Sie sicherer, damit diese Arbeit, indem sie das Gefühl der Gegenwart Gottes im Garten der Erde aus Ihrem Inneren auslöscht, in Ihnen das vorherrschende Echo der ersten Stimme seines Zerstörers erweckt: „Ihr werdet sein wie Götter . " "

280. Heute habe ich kaum genug Zeit, um zum Schluss zu kommen, und keine, es noch einmal Revue passieren zu lassen, was ich so sagen wollte; Aber ein Beispiel, das mir einer von Ihnen direkt im Gespräch nach der Vorlesung gegeben hat, wird es mir ermöglichen, Ihnen genau zu erklären, was ich *meine* .

Nach der letzten Vorlesung, in der Sie sich erinnern, dass ich unsere Physiologen herausgefordert habe, mir zu erklären, wie ein Vogel fliegt, kam einer von Ihnen, dessen aktuellste und anschaulichste Aussage um

Verzeihung gebeten wurde, wenn er es für nötig hält, zu mir: indem er sagte: „Wissen Sie, die Art und Weise, wie uns gezeigt wird, wie ein Vogel fliegt, besteht darin, dass uns jemand, zum Beispiel eine Taube, gegeben wird, gerupft und teilweise gehäutet und am Ansatz des Flügelknochens eingeschnitten wird; und." Dann wird mit einer Stahlspitze das Band des Muskels an der Schulter nach oben und außen gezogen und von anderen Bändern unterschieden, und uns wird gesagt: „So fliegt ein Vogel", und darüber wird nachgedacht Uns wurde genug gesagt.

Ich sage, dass dieser mir gegebene Hinweis zur rechten Zeit kam; Ich werde noch mehr sagen: Die Wahl dieses besonderen Vogels war eine Vorsehung. Lassen Sie mich in ihrer Reihenfolge die beiden Themen der Untersuchung und Belehrung betrachten, die uns tatsächlich im Aspekt und in der Form dieses einen Lebewesens angeboten werden.

281. Vom Glanz eures eigenen wahren Lebens wird euch mit den Worten erzählt, die ich heute, wie eure Väter, Worte der Inspiration nennen möchte: „Und doch werdet ihr sein wie die Flügel einer Taube." ist mit silbernen Flügeln bedeckt und ihre Federn mit Gold." Von der vielfältigen Farbiris im Gefieder der Taube, die man aufmerksam im Sonnenschein beobachtet, während sich der Vogel bewegt, kann ich Ihnen mit Worten keine Vorstellung vermitteln; Dass es aber aufgrund der Bescheidenheit seines Lichts und der unzähligen Vermischung seiner Farbtöne das exquisiteste aller Gefieder ist, kann ich Ihnen zum Teil durch diese eine Tatsache beweisen, die von allen Farbstudien diejenige ist, die Am liebsten würde ich Turners Zeichnung einer Taube, die er in seiner glücklichen Jugendzeit in Farnley anfertigte, in diesen Schulen für Sie zugänglich machen. Aber über die Ursachen dieser Farbe und die besondere Subtilität ihres Schillerns wird Ihnen in keinem wissenschaftlichen Buch über Ornithologie, das ich je gelesen habe, etwas gesagt.

282. Von der Flugkraft dieser Flügel und dem zarten Zweck ihres Fluges hört ihr auch im Buch eurer Väter. Der Kirche, die vor ihren Feinden in die trostlose Wildnis floh, wurden tatsächlich zwei Flügel gegeben, die einem großen Adler ähnelten. Aber der müde Heilige Gottes, der sich in der Ruhe des ewigen Friedens auf sein Zuhause freut, betet vielmehr: „Oh, dass ich Flügel hätte wie eine Taube, denn dann sollte ich fliehen und zur Ruhe kommen." Und über diese Flügel und ihren Geist sollte Ihnen die ehrfürchtige Wissenschaft folgendes lehren: Erstens, mit welchem Aufteilen des Federflügels und mit welchem sanften Druck und rhythmischen Schlagen der geteilten Luft sie im Vergleich zu dieser wundersamen Schnelligkeit unzweifelhafter Bewegung erreicht der Sturm ist langsam und der Pfeil unsicher; und zweitens, welchen Hinweis es gibt, der für das Denken des Menschen sichtbar oder vorstellbar ist, durch den ihr lebendiges

Gewissen und ihr fehlerloses Zeigen der magnetischen Seele ihre ferne Heimat weit hinter dem Horizont spüren lässt und den geraden Weg durch verborgene Wolken hindurch spürt, und über weglose Länder, die durch den Finger Gottes ihrem Wunsch und ihrer Pflicht deutlich gemacht wurden.

283. Und schließlich, da sie in der Tradition des Alten Bundes zur Botin der Vergebung für die acht durch die Taufe in den Tod geretteten Seelen gemacht wurde und im Evangelium des Neuen Bundes unter ihrem Bild die Wohlgefallenen offenbart wurden Gottes, in der Erfüllung aller Gerechtigkeit durch seinen Sohn in der Taufe zum Leben, – sicherlich sollten alle christlichen Menschen, alt und jung, gleichermaßen gelehrt werden, sich über ihre süße Gegenwart zu freuen; und in jeder Stadt und jedem Dorf der Christenheit sollte sie ein Zuhause haben wie in Venedig , das sie seit Ewigkeiten hatte, und unter den Marmorskulpturen des Tempels die süßeste Skulptur sein; und zu den Füßen Ihrer Kinder flatternd, ihr niemals verärgerter Freund. Und daher gibt es sicherlich auch unter den tausend Beweisen, die jeder sorgfältig denkende Mensch sehen kann, nicht nur für den Dienst des Guten, sondern auch für die trügerische und tödliche Macht der bösen Engel, keinen, der deutlicher in seiner Unbegründetheit und Unversöhnlichkeit ist Sünde, als dass dieses – von allen Lebewesen zwischen Erde und Himmel – dasjenige sein sollte, das ausgewählt wurde, um die Apathie unseres mörderischen Nichtstuns durch geschicktes, müheloses und gnadenloses Gemetzel zu amüsieren.

284. Ich komme zum eigentlichen Thema, über das ich heute abschließend sprechen muss: die Realität dieses Dienstes der guten Engel und dieser wirklichen Widrigkeit der Fürstentümer und Mächte Satans, in der sich ausnahmslos alle befinden ernsthafte Christen geglaubt haben, und deren Erscheinen in der Vorstellung der größten und heiligsten von ihnen ausnahmslos die Wurzel aller großartigsten Kunstwerke war, die der menschliche Geist oder die menschliche Hand in dieser Welt hervorbrachte.

Dass es in England derzeit überhaupt keine Kunst im eigentlichen Sinne gibt – weder Malerei, Bildhauerei noch Architektur [179] – ist mir jedenfalls egal. Inmitten der schottischen Lothianer gab es in den Tagen Scotts um wie viel weniger Kunst und um so viel reineres Leben als mitten in Italien zur Zeit Raffaels. Aber dass Sie nicht nur die Kunstfertigkeit, sondern auch die Einfachheit des Glaubens und des Lebens in einem verloren haben und nicht nur hier Ihre alten Straßen durch die Furt der Wasser des heiligen Wissens verunstalten, sondern auch Ihre alten Hügel verunstalten mit Schuldgefühlen der söldnerischen Verwüstung, die ihr altes Hirtenleben in die Verbannung trieben und die Wellen ihrer Bäche in die Städte lenkten, die die eigentlichen Zentren der Verschmutzung, des Geizes und der Gottlosigkeit sind: Das liegt mir am Herzen – dafür hast du die Schuld *gegeben* Ich bin dankbar für meine

Fürsorge, anstatt nur zu versuchen, dir das Zeichnen beizubringen. Dennoch habe ich mein Bestes getan, um Ihnen zu zeigen, was echtes Zeichnen ist; und muss dir wieder einmal die Schuld geben, dass du versucht hast, dir dadurch etwas mehr zu zeigen.

285. Als wir heute Morgen aus der Kapelle kamen, wurde ich von einem der Fellows meines Colleges gebeten, den Studenten ein Wort über Thirlmere zu sagen. Seine Bitte, die eines treuen Freundes, kam mir, um mir den Zusammenhang zwischen dieser Form der Plünderung unseres Heimatlandes seiner fließenden Gewässer und dem zunehmenden Unglauben an die Macht des Gebets über die Verteilung der Elemente unseres Brotes und Brotes klarzumachen Wasser, bei Regen und Sonnenschein – Saatzeit und Ernte. In diesem Zusammenhang muss ich Sie bitten, heute mit mir darüber nachzudenken, was der Mythos, wenn Sie ihn so nennen, vom großen Propheten des Alten Testaments bedeutet, der vor dem Kommen des Tages erneut gesandt werden soll der Herr. Denn wahrlich, Sie werden feststellen, dass, wenn irgendein Teil Ihres alten Glaubens wahr ist, es notwendig ist, dass jede Seele, die ihr Kreuz mit Christus auf sich nehmen soll, auch zuerst im Licht Christi verklärt wird – im Gespräch mit Mose und mit Elias.

Der Kampf von Moses ist mit der zeitlichen Knechtschaft, von Elia mit der geistlichen Knechtschaft des Volkes; und der Krieg des Elias besteht im Wesentlichen darin, dass sie zwei Göttern dienen: Baal oder dem Sonnengott, in dessen Hand sie dachten, ihr Leben läge, und Baalzebub – dem Fliegengott – der Verderbnis, in dessen Hand ihrer Meinung nach die Schlichtung lag Tod.

Der gesamte Kampf wird in der ersten Behauptung Elias zusammengefasst, dass er als Diener Gottes Autorität über jene elementaren Kräfte habe, durch die das Herz des Menschen, ob Jude oder Heide, mit Nahrung und Freude erfüllt wurde.

Und Elia, der Tischbiter; der von den Einwohnern Gileads war, sagte zu Ahab: „So wahr der Herr, der Gott Israels, lebt, vor dem ich stehe, es wird in diesen Jahren weder Tau noch Regen geben, es sei denn, wie ich es gesagt habe.“

286. Ihre modernen Philosophen haben Ihnen die Absurdität von all dem erklärt: Denken Sie? Von all den oberflächlichen Torheiten dieses Zeitalters ist diese Verkündigung der Eitelkeit des Gebets um Sonnenschein und Regen; und die feigen Zweideutigkeiten, mit denen die Geistlichen, die nie in ihrem Leben wirklich um irgendetwas gebetet haben, darauf reagieren, sind meiner Meinung nach überragend. Glauben diese modernen Herren der Wissenschaft, dass niemand vor ihrer Geburt die Gesetze von Wolken und

Sturm kannte oder dass die mächtigen menschlichen Seelen früherer Zeitalter, von denen jeder von ihnen im Gebet und in ihm lebte und starb, dies nicht kannten? dass sie in jeder Bitte, die ihnen auf den Lippen lag, um etwas baten, was nicht nur vorherbestimmt, sondern auch wahrscheinlich vorherbestimmt *war*? Oder dass die Mutter, die innehält, um zu beten, bevor sie den Brief von Alma oder Balaclava öffnet, nicht weiß, dass derjenige, für den sie betet, bereits gerettet ist, oder dass er bereits in seinem Leichentuch schwärt? Die ganze Zuversicht und Herrlichkeit des Gebets liegt darin, dass es sich an einen Vater wendet, der unsere Bedürfnisse kennt, bevor wir darum bitten, der unsere Gedanken kennt, bevor sie in unseren Herzen aufsteigen, und dessen Entscheidungen auch in der ewigen Zukunft ebenso unveränderlich sind wie in der ewigen Vergangenheit in der engen Wahrheit der sichtbaren Tatsachen beuge dich wie Schilf vor den vorherbestimmten und treuen Gebeten seiner Kinder.

287. Von Elias Wettstreit auf dem Karmel mit dieser Sonnenkraft, in dem Sie jetzt buchstäblich wieder Ihr Leben suchen, kennen Sie die Geschichte, wie wenig Sie auch glauben. Aber von seinem Kampf mit der Todesmacht auf dem Hügel von Samaria liest man seltener und eher zweifelhaft.

„Oh, du Mann Gottes, der König hat gesagt: Komm herab. Und Elia antwortete und sprach: Wenn ich ein Mann Gottes bin, lass Feuer vom Himmel herabkommen und dich und deine Fünfzig verzehren.“

Wie ungeheuerlich, wie abscheulich, schreit Ihr moderner Religionsvertreter, dass ein Prophet des Herrn den Tod von fünfzig Männern herbeirufen sollte. Und er sitzt selbst da, genießt seinen Muffin und *seine Times* und lässt zufrieden zu, dass fünfzigtausend Männer abgeschlachtet werden, so dass es im Interesse Englands und seiner eigenen Aktien an der Börse ist.

Aber beachten Sie Elias Botschaft. „Weil du Baalzebub, den Gott von Ekron, gesandt hast, um ihn zu befragen, darum sollst du nicht von dem Bett hinabsteigen, auf dem du hinaufgestiegen bist, sondern du wirst mit Sicherheit sterben.“

„Weil du gesandt hast, um dich zu erkundigen.“ Er hatte nicht gesandt, um zum Gott von Ekron *zu beten*, *sondern nur, um* ihn zu *bitten*. Die Baalspriester *beteten* zu Baal, aber Ahasja *befragt nur* den Fliegengott.

Er betet nicht „Lass mich genesen“, sondern fragt: „*Soll* ich von dieser Krankheit genesen?“

Wie Sie sehen, ist es wiederum der wissenschaftliche Geist — Gesundheitsuntersuchungen; durch Orakel des Gottes des Todes. Was auch immer an Krankheiten durch Fliegen, Blattläuse, Läuse oder durch die

Kommunikation von Verderbnis entstehen kann, sollten wir Modernen nicht auch weise nachforschen und so von unseren Krankheiten genesen?

Alles was, soweit ich weiß, gut sein kann; und wenn ich höre, dass die Weinkrankheit oder die Kartoffelkrankheit eingedämmt wird, hoffe ich auch, dass die Pest oder Diphtherie oder irgendeine andere menschliche Pest durch angemessene Hygienemaßnahmen beseitigt werden kann.

288. Inzwischen sehe ich, dass die allgemeine Reinheit der Erde und ihres Wassers verachtet wird, als wäre *sie* eine Plage; und nachdem ich drei Jahre lang daran gearbeitet habe, die Quelle des schönsten Flusses im englischen Mittelland, den Wandel, zu reinigen und zu schützen, bin ich schließlich geschlagen, weil die Straßenbeauftragten darauf bestehen, die Straßenabwässer dorthin, an der Quelle, zu befördern. Aber das ist nichts. Vor zwei Jahren besuchte ich zum ersten Mal seit meiner frühen Jugend Scotts Land an den Ufern der Yarrow-, Teviot- und Gala-Gewässer. Ich werde Ihnen, obwohl Sie sich daran erinnern werden, noch einmal seine Beschreibung eines dieser Teiche vorlesen, die Sie hygienisch in Ihre Maschinenkessel ablassen wollen, und dann werde ich Ihnen erzählen, was ich selbst in diesem heiligen Land gesehen habe.

Oft erwachen in meinem Kopf solche Gedanken,
am stillen See der einsamen Heiligen Maria; Du weißt es gut, – weder Moor noch Riedgras verunreinigen den kristallklaren Rand des reinen Sees; Steil und steil sinken die Berge sofort auf den ebenen Rand; Und nur eine Spur silbernen Sandes, Markierungen dort, wo das Wasser auf das Land trifft.

Weit im Spiegel, hell und blau,
kannst du die gewaltigen Umrisse jedes Hügels sehen; struppig von Heide, aber einsam, kahl, kein Baum, kein Busch, kein Bach ist da, außer wo Land, deine schlanke Linie, die Bären durchkreuzt den See die verstreute Kiefer.

Und Stille hilft – obwohl die steilen Hügel
tausend Bäche in den See schicken, in der Sommerflut, so sanft, dass sie weinen, Der Klang lässt das Ohr nur einschlafen; Der Huftritt deines Pferdes klingt zu grob, So still ist die Einsamkeit.

Nichts Lebendiges begegnet dem Auge oder dem Ohr, aber ich wette, die Toten sind nahe; denn obwohl in feudalen Streitigkeiten ein Feind die Kapelle Unserer Lieben Frau niedergestreckt hat, so ruht der Bauer noch immer unter der heiligen Erde von seiner Mühe, und Im Sterben befiehlt

er, seine Gebeine dort niederzulegen, wo einst seine einfachen Väter
beteten.

289. Was ich selbst in diesem schönen Land gesehen habe, dessen Anblick
mir im Gedächtnis geblieben ist, werde ich Ihnen als nächstes erzählen. Ich
sah, wie der Teviot zwischen seinen bewaldeten Ufern sickerte, nicht floss,
eine bloße träge Injektion giftiger Pfützen schlammbedeckter Tinte zwischen
den schmutzigen Steinen; und vor der Abtei von Jedburgh, wo der
schäumende Fluss um die süßen Ruinen strömte, als hätte der Stab Moses
den Felsen für ihn frisch gespalten, die nackte und stinkende Nacktheit seines
Bettes, der ganze Strom wurde zur Arbeit in den Mühlen getragen, die
trockenen Steine und Felsen davon schwärten ungebührlich in der
Abendsonne, und der Kadaver eines Schafes, das von der letzten Flut
umgestürzt wurde, lag inmitten der spielenden Kinder, wörtliches und
grässliches Symbol, im süßesten ländlichen Land in der Welt, von den
verlorenen Schafen des Hauses Israel.

Das ist heute Ihr Symbol für das Lamm, wie es geschlachtet wurde; und dass
die Arbeit Ihrer gebetslosen Wissenschaft; – die Themen, diese, Ihrer
aufgeklärten Lehre und all der Mühen und des Todes der Covenanters auf
diesen kargen Hügeln, der prophetischen Märtyrer hier in Ihren kreuzenden
Straßen und der höchsten , aufrichtigster, einfachster Patriot des
katholischen England, Sir Thomas More, innerhalb der Mauern von
Englands zentralem Tower. So endet mit dem Gebet um das Brot dieses
Lebens auch die Hoffnung auf das zukünftige Leben. Dennoch werde ich
mir erlauben, Ihnen das Licht dieser Hoffnung zu zeigen, wie es auf die
Kinder der Zeitalter des Glaubens schien und sie leitete.

290. Sie erinnern sich, ich zweifle nicht, an die Legende der heiligen Ursula,
die ich Ihnen kürzlich vorgelesen habe, dass die einzige große Bedeutung der
Sieg ihres Glaubens über alle Ängste vor dem Tod ist. Es ist das Niederlegen
aller Freude, aller Hoffnung, ja aller Liebe dieses Lebens in der eifrigen
Wahrnehmung der Freude und der Liebe der Ewigkeit. Welche Wahrheit in
einem solchen Glauben lag, wage ich nicht zu behaupten, dass ich es wüsste;
Aber was für Menschenseelen es hervorbrachte, können Sie selbst *sehen* . Hier
werden Ihnen viele Gedanken eines gläubigen Volkes dargelegt. [180] Diese
Magd in ihrer Reinheit ist keine Fabel; Dies ist eine venezianische Magd, wie
sie im irdischen Morgengrauen gesehen und von der Brise ihres
Heimatmeeres angehaucht wurde. Und hier ist sie in ihrer Weiblichkeit, in
ihrem Mut und vollkommenen Frieden, und wartet auf ihren Tod.

Ich habe diese Zeichnung für Sie aus Sheffield geschickt, wo sie bleiben soll,
da sie sie mehr brauchen als Sie. Es ist das Beste von allem, was mein Freund
mit mir in Venedig gemacht hat, für St. George und mit der Hilfe von St.

George und St. Ursula. Es zeigt Ihnen nur einen Ausschnitt des großen Bildes des Martyriums – fast alle sind um die Magd gefallen, und sie kniet mit ihren beiden Dienerprinzessinnen und wartet auf ihren eigenen Tod. Treu hinter ihrer Herrin warten sie mit ihr – nicht schwächer, aber weniger erhaben im Denken, da sie ihr unsterbliches Schicksal weniger begreifen; die eine, ein sanftes Mädchen, das in ihrem stillen Herzen keine Abscheu vor dem Tod empfindet, neigt ihr schönes Haupt zur Erde, fast lächelnd; die andere, fürchtend, dass ihr Glaube auch nur einen Augenblick scheitern könnte, bricht unter brennenden Tränen in leidenschaftliches Gebet aus. Die heilige Ursula kniet, wie sie jeden Tag kniete, vor dem Altar und übergibt sich für immer Gott.

Und so sieht man sie hier in den Tagen ihrer Kindheit, hier in ihrer heiligen Jugend, hier in ihrer vollkommenen Weiblichkeit und hier ins Grab getragen.

Solche Geschöpfe *haben* gelebt – leben noch immer, Gott sei Dank, im Glauben an Christus.

291. Man hört offen sagen, dass dies, ihr Glaube, ein törichter Traum gewesen sei. Wollen Sie herausfinden, ob es so war oder nicht? Das können Sie, wenn Sie wollen, aber Sie können es nur auf eine Weise herausfinden.

Bewältigen Sie das Dilemma in perfekter Einfachheit. Entweder ist das Christentum wahr oder nicht. Nehmen wir zunächst das eine, dann das andere an und sehen, was folgt.

Lassen Sie es zunächst für unwahr halten. Dann wird eine rationale Untersuchung aller Wahrscheinlichkeit nach diese Unwahrheit entdecken; während andererseits die irrationale Unterwerfung unter das, was uns gesagt wird, uns in jede Form von Absurdität oder Wahnsinn führen kann; und wenn wir die Geschichte lesen, werden wir feststellen, dass dieser Wahnsinn, wie in den Kreuzzügen, die Hälfte der Stärke Europas in den Ruin getrieben hat und die Quelle vielfältiger Zwietracht und Elend für die Gesellschaft war.

Beginnen Sie mit der Annahme, dass das Christentum unwahr ist, und vielmehr mit dem Wunsch, dass es unwahr sein sollte, und das ist die Schlussfolgerung, zu der Sie mit Sicherheit gelangen werden.

Aber andererseits nehmen wir an, dass es wahr ist oder wahr sein könnte. Um dann herauszufinden, ob es so ist oder nicht, müssen wir darauf achten, was es über sich selbst sagt. Und sein erstes Wort ist die Anweisung, eine bestimmte Verhaltensweise anzunehmen. *Tun Sie* das zuerst, dann werden Sie mehr wissen. Seine Verheißung ist Segen und Lehre, mehr als die Zunge ausdrücken oder sich der Verstand vorstellen kann, wenn Sie sich dafür entscheiden; und es weigert sich, Sie unter anderen Bedingungen als diesen zu unterrichten oder Ihnen zu helfen.

292. Vielleicht finden Sie es seltsam, dass ein solcher Prozess von Ihnen verlangt wird. Sicherlich hätten die Beweise für unseren zukünftigen Zustand auch unter anderen Bedingungen gewährt werden können – nein, es hätte ein klarer Bericht gegeben werden können, bei dem alle Geheimnisse in der klarsten Sprache erklärt worden wären. *Dann* hätten wir sofort glauben sollen.

Ja, aber wie Sie sehen und hören, ist das, wenn es unser Weg ist, nicht Gottes Weg. Er hat sich dafür entschieden, uns die Kenntnis seiner Wahrheit nur unter einer Bedingung und unter keiner anderen zu gewähren. Wenn wir diese Bedingung ablehnen, sind alle rationalen Beweise um uns herum ein Beweis für unseren Tod, und dieser Beweis ist wahr, denn Gott sagt uns auch, dass wir bei einer solchen Ablehnung sterben werden.

Sie sehen also, dass in jedem Fall, egal ob das Christentum wahr oder falsch ist, der Tod für uns nachweislich sicher ist, wenn wir es ablehnen. Als Philosophen können wir nur mit dem Tod rechnen, und als Ungläubige sind wir dazu verdammt.

Es gibt nur eine Chance für das Leben – indem man die Möglichkeit der christlichen Wahrheit so weit anerkennt, dass man sie auf eigene Faust testen kann. Es besteht nicht die geringste Möglichkeit, zunächst herauszufinden, ob es wahr ist oder nicht.

„Zeigen Sie mir zuerst ein Zeichen und ich komme", sagen Sie. „Nein", antwortet Gott. „Komm zuerst, dann wirst du ein Schild sehen."

Schwer, denkst du? Wenn Sie genauer darüber nachdenken, werden Sie feststellen, dass dem nicht so ist. Denn das, was euch befohlen ist, ist an sich nichts Unvernünftiges. Im Gegenteil, es ist lediglich das Klügste, was Sie für Ihr eigenes Glück und das anderer tun könnten, wenn es keine ewige Wahrheit zu entdecken gäbe.

Sie sind einfach dazu berufen, um Seinetwillen Diener Christi und anderer Menschen zu sein. das heißt, Ihr Leben und alle seine Fähigkeiten als Mittel zum Dienst an Ihren Mitmenschen zu betrachten. Alles, was Sie tun müssen, ist sicherzustellen, dass für Sie *der* Dienst, den Sie erbringen, und nicht der Dienst, den Sie selbst erbringen, im Vordergrund steht.

293. Nun hörst du ständig vage Appelle an dich, von denen du nicht weißt, wie weit du folgen kannst. Das sollst du heute nicht sagen; Ich kann und

werde Ihnen in einfachsten Worten sagen, was das Christentum von Ihnen verlangt.

Lesen Sie Ihre Bibel wie jedes andere Buch – mit strengster Kritik und bestimmen Sie offen, was Sie für schön und was für falsch oder töricht halten. Aber stellen Sie sicher, dass Sie versuchen, es genau zu verstehen, und seine Lehren auf moderne Bedürfnisse übertragen, indem Sie andere Namen für diejenigen verwenden, die mit der Zeit überholt sind. Zum Beispiel in einer Passage wie der, die auf das „Belügt einander nicht" aus Kolosser III folgt und es unterstützt: „Ihr habt den neuen Menschen angezogen, der in der Erkenntnis erneuert wird nach dem Geist dessen, der ihn erschaffen hat." , wo" (gemeint ist in dieser großen Schöpfung, wo) „es weder Griechen noch Juden, keine Beschneidung noch Unbeschnittenheit, keinen Barbaren, keinen Skythen, keinen Knecht und keinen Freien gibt." Wenn man diesen Vers auf das Verhalten und die Rede moderner Politik anwendet, gerät er beinahe ins Wanken, denn wir lassen uns in dem vagen – vagen, aber geradezu lähmenden – Eindruck zurückhalten, dass es zwar sehr notwendig sei, in den Ländern der Welt die Wahrheit zu sagen Skythen und Juden, es gibt keinen Einwand gegen jede Menge Lügen bei der Verwaltung der Angelegenheiten der Christenheit. Aber jetzt ersetzen Sie einfach die alten Namen durch moderne und sehen Sie, welchen Unterschied es in der Kraft und Anziehungskraft der Passage machen wird: „Belügt einander nicht, Brüder, da ihr den alten Mann mit seinen Taten und Taten abgewehrt habt." habe den neuen Menschen angezogen, der zur Erkenntnis erneuert wird," εις επ ι γνωσιν, gemäß der Erkenntnis dessen, der ihn erschaffen hat, in dieser großen Schöpfung, in der es weder Engländer noch Deutsche, weder Taufe noch Mangel an Taufe, weder Türken noch Russen gibt weder Sklave noch Freier, sondern Christus ist alles und in allem.

294. Lesen Sie also Ihre Bibel und machen Sie es zur ersten Morgenaufgabe Ihres Lebens, einen Teil davon klar zu verstehen, und zu Ihrer täglichen Aufgabe, alles zu befolgen, was Sie verstehen, beginnend mit dem menschlichsten und liebsten Gehorsam – gegenüber dein Vater und deine Mutter. Tun Sie vorerst alles so, wie sie es von Ihnen erwarten würden: Wenn sie wollen, dass Sie Anwälte werden – seien Sie Anwälte; wenn Soldaten – Soldaten; Wenn sie in der Welt vorankommen wollen – und sei es auch nur, um Geld zu bekommen –, tun sie, was sie wollen, und zwar mit Freude, nachdem sie ihnen deutlich erklärt haben, in welchen Punkten Sie etwas anderes wünschen. Ihnen gehört vorerst die Stimme Gottes.

Aber seien Sie sich gleichzeitig über Ihr eigenes Ziel im Klaren und darüber, wie Sie es erreichen können, soweit es unter den Bedingungen Ihres Lebens möglich ist. Und jeder von Ihnen, der glücklich genug ist, weise Eltern zu haben, wird zufrieden sein, wenn er sieht, wie Sie tun, was ich Ihnen jetzt sage.

295. Kultivieren Sie zunächst alle Ihre persönlichen Kräfte, nicht konkurrenzfähig, sondern geduldig und nützlich. Sie haben in den langen Ferien nichts mit Lesen zu tun. Kommt *hierher*, um aus euch Gelehrte zu machen, und geht in die Berge oder ans Meer, um aus euch Menschen zu machen. Nehmen Sie sich jedes Jahr mindestens einen Monat Zeit für grobe Seemannsarbeit und Hochseeangeln. Faulenzen und flirten Sie nicht am Strand, sondern machen Sie sich zu guten Seeleuten. Gehen Sie dann auf die Berge und helfen Sie dem Hirten bei seiner Arbeit, den Waldarbeitern bei ihrer Arbeit, und lernen Sie die Hügel bei Tag und bei Nacht kennen. Wenn Sie sich in einem ebenen Land aufhalten, lernen Sie das Pflügen und alles, was Sie sonst noch können, ist nützlich. Dann lesen Sie hier in Oxford so viel wie möglich und üben Sie Singen, Fechten, Ringen und Reiten. Keine Schießübungen und keine Rennen – weder Boot noch Ähnliches. Lassen Sie den Fluss für den Naturforscher, den Angler und den müden Studenten wie mich ruhig.

Sie denken vielleicht, dass all diese Dinge für Ihr Studium der Kunst und der Göttlichkeit keine Bedeutung haben; und dass ich lediglich schrullig und absurd bin. Nun, das ist die Art und Weise, wie der Teufel dich täuscht. Es sind nicht die Sünden, die wir als sündig *empfinden*, durch die er uns fängt; aber die scheinbar gesunden – diejenigen, die dennoch die Zeit verschwenden, das Herz verhärten, die Leidenschaften auf niedrige Ziele konzentrieren und den Lauf sanfter und fruchtbarer Gedanken verhindern.

296. Nachdem Sie in der Zeit Ihres Studiums Ihre Kräfte auf diese Weise wirklich bis zum Äußersten kultiviert haben, dann seien Sie entschlossen, sie in Ihrer Männlichkeit in den wahren Dienst an den Menschen zu stecken – nicht darin, sich bedienen zu lassen, sondern im Dienen. Beginnen Sie mit dem einfachsten aller Dienste – dem Brechen des Brotes für die Armen. Denken Sie zuerst daran, nicht an Ihren eigenen Stolz, Ihre Gelehrsamkeit, Ihren Komfort, Ihre Lebensaussichten: Nein, nicht jetzt, wenn Sie einmal erwachsen geworden sind, möge selbst der Gehorsam gegenüber den Eltern Ihr eigenes Gewissen darüber überprüfen, was das Werk Ihres Meisters ist. „Wer Vater und Mutter mehr liebt als mich, ist meiner nicht würdig." Nehmen Sie die vollkommen einfachen Worte des Gerichts: „Was ihr einem der Geringsten getan habt, das habt ihr mir getan." Aber ihr müsst es tun, nicht predigen. Und Sie dürfen sich nicht dazu entschließen, dass dies nur auf Gentleman-Art geschehen soll. Ihr Stolz muss ebenso niedergelegt werden wie Ihr Geiz und Ihre Angst. Ob als Fischer auf dem Meer, als Pflüger auf der Erde, als Arbeiter in der Schmiede oder als Händler an der Ladentheke, ihr müsst Brot brechen und an die Armen verteilen, aufgeteilt

in Gruppen – denn auch das wird euch wörtlich gesagt – auf dem grünes Gras, das nicht in Haufen unter dem Bürgersteig der Städte zerquetscht wird. Nehmen Sie Christus beim wörtlichen Wort, und so wahr sein Wort auch ist, Sie werden ihn beim Brechen des Brotes erkennen. Lehnen Sie die Pflicht dieses Dieners ab, weil sie offensichtlich ist – versuchen Sie entweder, Gott zu dienen, oder Ihn auf andere Weise zu kennen: Ihr Dienst wird zum Gespött für Ihn und Ihr Wissen zur Dunkelheit. Jeden Tag werden Ihre Tugenden von den bösen Geistern genutzt, um nationale Verbrechen zu verbergen oder zu respektieren; Jeden Tag werden deine Glückseligkeiten zum Köder für die Ungerechtigkeit anderer werden; eure Heldentaten, die Leuchtfeuer der Zerstörer, verraten sie der Zerstörung; und vor deinen eigenen getäuschten Augen und wandernden Herzen wird jeder falsche Meteor des Wissens aufblitzen und jedes vergängliche Vergnügen leuchten, um dich in den Abgrund deines Grabes zu locken.

297. Aber gehorchen Sie dem Wort in seiner Einfachheit, in seiner ganzen Absicht und mit der Gelassenheit des Opfers, wie es die venezianischen Mägde getan haben, und wahrlich, Sie werden in diesem gegenwärtigen Leben, wie in der kommenden Welt, siebenfaches Leben in Ihren Schoß empfangen ewig. All dein Wissen wird dir klar und sicher werden, alle deine Schritte sicher; Im gegenwärtigen Glanz des häuslichen Lebens werden Sie die Freude des Paradieses vorwegnehmen und den Kindeskindern nicht nur edlen Ruhm, sondern auch endlose Tugend hinterlassen. „Er wird seinen Engeln den Auftrag geben, euch auf all euren Wegen zu behüten; und der Friede Gottes, der alles Verstehen übersteigt, wird eure Herzen und Gedanken behüten durch Christus Jesus."

FUSSNOTEN:

[178] Auf Wunsch des Herausgebers nur mit einigen unbedingt notwendigen Korrekturen unverständlicher Sätze hinterlassen, da es für die kostenlose Lieferung geschrieben wurde. Es war der letzte von zwölf Kursen, die diesen Herbst gehalten wurden; – bezieht sich teils auf bereits Gesagtes, teils auf Zeichnungen an den Wänden; und bedarf durchgehend der Verzeihung des Lesers, denn Fehler und Plötzlichkeit wären unheilbar, wenn man das Ganze nicht als Aufsatz statt als Vorlesung umschreiben würde. – (*Neunzehntes Jahrhundert* , Januar 1878.)

[179] Natürlich handelt es sich bei dieser Aussage lediglich um eine Verallgemeinerung vieler Aussagen aus den vorangegangenen Vorlesungen, deren Tenor sich jeder Leser, der mit meinen jüngsten Schriften vertraut ist, leicht vorstellen kann.

[180] Die Verweise bezogen sich auf die Reihe von Zeichnungen, die Herr
Fairfax Murray kürzlich in Venedig für die Schulen in Oxford und Sheffield
nach den Werken von Carpaccio angefertigt hatte.